Der Schutz von Geschäftsführern und Vorstandsmitgliedern gegen Diskriminierungen

SCHRIFTEN ZUM DEUTSCHEN UND EUROPÄISCHEN ARBEITS- UND SOZIALRECHT

Herausgegeben von Ulrich Preis

Band 34

PL ACADEMIC RESEARCH

Tobias Siefer

Der Schutz von Geschäftsführern und Vorstandsmitgliedern gegen Diskriminierungen

Ein Beitrag zur Rechtsstellung von Organmitgliedern nach der Danosa-Entscheidung des Europäischen Gerichtshofs

PL ACADEMIC RESEARCH

Bibliografische Information der Deutschen Nationalbibliothek
Die Deutsche Nationalbibliothek verzeichnet diese Publikation in der Deutschen Nationalbibliografie; detaillierte bibliografische Daten sind im Internet über http://dnb.d-nb.de abrufbar.

Zugl.: Mainz, Univ., Diss., 2015

Umschlagabbildung:
Siegel der rechtswissenschaftlichen Fakultät der Universität zu Köln.
Abdruck mit freundlicher Genehmigung der Universität zu Köln.

Umschlaggestaltung:
© Olaf Gloeckler, Atelier Platen, Friedberg.

D 77
ISSN 1861-4582
ISBN 978-3-631-66372-1 (Print)
E-ISBN 978-3-653-05828-4 (E-Book)
DOI 10.3726/978-3-653-05828-4

PL Academic Research ist ein Imprint der Peter Lang GmbH.

Peter Lang – Frankfurt am Main · Bern · Bruxelles · New York · Oxford · Warszawa · Wien

Diese Publikation wurde begutachtet.

www.peterlang.com

Vorwort

Diese Arbeit wurde vom Fachbereich Rechts- und Wirtschaftswissenschaften der Johannes Gutenberg-Universität Mainz im Wintersemester 2014/2015 als Dissertation angenommen. Literatur und Rechtsprechung sind bis September 2014 berücksichtigt.

Mein Dank gilt Frau Prof. Dr. Dagmar Kaiser, die die Arbeit betreut und sie durch zahlreiche Anregungen gefördert hat. Prof. Dr. Peter O. Mülbert danke ich für die rasche Erstellung des Zweitgutachtens.

Eschwege, im Juni 2015 *Dr. iur. Tobias Siefer*

Inhaltsverzeichnis

Einleitung

A. Problemaufriss

§ 14 Abs. 1 KSchG nimmt den Geschäftsleiter einer Gesellschaft als Organmitglied vom allgemeinen Kündigungsschutz aus. Dies hat für ihn eine kündigungsrechtlich schwache Position zur Folge, unabhängig davon, ob er im Einzelfall als Arbeitnehmer anzusehen ist oder nicht. Einer Abberufung und Kündigung seines Anstellungsvertrages ist er, wurde vertraglich keine Vorsorge getroffen, weitgehend schutzlos ausgeliefert. Dies brachte dem GmbH-Geschäftsführer schon die Bezeichnung „kündigungsrechtliches Freiwild"[1] ein.

Rechtssetzungsakte auf europäischer und deutscher Ebene und damit korrespondierende Entscheidungen des EuGH auf der einen, die Rechtsprechung des BGH auf der anderen Seite lassen jedoch den Schluss zu, dass sich das Schutzniveau zugunsten des Geschäftsleiters unabhängig von der fehlenden Anwendbarkeit des KSchG geändert hat. Von besonderer Bedeutung ist dabei der Diskriminierungsschutz. Noch lange nach Einführung des AGG im Jahre 2006 wurde dem Diskriminierungsschutz im Hinblick auf Gesellschaftsorgane wenig Aufmerksamkeit gewidmet. Spätestens durch zwei Gerichtsentscheidungen jüngeren Datums hat sich dies geändert.

Dies ist zum einen die Entscheidung des EuGH in der Rechtssache *Danosa* auf dem Gebiet des Mutterschutzrechts.[2] Einer schwangeren Geschäftsführerin sprach der EuGH den Schutz durch die MuSchRL zu. Dies dürfte nicht nur das lettische Instanz- und Berufungsgericht überrascht haben, die Frau *Danosa* noch den Mutterschutz versagten. Vielmehr wird auch in Deutschland Mutterschutz nur Arbeitnehmerinnen gewährt, worunter Leitungsorganwalter grundsätzlich nicht gezählt werden. Die Entscheidung des EuGH hat vor dem Hintergrund des Befundes, dass der Anteil von Frauen in den Leitungsorganen wächst,[3]

---

1 *Bauer/Diller* GmbHR 1998, 609.

2 EuGH 11.11.2010 – Rs. C-232/09 (*Danosa*), NJW 2011, 2343.

3 So die Ergebnisse einer Untersuchung des *Deutschen Instituts für Wirtschaftsforschung* (DIW), s. *Holst/Schimeta* DIW Wochenbericht 3/2013, S. 3 ff. Es wurden u.a. Angaben über die Zusammensetzung der Geschäftsleitungsorgane der, nach Umsatz, 200 größten Unternehmen (ohne Finanzsektor) ausgewertet. Demnach ist seit 2006 die Zahl der Gesellschaften mit Frauen im Geschäftsleitungsorgan von 4,6% auf 16,5% angestiegen, auch wenn die Gesamtzahl der weiblichen Mitglieder im selben Zeitraum nur geringfügig von 1,2% auf 4% anstieg. Besonders auffällig ist die Entwicklung in

schon allein im Hinblick auf das Mutterschutzrecht große Bedeutung. Aber viel weitergehend wurde die *Danosa*-Entscheidung in Deutschland bereits als ein möglicher „Paradigmenwechsel hinsichtlich der Arbeitnehmereigenschaft von GmbH-Geschäftsführern" bezeichnet,[4] ein „Abschied von der arbeitsrechtlichen Sonderstellung" des GmbH-Geschäftsführers sei eingeläutet.[5] Die *Danosa*-Entscheidung könnte der Anlass sein, den Arbeitnehmerbegriff neu zu bestimmen und auch Leitungsorganwalter unter gewissen Umständen einzubeziehen. Eine Entscheidung des EuGH könnte sich einmal mehr als Initialzünder erweisen, hergebrachte nationalrechtliche Grundsätze zu überdenken.

Die andere diskriminierungsrechtliche Entscheidung von Tragweite stellt das Urteil des BGH vom 23. April 2012[6] dar, das einen GmbH-Geschäftsführer erstmals umfassend dem Schutz des AGG unterstellte. Konkret wurde dessen altersbedingte Abberufung für unwirksam gehalten, was mit Blick auf die in § 6 Abs. 3 AGG enthaltene Beschränkung für Überraschung sorgte. Hält man mit dem BGH auch die Abberufung von Geschäftsführern vom AGG umfasst, stellt sich die Frage, wann Höchstaltersgrenzen diskriminierungsrechtlich noch zulässig sein können. Solche Altersgrenzen hat die weit überwiegende Zahl börsennotierter Gesellschaften kodexkonform in ihren Satzungen vorgesehen,[7] was den Befund bestätigt, dass der BGH eine Entscheidung getroffen hat, deren „praktisch[e] Folgen … kaum überschätzt werden"[8] können. Aber auch unabhängig von Altersgrenzen wirft die Entscheidung eine Reihe von Problemen auf, etwa welche Bedeutung einer verbotenen Benachteiligung für die Wirksamkeit des gesellschaftsrechtlichen Abberufungsakts zukommt.

B. Zielsetzung

Vor diesem Hintergrund stellt sich die Frage, ob dem Geschäftsleiter zukünftig ein umfassender diskriminierungsrechtlicher Schutz zukommt und seine Position damit stärker geworden ist. Gegenstand der Untersuchung sind der

den – besonders im Licht der Öffentlichkeit stehenden – Unternehmen des DAX 30: Von Ende 2011 bis Ende 2012 ist die Zahl der weiblichen Vorstandsmitglieder von 7 auf 15 gestiegen.

4 *Junker* NZA 2011, 950 (958).

5 *Lunk/Rodenbusch* GmbHR 2012, 188 (188, 195).

6 BGH 23.4.2012 – II ZR 163/10, NJW 2012, 2346.

7 *Von Werder/Bartz* DB 2013, 885 (889): Umsetzung der entsprechenden Kodexempfehlung erfolgte 2013 von 88,9% der im DAX notierten Gesellschaften und insgesamt von 73,9% der an der Frankfurter Wertpapierbörse notierten Gesellschaften.

8 *Maschmann* LMK 2012, 337958.

GmbH-Geschäftsführer, die geschäftsführenden Gesellschafter von Personenhandelsgesellschaften, Vorstandsmitglieder von Aktiengesellschaften sowie Direktoren Europäischer Aktiengesellschaften. Sie alle werden in der vorliegenden Untersuchung unter dem Begriff des Geschäftsleiters zusammengefasst.

Mit dieser Arbeit soll die Rechtsstellung der Mitglieder eines gesellschaftlichen Leitungsorgans hinsichtlich der Reichweite des ihnen zukommenden Diskriminierungsschutzes analysiert werden, wobei der Schwerpunkt auf der Begründung und Beendigung ihrer Stellung liegen soll. Die Arbeit soll damit einen Beitrag zu der Frage leisten, welche Stellung der Geschäftsleiter im Spannungsverhältnis zwischen Arbeits- und Gesellschaftsrecht hat. Dabei werden vor allem auch all jene Fragen eine Rolle spielen, die EuGH und BGH bislang nicht beantwortet haben oder die ihre Entscheidungen neu aufgeworfen haben. Namentlich wird es etwa darum gehen, ob der Arbeitnehmerbegriff neu zu fassen ist, unter welchen Umständen ein Geschäftsleiter in den Genuss des Arbeitnehmerschutzrechts kommen kann, welche Bedeutung verbotene Benachteiligungen für den Bestand des Organverhältnisses haben und welche Höchstaltersgrenzen noch diskriminierungsrechtlich zulässig sein können.

C. Gang der Untersuchung

Zunächst wird nach Art eines allgemeinen Teils die Rechtsstellung des Geschäftsleiters untersucht. Dafür wird in der gebotenen Kürze die frühere deutsche Rechtsprechung dargestellt, ehe ausführlich die Entscheidung des EuGH in der Rechtssache *Danosa* analysiert wird. Zentral wird die Frage sein, wie diese Entscheidung in das deutsche Recht einzufügen ist. Dazu wird untersucht, ob und inwieweit sie eine Neubestimmung des deutschen Arbeitnehmerbegriffs erforderlich macht und wann deutsche Geschäftsleiter den Kriterien entsprechen, die der EuGH in der *Danosa*-Entscheidung herangezogen hat. Auf diese Weise soll die Frage beantwortet werden, wie sich die Rechtsstellung des Geschäftsleiters durch die *Danosa*-Entscheidung verändert hat.

Sonach werden die spezifisch diskriminierungsrechtlichen Folgen der *Danosa*-Entscheidung und weiterer Entscheidungen dargestellt. Da Gegenstand der *Danosa*-Entscheidung die Kündigung einer Schwangeren war und der EuGH in weiten Teilen auf die Mutterschutz-Richtlinie abstellt, wird mit dem Mutterschutzrecht begonnen. Nachdem der persönliche Anwendungsbereich des MuSchG bestimmt ist, wird der Frage nachgegangen, ob als Folge der *Danosa*-Entscheidung insbesondere auch ein Verbot von diskriminierenden Abberufungen anzunehmen ist. Damit wird beantwortet, ob der Schutz des Geschäftsleiters sich sowohl auf das vertragliche Anstellungsverhältnis als auch auf das korporationsrechtliche Bestellungsverhältnis erstreckt. Im Anschluss wird im Zusammenhang mit den mutterschutzrechtlichen Beschäftigungsverboten untersucht, wie weit der Schutz des Geschäftsleiters angesichts seiner korporationsrechtlichen Stellung gehen kann. Im sich daran anschließenden Kapitel wird geprüft, wie das AGG im Lichte der *Danosa*-Entscheidung und einer Entscheidung des BGH anzuwenden ist. Nachdem der persönliche und sachliche Anwendungsbereich mit Blick auf den Geschäftsleiter untersucht wurde, werden die besonderen Fragen beantwortet, die sich im Zusammenhang mit der Benachteiligung und deren Rechtfertigung stellen. Anschließend widmet sich die Arbeit der Frage, welche Rechtsfolgen aus einer Diskriminierung folgen, sowohl für das Anstellungs- als auch das Bestellungsverhältnis.

In einer Schlussbetrachtung wird die Frage zusammenfassend beantwortet, welche Rechtsstellung der Geschäftsleiter im Lichte der Rechtsprechungsentwicklung innehat und welche Schlussfolgerungen aus der vorliegenden Untersuchung für die Europarechtskonformität des deutschen Rechts zu ziehen sind.

Kapitel 1. Der Arbeitnehmerstatus des Geschäftsleiters

Der Anwendungsbereich zahlreicher Gesetze knüpft an die Arbeitnehmereigenschaft an. Für Gesetze mit diskriminierungsrechtlicher Schutzrichtung seien hier vor allem § 1 Nr. 1 MuSchG, § 6 Abs. 1 Nr. 1 AGG und § 85 SGB IX genannt. Die Frage, ob und inwieweit der Geschäftsleiter gegen Diskriminierungen geschützt ist, hängt somit zunächst davon ab, wie sein Anstellungsverhältnis im Einzelfall rechtlich zu qualifizieren ist.

Das Arbeitsverhältnis wird von der ständigen Rechtsprechung des BAG – im Anschluss an die Begriffsbildung von *Alfred Hueck*[9] – als privatrechtlicher Vertrag verstanden, durch den sich jemand „im Dienste eines anderen zur Leistung weisungsgebundener, fremdbestimmter Arbeit in persönlicher Abhängigkeit verpflichtet".[10] Diese Definition wird im Ausgangspunkt auch von der herrschenden Meinung in der Literatur geteilt,[11] ist in seinen Einzelheiten aber umstritten[12]. Ausgehend von dieser Definition und anhand einer Vielzahl von Kriterien[13] beantwortet die herrschende Meinung die Frage nach der Arbeitnehmereigenschaft.

Für die Zwecke dieser Untersuchung ist es ausreichend, die Einordnung der Geschäftsleiter als freie Dienstnehmer oder Arbeitnehmer in der gebotenen Kürze anhand der Rechtsprechung darzustellen. Denn die Fragen zum Diskriminierungsschutz des Geschäftsleiters sind gerade Konsequenz aus der Einordnung, so wie sie die Praxis vornimmt. An Stellen, an denen die neuere Rechtsprechung bislang keine Einordnung getroffen hat oder sich über die Rechtsprechung hinausgehende Begründungsansätze für die eine oder andere Einordnung finden, werden auch Literaturstimmen angeführt.

---

9 *A. Hueck*/Nipperdey Bd. I, § 9 II (S. 34 f.).

10 BAG 15.2.2012 - 10 AZR 301/10, Tz. 13, NJW 2012, 2903 m.w.N. Grundlegend BAG 15.3.1978 - 5 AZR 819/76, BAGE 25, 505 = DB 1974, 1487.

11 ErfK/*Preis* § 611 BGB, Rn.35; Palandt/*Weidenkaff* Einf. § 611 BGB, Rn. 7.

12 Vgl. ErfK/*Preis* § 611 BGB, Rn.35, der auch darauf hinweist, dass diese „unvollkommene" Definition „in Randbereichen kaum Entscheidungshilfe" liefere. Versuche einer Neubestimmung des Arbeitnehmerbegriffs in der jüngeren Literatur etwa durch *Brammsen* RdA 2010, 267; *Buchner* NZA 1998, 1144 (1145 ff.).

13 S. etwa die Zusammenstellung bei Moll/*Reiserer* § 6 Fn. 8 ff.

A. Rechtsprechung vor der Danosa-Entscheidung

I. Deutsche Rechtsprechung bis 2010

Wendet man sich der Arbeitnehmereigenschaft von Geschäftsleitern in einem diskriminierungsrechtlichen Kontext zu, kommt zunächst in Betracht, nur die Rechtsprechung des BGH in den Blick zu nehmen. Denn § 5 Abs. 1 S. 3 ArbGG bestimmt, dass Organmitglieder für die Frage der Rechtswegzuständigkeit nicht als Arbeitnehmer anzusehen ist. Organmitglieder unterfallen damit nicht der Zuständigkeit der Gerichte für Arbeitssachen, selbst wenn sie im Einzelfall materiell-rechtlich als Arbeitnehmer anzusehen sein sollten.[14] Geht man danach, erscheint für die vorliegende Untersuchung allein die Rechtsprechung des BGH relevant. Jedoch können im Einzelfall auch die Arbeitsgerichte zuständig sein.[15] Das gilt nach § 2 Abs. 4 ArbGG etwa dann, wenn die Zuständigkeit der Gerichte für Arbeitssachen im Anstellungs-, Gesellschaftsvertrag oder der Satzung bestimmt wurde.[16] Ferner ist entscheidend, dass § 5 Abs. 1 S. 3 ArbGG nur so lange gilt, wie der Geschäftsleiter seine organschaftliche Stellung inne hat. Sobald er abberufen und von seinen organschaftlichen Aufgaben entbunden wurde,[17] können demnach die Gerichte für Arbeitssachen zuständig sein. Aus diesem Grund ist es angezeigt, die Rechtsprechung beider Gerichtszweige für die Bestimmung des nationalen Arbeitnehmerbegriffes heranzuziehen.

1. Rechtsprechung des BGH

Nach der ständigen Rechtsprechung des BGH sind weder der GmbH-Geschäftsführer[18] noch das Vorstandsmitglied einer AG[19] Arbeitnehmer. Auch in der

14 BAG 15.3.2011 – 10 AZB 32/10, Tz. 11, NJW 2011, 2684; BAG 6.5.1999 – 5 AZB 22/98, NJW 1999, 3068; BAG 9.5.1985 – 2 AZR 330/84, BAGE 49, 81 (88) = NZA 1986, 792, jeweils m.w.N.

15 Dazu ausführlich *Kitzinger* S. 25 f., 35 ff.

16 Rolfs/Giesen/Kreikebohm/Udsching/*Clemens* § 2 ArbGG, Rn. 34; Germelmann/Matthes/Prütting/*Schlewing* § 2 ArbGG, Rn. 135 m.w.N.

17 ErfK/*Koch* § 5 ArbGG, Rn. 7. Vgl. dazu BAG 25.6.1997 – 5 AZB 41/96, NZA 1997, 1363 (1364).

18 BGH 9.11.1967 – II ZR 64/67, BGHZ 49, 30 = NJW 1968, 396; BGH 29.1.1981 – II ZR 92/80, NJW 1981, 1270; BGH 10.5.2010 – II ZR 70/09, NJW 2010, 2343 m. Anm. *Dzida*. So auch etwa OLG Frankfurt a.M. 6.6.2005 – 18 U 140/04, *juris*.

19 BGH 16.12.1953 – II ZR 41/53, BGHZ 12, 1 (8 f.) = NJW 1954, 505 (507).

Literatur wird diese Auffassung überwiegend vertreten.[20] Der Geschäftsleiter selbst sei es, der in der Gesellschaft als Prinzipal die Arbeitgeberfunktion erfülle.[21] Der BGH hält es mit dieser – aus der Organschaft des Geschäftsleiters folgenden – Rolle für unverträglich, den Geschäftsleiter selbst im Verhältnis zur Gesellschaft als Arbeitnehmer anzusehen. Dies gilt nach der Rechtsprechung des BGH auch für Fälle, in denen der Geschäftsführer einer Komplementär-GmbH von der GmbH & Co. KG angestellt ist.[22] In diesem Falle überlagere die Eigenschaft der GmbH als persönlich haftende Gesellschafterin die Rechtsbeziehung des Geschäftsführers zur KG, da die GmbH im Wesentlichen die Geschäfte der Kommanditgesellschaft zu führen habe. Seine Rechtsprechung zur Einordnung des Geschäftsleiters als freien Dienstnehmer hat der BGH zuletzt in einer Entscheidung vom 10. Mai 2010[23] bestätigt. Für eine mögliche Arbeitnehmerstellung des Geschäftsleiters spreche auch nicht dessen im Einzelfall gegebene soziale Schutzbedürftigkeit. Diese rechtfertige es methodisch nicht, ihm die Arbeitnehmereigenschaft zuzubilligen, sondern allenfalls, Arbeitnehmerschutzvorschriften analog anzuwenden.[24]

2. *Rechtsprechung des BAG*

Während nach der Rechtsprechung des BGH die Einordnung des Geschäftsleiters als Arbeitnehmer ausnahmslos nicht möglich ist, differenziert das BAG. Für die Abgrenzung zwischen einem selbständigen Dienstnehmer und einem unselbständigen Arbeitnehmer sei der Grad an Weisungsabhängigkeit entscheidend. Auch ein Organmitglied könne einer Abhängigkeit unterliegen, die ihn als Arbeitnehmer erscheinen lasse.[25] Das BAG legt keine eigenständigen Abgrenzungskriterien an, sondern wendet die von ihm gebildeten

---

20 *Boemke* ZfA 1998, 209 (212ff.); *ders.* AP GmbHG § 35 Nr. 10; *G. Hueck* ZfA 1985, 25 (31 f.); *Hümmerich* NJW 1995, 1177 (1178); *Keil* EWiR 2000, 69; *Kitzinger* S. 58 f.; GK-GmbHG/*Paefgen* § 35 GmbHG, Rn. 144, jeweils für GmbH-Geschäftsführer; allg. MünchHdbArbR/*Richardi* § 17 Rn. 53 ff. Dagegen *Trinkhaus* DB 1968, 1756 (1761).

21 BGH 9.11.1967 – II ZR 64/67, BGHZ 49, 30 = NJW 1968, 396; BGH 10.9.2001 – II ZR 14/00, NJW-RR 2002, 173.

22 OLG München 10.4.2003 – 7 W 656/03, NZG 2003, 722 (723), zur Begründung unter Verweis auf BGH 25.2.2002 – II ZR 236/00, NZG 2002, 568 (569).

23 II ZR 70/09, Tz. 7, NJW 2010, 2343 m. Anm. *Dzida*.

24 *Hümmerich* NJW 1995, 1177 (1178).

25 BAG 15.4.1982 – 2 AZR 1101/79, BAGE 39, 16 = NJW 1983, 2405; BAG 13.5.1992 – 5 AZR 344/91, GmbHR 1993, 35; BAG 26.5.1999 – 5 AZR 664/98, NJW 1999, 3731.

allgemeinen Kriterien zur Bestimmung der Arbeitnehmereigenschaft auf den Geschäftsleiter an.[26]

a. Selbstanstellung

Zunächst kommt eine persönliche Abhängigkeit nach der Rechtsprechung des BAG dann in Betracht, wenn das Anstellungsverhältnis des Geschäftsleiters unmittelbar zwischen ihm und der geleiteten Gesellschaft besteht (sog. Selbstanstellung).

aa. GmbH

Für die Einordnung des GmbH-Geschäftsführers ist nach dem BAG zunächst entscheidend, ob er als Gesellschafter an der geleiteten Gesellschaft beteiligt ist. Habe er durch seine Kapitalbeteiligung einen bestimmenden Einfluss, der es ihm erlaube, jede missliebige Entscheidung zu verhindern, könne eine persönliche Abhängigkeit bereits deshalb nicht vorliegen.[27] Hintergrund ist, dass die Gesellschafter aufgrund ihres Weisungsrechts (§ 37 Abs. 1 GmbHG) in die Leitung der Gesellschaft eingreifen können. In den meisten Fällen wird wegen der Erfordernisse aus § 47 Abs. 1 GmbHG ein Geschäftsführer mit einer Mehrheitsbeteiligung Weisungen an ihn verhindern können. Die Satzung kann jedoch auch so gestaltet werden, dass hierfür bereits eine Minderheitsbeteiligung ausreicht.[28] Das Mehrheitserfordernis aus § 47 Abs. 1 GmbHG ist nämlich abdingbar und kann nach einhelliger Auffassung auch bis zu dem Erfordernis einer Einstimmigkeit verschärft werden.[29] Auf diese Weise kann die Möglichkeit der Weisungserteilung faktisch ausgeschlossen werden. Dies macht den Gesellschafter-Geschäftsführer bei der Leitung der Gesellschaft unabhängig und schließt damit die Arbeitnehmereigenschaft bereits im Ansatz aus.

Verfügt der GmbH-Geschäftsführer nicht über eine derartige gesellschaftsrechtlich vermittelte Unabhängigkeit, etwa weil er Fremd-Geschäftsführer ist, kommt eine persönliche Abhängigkeit nach der Rechtsprechung des BAG

---

26 Vgl. BAG 15.4.1982 – 2 AZR 1101/79, BAGE 39, 16 = NJW 1983, 2405 (2406 f.); s. auch *Reiserer* DStR 2000, 31 (33).

27 BAG 15.4.1982 – 2 AZR 1101/79, BAGE 39, 16 = NJW 1983, 2405 (2407). So auch *Boemke* AP GmbHG § 35 Nr. 10 mit dem Argument, es bestehe dann eine „wirtschaftliche Identität zwischen Gesellschaft und Geschäftsführer".

28 *Boemke* AP GmbHG § 35 Nr. 10.

29 Vgl. BGH 25.9.1989 – II ZR 304/88, NJW-RR 1990, 99; Henssler/Strohn/*Hillmann* § 47 GmbHG, Rn. 17; *Roth*/Altmeppen § 47 GmbHG, Rn. 7.

grundsätzlich in Betracht. Teile der Literatur stimmen diesem Ansatz zu.[30] Die Position des Geschäftsführers unterscheide sich inhaltlich nicht so stark von der eines leitenden Angestellten oder Prokuristen, dass es gerechtfertigt wäre, ihm die Vorteile der Arbeitnehmereigenschaft zu verwehren.[31] Läge die Entscheidungskompetenz gesellschaftsintern oder konzernrechtlich nicht beim Geschäftsleiter, bestehe seine Leistung „allenfalls in dem sorgfältigen Gehorsam".[32]

Allerdings legt das BAG strenge Maßstäbe an, wenn es die für die Annahme der Arbeitnehmereigenschaft entscheidende Weisungsgebundenheit bestimmt. Es lässt insbesondere das gesellschaftsrechtliche Weisungsrecht nach § 37 Abs. 1 GmbHG allein nicht genügen. Nach einer Entscheidung vom 26. Mai 1999[33] reicht eine Berichtspflicht einer stellvertretenden GmbH-Geschäftsführerin an den Geschäftsführer nicht aus, wenn sie hinsichtlich des von ihr geleiteten Bereichs selbständig und eigenverantwortlich handelt. Eine Arbeitnehmereigenschaft sei nur dann anzunehmen, wenn dem Geschäftsleiter auch Weisungen dahingehend erteilt werden können, *wie* er die Leistung zu erbringen hat. Nur wenn er bei der Leistungserbringung arbeitsbegleitenden und verfahrensorientierten Weisungen unterworfen sei, könne dies eine Abhängigkeit begründen. Damit bedarf es über ein etwaiges gesellschaftsrechtliches Weisungsrecht hinaus eines umfassenden und die persönliche Abhängigkeit kennzeichnenden Weisungsrechts.[34] Solche arbeitsbegleitenden und verfahrensorientierten, eben für ein Arbeitsverhältnis typischen, Weisungen könnten zum Beispiel Vorschriften hinsichtlich Ort und Zeit der Leistungserbringung sein, die Lage des Erholungsurlaubs betreffen oder Zustimmungsvorbehalte Vorgesetzter statuieren.[35]

Das BAG geht damit davon aus, dass materiell-rechtlich in der Regel ein freies Dienstverhältnis vorliegt und es sich lediglich aufgrund besonderer Umstände des Einzelfalls um ein Arbeitsverhältnis handeln kann. Im Falle der GmbH könne aufgrund des ohnehin bestehenden Weisungsrechts nach § 37 Abs. 1 GmbHG

---

30 *Köhl* DB 1996, 2597 (2601); *Lücke* NJOZ 2009, 3469 (3472 ff.); *Martens* FS Hilger/Stumpf, 1983, 437 (440 f.); Meyer-Landrut/*Miller*/Niehus §§ 35–38 GmbHG, Rn.98; *Miller* ZIP 1981, 578 (578 ff.); Schaub/*Schaub* 11. Auflage § 14 Rn. 5. Zahlreiche weitere Nachweise bei *Gissel* S. 10.

31 *Martens* FS Hilger/Stumpf, 1983, 437 (440); Meyer-Landrut/*Miller*/Niehus §§ 35–38 GmbHG, Rn.98.

32 *Martens* FS Hilger/Stumpf, 1983, 437 (438).

33 5 AZR 664/98, NJW 1999, 3731.

34 Gegen eine solche Unterscheidung zwischen unternehmerischen und „arbeitsverhältnisbezogenen" Weisungen *Wank/Maties* NZA 2007, 353 (354).

35 Vgl. *Reiserer* DStR 2000, 31 (33).

eine Weisungsgebundenheit des GmbH-Geschäftsführers, die diesen zum abhängig beschäftigten Arbeitnehmer mache, „allenfalls in extremen Ausnahmefällen in Betracht kommen“.[36] Dass dies praktisch selten ist, folgt auch daraus, dass in den meisten Fällen gar kein Bedürfnis besteht, den Geschäftsführer derart engmaschigen Weisungen zu unterwerfen. So wird in der Literatur darauf hingewiesen, dass der Geschäftsführer im Normalfall eingestellt werde, „um weitestgehend selbstständig die Geschäfte zu führen, wozu eine gewisse Unabhängigkeit gehört, die sich mit einer arbeitnehmerähnlichen ‚Beschneidung‘ nicht verträgt“.[37] Praktisch kommt eine persönliche Abhängigkeit am ehesten in einer Gesellschaft in Betracht, in der die Geschäftsführung aus mehreren Personen besteht.[38] Dann bleibt, auch wenn man einzelne Geschäftsführer als Arbeitnehmer ansieht, die Ausübung der Arbeitgeberfunktion bei den übrigen Geschäftsführern.

Zum Teil bezieht die obergerichtliche Rechtsprechung bei der Anwendung der eben skizzierten höchstrichterlichen Grundsätze neben arbeitsvertraglichen Weisungen auch Sachzwänge ein, aufgrund derer der Geschäftsführer wie ein Arbeitnehmer in der „freien Gestaltung von Zeit, Dauer, Ort, Art und Inhalt der Tätigkeit erheblich eingeschränkt“ ist.[39] Diese Auffassung fügt sich bei Lichte betrachtet nicht widerspruchsfrei in die Rechtsprechung des BAG ein. Dieses betont in seinen Entscheidungen gerade die *de iure* bestehende Weisungsabhängigkeit als das bestimmende Merkmal. *De facto* bestehende Sachzwänge, denen ein Geschäftsführer ohnehin stets unterliegen dürfte, sind bisher nicht einbezogen worden. Sie dürften schon aufgrund ihrer mangelnden rechtlichen Verbindlichkeit nicht diejenige Intensität erreicht, um die Annahme einer persönlichen Abhängigkeit zu tragen.

bb. AG

Das Vorstandsmitglied einer Aktiengesellschaft ist nach der Rechtsprechung des BAG kein Arbeitnehmer.[40] Zur Begründung wird in der Literatur die dem

---

36 BAG 24.11.2005 – 2 AZR 614/04, NJW 2006, 1899 (1900).

37 *Schrader/Schubert* DB 2005, 1457 (1460).

38 Vgl. *Reiserer* DStR 2000, 31 (34), die speziell für diese Fälle eine sorgfältige Vertragsgestaltung und entsprechende Vertragsdurchführung anmahnt. Dazu, dass im Einzelfall auch Einzelgeschäftsführer als Arbeitnehmer anzusehen sind *von Steinau-Steinrück/Mosch* NJW Spezial 2011, 178.

39 LAG Düsseldorf 12.1.2011 – 12 Sa 1411/10, Tz. 54, *juris*.

40 BAG 11.7.1953 – II ZR 126/52, BGHZ 10, 187 = NJW 1953, 1465. In der Literatur auch MüHdb-GesR IV/*Wiesener* § 21 Rn. 5.

Vorstand nach § 76 Abs. 1 AktG zukommende Leitungsmacht herangezogen.[41] Nach allgemeiner Meinung in Rechtsprechung und Literatur ist der Vorstand weder an Weisungen anderer Organe gebunden, etwa des Aufsichtsrats,[42] noch kann ein Großaktionär einen derartigen Einfluss ausüben.[43] Eine Sonderstellung nimmt der Vorstand einer beherrschten oder eingegliederten Gesellschaft ein. Hier besteht ein konzernrechtliches Weisungsrecht aus §§ 308 Abs. 1, 323 AktG. Rechtsprechung zur Arbeitnehmereigenschaft eines Vorstands, der einem derartigen Weisungsrecht unterworfen ist, existiert nicht. Zwar sind arbeitsbegleitende und verfahrensorientierte Weisungen an den Vorstand der beherrschten Gesellschaft nicht ausgeschlossen,[44] dürften aber auf seltene Fälle beschränkt bleiben. Wenn derartige Weisungen erteilt werden, ist die Annahme einer Arbeitnehmerstellung nach den vom BAG aufgestellten Grundsätzen denkbar.[45] § 76 Abs. 1 AktG könne seine die Unabhängigkeit des Vorstands sichernde Wirkung in diesem Fall gerade nicht entfalten.[46] Nach anderer Auffassung soll das konzernrechtliche Weisungsrecht generell nicht ausreichen, um die Arbeitnehmerstellung zu begründen.[47]

cc. Personenhandelsgesellschaft

Im Gegensatz zum Kapitalgesellschaftsrecht gilt bei Personengesellschaften der Grundsatz der Selbstorganschaft, d.h. der organschaftliche Geschäftsführer muss notwendigerweise dem Kreis der Gesellschafter angehören (§§ 114 f. HGB). Die Arbeitnehmerstellung solcher Gesellschafter-Geschäftsführer von Personenhandelsgesellschaften war bislang nicht Gegenstand der Rechtsprechung.

Ausgehend von der Rechtsprechung des BAG zum GmbH-Geschäftsführer ist die Gesellschafterstellung für die Bestimmung der Arbeitnehmereigenschaft

---

41 *Buchner/Becker* § 1 MuSchG, Rn. 94; MüHdb-GesR IV/*Wiesener* § 21 Rn. 5.

42 Vgl. insoweit auch § 111 Abs. 4 S. 1 AktG.

43 MüKo-AktG/*Spindler* § 76 AktG, Rn. 22 m.w.N.

44 S. zu Umfang und Grenzen des Weisungsrechts *Emmerich*/Habersack § 308 AktG, Rn. 36 ff., 55 ff.

45 *Henssler* RdA 1992, 289 (301); *Martens* FS Hilger/Stumpf, 1983, 437 (441 f.). Vgl. auch *Säcker* BB 1979, 1321 (1324): „Das Anstellungsverhältnis ist nach h.L. kein Arbeitsverhältnis … Ob diese Auffassung angesichts des Weisungsrechts der Gesellschafter auch für die GmbH-Geschäftsführer bzw. für Vorstandsmitglieder konzernabhängiger juristischer Personen aufrechterhalten werden kann, bedürfte nochmals gründlicher Überlegungen …".

46 *Henssler* RdA 1992, 289 (301).

47 Staudinger/*Richardi/Fischinger* Vor §§ 611 ff. BGB, Rn. 331; Schaub/*Vogelsang* § 14 Rn. 3.

nicht entscheidend. Schließlich muss der Geschäftsführer nicht zwingend einen bestimmenden Einfluss aufgrund seiner Beteiligung haben, was eine Arbeitnehmereigenschaft ausschließen würde. Vielmehr wird es auch hier, ähnlich wie bei der GmbH, darauf ankommen, wie stark der geschäftsführende Gesellschafter nach der konkreten Ausgestaltung des Innenverhältnisses den Weisungen seiner Mitgesellschafter unterworfen ist. Zwar unterliegt der einzelgeschäftsführungsbefugte Geschäftsführer einer Personenhandelsgesellschaft keinem Weisungsrecht oder Zustimmungsvorbehalt (jedenfalls solange kein außergewöhnliches Geschäft vorliegt, § 116 Abs. 2 HGB).[48] Jedoch erlaubt § 115 HGB als dispositive Norm[49] ein umfassendes Weisungsrecht der Mitgesellschafter. Deswegen lässt sich im Hinblick auf den Minderheitsgesellschafter-Geschäftsführer nicht ausschließen, dass mittels arbeitsbegleitender und verfahrensorientierter Weisungen auf das Wie seiner Geschäftsführung in einer Weise eingewirkt werden kann, die seine persönliche Abhängigkeit begründet.

In der Literatur wird angenommen, dass eine Arbeitnehmer-Eigenschaft jedenfalls dann bestehe, wenn entweder die gesellschaftsrechtliche Gestaltung darauf zielt, Arbeitsrecht zu umgehen, oder wenn zulässigerweise[50] ein Arbeitsvertrag ausdrücklich abgeschlossen worden sei.[51] Allerdings wird anerkannt, dass auch in anderen Fällen eine Gesamtschau aller Umstände zu der Annahme persönlicher Abhängigkeit führen könne.[52]

b. *Fremdanstellung*

Wird der Anstellungsvertrag nicht mit der Gesellschaft geschlossen, deren Organ der Geschäftsleiter ist, sondern allein mit einer dritten Gesellschaft, spricht man von einer Fremdanstellung. Dies betrifft vor allem Fälle der GmbH & Co. KG sowie Konzernsachverhalte. Fälle der Selbstanstellung und somit keine Abweichungen zu oben Gesagtem ergeben sich, wenn der Anstellungsvertrag mit der Komplementär-Gesellschaft bzw. mit der Konzerngesellschaft abgeschlossen wird, für die der Geschäftsleiter auch bestellt wird. Wird der Anstellungsvertrag

---

48 BGH 11.2.1980 – II ZR 41/79, BGHZ 76, 160 = NJW 1980, 1463 (1464); Ebenroth/Boujong/Joost/Strohn/*Drescher* § 115 HGB, Rn. 3. S. dazu noch S. 107 ff.

49 Ebenroth/Boujong/Joost/Strohn/*Drescher* § 115 HGB, Rn. 35.

50 BAG 9.1.1990 – 3 AZR 617/88, NZA 1990, 525 für die GmbH.

51 *Buchner/Becker* § 1 MuSchG, Rn. 94 (3. Absatz); ErfK/*Preis* § 611 BGB, Rn. 140, 18 f.

52 ErfK/*Preis* § 611 BGB, Rn. 140.

aber – gesellschaftsrechtlich zulässig[53] – mit der KG bzw. mit einer herrschenden Gesellschaft geschlossen, ergeben sich Besonderheiten.

Im Falle der GmbH & Co. KG erschöpft sich die Aufgabe des Komplementär-GmbH-Geschäftsführers inhaltlich regelmäßig darin, die Geschäfte der KG zu führen. Nach neuerer Rechtsprechung des BAG ist der Geschäftsführer als Organ der KG anzusehen und deshalb kein Arbeitnehmer.[54] Im Fall von Konzernstrukturen gilt, dass der Geschäftsführer einer konzernabhängigen Gesellschaft, der zugleich von einer Konzernobergesellschaft als Arbeitnehmer beschäftigt wird, auch aufgrund dieses Arbeitsvertrages als Geschäftsführer tätig sein kann.[55] Die Leitung der Tochtergesellschaft ist dann bloß ein Teil des sich aus dem Arbeitsvertrag ergebenden Pflichtenprogramms. In diesem Fall ist der Geschäftsführer zugleich Arbeitnehmer. Die Bestellung zum Geschäftsleiter ändert daran nichts. Diese Bewertung beruht auch auf dem Schutzgedanken, dass sonst mit der Wahl eines Konzerns als Organisationsform über den Rechtsstatus von Personen entschieden werden könnte, die nur formal zum Organ einer konzernierten Gesellschaft ernannt werden, materiell aber leitenden Angestellten gleichstehen.[56]

c. *Insbesondere: „Beförderung" zum Geschäftsleiter*

Ein in der Praxis häufig anzutreffender Fall besteht in dem Aufstieg des leitenden Angestellten zum Geschäftsleiter der Gesellschaft. Änderten sich die Arbeitsbedingungen des Betroffenen nicht grundlegend, ging das BAG lange davon aus, das Arbeitsverhältnis und die Arbeitnehmereigenschaft bestünden über die Bestellung zum Geschäftsleiter hinaus fort und ruhten lediglich.[57] Das BAG begründete dies unter anderem damit, dass ein Verzicht auf den Kündigungsschutz

---

53 MüKo-GmbHG/*Jaeger* § 35 Rn. 252; *K. Schmidt* GesR, § 36 II 2 c; *U.H. Schneider* GmbHR 1993, 10 (13 ff.). A.A. für die AG MüKo-AktG/*Spindler* § 84 AktG, Rn. 76 mit dem Argument, der allein nach § 76 AktG verpflichtete Vorstand könne nicht aufgrund seines schuldrechtlichen Vertrages „Diener zweier Herren" sein.

54 BAG 20.8.2003 – 5 AZB 79/02, NJW 2003, 3290. Früher ging das BAG im Grundsatz davon aus, dass der Geschäftsführer der Komplementär-GmbH gleichzeitig Arbeitnehmer der KG sein kann. Hier stellte das BAG auf den Einzelfall bezogen darauf ab, wie die Stellung des Geschäftsführers gegenüber der KG konkret ausgestaltet ist (BAG 10.7.1980 – 3 AZR 68/79, NJW 1981, 302 [303]; BAG 15.4.1982 – 2 AZR 1101/79, BAGE 39, 16 = NJW 1983, 2405; BAG 13.5.1992 – 5 AZR 344/91, GmbHR 1993, 35).

55 BAG 25.10.2007 – 6 AZR 1045/06, Tz. 18, NJW 2008, 1018 m.w.N.

56 *Henssler* RdA 1992, 289 (300).

57 BAG 9.5.1985 – 2 AZR 330/84, NZA 1986, 792 (794); BAG 12.3.1987 – 2 AZR 336/86, NZA 1987, 845 (845 f.).

allenfalls bei einem finanziellen Ausgleich den Interessen der Parteien entsprechen könne.

Heute vertritt das BAG jedoch, mit der Bestellung zum Geschäftsleiter werde der bisherige Arbeitsvertrag durch eine konkludente Vereinbarung aufgehoben und ein neuer Geschäftsführerdienstvertrag geschlossen.[58] Das heißt, dass auch in Fällen der „Beförderung" zum Geschäftsleiter nunmehr die oben skizzierten Grundsätze zur Bestimmung einer etwaigen Arbeitnehmereigenschaft anzuwenden sind[59] und der zum Geschäftsleiter Beförderte grundsätzlich freier Dienstnehmer ist.

II. Rechtsprechung des EuGH bis 2010

Nachfolgend werden die grundlegenden und im Zusammenhang mit der vorliegenden Untersuchung entscheidenden Aspekte des europarechtlich bestehenden Arbeitnehmerbegriffs untersucht.[60] Um die Bedeutung der *Danosa*-Entscheidung zu erfassen, soll der Gesetzes- und Rechtsprechungsstand vor der Entscheidung herausgearbeitet werden, insbesondere welche Kriterien der EuGH bei der Bestimmung des Begriffs „Arbeitnehmer" anlegte.

1. Primärrechtlicher Arbeitnehmerbegriff

Der EuGH hat den Arbeitnehmerbegriff vor allem anhand seiner Entscheidungen zur Arbeitnehmerfreizügigkeit nach Art. 45 AEUV entwickelt. Weder das Primärrecht noch die zur Arbeitnehmerfreizügigkeit erlassene Verordnung[61] definieren den Begriff des Arbeitnehmers. Die Definition und die Abgrenzung zu anderen Grundfreiheiten war demnach der Rechtsprechung des EuGH überlassen. Vielfach war dabei eine Abgrenzung notwendig zwischen den Begriffen Arbeitnehmer und Selbständiger. Diese Abgrenzung entscheidet zugleich über

58 BAG 7.10.1993 - 2 AZR 260/93, NZA 1994, 212 (213); BAG 8.6.2000 - 2 AZR 207/99, NZA 2000, 1013 (1015).

59 Vgl. BAG 25.10.2007 – 6 AZR 1045/06, Tz. 18, NJW 2008, 1018 bei der GmbH; das gilt auch für den Vorstand einer AG, s. *Kauffmann-Lauven* NZA 2000, 799 (799 f).

60 Für Gesamtüberblicke oder hinsichtlich anderer Teilaspekte umfassende Untersuchungen s. *Borelli* AuR 2011, 472; *Müller* S. 19 ff., 83 ff.; *Rebhahn* EuZA 2012, 3.

61 Verordnung (EWG) Nr. 1612/68 des Rates vom 15.10.1968 über „die Freizügigkeit der Arbeitnehmer innerhalb der Gemeinschaft" (ABl. L 257 vom 19.10.1968, S. 2).

den sachlichen Anwendungsbereich von Arbeitnehmerfreizügigkeit einerseits und Dienstleistungsfreiheit (Art. 56 AEUV) andererseits.[62]

Der EuGH nimmt die Auslegung gemeinschaftsautonom vor, um zu verhindern, dass die Mitgliedsstaaten nach ihrem Belieben den Begriff des Arbeitnehmers weiter oder enger bestimmen und so selbst entscheiden können, wer dem Schutz des Primärrechts unterfällt.[63] Dieser Linie entspricht es, wenn der EuGH der formalen Einstufung als Selbständiger durch das Recht der Mitgliedsstaaten keine Bedeutung beimisst.[64] Ferner geht der EuGH von einem tendenziell weiten Begriffsverständnis aus; eine einschränkende Auslegung von Begriffen, die den Anwendungsbereich von Grundfreiheiten betreffen, verbiete sich.[65]

Im Ausgangspunkt sei die Frage der Arbeitnehmereigenschaft einzelfallabhängig anhand der Gesamtheit aller Faktoren und Umstände zu prüfen, „die die Beziehungen zwischen den Parteien charakterisieren, wie etwa die Beteiligung an den geschäftlichen Risiken des Unternehmens, die freie Gestaltung der Arbeitszeit und der freie Einsatz eigener Hilfskräfte".[66] Nach ständiger Rechtsprechung ist wesentliches Merkmal eines Arbeitsverhältnisses, „dass jemand während einer bestimmten Zeit für einen anderen nach dessen Weisung Leistungen erbringt, für die er als Gegenleistung eine Vergütung erhält".[67] Entscheidende Bedeutung hat somit die Weisungsgebundenheit, die den Arbeitnehmer vom selbständigen Dienstleistungserbringer (vgl. Art. 57 AEUV) unterscheidet.[68] Eine Weisungsabhängigkeit in diesem Sinne besteht nach der Rechtsprechung des EuGH dann, wenn der Betroffene „der Weisung oder Aufsicht" eines Dritten untersteht, der „ihm die zu erbringenden Leistungen und die Arbeitszeiten vorschreibt, deren Anweisungen er auszuführen und deren Vorschriften er

---

62 Dauses/*Hailbronner* D. I. Rn. 142; Grabitz/Hilf/Nettesheim/*Forsthoff* Art. 45 AEUV, Rn. 69; Grabitz/Hilf/Nettesheim/*Randelzhofer/Forsthoff* Art. 57 AEUV, Rn. 40.

63 Grundlegend EuGH 19.3.1964 – Rs. C-75/63 (*Unger*), Slg. 1964, 381 (396 f.).

64 EuGH 13.1.2004 – Rs. C-256/01 (*Allonby*), Tz. 71, NZA 2004, 201.

65 EuGH 23.3.1982 – Rs. C-53/81 (*Levin*), Tz. 12 f., Slg. 1982, 1035. – Näher zu den Grundsätzen der unionsrechtlichen Auslegung Riesenhuber/*Pechstein/Drechsler* § 8 Rn. 20 f.

66 EuGH 14.12.1989 – Rs. C-3/87 (*Agegate*), Tz. 36, Slg. 1989, 4459.

67 EuGH 3.7.1986 – Rs. C-66/85, (*Lawrie-Blum*), Tz. 17, Slg. 1986, 2121; EuGH 27.6.1996 – Rs. C-107/94 (*Asscher*), Tz. 25, NJW 1996, 2921; EuGH 13.1.2004 – Rs. C-256/01 (*Allonby*), Tz. 67, NZA 2004, 201; EuGH 7.9.2004 – Rs. C-456/02 (*Trojani*), Tz. 15, NZA 2005, 757.

68 Krit. dazu und in Grenzfällen stattdessen auf das Merkmal der unternehmerischen Freiheit abstellend sowie auf die Frage, wer das Unternehmerrisiko trägt, *Wank* EuZA 2008, 172 (189 f.).

einzuhalten hat".[69] Die vom EuGH angelegten Abgrenzungskriterien weisen gewisse Parallelen zu deutschem Recht auf, namentlich hinsichtlich der Abgrenzung zwischen Arbeits- und Werkvertrag. Auch hierfür kommt es – neben dem nach herrschender Meinung zentralen Abgrenzungskriterium der Erfolgsbezogenheit der Werkleistung[70] – auf die Pflicht zur persönlichen Leistungserbringung[71] und den Umfang der Weisungsgebundenheit[72] an.

Wendet man sich speziell der Arbeitnehmereigenschaft von Geschäftsführern zu, fällt der Blick zunächst auf die Entscheidung in der Rs. *Asscher*[73]. Auf dem Boden des Primärrechts hat der EuGH die Arbeitnehmereigenschaft eines Geschäftsführers einer niederländischen GmbH verneint und sah ihn als von der Niederlassungsfreiheit geschützt an. Allerdings war Herr *Asscher* zugleich Alleingesellschafter. Insoweit schied eine Weisungsabhängigkeit im eben skizzierten Sinne von vornherein aus und es war für den EuGH naheliegend, auf Grundlage seiner bisherigen Rechtsprechung die Arbeitnehmereigenschaft abzulehnen.[74]

---

69 EuGH 3.7.1986 – Rs. C-66/85 (*Lawrie-Blum*), Tz. 18, Slg. 1986, 2121.

70 BGH 16.7.2002 – X ZR 27/01, NJW 2002, 3323 (3325): „Zwar ist eine konkrete Beschreibung des zu erreichenden Erfolgs ... ein typisches Merkmal eines Werkvertrags. ... [Aber es] ist im Einzelfall unter Berücksichtigung aller relevanten Umstände zu ermitteln, welche Bedeutung einer im Vertrag enthaltenen Aufgabenbeschreibung zukommt". S. auch BGH 7.3.2002 – III ZR 12/01, NJW 2002, 1571 (1572). Weitere Nachw. auch aus der Lit. bei Jauernig/*Mansel* Vor § 631 BGB, Rn. 3.

71 S. einerseits die Auslegungsregel in § 613 S. 1 BGB, die als „Grundregel des Dienst- und Arbeitsvertragsrechts" begriffen wird (ErfK/*Preis* § 613 BGB, Rn. 1), andererseits das Fehlen einer entsprechenden Vorschrift im Werkvertragsrecht. Die Leistungspflicht aus § 631 BGB ist damit regelmäßig nicht höchstpersönlicher Natur, anders als dies die Auslegungsregel in § 613 BGB für das Dienstvertragsrecht bestimmt (ausf. Messerschmidt/Voit/*von Rintelen* § 631 BGB, Rn. 86 ff.).

72 Auch wenn erfolgsbezogene Weisungen beim Werkvertrag möglich sind (vgl. § 645 Abs. 1 S. 1 BGB), wird der Werkunternehmer jedenfalls prinzipiell eigenverantwortlich und weisungsfrei tätig (vgl. Staudinger/*Peters/Jacoby* Vor §§ 631 ff. BGB, Rn. 29), während der Arbeitnehmer typischerweise umfassenden Weisungen unterliegt (vgl. Moll/*Reiserer* § 6 Rn. 8 ff.).

73 27.6.1996 – Rs. C-107/94, NJW 1996, 2921.

74 In Abgrenzung dazu entschied der EuGH in der Rs. *Meeussen* (8.6.1999 – Rs. C-337/97, Tz. 15, Slg. 1999, I-3289), dass es sich jedoch nicht auf den Status als Arbeitnehmer auswirke, wenn die betreffende Person für eine Gesellschaft tätig wird, mit deren Geschäftsführer und Alleingeschäftsführer sie verheiratet ist: „Denn die personenrechtlichen und vermögensrechtlichen Beziehungen zwischen Ehegatten, die sich aus der Ehe ergeben, schließen im Rahmen der Unternehmensorganisation das Bestehen eines Unterordnungsverhältnisses, wie es für ein Arbeitsverhältnis typisch ist, nicht aus."

Im Zusammenhang mit der Frage der Weisungsabhängigkeit stellte der EuGH zudem heraus, dass Herr *Asscher* nicht in einem Verhältnis der Unterordnung stand.[75] In einer neueren Entscheidung in der Rs. *Nadin/Dureé*[76] griff der EuGH das Kriterium der Unterordnung wieder auf und urteilte, eine Tätigkeit außerhalb eines Unterordnungsverhältnisses sei stets eine selbständige Erwerbstätigkeit im Sinne der Niederlassungsfreiheit. Das Kriterium der Unterordnung, das der EuGH weder in der *Asscher*- noch in der *Nadin/Dureé*-Entscheidung näher erläuterte, wird im Verlauf der Untersuchung noch eine wesentliche Rolle spielen.[77]

Keinen Widerspruch zu dieser Rechtsprechung stellt es dar, wenn der EuGH in der Rs. *Clean Car*[78] den „Geschäftsführer" einer Kfz-Servicestation dem Anwendungsbereich der Arbeitnehmerfreizügigkeit zugeordnet hat, ohne die Frage seiner Weisungsabhängigkeit überhaupt zu erörtern.[79] Denn die Bestellung als „Geschäftsführer" hatte nach den nationalen gewerberechtlichen Vorschriften nur für *das Gewerbe* zu erfolgen; die Bestellung als Geschäftsführer im gesellschaftsrechtlichen Sinne war davon unabhängig und nicht erforderlich.[80] Vom vorlegenden Gericht wurde festgestellt, der „Geschäftsführer" der Servicestation sei Angestellter der Gesellschaft; weder wurde dessen Bestellung zum Geschäftsführer einer Gesellschaft festgestellt noch überhaupt das Bestehen einer eigenständigen Servicestation-Gesellschaft. Die Frage der Arbeitnehmereigenschaft von Organmitgliedern konnte sich für den EuGH somit von vornherein nicht stellen.[81]

---

75 EuGH 27.6.1996 – Rs. C-107/94 (*Asscher*), Tz. 26, NJW 1996, 2921.

76 15.12.2005 – verb. Rs. C-151/04 u. C-152/04, Tz. 31, NZA 2006, 311.

77 S. im Zusammenhang mit der *Danosa*-Entscheidung unten, S. 25 ff.

78 7.5.1998 – Rs. C-350/96, NZG 1998, 809.

79 Einen solchen Widerspruch sieht aber *Liebhäuser* S. 77. Krit. auch Grabitz/Hilf/Nettesheim/*Forsthoff* Art. 45 AEUV, Rn. 71. Die Rechtsprechung des EuGH bezeichnen auch *Eßer/Baluch* NZG 2007, 321 (324) insoweit als „nicht konsequent".

80 Vgl. § 39 Abs. 2 S. 1 der österreichischen GewO 1994, wonach die Organeigenschaft selbst dann nicht zwingend erforderlich ist, wenn zur Ausübung des Gewerbes ein Befähigungsnachweis erforderlich ist; ausreichend ist unter den Voraussetzungen aus Nr. 2 vielmehr auch die Beschäftigung eines Arbeitnehmers als „Geschäftsführer".

81 Ähnlich in EuGH 29.10.1998 – Rs. C-114/97 (*Kommission/Spanien*), EuZW 1999, 125. Auch aus diesem Fall geht nicht hervor, dass die Frage der Arbeitnehmereigenschaft von Organmitgliedern eine Rolle gespielt hätte; durch das Wohnsitzerfordernis hinsichtlich „Geschäftsführern und Direktoren" wurden, so der EuGH, die in anderen Mitgliedstaaten niedergelassenen Unternehmen daran gehindert, sich auch in Spanien

Damit lässt sich konstatieren, dass bei der Bestimmung der Arbeitnehmereigenschaft auf dem Boden des Primärrechts im Allgemeinen und hinsichtlich Geschäftsleitern im Besonderen das Kriterium der weisungsabhängigen Leistungserbringung entscheidend ist. Bislang hatte der EuGH jedoch nicht entschieden, wie die Begriffe der Weisungsabhängigkeit und des Unterordnungsverhältnisses zu definieren sind. Die bereits entschiedenen Fälle gaben keinen Anlass, auf Grenzfragen wie der Arbeitnehmereigenschaft eines Fremd-Geschäftsführers einzugehen.

2. Sekundärrechtlicher Arbeitnehmerbegriff

Der EuGH betont in Entscheidungen zur Auslegung des Sekundärrechts, dass der Begriff des Arbeitnehmers in jeder europäischen Rechtsnorm – abhängig von Anwendungsbereich und Gesetzeszweck – unterschiedlich zu definieren sein könne.[82] Es besteht damit insbesondere kein einheitlicher primär- und sekundärrechtlicher Arbeitnehmerbegriff.[83] So wird auch darauf hingewiesen, dass eine Vermengung von primär- und sekundärrechtlichem Arbeitnehmerbegriff unzulässig sei.[84] In Zusammenhang mit dem Primärrecht sei der Begriff etwa für die Abgrenzung zwischen Arbeitnehmerfreizügigkeit und Dienstleistungsfreiheit relevant. Demgegenüber diene die Abgrenzung im Bereich des Sekundärrechts häufig dazu, den Anwendungsbereich eines Schutzgesetzes zu bestimmen.[85]

Zudem verweist das Sekundärrecht verschiedentlich ausdrücklich auf das jeweilige nationale Begriffsverständnis des Mitgliedsstaats, wie etwa Art. 2 Nr. 1 lit. c

---

niederzulassen. Darauf, dass die Geschäftsführer als Einzelpersonen in ihren Rechten beeinträchtigt sind, kam es somit auch hier nicht an.

82 EuGH 12.5.1998 – Rs. C-85/96 (*Sala*), Tz. 31, EuZW 1998, 372. Bestätigt in EuGH 7.6.2005 – Rs. C-543/03 (*Dodl*), Tz. 27, JZ 2006, 36 m. Anm. *Fuchs*. Zur Entwicklung dieser Einsicht *Scheibeler* S. 72 f.

83 Vgl. dazu *Colneric* FS Iglesias, 2003, 385, die nach einer Nachzeichnung der Entwicklung des Arbeitnehmerbegriffs resümiert, der EuGH habe „sehr sensibel auf den jeweils unterschiedlichen Kontext" reagiert, „in dem der Begriff des Arbeitnehmers verwandt wird" (S. 397). Vgl. auch die Analyse von *Wank* EuZA 2008, 172 (178 ff., 185). Aufgrund dieser Unterscheidung zwischen primär- und sekundärrechtlichem Arbeitnehmerbegriff ist die Rspr. des EuGH auch nicht widersprüchlich, wie aber *Forst* GmbHR 2012, 821 (824) meint: „Wenn der autonom-europäische Arbeitnehmerbegriff seine Grundlage in Art. 45 AEUV findet und dessen Begriffsbestimmung auch für die Rechtsakte nach Art. 288 AEUV maßgeblich ist, kann der Arbeitnehmerbegriff nicht für jeden dieser Rechtsakte gesondert zu bestimmen sein".

84 *Rebhahn* EuZA 2012, 3 (5, 17).

85 *Rebhahn* EuZA 2012, 3 (6).

der Betriebsübergangs-RL[86] oder Art. 2 Abs. 1 der Jugendarbeitsschutz-RL[87]. Der Heranziehung eines eigenen sekundärrechtlichen Arbeitnehmerbegriffs bedarf es insoweit nicht. Selbst für den Fall, dass keine ausdrückliche Verweisung auf das Recht des Mitgliedsstaates vorliegt, nimmt der EuGH an, dass sich aus dem Zweck eines Sekundärrechtsakts ergeben könne, dass auf den Arbeitnehmerbegriff des jeweiligen Mitgliedsstaates abzustellen sei. Ergebe sich aus dem Rechtsakt selbst, dass lediglich der durch den Mitgliedsstaat bereits gewährte Arbeitnehmerschutz ausgedehnt werden soll und keine vollständige Harmonisierung beabsichtigt sei, sei auf den jeweiligen nationalstaatlichen Arbeitnehmerbegriff abzustellen.[88]

Soweit es sekundärrechtlich auf einen europäischen Arbeitnehmerbegriff ankommt, stellt der EuGH im Grundsatz auf den zum Primärrecht entwickelten Arbeitnehmerbegriff ab. Das ist wohl auch der Grund, warum gelegentlich – wie gesehen: in der Sache ungenau – auch von einem „allgemeinen unionsrechtlichen Arbeitnehmerbegriff" gesprochen wird.[89] Soweit es auf einen sekundärrechtlichen Arbeitnehmerbegriff ankommt, bildet das Merkmal der Weisungsabhängigkeit auch dort stets den Mittelpunkt der Frage, ob eine Person als Arbeitnehmer oder als Selbständiger einzuordnen ist. So hat der EuGH im Zusammenhang mit der hier entscheidenden MuSchRL in der Rs. *Kiiski*[90] seine Rechtsprechung zum Primärrecht herangezogen.

3. *Zusammenfassung*

Zusammenfassend lässt sich festhalten, dass der EuGH den Arbeitnehmerbegriff, den er bei der Anwendung von Richtlinien anlegt, im Wesentlichen auf Grundlage seiner primärrechtlichen Rechtsprechung zur Arbeitnehmerfreizügigkeit entwickelt hat. Der EuGH legt einen gemeinschaftsautonomen Arbeitnehmerbegriff zugrunde, demzufolge Arbeitnehmer ist, wer Leistungen gegen eine Vergütung für eine andere Person nach deren Weisung erbringt. Dies gilt jedoch nur

86 Richtlinie 2001/23/EG des Rates vom 12.3.2001 zur „Angleichung der Rechtsvorschriften der Mitgliedstaaten über die Wahrung von Ansprüchen der Arbeitnehmer beim Übergang von Unternehmen, Betrieben oder Unternehmens- oderBetriebsteilen" (ABl. L 82 vom 22.3.2001, S. 16).

87 Richtlinie 94/33/EG des Rates vom 22.5.1994 über den Jugendarbeitsschutz (ABl. L 216 vom 20.8.1994, S. 12).

88 EuGH 11.7.1985 – Rs. C-105/84 (*Foreningen af Arbejdsledere i Danmark*), Tz. 26, Slg. 1985, 2639 zur alten Betriebsübergangs-RL 77/187 vom 14.2.1977 (ABl. L 61 vom 5.3.1977, S. 26).

89 Etwa LAG Rheinland-Pfalz 27.2.2012 – 5 Sa 607/11, Tz. 32, *juris*.

90 20.9.2007 – Rs. C-116/06, Tz. 25, NZA 2007, 1274.

dann, sofern nicht nach einer Auslegung des jeweiligen Sekundärrechtsakts der mitgliedsstaatliche Arbeitnehmerbegriff anzuwenden ist.

Dabei wurden die bislang vom EuGH verwandten Kriterien herausgearbeitet, wobei vor allem die Weisungsabhängigkeit als entscheidend identifiziert werden konnte. Zudem wurde nachgewiesen, dass der EuGH das Bestehen eines Unterordnungsverhältnisses bereits als Kriterium benannte, ohne dessen Inhalt jedoch bislang zu erläutern. Diesen Rechtsprechungsstand fanden die Richter des EuGH vor, als sie über die Behandlung der Rs. *Danosa* berieten.

III. Schlussfolgerungen

Die vorstehende Darstellung hat gezeigt, dass die deutsche Rechtsprechung den Geschäftsleiter allenfalls in seltenen Fällen als Arbeitnehmer ansieht. Während das BAG noch in Ausnahmefällen eine Arbeitnehmereigenschaft annimmt, sieht der BGH den Geschäftsleiter ausnahmslos als freien Dienstnehmer an. Demgegenüber ließen sich aus der bisherigen Rechtsprechung des EuGH keine Erkenntnisse über die Arbeitnehmereigenschaft von organschaftlichen Geschäftsleitern gewinnen. Frühere Judikate beschäftigen sich nicht mit Organvertretern.

B. Die Danosa-Entscheidung des EuGH

Eine Zäsur in der Rechtsprechung zum Arbeitnehmerbegriff des Organvertreters stellt die Entscheidung des EuGH in der Rs. *Danosa* dar. Zunächst soll die Vorlage skizziert werden, die der *Danosa*-Entscheidung zugrundeliegt. Danach folgen eine Analyse der Entscheidungsgründe und eine kritische Auseinandersetzung mit ihnen.

I. Sachverhalt und Hintergrund der Vorlage

Die Entscheidung gründet auf einem Vorabentscheidungsersuchen eines lettischen Gerichts. Gegenstand des Ausgangsverfahrens war die Abberufung von *Dita Danosa*, der schwangeren Alleingeschäftsführerin einer lettischen Gesellschaft mit beschränkter Haftung (*sabiedrība ar ierobežotu atbildību*, SIA), einer Leasinggesellschaft, die unter *LKB Līzings SIA* firmierte.

Das lettische Handels- und Gesellschaftsrecht beruht wesentlich auf dem deutschen Recht.[91] Es legt insbesondere die Entscheidung über die Abberufung des Geschäftsführers in die Hände der Gesellschafterversammlung, die

91 *Lang* WiRO 2009, 166 (167). Vgl. auch *Klauberg* S. 23: wesentliche Teile des HGB, GmbHG, AktG und UmwG wurden übernommen.

diesbezüglich grundsätzlich keinen Beschränkungen unterliegt.[92] Das lettische Arbeitsrecht erlaubt den Parteien, für das Anstellungsverhältnis zwischen einem Arbeits- und einem Geschäftsbesorgungsvertrag als Vertragsgrundlage zu wählen.[93] Es schreibt vor, dass Kündigungen eines Arbeitsvertrags während der Schwangerschaft grundsätzlich unzulässig sind.[94]

Frau *Danosa* war 2006 für drei Jahre zur Geschäftsführerin der SIA bestellt worden; ein schuldrechtlicher Vertrag wurde nach den Feststellungen des vorlegenden Gerichts nicht geschlossen. In der SIA bestand (fakultativ[95]) ein Aufsichtsrat, dem Frau *Danosa* Rechenschaft über ihre Tätigkeit ablegen und mit welchem sie zusammenarbeiten musste. Sie übersandte dem Aufsichtsrat mehrfach Berichte und Informationsschreiben. Durch Beschluss der Gesellschafterversammlung wurde sie 2007 als Geschäftsführerin abberufen, obwohl sie zu diesem Zeitpunkt in der elften Woche schwanger war. Die Klage, mit der Frau *Danosa* die Unwirksamkeit der Abberufung verfolgte, blieb in den ersten beiden Instanzen erfolglos. Das Kassationsgericht hingegen war der Ansicht, die MuSchRL stehe der Abberufung einer schwangeren Geschäftsführerin entgegen. Es legte dem EuGH die Fragen vor, ob eine Geschäftsführerin „Arbeitnehmerin" im Sinne der MuSchRL sei und ob die Richtlinie einer Rechtsnorm entgegenstehe, die es ermögliche, eine schwangere Geschäftsführerin jederzeit abzuberufen.

II. Analyse der Entscheidung

Die bislang ungeklärte Frage, ob die Geschäftsleiterin einer Kapitalgesellschaft dem Arbeitnehmerbegriff im Sinne der MuSchRL unterfallen kann, bejahte der EuGH in der *Danosa*-Entscheidung.

Nachfolgend werden die Kriterien herausgearbeitet, die der EuGH zur Bestimmung der Arbeitnehmereigenschaft der Geschäftsleiterin anlegte und welche Unterschiede sich insofern zum bisherigen deutschen Arbeitnehmerbegriff ergeben. Es soll zudem darauf eingegangen werden, ob die Entscheidung des EuGH in der Sache überzeugt.

1. Grundsätze zur Bestimmung der Arbeitnehmereigenschaft

Ausgehend von seiner früheren Rechtsprechung zum Arbeitnehmerbegriff hebt der EuGH zunächst einige grundsätzliche Aussagen zur Bestimmung des

92 Art. 224 des lettischen HGB (*Komerclikums*, Latvijas Vestnesis, 2000, Nr. 158/160).

93 Art. 44 Abs. 3 des lettischen ArbGB (*Darba likums*, Latvijas Vestnesis, 2001, Nr. 105).

94 Art. 109 Abs. 1 des lettischen ArbGB (s. Fn. 93).

95 Vgl. *Klauberg* S. 40.

Arbeitnehmerbegriffs hervor. Der Gerichtshof führt aus, die mitgliedsstaatliche Einstufung des Verhältnisses zwischen Gesellschaft und Geschäftsleitung, speziell die Frage, ob der Anstellungsvertrag ein Arbeitsvertrag nach nationalem Recht sei, könne nicht ausschlaggebend sein.[96] Auch könne ein Unterordnungsverhältnis von Frau *Danosa* nicht bereits deshalb ausgeschlossen sein, weil sie Mitglied der Unternehmensleitung war und aufgrund dessen einen Ermessensspielraum bei der Wahrnehmung ihrer Aufgaben hatte. Umgekehrt weist der EuGH aber darauf hin, dass Geschäftsleiter „in Anbetracht ihrer spezifischen Aufgaben und des Rahmens sowie der Art und Weise der Ausübung" nicht zwingend unter den Arbeitnehmerbegriff fallen.[97] Er hebt hervor, dass Frau *Danosa* zur einzigen Geschäftsführerin der Gesellschaft für eine bestimmte Dauer bestellt war und bei der Erfüllung ihrer Leitungsaufgaben gegenüber dem Aufsichtsrat, den sie selbst nicht kontrollierte, Rechenschaft ablegen und mit ihm zusammenarbeiten musste und sie von diesem auch jederzeit abberufen werden konnte.[98] Der EuGH nimmt damit eine Gesamtschau aller Umstände vor und schließt daraus, dass Frau *Danosa* als Arbeitnehmerin anzusehen sei.

2. *Kriterien zur Bestimmung der Arbeitnehmereigenschaft*

Analysiert man die Antwort auf die Vorlagefrage und die Begründung der Entscheidung, ergibt sich eine Reihe von Kriterien, anhand deren der EuGH die Arbeitnehmereigenschaft des Organmitglieds prüft und im Falle von Frau *Danosa* bejaht:[99]

- Eingliederung in die Gesellschaft,
- Erbringung einer Leistung gegenüber der Gesellschaft,
- Entgeltlichkeit dieser Leistung,
- Bestehen eines Unterordnungsverhältnisses, dabei:
    - o Weisungsunterworfenheit oder Aufsicht durch ein anderes Organ,
    - o Ausübung der Tätigkeit für eine bestimmte Zeit,
    - o jederzeitige Abberufbarkeit ohne Einschränkungen.

Die Kernaussagen des EuGH zu den jeweiligen Kriterien sollen nachfolgend näher dargestellt werden, um ihren Inhalt zu bestimmen und damit eine Übertragung der *Danosa*-Grundsätze auf das deutsche Recht zu ermöglichen.

---

96 EuGH 11.11.2010 – Rs. C-232/09 (*Danosa*), Tz. 42, NJW 2011, 2343.
97 EuGH Rs. *Danosa* (Fn. 96), Tz. 51.
98 EuGH Rs. *Danosa* (Fn. 96), Tz. 48–50.
99 EuGH 11.11.2010 – Rs. C-232/09 (*Danosa*), Tz. 51, 56, NJW 2011, 2343.

a. Vorbemerkung: Relevanz der Schlussanträge des Generalanwalts

Ergänzend werden neben der früheren Rechtsprechung des EuGH auch die Schlussanträge des Generalanwalts ausgewertet, die der EuGH in der *Danosa*-Entscheidung vielfach in Bezug nimmt. Die Schlussanträge des Generalanwalts haben als Äußerung eines Organs des EuGH[100] für das Verständnis einer Entscheidung und bei deren Adaption in die nationalen Rechtsordnungen eine erhebliche Bedeutung.[101] Nach Art. 49 Abs. 2 der EuGH-Satzung hat der Generalanwalt „in völliger Unparteilichkeit und Unabhängigkeit begründete Schlussanträge zu bestimmten dem Gericht unterbreiteten Rechtssachen öffentlich zu stellen, um das Gericht bei der Erfüllung seiner Aufgaben zu unterstützen". Dabei entwirft der Berichterstatter erst nach Vorlage der Schlussanträge das Urteil.[102] In der Praxis folgt der EuGH dem Generalanwalt in der weit überwiegenden Zahl an Fällen.[103] Zwar kann dies auch dem Umstand geschuldet sein, dass der Generalanwalt sich regelmäßig an früheren Judikaten des EuGH orientiert.[104] Zudem gibt es bedeutende Rechtssachen, in denen der EuGH dem Generalanwalt gerade nicht gefolgt ist.[105] Selbst hinsichtlich der statistischen Werte zurückhaltende Vertreter betonen aber die Schlüsselposition des Generalanwalts im Verfahren.[106]

---

100 EuGH 4.2.2000 – Rs. C-17/98 (*Emesa Sugar*), Tz. 14, Slg. 2000, I-665 (I-672) (nicht das Urteil vom 8.2.2000, sondern der vorangegangene Beschluss): Schlussanträge sind „die individuelle, begründete und öffentlich darlegte Auffassung eines Mitglieds des Organs selbst".

101 Vgl. Grabitz/Hilf/Nettesheim/*Karpenstein* Art. 252 AEUV, Rn. 17: „Der Verweis auf eine wohlbegründete Auffassung eines Generalanwaltes spielt in Verfahren vor den nationalen Instanzen deshalb immer wieder eine wichtige Rolle, auch wenn der Gerichtshof im betreffenden Verfahren keinen Anlass hatte, sich mit der Ansicht des Generalanwaltes auseinanderzusetzen"; *Kokott* S. 11 f., die selbst Generalanwältin ist; Calliess/Ruffert/*Wegener* Art. 252 AEUV, Rn. 3: Bedeutung der Schlussanträge könne „für das Verständnis der Entscheidungen … kaum überschätzt werden".

102 *Kokott* S. 6.

103 *Alber* DRiZ 2006, 168 (169): über 80%; *Kokott* S. 6, selbst Generalanwältin: ca. 80%; *Seyr* JuS 2005, 315 [316]: 75% als „Erfahrungswert"; *Tridimas* CMLR 1997, 1349 [1362]: 88% als Ergebnis einer sechsmonatigen Stichprobe).

104 *Gnudel* EuR 2008, Beiheft 3, 23 (37 ff.).

105 *Gaissert* S. 384 ff.; *Gnudel* EuR 2008, Beiheft 3, 23 (37 ff.). Ein Beispiel aus jüngster Zeit bildet etwa EuGH 13.5.2014 – Rs. C-131/12 (*Google*), *juris*.

106 *Kovács* JA 2010, 625 (629) : „[B]ei aller gebotenen Skepsis [kann] davon ausgegangen werden, dass in mindestens zwei Dritteln der Fälle der Generalanwalt mit seinem Entscheidungsvorschlag durchdringt, was eine beeindruckende Erfolgsquote darstellt". *Gaissert* S. 384 ff. meint, die Bedeutung des Generalanwalts sei gesunken, was

Es ist deshalb zu konstatieren, dass die Schlussanträge zumindest wertvolle Hinweise für das Verständnis einer Entscheidung liefern können.

b. Eingliederung in die Gesellschaft

Der EuGH verwendet den Begriff der Eingliederung mehrfach als ein Kriterium der Arbeitnehmereigenschaft, ohne dieses Kriterium näher zu beschreiben. Auch in anderen Urteilen zum Arbeitnehmerbegriff hat das Kriterium bisher soweit ersichtlich keine Rolle gespielt. In der englischen und französischen Fassung des Urteils heißt es prägnanter, der Geschäftsführer müsse ein „integral part" bzw. „partie intégrante" der Gesellschaft sein, um dem Arbeitnehmerbegriff zu unterfallen. Dies stimmt mit der Formulierung überein, die der Generalanwalt in der französischen Originalfassung seiner Schlussanträge gewählt hat.[107] Er verwendete den Begriff zur Abgrenzung vom bloßen Auftragnehmer, der von der Gesellschaft lediglich zur Erfüllung ganz bestimmter Aufgaben beschäftigt werde, jedoch weiterhin außerhalb der Gesellschaft stehe und damit Dritter sei.[108] Auf diesen Teil der Schlussanträge nahm der EuGH in seinen Entscheidungsgründen auch ausdrücklich Bezug.[109]

Damit kommt dem Begriff der Eingliederung zwar eine Abgrenzungsfunktion zu. Im Gegensatz zu dem vom BAG bei der Bestimmung der Arbeitnehmereigenschaft herangezogenen Kriterium der „Eingliederung in eine fremde Arbeitsorganisation"[110] dient es aber offenbar nicht als Indiz für eine bestehende persönliche Abhängigkeit. Vielmehr dient es, was sowohl die englische und französische Urteilsfassung als auch die Bezugnahme auf die Schlussanträge nahelegen, offenbar allein der Beantwortung der Frage, ob der Geschäftsleiter ein Teil der Binnenorganisation der Gesellschaft oder lediglich Außenstehender ist.[111]

---

sie mit Divergenzen zwischen den Schlussanträgen und den Entscheidungen des EuGH begründet.

107 EuGH, Schlussanträge vom 2.9.2010 – Rs. C-232/09, Tz. 77, *juris*.

108 EuGH, Schlussanträge vom 2.9.2010 – Rs. C-232/09, Tz. 77 f., *juris*.

109 EuGH Rs. *Danosa* (Fn. 99), Tz. 48.

110 Etwa BAG 3.6.1998 – 5 AZR 656/97, NZA 1998, 1165 (1165 f.).

111 Vgl. *Mohr* ZHR 178 (2014), 326 (340); *Preis/Sagan* ZGR 2013, 26 (40 f.). Zweifelhaft ist, ob ein Hinweis auf EuGH 12.2.2009 – Rs. C-466/07 (*Klarenberg*), NJW 2009, 2029 sachdienlich ist. Bei der einen Betriebsübergang auslösenden Eingliederung eines Unternehmens- oder Betriebsteils in eine bestehende Organisationsstruktur geht es darum, wann ein identitätswahrender Übergang noch angenommen werden kann, obgleich die organisatorische Selbstständigkeit des übertragenen Teils nicht erhalten bleibt. Diese Funktion unterscheidet sich von einem Eingliederungsbegriff, der dazu dient, den Status als Arbeitnehmer zu bestimmen.

c. *Entgeltliche Leistungserbringung*

Der EuGH selbst definiert den Begriff des Entgelts in seiner Entscheidung nicht, da Frau *Danosa* die Tätigkeiten für die Gesellschaft gegen eine vom Aufsichtsrat festgesetzte Vergütung erbrachte und die Entgeltlichkeit daher unproblematisch war. In früheren Entscheidungen im Zusammenhang mit der Bestimmung der Arbeitnehmereigenschaft hat der EuGH „Entgelt" stets umfassend verstanden.[112] Er schließt alle Leistungen ein, die als Gegenleistung oder Vergütung angesehen werden können.[113] Der EuGH hat dabei auch Sachleistungen und lediglich „mittelbare Gegenleistungen" ausreichen lassen, etwa die Übernahme von Lebensunterhaltskosten[114] und die Zahlung eines Taschengelds[115].

Im Zusammenhang mit Gesellschaften ist insbesondere interessant, dass der EuGH im Fall *Agegate* auch eine Ertragsbeteiligung als Entgelt ansah.[116] Diesem Fall lag jedoch keine gesellschaftsrechtliche Vorlage zugrunde. Sie handelte von spanischen Fischern, deren Leistung als Besatzung eines Fangschiffes auf Ertragsbasis vergütet wurde, die also am Erlös des Fangverkaufs anteilig partizipierten. Generalanwalt *Bot* nahm in seinen Schlussanträgen in der Rs. *Danosa* jedoch ausdrücklich auf die *Agegate*-Entscheidung Bezug und betonte, im Sinne dieser Entscheidung stehe fest, dass „die Bezeichnung der Vergütung seitens der Parteien des Arbeitsverhältnisses sowie deren Modalitäten auf die Einstufung als Arbeitnehmer keine Auswirkung haben".[117]

d. *Bestehen eines Unterordnungsverhältnisses*

Die Kriterien der Weisungsunterworfenheit, Aufsicht, Bestellung und Abberufbarkeit sind als Teilkriterien eines bestehenden Unterordnungsverhältnisses

---

112 So betont der EuGH etwa in seiner Entscheidung vom 23.3.1982 – Rs. 53/81 (*Levin*), NJW 1983, 1249 (1250), nur bei einer weiten Auslegung des Arbeitnehmerbegriffs könne dieser seine „volle Wirkungskraft" entfalten und damit den Vertragszielen dienen; deshalb sei auch eine Leistung unterhalb des Existenzminimums als Entgelt anzusehen, die durch andere Einkommensquellen ergänzt wird (im Anschluss daran EuGH 14.12.1995 – Rs. C-317/93 [*Nolte*], Tz. 19, NJW 1996, 445).

113 Calliess/Ruffert/*Brechmann* Art. 45 AEUV, Rn. 16; Dauses/*Hailbronner* D. I. Rn. 143 m.w.N.

114 EuGH 5.10.1988 – Rs. C-196/87 (*Steymann*), Tz. 12, NVwZ 1990, 53.

115 EuGH 7.9.2004 – Rs. C-456/02 (*Trojani*), Tz. 22, NZA 2005, 757.

116 EuGH 14.12.1989 – Rs. C-3/87 (*Agegate*), Tz. 36, Slg. 1989, 4459.

117 EuGH, Schlussanträge vom 2.9.2010 – Rs. C-232/09, Tz. 55, *juris*.

anzusehen.[118] Der EuGH führt aus, für das Bestehen eines Unterordnungsverhältnisses seien die Bestellungsbedingungen, „die Art der [dem Mitglied der Unternehmensleitung einer Kapitalgesellschaft] übertragenen Aufgaben, der Rahmen, in dem diese Aufgaben ausgeführt werden, der Umfang der Befugnisse des Betroffenen und die Kontrolle, der es innerhalb der Gesellschaft unterliegt, sowie die Umstände, unter denen es abberufen werden kann" zu prüfen.[119] Daraus geht hervor, dass der EuGH das Bestehen eines Unterordnungsverhältnisses anhand einer Gesamtschau bestimmt. Ob ein Unterordnungsverhältnis vorliegt, sei „in jedem Einzelfall nach Maßgabe aller Gesichtspunkte und aller Umstände zu beantworten, die die Beziehungen zwischen den Beteiligten kennzeichnen".[120] Der EuGH lenkt seinen Blick gleichermaßen auf Inhalt wie Bestand des Geschäftsleiteramts, um zu bestimmen, ob eine Unterordnung gegeben ist.

aa. Inhalt: Weisungsunterworfenheit und Aufsicht

Zum Kriterium der Weisungsunterworfenheit finden sich in der *Danosa*-Entscheidung keine näheren Ausführungen. Insbesondere differenziert der EuGH nicht zwischen organschaftlichen Weisungen, die auf Grundlage von gesellschaftsrechtlichem Gesetzes- oder Satzungsrecht ergehen, und Weisungen, die für ein Arbeitsverhältnis typisch sind. Letztere können nur auf Grundlage des Anstellungsvertrags erteilt werden und umfassen etwa, wo und wann der Geschäftsleiter seine Tätigkeit auszuüben hat.[121] Aus der Entscheidung selbst lässt sich eine Beschränkung auf anstellungsvertragliche Weisungen nicht entnehmen, zumal der EuGH für die Bestimmung des Unterordnungsverhältnisses im Übrigen gerade die gesellschaftsrechtliche Organisationsverfassung aufgreift. Bemerkenswert ist, dass der EuGH auch auf Tz. 81 der Schlussanträge des Generalanwalts verweist, in der es heißt, aus den Verfahrensakten gehe nicht hervor, „dass der Aufsichtsrat oder die Gesellschafter den Mitgliedern des Vorstands in Bezug auf deren laufende Tätigkeit Weisungen erteilen konnten". Gleichwohl bejaht der Generalanwalt in der Folge die Vergleichbarkeit mit einem Arbeit-

---

118 Demgegenüber sehen *Reinhard/Bitsch* ArbRB 2011, 241 (241 f.) Aufgaben, Kontrolle und Abberufungsbedingungen als Unterkriterien der Weisungsabhängigkeit an. Nach der *Lawrie-Blum*-Definition, die der EuGH einleitend verwendet, liegt dies nahe, wird aber von den Entscheidungsgründen in der Rs. *Danosa* nicht getragen. Vgl. etwa „Weisung *oder* … Aufsicht … *und* das[s] … abberufen werden kann" (Tz. 51, Hervorhebungen nachträglich). Wie hier *Borelli* AuR 2011, 472 (474 f.).

119 EuGH 11.11.2010 – Rs. C-232/09 (*Danosa*), Tz. 47, NJW 2011, 2343.

120 EuGH Rs. *Danosa* (Fn. 119), Tz. 46.

121 *Mohr* ZHR 178 (2014), 326 (336).

nehmer. Indem der EuGH auf diese Äußerungen Bezug nimmt, zeigt er, dass das Bestehen eines Weisungsrechtes seines Erachtens gar nicht als unabdingbares Element eines Unterordnungsverhältnisses anzusehen ist.[122] Ein solches Unterordnungsverhältnis könne vielmehr schon dann vorliegen, wenn zwar ein Ermessensspielraum bei der Aufgabenerfüllung bestehe, die Geschäftsführerin aber Rechenschaft über ihre Tätigkeit ablegen und mit dem Kontrollorgan zusammenarbeiten müsse.[123] Die Tatsache, dass die Geschäftsführerin satzungsgemäß selbst mit der Bestimmung der Geschäftsordnung der Unternehmensleitung betraut ist, ändere an ihrer möglichen Arbeitnehmereigenschaft nichts.[124]

bb. Bestand: Bestellung und Abberufung

Der EuGH beantwortet die Vorlagefrage dahin, dass die Geschäftsführerin ihre Tätigkeit „für eine bestimmte Zeit"[125] erbringen müsse, um dem Arbeitnehmerbegriff zu unterfallen. Offenbar nimmt er damit Bezug auf die bei Frau *Danosa* bestehende befristete Bestellung für drei Jahre. Er erläutert in den Entscheidungsgründen indes nicht näher, unter welchen Voraussetzungen die Geschäftsführerin nur für eine bestimmte Zeit tätig wird. Insbesondere statuiert der EuGH nicht ausdrücklich, dass er eine Befristung als zwingend erforderlich erachtet. Auch führt er die jederzeitige voraussetzungslose Abberufbarkeit bei der Beantwortung der Vorlagefrage nicht an. Er misst diesem Merkmal jedoch bei der Frage Bedeutung bei, ob bereits „dem ersten Anschein nach"[126] eine Arbeitnehmereigenschaft gegeben ist und stellt im Rahmen der Begründung verschiedentlich darauf ab. Der EuGH verweist zudem auf konkrete Passagen der Schlussanträge von Generalanwalt *Bot*.[127] Aus der Rechenschaftspflicht gegenüber dem Aufsichtsrat und der Tatsache der freien Abberufbarkeit schließt *Bot*, es könne „schwerlich angenommen werden ..., dass die Mitglieder des Vorstands, die unter solchen Bedingungen ernannt wurden, ihre Tätigkeit in völliger Unabhängigkeit ausübten". Die Geschäftsleitung sei deshalb „in Wirklichkeit sehr wohl gezwungen, sich bei ihren Entscheidungen im Zusammenhang mit der Leitung

---

122 Das schließt auch *Borelli* AuR 2011, 472 (474) aus den Entscheidungsgründen. Ihres Erachtens sind für den EuGH „Integrierung" und „Kontrolle" die entscheidenden Faktoren für die Beurteilung des Unterordnungsverhältnisses. Allg. zur Relevanz der Schlussanträge des Generalanwalts s. bereits oben, S. 23.

123 EuGH Rs. *Danosa* (Fn. 119), Tz. 47–49.

124 EuGH Rs. *Danosa* (Fn. 119), Tz. 43.

125 EuGH Rs. *Danosa* (Fn. 119), Tz. 56.

126 EuGH Rs. *Danosa* (Fn. 119), Tz. 51.

127 EuGH, Schlussanträge vom 2.9.2010 – Rs. C-232/09, Tz. 82, *juris*.

der Gesellschaft nach den Erwartungen der Mitglieder des Aufsichtsrats und der Gesellschafter zu richten". Dabei stellt der Generalanwalt hinsichtlich der Abberufung auch darauf ab, dass diese der Geschäftsführerin gegenüber „anscheinend einfach mit einem Vertrauensverlust begründet werden" konnte.[128]

Dies legt den Schluss nahe, dass es dem EuGH letztlich auf eine Zusammenschau von Bestellungsmodalitäten und Abberufungsmöglichkeiten ankommt. Bewirken die Regelungen, dass der Geschäftsleiter auch faktisch frei und unabhängig von anderen Organen der Gesellschaft tätig sein kann, liegt eine Arbeitnehmereigenschaft fern. Das kann nach dem EuGH – wie sich aus den Urteilsgründen rückschließen lässt – etwa dann der Fall sein, wenn der Geschäftsleiter unbefristet bestellt worden und die Abberufung nur eingeschränkt möglich gewesen wäre. Ist er umgekehrt auf das Wohlwollen eines anderen Organs bei der Wiederbestellung angewiesen oder kann dieses Organ ihn jederzeit unter Berufung auf einen Vertrauensverlust abberufen, hat er keine völlig unabhängige Stellung. Er muss dann seine Leitungsmacht unter ständiger Rücksicht auf den Willen des Organs ausüben, das über seine Wiederbestellung oder Abberufung zu entscheiden hat. Dann handelt er, ganz im Einklang mit der Ausgangsdefinition des Arbeitnehmers, „für bestimmte Zeit", auch wenn die Länge dieser Zeitspanne nicht notwendig von Anfang an im Sinne einer Befristung festgelegt worden sein mag. Entscheidend ist dann, dass die Länge der Zeitspanne im Belieben eines Organs steht, das den Geschäftsführer nicht kontrolliert.

e. *Mindestbedingungen für die Arbeitnehmereigenschaft?*

Preis und *Sagan* vertreten, die vom EuGH angelegten Kriterien seien als Mindestbedingungen aufzufassen, um die Arbeitnehmereigenschaft annehmen zu können.[129] Argumente für diese Sichtweise werden jedoch nicht benannt, obgleich sich aus ihr weitreichende Folgen ergeben. Denn die Frage, ob die *Danosa*-Kriterien kumulativ vorliegen müssen, wird vielfach darüber entscheiden, ob Geschäftsleiter von Gesellschaften, deren Binnenverfassung nicht derjenigen der lettischen SIA entsprechen, als *Danosa*-Arbeitnehmer in Frage kommen.

Aus den Entscheidungsgründen selbst kann schwerlich abgeleitet werden, dass die *Danosa*-Kriterien als Mindestbedingungen anzusehen sind. Tatsächlich bringt der EuGH an keiner Stelle zum Ausdruck, dass eine der aufgestellten Voraussetzung unabdingbar für die Arbeitnehmereigenschaft wäre. Der EuGH betont zum einen, es seien „all[e] Gesichtspunkte und all[e] Umstände

128 EuGH, Schlussanträge vom 2.9.2010 – Rs. C-232/09, Tz. 80, *juris*.
129 *Preis/Sagan* ZGR 2013, 26 (40).

… die die Beziehungen zwischen den Beteiligten kennzeichnen“,[130] zu beachten. Das spricht nicht dafür, dass der EuGH von der Prämisse eines feststehenden Katalogs von Mindestbedingungen ausgegangen ist. Zudem begründen die genannten Kriterien nach EuGH lediglich „dem ersten Anschein nach“ eine Arbeitnehmereigenschaft.[131] Dies lässt den Schluss zu, dass der EuGH die einzelnen Voraussetzungen nicht als jeweils unabdingbar ansieht. Wenn es eine Arbeitnehmerstellung „dem ersten Anschein nach“ gibt, liegt es nahe, dass es auch eine Arbeitnehmerstellung geben kann, die sich aus anderen als den vom EuGH angelegten Kriterien schließen lässt. *Preis* und *Sagan* hingegen meinen, damit verweise „der EuGH lediglich darauf, dass es Sache des vorlegenden Gerichts ist, die maßgeblichen Tatsachen zu prüfen und abschließend über den Arbeitnehmerstatus der Geschäftsführerin zu entscheiden“. Doch betont dies der EuGH an andere Stelle bereits ausdrücklich,[132] weshalb es eines weiteren Hinweises nicht bedurfte.

Am deutlichsten gegen die Sichtweise von *Preis* und *Sagan* spricht, dass sich die Arbeitnehmereigenschaft und damit der Diskriminierungsschutz allzu leicht umgehen ließe, was mit der Linie des EuGH unvereinbar wäre. Bereits durch die statutarische Beschränkung der Abberufungsfreiheit könnte die Gesellschaft, folgte man der Auffassung von *Preis* und *Sagan*, die Arbeitnehmereigenschaft einfach ausschalten. Würde man die Abberufung etwa an „sachliche Gründe“ knüpfen,[133] wäre die Abberufungsmöglichkeit per definitionem nicht mehr einschränkungslos. Andererseits wäre sie aber lediglich in einem Umfang beschränkt, der für sich genommen keine Zweifel an einem möglichen Unterordnungsverhältnis aufkommen ließe. Denn bereits die Zuwiderhandlung gegen eine zulässige Gesellschafterweisung – welche nach dem Verständnis des EuGH gerade Ausdruck eines bestehenden Unterordnungsverhältnisses ist – könnte einen Sachgrund darstellen.[134] Zudem kann nach der Rechtsprechung die Abberufung eines Geschäftsführers mit einer namhaften Kapitalbeteiligung auch ohne entsprechende Satzungsbestimmung an das Vorliegen eines Sachgrundes geknüpft sein, um den Abberufungsbeschluss nicht dem Verdikt der

130 EuGH 11.11.2010 – Rs. C-232/09 (*Danosa*), Tz. 46, NJW 2011, 2343.

131 EuGH Rs. *Danosa* (Fn. 130), Tz. 51.

132 EuGH Rs. *Danosa* (Fn. 130), Tz. 54.

133 Eine solche statutarische Bestimmungen erlaubt das GmbH-Recht, s. etwa Ziemons/Jaeger/*Heilmeier* § 38 GmbHG, Rn. 13.1; Baumbach/Hueck/*Zöllner/Noack* § 38 GmbHG, Rn. 7.

134 Vgl. Roth/*Altmeppen* § 38 GmbHG, Rn. 37; Henssler/Strohn/*Oetker* § 38 GmbHG, Rn. 19, jeweils zu § 38 Abs. 2 GmbHG.

Treuwidrigkeit auszusetzen.[135] Dieser Befund müsste konsequenterweise bedeuten, GmbH-Geschäftsführern mit einer namhaften Minderheitsbeteiligung die *Danosa*-Arbeitnehmereigenschaft generell zu verwehren. Das nehmen freilich auch *Preis* und *Sagan* nicht an.[136]

Nach alledem kann der vom EuGH vorgegebene Kriterienkatalog nicht als Katalog kumulativ zu erfüllender Mindestbedingungen verstanden werden. Für die Arbeitnehmereigenschaft konstitutiv ist nach den Entscheidungsgründen die Annahme eines Unterordnungsverhältnisses, nicht aber sind dies die Einzelumstände, die das Unterordnungsverhältnis erst begründen. Es entscheidet allein eine offene Gesamtbetrachtung aller die Binnenverfassung der Gesellschaft kennzeichnenden Umstände, ohne dass eines der vom EuGH benannten Kriterien eines Unterordnungsverhältnisses conditio sine qua non für die Annahme der Arbeitnehmereigenschaft wäre.

3. *Kritik an der Entscheidung*

Die bisherige Analyse gibt Anlass, die *Danosa*-Entscheidung einer kritischen Würdigung zu unterziehen. Da das *Danosa*-Urteil nicht nur den Mutterschutz, sondern das Diskriminierungsrecht und die Rechtsstellung des Organmitglieds insgesamt[137] betreffen kann, bedürfen die Ansätze des EuGH einer Reflexion. Dabei ist es für die Zwecke der vorliegenden Untersuchung ausreichend, sich auf solche Schwächen des Judikats zu beschränken, die einerseits auf ein Bedürfnis für zukünftige Anpassungen schließen lassen. Damit werden die Punkte aufgegriffen, die die Notwendigkeit einer Weiterentwicklung der *Danosa*-Rechtsprechung anzeigen und erwartbar machen. Ferner wird auf Punkte einzugehen sein, die für die Frage der Implementierung der *Danosa*-Entscheidung in das deutsche Recht erheblich seien können.

a. *Meinungen in der Literatur*

Längere Zeit bestand der Schwerpunkt der Auseinandersetzung mit der *Danosa*-Entscheidung fast ausschließlich darin, die Folgen für das deutsche Recht zu

---

135 BGH 29.11.1993 – II ZR 61/93, DStR 1994, 214 (216): „Gerade dann, wenn der abberufene Geschäftsführer nicht ein fremder Dritter, sondern Mitgesellschafter ist, bedarf die Abberufung einer sachlichen Rechtfertigung"; OLG Zweibrücken 5.6.2003 – 4 U 117/02, NZG 2003, 931 (932) m.w.N. Krit. hierzu etwa MüKo-GmbHG/*Stephan*/*Tieves* § 28 GmbHG, Rn. 17 m.w.N.

136 *Preis*/*Sagan* ZGR 2013, 26 (43).

137 Zu den Folgen für den deutschen Arbeitnehmerbegriff unten, S. 42 ff.

analysieren und zu kritisieren. Zunehmend erfolgt in der deutschen Literatur auch eine kritische Befassung mit dem Verständnis des Arbeitnehmerbegriffs, so wie ihn der EuGH seiner *Danosa*-Entscheidung zugrundegelegt hat.

Schubert stimmt dem EuGH zwar einerseits zu, soweit dieser – anders als der BGH – der formalen Arbeitgeberstellung des Geschäftsleiters keine Bedeutung für die Einordnung als Arbeitnehmer beimisst.[138] Andererseits kritisiert sie, dass der EuGH – anders als das BAG[139] – gesellschaftsrechtliche Weisungsrechte für die Annahme einer Weisungsgebundenheit ausreichen lässt, ohne dabei auf deren Intensität abzustellen.[140] Denn es sei zwischen gesellschaftsrechtlichen und arbeitsvertraglichen Weisungen zu unterscheiden, die in ihrer Reichweite unterschiedlich seien. Gesellschaftsrechtliche Weisungen könnten sich im Einzelfall auch nur auf unternehmerische Grundsatzentscheidungen beziehen und ließen nicht immer auf eine mit einem Arbeitnehmer vergleichbare Abhängigkeit rückschließen. Der Sache nach geht *Schuberts* Auffassung in die Richtung der BAG-Rechtsprechung. Für das BAG ist einerseits die formale Stellung des Geschäftsleiters als Arbeitgeber unerheblich, andererseits verlangt es arbeitsbegleitende und verfahrensorientierte Weisungen. Die gesellschaftsrechtliche Möglichkeit der Weisungserteilung lässt es demgegenüber gerade nicht ausreichen.

Grundsätzlicher ist die Kritik, die *Rebhahn* im Zuge seiner rechtsdogmatischen Untersuchung der europäischen Arbeitnehmerbegriffe am EuGH übt.[141] Er beklagt vor allem, der EuGH führe zu den von ihm aufgestellten Abgrenzungskriterien nichts aus, stelle insbesondere die Weisungsabhängigkeit nicht näher dar. Auch setze er seine Entscheidung nicht in Zusammenhang mit früheren Entscheidungen. Der EuGH verliere sich in Scheinargumenten, um „damit eher Starke als Schwache“ zu schützen und führe damit auch ein rechtspolitisch nicht überzeugendes Ergebnis herbei. *Rebhahns* Kritik gipfelt in der Aussage, die Art der Urteilsbegründung und ihre „Unbedarftheit gegenüber allen traditionellen Thesen“ zum Arbeitnehmerbegriff sei „schlicht gefährlich“.

---

138 *Schubert* EuZA 2011, 362 (365).

139 S. oben, S. 9.

140 Vgl. auch *Oberthür* NZA 2011, 253 (254): Es könne für die Arbeitnehmereigenschaft „bereits eine rein gesellschaftsrechtlich begründete Weisungsunterworfenheit“ ausreichen, wenn „gleichzeitig die Position des Gesellschaftsorgans von dem Wohlwollen übergeordneter Organe abhängig ist“. Im Anschluss an sie auch *Stagat* NZA-RR 2011, 617 (622).

141 *Rebhahn* EuZA 2012, 3 (28 f.).

Weniger drastisch formuliert *Franzen*[142] seine Kritik, wenn er vor allem die vom EuGH genutzten Abgrenzungskriterien als „wenig sachgerecht" bezeichnet. Er kritisiert, dass die Abgrenzung zu Selbständigen „kaum überzeugend gelingen" könne.[143] In eine ähnliche Richtung geht die Kritik, der Arbeitnehmerbegriff des EuGH sei „so weit, dass schwer zu erkennen ist, wie der Sachverhalt beschaffen sein muss, damit die Geschäftsführung nach unionsrechtlichem Verständnis nicht unter den Arbeitnehmerbegriff fällt".[144]

Windbichler übt vor allem Kritik an den Kriterien, die der EuGH zur Bestimmung des Unterordnungsverhältnisses anlegt.[145] Der EuGH schließe aus Aspekten körperschaftlicher Verfassung ein hierarchisches Verhältnis der Organe, während für das Gesellschaftsrecht aber eher das „System der Kompetenzverteilung und der *checks and balances*" charakteristisch sei. Dieser Linie schließt sich *Kort* an, wenn er die vom EuGH angelegten Kriterien als „teilweise unklar oder fragwürdig" kritisiert, vor allem da der EuGH „Strukturen und Prinzipien" unberücksichtigt lasse, „die allen Gesellschaftsrechtsordnungen der Mitgliedsstaaten sowie dem europäischen Gesellschaftsrecht selbst eigen sind".[146] *Preis* und *Sagan* kritisieren speziell das vom EuGH angelegte Kriterium der Rechenschaftspflicht, handele es sich mit Blick auf die allgemeinen bürgerlich-rechtlichen Rechenschaftspflichten doch um ein Kriterium, das für die Feststellung eines Unterordnungsverhältnisses gänzlich ungeeignet sei.[147]

b. Eigene Kritik am Ansatz des EuGH

Vorbehaltlich einer näheren Befassung mit der Übertragung der *Danosa*-Grundsätze auf das deutsche Recht dürfte ein Geschäftsleiter auf den ersten Blick in einer Vielzahl von Fällen als Arbeitnehmer anzusehen sein. Dies liegt vor allem darin begründet, dass für den EuGH allein die gesellschaftsrechtlichen Einwirkungs*möglichkeiten* auf die Entscheidungsfindung des Geschäftsleiters maßgebend sind. Er wählt damit einen abstrakt-typologischen Ansatz und misst keiner Bedeutung bei, ob auch im Einzelfall konkrete Einwirkungen durch andere Organe auf den Geschäftsleiter ausgehen. Der EuGH betont zwar, dass es den

142 *Franzen* EuZA 2012, 295 (338).

143 Zu seiner und *Rebhahns* Kritik am vom EuGH gewählten Ansatz eines autonomen Arbeitnehmerbegriffs s. noch unten, S. 123 f.

144 *Brötzmann* GmbHR 2012, 851 (852) im Anschluss an LAG Rheinland-Pfalz 27.2.2012 – 5 Sa 607/11, Tz. 33, *juris*.

145 *Windbichler* FS Hoffmann-Becking, 2013, 1413 (1422 f.).

146 *Kort* NZG 2013, 601 (605).

147 *Preis/Sagan* ZGR 2013, 26 (42). Ihnen folgt *Mohr* ZHR 178 (2014), 326 (341).

nationalen Gerichten obliege, die „konkreten Umstände des bei ihm anhängigen Rechtsstreits zu überprüfen". Die vorgegebenen Kriterien dieser Einzelfallbetrachtung beziehen sich aber allein auf die rechtliche Kompetenzverteilung.

In den Reaktionen auf die *Danosa*-Entscheidung wird dementsprechend auch allein mittels eines Blicks auf die gesetzliche Organisationsverfassung entschieden, ob etwa der Geschäftsführer einer deutschen GmbH den *Danosa*-Kriterien unterfällt.[148] Nach der Entscheidung des EuGH ist dies richtig, weil es für ihn auf die tatsächliche Machtverteilung in der Gesellschaft nicht ankommt. Doch geht dieser Grundansatz des EuGH fehl. Das Gericht blendet aus, dass zwischen der rechtlichen Kompetenzverteilung, die durch Gesetz und korporative Rechtssätze geschaffen wird, und der tatsächlichen Machtverteilung ein erheblicher Unterschied bestehen kann.[149] Diese allein auf die rechtliche Kompetenzverteilung abstellende Blickrichtung des EuGH entspricht einem Standpunkt, der früher in der deutschen Literatur zum Arbeitnehmerstatus von Organmitgliedern vertreten wurde.[150] Doch wurde in der Literatur zu Recht abgelehnt, die tatsächlichen Gegebenheiten derart auszublenden.[151] Dies kann dem Einzelfall nicht gerecht werden und birgt deshalb die Gefahr sachwidriger Ergebnisse. Wird ein Geschäftsleiter bei der Leitung der Gesellschaft nämlich selbständig und eigenverantwortlich tätig und hat er sein Handeln allenfalls an den strategischen Grundentscheidungen der Gesellschafter auszurichten, ist eine Gleichsetzung mit einem persönlich abhängigen Arbeitnehmer sachlich nicht gerechtfertigt. Die steuernde Einwirkung auf das Verhalten einer Person ist ein wesentlicher

---

148 Dazu später, S. 55 ff.

149 Hierzu *K. Schmidt* ZGR 1981, 485 f. in Zusammenhang mit dem Konzernrecht; *Diller* S. 154 f. m.w.N., der dies als „Allgemeinplatz" bezeichnet.

150 So ist etwa nach *Brachert* S. 176 f. die Arbeitnehmereigenschaft von Organmitgliedern ohne Rücksicht auf eine Einzelfallbetrachtung zu bestimmen. Dabei nimmt er auch „gewiss[e] Ungerechtigkeiten im Einzelfall" in Kauf, um „im Interesse der Rechtssicherheit" eine „bewußt[e] Typisierung" herbeizuführen. Ihm zufolge ist daher nicht „das Maß der tatsächlich geübten Weisungsunterworfenheit" entscheidend, sondern „das Vorliegen eines rechtlich gesicherten Handlungsspielraums". Auch für *Glücklich* SGb 1974, 79 (81) ist (in Zusammenhang mit der sozialversicherungsrechtlichen Einordnung) die Rechtssicherheit maßgebend; stellte man auf die – auch schwer aufzuklärenden – tatsächlichen Verhältnisse ab, könne sich sachwidrig jederzeit die Beurteilung ändern. In diesem Sinne auch *Neumann-Duesberg* AP AVG § 3 Nr. 11.

151 *Diller* S. 155 ff.; *Groß* S. 171; *Köhl* DB 1996, 2597 (2601) („Rechtswirklichkeit muß auch die Fälle einer bloß formalen Geschäftsführerstellung in Betracht ziehen"); *Martens* FS Hilger/Stumpf, 1983, 437 (440 f.).

Faktor, der die persönliche Abhängigkeit eines Arbeitnehmers begründet. Dementsprechend wird im deutschen Recht das Weisungsrecht auch als Wesensmerkmal des Arbeitsverhältnisses verstanden.[152] Keinen derartigen Weisungen untersteht eine Person dann, wenn sie neben der Arbeitszeit und dem Arbeitsort auch die inhaltliche Wahrnehmung ihrer Aufgaben autonom bestimmen kann. Würde man in einem solchen Fall ein Arbeitsverhältnis gleichwohl annehmen, würde das etwa bestehende Weisungsrecht, das der gesellschaftsrechtlichen Organisationsverfassung folgt, das persönliche Rechtsverhältnis zwischen Gesellschaft und Geschäftsführer, das von autonomer Aufgabenwahrnehmung geprägt ist, gleichsam überlagern. Man würde dem Geschäftsführer einen Status als Arbeitnehmer überstülpen, ohne dass dies dem gelebten Verhältnis zwischen Geschäftsführer und der Gesellschaft entspricht, sondern allenfalls von seinen formalen korporativen Pflichten aus der organschaftlichen Bestellung getragen wird.

Richtigerweise vertritt das BAG in ständiger Rechtsprechung, dass sich der Vertragstyp aus „dem wirklichen Geschäftsinhalt" ergibt und sich bei einem Widerspruch zwischen vertraglicher Vereinbarung und tatsächlicher Durchführung letztere für die Abgrenzung durchsetzt.[153] Maßgebend sei „stets das Gesamtbild der zu beurteilenden Rechtsbeziehungen, das sich unter Berücksichtigung aller Einzelheiten und Begleitumstände ergibt".[154] Das BAG misst somit allen Umständen Bedeutung für die Vertragstypabgrenzung bei. Speziell in der bereits behandelten Entscheidung vom 26. Mai 1999[155] bezieht das BAG die konkreten Gegebenheiten in der GmbH in die Prüfung ein und lehnt es ausdrücklich ab, allein das gesellschaftsrechtliche Weisungsrecht für die Statusbestimmung genügen zu lassen. Allein dieser Ansatz gewährleistet, den Status eines Geschäftsleiters zutreffend und einzelfallgerecht zu erfassen.

Die *Danosa*-Entscheidung reiht sich in diesem Zusammenhang auch nicht widerspruchsfrei in die frühere Rechtsprechung des EuGH ein. Zu der Frage des Arbeitnehmerstatus hat der EuGH in Fällen, die nicht auf Geschäftsleiter bezogen waren, selbst auf die tatsächlichen Verhältnisse abgestellt und nicht auf die

---

152 ErfK/*Preis* § 106 GewO, Rn. 1. Vgl. auch Landmann/Rohmer/*Neumann* § 106 GewO, Rn. 7: „Weisungsrecht ist dem Arbeitsverhältnis immanent, es führt zu persönlichen Abhängigkeit".

153 BAG 9.6.2010 – 5 AZR 332/09, Tz. 19, NJW 2010, 2455; BAG 4.12.2002 – 5 AZR 667/01, AP BGB § 611 Abhängigkeit Nr. 115, jeweils m.w.N.

154 BAG 28.11.1990 – 4 AZR 198/90, NZA 1991, 392 (393) im Anschluss an die Untersuchung von *G. Hueck* DB 1962, 1363 (1366).

155 S. bereits oben, S. 9, zum Maßstab der Weisungsgebundenheit.

rechtlich-formalen.[156] Doch anstatt diesen Grundsatz bei der Entscheidung der Rs. *Danosa* auf die Beurteilung des Arbeitnehmerstatus von Geschäftsleitern zu übertragen, widmet er hier seine Aufmerksamkeit allein der rechtlichen Kompetenzverteilung, die in der durch Frau *Danosa* geleiteten Gesellschaft bestand. Dabei wäre die Annahme der Arbeitnehmereigenschaft von Frau *Danosa* ihrer herausgehobenen Stellung als Geschäftsleiterin nur gerecht geworden, wenn die Gesellschafterversammlung sie in ihrer Entscheidungsfreiheit auch tatsächlich derart beschränkt hätte, dass sie bei wertender Betrachtung einer „typischen" Arbeitnehmerin gleichstand. Gerade dies scheint im Fall von Frau *Danosa* nicht der Fall gewesen zu sein. Eine konkrete Weisungserteilung war gar nicht erkennbar. Dabei ist der Grundansatz richtig, bereits Einwirkungsmöglichkeiten in den Blick zu nehmen. Denn schon diese können eine gewisse Abhängigkeit begründen. Es ist dann die bloße Gefahr von Einwirkungen auf Inhalt oder Bestand der Tätigkeit als Organ, die bereits eine untergeordnete Stellung herbeiführt. Aber dabei darf die Betrachtung nicht stehen bleiben, um Einzelfälle autonom handelnder Geschäftsführer nicht sachwidrig mit Fällen gleichzusetzen, in denen eine persönliche Abhängigkeit besteht.

Zudem verlangen gerade die herausgehobene Bedeutung des Geschäftsleiters für die Funktionsfähigkeit der Gesellschaft, seine Organ- und Arbeitgeberstellung und seine besondere Vertrauensstellung zu den Gesellschaftern ein differenzierteres Konzept. Ein Geschäftsleiter verwaltet regelmäßig fremdes Vermögen und wird sein Amt deshalb nur in seltenen Fällen völlig ohne Einwirkung anderer Organe ausüben können. In einem Fall, in dem sich die Gesellschafter sowohl im operativen Tagesgeschäft als auch im Gros der strategischen Entscheidungen auf eine überwiegend passive Rolle zurückziehen, die sich auf Aufsicht und Grundlagenentscheidungen beschränkt, müssen dies die nationalen Gerichte berücksichtigen können.

Der EuGH entfernt sich mit der *Danosa*-Entscheidung von dem für die Arbeitnehmereigenschaft auch seiner Rechtsprechung zufolge konstitutiven Merkmal der Weisungsabhängigkeit. Danach kommt es etwa darauf an, ob im Einzelfall die zu erbringenden Leistungen und die Arbeitszeiten vorgeschrieben werden

---

156 Vgl. etwa EuGH 26.4.2007 – Rs. C-392/05 (*Alevizos*), Tz. 68, IStR 2007, 371: „rechtliche Natur des Beschäftigungsverhältnisses für die Anwendung von Art. 39 EG nicht entscheidend"; EuGH 13.1.2004 – Rs. C-256/01 (*Allonby*), Tz. 71, NZA 2004, 201: „formale Einstufung als Selbständiger nach innerstaatlichem Recht schließt nicht aus, dass jemand als Arbeitnehmer i.S. von Art. 141 EG einzustufen ist". Erstmals hat der EuGH dies in der Rs. *Sotgiu* entschieden (12.2.1974 – Rs. 152/73, Tz. 5, Slg. 1974, 153).

und ob die betroffene Person besondere Anweisungen auszuführen hat. Indem der EuGH den Blick jedoch auf die Organisationsverfassung verengt, verfehlt er diesen Kern des Arbeitnehmerbegriffs. Zwar statuiert der EuGH den Vorbehalt, dass eine Geschäftsleiterin „in Anbetracht ihrer spezifischen Aufgaben und des Rahmens sowie der Art und Weise der Ausübung dieser Aufgaben“ nicht zwingend unter den Arbeitnehmerbegriff falle.[157] Doch ist damit letztlich nur gesagt, dass die Annahme des Arbeitnehmerstatus des Leitungsorgans kein Automatismus ist, sondern einer Einzelfallprüfung bedarf. Dass es aber auf die konkrete Ausübung der Möglichkeiten ankommen würde, die andere Organe nach der Binnenverfassung der Gesellschaft haben, um Einfluss auf den Geschäftsleiter auszuüben, kann daraus gerade nicht geschlossen werden.

Damit lässt sich zusammenfassen, dass der vom EuGH vertretene Arbeitnehmerbegriff zu weit ist, wenn er auch solche Geschäftsleiter erfasst, die ihre Leitungskompetenz tatsächlich selbständig und eigenverantwortlich ausüben können. Soweit die vom EuGH angelegten Kriterien sich alleine auf die Organisationsverfassung beziehen, vermögen sie keine überzeugende Abgrenzung zu leisten, die dem Einzelfall gerecht werden und die die Spezifika einer organschaftlichen Rechtsstellung ausreichend berücksichtigen könnte. Die Entscheidung, ob ein Geschäftsleiter dem Anwendungsbereich des Arbeitnehmerschutzrechts zu unterwerfen ist, muss eine im Einzelfall tatsächlich bestehende Fremdbestimmung voraussetzen, um den wirklichen Verhältnissen in der Gesellschaft Rechnung zu tragen. Der EuGH ließ sich erkennbar von der Überlegung leiten, der Schutzzweck der MuSchRL verlange einen denkbar weiten Arbeitnehmerbegriff.

Der EuGH vermittelt mit der *Danosa*-Entscheidung den Eindruck, es komme ihm bei der Auslegung des Arbeitnehmerbegriffs allein darauf an, ob der Geschäftsleiter des durch die jeweilige Richtlinie gewährten Schutzes bedarf, um ihn dann bejahendenfalls als Arbeitnehmer einzuordnen. Eine solche an Opportunitätserwägungen ausgerichtete Linie darf freilich nicht dazu führen, ungeeignete Kriterien vorzugeben, die eine sachgerechte Abgrenzung zwischen Arbeitnehmer und Nichtarbeitnehmer nicht erlauben.

c. *Notwendige Ergänzung des Kriterienkatalogs*

Um den Arbeitnehmerbegriff im Hinblick auf Geschäftsleiter nicht kontur- und uferlos werden zu lassen, ist das Bestehen eines Unterordnungsverhältnisses um zwei zusätzliche Teilkriterien zu ergänzen:

157 EuGH 11.11.2010 – Rs. C-232/09 (*Danosa*), Tz. 51, NJW 2011, 2343.

Erstens ist zu fragen, ob sich der Geschäftsleiter im konkreten Fall überhaupt Einflussnahmen auf seine Tätigkeit ausgesetzt sieht. Eine solche Restriktion würde das Schwergewicht der Prüfung auf die wirklichen Verhältnisse in der Gesellschaft lenken. Ein Geschäftsleiter wäre nicht als Arbeitnehmer anzusehen, wenn er im Einzelfall keinen Weisungen oder anderen Einwirkungen auf seine Tätigkeit unterliegt, die seine selbständige und eigenverantwortliche Leitung der Gesellschaft berühren.

Zweitens ist in einem nächsten Schritt zu prüfen, ob diese Einflussnahmen auch qualitativ mit arbeitsvertraglichen Weisungen vergleichbar sind. Die nationalen Gerichte könnten dann auch berücksichtigen, ob die Einflussnahme auf die Tätigkeit der Gesellschaft mit derjenigen vergleichbar ist, denen auch typische Arbeitnehmer ausgesetzt sind. Das betrifft etwa Vorgaben hinsichtlich Zeit und Ort der Leistungserbringung. Dies wahrt einerseits die berechtigten Schutzinteressen derjenigen Geschäftsleiter, die für ein Arbeitsverhältnis typischen Beschränkungen unterliegen, gestattet andererseits eine Berücksichtigung der herausgehobenen gesellschaftsrechtlichen Stellung des Geschäftsleiteramtes. Hat sich der Geschäftsleiter zwar den unternehmenspolitischen Vorgaben der Gesellschafter unterzuordnen, ist aber in der Umsetzung dieser Vorgaben völlig frei, steht er einem selbständigen Unternehmer, der Chancen und Risiken selbst in der Hand hat, ungleich näher als ein fremdbestimmter Arbeitnehmer.

d. *Abschließende Bewertung und Ausblick*

Es lässt sich konstatieren, dass der Arbeitnehmerbegriff des EuGH hinsichtlich Geschäftsleitern sehr weit geht. Es wird noch zu untersuchen sein, ob die ausdrückliche Beschränkung des Anwendungsbereichs der MuSchRL auf Arbeitnehmerinnen durch die weite Auslegung des EuGH nicht sogar funktionslos geworden ist.[158]

Die kritische Betrachtung des Ansatzes des EuGH zeigt auch eine Divergenz auf zwischen seiner eigenen Linie, bei der Statusbestimmung entscheidend auf die tatsächlichen Verhältnisse abzustellen, und der abstrakt-typologischen Sicht auf die Organisationsverfassung der Gesellschaft, die er zur Statusbestimmung auf Grundlage der lettischen Vorlage einnahm. Diese Divergenz erlaubt die These, dass das letzte Wort des EuGH noch nicht gesprochen sein könnte. Die Vorlage, die der *Danosa*-Entscheidung zugrundelag, beinhaltete nichts zu etwaigen Weisungen anderer Organe oder dazu, ob Frau *Danosa* die Gesellschaft abweichend von der Organisationsverfassung frei und unabhängig führen konnte. Vor

158 S. dazu unten, S. 117.

diesem Hintergrund ist nicht ausgeschlossen, dass der EuGH bei einer durch die Vorlageentscheidung des nationalen Gerichts zutage tretenden Abweichung zwischen rechtlicher und tatsächlicher Machtverteilung in der Gesellschaft letztere bei der Statusbetrachtung vorziehen könnte. Dass der EuGH den tatsächlichen Gegebenheiten keine Bedeutung beimaß, kann daher durchaus dem Sachverhalt geschuldet sein.[159] Den nationalen Gerichten ist daher zu empfehlen, im Falle eines Widerspruchs zwischen rechtlicher und tatsächlicher Machtverteilung eine erneute Entscheidung des EuGH herbeizuführen.

C. Übertragung der Danosa-Entscheidung auf das deutsche Recht

Es stellt sich die Frage, welche Schlüsse der deutsche Rechtsanwender aus der *Danosa*-Entscheidung zu ziehen hat. Über die Auswirkungen der *Danosa*-Entscheidung für das deutsche Recht ist bislang durch BGH und BAG nicht entschieden worden. Zunächst ist zu prüfen, ob sich infolge der *Danosa*-Entscheidung überhaupt Anpassungsbedarf ergibt, welche Unterschiede zwischen der Haltung des EuGH und der der deutschen Rechtsprechung auszumachen sind. Auf dieser Grundlage ist zu überprüfen, ob die bisherige deutsche Rechtsprechung zur Arbeitnehmereigenschaft des Geschäftsleiters in Anbetracht der *Danosa*-Entscheidung noch zu halten ist, welche konkreten Konsequenzen also aus der Entscheidung zu ziehen sind.

I. Bedürfnis für eine Anpassung des deutschen Rechts

Im Ausgangspunkt entspricht die Entscheidung des EuGH der Linie des BAG, nämlich dass der Geschäftsleiter jedenfalls Arbeitnehmer sein *kann* und die konkreten Umstände des Einzelfalls bei der Bestimmung der Arbeitnehmereigenschaft des Geschäftsleiters entscheidend sind. Diese Gemeinsamkeit darf aber nicht darüber hinwegtäuschen, dass der Arbeitnehmerbegriff des EuGH ungleich weiter ist als der des BAG. Das BAG stellt hohe Anforderungen an die nötige Weisungsgebundenheit des Geschäftsleiters, lässt insbesondere das gesellschaftsrechtliche Weisungsrecht nicht ausreichen, sondern verlangt für

---

159 Vgl. allg. *Colneric* ZEuP 2005, 225 (231), die darauf hinweist, dass der Tenor eines Urteils des EuGH zwar „abstrakt gefasst ist", der durch den Ausgangsfall vorgegebene Rahmen aber für die „Bestimmung der Tragweite einer Entscheidung" zu berücksichtigen sei. Schließlich orientiere sich die Auslegung des Gemeinschaftsrechts zwangsläufig daran.

das Arbeitsverhältnis typische arbeitsbegleitende und verfahrensorientierte Weisungen. Demgegenüber ist für den EuGH nicht entscheidend, ob über das gesellschaftsrechtlich vermittelte Weisungsrecht hinaus eine Möglichkeit anderer Organe besteht, auf das „Wie" der Aufgabenerfüllung des Leitungsorgans Einfluss zu nehmen. Aus deutscher Sicht ist das eine befremdliche Position, schließlich charakterisiert das gesellschaftsrechtliche Weisungsrecht allein das Binnenverhältnis der Organe.[160] Nach dem EuGH reicht aber auch ein gesellschaftsrechtliches Weisungs- oder sogar bloßes Aufsichtsrecht aus, solange es in Zusammenschau mit anderen Kriterien, insbesondere der freien Abberufbarkeit, ermöglicht, eine faktische Bindung des Leitungsorgans herbeizuführen. Damit kann selbst derjenige Geschäftsleiter Arbeitnehmer sein, dem umfangreiche Entscheidungsbefugnisse und ein großer unternehmerischer Handlungsspielraum bei der Ausübung seiner Befugnisse zukommen und der über ein selbständiges Direktionsrecht gegenüber seinen Mitarbeitern verfügt. Arbeitsvertragstypischer Einwirkungen auf das „Wie" seiner Aufgabenerfüllung bedarf es nicht. Insoweit ist es zumindest missverständlich zu formulieren, die *Danosa*-Entscheidung liege „in gewisser Weise auf der Linie der deutschen Rechtsprechung"[161]. Mag die Rechtsprechung von BAG und EuGH in ihrer Grundposition übereinstimmen, nämlich dass ein Leitungsorgan dem Arbeitnehmerbegriff überhaupt unterfallen kann, sind eben doch ganz erhebliche, nicht miteinander zu vereinbarende Unterschiede feststellbar.

Keinerlei Bedeutung misst der EuGH dem Argument bei, Repräsentationsorgan und Träger der Arbeitgebereigenschaft könnten nicht zugleich Arbeitnehmer sein. Diese dogmatische Überlegung veranlasste bislang den BGH dazu, eine Arbeitnehmereigenschaft des Geschäftsleiters nicht anzuerkennen.[162] Auch wenn nicht auf die deutsche Rechtsprechung Bezug genommen wurde, war dieser Ansatz der Sache nach sogar Gegenstand der Verhandlung, wurde von Generalanwalt *Bot* jedoch verworfen. Es war die griechische Regierung, die als Streithelferin im Verfahren auftrat und argumentierte, Frau *Danosa* habe nicht auf Weisung anderer gehandelt, sondern sei gerade diejenige Person gewesen,

---

160 *Kort* NZG 2013, 601 (602 f.) im Anschluss an *Windbichler* FS Hoffmann-Becking, 2013, 1413 (1422 f.), nach der die Entscheidung des EuGH von einer Vorstellung „einer Hierarchie mit Weisungsbefugnissen der Organe untereinander" zeuge, während für das Gesellschaftsrecht charakteristisch eher das „System der Kompetenzverteilung und der *checks and balances*" sei.

161 *Wilsing/Meyer* DB 2011, 341.

162 BGH 9.11.1967 – II ZR 64/67, BGHZ 49, 30 = NJW 1968, 396; BGH 10.9.2001 – II ZR 14/00, NJW-RR 2002, 173.

nach deren Weisung die Beschäftigten der Gesellschaft handelten.[163] Der EuGH hat dieses Argument in seiner Entscheidung nicht einmal aufgegriffen. Für ihn spielt es offenbar keine Rolle, ob der Geschäftsleiter selbst das Organ ist, durch das die Gesellschaft handlungsfähig und das arbeitsvertragliche Direktionsrecht ausgeübt wird. Ebenso wenig hat der EuGH aufgegriffen, dass zwischen Bestellungs- und Anstellungsverhältnis zu differenzieren ist. Auf diese Unterscheidung wird noch im Rahmen der Rechtsfolgenbetrachtung zurückzukommen sein.[164]

II. Anpassung des deutschen Arbeitnehmerbegriffs

Am Beginn einer Antwort auf die Frage, wie das *Danosa*-Urteil sich in das deutsche Recht einzufügen hat, hat eine fundamentale Entscheidung zu stehen: Einerseits kommt in Betracht, das Urteil zum Anlass einer grundlegenden Revision des deutschen Arbeitnehmerbegriffs zu nehmen. Die *Danosa*-Entscheidung wäre dann womöglich der Initialzünder eines völlig überarbeiteten Arbeitnehmerbegriffs. Alternativ könnte man auch lediglich eine partielle Neujustierung der bisherigen Rechtsprechung insoweit vornehmen, als dies europarechtlich unabdingbar ist. Entschiede man sich dafür, wären die Auswirkungen der *Danosa*-Entscheidung vor allem auf diskriminierungsrechtliche Sachverhalte begrenzt. Welchem dieser beiden Grundrichtungen der Vorzug gebührt, wird den Gegenstand des nachfolgenden Abschnitts bilden.

1. Erfordernis einer grundlegenden Revision

a. In der Literatur vertretene Auffassungen

Dass der deutsche Arbeitnehmerbegriff in Reaktion auf die *Danosa*-Entscheidung insgesamt unionsrechtskonform auszulegen ist, ist bislang nur vereinzelt vertreten worden.[165] In der Folge wäre etwa der Anwendungsbereich des MuSchG eröffnet, ohne dass dafür eine Analogie, eine partielle richtlinienkonforme Anwendung oder eine Änderung des § 1 MuSchG nötig wäre. Es wird jedoch zutreffend auf die bereits aufgezeigte Konsequenz hingewiesen, dass dies – jedenfalls soweit keine teleologische Reduktion im Einzelfall für erforderlich gehalten würde – die Anwendung des gesamten Arbeitnehmerschutzrechts auf den Geschäftsleiter zur Folge hätte.[166]

---

163 EuGH, Schlussanträge vom 2.9.2010 – Rs. C-232/09, Tz. 60, *juris*.
164 S. unten, S. 140 ff.
165 *Schubert* EuZA 2011, 362 (369); *Wank* EWiR 2011, 27 (28).
166 *Schubert* EuZA 2011, 362 (369).

Wank begründet diesen grundsätzlichen Ansatz damit, dass sich langfristig ein Nebeneinander unterschiedlicher Arbeitnehmerbegriffe nicht halten könne, bei deren Anwendung danach differenziert werden müsse, ob ein deutscher Rechtsakt auf EU-Recht zurückgeht oder nicht.[167] Vielmehr prophezeit er, dass sich eine einheitliche, auf die Rechtsprechung des EuGH zurückgehende Auslegung des deutschen Arbeitnehmerbegriffs durchsetzen werde, die auch Geschäftsleiter umfasse. *Schubert* bringt vor, eine Änderung des § 1 MuSchG als gesetzgeberische Reaktion auf die *Danosa*-Entscheidung sei nicht praktikabel.[168] Für eine europarechtsgemäße Änderung des § 1 MuSchG müsste nämlich eine neue Beschäftigtengruppe aufgenommen werden, namentlich die der „weisungsabhängigen Geschäftsführer", ohne dass damit das Verhältnis zum nationalen Arbeitnehmerbegriff geklärt würde.

Einer Anpassung des nationalen Arbeitnehmerbegriffs wird durch einige Vertreter in der Literatur ausdrücklich widersprochen.[169] Eine solche Anpassung sei jedenfalls nicht zwingend, da einige Richtlinien explizit auf den Arbeitnehmerbegriff nach nationalem Verständnis verwiesen.[170] Damit soll wohl verdeutlicht werden, dass das Europarecht abweichende Arbeitnehmerbegriffe der Mitgliedsstaaten anerkennt. *Oberthür* macht unter Verweis auf die Rechtsprechung des EuGH[171] deutlich, dass dessen Auslegungshoheit „sich allein auf das Unionsrecht" beschränkt.[172] Sie argumentiert, auch das deutsche Arbeitnehmerschutzrecht gelte nicht einheitlich für alle Arbeitnehmer. So sehe etwa § 14 Abs. 2 KSchG eine Ausnahme für leitende Angestellte vor. Die allgemeine Einbeziehung der Geschäftsleiter in das Arbeitnehmerschutzrecht sei schließlich auch nicht vom Schutzweck aller Gesetze gedeckt.

---

167 *Wank* EWiR 2011, 27 (28).

168 *Schubert* EuZA 2011, 362 (369).

169 *Von Medem* ArbRAktuell 2010, 654; *Oberthür* NZA 2011, 253 (257).

170 *Von Medem* ArbRAktuell 2010, 654.

171 EuGH 23.9.2008 – Rs. C-427/06 (*Bartsch/Bosch*), NZA 2008, 1119, in der der EuGH entschied, „dass das Gemeinschaftsrecht kein Verbot der Diskriminierung aus Gründen des Alters enthält, dessen Schutz die Gerichte der Mitgliedstaaten zu gewährleisten haben, wenn die möglicherweise diskriminierende Behandlung keinen gemeinschaftsrechtlichen Bezug aufweist" (Tz. 25).

172 *Oberthür* NZA 2011, 253 (257). Bei dem Verweis auf das BAG in Fn. 69 handelt es sich offenbar um einen Zitierfehler.

b. Bisherige Rechtsprechung

Eine höchstrichterliche Entscheidung, in der die Folgen der *Danosa*-Entscheidung relevant gewesen wären, liegt bislang nicht vor. Der BGH hat in einer neueren Entscheidung zum AGG mangels Erheblichkeit für den zu entscheidenden Fall ausdrücklich offen gelassen, ob ein GmbH-Fremdgeschäftsführer als Arbeitnehmer anzusehen sein könne.[173] Während zum Teil bereits aus dieser Äußerung geschlossen wird, der BGH werde dem GmbH-Fremdgeschäftsführer zukünftig die Arbeitnehmereigenschaft zuerkennen,[174] sind andere Stimmen vorsichtiger und erkennen in dem Urteil keine Tendenz[175].

Das LAG Rheinland-Pfalz[176] hat in einer Entscheidung zur Frage der Bedeutung der *Danosa*-Entscheidung Stellung bezogen. Es hat vertreten, Anhaltspunkte für eine Weisungsabhängigkeit, die eine Geschäftsleiterin zur Arbeitnehmerin machen würde, „können sich ergänzend auch aus dem unionsrechtlichen Arbeitnehmerbegriff … ergeben". Es verweist auch auf die Auffassung von *Wank*, ohne sich dieser aber anzuschließen.[177] Vielmehr führt es aus, die *Danosa*-Entscheidung gebe mit Blick auf den nationalen Arbeitnehmerbegriff „allenfalls Anhaltspunkte" dafür, dass zukünftig „auch Organe juristischer Personen, eher als bisher angenommen, Arbeitnehmer im Sinne arbeitsrechtlicher Vorschriften sein können". Eine abschließende Antwort auf die Frage der Rechtsstellung von Organvertretern nach *Danosa* ist der Entscheidung des LAG Rheinland-Pfalz nicht zu entnehmen, zumal die Frage auch nicht entscheidungserheblich war[178].

c. Stellungnahme

Der am weitesten gehende Ansatz ist, den Geschäftsleiter als Arbeitnehmer anzusehen und dadurch eine direkte Anwendbarkeit etwa des MuSchG zu erreichen. Dies würde eine generelle Anpassung des deutschen Arbeitnehmerbegriffes an die Rechtsprechung des EuGH mit sich bringen.

---

173 23.4.2012 – II ZR 163/10, Tz. 17, NZA 2012, 797. Zur Auslegung von § 6 Abs. 1 AGG nach der *Danosa*-Entscheidung s. unten, S. 186 ff.

174 *Miras* GWR 2012, 311.

175 *Stenslik/Zahn* DStR 2012, 1865 (1869). Im Anschluss an sie auch *Kort* NZG 2013, 601 (602).

176 27.2.2012 – 5 Sa 607/11, *juris*.

177 Es distanziert sich offenbar von dieser Auffassung, indem es nach ihrer Wiedergabe auf „so Wank" verweist. Bei der missverständlichen Verwendung des Indikativs bei der Wiedergabe dürfte es sich um eine bloße sprachliche Ungenauigkeit handeln.

178 Vgl. auch *Lunk* GWR 2012, 308.

Es wurden bereits zwei Punkte aufgezeigt, die für die Frage des Anpassungsbedarfs des deutschen Arbeitnehmerbegriffs entscheidend sein dürften: Zum einen ist das Verständnis des EuGH vom Geschäftsleiter als Arbeitnehmer auch mit der differenzierten Haltung des BAG nicht in Einklang zu bringen.[179] Zum anderen entfernt sich der EuGH von seiner eigenen Ausgangsdefinition des Arbeitnehmers, indem er nicht auf eine konkrete Weisungsabhängigkeit abstellt, sondern letztlich allein die für ihn entscheidenden Aspekte der Organisationsverfassung der Gesellschaft in den Blick nimmt.[180] Die *Danosa*-Entscheidung ließe sich nur dann in den deutschen Arbeitnehmerbegriff einfügen, nähme man eine grundsätzliche Neuausrichtung des Merkmals der persönlichen Abhängigkeit vor. Dem EuGH zufolge reicht allein die Möglichkeit der gesellschaftsrechtlich vermittelten Weisungserteilung seitens anderer Organe aus, um ein Unterordnungsverhältnis zu begründen. Mehr noch, allein die Aufsicht anderer Organe kann ausreichen, wenn zwar Weisungen nicht erteilt werden können, der Geschäftsleiter aber nur auf bestimmte Zeit zum Organ berufen ist oder jederzeit frei abberufen werden kann. Mit dem Verständnis des BAG vom Merkmal der persönlichen Abhängigkeit, das vor allem den Inhalt der möglichen Weisungen an den Geschäftsleiter und die Einwirkung auf die Umstände der Leistungserbringung betrifft, hat diese abstrakt-typologische Ausrichtung nichts gemein.

Eine Neudefinition würde aber nicht nur mit jahrzehntelanger Judikatur brechen, sondern im Ergebnis auch deutlich über das Ziel hinausschießen. Der EuGH ließ sich ersichtlich davon leiten, einen umfassenden Mutterschutz gewährleisten zu wollen. Er hat die *Danosa*-Grundsätze auf dem Boden von bestandssicherndem Arbeitnehmerschutzrecht entwickelt. Die Zuordnung als Arbeitnehmer oder Selbständiger hat aber nicht immer eine solche Bedeutung. Sie kann z.B. auch nur dem Arbeitszeitschutz dienen oder über das Bestehen eines gesetzlichen Urlaubsanspruchs entscheiden. Nimmt der EuGH aber regelungszweckbezogen an, dass die schwangere Geschäftsleiterin vor einer Beendigung ihrer Organ- oder Dienststellung geschützt werden muss, können die in diesem Zusammenhang durch ihn herausgearbeiteten Kriterien nicht generell auf deutsches Recht übertragen werden. Nicht zuletzt betont der EuGH selbst, dass der Arbeitnehmerbegriff von Norm zu Norm anders ausgelegt werden könne.[181] Er stellt schon im Tenor der Entscheidung ausdrücklich klar, dass der Begriff des Arbeitnehmers für „die Zwecke der Richtlinie 92/85/EWG“ im

179 S. oben, S. 38 f.

180 S. oben, S. 35.

181 S. bereits oben, S. 18.

dargelegten Sinne verstanden werden müsse.[182] So ist es jedenfalls möglich, dass der EuGH bei der Auslegung der MuSchRL zu einem weiten Begriffsverständnis kommt, um einen umfassenden Mutterschutz zu gewährleisten, in Zusammenhang mit anderen Normen zukünftig aber eine Erstreckung auf Geschäftsleiter ablehnt. Auf der Grundlage eines teleologisch geprägten Arbeitnehmerbegriffs kann eine normübergreifende Implementierung der *Danosa*-Grundsätze in den deutschen Arbeitnehmerbegriff nicht überzeugen.[183]

Eine generelle Anpassung des deutschen Arbeitnehmerbegriffs an die Rechtsprechung des EuGH ist deshalb und wegen der bereits kritisierten Weite im Hinblick auf Geschäftsleiter nicht angezeigt.

2. *Partielle Neujustierung*

Damit gebührt einer lediglich partiellen Neujustierung des deutschen Arbeitnehmerbegriffs der Vorzug vor dessen umfassender Revision. Im Einzelfall wird es darauf ankommen, den durch das Gesetz zur Bestimmung des persönlichen Anwendungsbereichs einer Norm gebrauchten Arbeitnehmerbegriff an die *Danosa*-Kriterien anzupassen, dort wo dies europarechtlich geboten ist. Insoweit wird eine an der jeweiligen Richtlinie, etwa Art. 2 MuSchRL, orientierte Auslegung des tradierten Arbeitnehmerbegriffs vorzunehmen sein. Die Möglichkeit einer derartigen richtlinienkonformen Auslegung ist nachfolgend zu überprüfen.

a. *Keine unmittelbare Richtlinienanwendung*

Eine Richtlinie enthält gemäß Art. 288 Abs. 3 AEUV einen Umsetzungsauftrag an die Mitgliedsstaaten. Deshalb kommt eine unmittelbare Wirkung von Richtlinien zur Schaffung eines europarechtskonformen Zustands grundsätzlich nicht in Betracht.[184] Die Privatautonomie, in die zulasten des privaten Arbeitgebers eingegriffen würde, kann durch eine Bestimmung in einer Richtlinie nicht unmittelbar beschnitten werden.[185] Eine Richtlinie ist vielmehr ein an die Mitgliedsstaaten adressiertes „Instrument der Rechtsangleichung". Sie kann schon

---

182 Freilich war der EuGH aufgrund der Vorlage auch nur insoweit zu einer Entscheidung berufen.

183 Ähnlich *Oberthür* NZA 2011, 253 (257), die annimmt, im Kontext europarechtlicher Vorgaben sei einstweilen ein „uneinheitliche[r], der jeweiligen Teleologie entsprechende[r] Arbeitnehmerbegriff" anzuwenden.

184 Etwa EuGH 19.1.1982 – Rs. C-8/81 (*Becker*), NJW 1982, 499; 26.2.1986 – Rs. C-152/84 (*Marshall*), NJW 1986, 2178; *Jarass* NJW 1990, 2420. Ausf. Calliess/*Ruffert* Art. 288 AEUV, Rn. 48 ff. m.w.N.

185 Allg. Grabitz/Hilf/*Nettesheim* Art. 288 AEUV, Rn. 160.

ihrem Wesen nach Bürger nicht unmittelbar verpflichten.[186] Eine unmittelbare Richtlinienanwendung kommt demnach nur dann in Betracht, wenn sich die Vorgaben der Richtlinien auf die Ausgestaltung des Verhältnisses zwischen Bürger und Staat beziehen.[187]

In der vorliegenden Konstellation fordert Art. 10 MuSchRL die Mitgliedsstaaten auf, einen Kündigungsschutz innerhalb der Mutterschutzfrist sicherzustellen. Diese Aufforderung ist auf eine Umsetzung durch die Mitgliedsstaaten gerichtet, welche den Kündigungsschutz in ihrem nationalen Recht vorzusehen und nach Maßgabe der Richtlinienvorgaben auszugestalten haben. Eine Geschäftsleiterin kann sich im Hinblick auf die Wirksamkeit einer Kündigung ihres Anstellungsvertrags demnach nicht unmittelbar auf Art. 10 MuSchRL berufen, sondern nur auf den entsprechenden nationalen Umsetzungsakt. Letztlich bezieht sich der Kündigungsschutz auf das Verhältnis zwischen zwei Privatrechtssubjekten, namentlich zwischen Arbeitgeber und Arbeitnehmerin. Art. 10 MuSchRL verpflichtet die Mitgliedsstaaten und nicht den Arbeitgeber, womit auch eine unmittelbare Anwendung von Art. 10 MuSchRL ausscheidet. Eine solche kann aber ausnahmsweise erfolgen, wenn es sich um einen öffentlich-rechtlichen Arbeitgeber handeln würde, sich die Anstellungsgesellschaft der Geschäftsleiterin also in öffentlicher Hand befindet.[188]

b. Richtlinienkonforme Auslegung

Scheidet eine unmittelbare Anwendung der Richtlinie aus, kommt eine richtlinienkonforme Auslegung des nationalen Rechts in Betracht. Dieses Rechtsinstitut hat zunehmend eine „Ersatzfunktion für die im Bereich des Privatrechts abgelehnte unmittelbare Anwendung von Richtlinien übernommen, um dem durch Richtlinien gesetzten Gemeinschaftsrecht zur innerstaatlichen Durchsetzung … zu verhelfen".[189]

---

186 Rengeling/Middeke/*Gellermann* § 33 Rn. 36 nach zust. Wiedergabe der EuGH-Rechtsprechung zur unmittelbaren Richtlinienwirkung.

187 Vgl. grundlegend EuGH 14.7.1994 – Rs. C-91/92 (*Faccini Dori*), NJW 1994, 2473 zu nicht rechtzeitig umgesetzten Richtlinien. Umfassend hierzu *Tscherner* S. 284 ff.; Gebauer/*Wiedmann* Kap. 2 Rn. 34 ff., jeweils m.w.N. aus der Rspr.

188 Vgl. EuGH 12.7.1990 – Rs. C-188/89 (*Foster*), NJW 1991, 3086 zur Rechtsnachfolgerin des britischen Energiemonopolisten *British Gas*. Bestätigt in dem mutterschutzrechtlichen Fall EuGH 4.10.2001 – Rs. C-438/99 (*Melgar*), Tz. 33 f., NJW 2002, 125.

189 *Mörsdorf* EuR 2009, 219 (222 f.).

aa. Europarechtliche Vorgaben

Nach der Rechtsprechung des EuGH haben die Gerichte der Mitgliedsstaaten bei der Rechtsanwendung „unter voller Ausschöpfung des Beurteilungsspielraums" des nationalen Rechts zu handeln.[190] Dies folgt dem Grundsatz der loyalen Zusammenarbeit aus Art. 4 Abs. 3 EUV, [191] wobei hinsichtlich der richtlinienkonformen Anwendung als spezieller normativer Anknüpfungspunkt Art. 288 Abs. 3 AEUV hinzutritt.[192] Die Mitgliedsstaaten haben das der Umsetzung einer Richtlinie dienende innerstaatliche Recht „so weit wie möglich anhand des Wortlauts und des Zweckes dieser Richtlinie aus[zu]legen, um das in ihr festgelegte Ergebnis zu erreichen".[193] Allerdings betont der EuGH, dass diese europarechtskonforme Rechtsanwendung dort an ihre Grenzen stoße, wo eine dem nationalen Recht widersprechende Auslegung gewählt werden müsste.[194] Der EuGH erkennt damit die rein rechtsanwendende Aufgabe und Zuständigkeit der nationalen Gerichte an, die nicht gezwungen sind, sich – mittels Übergriffs in die rechtssetzende Gewalt des zur Umsetzung berufenen nationalen Gesetzgebers – außerhalb ihrer Zuständigkeit zu bewegen.[195]

Dieser Linie entspricht auch die Rechtsprechung des BVerfG. Bereits früh folgerte das BVerfG im Anschluss an die Rechtsprechung des EuGH aus dem Grundsatz der Unionstreue, dass die Gerichte dazu verpflichtet seien, nationale Normen so auszulegen, wie es dem Inhalt einer Richtlinie entspricht.[196] Dabei sei diejenige Auslegung der Richtlinie maßgeblich, die der EuGH gewählt habe. Die richtlinienkonforme Auslegung finde ihre Grenzen dort, wo eine EU-Recht entsprechende Rechtsanwendung nicht mehr methodisch vertretbar sei. Es setzt die Grenzen dort, wo die Gerichte mit einer konventionsgemäßen Auslegung

---

190 EuGH 10.4.1984 – Rs. C-14/83 (*von Colson*), Tz. 28, NJW 1984, 2021.

191 Grabitz/Hilf/Nettesheim/*von Bogdandy/Schill* Art. 4 EUV, Rn. 54, 94.

192 Lenz/*Borchardt* Art. 19 EUV, Rn. 35; *Rüthers/Fischer/Birk* Rn. 768.

193 EuGH 5.10.2004 – verb. Rs. C-397/01 u.a. (*Pfeiffer*), Tz. 113, NZA 2004, 1145 m.w.N. Zur Herleitung des Vorrangs richtlinienkonformer Auslegung s. *Langenbucher* § 1 Rn. 85. Umfassend *Gebauer*/Wiedmann Kap. 4 Rn. 17 ff.

194 EuGH 4.7.2006 – Rs. C-212/04 (*Adeneler*), Tz. 110, NJW 2006, 2465; EuGH 16.7.2009 – Rs. C-12/08 (*Mono Car Styling*), Tz. 61, AP Richtlinie 98/59/EG Nr. 5. Vgl. aber EuGH 29.4.2004 – Rs. C-371/02 (*Björnekulla Fruktindustrier*), Tz. 13, GRUR 2004, 682, laut dem das nationale Gericht auch entgegen Vorgaben in Gesetzgebungsmaterialen zu entscheiden habe.

195 Vgl. EuGH 16.7.2009 – Rs. C-12/08 (*Mono Car Styling*), Tz. 64, AP Richtlinie 98/59/EG Nr. 5: „das vorlegende Gericht im Rahmen seiner Zuständigkeit".

196 BVerfG 8.4.1987 – 2 BvR 687/85, BVerfGE 75, 223 (237) = NJW 1988, 1459 (1460).

„gegen eindeutig entgegenstehendes Gesetzesrecht oder deutsche Verfassungsbestimmungen" verstoßen würden.[197] Erst dann würde sich das Gericht über seine Gesetzesbindung hinwegsetzen, es hätte sich entgegen Art. 20 Abs. 3 GG „aus der Rolle des Normanwenders in die einer normsetzenden Instanz begeben".[198] Diese Grundsätze hat das BVerfG in einer Entscheidung vom September 2011 bestätigt und dabei betont, die Frage der Möglichkeit einer unionsrechtskonformen Auslegung liege allein bei den nationalen Gerichten.[199]

Die Gerichte der Mitgliedsstaaten haben somit gemäß der Rechtsprechung des EuGH und des BVerfG nationale Normen gemäß der Vorgaben der Richtlinien anzuwenden, auf denen sie beruhen, müssen richtlinienwidrig umgesetzte Normen aber nicht contra legem anwenden, um auf diese Weise europarechtskonforme Zustände zu erreichen. Nicht einheitlich wird beurteilt, wann eine Rechtsauslegung contra legem vorliegt. Auf dem Boden der objektiven Auslegungstheorie wird vertreten, der Wortlaut stelle die Grenze der Auslegung dar und ein bestimmtes Auslegungsergebnis müsse in ihm jedenfalls andeutungsweise zum Ausdruck kommen.[200] Die Gegenauffassung macht geltend, der Wortlaut stelle lediglich ein Auslegungsmittel dar, um den für die Auslegung eigentlich entscheidenden Gesetzeszweck zu ermitteln.[201] Gemein ist diesen Auffassungen,

---

197 Auch zum Parallelfall der völkerrechtskonformen Auslegung der Umsetzung der EMRK dienender Normen hat das BVerfG deutlich gemacht, der konventionsgemäßen Auslegung gebühre (nur) „im Rahmen geltender methodischer Standards" der Vorrang (14.10.2004 – 2 BvR 1481/04, NJW 2004, 3407 [3411]). Ähnlich in Bezug auf die europarechtskonforme Auslegung BVerfG 26.9.2011 – 2 BvR 2216/06 u.a., Tz. 48, NJW 2012, 669.

198 BVerfG 3.11.1992 – 1 BvR 1243/88, BVerfGE 87, 273 (280) = NJW 1993, 996 (997).

199 BVerfG 26.9.2011 – 2 BvR 2216/06 u.a., Tz. 47 f., NJW 2012, 669. Der *Honeywell*-Beschluss des BVerfG (6.7.2010 – 2 BvR 2661/06, NJW 2010, 3422) hat diesbezüglich keine Relevanz, da er die Prüfung kompetenzwidrigen Handelns des EuGH betrifft (sog. *ultra-vires*-Kontrolle) und nicht die Frage, inwieweit die nationalen Gerichte zu einer unionsrechtskonformen Rechtsanwendung verpflichtet sind, um der Auslegung von EU-Rechtsakten durch den EuGH zur Geltung zu verhelfen.

200 So etwa Schulze/Zuleeg/*Borchardt* § 15 Rn. 85. Vgl. auch *Bultmann* JZ 2004, 1100 (1105); *Habersack/Meyer* WM 2002, 253 (256); *Kaiser* JZ 2011, 978 (980 f., 986). Aus der aktuellen Literatur zur Übertragung der *Danosa*-Entscheidung auf das deutsche Recht *Forst* GmbHR 2012, 821 (823).

201 *Höpfner* S. 85, 280 f. Ähnlich *Rüthers/Fischer/Birk* Rn. 732: „Eindeutigkeitsregel" sei unhaltbar. Den Wortlaut einer nationalen Norm nicht als Grenze der Auslegung ansehend, um einen richtlinienkonformen Zustand herbeiführen zu können, auch *Colneric* ZEuP 2005, 225 (232) unter Berufung auf BVerfG 7.4.1997 – 1 BvL 11/96, NJW 1997, 2230; *Herresthal* S. 317 ff. m.w.N.; *Unberath* ZEuP 2005, 5 (7 f.); *Wank*

dass eine Richtlinie jedenfalls eine eindeutige nationale Norm nicht überwinden kann.[202] Auch nach der Rechtsprechung des BGH[203] und BAG[204] stellt der Wortsinn nicht die Grenze einer europarechtskonformen Auslegung dar.

Wird bei der Anwendung einer Norm deren Wortlautgrenze überschritten, handelt es sich – in den Kategorien der deutschen Methodenlehre gesprochen – nicht mehr um eine Auslegung der betroffenen Norm, sondern um eine Rechtsfortbildung.[205] Entscheidend ist dabei, dass der Normanwender nicht nur zur Auslegung, sondern auch zur Rechtsfortbildung verpflichtet ist, um einen europarechtskonformen Zustand zu erreichen.[206] Insoweit hat der Normanwender auch zu den Mitteln der teleologischen Extension oder Reduktion als Instrumente der Rechtsfortbildung[207] zu greifen.

RdA 2012, 361: anderslautende Auffassung sei nicht haltbar und „Wortlautfetischismus". Zurückhaltender *Hergenröder* JZ 1997, 1174 (1176); *Hommelhoff* AcP 1992, 71 (96 ff.). *Gebauer*/Wiedmann Kap. 4, Rn. 34 misst dem Argument einer möglichen richtlinienkonformen Auslegung besonderes Gewicht unter den Argumenten für eine bestimmte Auslegung zu und sieht es als regelmäßig vorrangig an. *Canaris* FS Bydlinski, 2002, 47 (80 f., 100, 102) tritt bei einer eindeutigen und der Richtlinie widersprechenden nationalen Norm nicht für eine Rechtsanwendung contra legem ein, sondern sieht in diesem Fall den Gesetzgeber zur Abhilfe berufen.

202 *Höpfner* S. 259; *Langenbucher* § 1 Rn. 96 ff., 106; *Rüthers/Fischer/Birk* Rn. 769; *Unberath* ZEuP 2005, 5 (8). Eine Richtlinie ermogliche deshalb keine Korrektur einer richtlinienwidrigen nationalen Rechtsnorm (*Höpfner* RdA 2013, 16 [22]).

203 26.11.2008 – VIII ZR 200/05 (*Quelle*), Tz. 21, BGHZ 179, 27 = NJW 2009, 427: „Begriff des Contra-legem-Judizierens ist vielmehr funktionell zu verstehen".

204 17.11.2009 – 9 AZR 844/08, Tz. 29, NZA 2010, 1020: Auslegung „contra legem" meine „den Bereich, in dem eine richterliche Rechtsfindung unzulässig ist, weil sie eine eindeutige Entscheidung des Gesetzgebers auf Grund eigener rechtspolitischer Vorstellungen ändern will".

205 Vgl. *Bultmann* JZ 2004, 1100 (1101), wobei die „Grenze zwischen Auslegung und Rechtsfortbildung fließend" sei; *Herresthal* EuZW 2007, 396 (397). Vgl. auch *Hergenröder* JZ 1997, 1174 (1176); Riesenhuber/*W.-H. Roth* § 13 Rn. 2 m.w.N.

206 *Bultmann* JZ 2004, 1100 (1101); *Herresthal* EuZW 2007, 396 (397) m.w.N. („Der gemeinschaftsrechtliche Terminus der „richtlinienkonformen Auslegung" umfasst nach den Methodenkategorien des deutschen Rechts die Pflicht der Judikative zur richtlinienkonformen Auslegung *und* zur richtlinienkonformen Rechtsfortbildung"); Riesenhuber/*W.-H. Roth* § 14 Rn. 46.

207 *Gebauer*/Wiedmann Kap. 4, Rn. 50 f.; *Herresthal* EuZW 2007, 396 (399); *Kaiser* JZ 2011, 978 (980); *Müller/Christensen* Rn. 207. Wohl auch *Langenbucher* § 1 Rn. 99. Abweichend, nämlich teleologische Extension und Reduktion dem Vorgang der Auslegung zurechnend, etwa Riesenhuber/*W.-H. Roth* § 14 Rn. 30.

bb. Auslegungsoffenheit des Arbeitnehmerbegriffs

Die Grenzen der Auslegung verlaufen erst dort, wo kein Auslegungsergebnis gewonnen werden kann, das unter Anwendung der überkommenen Auslegungskanones methodisch vertretbar ist. Das supranationale Recht spricht in erster Linie dem nationalen Gesetzgeber die Aufgabe zu, für europarechtskonforme Zustände zu sorgen. Wenn jedoch die nationalen Gerichte unter Einhaltung ihrer Zuständigkeit das Recht auslegen oder fortbilden können, sind diese gefordert. Auch hindert eine gefestigte Rechtsprechung zum Arbeitnehmerbegriff dessen *Danosa*-konforme Auslegung nicht. Der EuGH hat bereits früh entschieden, dass eine Bindung an höchstrichterliche Rechtsprechung nicht besteht, soweit Gemeinschaftsrecht ihr entgegensteht.[208] Ein Übergriff in die allein der Legislative obliegenden Normsetzungsgewalt, welche der richtlinienkonformen Rechtsanwendung Grenzen setzt, droht hier nicht. Selbst ungeachtet der gemeinschaftsrechtlichen Vorgaben darf nach der Rechtsprechung des BVerfG ein Gericht eine eigene Rechtsauffassung einnehmen, auch wenn diese in Widerspruch zu allen anderen, auch übergeordneten, Gerichten steht.[209] Eine Bindung an Präjudizien[210] ist dem deutschen Recht fremd. Vielmehr ist der Richter gerade aufgrund seiner *Gesetzes*bindung gemäß Art. 97 Abs. 1 GG frei, ein bestimmtes höchstrichterliches Auslegungsergebnis nicht zu teilen.[211] Die Bindung an die höchstrichterliche Rechtsprechung ist deshalb allenfalls faktischer Natur.[212]

---

208 EuGH 16.1.1974 – Rs. 166/73 (*Rheinmühlen Düsseldorf*), NJW 1974, 440, bei der es um die Vorlagemöglichkeit nicht-letztinstanzlicher Gerichte ging. Aus dieser Entscheidung folgt auch, dass eine st. höchstrichterliche Rspr. einer richtlinienkonformen Auslegung nicht im Weg stehen kann, s. *Iglesias/Riechenberg* FS Everling, 1995, 1213 (1230).

209 BVerfG 3.11.1992 – 1 BvR 1243/88, BVerfGE 87, 273 = NJW 1993, 996.

210 Zum Begriff Larenz/*Canaris* S. 253.

211 Ausf. Maunz/Dürig/*Jachmann* Art. 95 GG, Rn. 18. Dies findet seine Grenze allenfalls in der durch Art. 3 Abs. 1 GG geforderten Rechtsanwendungsgleichheit, die bei willkürlichen Abweichungen überschritten ist. Ausf. hierzu *Pohl* S. 145 ff., es sei allerdings eine Verhältnismäßigkeitsprüfung vorzunehmen (dazu ebenda, S. 164 ff.). Weitergehend auch *Jachmann* FS Spindler, 2011, 115 (130 f.), die verlangt, der Grund müsse „ein solches Gewicht haben, dass es gerechtfertigt ist, die an das Präjudiz anknüpfende Rechtskontinuität und das mit dieser verbundene allgemeine Vertrauen der Normadressaten auf eine ständige höchstrichterliche Handhabung der Norm zu enttäuschen" im Anschluss an den BFH 13.11.1963 – GrS 1/63 S, BFHE 78, 315 (320), NJW 1964, 942 (943).

212 Maunz/Dürig/*Jachmann* Art. 95 GG, Rn. 21 m.w.N.; *Sachs* Art. 20 GG, Rn. 143: Ziel gesetzmäßiger und gerechter Entscheidungen vorrangig vor Vertrauensschutzbelangen.

Damit haben die nationalen Gerichte die Möglichkeit, den Begriff des Arbeitnehmers ohne Verstoß gegen nationale Normen europarechtskonform entsprechend der *Danosa*-Entscheidung auszulegen. Daraus folgt gemäß der eben dargelegten Rechtsprechung von EuGH und BVerfG die Pflicht, durch entsprechende Auslegung der nationalen Normen einen richtliniengemäßen Zustand herbeizuführen. Entscheidend ist, dass jedes deutsche Gericht die Möglichkeit einer *Danosa*-konformen Auslegung hat, ohne sich dem Vorwurf der Willkür aussetzen zu müssen. Schließlich geht eine derartige Auslegung von der Rechtsprechung des EuGH aus, an die die Mitgliedsstaaten gebunden sind, lässt sich also sogar mit einer europarechtlichen Verpflichtung begründen. Darüber hinaus käme eine derartige Rechtsprechungsänderung nach der Entscheidung des EuGH auch nicht überraschend,[213] zumal der BGH selbst bereits obiter auf mögliche Auswirkungen der Entscheidung für deutsches Recht hingewiesen hat.[214]

3. *Ergebnis*

Der deutsche Arbeitnehmerbegriff bedarf trotz der *Danosa*-Entscheidung keiner grundlegenden, gesetzesübergreifenden Revision. Dagegen spricht entscheidend, dass der EuGH in der Rechtssache *Danosa* den Arbeitnehmerbegriff regelungszweckbezogen vor dem Hintergrund bestandssichernden Mutterschutzes weiterentwickelt hat. Den Arbeitnehmerbegriff grundlegend anzupassen und in der Folge sämtliche Arbeitnehmerschutzgesetze auf Geschäftsleiter zur Anwendung zu bringen, die die *Danosa*-Kriterien erfüllen, würde eine erhebliche überschießende Umsetzung der *Danosa*-Entscheidung bedeuten. In der nationalen Rechtsanwendung ist lediglich eine partielle Neuausrichtung des Arbeitnehmerbegriffs angezeigt, die sich auf einzelne Schutzgesetze zu beschränken hat. Dies hat dort zu erfolgen, wo die Anwendung des Gesetzes auf Geschäftsleiter europarechtlich indiziert ist. Es wurde gezeigt, dass der Arbeitnehmerbegriff im Rahmen richtlinienkonformer Rechtsanwendung gemäß der in der *Danosa*-Entscheidung aufgeführten Kriterien ausgelegt werden kann. Der Arbeitnehmerbegriff ist auslegungsoffen, wobei dem auch nicht die bisherige deutsche Rechtsprechung entgegensteht.

---

213 Zu dem Aspekt des Vertrauensschutzes *Pohl* S. 173 ff., 197 ff., die zu dem Ergebnis kommt, dass er ohnehin nur bei einer Rechtsprechungsänderung verfange, die eine Rückanknüpfung darstellt, also wenn in bereits abgeschlossene Sachverhalte eingegriffen werde, und nicht bei zukunftsbezogenen Rechtsprechungsänderungen (ebenda, S. 181 f.).

214 BGH 23.4.2012 – II ZR 163/10, Tz. 17, NZA 2012, 797.

III. Arbeitnehmereigenschaft des deutschen Geschäftsleiters

Wie bereits dargestellt, erging die Entscheidung in der Rs. *Danosa* auf Vorlage eines lettischen Gerichts. Die Analyse der Entscheidung hat ergeben, dass der EuGH mehrere Kriterien anlegt, um die Arbeitnehmereigenschaft von Frau *Danosa* zu bestimmen. Er hat nicht ohne Rücksicht auf die Binnenverfassung der SIA generell auf die Arbeitnehmereigenschaft von Geschäftsleitern oder Organvertretern erkannt, sondern Kriterien entwickelt, anhand derer die mitgliedsstaatlichen Gerichte die Arbeitnehmereigenschaft zu überprüfen haben. Angesichts dessen verbietet sich, die Entscheidung des EuGH unbesehen auf alle Geschäftsleiter deutscher Gesellschaften ohne Rücksicht auf deren jeweilige Rechtsform zu übertragen. Nachfolgend wird untersucht, welche Geschäftsleiter deutscher Gesellschaften den *Danosa*-Kriterien unterfallen und deshalb in den Genuss europarechtlich indizierter Arbeitnehmerschutzrechte kommen.

Dabei kann für eine Übertragung der *Danosa*-Kriterien auf das deutsche Recht zwischen allgemeinen und besonderen Kriterien unterschieden werden. Unter welchen Voraussetzungen erstgenannte Kriterien greifen, kann rechtsformübergreifend beantwortet werden. Hinsichtlich der übrigen durch die *Danosa*-Entscheidung vorgegebenen Kriterien wird die Untersuchung nach der Rechtsform der geleiteten Gesellschaft unterscheiden. Denn insoweit bestehen erhebliche gesellschaftsrechtliche Unterschiede, die möglicherweise Auswirkungen darauf haben, ob das jeweilige Kriterium erfüllt ist.

1. Rechtsformübergreifende Kriterien

Unabhängig von der Gesellschaftsform der durch den Geschäftsleiter geführten Gesellschaft sind die Kriterien der Eingliederung in die Gesellschaft, der Erbringung einer Leistung gegenüber der Gesellschaft sowie der Entgeltlichkeit dieser Leistung. Insoweit lassen sich keine Umstände ausmachen, die eine nach der Gesellschaftsform differenzierende Betrachtung notwendig machen.

a. Eingliederung in die Gesellschaft

Das Merkmal der Eingliederung ist als Abgrenzungsmerkmal zwischen einer Zugehörigkeit zur Gesellschaft und einem außenstehenden Dritten zu verstehen.[215] Ein Geschäftsleiter ist im deutschen Gesellschaftsrecht stets auf diese Weise in die Gesellschaft eingegliedert. Sowohl Personen- als auch Kapitalgesellschaften

215 S. oben, S. 24.

nehmen durch ihren Geschäftsleiter am Außenrechtsverkehr teil.[216] Der Geschäftsleiter ist ein Organ der Gesellschaft, durch das sie handlungsfähig ist und das die Gesellschaft repräsentiert.[217] Der Geschäftsleiter ist als „unentbehrlicher Teil der Verbandsorganisation" der dem Verband stets „nächste Zurechnungspunkt".[218] Er unterscheidet sich deshalb bereits aufgrund seiner korporationsrechtlichen Integration fundamental vom bloßen Bevollmächtigten, der als Außenstehender im Namen der Gesellschaft handelt.[219]

Dabei spielt es keine Rolle, ob, wie bei den Kapitalgesellschaften, erst ein Bestellungsakt erforderlich ist, oder, wie bei den Personengesellschaften, das Leitungsorgan ohne zusätzlichen Willensakt kraft Gesellschafterstellung besetzt ist.[220] Denn entscheidend ist, dass in beiden Fällen eine organschaftliche Macht vorliegt, kraft derer für die Gesellschaft gehandelt werden kann.

Vor diesem Hintergrund kann es nicht auf die Dauer der beabsichtigten Tätigkeit ankommen. Deshalb kann auch der Interimsmanager[221] den *Danosa*-Kriterien unterfallen, sofern er zum Geschäftsleiter bestellt wird[222]. Selbst wenn er von vornherein nur für eine bestimmte, verhältnismäßig kurze Zeit für die Gesellschaft tätig werden soll, ist er durch seine Bestellung in die Gesellschaft eingegliedert. Auch er ist kraft seiner Zugehörigkeit zu einem Organ ein wesentlicher Teil der Gesellschaft.

b. Entgeltliche Leistungserbringung

Der EuGH verlangt zudem, dass der Geschäftsleiter eine Leistung für die Gesellschaft erbringen müsse, für die er ein Entgelt erhält.

---

216 §§ 125 Abs. 1 HGB, 35 Abs. 1 GmbHG, 78 Abs. 1 AktG.

217 Vgl. MüKo-AktG/*Heider* § 41 AktG, Rn. 41 f.; *K. Schmidt* GesR, § 10 I 1; Römermann/*Seibt* § 2 Rn. 85; MüHdb-GesR IV/*Wiesner* § 23 Rn. 1.

218 *K. Schmidt* GesR, § 10 I 1 b.

219 Diese korporationsrechtliche Integration ist auch der Grund, warum im deutschen Recht das vom BAG als Indiz für die Arbeitnehmereigenschaft herangezogene Kriterium der Eingliederung in eine fremde Arbeitsorganisation (etwa BAG 3.6.1998 – 5 AZR 656/97, NZA 1998, 1165 [1165 f.]) bei Geschäftsführern weithin für nicht aussagekräftig gehalten wird. Vgl. Moll/*Reiserer* § 6 Rn. 60.

220 Vgl. MüKo-HGB/*K. Schmidt* § 125 HGB, Rn. 6.

221 Zu Begriff und arbeitsrechtlicher Einordnung *Dahl* DB 2005, 1738 (1738, 1740 f.).

222 Dies ist indes nicht zwingend, möglich ist etwa auch die Erteilung von Prokura oder Handlungsvollmacht. Vgl. dazu *Haag/Tiberius* NZA 2004, 190 (194).

Sowohl in den Personen- als auch Kapitalgesellschaften ist die Erbringung der gesellschaftszweckfördernden Geschäfte nicht nur ein Recht des Geschäftsleiters, sondern auch eine aus seinem Organverhältnis folgende Pflicht.[223]

Auch das Merkmal der Entgeltlichkeit erweist sich als unproblematisch, zieht man die frühere Rechtsprechung des EuGH heran. Das gilt selbst dann, wenn von der Gesellschaft keine feste Vergütung in Geld geleistet wird. Da der EuGH den Begriff des Entgelts umfassend versteht,[224] wäre auch die Gewinnbeteiligung erfasst, die den geschäftsführenden Gesellschaftern von Personengesellschaften zusteht (§§ 721 BGB, 120 HGB) und die mangels anderslautender Abrede auch das einzige Entgelt darstellt[225]. Auch der in sog. Managermodellen verbreitete Erhalt von Anteilen an der Gesellschaft[226] wäre als Sachleistung erfasst.

Ausgenommen vom Entgeltbegriff wäre hingegen ein bloßer Auslagenersatz, etwa nach § 110 HGB oder § 670 BGB.[227] Ein Ersatz für seitens des Geschäftsleiters geleistete Aufwendungen erbrächte die Gesellschaft nicht do ut des für eine im Synallagma stehende Geschäftsführung, sondern er stellt lediglich einen Ausgleich für ein fremdnütziges Sonderopfer dar[228]. Ebenso unterfallen auch im Eigeninteresse der Gesellschaft erbrachte Leistungen für den Geschäftsleiter, etwa seine Einbeziehung in die von der Gesellschaft getragene D&O-Gruppenversicherung, nicht dem Entgeltbegriff.[229]

c. Relevanz des Organinnenverhältnisses

Eine alle Gesellschaften betreffende Frage ist, ob das Organinnenverhältnis bei der Statusbestimmung des Geschäftsleiters zu berücksichtigen ist. In vielen Gesellschaften sind Geschäftsführung oder Vorstand mehrköpfig besetzt (vgl. §§ 6 Abs. 1 GmbHG, 76 Abs. 2 AktG, 114 HGB). Dabei kann einer der Geschäftsleiter die Stellung eines Vorsitzenden oder Sprechers des Organs einnehmen, was die

---

223 Bamberger/Roth/*Schöne* § 709 BGB, Rn. 12. Für OHG und KG bereits § 114 Abs. 1 HGB. Für die Kapitalgesellschaften Baumbach/Hueck/*Zöllner/Noack* § 35 GmbHG, Rn. 3; MüHdb-GesR/*Wiesner* § 22 Rn. 1.

224 S. oben, S. 24.

225 BGH 10.6.1965 – II ZR 6/63, NJW 1965, 1960 für die OHG.

226 Vgl. dazu Müller/Winkeljohann/*Axhausen* § 5 Rn. 60.

227 Vgl. im Zusammenhang mit dem AGG MüHdb-ArbR/*Oetker* § 14 Rn. 34; *ders.* FS Otto, 2008, 361 (366 f.).

228 Ebenroth/Boujong/Joost/Strohn/*Bergmann* § 110 HGB, Rn. 3 m.w.N.; HK-BGB/*Schulze* § 670 BGB, Rn. 1. Vgl. auch BAG 15.7.1992 – 7 AZR 491/91, NZA 1993, 661 (662) zur Abgrenzung zwischen Vergütung und Aufwendungsersatz.

229 Vgl. *Dreher* ZHR 165 (2001), 293 (308 f.); *Fonk* NZG 2009, 761 (764).

Frage aufwirft, ob sich ein Verhältnis der Unterordnung auch innerhalb des Leitungsorgans nachweisen lässt.

Dazu, ob das Organinnenverhältnis ein für die Statusbestimmung relevanter Aspekt sein kann, erklärt sich der EuGH scheinbar eindeutig. In der *Danosa*-Entscheidung heißt es, dass u.a. entscheidend sei, ob das „Mitglied der Unternehmensleitung ... nach der Weisung oder unter der Aufsicht *eines anderen Organs* dieser Gesellschaft" tätig wird.[230] Allerdings war Frau *Danosa* alleinige Geschäftsleiterin der SIA, weshalb sich der EuGH von vornherein nicht dazu veranlasst sehen musste, zu der Frage des Organinnenverhältnisses Stellung zu nehmen. Es ist deshalb nicht auszuschließen, dass auch dieses Verhältnis eine Rolle bei der Statusbestimmung spielt, wenn es sich erheblich auf die individuelle Stellung des betroffenen Organmitglieds auswirkt.

In der früheren deutschen Literatur zum Arbeitnehmerstatus des Geschäftsleiters wurde vereinzelt der Kompetenzverteilung im Leitungsorgan eine Bedeutung für die Statusbestimmung zugemessen.[231] Jedenfalls erscheint nicht völlig ausgeschlossen, dass sich aus der Satzung ein hierarchisch strukturiertes Binnenverhältnis der Geschäftsleiter ergeben kann. Es ist kein Sachgrund dafür ersichtlich, nur das Verhältnis der Organe zueinander in den Blick zu nehmen und herausgehobene Befugnisse eines Leitungsorganmitglieds bei der Statusbestimmung auszublenden. Die alle Gesellschaftsformen gleichermaßen betreffende Frage, *ob* das Organinnenverhältnis bei der Statusbestimmung zu berücksichtigen ist, ist positiv zu beantworten. Da das Organinnenverhältnis je nach Gesellschaftsform unterschiedlich beschaffen sein kann, wird es erst im Rahmen der gesellschaftsformspezifischen Untersuchungen darauf ankommen, ob das jeweilige Binnenorganverhältnis die Annahme eines Unterordnungsverhältnisses tragen oder zumindest mitbestimmen kann.

2. *Gesellschaftsformspezifische Kriterien*

Ob die übrigen vom EuGH aufgestellten Kriterien im Einzelfall greifen, hängt von der Binnenorganisation der jeweiligen Gesellschaft ab.

---

230 EuGH 11.11.2010 – Rs. C-232/09 (*Danosa*), Tz. 51, NJW 2011, 2343. Hervorhebung nachträglich.

231 *Brachert* S. 165 f.; *Diller* S. 209 ff., der jedoch weniger auf eine rechtlich vermittelte Sonderstellung als vielmehr – gestützt auf empirische Befunde – auf faktische Verhältnisse im Leitungsorgan abstellt; *Krauss* S. 70; *Trinkhaus* DB 1968, 1756 (1758). I.E. verneinend *G. Hueck* ZfA 1985, 25 (30); *Wilhelmi/Wilhelmi* BB 1968, 137 (140).

Bei den gesellschaftsformspezifischen Kriterien handelt es sich vor allem um die inhaltsbezogenen Kriterien der Weisungsunterworfenheit und Aufsicht[232] sowie um die bestandsbezogenen Kriterien der Bestellung und Abberufung[233]. Wie bereits ausgeführt, entscheidet nach der *Danosa*-Entscheidung des EuGH eine offene Gesamtbetrachtung aller die Binnenverfassung der Gesellschaft kennzeichnenden Umstände, ob die Arbeitnehmereigenschaft anzunehmen ist.[234] Deshalb sind inhaltsbezogene und bestandsbezogene Aspekte gleichermaßen in den Blick zu nehmen. Die Leitfrage dieses Abschnitts lautet dabei, ob sich anhand der Binnenorganisation aufzeigen lässt, dass sich der Geschäftsleiter in einem Unterordnungsverhältnis befindet oder befinden kann. Dass letzteres ausreichend ist, ergibt sich aus der die konkreten Verhältnisse in der Gesellschaft ausblendenden Betrachtungsweise des EuGH.

Diese abstrakt-typologische Sichtweise wurde bereits kritisiert.[235] Die nachfolgende Darstellung ist auch dann verwertbar, wenn man sich dieser Kritik anschließt und die konkreten Verhältnisse in der Gesellschaft in die Statusbestimmung des Geschäftsleiters einbezieht. Soweit sich die tatsächlichen Verhältnisse in der Gesellschaft von der Organisationsverfassung unterscheiden, ist dem jeweiligen Aspekt im Rahmen der Gesamtbetrachtung ein anderes Gewicht beizumessen. Besteht also zum Beispiel ein Weisungsrecht zwar gesellschaftsrechtlich, verzichten die Weisungsbefugten aber faktisch darauf, es auszuüben, wäre die Weisungsbefugnis nach hier vertretener Auffassung kein inhaltsbezogener Aspekt, der die Annahme eines Unterordnungsverhältnisses trägt. Eine solche Sicht würde sich demgemäß als Korrektiv darstellen, welches im Einzelfall im Rahmen der offenen Gesamtbetrachtung eine abweichende Beurteilung des Geschäftsleiterstatus rechtfertigen kann.

a. GmbH

Der GmbH-Geschäftsführer soll an der Spitze der gesellschaftsformspezifischen Untersuchung stehen, da die *Danosa*-Entscheidung auf der Grundlage des lettischen Pendants zur GmbH erging. Die nahezu einhellige Auffassung in Recht-

---

232 S. oben, S. 26 f.

233 S. oben, S. 27 f.

234 S. oben, S. 28 ff.

235 S. oben, S. 32 ff.

sprechung[236] und Literatur[237] geht davon aus, der GmbH-Geschäftsführer könne Arbeitnehmer im Sinne der *Danosa*-Entscheidung sein. Nur *Mohr* kommt zu einem anderen Ergebnis.[238] Auf sein Argument wird zurückzukommen sein.

aa. Weisungen und Aufsicht

Für die Frage des Bestehens eines Unterordnungsverhältnisses im Sinne der *Danosa*-Entscheidung kommt es zunächst auf die Aufgaben an, die dem Geschäftsführer übertragen sind sowie auf den Rahmen, in dem die Aufgabenausführung erfolgt, den Umfang seiner Befugnisse und auf die Kontrolle, der er unterliegt.

Dem GmbH-Geschäftsführer obliegt als dem Geschäftsführungs- und Vertretungsorgan unter anderem die Leitung der Gesellschaft.[239] Neben den ihm ausdrücklich durch Gesetz zugewiesenen Aufgaben ist er im Grundsatz dazu befugt, alle Maßnahmen und Entscheidungen zu treffen, die der Verfolgung des Gesellschaftszwecks dienen.[240] Während Grundlagengeschäfte[241] unzweifelhaft nicht

---

236 OLG Düsseldorf 18.10.2012 – I-6 U 47/12, GmbHR 2012, 1347 (1348 f.); LAG Rheinland-Pfalz 27.2.2012 – 5 Sa 607/11, Tz. 35, *juris*; jeweils obiter dicta.

237 *Baeck/Winzer* NZG 2011, 101; *Bauer/Göpfert/Krieger* § 6 AGG, Rn. 35a; *Fischer* NJW 2011, 2329 (2331); *Hohenstatt/Naber* ZIP 2012, 1989; *Krause* AG 2007, 392 (394); *Miras* GWR 2012, 311 (313); *Moll/Grobys* § 80 Rn. 12; *Oberthür* NZA 2011, 253 (254); Rancke/*Pepping* § 1 MuSchG, Rn. 28; *Preis/Sagan* ZGR 2013, 26 (43); *Reinhard/Bitsch* ArbRB 2011, 241 (242); Ascheid/Preis/Schmidt/*Rolfs* § 9 MuSchG, Rn. 10; *Sagan* ZESAR 2011, 412 (419); ErfK/*Schlachter* § 1 MuSchG, Rn. 3; *Schleusener*/Suckow/Voigt § 6 AGG, Rn. 19; Scholz/*Schneider/Hohenstatt* § 35 GmbHG, Rn. 507; *Stagat* NZA-RR 2011, 617 (622); Graf von Westphalen/*Thüsing* Geschäftsführerverträge, Rn. 236a; *von Medem* ArbRAktuell 2010, 654; *Wank* EWiR 2011, 27 (28); *Wilsing/Meyer* DB 2011, 341 (341 f.). Auch Baumbach/Hueck/*Zöllner/Noack* § 38 GmbHG, Rn. 6, die die Rspr. jedoch für sachlich verfehlt halten. Tendenziell auch *Brötzmann* GmbHR 2012, 851 (852): In Zusammenhang mit der GmbH konstatiert er, der Fremdgeschäftsführer gehe „in Richtung Arbeitnehmereigenschaft“. Ein Unterordnungsverhältnis nahm auch schon vor der *Danosa*-Entscheidung *Hoentzsch* S. 65 an. In Zusammenhang mit § 2 BUrlG auch *Forst* GmbHR 2012, 821 (825).

238 *Mohr* ZHR 178 (2014), 326 (342).

239 *K. Schmidt* GesR, § 36 II 1. Ausf. zu den Inhalten der Geschäftsführung und den Aufgabenfeldern des Geschäftsführers *Sudhoff* S. 72 ff.

240 Ziemons/Jaeger/*Wisskirchen/Kuhn* § 37 GmbHG, Rn. 1 m.w.N.; Baumbach/Hueck/*Zöllner/Noack* § 35 GmbHG, Rn. 29.

241 Zum Begriff Römermann/*Kautsch* § 18 Rn. 23; MüKo-GmbHG/Liebscher § 46 GmbHG, Rn. 297. Weiter *Michalski* GmbHR 1991, 349, der offenbar auch ungewöhnliche Geschäfte als Grundlagengeschäft begreift, wenn er dabei auch die Größe des jeweiligen Unternehmens als entscheidend ansieht.

darunter zählen und den Gesellschaftern vorbehalten sind, gehört jedenfalls die laufende Geschäftsführung in den Aufgabenbereich des Geschäftsführers. Darunter werden all jene Maßnahmen und Entscheidungen verstanden, die der Betrieb der Gesellschaft gewöhnlich mit sich bringt.[242] Demgegenüber liegt nach herrschender Meinung die Entscheidung über ungewöhnliche Geschäfte allein in der Hand der Gesellschafter.[243] Als ungewöhnlich werden verbreitet nicht nur solche Geschäftsführungshandlungen angesehen, die nicht dem Unternehmenszweck dienen,[244] sondern auch alle Maßnahmen und Entscheidungen, die aufgrund ihres Volumens oder ihrer Bedeutung über das für den Betrieb typische Maß hinausgehen.[245] Ferner trifft den Geschäftsführer auch eine Vorlagepflicht nach § 49 Abs. 2 GmbHG in Fällen, in denen die Rechte der Gesellschafter berührt werden, oder bei besonders risikoreichen Geschäften.[246] Zudem kann die

242 Scholz/*Schneider/Schneider* § 37 GmbHG, Rn. 11.

243 OLG Frankfurt a.M. 19.1.1988 – 5 U 3/86, NJW-RR 1989, 544; *Hommelhoff* ZGR 1978, 119 (123, 126) m.w.N.; Lutter/Hommelhoff/*Kleindiek* GmbHG § 37 GmbHG, Rn. 10 m.w.N., der jedoch meint, die Grenzen dürften „nicht zu weit gezogen werden"; Scholz/*Schneider/Schneider* § 37 GmbHG, Rn. 15. Zu Unrecht wird teilweise auch BAG 11.3.1998 – 2 AZR 287/97, BAGE 88, 177 = NJW 1999, 233 für diese Meinung in Anspruch genommen. Im entschiedenen Fall war eine Vorlagepflicht für ungewöhnliche Geschäfte aber bereits kraft Gesellschaftsvertrags vorgesehen. – Die Gegenauffassung vertreten etwa Ziemons/Jaeger/*Wisskirchen/Kuhn* § 37 GmbHG, Rn. 6 im Anschluss an Baumbach/Hueck/*Zöllner/Noack* § 37 GmbHG, Rn.7.

244 Lutter/Hommelhoff/*Kleindiek* § 37 GmbHG, Rn 11 m.w.N.; Scholz/*Schneider/Schneider* § 37 GmbHG, Rn. 17. Anders Baumbach/Hueck/*Zöllner/Noack* § 37 GmbHG, Rn.8, die solchen Maßnahmen von vornherein die Rechtmäßigkeit absprechen und eine Satzungsänderung verlangen.

245 Vgl. Scholz/*Schneider/Schneider* § 37 GmbHG, Rn. 19, die meinen, die Maßnahmen müssten wegen den mit ihnen verbundenen Gefahren „Ausnahmecharakter" haben. *Hommelhoff* ZGR 1978, 119 (123); *G. Roth* ZGR 1985, 265 (267) knüpfen demgegenüber an § 116 Abs. 2 HGB an. Dagegen etwa GK-GmbHG/*Paefgen* § 37 GmbHG, Rn. 9, der das für zu weitgehend hält und dafür einen Vergleich zwischen § 114 HGB und der Gesamtgeschäftsführungsbefugnis des GmbH-Rechts heranzieht.

246 So dann auch Ziemons/Jaeger/*Wisskirchen/Kuhn* § 37 GmbHG, Rn. 8; Baumbach/Hueck/*Zöllner/Noack* § 37 GmbHG, Rn.11. Insoweit wird diese Auslegung des § 49 Abs. 2 GmbHG mit einem Vergleich mit den Rechtsverhältnissen in der AG begründet. Vgl. aber auch *Ettinger/Reiff* GmbHR 2007, 617 (619), die statt einer abstrakten Definition eine einzelfallbezogene Bewertung der jeweiligen Maßnahme befürworten. Weiter OLG Frankfurt a.M. 19.1.1988 – 5 U 3/86, NJW-RR 1989, 544; Scholz/*Schneider/Schneider* § 37 GmbHG, Rn. 20 m.w.N., die eine Vorlagepflicht annehmen, wenn Widerspruch der Gesellschafter zu erwarten ist. Enger *G. Roth* ZGR 1985,

Geschäftsführungsbefugnis auch von den Gesellschaftern beschränkt werden. Dies kann einerseits durch die Satzung geschehen (§ 45 Abs. 1 GmbHG). Damit können Entscheidungen des Geschäftsführers etwa unter den Vorbehalt der Zustimmung eines anderen Organs gestellt werden oder es kann eine Vorlagepflicht für bestimmte Angelegenheiten bestimmt werden.[247] Andererseits können die Gesellschafter die Geschäftsführungsbefugnis auch durch Beschlüsse beschränken, indem sie eine Weisung erteilen (§ 37 Abs. 1 GmbHG).[248]

Durch die von der herrschenden Meinung angenommene Beschränkung der Befugnisse des Geschäftsführers und der Möglichkeit der Gesellschafter, ihm Weisungen zu erteilen, besteht eine umfassende inhaltliche Einwirkungsmöglichkeit auf die Geschäftsführung. Aufgrund dieser umfassenden Befugnisse der Gesellschafter spricht man auch von der „übergeordneten Geschäftsführungskompetenz" der Gesellschafterversammlung[249] oder, nicht weniger prägnant, von dem „Primat der Gesellschafter"[250].

Diese Kompetenz ist zwar in Reichweite und Grenzen nicht ganz unumstritten.[251] So wird etwa uneinheitlich beurteilt, ob wenigstens eine sog. Durchführungskompetenz des Geschäftsführers anzuerkennen ist.[252] Unabhängig davon ist die Geschäftsführungskompetenz der Gesellschafterversammlung aber jedenfalls ausreichend, um dem GmbH-Geschäftsführer in den grundsätzlichen und bedeutenden Fragen der Geschäftsleitung dem Willen der Gesellschafter zu unterstellen und sein Handeln von deren unternehmerischen Entscheidungen

---

265 (268), der dafür den mutmaßlich entgegenstehenden Willen einer Mehrheit der Gesellschafter fordert.

247 Baumbach/Hueck/*Zöllner/Noack* § 37 GmbHG, Rn. 17, 19.

248 OLG Düsseldorf 15.11.1984 – 8 U 22/84, ZIP 1984, 1476; Roth/*Altmeppen* § 37 GmbHG, Rn. 3 ff.; Michalski/*Lenz* § 37 GmbHG, Rn. 16 ff.

249 Roth/*Altmeppen* § 37 GmbHG, Rn. 3.

250 MüKo-GmbHG/*Stephan/Tieves* § 37 GmbHG, Rn. 1.

251 Zum Streitstand Roth/*Altmeppen* § 37 GmbHG, Rn. 4 f. m.w.N.; *Mennicke* NZG 2000, 622 (623). Umfassend auch Rowedder/Schmidt-Leithoff/*Koppensteiner/Gruber* § 37 GmbHG, Rn. 21 ff. Gegen einen „Kernbereich" weisungsfreier Geschäftsführung etwa *Schall* S. 56, die auf die gesetzgeberisch beabsichtigte „weitgehende Dispositivität" des GmbH-Rechts hinweist und auf die fehlende Praktikabilität eines solchen Ansatzes.

252 Nach *Zöllner* ZGR 1977, 319 (325) dürfte die Geschäftsführerstellung nicht dadurch ausgehöhlt werden, dass dem Geschäftsführer „keinerlei Raum zu relevanter eigener Willensbetätigung" belassen wird. Ähnlich *Geißler* GmbHR 2009, 1071 (1074 f.): Geschäftsführer dürfe nicht „zum reinen Vollzugsorgan degradiert" werden.

bestimmen zu lassen.[253] Zudem verlangen auch diejenigen Vertreter, die der Weisungsbefugnis Grenzen setzen, insoweit nur, dass dem Geschäftsführer eigener Spielraum für Entscheidungen belassen werden müsse.[254]

Darüber hinaus untersteht der Geschäftsführer grundsätzlich auch der Aufsicht der Gesellschafterversammlung (vgl. § 46 Nr. 6 GmbHG), mit der umfassende Befugnisse einhergehen, etwa Auskunft über bestimmte Angelegenheiten zu verlangen oder eine Sonderprüfung zu beauftragen.[255] Außerdem hat er von sich aus den Gesellschaftern für die Beschlussfassung bedeutsame Informationen zu erteilen.[256] Zudem ist der Geschäftsführer der Gesellschafterversammlung gegenüber zur Rechenschaft verpflichtet, was durch ordnungsgemäße Buchführung und Rechnungslegung gemäß der §§ 41–42a GmbHG zu erfolgen hat.

Die Stellung der Gesellschafter ist damit insgesamt so stark, dass diese eine von ihrem Willen unabhängige Geschäftsführung verhindern können. Die Unabhängigkeit des Geschäftsführers wird durch das GmbH-Recht nicht gewährleistet. Die Gesellschafter einer GmbH sollen umfassende Befugnisse haben, um durch eine ihren Vorstellungen entsprechende Struktur die Geschicke der Gesellschaft selbst lenken zu können.[257] Ob die Gesellschafter im Einzelfall ihre Geschäftsführungsbefugnis ausüben, spielt nach den Ausführungen des EuGH in der *Danosa*-Entscheidung keine Rolle. Auch kann es entgegen vereinzelter Stimmen in der Literatur[258] nicht darauf ankommen, ob „eine erhebliche Weisungsabhängigkeit" besteht, die über eine gesellschaftsrechtlich begründete Weisungsabhängigkeit hinausgeht. Diese Auffassung, die ausdrücklich an die Rechtsprechung

253 Vgl. *Hommelhoff* ZGR 1978, 119 (124 ff.), der darüber hinaus auch im Bereich des Tagesgeschäfts eine – allerdings im Gesellschaftsvertrag vorzusehende – umfassende Verlagerung der Verantwortlichkeit auf die Gesellschafter für möglich hält (ebenda, S. 129); *Wicke* § 37 GmbHG, Rn. 3.

254 *Gieseke* GmbHR 1996, 486 (490), der dies damit begründet, die von ihm angenommene „persönliche Verantwortung und Haftung" im Kernbereich der Geschäftsleitung müsse insoweit mit einer „weisungsfreien Geschäftsführungsmacht korrespondieren".

255 MüKo-GmbHG/*Hillmann* § 51a GmbHG, Rn. 9; MüKo-GmbHG/*Liebscher* § 46 GmbHG, Rn. 190; Baumbach/Hueck/*Zöllner* § 46 GmbHG, Rn. 50. Zum Recht einer Sonderprüfung *Fleischer* GmbHR 2001, 45. Zur Berichtspflicht *Meier* DStR 1997, 1894. Zur Pflicht aus § 51a GmbHG ausf. BGH 6.3.1997 – II ZB 4/96, BGHZ 135, 48 = NJW 1997, 1985.

256 OLG Stuttgart 7.2.2001 – 20 U 52/97, DB 2001, 854 (858); Henssler/*Strohn* § 51a GmbHG, Rn. 2; Baumbach/Hueck/*Zöllner* § 51a GmbHG, Rn. 56.

257 Vgl. Roth/*Altmeppen* § 13 GmbHG, Rn. 13; MüKo-GmbHG/*Fleischer* Einl., Rn. 14.

258 *Reinhard/Bitsch* ArbRB 2011, 241 (243).

des BAG anknüpft,[259] entspricht nicht der *Danosa*-Entscheidung. Der EuGH hat vielmehr die Ausführungen des Generalanwalts in Bezug genommen, denen zufolge ein Weisungsrecht hinsichtlich der laufenden Geschäftsführungstätigkeit nicht erforderlich ist.[260] Die Forderung einer erheblichen Weisungsabhängigkeit, die noch über das gesellschaftsrechtlich vermittelte Maß hinausgeht – zu denken ist etwa an Vorgaben hinsichtlich Zeit und Ort der Geschäftsführertätigkeit –, setzte sich mit der Maßstabsbildung des EuGH in Widerspruch.

bb. Bestellung und Abberufung

Den zweiten Aspekt des Unterordnungsverhältnisses im Sinne der *Danosa*-Entscheidung bilden die auf den Geschäftsführer anwendbaren Bestellungs- und Abberufungsmodalitäten, die den Bestand seiner Tätigkeit betreffen.

Für die nicht mitbestimmte GmbH ist die unbefristete Bestellung der gesetzliche Normalfall.[261] Damit wird die Tätigkeit zwar – anders als in dem der *Danosa*-Entscheidung zugrundeliegenden Fall – nicht für eine im Voraus bestimmte Zeitspanne erbracht. Im Falle der GmbH kann der Geschäftsführer nach § 38 Abs. 1 GmbHG indessen jederzeit abberufen werden. Der Geschäftsführer unterliegt somit zwar nicht dem Druck, wiederbestellt zu werden, wohl aber dem Druck, nicht abberufen zu werden. Dabei sind die Gesellschafter in ihrer Abberufungsentscheidung frei,[262] können diese insbesondere auf einen bloßen Vertrauensverlust stützen. Eine Grenze findet die Abberufungsfreiheit lediglich insoweit, als sie nicht aus sittenwidrigen Gründen erfolgen darf (§§ 138, 226, 826 BGB).[263] Bei der Beurteilung ist jedoch ein strenger Maßstab anzulegen, um den Grundsatz der freien Abberufbarkeit nicht zu unterlaufen.[264] Zudem kommt es dafür allein auf den Beschlussinhalt selbst an und nicht auf die Motive für

259 *Reinhard/Bitsch* ArbRB 2011, 241 (242).

260 S. oben, S. 26 f.

261 Roth/*Altmeppen* § 6 GmbHG, Rn. 68; Michalski/*Tebben* § 6 GmbHG, Rn. 86.

262 Henssler/Strohn/*Oetker* § 38 GmbHG, Rn. 5 m.w.N.; *Wicke* § 38 GmbHG, Rn. 4.

263 Roth/*Altmeppen* § 38 GmbHG, Rn. 4, der jedoch auf die beschränkte praktische Bedeutung der Grenze der Sittenwidrigkeit hinweist; Michalski/*Terlau* § 38 GmbHG, Rn. 4; Baumbach/Hueck/*Zöllner/Noack* § 38 GmbHG, Rn. 3. Selbst „unsachliche Gründe" stehen der Abberufung nicht entgegen, solange nicht die Grenze zur Sittenwidrigkeit überschritten wird (Roth/*Altmeppen* § 38 GmbHG, Rn. 4; MüKo-GmbHG/*Tieves* § 38 GmbHG, Rn. 7 m.w.N.; vgl. auch Scholz/*Schneider/Schneider* § 38 GmbHG, Rn. 16: „offenbar unsachliche Gründe" als Fall von §§ 226, 826 BGB).

264 Graf von Westphalen/*Thüsing* Geschäftsführerverträge, Rn. 236.

die Abberufung.[265] Bedenkt man, dass der abberufene Geschäftsführer die Beweislast für die Umstände trägt, die die Unzulässigkeit des Abberufungsgrunds begründen,[266] wird offenbar, dass der ihm vermittelte Bestandsschutz denkbar gering ist. Dabei kann hier die Frage, ob eine diskriminierende Abberufung – etwa aufgrund der Schwangerschaft – unsachlich oder sonst sittenwidrig wäre, letztlich dahinstehen.[267] Selbst wenn man dies annehmen würde, wäre das für die Subsumtion unter die *Danosa*-Kriterien nicht entscheidungserheblich. Der EuGH stellt allgemein und nicht nur mit Blick auf konkrete Abberufungsgründe auf die Möglichkeit freier Abberufbarkeit ab. Er bezweckt damit, die untergeordnete Stellung des Geschäftsführers allgemein und nicht nur für den Einzelfall zu eruieren.

Auch die Treuepflicht, die in der Mehrpersonengesellschaft die anderen Gesellschafter gegenüber dem (gerade auch Minderheits-)Gesellschafter-Geschäftsführer hinsichtlich seiner Geschäftsführerstellung haben,[268] vermag im Ergebnis keinen effektiven Schutz vor einer Abberufung zu entfalten. Zwar bedingt die Treuepflicht eine Berücksichtigung der Individualinteressen des Gesellschafter-Geschäftsführers und hat zur Folge, dass seine Abberufung nicht schlechthin sachgrundlos erfolgen darf.[269] Die Anforderung an einen Sachgrund sind aber niedriger als die an einen wichtigen Grund.[270] Die Treuepflicht lässt damit im

---

265 OLG Hamm 17.10.2007 – 8 U 28/07, Tz. 25, *juris* unter Verweis auf Lutter/*Hommelhoff* Anh. § 47 GmbHG, Rn. 20, welcher dies damit begründet, dass das Gesetz eine Abberufung gerade nicht an das Vorhandensein eines Grundes knüpft.

266 Michalski/*Terlau* § 38 GmbHG, Rn. 4. Allg. BGH 31.3.1970 – III ZB 23/68, NJW 1970, 1273 (1276) zu § 138 BGB; Staudinger/*Sack/Fischinger* § 138 BGB, Rn. 89 m.w.N.

267 Dazu etwa Graf von Westphalen/*Thüsing* Geschäftsführerverträge, Rn. 236.

268 Vgl. zur Treuebindung grundlegend BGH 5.6.1975 – II ZR 23/74 (*ITT*), BGHZ 65, 15 (18 f.) = NJW 1976, 191 m. Anm. *Ulmer*. Ausf. Henssler/Strohn/*Verse* § 14 GmbHG, Rn. 98 ff. Dabei kommt es nicht darauf an, ob die GmbH personalistisch oder kapitalistisch geprägt ist, s. MüKo-GmbHG/*Merkt* § 13 GmbHG, Rn. 102 m.w.N.

269 BGH 29.11.1993 – II ZR 61/93, DStR 1994, 214 (215) m. Anm. *Goette* in einem Fall, in dem der Gesellschafter-Geschäftsführer aus einem nicht schwer wiegenden Grund abberufen und damit um seine wirtschaftliche Existenzgrundlage gebracht wurde. Ebenso Henssler/Strohn/*Oetker* § 38 GmbHG, Rn. 13 m.w.N.; Scholz/*Schneider/Schneider* § 38 GmbHG, Rn. 18; Michalski/*Terlau* § 38 GmbHG, Rn. 37. Vgl. aber OLG Naumburg 13.1.2000 – 7 U (Hs) 24/99, Tz. 57, *juris*, das diese Auffassung in einem obiter dictum als „in der Rspr. bislang nicht gefestigt durchdacht" bezeichnet.

270 OLG Zweibrücken 5.6.2003 – 4 U 117/02, NZG 2003, 931 (932), das eine dauerhafte Erkrankung des Gesellschafter-Geschäftsführers genügen ließ; Ziemons/Jaeger/*Heilmeier* § 38 GmbHG, Rn. 36. Allerdings kann die „Unfähigkeit zur ordnungsgemäßen

praktischen Ergebnis die grundsätzliche Abberufungsfreiheit unberührt[271] und kann allenfalls in Ausnahmefällen einer Abberufung entgegenstehen.[272] Bereits im Rahmen der Analyse der *Danosa*-Entscheidung wurde dargelegt, dass insoweit zwar keine ohne jegliche Einschränkung bestehende Abberufungsfreiheit der Gesellschafter vorliegt.[273] Gerade aus der nur geringfügigen Beschränkung der Abberufungsfreiheit muss sich jedoch ergeben, dass die schlechthin unbeschränkte Abberufungsfreiheit keine unabdingbare Voraussetzung für die Annahme der Arbeitnehmereigenschaft sein kann, sondern eine wertende Gesamtschau entscheidet.

Damit haben die Gesellschafter die Freiheit, den Geschäftsführer jederzeit abzuberufen und sind dabei im Grundsatz nicht an bestimmte Gründe gebunden. Ihnen kommt eine Abberufungsfreiheit zu, die auch gegenüber Geschäftsführern aus dem Gesellschafterkreis weitgehend unbeschränkt gilt.

Mohr demgegenüber vertritt, dass die organschaftliche Abberufungsfreiheit durch anstellungsvertraglichen Schutz kompensiert werden könne.[274] Werde „durch die Ausgestaltung des Dienstvertrages" erreicht, dass „das Rechtsverhältnis zu den Geschäftsführern" nicht „jederzeit ohne Einschränkungen" beendet werden kann, was bei GmbH-Geschäftsführern die Regel sei, reiche dies aus, um eine Arbeitnehmereigenschaft nach *Danosa* abzulehnen. Doch führt diese Auffassung zum einem dazu, dass durch den Anstellungsvertrag vermittelter Schutz, etwa ein Ausschluss der ordentlichen Kündigungsmöglichkeit, letztlich einen Entzug des Mutterschutzes bewirken könnte. Den Parteien würde ermöglicht, durch anstellungsvertragliche Regelungen über den gesetzlichen Mutterschutz zu disponieren, obwohl dieser zwingend ist[275]. Zudem berücksichtigt die Auffassung von *Mohr* nicht, dass der Schutz durch das Anstellungsverhältnis die Gesellschaft nicht hindert, den Geschäftsführer abzuberufen, weshalb dieser trotz

Geschäftsführung", wozu gerade auch lange Krankheiten gezählt werden, auch einen wichtigen Grund darstellen, s. Henssler/Strohn/*Oetker* § 38 Rn. 21 m.w.N.

271 Vgl. Michalski/*Terlau* § 38 GmbHG, Rn. 37.

272 Vgl. OLG Brandenburg 30.1.2008 – 7 U 59/07, Tz. 29, *juris*; *Kreklau* GmbHR 2007, 365 (368 f.), der überdies Kritik an der Entscheidung des BGH (Fn. 269) übt und meint, die gesellschaftsrechtliche Treuepflicht könne allenfalls „ein Schutz vor willkürlichen Maßnahmen" sein; GK-GmbHG/*Paefgen* § 38 GmbHG, Rn. 13 in Anlehnung an die Business Judgment Rule; Baumbach/Hueck/*Zöllner/Noack* § 38 GmbHG, Rn. 20.

273 S. oben, S. 30 f.

274 *Mohr* ZHR 178 (2014), 326 (342). Vgl. auch *Reuter* FS Adomeit, 2008, 595 (599).

275 Zum Kündigungsschutz etwa Erbs/Kohlhaas/*Ambs* § 9 MuSchG, Rn. 19; *Buchner/Becker* § 9 MuSchG, Rn. 188 m.w.N.; Schaub/*Linck* § 169 Rn. 4.

anstellungsvertraglicher Regelungen schutzbedürftig ist. Dass die Gesellschaft dem Abberufenen dann eine Vergütung zu leisten hat, ohne dass dem noch eine Gegenleistung in Form der Geschäftsführung entgegensteht, wird – gerade wenn der Anstellungsvertrag befristet ist und zeitnah ausläuft – kein wirksames Hindernis darstellen. Bereits die Abberufung ist geeignet, zu erheblichen psychischen Belastungen zu führen, auch wenn das Anstellungsverhältnis erhalten bleibt. Bereits diese Belastungen will die MuSchRL aber nach Auffassung des EuGH verhindern.[276] Auch insoweit besteht also ungeachtet des anstellungsvertraglichen Schutzes ein darüberhinausgehendes Bedürfnis etwa nach Schutz durch das MuSchG. Zudem sind auch andere immaterielle Schäden in Betracht zu ziehen, die allein der Fortbestand des Anstellungsvertrags nicht ausgleichen kann, wozu nach Auffassung des BGH „Ansehensverlust oder Minderung der Lebensfreude" zählen können.[277] Aus diesem Grund überzeugt es nicht, die Arbeitnehmereigenschaft nur deshalb nicht anzuerkennen, weil der frei abberufbare Geschäftsführer einen gewissen Schutz durch das Anstellungsverhältnis erhält.

cc. Zwischenbewertung

Selbst wenn die Bestellung anders als im der Rs. *Danosa* zugrundeliegenden Fall unbefristet erfolgt, kann der Geschäftsführer eine gegenüber den Gesellschaftern untergeordnete Stellung haben. Er unterliegt ihren Weisungen und kann jederzeit abberufen werden. Damit hängt sowohl die inhaltliche Führung der Gesellschaft als auch der Bestand seines Organverhältnisses vom Willen der Gesellschafter ab. Ohne Bedeutung ist hierbei der durch den Anstellungsvertrag gewährte Schutz, da dieser die rechtliche Möglichkeit der Abberufung unberührt lässt. Der Geschäftsführer ist nicht in einer Weise unabhängig, die ihn zum selbständigen Diensterbringer machen könnte. Es bestehen sowohl die Möglichkeit inhaltlichen Einflusses als auch Kontrollrechte. Damit genügt der jedenfalls potenzielle Einfluss der Gesellschafterversammlung den Anforderungen, die der EuGH an das Bestehen eines Unterordnungsverhältnisses stellt und geht sogar – da umfassende Weisungsrechte bestehen – über die erforderliche Intensität des Unterordnungsverhältnisses hinaus. Der GmbH-Geschäftsführer unterfällt somit dem *Danosa*-Arbeitnehmerbegriff. Der nahezu einhelligen Ansicht in Rechtsprechung und Literatur ist insoweit beizutreten.

---

276 EuGH 11.10.2007 – Rs. C-460/06 (*Paquay*), Tz. 30, NZA 2007, 1271; EuGH 11.11.2010 – Rs. C-232/09 (*Danosa*), Tz. 60, NJW 2011, 2343. S. zu diesem Aspekt noch S. 146 f.

277 BGH 11.10.2010 – II ZR 266/08, Tz. 10, NJW 2011, 920.

dd. Statutarische Gestaltungsmöglichkeiten

Der Zwischenbefund wirft die Frage auf, ob die Binnenstruktur der GmbH durch Satzungsbestimmungen nicht auch so ausgestaltet werden könnte, dass die Gesellschafter keine Möglichkeit der Weisungserteilung und nur eingeschränkte Aufsichtsrechte haben. Auf diese Weise könnte man der Arbeitnehmereigenschaft des Geschäftsführers etwa in solchen Fällen entgehen, in denen ohnehin eine GmbH kapitalistischer Prägung zweckmäßig ist[278] und die Gesellschafter bereit sind, auf Weisungs- und Aufsichtsrechte zu verzichten.

Zunächst sei bemerkt, dass für die Frage des Unterordnungsverhältnisses ohne Relevanz sein muss, welches Organ der GmbH die für die Beherrschung konstitutiven Rechte gegenüber dem Geschäftsführer ausübt. Das GmbH-Recht ermöglicht es etwa, einen Aufsichtsrat nach § 52 Abs. 1 GmbHG einzurichten. Diesem fakultativen Aufsichtsrat *können* Rechte und Aufgaben der Gesellschafterversammlung zugewiesen werden,[279] wobei diese Zuweisung in weitem Umfang der Gesellschafterautonomie unterliegt.[280] Dies gilt auch für die Einrichtung von Beiräten.[281] Das bloße Verlagern von Einflussmöglichkeiten ist für das Bestehen eines Unterordnungsverhältnisses nicht bedeutsam. Entscheidend ist nur, dass jedenfalls einem Organ, das der Geschäftsführer nicht kontrolliert, das jeweilige Beherrschungsrecht verbleibt.

(1) Weisungen und Aufsicht

Die Satzungsautonomie der GmbH-Gesellschafter ist weitgehend; diesen kommen umfassende Gestaltungsmöglichkeiten zu. Die Satzungsautonomie findet hinsichtlich der Befugnisse der Gesellschafterversammlung ihre Grenzen erst dort, wo das Organ als solches beseitigt werden soll,[282] sowie bei der Beseitigung der Zuständigkeiten für Satzungs- und Strukturänderungen[283] und ihrer Auflösungskompetenz.[284] Für die Gesellschafterversammlung gilt das Verbot der

278 Dazu Michalski/*Michalski* Einl. 1, Rn. 8.

279 *Gräwe/Stütze* GmbHR 2012, 877 (881); GK-GmbHG/*Hüffer* § 45 GmbHG, Rn. 18 ff.; Römermann/*Kautzsch* § 18 Rn. 15 ff.

280 Zu dem Mindestbestand an Rechten und Aufgaben, um den Rechtverkehr nicht durch die Bezeichnung „*Aufsichts*rat" zu täuschen Baumbach/Hueck/*Zöllner/Noack* § 52 GmbHG, Rn. 27 f.

281 Vgl. dazu *Robertz* MittRhNotK 1991, 239 (240 ff.).

282 OLG Karlsruhe 18.12.1995 – 11 Wx 104/95, Rpfleger 1996, 161.

283 BGH 25.2.1965 – II ZR 287/63, BGHZ 43, 261 (264) = NJW 1965, 1378.

284 RG 11.10.1932 – II 482/31, RGZ 137, 305 (308 f.).

Selbstentmündigung.[285] Sie kann allerdings statutarisch bestimmen, dass sie einen bestimmten Bereich der Geschäftsführung weisungsfrei hält[286] und damit dem Geschäftsführer ein erhebliches Mehr an Leitungsautonomie ermöglichen. Die Zubilligung einer dahingehenden Gestaltungsfreiheit der Gesellschafter überzeugt deshalb, weil die GmbH gerade auch für eine kapitalistischere Ausgestaltung ihrer Struktur offen ist. Das Gesetz ordnet für die AG in § 76 Abs. 1 AktG selbst an, dass der Vorstand die Gesellschaft eigenverantwortlich zu leiten hat und beschränkt die Kompetenz der Aktionäre insoweit erheblich (§ 119 Abs. 2 AktG). Dann muss diese Möglichkeit kraft Satzungsgestaltung auch im Bereich der GmbH bestehen, wenn ihre Gesellschafter eine kapitalistischere Ausgestaltung anstreben.

Anerkannt ist ferner, dass die Gesellschafterversammlung auch ihre Überwachungs- und Kontrollbefugnisse beschränken kann, soweit sie diese nicht völlig abschafft.[287] Es ist also möglich, dem Geschäftsführer zusätzlichen Freiraum einzuräumen durch eine satzungsmäßige Einengung der Überwachungs- und Kontrollbefugnisse der Gesellschafterversammlung.

(2) Bestellung und Abberufung

Möglich ist daneben auch eine Einschränkung der Abberufungsfreiheit. Dass die Satzung die Abberufung vom Vorliegen eines wichtigen Grundes abhängig

---

285 Lutter/Hommelhoff/*Bayer* § 45 GmbHG Rn. 11; Ziemons/Jaeger/*Schindler* § 45 GmbHG, Rn. 23, 26; Scholz/*K. Schmidt* § 45 GmbHG, Rn. 10; *Weber* S. 312 f. („allgemein-privatrechtlich[er]" Grundsatz); MüKo-GmbHG/*Wicke* § 3 GmbHG, Rn. 152 m.w.N. A.A. Rowedder/Schmidt-Leithoff/*Koppensteiner/Gruber* § 45 GmbHG, Rn. 14 aufgrund der „Unschärfe dieses Kriteriums und der damit verbundenen Rechtsunsicherheit". Der Streit ist hier i.E. nicht von Bedeutung, da auch die abw. Auffassung die angesprochenen Kompetenzzuweisungen als zwingend betrachtet (Rowedder/Schmidt-Leithoff/*Koppensteiner/Gruber* § 45 GmbHG, Rn. 13 f.).

286 Rowedder/Schmidt-Leithoff/*Koppensteiner/Gruber* § 45 GmbHG, Rn. 7 („Kompetenzverschiebungen"); GK-GmbHG/*Paefgen* § 37 GmbHG, Rn. 23.

287 MüKo-GmbHG/*Liebscher* § 46 GmbHG, Rn. 207 m.w.N.; GK-GmbHG/*Hüffer* § 46 GmbHG, Rn. 83: wäre sonst mit Stellung als oberstem Gesellschaftsorgan unvereinbar; Michalski/*Terlau* § 38 GmbHG, Rn. 353. – Insbesondere kann sie sich nicht dem Recht der Einsetzung eines Sonderprüfers begeben (GK-GmbHG/*Hüffer* § 46 GmbHG, Rn. 83 m.w.N.; MüKo-GmbHG/*Liebscher* § 47 GmbHG, Rn. 107 m.w.N.). Zur praktischen Bedeutung dieses wichtigen Mittels der Gesellschafter *Leinekugel* GmbHR 2008, 632 f.: „Maßnahme von besonderer Schärfe und mit hoher Durchschlagskraft".

machen kann, ist bereits in § 38 Abs. 2 GmbHG vorgesehen.[288] Dies kann den Geschäftsführer erheblich absichern, da ein wichtiger Grund nur dann angenommen wird, wenn der Verbleib im Amt aufgrund einer Abwägung aller Umstände des Einzelfalls unzumutbar ist.[289] In diesem Fall würde insbesondere ein bloßer Vertrauensverlust allein für eine Abberufung nicht ausreichen, anders als dies bei § 84 Abs. 3 S. 2 AktG der Fall ist.[290] Ein Vertrauensverlust muss vielmehr qualifiziert sein, um einen wichtigen Grund nach § 38 Abs. 2 GmbHG bilden zu können. Er muss Folge eines tiefgreifenden Zerwürfnisses sein, das eine interessengerechte Führung der Gesellschaft nicht mehr erwarten lässt.[291] Dies wurde etwa in einem Fall angenommen, in dem das Verhalten des Gesellschafter-Geschäftsführers darauf hindeutete, dieser werde auf die Auflösung der Gesellschaft hinwirken.[292] Die Anforderungen an den wichtigen Grund sind insoweit höher als dies aktienrechtlich der Fall ist. Während das Eigentumsrecht der Aktionäre eine effektive gesetzliche Abberufungsmöglichkeit auch für Fälle einfachen Vertrauensverlusts bedingt, haben sich die Gesellschafter im Falle des § 38 Abs. 2 GmbHG ihrer Abberufungsfreiheit freiwillig begeben. Zudem ordnet das Gesetz selbst an, dass der Vertrauensentzug nur dann die Abberufung nicht rechtfertigen kann, wenn er aus „offenbar unsachlichen Gründen" erfolgte. Demgegenüber müssen sich die GmbH-Gesellschafter im Falle statutarischer

288 Die Abberufung kann allerdings nicht generell ausgeschlossen werden (so schon RG 7.6.1929 – II 592/28, RGZ 124, 371 [379]) oder durch eine Beschränkung auf bestimmte wichtige Gründe zusätzlich erschwert werden (BGH 21.4.1969 – II ZR 200/67, NJW 1969, 1483; Roth/*Altmeppen* § 38 GmbHG, Rn. 35; *Goette* DStR 1998, 938 [940]; Michalski/*Terlau* § 38 GmbHG, Rn. 30 m.w.N.; *Westermann/Pöllath* S. 169; Baumbach/Hueck/*Zöllner/Noack* § 38 GmbHG, Rn. 6).

289 BGH 19.10.1987 – II ZR 97/87, NJW-RR 1988, 352 (353); OLG Stuttgart 19.12.2012 – 14 U 10/12, GmbHR 2013, 414 (422); Roth/*Altmeppen* § 38 GmbHG, Rn. 33 m.w.N.; MüKo-GmbHG/*Stephan/Tieves* § 38 GmbHG, Rn. 82 m.w.N.

290 OLG Hamm 2.11.1988 – 8 U 292/87, GmbHR 1989, 257 (258); Rowedder/Schmidt-Leithoff/*Koppensteiner/Gruber* § 38 GmbHG, Rn. 13; MüKo-GmbHG/*Stephan/Tieves* § 38 GmbHG, Rn. 92. Vgl. auch Baumbach/Hueck/*Zöllner/Noack* § 38 GmbHG, Rn. 15 in Zusammenhang mit der mitbestimmten GmbH, hinsichtlich derer gemäß § 31 MitbestG der § 84 Abs. 3 AktG zur Anwendung kommt.

291 Dies nahm der BGH 24.2.1992 – II ZR 79/91, NJW-RR 1992, 993 (994) in einem Fall an, in dem einer der Mitgeschäftsführer zu Arbeitsessen mit Zeugen erschien während der andere bereits Strafanzeigen gegen den anderen erstattet hatte. Ausf. zum unheilbaren Zerwürfnis von Mitgeschäftsführern als wichtigem Grund *Wolf* GmbHR 1998, 1163.

292 OLG Köln 30.3.1999 – 22 U 143/98, *juris*. Zu weiteren Beispielen aus der Rspr. des BGH *Goette* DStR 1998, 938 (940 f.).

Erschwerungen der Abberufung an ihrer Entscheidung festhalten lassen, den Geschäftsführer grundsätzlich im Amt zu belassen. Der Verzicht auf die freie Abberufbarkeit erlangt indes erst dann seine besondere bestandssichernde Wirkung, wenn er mit einer unbefristeten Bestellung gekoppelt wird. Erst wenn der Geschäftsführer weder eine Abberufung fürchten noch um seine Wiederbestellung bangen muss, kann er sich des Bestandes seiner Position sicher sein. Dann wäre im Hinblick auf die Bestandsfaktoren der *Danosa*-Entscheidung ein Unterordnungsverhältnis abzulehnen.

(3) Organinnenverhältnis

Im Gesetz finden sich zum Verhältnis der Geschäftsführer untereinander nur wenige Regelungen. Vorgaben enthält das Gesetz nur insoweit, als durch § 35 Abs. 2 GmbHG Gesamtvertretungsmacht angeordnet wird, woraus auch der Grundsatz der Gesamtgeschäftsführung abgeleitet wird.[293] Zudem wird nach nahezu einhelliger Auffassung § 77 Abs. 1 AktG analog angewandt, weswegen das Prinzip der Einstimmigkeit gilt.[294] Nach dem Normalstatut des GmbHG ist damit die Stellung der Geschäftsführer gleichberechtigt; ein hierarchisches Verhältnis der Geschäftsführer untereinander besteht nicht.

Jedoch kann nach bislang herrschender Meinung einem sog. Hauptgeschäftsführer ein Alleinentscheidungsrecht eingeräumt werden, wodurch er gegenüber seinen Mitgeschäftsführern eine gesellschaftsrechtlich vermittelte herausgehobene Rechtsstellung erlangt.[295] Doch hat der BGH in einer neueren Entscheidung erste Bedenken dagegen erhoben, dass durch die Einräumung einer Weisungsbefugnis an einen Geschäftsführer die anderen „dadurch zu bloßen

293 Michalski/*Lenz* § 37 GmbHG, Rn. 28; *Leuering/Dornhegge* NZG 2010, 13; MüKo-GmbHG/*Stephan/Tieves* § 37 GmbHG, Rn. 78 m.w.N.; *Wicke* §37 GmbHG, Rn. 8.

294 Michalski/*Lenz* § 37 GmbHG, Rn. 29; Baumbach/Hueck/*Zöllner/Noack* § 37 GmbHG, Rn. 29; Ziemons/Jaeger/*Wisskirchen/Kuhn* § 37 GmbHG, Rn. 39 m.w.N. A.A. *van Venrooy* GmbHR 1999, 685 (688 ff.), der für das Mehrheitsprinzip plädiert.

295 LG Koblenz 29.10.1971 – HT 14/71, BB 1972, 113; *Hoffmann-Becking* NZG 2003, 745 (749); Rowedder/Schmidt-Leithoff/*Koppensteiner/Gruber* § 37 GmbHG, Rn. 39. Deshalb schlägt *Wicke* NJW 2007, 3755 (3758) einen Formwechsel von der AG in die GmbH vor, wenn eine stärkere Stellung des „CEO" verwirklicht werden soll. – Anders etwa Michalski/*Lenz* § 37 GmbHG, Rn. 33 ff., der eine Abweichung vom Prinzip der Gesamtverantwortung nicht zulassen will und nach dem grundlegende Entscheidungen nur von allen Geschäftsführern gemeinsam getroffen werden können. Einschränkend auch Baumbach/Hueck/*Zöllner/Noack* § 37 GmbHG, Rn. 25, die eine zumindest „ relativ[e] Selbstständigkeit … mit vollen Außenbefugnissen" der Geschäftsführer verlangen.

Befehlsempfängern" werden.[296] Da es in dem entschiedenen Fall auf diese Frage nicht entscheidungserheblich ankam,[297] fehlt allerdings bislang eine ausdrückliche Stellungnahme des BGH zu der statutarischen Möglichkeit der Einsetzung eines Hauptgeschäftsführers. Jedoch finden die Bedenken des BGH eine Stütze in der Auffassung, dass auch im Verhältnis zwischen Gesellschaftern und Geschäftsführern letztere zu einer eigenen Willensbetätigung in der Lage sein müssen.[298] Geht man indes von der bislang herrschenden Auffassung aus, ist die Einsetzung eines Hauptgeschäftsführers, dem weitere Geschäftsführer hierarchisch untergeordnet sind, möglich. In diesem Fall ist denkbar, dass eine für die *Danosa*-Arbeitnehmereigenschaft ergebende Unterordnung bereits aus dem Binnenverhältnis der Geschäftsführer folgt. Selbst wenn die Gesellschafter den Bereich der Geschäftsführung statutarisch weisungsfrei halten würden und stattdessen einen Hauptgeschäftsführer bestellen, der anderen Geschäftsführern weisungsbefugt ist, wären diese Untergeschäftsführer in ihrer eigenverantwortlichen Entscheidungsfindung empfindlich eingeschränkt.

(4) Bewertung

Aus der Zusammenschau dieser Möglichkeiten ergibt sich, dass es gesellschaftsrechtlich möglich ist, die Binnenverfassung der GmbH so auszugestalten, dass der Geschäftsführer sie eigenverantwortlich und weitgehend unabhängig von den Vorstellungen der Gesellschafter leiten kann. Diese Position kann durch einen Verzicht auf die Möglichkeit von Weisungen und einer Beschränkung der Kontrollbefugnisse in Verbindung mit einer unbefristeten Bestellung und einer Beschränkung der freien Abberufbarkeit erreicht werden. Der Geschäftsführer müsste sich dann auch im Falle unliebsamer, den Gesellschaftern im Einzelfall widersprechender Entscheidungen nicht um einen Übergriff in seine Tätigkeit oder den Bestand seines Amtes sorgen. Er wäre autonomes Leitungsorgan. Gerade solche Konstellationen könnten dem EuGH vorgeschwebt haben, als er statuierte, die Annahme der Arbeitnehmereigenschaft von Geschäftsleitern könne angesichts „spezifische[r] Aufgaben und des Rahmens sowie der Art und Weise der Ausübung dieser Aufgaben" auch abzulehnen sein.[299] Indem der EuGH diese

296 BGH 6.3.2012 – II ZR 76/11, Tz. 24, NJW 2012, 1656.

297 Denn der weisungsbefugte Geschäftsführer war „zugleich Alleingeschäftsführer der Komplementärin der Alleingesellschafterin", weshalb ihm bereits deshalb das Recht zukam, seinem Mitgeschäftsführer „– auch ins Einzelne gehende – Weisungen zu erteilen".

298 Vgl. etwa *Geißler* GmbHR 2009, 1071 (1075); *Zöllner* ZGR 1977, 319 (325).

299 EuGH 11.11.2010 – Rs. C-232/09 (*Danosa*), Tz. 51, NJW 2011, 2343.

Umschreibung gewählt hat, gibt er zu erkennen, dass der Blick auf die im Einzelfall vorhandene Organisationsverfassung entscheidend ist und er keine von jeglichen Einflüssen unabhängige Stellung des Geschäftsleiters verlangt. Schließlich wäre eine solche gesellschaftsrechtlich auch kaum zu erreichen. Dies würde die Eigentümer der Gesellschaft nämlich – in möglichem Widerspruch zu Art. 17 der EU-Grundrechtecharta – jeglichem Einfluss auf ihr Eigentum berauben.

ee. Mitbestimmte GmbH

Bisher wurde nur vereinzelt untersucht, ob eine Mitbestimmung an der Arbeitnehmereigenschaft nach *Danosa* etwas ändert. Lediglich im Falle der Drittelmitbestimmung erscheint dies aber von vornherein ausgeschlossen,[300] da diese die Abberufungsfreiheit der Gesellschafterversammlung nicht berührt.[301] Eine paritätische Mitbestimmung nach MitbestG und MontanMitbestG hingegen kann sich durchaus in einer den Gegenstand dieser Untersuchung betreffenden Weise auswirken. So wird vertreten, dass der mitbestimmte im Gegensatz zum mitbestimmungsfreien Geschäftsführer den *Danosa*-Kriterien nicht unterfalle.[302] Dies wird aus der beschränkten Abberufbarkeit des Geschäftsführers geschlossen.

(1) Weisungen und Aufsicht

Hinsichtlich Weisungen und Aufsicht ist es nicht notwendig, zwischen der mitbestimmten und mitbestimmungsfreien GmbH zu unterscheiden. Auch wenn die GmbH mitbestimmt ist, behält die Gesellschafterversammlung ihre Weisungs- und Kontrollrechte gegenüber dem Geschäftsführer.[303] Zudem wird das Weisungsrecht nach herrschender Meinung auch inhaltlich nicht berührt.[304] Soweit

---

300 Insoweit nimmt auch *Forst* GmbHR 2012, 821 (825) an, dass die *Danosa*-Arbeitnehmereigenschaft nicht entfalle. Implizit auch *Preis/Sagan* ZGR 2013, 26 (45).

301 Ulmer/*Habersack*/Henssler § 1 DrittelbG, Rn. 34 m.w.N.; Wlotzke/Wissmann/Koberski/*Kleinsorge* § 1 DrittelbG, Rn. 30; *Lutter/Krieger/Verse* Rn. 1134; Römermann/*Seibt* § 2 Rn. 179.

302 *Forst* GmbHR 2012, 821 (825); Rancke/*Pepping* § 1 MuSchG, Rn. 28; *Preis/Sagan* ZGR 2013, 26 (44 f.).

303 BGH 14.11.1983 - II ZR 33/83, BGHZ 89, 48 = NJW 1984, 733 (735); *Hommelhoff* ZGR 1978, 119 (137); Michalski/*Michalski* Einl. 1, Rn. 242; *Rodewald/Wohlfarter* GmbHR 2013, 689 (691 f.): Selbst gegen die Interessen des Aufsichtsrats. Der Aufsichtsrat hat jedoch gemäß § 25 Abs. 1 S. 1 Nr. 2 MitbestG i.V.m. § 111 Abs. 4 S. 2 AktG Zustimmungsvorbehalte vorzusehen (dazu Römermann/*Seibt* § 2 Rn. 187).

304 Roth/*Altmeppen* § 37 GmbHG, Rn. 31 f.; *Bardorf* S. 76 ff.; *Fleischer* GmbHR 2010, 1307 (1309 f.); Wlotzke/Wissmann/*Koberski*/Kleinsorge § 25 MitbestG, Rn. 63 m.w.N.; MüHdb-GesR III/*Marsch-Barner/Diekmann* § 44 Rn. 75; *Schall* S. 71 ff.

abweichend vertreten wird, dass Weisungen, die die Belange der Arbeitnehmer[305] oder Unternehmensinteressen[306] gröblich beeinträchtigen, nicht ausgesprochen werden dürfen, stünde eine solche Beschränkung des Weisungsrechts jedenfalls der Annahme eines Unterordnungsverhältnisses nicht entgegen.[307] Sie würde lediglich partiell im Hinblick auf besondere Fragen der Geschäftsleitung ein Mehr an Unabhängigkeit von den Gesellschaftern vermitteln und könnte demgemäß an der grundsätzlichen Unterordnung des Geschäftsführers unter ihren Willen nichts ändern. Zudem würde das Mehr an Unabhängigkeit von den Gesellschaftern mit einer inhaltlichen Bindung an die Arbeitnehmer- bzw. Unternehmensinteressen korrelieren, weshalb sich die Autonomie des Geschäftsführers, wenn überhaupt, allenfalls graduell vergrößern dürfte.

---

305 *Hommelhoff* ZGR 1978, 119 (138) im Anschluss an *Sonnenschein* S. 158 ff. (der allerdings wesentlich weiter gehend eine Beschränkung des Weisungsrechts annimmt, soweit die Befolgung eines nicht einstimmig gefassten Weisungsbeschlusses für die Gesellschaft nachteilig wäre). Ähnlich Rowedder/Schmidt-Leithoff/*Koppensteiner/Gruber* § 37 GmbHG, Rn. 29, nach denen die Geschäftsführung sich auch an den Arbeitnehmerinteressen zu orientieren habe. Dagegen etwa Roth/*Altmeppen* § 37 GmbHG, Rn. 32; *Fleischer* GmbHR 2010, 1307 (1309 f.), die u.a. die fehlende Justiziabilität herausstellen. Im Übrigen erkennt aber auch *Hommelhoff* an, dass der Geschäftsführer „[d]en Weisungen und Vorstellungen der Gesellschafter … strikt zu folgen“ hat (ZGR 1978, 119 [137]).

306 *Ulmer* S. 42, 49; *ders.* ZHR 148 (1984), 391 (395) m.w.N., der die notwendige Wahrung des Unternehmensinteresses aus dem MitbestG als unternehmensbezogenes Regelungswerk schließt. Dagegen *Schall* S. 74, da das „Unternehmensinteresse“ einer Definition nicht zugänglich sei, unter Berufung etwa auf *K. Schmidt* GesR, § 28 II 1 a, der die hinter dem Begriff stehenden Wertungskonflikte damit nur angedeutet sieht. Krit. auch *Mülbert* ZGR 1997, 129 (156): „Vorstand und Aufsichtsrat [sind] bei ihrer Tätigkeit allein dem Verbandszweck … verpflichtet, nicht aber einem wie auch immer zu bestimmenden Unternehmensinteresse“ sowie *Zöllner* AG 2003, 2 (7 f.): Unmöglich, Begriff des Unternehmensinteresses „konsistent zu bestimmen“.

307 Nicht nur für eine partielle Einschränkung, sondern im Grundsatz für eine Unzulässigkeit sämtlicher Weisungen tritt jedoch *Vollmer* ZGR 1979, 135 (142 ff.) ein. Er hält dies zur Wahrung einer „interessendualistischen Unternehmenspolitik“ für erforderlich. Eine derartige Auffassung findet im Gesetz jedoch keine hinreichende Stütze. Im Gegenteil spricht die Formulierung des § 30 MitbestG dafür, dass ein solch weitgehender Eingriff in die Organisationsverfassung der GmbH ausdrücklich angeordnet worden wäre.

(2) Bestellung und Abberufung

Einer näheren Befassung bedürfen indes das Bestellungs- und Abberufungsverfahren, da sich insoweit mitbestimmte und mitbestimmungsfreie GmbH erheblich unterscheiden.

Durch § 31 Abs. 1 MitbestG[308] wird auf §§ 84, 85 AktG verwiesen. Der Geschäftsführer kann damit abweichend von der mitbestimmungsfreien GmbH nur für höchstens fünf Jahre bestellt werden (§ 84 Abs. 1 S. 1 AktG).[309] Er kann lediglich aus wichtigem Grund abberufen werden (§ 84 Abs. 3 AktG),[310] wovon auch nicht durch Satzung abgewichen werden darf.[311] Jedoch ist diese Beschränkung der Abberufungsfreiheit nicht so weitgehend wie die nach § 38 Abs. 2 GmbHG mögliche statutarische Beschränkung, die für die mitbestimmungsfreie GmbH getroffen werden kann. Denn der wichtige Grund gemäß § 84 Abs. 3 S. 2 AktG kann auch in einem bloßen Vertrauensentzug durch die Gesellschafterversammlung bestehen, sofern der Entzug nicht aus unsachlichen Gründen erfolgte.[312] Aufgrund dieser weitgehenden und die Stellung des paritätisch besetzten Aufsichtsrats schwächenden Abberufungsmöglichkeit wurde die Anwendbarkeit des § 84 Abs. 3 S. 2 AktG in der mitbestimmten GmbH sogar vereinzelt abgelehnt.[313]

308 Die nachfolgenden Ausführungen gelten für den Anwendungsbereich des MontanMitbestG entsprechend. Die maßgebliche Verweisungsnorm auf das AktG ist § 12 MontanMitbestG zu entnehmen.

309 *Lutter/Krieger/Verse* Rn. 1132; *Raiser*/Veil § 31 MitbestG, Rn. 21; Michalski/*Terlau* § 38 GmbHG, Rn. 12.

310 Dies ist trotz des fehlenden Verweises auf § 31 Abs. 1 MitbestG in Abs. 5 heute einhellige Ansicht (abw. noch *Reich/Lewerenz* AuR 1976, 261 [270 f.]). Die Abs. 2–4 enthalten selber keine Aussage zu den materiellen Anforderungen an die Gründe für die Abberufung, verdrängen also nicht den durch Abs. 1 einbezogenen § 84 Abs. 3 AktG (*Bardorf* S. 25).

311 RG 7.6.1929 – II 592/28, RGZ 124, 371 (379) für die mitbestimmungsfreie GmbH; *Ulmer/Habersack*/Henssler § 31 MitbestG, Rn. 29 m.w.N.; Römermann/*Seibt* § 2 Rn. 186.

312 Zum Begriff des „wichtigen Grundes" nach § 84 Abs. 3 AktG und den Auswirkungen auf das Bestehen eines Unterordnungsverhältnisses noch ausf. unten in Zusammenhang mit der AG (S. 93). Zu spezifisch mitbestimmungsrechtlichen Aspekten *Hommelhoff* ZGR 1978, 119 (138).

313 *Reich/Lewerenz* AuR 1976, 261 (271). Als Argument für die These, der Aufsichtsrat werde dadurch geschwächt, dient ihnen die Doppelstimme des Vorsitzenden (§ 31 Abs. 4 MitbestG), welcher wegen § 27 Abs. 2 S. 2 MitbestG meist durch die Gesellschafter ausgewählt wird; letztlich können die Gesellschafter über das Instrument des Vertrauensentzugs über den Widerruf alleine befinden. – Dieser Auffassung steht jedoch der eindeutige Wortlaut des § 31 Abs. 1 MitbestG entgegen (*Bardorf* S. 26).

Ferner ist der Vorschrift die alleinige Kompetenz des zu bildenden Aufsichtsrats für die Abberufung zu entnehmen; der Gesellschafterversammlung verbleibt hier keinerlei Zuständigkeit.[314] Einen weiteren Unterschied enthält § 31 Abs. 2, 5 MitbestG. Für die erste Abstimmungsrunde über Bestellung und Abberufung[315] ist danach zwingend eine qualifizierte Stimmenmehrheit erforderlich, ehe es bei einer zweiten und gegebenenfalls dritten Abstimmung nur noch der einfachen Stimmenmehrheit bedarf (Abs. 3, 4).

(3) Bewertung

Für die Frage, ob ein Unterordnungsverhältnis besteht, ergibt sich folgendes Bild: Der Geschäftsführer erhält durch die beschränkte Abberufbarkeit einerseits und die nur noch befristete Bestellung andererseits eine nur unerheblich selbständigere Stellung. Insbesondere dass der Geschäftsführer sein Amt nur auf Zeit ausübt, stellt ihn unter den ständigen Druck der späteren Wiederbestellung. Zuzugestehen ist, dass der mitbestimmte Geschäftsführer aufgrund der Bestellungsmodalitäten, vor allem dem Erfordernis einer qualifizierten Stimmenmehrheit, eine starke Stellung erlangen kann.[316] Es war gerade Sinn und Zweck des mehrstufigen Verfahrens, dem Geschäftsführer eine hohe Legitimation zu verschaffen, indem er namentlich die Zustimmung sowohl der Gesellschafter als auch der Arbeitnehmer im paritätisch besetzten Aufsichtsrat (vgl. § 7 MitbestG) erlangt.[317] Da aber die Abberufung letztlich mit einfacher Mehrheit möglich ist,

Außerdem unterliegt das Misstrauensvotum seinerseits einer Missbrauchskontrolle. Zudem ist auch die Abberufung aus einem anderen wichtigen Grund letztlich mit einfacher Mehrheit – im Aufsichtsrat – möglich, siehe dazu sogleich. Eine Schwächung der paritätischen Mitentscheidungsgewalt in bestimmten Fällen ist dem MitbestG also immanent, um die mitbestimmte Gesellschaft funktionsfähig zu halten.

314 Roth/*Altmeppen* § 38 GmbHG, Rn. 15; *Bardorf* S. 25; *Raiser*/Veil § 31 MitbestG, Rn. 6; Römermann/*Seibt* § 2 Rn. 186.

315 Im Anschluss an *Säcker* BB 1979, 1321 (1322, Fn. 8) vertritt die h.M., dass es – anders als beim Bestellungsverfahren – nur eine Abstimmung gebe, wenn in dieser nicht einmal eine einfache Mehrheit für den Abberufungsantrag stimmt (*Raiser*/Veil § 31 MitbestG, Rn. 34 m.w.N.; *Ulmer/Habersack*/Henssler § 31 MitbestG, Rn. 33 m.w.N.; einschr. *Riegger* NJW 1988, 2991, nach dem bei Stimmengleichheit das Verfahren nach § 31 Abs. 3 MitbestG fortzusetzen sei).

316 Vgl. *Ulmer/Habersack*/Henssler § 30 MitbestG, Rn. 20. *Hommelhoff* ZGR 1978, 119 (132) spricht sogar davon, die Geschäftsführerposition könne dadurch „stärker sein als die eines mitbestimmungsfreien Vorstandsmitglieds".

317 So ausdr. der Gesetzesentwurf der BReg vom 29.4.1974 (BT-Drs. 7/2172), S. 28. Vgl. auch *Vollmer* ZGR 1979, 135 (141): Dies schaffe eine „Unabhängigkeit der Unterneh-

rechtfertigt auch dieser Unterschied es nicht, für den Fall der Mitbestimmung kein Unterordnungsverhältnis anzunehmen. Letzten Endes steht es den Gesellschaftern frei, einen missliebigen Geschäftsführer auszutauschen. Dass die Gesellschafter diese Möglichkeit – trotz der paritätischen Besetzung des Aufsichtsrats – haben, liegt darin begründet, dass der Vorsitzende des Aufsichtsrats in der letzten Abstimmungsrunde eine Doppelstimme erhält (§ 31 Abs. 4 MitbestG). Diesen Vorsitzenden wiederum stellt wegen § 27 Abs. 2 MitbestG regelmäßig die Gesellschafterseite.[318] Endlich bleibt das Weisungsrecht unangetastet, weshalb der Geschäftsführer auch mit dem eigenverantwortlich handelnden Vorstandsmitglied nicht gleichgesetzt werden kann.[319] Die befristete Bestellung und das Weisungs- und Abberufungsrecht von Gesellschafterversammlung und Aufsichtsrat verhindern, dass der Geschäftsführer frei agieren kann. Zu diesem Befund passt die plastische Beschreibung des Geschäftsführers der mitbestimmten GmbH als „Diener zweier Herren"[320]. Einerseits ist er abhängig vom Wohl des Aufsichtsrats, der über seine Abberufung entscheidet, andererseits ist er den Gesellschaftern verpflichtet, denen ein Weisungsrecht zusteht.

Damit ergibt sich für die mitbestimmte GmbH im Ergebnis kein Unterschied zur Rechtslage bei der mitbestimmungsfreien GmbH. Insbesondere kann nicht lediglich darauf abgestellt werden, dass die Abberufung nicht mehr grundlos möglich ist. Der EuGH fordert ausdrücklich eine Gesamtbetrachtung, weshalb Begründungsansätze, die nicht die gesamte Binnenorganisationsverfassung der Gesellschaft in den Blick nehmen, nach der hier vertretenen Auffassung keine sachgerechte Übertragung der *Danosa*-Rechtsprechung auf das deutsche Recht erlauben.

(4) Statutarische Gestaltungsmöglichkeiten

An diesem Ergebnis lässt sich durch eine Abweichung vom gesetzlichen Normalstatut – im Gegensatz zur mitbestimmungsfreien GmbH – nichts ändern. Zwar bleibt es auch im Falle der Mitbestimmung bei der grundsätzlichen Flexibilität

---

mensleitung", die für eine „interessendualistische Ausrichtung der Unternehmenspolitik" erforderlich sei.

318 MüKo-AktG/*Gach* § 27 MitbestG, Rn. 2 konstatiert entsprechend dieses Befundes ein „Übergewicht der Anteilseignerseite … durch die in der Praxis regelmäßig vorkommende Stellung des Aufsichtsratsvorsitzenden".

319 Weder enthält das MitbestG einen Verweis auf § 76 Abs. 1 AktG noch kann aus der Stellung, die die übrigen Verweise dem Geschäftsführer zuweisen, eine Eigenverantwortlichkeit geschlossen werden (ausf. *Hommelhoff* ZGR 1978, 119 [134 ff.]).

320 *Henssler* GmbHR 2004, 321.

der Gesellschafter im Innenverhältnis.[321] Deshalb kommt insbesondere eine statutarische Beschränkung der Weisungsbefugnisse in Frage. Nicht möglich ist es gemäß § 25 Abs. 2 MitbestG jedoch, eine unbefristete Bestellung zu erreichen. Denn das Erfordernis einer Befristung ergibt sich aus § 25 Abs. 1 S. 1 Nr. 2 MitbestG und ist deshalb gemäß § 25 Abs. 2 MitbestG der Abweichungsbefugnis entzogen.[322] Das Erfordernis eines Abberufungsgrundes gekoppelt mit einer unbefristeten Bestellung wurde jedoch für die Nichtannahme eines Unterordnungsverhältnisses als entscheidend herausgearbeitet. Nur so kann sich der Geschäftsführer dem Fortbestand seiner Organstellung hinreichend sicher sein. Aus § 25 Abs. 2 MitbestG folgt zudem, dass sich auch statutarisch nichts daran ändern ließe, dass der Gesellschafterbeschluss über den einfachen Vertrauensverlust einen Abberufungsgrund darstellt. Insgesamt besteht damit in der mitbestimmten GmbH keine Möglichkeit, das Unterordnungsverhältnis zu vermeiden. Ob sich die Kompetenzen zwischen Gesellschafterversammlung und Aufsichtsrat verschieben lassen,[323] ist für den Zweck dieser Untersuchung nicht erheblich. Entscheidend ist vielmehr, dass jedenfalls einem Organ, das der Geschäftsführer nicht kontrolliert, die Abberufungsmöglichkeit verbleibt.

ff. Gesellschafterstellung als Negativkriterium?

Bei Frau *Danosa* als Fremdgeschäftsführerin stellte sich die Frage nicht, ob ein Geschäftsführer bereits aufgrund seiner Kapitalbeteiligung an der Gesellschaft aus dem persönlichen Anwendungsbereich der MuSchRL herausfallen kann. Folglich war der EuGH nicht veranlasst, sich zu dieser Frage zu äußern. Da aber auch GmbH-Geschäftsführer an dieser beteiligt seien können (§ 6 Abs. 3 S. 1 GmbHG), ist für die Zwecke dieser Untersuchung auch danach zu fragen, ob eine Kapitalbeteiligung und die daraus folgende Rechtsstellung als Gesellschafter das Bestehen eines Unterordnungsverhältnisses ausschließen kann.

---

321 Michalski/*Michalski* Einl. 1, Rn. 242; *Ulmer/Habersack*/Henssler § 25 MitbestG, Rn. 9.

322 MüKo-GmbHG/*Stephan/Tieves* § 38 GmbHG, Rn. 101; Michalski/*Terlau* § 38 GmbHG, Rn. 80. Vgl. auch ErfK/*Oetker* § 25 MitbestG, Rn. 6; *Ulmer/Habersack*/Henssler § 25 MitbestG, Rn. 9.

323 So z.B. für die Übertragung der Abberufungskompetenz auf die Gesellschafterversammlung *Henssler* GmbHR 2004, 321 (323 ff.) entgegen der h.M. (Wlotzke/Wissmann/*Koberski*/Kleinsorge § 31 MitbestG, Rn. 6 m.w.N.; *Raiser*/Veil § 31 MitbestG, Rn. 6; *Ulmer/Habersack*/Henssler § 31 MitbestG, Rn. 2).

(1) Gesellschafterstellung als solche

Zunächst stellt sich die Frage, ob bereits die Stellung als Gesellschafter als solche der Annahme eines Unterordnungsverhältnisses entgegensteht.

Aus einer Kapitalbeteiligung folgt, dass der Geschäftsführer an den Chancen und Risiken der von ihm geführten Gesellschaft teilnimmt. Er partizipiert unmittelbar am Unternehmenserfolg und -misserfolg. Abhängig vom Grad seiner Beteiligung kann er bei wirtschaftlicher Betrachtung einem selbständigen Unternehmer näher stehen als einem Arbeitnehmer. Das gilt etwa für den Fall, dass der Geschäftsführer einer von drei gleichmäßig an der Gesellschaft beteiligten Gesellschaftern ist. Legt man dem Arbeitnehmerbegriff einen wirtschaftlichen Ansatz zugrunde, könnte man zu dem Schluss kommen, dass in einer solchen Konstellation kein Arbeitnehmerschutz zu gewähren ist.[324]

Der EuGH hat bereits, wie die Untersuchung des primärrechtlichen Arbeitnehmerbegriffs gezeigt hat,[325] die Beteiligung an den geschäftlichen Risiken des Unternehmens in seine Begriffsbildung einbezogen. Eine eindeutige Aussage des EuGH zur möglichen Arbeitnehmereigenschaft von Gesellschaftern liegt bislang jedoch nicht vor.[326] Zwar hat der EuGH entschieden, dass ein gesellschaftsrechtliches Verhältnis nicht grundsätzlich die Arbeitnehmereigenschaft ausschließt.[327] Allerdings bestand in dem dieser Entscheidung zugrundeliegenden Fall die Gesellschafterstellung nicht im Verhältnis zum Arbeitgeber, sondern zu Kollegen, kann insofern für die hier zu beantwortende Frage keine Antwort liefern.

Vergegenwärtigt man sich jedoch den Zweck der Arbeitnehmerbestimmung, die Reichweite des Arbeitnehmerschutzes abzustecken, kann bezweifelt werden, ob der EuGH der bloßen Tatsache, dass eine Kapitalbeteiligung an der Gesellschaft besteht, maßgebliche Bedeutung beimessen würde. Dagegen spricht zum einen, dass das Kriterium der Risikotragung für die Abgrenzungsentscheidungen

324 Vgl. etwa *Wank* AuR 2007, 244 (246).

325 S. oben, S. 14 ff.

326 Deshalb überrascht die ohne Begründung oder Beleg versehene Aussage von *Hohenstatt/Naber* ZIP 2012, 1989 (1990), die Arbeitnehmereigenschaft sei durch „[i]rgendeine (nur marginale) Beteiligung an der Gesellschaft … nach europäischem Verständnis … nicht" beseitigt. Ebenso wenig kann überzeugen, dass Streinz/*Franzen* Art. 45 AEUV Rn. 19 aus der *Agegate*-Entscheidung (EuGH 14.12.1989 – Rs. C-3/87, Tz. 36, Slg. 1989, 4459) schließt, die Gesellschafterstellung stehe der Arbeitnehmereigenschaft nicht entgegen. Die Entscheidungsgründe verhalten sich dazu nicht, da die Vorlage auch gar keine Verbindung zum Gesellschaftsrecht aufwies; vielmehr hält der EuGH lediglich eine Ertragsbeteiligung für unschädlich (s. dazu bereits oben, S. 25).

327 EuGH 10.12.1991 – Rs. C-179/90 (*Merci*), Tz. 13, Slg. I 1991, 5889.

des EuGH nie ausschlaggebend war. Zum anderen spricht die teleologische Linie dagegen, die der EuGH mit der *Danosa*-Entscheidung verfolgt. Es geht ihm, wie u.a. seine längeren Ausführungen zum Zweck der MuSchRL nahelegen,[328] um einen umfassenden Schutz der Mutter. Maßgeblich war für den EuGH die Frage, wie die Binnenverfassung der Gesellschaft beschaffen ist, namentlich ob sie den Schluss auf eine Unterordnung von Frau *Danosa* im Verhältnis zu anderen Organen zulässt. Dieses Unterordnungsverhältnis allein macht die Mutter schutzwürdig, unabhängig davon, ob sie über dieses Verhältnis hinaus ein – bei einer geringen Beteiligung möglicherweise völlig unbedeutendes – Unternehmerrisiko trägt oder nicht. Die Gefahr einer schwangerschaftsbedingten Abberufung besteht unabhängig davon, welche unternehmerischen Risiken die Geschäftsführerin tragen mag. Daher ist die Gesellschafterstellung nicht per se geeignet, ein Unterordnungsverhältnis auszuschließen.[329]

(2) Aus der Gesellschafterstellung folgender Einfluss

Eine etwaige Kapitalbeteiligung des Geschäftsführers kann nur insoweit relevant sein, als sie seinen Einfluss im Binnenverhältnis betrifft. Folgt aus dem Umfang der Kapitalbeteiligung im Einzelfall ein bestimmender Einfluss auf die Willensbildung der Gesellschaft, liegt die Annahme einer Arbeitnehmereigenschaft fern. Über seinen Stimmenanteil in der Gesellschafterversammlung könnte der Geschäftsführer unliebsame Beschlüsse verhindern, die in sein Organverhältnis oder seine Geschäftsführungskompetenz eingreifen. Er kann dann als Geschäftsführer frei agieren. Ein Unterordnungsverhältnis, das die Annahme einer Abhängigkeit des Geschäftsführers im Sinne der *Danosa*-Entscheidung trüge, liegt dann nicht vor. Dieser Befund lässt sich auch am Wortlaut der *Danosa*-Entscheidung festmachen. Der Gerichtshof hat nämlich im Rahmen der Prüfung der Abberufungsbefugnis ausdrücklich den Aspekt einbezogen, dass das abberufende Organ von Frau *Danosa* nicht selbst kontrolliert wurde.[330] Eine derartige Kontrolle, die durch eine Kapitalbeteiligung vermittelt werden kann, würde einem Unterordnungsverhältnis also entgegenstehen.[331]

---

328 EuGH 11.11.2010 – Rs. C-232/09 (*Danosa*), Tz. 60, NJW 2011, 2343.

329 So auch LAG Rheinland-Pfalz 27.2.2012 – 5 Sa 607/11, Tz. 35, *juris* im Anschluss an *Stagat* NZA-RR 2011, 617 (622). Es vertritt, dass der GmbH-Geschäftsführer den *Danosa*-Kriterien unterfällt, wenn er Minderheitsgesellschafter ohne bestimmenden Einfluss ist. Ferner *Preis/Sagan* ZGR 2013, 26 (43). Implizit *Forst* GmbHR 2012, 821 (825); Scholz/*Schneider/Hohenstatt* § 35 GmbHG, Rn. 507.

330 EuGH 11.11.2010 – Rs. C-232/09 (*Danosa*), Tz. 50, NJW 2011, 2343.

331 In diese Richtung auch *Forst* GmbHR 2012, 821 (825).

Damit stellt sich die Frage, wann ein solcher bestimmender Einfluss vorliegt. Folgt man den bisherigen Befunden dieser Untersuchung, kann ein Geschäftsführer dann nicht in einem Unterordnungsverhältnis stehen, wenn er Weisungen und andere Beschränkungen seiner Befugnisse sowie den Widerruf seiner Bestellung gesellschaftsrechtlich verhindern kann.

(a) Möglichkeit der Verhinderung von Gesellschafterbeschlüssen

Fraglich ist, ob der Geschäftsführer Gesellschafterbeschlüsse, nach denen er Abberufen oder ihm Weisungen erteilt werden, überhaupt verhindern kann. Dem könnte § 47 Abs. 4 GmbHG entgegenstehen. Zwar betrifft die Norm nach ihrem Wortlaut lediglich die Entlastung des Gesellschafters, seine Befreiung von einer Verbindlichkeit der Gesellschaft, die Vornahme eines Rechtsgeschäfts gegenüber ihm sowie Rechtsstreitigkeiten. Darüber hinaus wird aus § 47 Abs. 4 GmbHG aber für die Mehrpersonengesellschaft[332] ein umfassendes Stimmrechtsverbot geschlossen, soweit der Geschäftsführer in eigener Sache richten müsste.[333] Auch wenn sich daraus kein allgemeiner Stimmrechtsausschluss in Fällen der Interessenkollision ergeben soll,[334] wird der Anwendungsbereich durch eine weite Auslegung der Begriffe und durch Analogien auf viele Fälle typischer Interessenkollisionen erstreckt.[335] Für die hier zu entscheidende Rechtsfrage, ob eine Kapitalbeteiligung der Annahme eines Unterordnungsverhältnisses entgegensteht, ist vor allem zweierlei entscheidend:

Dem Geschäftsführer wird ein Stimmrechtsverbot bei der Abstimmung darüber auferlegt, ob er aus wichtigem Grund abberufen werden soll.[336] Niemand

---

332 BGH 24.10.1988 – II ZB 7/88, BGHZ 105, 324 (333) = NJW 1989, 295 (297); Lutter/Hommelhoff/*Bayer* § 47 GmbHG, Rn. 29; *Grohmann* GmbHR 2008, 1255 (1255 f.). In einer Einpersonen-GmbH besteht nämlich bereits kein typisierter Interessenkonflikt.

333 BGH 1.4.1953 – II ZR 235/52, BGHZ 9, 157 (178) = NJW 1953, 780 (784); BGH 20.1.1986 – II ZR 73/85, BGHZ 97, 28 = NJW 1986, 2051 (2052); *Immenga/Werner* GmbHR 1976, 53 (59). Krit. zum Begriff des „Richtens in eigener Sache" Baumbach/Hueck/*Zöllner* § 47 GmbHG, Rn. 76, 85 („missverständlich").

334 Nach BGH 10.2.1977 – II ZR 81/76, NJW 1977, 850 (851) wäre sonst keine hinreichende Rechtssicherheit gewährleistet und „ein sachgerechtes Zusammenwirken der Gesellschafter entsprechend dem Gewicht ihrer Beteiligungen" wäre in Frage gestellt.

335 Anschaulich aus der neueren Rspr. etwa OLG Düsseldorf 24.2.2000 – 6 U 77/99, GmbHR 2000, 1050 (1052 f.) für den Fall einer durch mehrere Gesellschafter gemeinschaftlich begangenen Pflichtverletzung.

336 RG 25.10.1932 – II B 17/32, RGZ 138, 98 (104); BGH 21.4.1969 – II ZR 200/67, NJW 1969, 1483 (1484); OLG Düsseldorf 7.1.1994 – 16 U 104/92, GmbHR 1994, 884 (886); *Immenga/Werner* GmbHR 1976, 53 (59), die dies mit der Gesellschaftswidrigkeit

dürfe Maßnahmen verhindern können, denen er sich aus wichtigem Grund gegenübersieht.[337] Einprägsam statuiert der BGH, dass auch die „Mehrheitsbeteiligung … kein Freibrief für eine pflichtwidrige oder sonst untragbare Geschäftsführung sein“ könne.[338] Allerdings gilt der Stimmrechtsausschluss gerade nicht für Fälle der Abberufung aus einem nicht-wichtigen Grund.[339] Der Wille, selbst die Geschäfte der Gesellschaft zu führen, sei nämlich „legitimer Zweck der gesellschaftlichen Beteiligung“.[340] Liegt demnach kein wichtiger Grund vor, kann ein Gesellschafter-Geschäftsführer mit einem ausreichenden Stimmenanteil seine Abberufung verhindern. Faktisch ist die Abberufung eines Mehrheitsgesellschafter-Geschäftsführers damit nur möglich, wenn dafür ein wichtiger Grund besteht.[341] Nur durch eine Abweichung vom Normstatut kann dem Gesellschafter-Geschäftsführer auch hinsichtlich der gewöhnlichen Abberufung ein Stimmrechtsverbot auferlegt werden.[342]

Zum anderen ist die Möglichkeit der Mitwirkung an Beschlüssen entscheidend, die der Einwirkung auf die Geschäftsführung dienen, vor allem durch Weisungen. Hier besteht ein Stimmrechtsausschluss nur, wenn der auf die Weisung bezogenen Geschäftsführung eine mögliche Interessenkollision zugrundeliegt. Ist Gegenstand der Beschlussfassung z.B. ein Rechtsgeschäft mit dem Gesellschafter-Geschäftsführer, steht diesem gemäß § 47 Abs. 4 S. 2 Alt. 1 GmbHG

---

seines Handelns begründen; Scholz/*K. Schmidt* § 46 GmbHG, Rn. 76; Michalski/*Terlau* § 38 GmbHG, Rn. 61; *Zöllner* S. 236 f., der dies aus den §§ 117, 127, 140 HGB, 712 Abs. 1 BGB schließt, deren Grundgedanke auch im Kapitalgesellschaftsrecht anwendbar sei.

337 Baumbach/Hueck/*Zöllner* § 47 GmbHG, Rn. 85. Dies folge bereits aus dem Rechtsgedanken der §§ 117, 127, 140 HGB, welche hinsichtlich der benannten Entscheidungen ausdrücklich die Stimmen der „übrigen“ Gesellschafter ausreichen lässt.

338 BGH 21.4.1969 – II ZR 200/67, NJW 1969, 1483 (1484).

339 RG 18.10.1910 – II 660/09, RGZ 74, 276 (279); BGH 9.12.1968 – II ZR 57/67, BGHZ 51, 209 (215) = NJW 1969, 841 (844); *Roth*/Altmeppen § 47 GmbHG, Rn. 61; Scholz/*K. Schmidt* § 47 GmbHG, Rn. 118 m.w.N.; Michalski/*Terlau* § 38 GmbHG, Rn. 21; *Westermann/Pöllath* S. 44; Baumbach/Hueck/*Zöllner* § 47 GmbHG, Rn. 84.

340 *Roth*/Altmeppen § 47 GmbHG, Rn. 61.

341 Michalski/*Terlau* § 38 GmbHG, Rn. 21.

342 Eine derartige Erweiterung der Stimmrechtsausschlüsse ist unproblematisch möglich, da § 47 Abs. 4 GmbHG insoweit dispositiv ist (RG 23.10.1928 – II 54/28, RGZ 122, 159 [162]; BGH 5.11.1984 – II ZR 147/83, BGHZ 92, 386 [395] = NJW 1985, 2592 [2594]; Lutter/Hommelhoff/*Bayer* § 47 GmbHG, Rn. 33; Michalski/*Römermann* § 47 GmbHG, Rn. 332 m.w.N.; *Roth*/Altmeppen § 47 GmbHG, Rn. 59). Problematisch und umstritten ist dagegen eine Beschränkung der Tatbestände, hierzu etwa *Priester* GmbHR 2013, 225 (230 ff.); Michalski/*Römermann* § 47 GmbHG, Rn. 334 ff.

kein Stimmrecht zu.[343] Ein allgemeines Stimmrechtsverbot hinsichtlich Weisungen, die der Gesellschafter-Geschäftsführer später selbst auszuführen hat, besteht jedoch nicht.[344] Sonst wäre es ihm letztlich ohne Rücksicht auf den § 47 Abs. 4 GmbHG überspannenden Regelungszweck allein aufgrund seiner Geschäftsführerstellung unmöglich, effektiv an der Willensbildung der Gesellschafterversammlung teilzunehmen.

Demnach ist es dem Gesellschafter-Geschäftsführer möglich, vermittelt durch sein Stimmrecht seine Abberufung sowie eine inhaltliche Einflussnahme auf seine Geschäftsführung zu verhindern.

(b) Erforderliche Beteiligung

Diese Möglichkeit besteht schon dann, wenn der Gesellschafter-Geschäftsführer darauf gerichtete Beschlüsse verhindern kann und damit regelmäßig ab einem Stimmenanteil von 50%, sofern die Satzung keine anderen Mehrheitserfordernisse vorsieht (vgl. § 47 Abs. 1 GmbHG). Abweichend wird vertreten, dass eine Mehrheitsbeteiligung (also 50% plus eine Stimme) erforderlich sei, um die *Danosa*-Arbeitnehmereigenschaft auszuschließen.[345] Begründet wird dies damit, dass dann der Geschäftsführer „von der Gesellschafterversammlung keinerlei ungewollte Weisung zu erwarten" habe.[346] Doch bedarf der Geschäftsführer dafür nur eines Stimmenanteils von 50% und keiner Stimme mehr, da bei Stimmengleichheit ein Beschlussantrag als abgelehnt gilt.[347] Es ist somit gerade keine Mehrheitsbeteiligung erforderlich, um die Weisungserteilung auszuschließen. Bereits ab einer hälftigen Beteiligung hat es der Gesellschafter-Geschäftsführer in der Hand, ihm unliebsame Einwirkungen auf seine Tätigkeit zu verhindern. Daraus folgt, dass auch eine Sperrminorität ausreichen würde.[348] Umgekehrt ist

343 Davon werden jedoch Ausnahmen gemacht, vor allem für den Fall der Bedingungen des Anstellungsvertrags des Gesellschafter-Geschäftsführers, um der Minderheit keine Erschwerung oder Verhinderung der Geschäftsführung zu ermöglichen (BGH 29.9.1955 – II ZR 225/54, BGHZ 18, 205 [210] = NJW 1955, 1716 [1717]). S. dazu *Lohr* NZG 2002, 551 (558) m.w.N.

344 Vgl. als Beispiel nur BGH 15.12.1975 – II ZR 17/74, WM 1976, 204.

345 *Forst* GmbHR 2012, 821 (825); Rancke/*Pepping* § 1 MuSchG, Rn. 28; *Preis/Sagan* ZGR 2013, 26 (43).

346 *Forst* GmbHR 2012, 821 (825).

347 Ziemons/Jaeger/*Schindler* § 47 GmbHG; Scholz/*K. Schmidt* § 47 GmbHG, Rn. 3; *Wicke* § 47 GmbHG, Rn. 3. Das gilt jedoch wiederum nur im Normstatut; die Satzung kann z.B. auch den Stichentscheid eines Gesellschafters vorsehen (MüKo-GmbHG/*Drescher* § 47 GmbHG, Rn. 53 m.w.N.).

348 Ebenso *Preis/Sagan* ZGR 2013, 26 (43).

denkbar, dass einem Mehrheitsgesellschafter-Geschäftsführer kein bestimmender Einfluss zukommt, etwa weil seine Geschäftsanteile vollständig oder zum Teil kein Stimmrecht gewähren. Dies kann aus der Satzung,[349] aber auch aus Gesetz folgen, etwa weil die Eintragung des Gesellschafters in die Gesellschafterliste unterblieben ist (§ 16 Abs. 1 GmbHG). Demnach *kann* die Gesellschafterstellung des Geschäftsführers das Bestehen eines Unterordnungsverhältnisses ausschließen. Nicht die Stellung als Gesellschafter oder die Mehrheitsbeteiligung als solche schließen jedoch bereits das Unterordnungsverhältnis aus, sondern erst die Möglichkeit des Geschäftsführers, ihm unliebsame Beschlüsse zu verhindern, was ihm erst durch seine Stimmrechte ermöglicht wird.

(3) Bisherige Rechtsprechung

Diese nach dem gesellschaftsrechtlich vermittelten Einfluss differenzierende Auffassung wird auch durch einen Vergleich mit der Rechtsprechung des BAG zur Arbeitnehmereigenschaft von Gesellschafter-Geschäftsführern getragen. Es hat entschieden, dass die Gesellschafterstellung nicht ausschließe, gleichzeitig auch als Arbeitnehmer für die Gesellschaft tätig zu werden.[350] Könne ein GmbH-Gesellschafter aber aufgrund einer bestehenden Mehrheitsbeteiligung die Führung der Gesellschaft beeinflussen, scheide eine Arbeitnehmerstellung aus.[351] Dann nämlich könne die Gesellschaft ihm gegenüber kein die persönliche Abhängigkeit begründendes Weisungsrecht ausüben. Das gilt auch für GmbH-Gesellschafter, die eine Sperrminorität halten.[352] Diese Ansicht teilt auch die Literatur.[353] Es spricht nichts dafür, dass der EuGH die Arbeitnehmereigenschaft von Gesellschaftern generell verneinen würde. Im Gegenteil wurde aufgezeigt, dass

349 § 47 Abs. 2 GmbHG, der jedem Euro eines Geschäftsanteils eine Stimme gewährt, ist dispositiv. Die Satzung kann stattdessen vorsehen, dass aus bestimmten Geschäftsanteilen gar keine Stimme folgt oder kann Höchststimmrechte für einzelne Gesellschafter einführen. Vgl. zum Ganzen MüKo-GmbHG/*Drescher* § 47 GmbHG, Rn. 124 ff. m.w.N. *Hoentzsch* S. 63 weist zutreffend darauf hin, dass auch diese Umstände bei der Frage eines Unterordnungsverhältnisses bedeutsam seien.

350 BAG 9.1.1990 – 3 AZR 617/88, NZA 1990, 525 (Anteil von 50% an einer Zwei-Personen-GmbH). Ebenso LAG Köln 29.9.2003 – 13 Ta 77/03, NZA-RR 2004, 553 (in Aussicht gestellte Übernahme von 15% der Anteile einer GmbH); LAG Berlin 26.3.2003 – 5 Ta 1306/01, *juris* (Kommanditist mit einem Anteil von 10%).

351 BAG 6.5.1998 – 5 AZR 612/97, NZA 1998, 939 (940).

352 BAG 28.11.1990 – 4 AZR 198/90, NZA 1991, 392 (393).

353 *Boemke* ZfA 1998, 209 (220); *Brachert* S. 177 ff.; *Krause* S. 286 ff., 370 ff.; *Martens* RdA 1979, 347 (350); *von Hoyningen-Huene* NJW 2000, 3233 (3236); *Reiserer* S. 3; *Reiserer/Heß-Emmerich/Peters* S. 27 f.

gerade im Zusammenhang mit dem Arbeitnehmerschutzrecht eine Differenzierung nach dem konkreten Einfluss auf die Willensbildung der Gesellschaft dem Schutzbedürfnis punktgenau Rechnung trägt.

(4) Ergebnis

Die gesellschaftsformspezifischen Ausführungen zur GmbH sind damit sowohl auf den Fremdgeschäftsführer als auch den Minderheitsgesellschafter-Geschäftsführer anwendbar, sofern ihm nicht eine Sperrminorität zukommt. Verfügt der Gesellschafter-Geschäftsführer hingegen über einen bestimmenden Einfluss, der regelmäßig, aber nicht zwangsläufig ab einer Kapitalbeteiligung von 50% besteht, kommt die Annahme eines Unterordnungsverhältnisses nicht in Betracht.

gg. Zusammenfassung

Damit ist festzuhalten, dass GmbH-Geschäftsführer nach der *Danosa*-Entscheidung dem Arbeitnehmerbegriff grundsätzlich unterfallen. Jedoch hat die Untersuchung auch gezeigt, dass die Subsumtion des GmbH-Geschäftsführers unter die *Danosa*-Kriterien nicht jedem Einzelfall gerecht wird. Ob die *Danosa*-Arbeitnehmereigenschaft vorliegt, hängt vielmehr von der individuellen Ausgestaltung der Binnenverfassung ab. Das GmbH-Recht ermöglicht, das Geschäftsführeramt statutarisch so auszugestalten, dass der Amtswalter autonomes Leitungsorgan ist, das keine Übergriffe eines anderen Organs in inhaltliche Ausgestaltung und Bestand seines Amtes fürchten muss. Der Geschäftsführer gewinnt damit ein Maß an Unabhängigkeit, das die Annahme eines Unterordnungsverhältnisses nicht trägt. Zudem kann die Arbeitnehmereigenschaft auch durch eine Kapitalbeteiligung an der GmbH ausgeschlossen sein, soweit diese einen bestimmenden Einfluss in der Gesellschafterversammlung vermittelt.

b. AG

Ob das Vorstandsmitglied einer AG den *Danosa*-Kriterien unterfallen kann, wird im Schrifttum unterschiedlich beurteilt. Eine Auffassung sieht das Fremd-Vorstandsmitglied als Arbeitnehmer nach *Danosa* an und verweist zur Begründung auf das Verhältnis zum Aufsichtsrat sowie die lediglich befristete Bestellung.[354]

---

354 *Fischer* NJW 2011, 2329 (2331); *Leopold* ZESAR 2011, 362 (366); Ascheid/Preis/Schmidt/*Rolfs* § 9 MuSchG, Rn. 10 (insoweit missverständlich unter Berufung auf *Oberthür*, die eher die Gegenauffassung vertritt, s. sogleich); *Ziemons* KSzW 2013, 19 (20 f.).

Dem widerspricht die derzeit überwiegende Gegenauffassung.[355] Sie stützt sich vor allem auf die Leitungsautonomie des Vorstands (§ 76 Abs. 1 AktG), die fehlende Weisungsmöglichkeit des Aufsichtsrats[356] sowie die beschränkte Abberufbarkeit des Vorstandsmitglieds[357]. Zwar unterstehe der Vorstand der Aufsicht eines anderen Gesellschaftsorgans, diese Aufsicht sei aber „sehr locker ausgestaltet", dem Aufsichtsrat fehlten gegenüber dem Vorstand die Eingriffsmöglichkeiten.[358] Aus dem umfangreichen Schrifttum hervorzuheben sind die – zu gegensätzlichen Ergebnissen gelangenden – Untersuchungen von *Ziemons*[359] und *Kort*[360]. Sie nehmen die Organisationsverfassung der AG umfassender in den Blick, um die Frage der Arbeitnehmereigenschaft von Vorstandsmitgliedern nach der *Danosa*-Entscheidung zu überprüfen. Auf ihre Argumente und Schlussfolgerungen wird daher im weiteren Verlauf zurückzukommen sein.

Einer gesonderten Betrachtung der mitbestimmten AG bedarf es nicht, da im Vergleich zur mitbestimmungsfreien AG keine Unterschiede bestehen, die an einem möglichen Unterordnungsverhältnis des Vorstandsmitglieds gegenüber

---

355 *Baeck/Winzer* NZG 2011, 101; *Bauer* GWR 2010, 586; *Bauer/Arnold* ZIP 2012, 597 (599); *Bauer/Göpfert/Krieger* § 6 AGG, Rn. 35b; *Junker* NZA 2011, 950 (951); *Kort* NZG 2013, 601 (605 f.); Hüffer/*Koch* § 76 AktG, Rn. 63; *Kruse/Stenslik* NZA 2013, 596 (601); *Miras* GWR 2012, 311 (314); *Mohr* ZHR 178 (2014), 326 (343); *Oberthür* NZA 2011, 253 (254): „allenfalls in Ausnahmefällen erfasst"; Rancke/*Pepping* § 1 MuSchG, Rn. 28; *Reinhard/Bitsch* ArbRB 2011, 241 (243); *Sagan* ZESAR 2011, 412 (419): „in der Regel"; ErfK/*Schlachter* § 1 MuSchG, Rn. 3; *Schleusener*/Suckow/Voigt § 6 AGG, Rn. 19; *Thüsing* ZESAR 2009, 486; *von Medem* ArbRAktuell 2010, 654. Im Zusammenhang mit § 2 BUrlG auch *Forst* GmbHR 2012, 821 (825, Fn. 54).

356 *Baeck/Winzer* NZG 2011, 101; *Bauer/Arnold* ZIP 2012, 597 (599); *Junker* NZA 2011, 950 (951); *Kruse/Stenslik* NZA 2013, 596 (601); Hüffer/*Koch* § 76 AktG, Rn. 63; *Miras* GWR 2012, 311 (314); *Mohr* ZHR 178 (2014), 326 (343); *Oberthür* NZA 2011, 253 (254); Rancke/*Pepping* § 1 MuSchG, Rn. 28; *Reinhard/Bitsch* ArbRB 2011, 241 (243); *Sagan* ZESAR 2011, 412 (419); ErfK/*Schlachter* § 1 MuSchG, Rn. 3; *Schleusener*/Suckow/Voigt § 6 AGG, Rn. 19; *Thüsing* ZESAR 2009, 486; *von Medem* ArbRAktuell 2010, 654.

357 *Baeck/Winzer* NZG 2011, 101; *Bauer* GWR 2010, 586; *Bauer/Arnold* ZIP 2012, 597 (599); *Bauer/Göpfert/Krieger* § 6 AGG, Rn. 35b; *Junker* NZA 2011, 950 (951); *Kruse/Stenslik* NZA 2013, 596 (601); *Miras* GWR 2012, 311 (314); *Mohr* ZHR 178 (2014), 326 (343); *Oberthür* NZA 2011, 253 (254); Rancke/*Pepping* § 1 MuSchG, Rn. 28; *Reinhard/Bitsch* ArbRB 2011, 241 (243); *Sagan* ZESAR 2011, 412 (419); *Schleusener*/Suckow/Voigt § 6 AGG, Rn. 19; *von Medem* ArbRAktuell 2010, 654.

358 *Bauer/Göpfert/Krieger* § 6 AGG, Rn. 35b.

359 KSzW 2013, 19 (20 f.).

360 NZG 2013, 601 (605 f.).

dem Aufsichtsrat etwas ändern könnten. Die mitbestimmungsrechtlichen Besonderheiten beschränken sich darauf, dass Arbeitnehmervertreter in den Aufsichtsrat zu entsenden sind und ein Arbeitsdirektor im Vorstand zu bestellen ist (vgl. § 33 MitbestG). Daraus ergeben sich vor allem Unterschiede im Verhältnis der jeweiligen Organvertreter untereinander. Soweit es jedoch die Strukturelemente der AG und das Verhältnis der Organe zueinander betrifft, ergeben sich für die AG aus der Mitbestimmung nur geringfügige Abweichungen.[361]

aa. Weisungen und Aufsicht

Gemäß §§ 76 Abs. 1, 77 Abs. 1 AktG hat der Vorstand die Aufgabe, die Gesellschaft in eigener Verantwortung zu leiten und die Geschäfte zu führen. Die Leitung wird überwiegend als besonderer Teil der Geschäftsführung verstanden, der die unternehmerische Führungsfunktion des Vorstands betrifft.[362] Dem Vorstand obliegt somit im Grundsatz die selbständige Entscheidung über die gesamte Tätigkeit der Gesellschaft im Rahmen des Unternehmenszwecks. Dabei ist seine Stellung sowohl hinsichtlich seiner Leitungs- als auch allgemein hinsichtlich seiner Geschäftsführungsfunktion weisungsfrei.[363] Daran lässt sich insbesondere auch durch die Satzung nichts ändern (§ 23 Abs. 5 AktG, sog. Grundsatz der Satzungsstrenge).

Nachfolgend wird zunächst das Verhältnis zwischen den Vorstandsmitgliedern untereinander sowie dem Vorstand und der Hauptversammlung untersucht, um festzustellen, ob bereits insoweit eine unterlegene Stellung besteht, die eine Subsumtion des Vorstands unter die *Danosa*-Kriterien nahelegt. Sonach wird zu untersuchen sein, ob sich im Verhältnis zum Aufsichtsrat ein Unterordnungsverhältnis im Sinne der *Danosa*-Entscheidung nachweisen lässt.

(1) Vorstandsinnenverhältnis

§ 84 Abs. 2 AktG gibt dem Aufsichtsrat die Möglichkeit, einen Vorstandsvorsitzenden zu bestellen.[364] Zu dessen Rechtsstellung finden sich keine besonderen

---

361 *Ulmer/Habersack*/Henssler § 1 MitbestG, Rn. 37. Ausf. *Ulmer* S. 13 ff., 38.

362 *Fleischer* ZIP 2003, 1 (3); Hüffer/*Koch* § 76 AktG, Rn. 8 m.w.N.; Hölters/*Weber* § 76 AktG, Rn. 8 m.w.N. auch für die Gegenmeinung.

363 BGH 5.5.2008 – II ZR 108/07, NJW-RR 2008, 1134 (1136); Hüffer/*Koch* § 76 AktG, Rn. 25 m.w.N.; Schüppen/Schaub/*Heinz* § 22 Rn. 22.

364 Davon zu unterscheiden ist das subsidiäre Recht des Vorstands, im Rahmen seiner Geschäftsordnungskompetenz (vgl. § 77 Abs. 2 AktG) einen Vorstandssprecher zu bestimmen. Diesem wird üblicherweise nur eine Repräsentationsfunktion zukommen, da ihm insb. keine Sachleitungskompetenzen zugewiesen werden dürfen

gesetzlichen Vorgaben, weshalb sie aus allgemeinen Grundsätzen zum Innenverhältnis in Gremien abgeleitet wird.[365] Beispielsweise wird dem Vorstandsvorsitzenden das Recht zur Leitung der Sitzungen des Geschäftsleitungsorgans eingeräumt, das Maßnahmen wie die Zuweisung des Rederechts umfasst.[366] Es wird allerdings betont, dass trotz besonderer Rechte und Pflichten des Vorsitzenden der Grundsatz der Gleichberechtigung der Vorstandsmitglieder gelte.[367] Auch eine Entscheidung gegen die Mehrheit im Vorstand ist nach § 77 Abs. 1 S. 2 AktG unzulässig.[368] Zudem wird aus dem Gesetz ein indisponibler Grundsatz der Gesamtverantwortung des Vorstands abgeleitet, der dem Kollegialorgan als Ganzem die Leitungsverantwortung zuweist.[369] Daraus wird geschlossen, dass eine Organisation des Vorstands, die ein hierarchisches Über-/Unterordnungsverhältnis zwischen seinen Mitgliedern schafft, unzulässig ist.[370] Insbesondere eine Bündelung der Leitungsmacht in der Hand eines Vorstandsmitglieds mit einem Weisungsrecht gegenüber anderen Mitgliedern – nach dem US-amerikanischen Modell des *Chief Executive Officer* – ist in der AG nicht möglich.[371] Mangels eines Weisungsrechts der Vorstandsmitglieder untereinander

---

(Spindler/Stilz/*Fleischer* § 84 AktG, Rn. 91; Hüffer/*Koch* § 84 AktG, Rn. 30; *Simons/Hanloser* AG 2010, 641 [644], jeweils m.w.N.).

365 *Lutter/Krieger/Verse* Rn. 464; Hölters/*Weber* § 77 AktG, Rn. 42 m.w.N.

366 Zu diesem und weiteren Beispielen Spindler/Stilz/*Fleischer* § 84 AktG, Rn. 89; *Hoffmann-Becking* NZG 2003, 745 (746 ff.); *Simons/Hanloser* AG 2010, 641 (642 ff.); Hölters/*Weber* § 77 AktG, Rn. 42, jeweils m.w.N.

367 *Hoffmann-Becking* NZG 2003, 745 (746 f.); Hölters/*Weber* § 77 AktG, Rn. 30, 42; *Wicke* NJW 2007, 3755 (3757).

368 Hierzu Hüffer/*Koch* § 77 AktG, Rn. 16. Zulässig ist in der mitbestimmungsfreien AG nach der h.M. jedoch die Gewährung eines Veto-Rechts (OLG Karlsruhe 23.5.2000 – 8 U 233/99, NZG 2001, 30 [31]; MüKo-AktG/*Spindler* § 77 AktG, Rn. 16, jeweils m.w.N.). A.A. *Bezzenberger* ZGR 1996, 661 (665); *Hoffmann-Becking* NZG 2003, 745 (748); *Simons/Hanloser* AG 2010, 641 (645 ff.).

369 Zu Inhalt und Herleitung *Hoffmann-Becking* NZG 2003, 745 (747) m.w.N.

370 *Hoffmann-Becking* ZGR 1998, 497 (514 f.); *Martens* FS Fleck, 1988, 191 (205 f.); *Schiessl* ZGR 1992, 64 (79); *Schwark* ZHR 142 (1978), 203 (217 f.); Hölters/*Weber* § 77 AktG, Rn. 30; *Wicke* NJW 2007, 3755 (3757).

371 *Dauner-Lieb* FS Röhricht, 2005, 83 (100) (Vorstandsvorsitzender ist „nur *primus inter pares*, nicht mehr und nicht weniger"); Spindler/Stilz/*Fleischer* § 77 AktG, Rn. 42 m.w.N.; *von Hein* ZHR 166 (2002), 464 (482 ff.); MüKo-AktG/*Spindler* § 84 AktG, Rn. 116 m.w.N.; *Wicke* NJW 2007, 3755 (3757). Demgegenüber wird aus der Unternehmensrealität durchaus abgeleitet, dass sich entsprechende Annäherungstendenzen erkennen lassen, freilich nicht gesellschaftsrechtlich vermittelt, sondern „kraft Persönlichkeit und allgemeiner Umstände" (*Semler* FS Lutter, 2000, 721 [728]).

und der fehlenden Personalkompetenz kann sich deshalb allein aus der Zugehörigkeit zum Vorstand keine relevante Abhängigkeit ergeben.[372] Das Bestehen eines Unterordnungsverhältnisses ist das zentrale Kriterium, das der EuGH bei der Statusbestimmung anlegt. Insoweit ist nicht vorstellbar, dass sich ein für die Statusbestimmung relevanter Unterschied aus dem Binnenverhältnis des Vorstands ergeben kann. Insbesondere ein mögliches doppeltes Stimmrecht des Vorsitzenden bzw. ein Recht zum Stichentscheid im Falle eines Patts, das § 77 Abs. 1 S. 2 AktG zulässt,[373] vermag hieran nichts zu ändern. Dadurch und durch außerrechtliche, in der Person des Vorsitzenden liegende Umstände mag faktisch die organinterne Meinungsbildung erheblich vom Vorsitzenden abhängen. Dass sich aber ein Vorstandsmitglied mit seiner Meinung nicht stets durchzusetzen vermag, kann keine Zweifel an seiner unabhängigen Stellung wecken. Ein Verhältnis der Über- und Unterordnung kann aus der Existenz eines Vorstandsvorsitzenden nicht geschlossen werden.

(2) Verhältnis zur Hauptversammlung

Im Verhältnis zur Hauptversammlung ist der Vorstand gemäß § 119 Abs. 2 AktG an Weisungen nur gebunden, wenn der Vorstand die Hauptversammlung über eine konkrete Maßnahme befragt hat. Anders als der Wortlaut der §§ 76 Abs. 1, 119 Abs. 2 AktG vermuten ließe, trifft den Vorstand nach der Rechtsprechung des BGH aber in bestimmten Fällen eine Vorlagepflicht, namentlich wenn der Vorstand „vernünftigerweise nicht annehmen kann, er dürfe [eine Entscheidung] in ausschließlich eigener Verantwortung treffen, ohne die Hauptversammlung zu beteiligen" (sog. *Holzmüller*-Doktrin).[374] Dies könnte durchaus Zweifel an der eigenverantwortlichen, einer den Aktionären nicht untergeordneten Stellung des Vorstandes wecken, zumal sich das Spektrum möglicher Mitwirkungsrechte der Hauptversammlung infolge der *Holzmüller*-Entscheidung stetig erweiterte.[375]

---

372 Vgl. *Brachert* S. 165 f.; *G. Hueck* FS Hilger/Stumpf, 1983, 365 (376); *Wilhelmi/Wilhelmi* BB 1968, 137 (140). Anders *Trinkhaus* DB 1968, 1756 (1758), der dem Aspekt der Zugehörigkeit zu einem Kollegialorgan mit nur gemeinschaftlicher Geschäftsführungsbefugnis Bedeutung bei der Statusbestimmung beimisst, dies aber nicht näher begründet.

373 Spindler/Stilz/*Fleischer* § 77 AktG, Rn. 13; MüKo-AktG/*Spindler* § 84 AktG, Rn. 114; Hölters/*Weber* § 77 AktG, Rn. 42.

374 BGH 25.2.1982 – II ZR 174/80 (*Holzmüller*), BGHZ 83, 122 (131) = NJW 1982, 1703 (1705). Vgl. dazu umfassend Emmerich/*Habersack* Vor § 311 Rn. 33; Hölters/*Weber* § 76 AktG, Rn. 39 ff.; *Wilhelm* KapGesR, Rn. 1065 ff.

375 Vgl. die Übersicht bei GK-AktG/*Mülbert* § 119 AktG, Rn. 30.

Auch die Praxis ging zur Vermeidung von Aktionärsklagen zusehends dazu über, der Hauptversammlung in Zweifelsfällen eine Frage vorzulegen.[376] Später hat der BGH in der sog. *Gelatine*-Entscheidung jedoch entschieden, die Vorlagepflicht beschränke sich auf satzungsnahe Ausnahmetatbestände.[377] Nur wenn eine Maßnahme die „Kernkompetenz der Hauptversammlung, über die Verfassung der Gesellschaft zu bestimmen" betreffe, könne eine Zuständigkeit der Gesellschafter gegeben sein. Daraus ergibt sich, dass der Vorstand nur in wenigen Ausnahmefällen einen Beschluss der Hauptversammlung einholen muss.[378] Namentlich sind dies Fälle, die Herrschaftsbefugnisse und Dividendenrechte der Aktionäre betreffen.[379] Die Zuständigkeit der Hauptversammlung für derlei Geschäfte ändert am Grundsatz der Leitungsautonomie des Vorstands nichts. Anders als dem Fall, der der *Danosa*-Entscheidung zugrundeliegt, untersteht das Leitungsorgan der AG nur ausnahmsweise dem Willen der Gesellschafter.

(3) Verhältnis zum Aufsichtsrat

Die Binnenverfassung der AG folgt dem dualistischen Ansatz, d.h. der Vorstand bildet zusammen mit einem weiteren Organ, dem Aufsichtsrat, die Verwaltung der AG. Wenn der Vorstand inhaltlich schon nicht der Hauptversammlung untergeordnet ist, ist immerhin denkbar, dass sich ein Unterordnungsverhältnis gemäß der *Danosa*-Kriterien aus dem Verhältnis zum Aufsichtsrat ergeben kann. Schließlich hat der EuGH hervorgehoben, dass gerade auch die Rechenschaftspflicht und die Notwendigkeit der Zusammenarbeit mit dem Kontrollorgan eine abhängige Stellung des Leitungsorgans begründen können.

Jedenfalls die vom EuGH aufgestellte Voraussetzung, das beaufsichtigende Organ dürfe nicht seinerseits vom Geschäftsführungsorgan kontrolliert werden, ist beim Aufsichtsrat unzweifelhaft gegeben. Er ist vom Vorstand rechtlich

---

376 Vgl. *Fuhrmann* AG 2004, 339 (341); *Götze* NZG 2004, 585 (586); *Wasmann* DB 2002, 1096: „[S]elbst unbedeutende Geschäftsführungsmaßnahmen [wurden und werden] der Zustimmung durch die oft eigens deshalb einberufene Hauptversammlung unterstellt".

377 BGH 26.4.2004 – II ZR 155/02 (*Gelatine*), BGHZ 159, 30 (42 f.) = NJW 2004, 1860 (1863). Dazu etwa *Fleischer* NJW 2004, 2335.

378 *Jerczynski* S. 190: „Vorlagepflicht des Vorstands nur in Ausnahmefällen"; Happ-AktienR/*Pühler* 1.01 Rn. 9: „nur ausnahmsweise und in engen Grenzen"; Semler/Volhard/*Reichert* § 5 Rn. 78: „eng bemessene[r] Ausnahmebereich"; *Weißhaupt* AG 2004, 585 (591): „absolute Ausnahmekompetenz".

379 Emmerich/*Habersack* Vor § 311 Rn. 34.

unabhängig; hinsichtlich Vorstands- und Aufsichtsratsmandat besteht gemäß § 105 Abs. 1 AktG eine Inkompatibilität.

Der Aufsichtsrat der AG hat gemäß § 111 Abs. 1–3 AktG eine umfassende Kontroll- und Überwachungsaufgabe. Diese bezieht sich nicht bloß auf die Rechtmäßigkeit des Vorstandshandelns, sondern auch auf die Ordnungsmäßigkeit etwa der Unternehmensplanung sowie die Zweckmäßigkeit und Wirtschaftlichkeit der Geschäftsführung.[380] Dies folgt aus der Berichtspflicht des Vorstands, die durch § 90 Abs. 1 AktG denkbar umfassend ausgestaltet ist und mit den Überwachungsaufgaben des Aufsichtsrats korrespondiert.[381] Kontrolle und Überwachung beziehen sich namentlich auch auf wesentliche Einzelmaßnahmen.[382] Über die Prüfung der vorgelegten Berichte hat der Aufsichtsrat auch ein ergänzendes Informationsrecht nach § 90 Abs. 3 AktG und kann gemäß § 111 Abs. 2 AktG eine Sonderprüfung durchführen. Zudem ist hervorzuheben, dass dem Aufsichtsrat nicht nur eine nachträgliche Kontrolle und Überwachung obliegt, sondern er den Vorstand auch in Fragen der Geschäftsführung beraten darf und muss.[383] Anders als vereinzelte Stimmen in der Literatur, die Kontrolle und Beratung für miteinander unvereinbare Aufgaben halten,[384] betont der BGH im Anschluss an die herrschende Literatur, eine wirksame Kontrolle könne „nur durch ständige Diskussion mit dem Vorstand und insofern durch dessen laufende Beratung ausgeübt werden“[385]. Dass dieser Ansatz richtig ist, zeigt schon ein Blick auf § 90 Abs. 1 S. 1 Nr. 1 und 4, Abs. 2 Nr. 4 AktG, der den Vorstand zur rechtzeitigen Berichterstattung auch über die zukünftige Unternehmenspolitik verpflichtet[386]. Ein solcher Bericht wäre weitgehend zwecklos, könnte der Aufsichtsrat auf dieser Grundlage nicht auch effektiv und zukunftsbezogen die Geschäftspolitik des Vorstands beeinflussen. Zwar sind aus der Beratung

380 BGH 25.31991 – II ZR 188/89, BGHZ 114, 127 (129 f.) = NJW 1991, 1830; *Henze* BB 2001, 53 (59); KK/*Mertens/Cahn* § 111 AktG, Rn. 14 m.w.N.; Müller/Rödder/*Schiedermair/Kolb* § 7 Rn. 72.

381 *Lutter/Krieger/Verse* Rn. 66.

382 *Boujong* AG 1995, 203 (205); Breithaupt/Ottersbach/*Gabrysch* § 3 Rn. 623; Hüffer/*Koch* § 111 AktG, Rn. 3.

383 BGH 25.3.1991 – II ZR 188/89, BGHZ 114, 127 (130) = NJW 1991, 1830, hierzu *Boujong* AG 1995, 203 (204 f.). Aus der Literatur MüHdb-GesR IV/*Hoffmann-Becking* § 29 Rn. 32; *Lutter/Krieger/Verse* Rn. 103 ff. m.w.N.; *Lutter/Kremer* ZGR 1992, 87 (89 f.); Fleischer/*Pentz* § 16 Rn. 38 m.w.N.; *Semler* NZG 2007, 881 (882).

384 *Steinmann/Klaus* AG 1987, 29 (30 ff.); *Theisen* AG 1995, 193 (199).

385 BGH 25.3.1991 – II ZR 188/89, BGHZ 114, 127 (130) = NJW 1991, 1830 m.N. aus der Literatur.

386 MüKo-AktG/*Habersack* § 111 AktG, Rn. 12, 39.

hervorgehende Empfehlungen nicht bindend,[387] weshalb es bei der Leitungsautonomie des Vorstands bleibt. Gerade weil die Beratung für eine wirksame, zukunftsbezogene Kontrolle wesentlich ist, ist aus der Beratungspflicht des Aufsichtsrats allerdings eine Pflicht des Vorstands zu schließen, sich beraten zu lassen.[388] Daneben tritt die allgemeine Pflicht zur kooperativen Zusammenarbeit mit dem Aufsichtsrat.[389]

Geschäftsführungsaufgaben können dem Aufsichtsrat indes nicht übertragen werden (§ 111 Abs. 4 S. 1 AktG). Gleichwohl kann der Aufsichtsrat nicht nur durch die Beratung an der Geschäftsführung teilhaben, sondern hat auch konkrete Mitentscheidungsbefugnisse. Hervorzuheben ist, dass er gemäß § 111 Abs. 4 S. 2 AktG einzelne Geschäftsführungsmaßnahmen an seine Zustimmung binden muss.[390] Dies betrifft nach dem Gesetzentwurf zum TransPuG, das das Recht zur Einführung von Zustimmungsvorbehalten zu einer Pflicht erhob, solche „Entscheidungen oder Maßnahmen, die nach den Planungen oder Erwartungen die Ertragsaussichten der Gesellschaft oder ihre Risikoexposition grundlegend verändern und damit von existenzieller Bedeutung für das künftige Schicksal der Gesellschaft sind".[391] Geschäfte von untergeordneter Bedeutung, vor allem gewöhnliche Maßnahmen des Tagesgeschäfts, können demgegenüber nicht zum Gegenstand von Zustimmungsvorbehalten gemacht werden.[392] Zustimmungsvorbehalte flankieren Beratungsrecht und -pflicht des

---

387 *Hoffmann/Preu* Rn. 104; MüHdb-GesR IV/*Hoffmann-Becking* § 29 Rn. 32. Vgl. auch *Lutter/Krieger/Verse* Rn. 104: Vorstand müsse sich Erörterungen stellen und Anregung des Aufsichtsrates sorgfältig erwägen.

388 MüKo-AktG/*Habersack* § 111 AktG, Rn. 12; Fleischer/*Pentz* § 16 Rn. 38; *Lutter/Krieger/Verse* Rn. 104; *Semler* NZG 2007, 881 (882). A.A. *Mertens* AG 1980, 67 (68), der dem Aufsichtsrat schon keine „genuine Beratungskompetenz" zuspricht, weil dies seines Erachtens eine „praktisch unbeschränkte Berichtspflicht des Vorstands präjudiziert", die aber nicht § 90 AktG entspreche. Eine „aufgedrängte Beratung" lehnt er deshalb ab.

389 MüKo-AktG/*Habersack* § 111 AktG, Rn. 65.

390 Einen Überblick über die übrigen der Geschäftsführung zuzuschreibenden Aufgaben und Befugnissen gibt MüKo-AktG/*Habersack* § 111 AktG, Rn. 14, 99.

391 Entwurf eines „Gesetzes zur weiteren Reform des Aktien- und Bilanzrechts, zu Transparenz und Publizität" der Bundesregierung (BT-Drs. 14/8769), S. 17. Ähnlich auch Nr. 3.3 des DCGK.

392 GK-AktG/*Hopt/Roth* § 111 AktG, Rn. 639 f.; *Fonk* ZGR 2006, 841 (846). Vgl. auch *Semler* FS Doralt, 2004, 609 (613), demzufolge der „Vorstand seine eigenverantwortliche Geschäftsführungsprärogative" behalten müsse. Ähnlich *Schönberger* S. 100 f., da Zustimmungsvorbehalte nicht „zu einem Mittel initiativer Geschäftsführung

Aufsichtsrats in Fragen der Geschäftsführung. Der Aufsichtsrat nimmt dadurch an der Leitungsaufgabe des Vorstands teil.[393] Der BGH spricht davon, dass der Aufsichtsrat „die unternehmerische Tätigkeit des Vorstands im Sinne einer präventiven Kontrolle begleitend mitgestaltet".[394] Aufgrund der weitgehenden Kompetenzen des Aufsichtsrates kann, abweichend vom gesetzlichen Leitbild des gleichberechtigten Nebeneinanders von Vorstand und Aufsichtsrat, der Aufsichtsrat in realiter auch ein dem Vorstand vorgesetztes Organ werden. So wird konstatiert, dass „praktisch jedes der beiden Organe die Oberhand gewinnen"[395] könne und in der Unternehmenspraxis eine erhöhte Machtfülle des Aufsichtsrats zu beobachten sei.[396]

Kort nimmt an, die Berichtspflicht nach § 90 AktG diene „genuin gesellschaftsrechtlichen Zwecken" und könne deshalb keine für die *Danosa*-Arbeitnehmereigenschaft erforderliche Rechenschaftspflicht begründen.[397] Diese Schlussfolgerung ist jedoch insoweit angreifbar, als *Kort* zuvor zutreffend feststellt, der EuGH lasse „Aufgaben und Pflichten … gesellschaftsrechtlicher Natur"

---

des Aufsichtsrates" werden dürften. *Fleischer* BB 2013, 835 (840) spricht von einem „zustimmungsvorbehaltsrechtlichen Übermaßverbot", durch das die „Leitungssouveränität des Vorstands" (S. 839) zu sichern sei.

393 Vgl. *Lutter* FS Albach, 2001, 225 (229 ff.); KK/*Mertens/Cahn* § 111 AktG, Rn. 32 („unternehmerische Mitbeteiligung und Mitverantwortung"); *Lutter/Krieger/Verse* Rn. 112 („rechtsverbindlich[e] Einflussnahme auf Maßnahmen der Unternehmensleitung"). Vgl. auch *Leyens* RabelsZ 67 (2003), 57 (83), demzufolge vereinzelt – aufgrund Zustimmungsvorbehalts und Bestellungsrechts – sogar ein Auftreten des Aufsichtsrats als Lenkungsorgan festzustellen sei. Nach *Götz* NZG 2002, 599 (602) erhalte der Aufsichtsrat auf diese Weise eine begrenzte „Mitgestaltungsmöglichkeit", könne materiell an der Geschäftsführung teilnehmen.

394 BGH 21.4.1997 – II ZR 175/95 (*ARAG/Garmenbeck*), BGHZ 135, 244 (254 f.) = NJW 1997, 1926 (1928).

395 GK-AktG/*Hopt/Roth* § 111 AktG, Rn. 83. Vgl. auch *Huppert* S. 51 („tatsächlich kann der AR den Vorstand weitgehend bevormunden"); *Diller* S. 168, der eine Beteiligung an der Unternehmensleitung seitens mancher Aufsichtsräte sieht, die „stärker als nach der gesetzlichen Konzeption vorgesehen" ist.

396 GK-AktG/*Hopt/Roth* § 111 AktG, Rn. 83; *Seibert* AG 2002, 417 (419). Dem widerspricht auch nicht die Analyse zur Rechtswirklichkeit von *Semler* FS Lutter, 2000, 721 (730 f.). Diese bezieht sich auf die Wirksamkeit der Überwachung und betrifft zudem Großunternehmen. Dass „jedes der beiden Organe … ein Übergewicht … gewinnen" kann MüKo-Akt, 2. Aufl./*Semler* § 111 AktG, Rn. 49. – In den 1970er Jahren meinten 22% der von *Vogel* befragten Vorstände von AGs mit 200–2000 Beschäftigten, ihrem Aufsichtsrat komme „die eigentliche Führungsrolle" zu (*Vogel* S. 272).

397 *Kort* NZG 2013, 601 (606).

zur Begründung der Arbeitnehmereigenschaft ausreichen.[398] Daher ist auch eine Rechenschaftspflicht, die gesellschaftsrechtlichen Zwecken dient, in die Statusbestimmung einzubeziehen. Der Sache nach stellt *Korts* Argument lediglich eine fortgesetzte Kritik an dem vom EuGH gewählten – ihm zufolge „geradezu groteske[n]“[399] – Aufsichtskriterium dar. *Korts* Argument steht der Subsumtion der Berichtspflicht unter dieses Kriterium nicht entgegen, sondern seine Untersuchung spricht bei Lichte betrachtet im Gegenteil sogar dafür, dass auch die aktienrechtliche Berichtspflicht den Anforderungen des EuGH genügt.

(4) Zwischenbewertung

Es lässt sich festhalten, dass der Vorstand Rechenschaft über seine Geschäftsführung gegenüber dem Aufsichtsrat ablegen muss; ihn trifft die allgemeine Pflicht zur kooperativen Zusammenarbeit mit dem Aufsichtsrat und er muss sich von diesem über die von § 90 AktG erfassten Gegenstände beraten lassen. Darüber hinaus muss der Aufsichtsrat auch bedeutenden Maßnahmen der Geschäftsführung zustimmen. Dies verschafft dem Aufsichtsrat rechtlich insgesamt eine starke Stellung. Ein Weisungsrecht kommt indes weder der Hauptversammlung noch dem Aufsichtsrat zu. Ein solches Recht ist nach der *Danosa*-Entscheidung aber auch nicht unbedingt erforderlich. So heißt es bereits im Leitsatz, dass die Arbeitnehmereigenschaft vorliegen könne, wenn das Mitglied der Unternehmensleitung „nach der Weisung oder unter der Aufsicht eines anderen Organs dieser Gesellschaft“ handelt. Die Konjunktion „oder“ macht damit deutlich, dass der EuGH eine Weisungsgebundenheit nicht als zwingend erforderlich ansieht, um ein Unterordnungsverhältnis anzunehmen.[400] Gerade dies scheinen die Stimmen in der Literatur auszublenden, die den Vorstand vor allem deshalb nicht unter die *Danosa*-Kriterien fassen wollen, weil er nicht weisungsgebunden sei.[401]

---

398 *Kort* NZG 2013, 601 (604).

399 *Kort* NZG 2013, 601 (606). Vgl. in diesem Zusammenhang auch die kritische Aussage, „[d]er Grundsatz der Zusammenarbeit zwischen Geschäftsleitung und Aufsichtsrat ist genuin gesellschaftsrechtlicher Natur und hat mit einem arbeitsrechtlichen Unterordnungsverhältnis nichts zu tun“ (ebenda, S. 604).

400 S. auch bereits oben, S. 28 ff.

401 Anschaulich nachvollziehen lässt sich dies z.B. bei *Oberthür* NZA 2011, 253 (254), auf die sich in diesem Zusammenhang immer wieder gestützt wird (so zuletzt *Kruse/Stenslik* NZA 2013, 596 [601]). Nach dem EuGH könne „bereits eine rein gesellschaftsrechtlich begründete Weisungsunterworfenheit“ genügen, was auf den Vorstand „gem. §§ 78 I AktG“ (gemeint sind wohl §§ 76, 78 AktG) nicht zutreffe. Der

(5) Sonderfall: Beherrschungsvertrag und Eingliederung

Von dem soeben skizzierten Zwischenbefund weicht der Fall ab, in dem die vom Vorstand geleitete AG[402] von einer anderen Gesellschaft beherrscht wird (vgl. § 17 AktG). Besteht zwischen diesen Gesellschaften ein wirksamer Beherrschungsvertrag (§ 291 Abs. 1 S. 1 AktG), ist der Vorstand der beherrschten Gesellschaft gemäß § 308 Abs. 2 AktG an Weisungen des herrschenden Unternehmens gebunden, soweit die Weisungen zulässig sind. Das gilt nach § 323 Abs. 1 AktG auch hinsichtlich einer eingegliederten Gesellschaft. Hinsichtlich des gesamten Bereichs der Geschäftsführung kann das herrschende Unternehmen die eigene Entscheidungsmacht des Vorstands der beherrschten AG ausschließen.[403]

Es wird angenommen, dass bei Bestehen einer derartigen konzernrechtlichen Weisungsmöglichkeit eine Arbeitnehmereigenschaft nicht ausgeschlossen sei.[404] Dagegen macht *Kort* geltend, die Weisungsmöglichkeit beeinflusse das Verhältnis zwischen dem Vorstand des beherrschten Unternehmens und dessen Hauptversammlung gerade nicht. Vielmehr sei es schwerlich vorstellbar, dass die Vorstandsmitglieder des beherrschten Unternehmens auf Grund eines konzernrechtlichen Weisungsrechts zu Arbeitnehmern der Obergesellschaft werden.[405] Es wurde bereits dargelegt, dass diesbezüglich durchaus andere Ansätze existieren.[406] Insbesondere *Henssler* vertritt die Ansicht, eine Weisungsbefugnis seitens der Obergesellschaft könnte die Annahme einer Arbeitnehmerstellung tragen, da in diesem Fall die Unabhängigkeit des Vorstands nicht mehr aktienrechtlich

---

EuGH setzt eine Weisungsgebundenheit aber nicht unbedingt voraus, mag sie gesellschaftsrechtlich begründet sein oder nicht.

402 Da der GmbH-Geschäftsführer ohnehin dem Weisungsrecht der Gesellschafter nach § 37 GmbHG unterliegt, spielte hinsichtlich seiner Arbeitnehmereigenschaft eine mögliche Konzernierung keine Rolle (so auch *Forst* GmbHR 2012, 821 [826]).

403 Vgl. *Emmerich*/Habersack § 308 AktG, Rn. 38. Zu den Grenzen des Weisungsrechts ausf. *Altmeppen* S.19 ff.

404 *Oberthür* NZA 2011, 253 (254). Auch *Junker* NZA 2011, 950 (951) schließt dies nicht aus, lässt die Frage letztlich aber offen. Vgl. zudem Rancke/*Pepping* § 1 MuSchG, Rn. 28; *Ziemons* KSzW 2013, 19 (20).

405 *Kort* NZG 2013, 601 (606): „gewagte Vorstellung". Ihm folgt *Mohr* ZHR 178 (2014), 326 (343). Dagegen auch *Reinhard/Bitsch* ArbRB 2011, 241 (243). Nicht stichhaltig ist jedoch deren Argument, § 308 Abs. 1 AktG gelte nur im Vertragskonzern. Das schließt es nicht aus, jedenfalls im Vertragskonzern die Arbeitnehmereigenschaft zu bejahen.

406 S. 11 und die Nachw. in Fn. 45.

garantiert sei.[407] Auf andere Weise könne der möglichen sozialen Schutzbedürftigkeit des Vorstandsmitglieds nicht hinreichend Rechnung getragen werden.

Die *Danosa*-Entscheidung gibt auf die Frage keine verlässliche Antwort. Einerseits statuiert der EuGH zwar, dass es auf die Weisungsmöglichkeit oder Aufsicht eines anderen Organs *derjenigen* Gesellschaft ankomme, für die sie ihre Leistung erbringt und in die sie eingegliedert ist.[408] Das spräche zunächst gegen die Möglichkeit eines konzerndimensionalen Unterordnungsverhältnisses. Insoweit war es für den EuGH angesichts des der Vorlage zugrundeliegenden Sachverhalts nicht relevant, ob die Bindung an Weisungen einer Obergesellschaft die Arbeitnehmereigenschaft begründen kann.

Die besseren Sachgründe sprechen dafür, die Weisungsabhängigkeit von der Obergesellschaft bei der Frage der Arbeitnehmereigenschaft zu berücksichtigen. In Anbetracht der teleologischen Linie des EuGH muss bei der Frage nach dem Bestehen eines Unterordnungsverhältnisses dem Sozialschutz des Vorstandsmitglieds entscheidende Bedeutung zukommen. Ein soziales Schutzbedürfnis des Vorstandsmitglieds scheidet nicht schon deshalb aus, weil Weisungen nicht von der durch ihn geleiteten AG ausgehen, sondern von der Obergesellschaft. Solange der Empfänger einer Weisung diese befolgen muss und ihm für den Fall der Nichtbefolgung Nachteile drohen, liegt ein die Unterordnung begründendes Verhältnis nahe. Gerade derartige Nachteile drohen dem Vorstandsmitglied. So kann in der Nichtbefolgung einer zulässigen Weisung durch den Vorstand ein wichtiger Grund für die Abberufung liegen.[409] Ferner kann sie auch eine Schadensersatzpflicht des Vorstandsmitglieds nach sich ziehen. Drohen derartige Folgen, wird das Vorstandsmitglied ein wohlverstandenes Eigeninteresse daran haben, eine zulässige Weisung der Obergesellschaft zu befolgen, was die

407 *Henssler* RdA 1992, 289 (301). I.E. ähnlich *Krauss* S. 133 ff., der annimmt, dass „[d]urch die Ausübung des Weisungsrechts … der eigenverantwortliche Entscheidungsspielraum auf ein Niveau gedrückt werden [kann], das dem eines abhängigen [Arbeitnehmers] gleicht" (S. 136; insoweit auch *Martens* FS Hilger/Stumpf, 1983, 437 [462], allerdings in Zusammenhang mit dem Verlust der Stellung als leitender Angestellter); *Krauss* will solchen Vorstandsmitgliedern gleichwohl keinen Arbeitnehmerstatus zuerkennen, sondern plädiert stattdessen für eine „Heranziehung arbeitsrechtlicher Vorschriften" (S. 140). Gegen konzernrechtliche Weisungsbefugnis als für die Annahme der Arbeitnehmereigenschaft ausreichend *G. Hueck* FS Hilger/Stumpf, 1983, 365 (375); Staudinger/*Richardi/Fischinger* Vor §§ 611 ff. BGB, Rn. 331; Schaub/*Vogelsang* § 14 Rn. 3.

408 S. bereits Leitsatz 1 von EuGH 11.11.2010 – Rs. C-232/09 (*Danosa*), NJW 2011, 2343 sowie Tz. 51.

409 KK/*Koppensteiner* § 308 AktG, Rn. 63.

Annahme einer Unterordnung trägt. Ein Vorstandsmitglied wird sich keiner rechtmäßigen Weisung widersetzen, wenn es dadurch Gefahr läuft, sich schadenersatzpflichtig zu machen und einen Abberufungsgrund zu schaffen. Wenn in diesem Zusammenhang gegen eine Arbeitnehmerstellung vorgebracht wird, nur die beherrschte Gesellschaft, nicht aber das Vorstandsmitglied selbst könnte sich gegenüber der Obergesellschaft schadensersatzpflichtig machen,[410] kann dieses Argument aus zwei Gründen nicht überzeugen: Einerseits wird eine persönliche Haftung des Vorstandsmitglieds in der Literatur verbreitet durchaus angenommen.[411] Dies begründet eine reale Gefahr der Inanspruchnahme, der sich auch das Vorstandsmitglied bewusst sein wird. Andererseits ist das Argument deshalb nicht stichhaltig, weil die durch die Obergesellschaft auf Schadensersatz in Anspruch genommene beherrschte AG bei ihrem Vorstand jedenfalls Regress nehmen kann.[412]

bb. Bestellung und Abberufung

Die Bestellung und Abberufung des Vorstandsmitglieds weist § 84 AktG dem Aufsichtsrat zu. Dabei darf das Vorstandsmitglied nur befristet auf höchstens fünf Jahre bestellt werden. Diese Bestellungshöchstdauer wird als das „notwendige Gegengewicht zur Unabhängigkeit“ des Vorstands verstanden.[413]

Die Abberufung bedarf eines wichtigen Grundes, § 84 Abs. 3 S. 1 AktG. Dadurch soll die Leitungsautonomie des Vorstands gesichert und die Abhängigkeit des Vorstands vom Aufsichtsrat vermindert werden.[414] Diesem Aspekt messen die Vertreter der Auffassung, die die Arbeitnehmereigenschaft des Vorstandsmitglieds verneinen, ausschlaggebende Bedeutung bei. Selten wird dabei jedoch

---

410 *Kruse/Stenslik* NZA 2013, 596 (601).

411 *Emmerich*/Habersack § 308 AktG, Rn. 67 f.; KK/*Koppensteiner* § 308 AktG, Rn. 62; K. Schmidt/Lutter/*Langenbucher* § 308 AktG, Rn. 37 m.w.N. Die persönliche Pflicht folge aus § 308 Abs. 2 S. 1 AktG. Dagegen MüKo-AktG/*Altmeppen* § 308 AktG, Rn. 66 ff.; *ders.* S. 28 f., der dies aus der fehlenden Stellung des Vorstands als Vertragspartner schließt sowie aus der Funktion von § 308 Abs. 2 S.1 AktG, nur die Vorstandsbefugnisse im Vertragskonzern einzuschränken. Ferner GK-AktG/*Hirte* § 308 AktG, Rn. 27, 53; *Kuntz* Konzern 2007, 802 (803 ff.); *Wellhöfer*/Peltzer/Müller § 4 Rn. 402.

412 So dann auch MüKo-AktG/*Altmeppen* § 308 AktG, Rn. 70; *Wellhöfer*/Peltzer/Müller § 4 Rn. 402. Der Anspruch folgt aus § 93 Abs. 2 S. 1 AktG.

413 *Hommelhoff* ZGR 1978, 119 (134).

414 OLG München 13.10.2005 – 23 U 1949/05, NZG 2006, 313 (313 f.) unter Berufung auf *Hefermehl/Spindler* (s. MüKo-AktG/*Spindler* § 84 AktG, Rn. 125). Vgl. auch *Fleischer* DStR 2006, 1507 (1508) m.w.N.; Potthoff/Trescher/*Theisen* Rn. 1589; Hölters/*Weber* § 84 AktG, Rn. 69 m.w.N.

bedacht, dass einen wichtigen Grund gemäß § 84 Abs. 3 S. 2 AktG regelmäßig auch ein Vertrauensverlust der Aktionäre begründen kann, ausgesprochen durch die Hauptversammlung.[415] Die Grenze der Rechtmäßigkeit eines darauf gerichteten Beschlusses ist erst überschritten, wenn der Vertrauensentzug willkürlich oder rechtsmissbräuchlich erfolgt.[416] Nach Auffassung des BGH ist dies nicht einmal dann der Fall, wenn das betroffene Vorstandsmitglied in einer dem Vertrauensentzug vorangegangenen Streitigkeit objektiv im Recht war.[417] Praktisch steht diese Beschränkung einer Abberufung schon deshalb selten im Wege, da der Vertrauensentzug weder einer Begründung bedarf noch eines vorangegangenen Pflichtenverstoßes durch das betroffene Vorstandsmitglied[418].

Infolge des Hauptversammlungsbeschlusses, demzufolge einem Vorstandsmitglied das Vertrauen entzogen wird, kann der Aufsichtsrat dessen Abberufung beschließen. Dadurch besteht vor allem dann eine weitgehende Abberufungsmöglichkeit, wenn in der AG ein Aktionär mit (faktischer) Stimmenmehrheit existiert oder der Aktionärskreis überschaubar ist.[419] Zwar ist umstritten, ob aus einem Vertrauensentzug seitens der Hauptversammlung eine Abberufungspflicht

---

415 *Fleischer* AG 2006, 429 (441); MüKo-AktG/*Spindler* § 84 AktG, Rn. 137. Der Vertrauensverlust des Mehrheitsaktionärs als solcher reicht demnach nicht (BGH 7.6.1962 – II ZR 131/61, WM 1962, 811), sondern muss in einen entsprechenden Beschluss der Hauptversammlung münden. Dies entspricht auch § 118 Abs. 1 AktG (Hüffer/*Koch* § 84 AktG, Rn. 38). Abw. *Säcker* FS Müller, 1981, 745 (751, Fn. 13), der eine derartige Formalisierung für zweifelhaft hält, wenn nur wenige Großaktionäre an der AG beteiligt sind.

416 Vgl. § 84 Abs. 3 S. 2 Hs. 2 AktG. BGH 28.4.1954 – II ZR 211/53, NJW 1954, 998 (999).

417 BGH 3.7.1975 – II ZR 35/73, AG 1975, 242 (244). Dazu MüKo-AktG/*Spindler* § 84 AktG, Rn. 137 f.; MüHdb-GesR IV/*Wiesner* § 20 Rn. 49, jeweils m.w.N. Andererseits soll ein Vertrauensentzug nicht rechtmäßig sein, wenn er deshalb erfolgt, weil der Vorstand rechtswidrigen Aktionärsweisungen nicht nachkommt (KG 3.12.2002 – 1 W 363/02, NZG 2003, 441 [446]).

418 *Fleischer* AG 2006, 429 (441); Hüffer/*Koch* § 84 AktG, Rn. 37; *Tschöpe/Wortmann* NZG 2009, 161 (166); Hölters/*Weber* § 84 AktG, Rn. 76 m.w.N.; MüHdb-GesR IV/*Wiesner* § 20 Rn. 49 m.w.N. Vgl. zudem Müller/Rödder/*Liebscher* § 6 Rn. 51: Dieser „Missbrauchsvorbehalt" sei „schwer handhabbar".

419 Vgl. *Janzen* NZG 2003, 468 (471). Nach *Tschöpe/Wortmann* NZG 2009, 161 (166) sei Vertrauensentzug für „dominante[n] Aktionär ... ein probates Mittel zur Abberufung eines missliebigen Vorstands", was das Gesetz bewusst in Kauf nehme. Raiser/*Veil* KapGes, § 14 Rn. 40 betont, dass Mehrheitsaktionäre so „Druck auf Vorstand und Aufsichtsrat" ausüben können. Vgl. zudem *Rasner* ZGR 1992, 314 (322), der auf die Praxis des freiwilligen Amtsverzichts unter Fortzahlung der Bezüge hinweist, wenn der Aufsichtsrat nur seine Unzufriedenheit gegenüber dem Vorstandsmitglied äußert.

des Aufsichtsrates folgt.[420] Faktisch ergibt sich jedoch beispielsweise in der Familien-AG[421], in der Familienmitglieder den Aktionärskreis und den Aufsichtsrat bilden oder den Aufsichtsrat mit Vertrauten besetzen, eine relativ leichte Lösungsmöglichkeit vom Vorstand. Zwar wird vereinzelt vertreten, aufgrund des Gesetzeszwecks seien „an die sachliche Rechtfertigung eines solchen Vertrauensentzugs erhöhte Anforderungen zu stellen“, damit „das Instrument des Vertrauensentzugs“ gerade in der kleinen AG keine einfache Trennungsmöglichkeit von „missliebigen Vorstandsmitgliedern“ biete.[422] Einer sachlichen Rechtfertigung bedarf ein Misstrauensbeschluss nach dem eindeutigen Wortlaut von § 84 Abs. 3 S. 2 AktG aber gerade nicht. In der Sache dürfte ein strenger Maßstab für die Prüfung des Vorliegens unsachlicher Gründe gemeint sein.

Nach der Rechtsprechung ist es dem Mehrheitsaktionär sogar dann unbenommen, den Aufsichtsrat ausschließlich mit Vertrauten zu besetzen, wenn er hiermit gezielt Einfluss auf die personelle Zusammensetzung des Vorstands nehmen will.[423] Hier ergibt sich ein für das Bestehen eines Unterordnungsverhältnisses relevanter Gesichtspunkt aus dem Zusammenwirken zweier Organe. Die Aktionäre müssen ihren Vertrauensentzugsbeschluss nur noch in ihrer Eigenschaft als Aufsichtsräte gleichsam selbst vollziehen bzw. durch Vertraute vollziehen lassen. Selbst wenn kein Aktionär zugleich über ein Aufsichtsratsmandat verfügt, wird sich der Aufsichtsrat einem Vertrauensentzug durch die Hauptversammlung regelmäßig nicht widersetzen. Denn die Hauptversammlung übt die Personalhoheit über den Aufsichtsrat aus (§§ 119 Abs. 1 Nr. 1, 101 Abs. 1, 103 Abs. 1 AktG), ein Umstand, der den Aktionären zu einem erheblichen Einfluss verhelfen kann. Dies wird später noch umfassend dargestellt.

Sieht man vom Vertrauensentzug durch die Hauptversammlung ab, sind dem Aufsichtsrat bei der Abberufung enge Grenzen gesetzt. Allerdings sind auch

---

420 Dafür *Ulmer/Habersack*/Henssler § 31 MitbestG, Rn. 32 m.w.N.; MüHdb-GesR IV/*Wiesner* § 20 Rn. 51. Dagegen KK/*Mertens/Cahn* § 84 AktG, Rn. 129 („Aufsichtsrat [muss] die Entscheidung aus eigener Verantwortung für das Wohl des Unternehmens treffen“); MüKo-AktG/*Spindler* § 84 AktG, Rn. 139. BGH 28.4.1954 – II ZR 211/53, BGHZ 13, 188 (193) = NJW 1954, 998 (999) dürfte der zuletzt genannten Auffassung zuzuordnen sein, spricht der BGH dem Aufsichtsrat ausdrücklich „die letzte Entscheidung“ über die Abberufung zu.

421 Vgl. die Legaldefinition einer Familien-AG in § 1 Abs. 1 Nr. 1 DrittelbG: „Aktiengesellschaften, deren Aktionär eine einzelne natürliche Person ist oder deren Aktionäre untereinander … verwandt oder verschwägert sind“. Dazu, dass gerade hier der Abberufungsgrund erhebliche Bedeutung hat: *Janzen* NZG 2003, 468 (471).

422 Seibert/Kiem/Schüppen/*Bommert* Rn. 4.90.

423 BGH 7.6.1962 – II ZR 131/61, WM 1962, 811.

hier Möglichkeiten des Aufsichtsrats gegeben, um sich eines unliebsam gewordenen Vorstandsmitglieds zu entledigen. So sieht die herrschende Meinung „unüberbrückbare Differenzen zwischen Vorstand und Aufsichtsrat in grundlegenden Fragen der Geschäftspolitik" als wichtigen Grund im Sinne des § 84 Abs. 3 S. 1 AktG an.[424] Insofern kann ein nachhaltiger Vertrauensverlust des Aufsichtsrats die Abberufung rechtfertigen.[425] Zwar darf die Personalkompetenz des Aufsichtsrats kein Mittel sein, um eine Führungsrolle im operativen Bereich durchzusetzen.[426] Gerade um dies zu verhindern, werden bloße singuläre Streitigkeiten zwischen Aufsichtsrat und Vorstandsmitglied im Allgemeinen noch nicht als wichtiger Grund angesehen.[427] Man wird deshalb zwar einerseits nicht so weit gehen können, das Vorliegen eines wichtigen Grundes lediglich als formales Kriterium für die Abberufung zu verstehen. Aus der Personalkompetenz des Aufsichtsrats ergibt sich aber andererseits auf dem Boden der herrschenden Meinung eine weitreichende Einflussmöglichkeit auf den Vorstand, die sich im Falle des Zusammenwirkens von Aufsichtsrat und Aktionäre noch verstärkt.

Richtig ist demnach, dass keine einschränkungslose Abberufbarkeit des Vorstandsmitglieds besteht.[428] Nach der hier vertretenen Auffassung bildet diese jedoch keine unabdingbare Voraussetzung für die Arbeitnehmereigenschaft.[429] Für den EuGH ist die jederzeitige und einschränkungslose Abberufbarkeit

---

424 Spindler/Stilz/*Fleischer* § 84 AktG, Rn. 107. So auch *Grumann/Gillmann* DB 2003, 770 (771); *Lutter/Krieger/Verse* Rn. 365; KK/*Mertens/Cahn* § 84 AktG, Rn. 126; *Semler* ZGR 1983, 1 (28); Fleischer/*Thüsing* § 5 Rn. 24. Enger *Goette* FS 50 Jahre BGH, 2000, 123 (129): Ein „Dissens zwischen Vorstand und Aufsichtsrat über die Unternehmenszielbestimmung und ihre Durchführung ist kein wichtiger Grund …, solange der Vorstand die Grenzen seines unternehmerischen Ermessens nicht überschreitet". Ihm folgend Hüffer/*Koch* § 84 AktG, Rn. 36. Dagegen MüHdb-GesR IV/*Wiesner* § 20 Rn. 48. Restriktiv auch Raiser/*Veil* KapGes, § 14 Rn. 40, damit Votum nicht zum Druckmittel eines Mehrheitsaktionärs werden könne.

425 Müller/Rödder/*Liebscher* § 6 Rn. 50.

426 *Hoffmann/Preu* Rn. 106.

427 OLG Hamm 7.1.1991 – 8 U 155/90, AG 1991, 399 (400 f.) für den Fall eines Streits um die Mehrgliedrigkeit des Vorstands, in dem sich das Vorstandsmitglied kompromissbereit zeigte, sodass dem OLG eine weitere Zusammenarbeit mit ihm nicht unzumutbar erschien; LG Stuttgart 23.10.2001 – 31 KfH O 62/01, AG 2003, 53 (54) für den Fall von Streitigkeiten nach einer Übernahme; Spindler/Stilz/*Fleischer* § 84 AktG, Rn. 107; *Janzen* NZG 2003, 468 (471); GK-AktG/*Kort* § 84 AktG, Rn. 176; KK/*Mertens/Cahn* § 84 AktG, Rn. 126.

428 So *Kort* NZG 2013, 601 (605 f.).

429 S. oben, S. 28 ff.

lediglich mitentscheidend für eine Arbeitnehmereigenschaft nach „dem ersten Anschein".[430] Legt man die vom EuGH geforderte Gesamtschau an, ist zu konstatieren, dass der Vorstand zum einen befristet bestellt wird, zum anderen eine weitgehende Abberufungsmöglichkeit besteht, insbesondere – aber nicht ausschließlich – bei einem Zusammenwirken von Aufsichtsrat und Hauptversammlung. Dadurch ist der Vorstand keineswegs gänzlich unabhängig in Leitung und Geschäftsführung, schon weil er seine Leitungsmacht mit Blick auf den Aufsichtsrat „kaum willkürlich gegen erkennbar von dessen Mitgliedern repräsentierte Interessen ausüben" wird.[431] Der Aufsichtsrat verfügt durch die Personalkompetenz über ein effektives Mittel, um sich „langfristig einen erheblichen Einfluss auf die Unternehmensführung und -politik" zu sichern.[432] Ähnlich wie im der *Danosa*-Entscheidung zugrundeliegenden Fall ist er vom Wohlwollen anderer Organe abhängig und wird sein Handeln auch daran ausrichten müssen. Schließlich steht er unter dem Druck, wiederbestellt und nicht abberufen zu werden.

Zudem stellt *Ziemons*[433] zu Recht heraus, dass Generalanwalt *Bot* in seinen Schlussanträgen auch auf die bestehende Abberufungsmöglichkeit aufgrund Vertrauensverlustes hinwies.[434] Der EuGH nimmt auf diese Passage der Schlussanträge ausdrücklich Bezug,[435] nachdem er unmittelbar zuvor herausgestellt hat, auch die Umstände der Abberufung seien ein entscheidendes Kriterium für die Bestimmung des Unterordnungsverhältnisses. Dies stützt den Befund, dass der EuGH die freie Abberufbarkeit nicht als unabdingbar betrachtet, sondern auch die Abberufung aufgrund Vertrauensverlusts als Kriterium der Unterordnung herangezogen werden kann. Wenn *Kort* dem entgegenhält, dies sei nicht

430 EuGH 11.11.2010 – Rs. C-232/09 (*Danosa*), Tz. 51, NJW 2011, 2343.

431 *Schall* S. 60.

432 *Schönberger* S. 52, 60. Vgl. auch *Lutter* FS Albach, 2001, 225 (226 f.), der Personalhoheit als Mittel betrachtet, die Unternehmenspolitik zu gestalten; *Mutter* S. 310, nach dem der Aufsichtsrat u.a. durch seine Personalhoheit „in vielfältiger Weise mit eigenen unternehmerischen Entscheidungen" in die AG eingebunden sei; ähnlich *Lutter/Krieger/Verse* Rn. 331, nach denen der Aufsichtsrat durch die Personalwahl „selbst wesentlichen Einfluss auf das Geschick des Unternehmens und dessen geschäftspolitischen Kurs" nehme; KK/*Mertens/Cahn* § 111 AktG, Rn. 32 f.; Hommelhoff/Hopt/von Werder/*Oetker* S. 263 f., wonach die „Auswahlentscheidung … auch eine Richtungsentscheidung über die zukünftige Geschäftspolitik und strategische Ausrichtung des Unternehmens" umfasse.

433 KSzW 2013, 19 (20).

434 EuGH, Schlussanträge vom 2.9.2010 – Rs. C-232/09, Tz. 80, *juris*.

435 EuGH Rs. *Danosa* (Fn. 430), Tz. 48.

stichhaltig, weil der EuGH sich „allgemein und nicht weiter spezifiziert auf die Ausführungen von Generalanwalt Bot bezogen, sich diese aber nicht im Einzelnen expressis verbis zu Eigen gemacht" hat, wird dies der Bedeutung der Schlussanträge nicht gerecht. Einer – wenn auch „einfachen" – Inbezugnahme von Passagen der Schlussanträge durch den EuGH kann nicht jegliche Bedeutung für das Verständnis des Urteils und die sich aus der Entscheidung ergebenden Schlussfolgerungen für das nationale Recht abgesprochen werden.[436] Daneben sah im *Danosa*-Fall die Organisationsverfassung der SIA eine freie Abberufbarkeit vor, weshalb der EuGH auf den Vertrauensverlust als Abberufungsgrund auch nicht explizit einzugehen brauchte.

Zuletzt ist zu sehen, dass das Gesetz die Abberufung – anders als bei den Personenhandelsgesellschaften – keiner präventiven gerichtlichen Kontrolle unterwirft. Nach § 84 Abs. 3 S. 4 AktG ist sogar bis zu einer gerichtlichen Feststellung des Gegenteils anzunehmen, dass ein wichtiger Grund für die Abberufung vorliegt. Dies bezieht sich nach wohl herrschender Meinung auf die Hauptsacheentscheidung; ein Antrag auf Erlass einer einstweiligen Verfügung aufgrund fehlenden wichtigen Grundes scheidet demnach aus.[437] Somit müsste ein abberufenes Vorstandsmitglied jedenfalls einige Zeit warten, bis es in sein Amt zurückkehren könnte. Damit wird der „bezweckte Schutz des Vorstands … deutlich relativiert", da es ihm innerhalb seiner Amtszeit vielfach nicht möglich ist, eine rechtskräftige Entscheidung über die Unwirksamkeit des Abberufungsbeschlusses zu erwirken.[438] Dieser Zusammenhang erhöht den Druck auf das Vorstandsmitglied, auf Veranlassung des Aufsichtsrats einvernehmlich aus dem Amt auszuscheiden. Dies verdeutlicht weiter, dass der Bestandsschutz des Vorstandsamtes nicht so stark ist, dass das Vorstandsmitglied sich inhaltlicher Einflussnahme auf seine Amtsführung durch den Aufsichtsrat entziehen wird.

Zusammenfassend lässt sich festhalten, dass das Vorstandsmitglied zwar nicht einschränkungslos abberufbar ist. Dem Aufsichtsrat kommen gleichwohl weitreichende Möglichkeiten zu, um über seine Personalkompetenz Einfluss auf das Vorstandsmitglied auszuüben. Letztlich ist das Vorstandsmitglied in hohem Maße vom Wohlwollen des Aufsichtsrats abhängig, was gerade mit Blick auf

---

436 Zur Bedeutung der Schlussanträge s. bereits oben, S. 23.

437 Vgl. OLG Stuttgart 15.4.1985 – 2 U 57/85, AG 1985, 193; Hüffer/*Koch* § 84 AktG, Rn. 40 m.w.N., womit „Einmischung der Gerichte in Abberufungsentscheidung" verhindert werden solle. Nur so sei die „außerordentlich starke Stellung des Vorstands für die Praxis handhabbar".

438 *Fleischer* AG 2006, 429 (438) m.w.N.

seine notwendige Wiederbestellung gilt. Das Vorstandsmitglied übt seine Befugnisse deshalb nicht in völliger Unabhängigkeit vom Aufsichtsrat aus.

cc. Aktionärsstellung als Negativkriterium?

Das im Zusammenhang mit der GmbH gefundene Ergebnis, neben dem Fremdgeschäftsführer könne nur der Minderheitsgesellschafter-Geschäftsführer ohne Sperrminorität *Danosa*-Arbeitnehmer sein, kann nicht unbesehen auf die AG übertragen werden. Denn ein Vorstandsmitglied, das zugleich über eine (faktische) Stimmenmehrheit in der Hauptversammlung verfügt, könnte zum einen seine Abberufung nicht verhindern. Darüber entscheidet schließlich der Aufsichtsrat in eigener Verantwortung (§ 84 Abs. 3 AktG). Zum anderen fehlt ihm eine inhaltliche Einwirkungsmöglichkeit auf den Aufsichtsrat, etwa auf die Entscheidung über Kontrollmaßnahmen gegenüber ihm als Vorstand (§ 111 Abs. 1–3 AktG) oder auf die Zustimmung zu einzelnen Geschäftsführungsmaßnahmen (§ 111 Abs. 4 S. 2 AktG). Insoweit ist der Aufsichtsrat auch durch die zwingende[439] Inkompatibilitätsvorschrift des § 105 Abs. 1 AktG gegen Einwirkungen abgesichert. In der AG fehlt dem an der Gesellschaft beteiligten Vorstandsmitglied die durchschlagende gesellschaftsrechtlich vermittelte Macht, die die Stellung eines Gesellschafter-Geschäftsführers einer GmbH auszeichnet.

Dies könnte zu der Annahme führen, dass bei Vorstandsmitgliedern keine Rücksicht auf eine etwaige Kapitalbeteiligung zu nehmen ist. Selbst ein mehrheitlich an der AG beteiligtes Vorstandsmitglied könnte demnach Arbeitnehmer sein. Doch bedarf diese These einer Überprüfung.

(1) Tatsächliche Machtverhältnisse

Problematisch ist, dass der zu ihrer Begründung gewählte Ansatz die Machtverhältnisse in der AG weitgehend ausblendet. Dies erscheint nicht sachgerecht, wäre es doch das Vorstandsmitglied, das zugleich als Aktionär mit Hauptversammlungsmehrheit oder der regelmäßigen Präsenzmehrheit[440] über die

---

439 MüKo-AktG/*Habersack* § 105 AktG, Rn. 3 m.w.N.; Hölters/*Simons* § 105 AktG, Rn. 24 m.w.N. Vgl. auch bereits RG 27.2.1901 – I 359/00, RGZ 48, 40 (47).

440 Eine Aktienmehrheit ist nicht unbedingt erforderlich, da insbesondere zu Hauptversammlungen von Publikumsgesellschaften nie alle Aktionäre erscheinen. Um seinen Willen in der Hauptversammlung durchzusetzen, reicht es daher aus, gemessen an der erfahrungsgemäß regelmäßig erscheinenden Anzahl von Aktionären die Mehrheit der Aktien zu halten; man spricht von einer regelmäßigen oder nachhaltigen Präsenzmehrheit oder einer faktischen Hauptversammlungsmehrheit. Freilich werden solche in *Danosa*-Fällen praktisch kaum vorkommen. Damit eine nachhaltige

Wiederbestellung der Aufsichtsratsmitglieder entscheiden würde (§§ 119 Abs. 1 Nr. 1, 101 Abs. 1 AktG). Dabei hat der Aktionär – jedenfalls in der mitbestimmungsfreien AG – volle Wahlfreiheit, ist insbesondere nicht an die Vorschläge des Aufsichtsrats nach § 124 Abs. 3 S. 1 AktG gebunden.[441] Verfügt das Vorstandsmitglied sogar über eine qualifizierte Stimmenmehrheit, könnte es neben der Bestellung und Wiederbestellung der Aufsichtsratsmitglieder sogar selbst über deren vorzeitige Abberufung entscheiden (§ 103 Abs. 1 S. 1 AktG). Es wurde gezeigt, dass gerade die gemäß der *Danosa*-Kriterien anzunehmende faktische Unterordnung des Vorstandsmitglieds der zentrale Aspekt für die Frage der Arbeitnehmereigenschaft ist. An einer solchen Unterordnung könnte jedoch gezweifelt werden, wenn es doch das an der AG beteiligte Vorstandsmitglied ist, das seinerseits die Personalhoheit über den Aufsichtsrat trägt.

Auch die Rechtsprechung misst diesem Umstand Bedeutung bei. Sie geht regelmäßig sogar einen Schritt weiter und erkennt an, dass ein Mehrheitsgesellschafter aufgrund seiner Kapitalbeteiligung die Möglichkeit habe, sogar auf die Geschäftsführung Einfluss zu nehmen.[442] Dass die Aufsichtsratsmitglieder von der Hauptversammlung gewählt werden und der Aufsichtsrat die Vorstandsmitglieder bestellt und abberufen kann, führe zu der Annahme, „dass der Mehrheitsaktionär mittelbar über die personelle Zusammensetzung des Vorstands und damit über die Grundlinien der Geschäftspolitik der AG entscheiden kann".[443] Die Rechtsprechung misst den faktischen Machtverhältnissen in der AG also entscheidende Bedeutung bei. Aber auch das Gesetz selbst trägt dem Rechnung, etwa in § 17 Abs. 2 AktG. Wenn ein Unternehmen den Mehrheitsbesitz an einem anderen Unternehmen hält, wird ein Abhängigkeitsverhältnis vermutet. Insoweit kann auch die dem Aktionär zukommende „Macht zu (personellen) Konsequenzen"[444] reichen, um die Geschäftsführung gesellschaftsrechtlich

---

Präsenzmehrheit in Frage kommt, bedarf es regelmäßig eines hohen Streubesitzes. Ohne diesen ist eine Präsenzmehrheit des nicht mehrheitlich an der AG beteiligten Aktionärs praktisch nämlich nur schwer vorstellbar. Eine derartige Aktionärsstruktur wiederum dürfte sich aber in einer AG, in der ein Aktionär mit maßgeblicher Beteiligung zugleich Vorstandsmitglied ist, eher selten finden.

441 MüKo-AktG/*Habersack* § 101 AktG, Rn. 7; *Spindler*/Stilz § 101 AktG, Rn. 16 f.

442 BGH 1.2.1988 – II ZR 75/87 (*Linotype*), BGHZ 103, 184 = NJW 1988, 1579 (1582) m. Anm. *Timm*.

443 So nun auch der BFH in seiner Entscheidung vom 23.3.2011 – X R 45/09, Tz. 31, BFHE 233, 416 = NZG 2011, 916 hinsichtlich der für die Annahme einer Betriebsaufspaltung erforderlichen personellen Verflechtung.

444 Spindler/Stilz/*Schall* § 17 AktG, Rn. 9.

vermittelt entscheidend zu beeinflussen und um damit eine Abhängigkeit zu begründen.[445] Ganz unproblematisch ist dieser Ansatz nicht, denn schließlich ist der Aufsichtsrat zuoberst dem Unternehmenswohl verpflichtet[446]. Er hat seine eigenen Interessen dem Wohl der Gesellschaft unterzuordnen.[447] Das muss auch bedeuten, dass der Mandatsträger sein Interesse an einer Wiederwahl in den Aufsichtsrat hintanstellen muss, um sich nötigenfalls dem Willen des Mehrheitsaktionärs zu widersetzen. Aber selbstverständlich verletzt nicht jede Entscheidung, die im Sinne des Hauptaktionärs getroffen wird, auch das Unternehmenswohl oder lässt auch nur einen entsprechenden Verdacht zu. Vor allem übt der Aufsichtsrat bei der Entscheidung über die Bestellung und Abberufung des Vorstands schließlich „eigenes unternehmerisches Ermessen" aus.[448] Der Aufsichtsrat bleibt zwar an das Gesellschaftsinteresse gebunden.[449] Es muss ihm aber unbenommen bleiben, in seine Ermessensausübung auch die Interessen des Hauptaktionärs einfließen zu lassen.[450] Letztlich wird es unter regelmäßigen Umständen in praxi selten bleiben, dass ein Vorstandsmitglied, das zugleich eine Mehrheitsbeteiligung hält, tatsächlich um sein Amt fürchten muss. Diesem rechtstatsächlich naheliegenden Befund tragen Gesetz und Rechtsprechung Rechnung.

Daraus ergibt sich für die vorliegende Untersuchung: Das Vorstandsmitglied kann mittels seiner (faktischen) Stimmenmehrheit in der Hauptversammlung indirekt das Bestehen eines den *Danosa*-Kriterien genügenden Unterordnungsverhältnisses verhindern. Es übt einen Einfluss auf den Aufsichtsrat aus, der es ihm erlaubt, sich des Bestands seines Amtes und seiner Entscheidungsfreiheit sicher zu sein. Derjenige, der von einem anderen von seinem Amt abberufen werden kann, wird diesen seinerseits nicht abberufen und sich auch allzu großen

---

445 Vgl. auch *Bayer* ZGR 2002, 933 (935 f.); *Emmerich*/Habersack § 17 AktG, Rn. 6 f.; MüHdb-GesR IV/*Krieger* § 68 Rn. 37 f.

446 BGH 28.11.1988 – II ZR 57/88, BGHZ 106, 54 (65) = NJW 1989, 979 (982); BGH 21.4.1997 – II ZR 175/95 (*ARAG/Garmenbeck*), BGHZ 135, 244 (253) = NJW 1997, 1926 (1927); MüKo-AktG/*Habersack* Vorb. § 95 AktG, Rn. 13 m.w.N.; Hölters/*Hambloch-Gesinn/Gesinn* § 116 AktG, Rn. 13; *Hoffmann/Preu* Rn. 108 m.w.N.

447 *Heuking/Jasper* DStR 1992, 1438 (1441).

448 *Goette* FS 50 Jahre BGH, 2000, 123 (129); Hölters/*Weber* § 84 AktG, Rn. 7 m.w.N.

449 Hölters/*Weber* § 84 AktG, Rn. 8.

450 Vgl. zur damit korrespondierenden Frage, ob ein Vertrauensentzug durch die Hauptversammlung (§ 84 Abs. 2 S. 2 AktG) vom Aufsichtsrat unbeachtet gelassen werden kann *Hoffmann/Preu* Rn. 218.

Einmischungen in die Geschäftsführung enthalten. Ein Unterordnungsverhältnis kann dann nach einer wertenden Gesamtbetrachtung nicht vorliegen.

(2) Erforderliche Beteiligung

Damit kommt es bei der Bestimmung der Arbeitnehmereigenschaft des Vorstandsmitglieds auch auf seine Kapitalbeteiligung an. Hält das Vorstandsmitglied eine Kapitalmehrheit oder hat es eine nachhaltige Präsenzmehrheit, kann es kein Arbeitnehmer sein.[451] Dass auch die Präsenzmehrheit genügen kann, liegt in dem Umstand begründet, dass sie sich auf der Hauptversammlung wie eine tatsächliche Mehrheit auswirkt. Denn über die vorliegend maßgebliche Besetzung des Aufsichtsrates entscheidet die Mehrheit der Stimmen in der Hauptversammlung (§ 133 Abs. 1 AktG), weshalb eine Präsenzmehrheit ausreicht, um auf der Hauptversammlung Mehrheitsbeschlüsse fassen zu können.[452] Ergibt sich aus der Erfahrung, dass eine Beteiligung mit einiger Sicherheit auch stets die Präsenzmehrheit darstellen wird, vermag bereits der sich daraus ergebende Einfluss ein Unterordnungsverhältnis auszuschließen. Eine bloße Sperrminorität des Vorstandsmitglieds würde demgegenüber regelmäßig nicht ausreichen, da es eine Aufsichtsratswahl damit nur blockieren könnte.[453] Weder könnte ein unliebsames Aufsichtsratsmitglied abberufen werden, noch wäre es damit möglich, Besetzungsbeschlüsse zu fassen. Es ist zwar denkbar, dass eine Sperrminorität zu einem erheblichen Einfluss in der Gesellschaft führen kann,[454] doch

---

451 Ähnlich *Krauss* S. 126 f., der jedoch nicht die nachhaltige Präsenzmehrheit heranzieht, sondern generell ab einer Beteiligung von mehr als 25% einen die Arbeitnehmereigenschaft ausschließenden maßgeblichen Einfluss annimmt.

452 Vgl. dazu BGH 13.10.1977 – II ZR 123/76 (*VEBA/Gelsenberg*), BGHZ 69, 334 = NJW 1978, 104 (107); Hüffer/*Koch* § 17 AktG, Rn. 9 m.w.N.; Henssler/Strohn/*Maier-Reimer* § 17 AktG, Rn. 6; *Müller-Eising/Stoll* GWR 2012, 315.

453 Vgl. Hüffer/*Koch* § 17 AktG, Rn. 10. Zudem *Emmerich*/Habersack § 17 AktG, Rn. 18: „Abhängigkeit ist auf jeden Fall zu verneinen, wenn der Minderheitsaktionär, um seinen Willen in der Gesellschaft durchsetzen zu können, in jedem Einzelfall auf die freiwillige und deshalb nicht gesicherte Mitwirkung anderer Aktionäre angewiesen ist".

454 *Werner/Peters* BB 1976, 393 (394) in Zusammenhang mit § 17 Abs. 1 AktG: Sperrminorität sei erheblicher Machtfaktor. Extensiver Abhängigkeitsbegriff, der Sperrminorität berücksichtige, sei daher aus Gründen der Rechtssicherheit geboten. Dazu in Zusammenhang mit der Arbeitnehmereigenschaft von Gesellschaftern *Martens* RdA 1979, 347 (350): „Das mit der Sperrminorität verbundene Einflusspotenzial löst Vorwirkungen aus, die auch mittelbar zur Durchsetzung persönlicher Interessen ausgenutzt werden können. Da dieser mittelbare Einfluss jedoch rechtlich

ist sie in der AG ungeeignet, ein Unterordnungsverhältnis zum Aufsichtsrat zu vermeiden oder aufzubrechen. Personalhoheit über den Aufsichtsrat kann nur derjenige haben, der aus eigener Kraft Besetzungs- und Abberufungsbeschlüsse fassen kann.

(3) Ergebnis

Damit kann (nur) eine Mehrheitsbeteiligung an der AG oder eine dauerhafte Präsenzmehrheit des Vorstandsmitglieds ein Unterordnungsverhältnis gegenüber dem Aufsichtsrat ausschließen. Dem Vorstandsmitglied, das eine solche Mehrheit hält, kommt die *Danosa*-Arbeitnehmereigenschaft nicht zu.

dd. Schlussbewertung

Aufsichtsrat und Vorstand mögen gesellschaftsrechtlich gleichberechtigte Organe und gemeinsame Mitträger der unternehmerischen Geschicke der AG sein.[455] Diese gesellschaftsrechtliche Sicht des Verhältnisses zwischen Aufsichtsrat und Vorstand vermag jedoch auf dem Boden der *Danosa*-Kriterien nichts an folgendem zusammenfassenden Befund zu ändern:

Es besteht kein Weisungsrecht des Aufsichtsrats oder der Aktionäre gegenüber dem Vorstand. Ein solches ist nach der *Danosa*-Entscheidung jedoch nicht zwingend erforderlich. Ausschlaggebend ist, dass der Vorstand gegenüber dem Aufsichtsrat zur Rechenschaft und intensiver Zusammenarbeit verpflichtet ist. Er unterliegt in grundlegenden Fragen der Geschäftsführung sogar einem Zustimmungsvorbehalt. Zwar ist die Abberufung eines Vorstandsmitglieds nicht frei von Gründen möglich, aber es ist lediglich auf höchstens fünf Jahre bestellt und kann aufgrund eines Vertrauensentzugs durch die Hauptversammlung oder tiefgreifender Differenzen zwischen ihm und dem Aufsichtsrat in Fragen der Unternehmenspolitik abberufen werden.

Eine Unterordnung des Vorstandsmitglieds unter andere Organe wird demnach zwar nicht gesellschaftsrechtlich vermittelt.[456] Dies ist jedoch nach der Rechtsprechung des EuGH nicht ausschlaggebend. Vielmehr ist das Vorstandsmitglied als

---

nicht abgesichert ist, kann das Gewicht einer solchen Sperrminorität nur nach den konkreten Macht- und Entscheidungsverhältnissen innerhalb der Einzelgesellschaft bemessen werden".

455 MüKo-AktG/*Habersack* § 111 AktG, Rn. 13. Vgl. auch *Leyens* RabelsZ 67 (2003), 57 (86), wonach dem Aufsichtsrat ein selbständiges Mitentscheidungsrecht zustehe sowie *Lutter* FS Albach, 2001, 225 (230 f.), der den Aufsichtsrat aufgrund seiner Kompetenzen als „Mit-Unternehmer" charakterisiert.

456 *Kort* NZG 2013, 601 (604, 606); *Semler* ZGR 1983, 1 (28).

Arbeitnehmer anzusehen, wenn es seine Tätigkeit nicht in völliger Unabhängigkeit ausüben kann. Dies ist der Fall, wie sich aus einer Zusammenschau der herausgearbeiteten binnenorganisationsrechtlichen Aspekte ergibt. Es kann, um im Duktus des Generalanwalts zu bleiben, schwerlich angenommen werden, dass Vorstandsmitglieder ihre Tätigkeit in völliger Unabhängigkeit vom Aufsichtsrat ausüben können. Dies wird schließlich auch dadurch bestätigt, dass der Aufsichtsrat faktisch die entscheidende Stellung in der Gesellschaft einnehmen kann.[457] Aufgrund der abstrakt-typologischen Sichtweise des EuGH[458] hat keine Bedeutung, ob der Aufsichtsrat im konkreten Einzelfall auch faktisch eine dominierende Stellung hat oder der Vorstand weitestgehend ohne Einfluss von anderer Stelle handeln kann. Ausschlaggebend ist, dass das AktG den Vorstand nicht – vor allem nicht durch eine hinreichend effektive und dauerhafte Bestandssicherung seines Organverhältnisses – umfassend gegen Einflüsse des Aufsichtsrats abschirmt. Das ist auch nicht das Anliegen des AktG. Der Vorstand soll sich, um der Effektivität der Aufsicht Willen, nicht jedes Einflusses durch das Kontrollgremium erwehren können.

Daher erweist sich die Meinung, die auch das Vorstandsmitglied unter die *Danosa*-Kriterien subsumiert, als zutreffend. Die seitens des EuGH angelegten Kriterien und die abstrakt-typologische Sichtweise mag man für sachwidrig halten. Doch darf die inhaltliche Kritik an der *Danosa*-Entscheidung nicht dazu führen, die nationale Einordnung des Vorstandsmitglieds als Nichtarbeitnehmer lediglich zu konservieren. Angesichts des hier dargestellten Befundes könnte sich die deutsche Rechtsprechung der Einordnung des Vorstandsmitglieds als Arbeitnehmer allein im Wege eines Vorabentscheidungsersuchens zu widersetzen versuchen. Die Erfolgsaussichten eines derartigen Versuchs dürften beschränkt sein, führt man sich die teleologisch geprägte Rechtsprechungslinie des EuGH in Fragen des Mutterschutzes vor Augen. Die Praxis jedenfalls wird sich einstweilen darauf einstellen müssen, das Vorstandsmitglied diskriminierungsrechtlich einem Arbeitnehmer gleichzustellen.

c. *Personenhandelsgesellschaften*

Die *Danosa*-Entscheidung bezieht sich bereits ausweislich ihres Leitsatzes nur auf die Unternehmensleitung einer Kapitalgesellschaft. Zu konstatieren ist daher zunächst, dass europarechtlich keine Vorgaben zur Einbeziehung von Geschäftsführern von Personenhandelsgesellschaften in den Schutzbereich des Mutterschutz- bzw. Diskriminierungsrechts bestehen. Grund dafür ist, dass sich das

---

457 Vgl. bereits oben, Fn. 395.

458 S. bereits oben, S. 32 ff.

lettische Gericht in der Vorlagefrage auf Kapitalgesellschaften beschränkt und damit den Prüfungsrahmen abgesteckt hat. Gleichwohl gibt das Urteil in der Rs. *Danosa* auch insoweit den Maßstab vor, anhand dessen sich die Arbeitnehmereigenschaft zu bestimmen hat.

Aufgrund der noch zu erläuternden strukturellen Unterschiede zwischen Personen- und Kapitalgesellschaften erscheint die Übertragung der *Danosa*-Grundsätze auf Personenhandelsgesellschaften aber problematisch. In der Literatur sind bislang kaum Äußerungen über die *Danosa*-Arbeitnehmereigenschaft von OHG- oder KG-Geschäftsführern zu finden. Eine Ausnahme bildet der Beitrag von *Leopold*, der bereits aufgrund der persönlichen Haftung der OHG-Gesellschafter und KG-Komplementäre dazu neigt, die geschäftsführenden Gesellschafter nicht unter den Arbeitnehmerbegriff der MuSchRL fallen zu lassen.[459]

Die nachfolgende Untersuchung gilt für OHG und KG gleichermaßen. Die für die KG maßgebliche Verweisung auf das Recht der OHG beinhaltet § 161 Abs. 2 HGB.

aa. Strukturunterschiede als Negativmerkmale?

(1) Grundsatz der Selbstorganschaft

Strukturelles Merkmal der Personengesellschaften ist der Grundsatz der Selbstorganschaft. Ihm zufolge können grundsätzlich nur persönlich haftende Gesellschafter organschaftliche Geschäftsführer mit Vertretungsmacht[460] im Außenverhältnis sein.[461] Dieser Grundsatz wird vor allem aus der unbegrenzten persönlichen Haftung der Gesellschafter (§ 128 HGB) hergeleitet.[462] Für die KG findet er Ausdruck in § 170 HGB, der die Kommanditisten von der

---

459 ZESAR 2011, 362 (366). Er betont jedoch, dass „die Umstände des Einzelfalls entscheidend" seien, sieht diese Kriterien also nicht als „Ausschlusskriterien" an.

460 In der Personenhandelsgesellschaft sind Geschäftsführung und Vertretungsmacht nicht zwangsläufig miteinander verbunden (vgl. HK-HGB/*Stuhlfelner* § 114 HGB, Rn. 2; *Windbichler* GesR, § 8 Rn. 2).

461 BGH 11.7.1960 – II ZR 260/59, BGHZ 33, 105 (109) = NJW 1960, 1997 (1998); BGH 9.12.1968 – II ZR 33/67, BGHZ 51, 198 (199 f.) = NJW 1969, 507 (508); Schlegelberger/*Martens* § 114 HGB, Rn. 50 ff.; *K. Schmidt* GesR, § 14 II 2 m.w.N., § 47 V 1 a; *Wiedemann* GesR II, § 4 II 2 b bb. A.A. etwa *Helm/Wagner* BB 1979, 225 (229 ff.) mit Blick auf praktische Bedürfnisse; *H.P. Westermann* FS Lutter, 2000, 955 ff. Vgl. insoweit auch Heymann/*Emmerich* § 114 HGB, Rn. 26 ff. m.w.N. für die a.A.

462 MüKo-HGB/*Enzinger* § 109 HGB, Rn. 19 m.w.N.; *H.P. Westermann* FS Lutter, 2000, 955 (959). *Hüffer* ZHR 151 (1987), 396 (408) spricht in diesem Zusammenhang von einem „Verbot der Selbstentmachtung".

organschaftlichen Vertretung im Außenverhältnis ausdrücklich ausschließt.[463] Auch wenn dem Grundsatz der Selbstorganschaft nicht entgegensteht, einen Nichtgesellschafter mit Geschäftsführeraufgaben zu betrauen,[464] knüpft der Grundsatz die echte organschaftliche Stellung als Geschäftsführer mit Geschäftsführungs- und Vertretungsmacht an die Gesellschafterposition. Einen Fremdgeschäftsführer – etwa nach dem Vorbild der GmbH, bei der § 6 Abs. 3 GmbHG diese Möglichkeit ausdrücklich vorsieht – gibt es im Recht der Personengesellschaften nicht.

Dieses Spezifikum der Personengesellschaften weckt für sich genommen keine Zweifel an der möglichen Arbeitnehmereigenschaft des Geschäftsführers. Bereits nach der vom EuGH verwendeten Ausgangsdefinition des Arbeitnehmers[465] ist Voraussetzung, dass die Leistung „für einen anderen" erbracht wird. Im Falle der Tätigkeit für die Gesellschaft wird der geschäftsführende Gesellschafter aber nicht bloß gleichsam „für sich selbst" tätig; vielmehr sind sein Vermögen und das Gesellschaftsvermögen streng zu trennen (vgl. nur § 124 HGB). Insoweit ist ohne Belang, ob der Geschäftsführer für eine Personenhandelsgesellschaft oder eine juristische Person tätig wird. In beiden Fällen kann der Geschäftsführer nur über seine Mitgliedschaft am Vermögen der Gesellschaft beteiligt sein.

(2) Persönliche Haftung

Allerdings folgt aus der Stellung als organschaftlicher Geschäftsführer zwingend dessen persönliche Haftung mit seinem gesamten Vermögen und nicht bloß mit seinem Anteil am Gesellschaftsvermögen: Er trägt das Unternehmerrisiko. Ebenso wenig wie eine Kapitalbeteiligung des geschäftsführenden Gesellschafters etwas an dessen Arbeitnehmerstatus ändern kann, kann dies eine persönliche Haftung. Die Gefahren für den Bestand des Geschäftsführeramtes stellen sich unabhängig davon, welche Haftungsrisiken der Gesellschafter trägt. Ergeben sich hinsichtlich der Schutzwürdigkeit jedoch keine Unterschiede zu einem nicht persönlich haftenden Geschäftsführer – etwa einer GmbH –, wäre es verfehlt, den persönlichen Anwendungsbereich von Arbeitnehmerschutznormen zu verengen. Bezogen etwa auf den Mutterschutz würde man der geschäftsführenden

463 Da § 164 HGB im Gegensatz zu § 170 HGB dispositiv ist, kann Kommanditisten jedoch im Innenverhältnis organschaftliche Geschäftsführungsbefugnis erteilt werden, BGH 4.3.1976 – II ZR 178/74, BB 1976, 526. Die rechtsgeschäftliche Erteilung von Vertretungsmacht ist möglich (Henssler/Strohn/*Gummert* § 170 HGB, Rn. 5).

464 BGH 22.1.1962 – II ZR 11/61, BGHZ 36, 292 (294) = NJW 1962, 738 (739); *K. Schmidt* GesR, § 47 V 1 a; HK-HGB/*Stuhlfelner* § 114 HGB, Rn. 7 ff.

465 S. bereits oben, S. 14 ff.

Gesellschafterin neben dem ohnehin bestehenden existenziellen Risiko, von den Gesellschaftsgläubigern wegen ihrer unternehmerischen Entscheidungen unbegrenzt in Haftung genommen zu werden, auch noch den Mutterschutz verwehren, sie damit aufgrund der Eigenschaft als persönlich haftende Gesellschafterin gleichsam doppelt schutzlos stellen.[466]

Damit stellt die unbeschränkte persönliche Haftung für die Verbindlichkeiten der Gesellschaft entgegen *Leopold* kein Kriterium dar, das Zweifel an der Arbeitnehmereigenschaft aufkommen ließe. Entscheidend ist nur, ob der geschäftsführende Gesellschafter nach materiellen Kriterien aufgrund seiner Beteiligung eine unabhängige Stellung inne hat. Dann scheidet das Bestehen einer untergeordneten Stellung nach der *Danosa*-Entscheidung aus. Wo dies jedoch nicht der Fall ist, also bei Minderheitsgesellschaftern ohne Sperrminorität bzw. bei Einstimmigkeitserfordernissen, richtet sich die Arbeitnehmereigenschaft anhand der *Danosa*-Kriterien nach den Umständen des Einzelfalls.

bb. Weisungen und Aufsicht

Im gesetzlichen Ausgangsfall hat jeder Gesellschafter gemäß §§ 114 Abs. 1, 115 Abs. 1 Hs. 1 HGB Alleingeschäftsführungsbefugnis. Er ist nach § 116 Abs. 1 HGB befugt, alle gewöhnlichen Geschäfte der Gesellschaft unabhängig von der Zustimmung der anderen Gesellschafter durchzuführen. Dies folgt dem Bedürfnis des Handelsverkehrs; Regelungen wie die §§ 709–711 BGB, die u.a. die gemeinschaftliche Geschäftsführung vorsehen, würden zu hier kaum hinnehmbaren Verzögerungen führen. Personenhandelsgesellschaften sind aber wie Kapitalgesellschaften auf eine möglichst flexible und zügige Entscheidungsfindung angewiesen, um im Handelsverkehr binnen angemessener Zeit reagieren zu können.[467] Deshalb beschränkt sich auch das Widerspruchsrecht bei der Personenhandelsgesellschaft gemäß § 115 Abs. 1 Hs. 2 HGB auf die anderen geschäftsführenden Gesellschafter. Schranken sind der Entscheidungsfreiheit des geschäftsführenden Gesellschafters zum Schutze der persönlich haftenden Mitgesellschafter jedoch insoweit gesetzt, als er nicht nur bei Grundlagengeschäften,[468] sondern gemäß § 116 Abs. 2 HGB auch bei ungewöhnlichen Geschäften einen Beschluss

466 Zu diesem Aspekt für das Arbeitnehmerschutzrecht allgemein *Diller* S. 301. Vgl. auch *Krause* S. 290 ff., demzufolge die unbegrenzte Außenhaftung des Komplementärs jedenfalls nicht zwingend zu einem das Vorliegen eines Arbeitnehmerstatus stets ausschließenden Binneneinfluss in der Gesellschaft führe.

467 Vgl. MüHdb-GesR I/*von Ditfurth* § 53 Rn. 34; Ebenroth/Boujong/Joost/Strohn/*Drescher* § 115 HGB, Rn. 1; MüKo-HGB/*Rawert* § 115 HGB, Rn. 2 m.w.N.

468 Dazu Baumbach/*Hopt* § 114 HGB, Rn. 3.

der Gesellschafter einholen muss. Ungewöhnlich sind solche Geschäfte, die nach den Umständen des Einzelfalls für den konkreten Betrieb Ausnahmecharakter haben. Dabei sind namentlich Art, Inhalt, Umfang und Risiko in die Beurteilung einzubeziehen.[469] Darunter können die Gründung und Auflösung von Zweigniederlassungen, die Expansion ins Ausland und Umstrukturierungen fallen.[470]

Im Außenverhältnis ist der geschäftsführende Gesellschafter gemäß § 125 Abs. 1 HGB mangels abweichender Satzungsbestimmung zur Alleinvertretung berechtigt. Eine Überschreitung der ihm im Innenverhältnis gesetzten Grenzen hat grundsätzlich keine Folgen für die Wirksamkeit von Geschäften mit Dritten;[471] ob ein Geschäft gewöhnlich oder ungewöhnlich ist, spielt für das Außenverhältnis also grundsätzlich keine Rolle. Im gesetzlichen Normalfall ist daher sowohl die Geschäftsführungs- als auch die Vertretungsbefugnis des geschäftsführenden Gesellschafters umfassend, sieht man von ungewöhnlichen Geschäften ab, die im Innenverhältnis der Zustimmung der Mitgesellschafter bedürfen.

Weisungen der Gesellschafterversammlung unterliegt der geschäftsführende Gesellschafter grundsätzlich nicht.[472] Die Verweisung in § 105 Abs. 3 HGB auf das Recht der GbR umfasst grundsätzlich zwar auch § 713 BGB. Das auftragsrechtliche Weisungsrecht, das aus § 665 BGB geschlossen wird,[473] wird von der in § 713 BGB enthaltenen Verweisung jedoch als nicht umfasst angesehen, da dies mit der persönlichen Haftung unvereinbar sei.[474] Für § 713 BGB direkt wird – insoweit auf das Recht der Personenhandelsgesellschaft übertragbar – zudem argumentiert, die Weisungsgebundenheit vertrage sich nicht mit der eigenverantwortlichen und mitgliedschaftlich fundierten Stellung der geschäftsführenden Gesellschafter.[475]

---

469 BGH 13.1.1954 – II ZR 6/53, BB 1954, 143; Baumbach/*Hopt* § 116 HGB, Rn. 2; Ebenroth/Boujong/Joost/Strohn/*Drescher* § 116 HGB, Rn. 3.

470 Dazu und zu weiteren Beispielen MüKo-HGB/*Jickeli* § 116 HGB, Rn. 27 f., 31 ff.; Oetker/*Weitemeyer* § 116 HGB, Rn. 8 f.

471 *K. Schmidt* GesR, § 47 V 1 d, auch zu den Ausnahmen; *Wiedemann* GesR II, § 4 II 2 b.

472 BGH 11.2.1980 – II ZR 41/79, BGHZ 76, 160 (164 f.) = NJW 1980, 1463 (1464); *A. Hueck* S. 138 f.; MüHdb-GesR/*von Ditfurth* § 53 Rn. 20; MüKo-HGB/*Rawert* § 114 HGB, Rn. 38 m.w.N.; *Wiedemann* GesR II, § 4 II 2 a bb; Baumbach/Hueck/*Zöllner/Noack* § 37 GmbHG, Rn. 12.

473 Erman/*Berger* § 665 BGB, Rn. 1.

474 GK-HGB/*Schäfer* § 105 HGB, Rn. 69 m.w.N. Vgl. auch direkt zur GbR OLG Köln 16.8.2005 – 3 U 7/05, DB 2005, 2571; Bamberger/Roth/*Schöne* § 713 BGB, Rn. 4; Henssler/Strohn/*Servatius* § 713 BGB, Rn. 6.

475 MüKo-BGB/*Ulmer/Schäfer* § 713 BGB, Rn. 7.

Somit lässt sich zunächst feststellen, dass nur bei gewöhnlichen Geschäften aufgrund des fehlenden Zustimmungsvorbehalts und fehlender Weisungsabhängigkeit eine weitgehende Unabhängigkeit des geschäftsführenden Gesellschafters von den Mitgesellschaftern besteht. Durch das Widerspruchsrecht der geschäftsführenden Mitgesellschafter ist er jedoch auch insoweit keineswegs völlig frei. Vor allem aber die Restriktionen hinsichtlich ungewöhnlicher Geschäfte sorgen für eine erhebliche Beschränkung seiner Leitungsmacht. Er wird gerade in den für die Unternehmenspolitik bedeutenden Fragen dem Willen der Gesellschafterversammlung unterstellt und muss sich deren unternehmerischen Entscheidungen unterordnen.

Ferner ist der geschäftsführende Gesellschafter seinen Mitgesellschaftern zur Information und Rechenschaft verpflichtet. § 118 HGB gewährt den Mitgesellschaftern zwar lediglich ein Kontrollrecht, das sie zur Einsichtnahme in die Papiere und Bücher der Gesellschaft berechtigt. Im Übrigen gilt jedoch über die Verweisungsnormen aus §§ 105 Abs. 3 HGB, 713 BGB die auftragsrechtliche Informationspflicht aus § 666 BGB gegenüber der Gesellschafterversammlung.[476] Danach ist der geschäftsführende Gesellschafter innerhalb seiner laufenden Geschäftsführertätigkeit verpflichtet, die Gesellschafterversammlung zu informieren, wenn die Information erforderlich ist, um Gesellschafterrechte wahrzunehmen, Pflichten zu erfüllen und Entscheidungen sachgerecht treffen zu können.[477] Darüber hinaus muss er, wie sich aus dem Wortlaut der Norm schließen lässt („nach der Ausführung des Auftrags"), nach dem Ende seiner Geschäftsführertätigkeit umfassend Rechenschaft ablegen.[478] Ferner trifft ihn – und nicht etwa die Gesellschaft – die Pflicht, den Jahresabschluss aufzustellen.[479] Somit unterliegt auch der geschäftsführende Gesellschafter einer Personenhandelsgesellschaft gegenüber seinen Mitgesellschaftern einer umfassenden Informationspflicht und Kontrolle.

Die inhaltliche Bindung des geschäftsführenden Gesellschafters einer Personenhandelsgesellschaft lässt sich wie folgt zusammenfassen: Er ist nicht umfassend,

---

476 OLG Hamm 15.6.2000 – 27 U 146/99, NZG 2001, 73 (74) (Auskunftsanspruch gegen früheren Kommanditisten und Geschäftsführer der Komplementär-GmbH) im Anschluss an Baumbach/*Hopt* § 114 HGB, Rn. 14. Zudem *Koller*/Roth/Morck § 114 HGB, Rn. 8; MüKo-HGB/*K. Schmidt* § 105 HGB, Rn. 271.

477 OLG Köln 16.8.2006 – 3 U 7/05, DB 2005, 2571 unter Berufung auf *Henssler*; MüKo-BGB/*Seiler* § 666 BGB, Rn. 5. Ähnlich Bamberger/Roth/*Schöne* § 713 BGB, Rn. 7.

478 Bamberger/Roth/*Schöne* § 713 BGB, Rn. 8; Palandt/*Sprau* § 713 BGB, Rn. 4.

479 BGH 15.1.2007 – II ZR 245/05, Tz. 6, BGHZ 170, 283 = NJW 2007, 1685; *Koller*/Roth/Morck § 120 HGB, Rn. 2.

aber doch in bedeutenden Fragen der Geschäftsführung vom Willen der Mitgesellschafter abhängig. Zwar ist er nicht im engeren Sinne abhängig von Weisungen, seinen Geschäftsführungsmaßnahmen kann jedoch widersprochen werden und er muss bei ungewöhnlichen Geschäften einen Gesellschafterbeschluss einholen. Auch ist er seinen Mitgesellschaftern zur Information verpflichtet und unterliegt deren Kontrolle. Dies spricht zunächst für eine Arbeitnehmereigenschaft des Geschäftsführers einer OHG und KG.

cc. Bestellung und Abberufung

Einer Bestellung zum Geschäftsführer bedarf es nicht. Vielmehr steht gemäß § 114 Abs. 1 HGB die Geschäftsführung grundsätzlich allen persönlich haftenden Gesellschaftern zu. Die Entziehung der Geschäftsführungsbefugnis ist nur durch gerichtliche Entscheidung möglich und an das Bestehen eines wichtigen Grundes gebunden (§ 117 HGB). Anders als bei der AG reicht dafür ein von den Gesellschaftern festgestellter Vertrauensverlust nicht aus. Ein wichtiger Grund liegt nur unter strengen Voraussetzungen vor,[480] was u.a. auf der Gesellschafterstellung beruht.[481] Insbesondere müssen die Mitgesellschafter vor der Entziehung mildere Mittel, wie die Anordnung von Gesamtgeschäftsführungsbefugnis, in Betracht ziehen.[482] Nach der Rechtsprechung des BGH ist für die Entziehung der Geschäftsführungsbefugnis nur ein nachhaltig zerstörtes Vertrauensverhältnis zwischen den Gesellschaftern ausreichend, sodass den Mitgesellschaftern die Ausübung der Geschäftsführungsbefugnisse durch den geschäftsführenden Gesellschafter nicht weiter zuzumuten ist.[483] Damit ist die Stellung eines geschäftsführenden Gesellschafters ausgesprochen stark. Dies ist nicht zuletzt aufgrund der durch § 117 HGB angeordneten präventiven gerichtlichen Kontrolle augenscheinlich. Auch könnte eine „Abberufung" auch nicht ohne weiteres durch eine Änderung des Gesellschaftsvertrages erreicht werden, etwa durch Zuweisung der Geschäftsführung an einen anderen Mitgesellschafter (vgl. § 114 Abs. 2 HGB). Denn dafür bedürfte es gemäß § 119 Abs. 1 HGB der Stimme des betroffenen

---

480 Heymann/*Emmerich* § 117 HGB, Rn. 5; Ebenroth/Boujong/Joost/Strohn/*Drescher* § 117 HGB, Rn. 7; Oetker/*Weitemeyer* § 117 HGB, Rn. 9.

481 Vgl. MüKo-HGB/*Jickeli* § 117 HGB, Rn. 1; Schlegelberger/*Martens* § 117 HGB, Rn. 15: Entziehung ist „schwerwiegender Eingriff in die gesellschaftsrechtlichen Beziehungen der Gesellschafter untereinander" und setzte daher „gravierende Gründe" voraus.

482 BGH 25.4.1983 – II ZR 170/82, NJW 1984, 173 (174); Henssler/Strohn/*Finckh* § 117 HGB, Rn. 11; *Hopt* ZGR 1979, 1 (10 f.) m.w.N.; MüKo-HGB/*Jickeli* § 117 HGB, Rn. 2.

483 BGH 25.4.1983 – II ZR 170/82, NJW 1984, 173 (174).

geschäftsführenden Gesellschafters.[484] Insoweit reichte auch eine Mehrheitsentscheidung (vgl. § 119 Abs. 2 HGB) ohne Zustimmung des Betroffenen nicht aus, da eine entsprechende rechtsverkürzende Änderung des Gesellschaftsvertrags den Kernbereich der Mitgliedschaft berührt.[485]

Insbesondere würde auch die Schwangerschaft selbst als Entziehungsgrund ausscheiden. Zunächst wäre als milderes Mittel jedenfalls die Übernahme der Geschäftsführung durch einen anderen Mitgesellschafter in Betracht zu ziehen. Damit ist eine konkrete Gefährdung der Gesellschaftsinteressen, die sich bei der Abwägung entscheidend auswirken würde,[486] abwendbar. Dessen ungeachtet könnte aber selbst eine dauernde, schwere Krankheit – also ein personenbedingter Grund, der unabsehbare Einschränkungen der Geschäftsführungsfähigkeit zur Folge hat – eine Entziehung nicht ohne Weiteres rechtfertigen. So hat der BGH in einem Fall ausgeführt, es entspreche „einer sachgemäßen Berücksichtigung [des] besonderen Charakters der Entziehung einer Geschäftsführungs- und Vertretungsbefugnis, wenn trotz eines sachlich an sich ausreichenden Grundes in der Person des betreffenden Gesellschafters die Anwendung der §§ 117, 127 HGB im Hinblick auf die persönlichen Beziehungen unter den Gesellschaftern oder im Hinblick auf die konkreten Umstände des einzelnen Falles als besonders unbillig und daher als unbegründet erachtet wird".[487] Führt man sich diese die Interessen des Gesellschafters besonders berücksichtigende Auffassung vor Augen, wäre selbst ein absehbarer, mehrmonatiger Schwangerschaftsurlaub kein Entziehungsgrund. Diese vergleichsweise enge Auslegung des Begriffs des wichtigen Grundes, vor allem die maßgebliche Einbeziehung der Gesellschafterinteressen, trägt der besonderen Stellung der Gesellschafter einer Personengesellschaft Rechnung.[488]

---

484 Hier kommt auch kein Stimmrechtsverbot in Betracht. Ein solches besteht bei der Einziehungsentscheidung nach § 117 HGB (Baumbach/*Hopt* § 119 HGB, Rn. 8), kann aber nicht auch für die Gesellschaftsvertragsänderung gelten, mit der die Anforderungen von § 117 HGB lediglich umgangen werden sollen.

485 Vgl. Baumbach/*Hopt* § 119 HGB, Rn. 36; GK-HGB/*Schäfer* § 119 HGB, Rn. 41 m.w.N.; *Wiedemann* § 4 I 3 b. Zur sog. Kernbereichslehre allgemein *Löffler* NJW 1989, 2656; *K. Schmidt* GesR, § 3 III 2 d, § 4 I 3 b; grundlegend BGH 14.5.1956 – II ZR 229/54, BGHZ 20, 363 = NJW 1956, 1198 zum Ausschluss des Stimmrechts eines Kommanditisten durch den Gesellschaftsvertrag.

486 MüKo-HGB/*Jickeli* § 117 HGB, Rn. 38. Vgl. auch GK-HGB/*Schäfer* § 117 HGB, Rn. 23 f., 28; Schlegelberger/*Martens* § 117 HGB, Rn. 20.

487 BGH 19.12.1951 – II ZR 42/51, JZ 1952, 276 (277).

488 Vgl. demgegenüber für den AG-Vorstand Hüffer/*Koch* § 84 AktG, Rn. 34 m.w.N. Jegliche Einbeziehung der Interessen des Vorstandsmitglied lehnt etwa *Fleischer* DStR 2006, 1507 (1509) ab.

dd. Bewertung

Die Untersuchung der gesetzlichen Binnenorganisation der Personenhandelsgesellschaften anhand der durch die *Danosa*-Entscheidung vorgegebenen Kriterien hat gezeigt, dass sie sich erheblich von der der Kapitalgesellschaften unterscheidet. Anders als bei GmbH-Geschäftsführer und AG-Vorstandsmitglied bleibt die Bewertung des Status der geschäftsführenden Gesellschafter von Personenhandelsgesellschaften ambivalent. Einerseits ist die Geschäftsführungsbefugnis des geschäftsführenden Gesellschafters umfassend geschützt, was ihn vor allem vom GmbH-Geschäftsführer, aber auch vom Vorstand einer AG unterscheidet. Auch kann der geschäftsführende Gesellschafter bei gewöhnlichen Geschäften weitgehend unabhängig agieren. Andererseits untersteht er, wie GmbH-Geschäftsführer und AG-Vorstand, dichten Kontrollbefugnissen seiner Mitgesellschafter. Dem misst der EuGH maßgebliche Bedeutung bei. Weiter ist der geschäftsführende Gesellschafter bei allen Ausnahmegeschäften dem Willen seiner Mitgesellschafter unterworfen.

Bei einer wertenden Betrachtung scheint aber vor allem der starke Bestandsschutz der Geschäftsführerstellung, der von der alleinigen gerichtlichen Entziehungsmacht flankiert wird, gegen eine Subsumtion unter die *Danosa*-Kriterien zu sprechen. Insoweit ist der geschäftsführende Gesellschafter gegen Übergriffe in seine Geschäftsführerstellung umfassend geschützt und muss anders als bei den Kapitalgesellschaften keine Abberufung als Folge bloß unliebsamer Entscheidungen fürchten. So verliert auch das umfassende Informations- und Kontrollrecht der Mitgesellschafter bei wertender Betrachtung an Gewicht. Der geschäftsführende Gesellschafter unterliegt inhaltlich zwar einem engen Korsett, das ihm eine Unterordnung unter den Willen seiner Mitgesellschafter in wesentlichen Fragen aufzwingt. Sieht man jedoch andererseits, dass er im Tagesgeschäft selbständig handeln kann, wird man das Bestehen eines Unterordnungsverhältnis insgesamt abzulehnen haben.

Dies wird bestätigt durch die teleologische Linie, die der EuGH mit der *Danosa*-Entscheidung augenscheinlich verfolgt. Aufgrund der Organisationsverfassung der lettischen Gesellschaft drängte sich die Gefahr einer Abberufung aus Gründen der Schwangerschaft auf. Diese Gefahr hatte sich im der Vorabentscheidung zugrunde liegenden Fall realisiert, auch wenn vor dem EuGH der Grund der Abberufung in Streit stand. Diese Gefahr mag den EuGH animiert haben, den weitgehenden Kriterienkatalog aufzustellen, der sogar die Subsumtion des relativ starken AG-Vorstandsmitglieds unter den Arbeitnehmerbegriff der MuSchRL nach der hier vertretenen Auffassung bedingt. Wenn aber, wie bei den Personenhandelsgesellschaften, der Bestandsschutz der Geschäftsführerstellung derart stark ist, dass keine Entziehung aufgrund diskriminierender Umstände zu befürchten ist, ist die Annahme der Arbeitnehmereigenschaft teleologisch nicht zwingend. Vor allem durch die präventive gerichtliche Kontrolle ist auch ausgeschlossen, dass die Personenhandelsgesellschaft sich einer rechtlich zweifelhaften Entziehung bedient, um sich einer nachfolgenden Auseinandersetzung durch Zahlung einer Abfindung zu entledigen.[489] Was bei der AG funktionieren mag, da der Druck auf das Vorstandsmitglied groß ist, einem einvernehmlichen Ausscheiden aus dem Amt auf Veranlassung des Aufsichtsrats zuzustimmen,[490] muss bei einer präventiven gerichtlichen Kontrolle bereits im Ansatz scheitern.

So ist *Leopold* im Ergebnis zuzustimmen, dass persönlich haftende Gesellschafter einer Personenhandelsgesellschaft dem Arbeitnehmerbegriff grundsätzlich nicht unterfallen. Dies liegt nach der hier vertretenen Auffassung nicht an der persönlichen Haftung und dem damit verbundenen Unternehmerrisiko, das die Gesellschafter tragen. Vielmehr ist nach den Vorgaben der *Danosa*-Entscheidung die Binnenorganisation ausschlaggebend, die dem geschäftsführenden Gesellschafter vor allem hinsichtlich des Bestandes seiner Position eine starke Stellung verleiht.

ee. Statutarische Gestaltungsmöglichkeiten

Wie im Recht der GmbH sind die statutarischen Gestaltungsmöglichkeiten bei OHG und KG groß. Dies wird bereits durch § 109 HGB deutlich.[491] Möglich ist es etwa, einem Gesellschafter im Gesellschaftsvertrag die Geschäftsführung allein oder mit anderen Gesellschaftern gemeinschaftlich zu übertragen; für diesen Fall hält § 114 Abs. 2 HGB eine Auslegungsregel bereit, der zufolge die übrigen Gesellschafter von der Geschäftsführung ausgeschlossen sind. Ferner ist eine befristete Übertragung der Stellung als geschäftsführender Gesellschafter möglich.[492] Der Gesellschaftsvertrag kann zudem vorsehen, dass der geschäftsführende

---

489 Zu den Gefahren eines solchen Vorgehens s. jedoch MüKo-AktG/*Spindler* § 84 AktG, Rn. 151, der nahelegt, dass Vertrauensentzug durch die Hauptversammlung bei zweifelhaftem Vorliegen eines anderen wichtigen Grundes mitunter vorzugswürdig sein kann.

490 S. hierzu bereits oben, S. 97 f.

491 Vgl. Oetker/*Weitemeyer* § 109 HGB, Rn. 2: „Gestaltungsfreiheit der Gesellschafter [ist] charakteristisch für die Personengesellschaften". So auch MüKo-HGB/*Enzinger* § 109 HGB, Rn. 1. HK-HGB/*Psaroudakis* § 109 HGB, Rn. 1 spricht dabei vom „methodische[n] Prinzip des Innenrechts der OHG".

492 Henssler/Strohn/*Finckh* § 114 HGB, Rn. 17; MüKo-HGB/*Rawert* § 114 HGB, Rn. 21; GK-HGB/*Schäfer* § 114 HGB, Rn. 77.

Gesellschafter ohne besonderen Grund allein durch Gesellschafterbeschluss abberufen werden kann.[493]

Auch inhaltlich ist die Geschäftsführungsbefugnis in weiten Teilen für gesellschaftsvertragliche Gestaltungen offen. So kann etwa der Bereich der „außergewöhnlichen Geschäfte" erweitert oder eingeschränkt werden, es können Zustimmungsvorbehalte und Vetorechte der Mitgesellschafter bestimmt werden.[494] Überdies kann die Möglichkeit der Weisungserteilung vereinbart werden.[495] Auf diese Weise lässt sich die selbständige Geschäftsführungsbefugnis sowohl erweitern als auch beschränken.[496]

Aufgrund der umfassenden Disponibilität des gesetzlichen Normalstatus kann auch der geschäftsführende Gesellschafter einer Personenhandelsgesellschaft Arbeitnehmer sein. Dies ist dann der Fall, wenn der geschäftsführende Gesellschafter durch gesellschaftsvertragliche Regelung frei abberufbar wird oder aufgrund einer lediglich befristeten Bestellung sein Handeln auch an dem Wunsch einer Wiederbestellung ausrichten muss. Dann ist der oben herausgestellte starke Bestandsschutz nämlich nicht gegeben. Auch eine Erweiterung der inhaltlichen Bindung an die Vorgaben der Mitgesellschafter kann seine inhaltliche Bindung so weit erhöhen, dass er als Arbeitnehmer anzusehen ist. Unterliegt er den Weisungen seiner Mitgesellschafter und droht die Entziehung seiner Geschäftsführungsbefugnis, wenn er den Weisungen zuwiderhandelt, kann er die Geschäfte der Gesellschaft nicht mehr autonom führen, sondern ist dabei in hohem Maße fremdbestimmt.

---

493 Vgl. BGH 3.10.1957 – II ZR 150/56, BB 1957, 1086 f. für einen Gesellschafterausschluss aus wichtigem Grund; BGH 23.10.1972 – II ZR 31/70, NJW 1973, 651 für die Entziehung der Geschäftsführungsbefugnis ohne wichtigen Grund; Heymann/*Emmerich* § 117 HGB, Rn. 26; Schlegelberger/*Martens* § 117 HGB, Rn. 53 m.w.N.; GK-HGB/*Schäfer* § 117 HGB, Rn. 71 m.w.N.; HK-HGB/*Stuhlfelner* § 117 HGB, Rn. 8.

494 Vgl. BGH 11.2.1980 – II ZR 41/79, BGHZ 76, 160 = NJW 1980, 1463 (1464): Bloßer Gesellschafterbeschluss, der Geschäftsführer solle bestimmte Auszahlungen nur noch mit Gegenzeichnung vornehmen, reicht nicht, sondern setzt entsprechende Satzungsänderung voraus; MüKo-HGB/*Jickeli* § 116 HGB, Rn. 61; Ebenroth/Boujong/Joost/Strohn/*Drescher* § 116 HGB, Rn. 28; Oetker/*Weitemeyer* § 116 HGB, Rn. 25 f.

495 Baumbach/*Hopt* § 114 HGB, Rn. 9; Schlegelberger/*Martens* § 114 HGB, Rn. 48; MüKo-BGB/*Ulmer/Schäfer* § 713 BGB, Rn. 7.

496 Vgl. HK-HGB/*Psaroudakis* § 114 HGB, Rn. 6; GK-HGB/*Schäfer* § 114 HGB, Rn. 79.

d. *Deutsche SE*

aa. Dualistische Organisationsverfassung

Aufgrund der Darstellung der Rechtslage bei der AG erscheint eine eingehende Untersuchung einer dualistisch organisierten SE nicht erforderlich. Die ebenfalls dualistisch organisierte AG und die SE unterscheiden sich in den maßgeblichen Fragen nämlich nicht. Insbesondere hat auch das Leitungsorgan einer SE Leitungsautonomie (Art. 39 Abs. 1 S. 1 SE-VO) und untersteht der Kontrolle durch ein Aufsichtsorgan (Art. 40 Abs. 1 S. 1 SE-VO). Auch hinsichtlich Bestellung und Abberufung des Geschäftsleiters sind die Unterschiede nicht gravierend, insbesondere ist der Leitungsorganwalter befristet zu bestellen (Art. 46 Abs. 1 SE-VO) und eine Abberufung aus wichtigem Grund wird wie bei der AG für möglich gehalten.[497] Über Art. 9 Abs. 1 lit c SE-VO kommt nämlich § 84 Abs. 3 AktG zur Anwendung.[498] Auch die Personalhoheit liegt deshalb beim Aufsichtsorgan, da – mit Blick auf die AG – von der Ermächtigung des Art. 39 Abs. 2 S. 2 SE-VO kein Gebrauch gemacht wurde.[499] Die Mitglieder des Leitungsorgans unterfallen dementsprechend dem *Danosa*-Arbeitnehmerbegriff.

bb. Monistische Organisationsverfassung

Das deutsche monistische SE-System unterscheidet sich demgegenüber grundlegend von der Organisationsverfassung der AG.[500] Es konzentriert nach Art. 43 SE-VO die Leitung und Überwachung bei nur einem Organ, dem Verwaltungsrat. Während das Organ die Leitungsaufgabe in Gesamtverantwortung übernimmt (vgl. § 22 Abs. 1 SEAG),[501] steht die übrige Geschäftsführung den vom Verwaltungsrat bestellten geschäftsführenden Direktoren zu (§ 40 Abs. 1 und 2 SEAG). Bei den geschäftsführenden Direktoren handelt es sich um Organwalter und nicht bloß um Vertreter.[502] Sie sind aufgrund ihrer Aufgaben am ehesten mit dem Leitungsorgan nach dualistischem Vorbild bzw. dem Geschäftsführer vergleichbar, weshalb sich diesbezüglich die Frage nach seiner

---

497 Vgl. Müller/Rödder/*Giedinghagen* § 19 Rn. 79.

498 Spindler/Stilz/*Eberspächer* Art. 39 SE-VO, Rn. 9 m.w.N.; *Rasner* ZGR 1992, 314 (322); Lutter/Hommelhoff/*Seibt* Art. 39 SE-VO Rn. 24 m.w.N.

499 Müller/Rödder/*Giedinghagen* § 19 Rn. 77.

500 Zu einem Systemvergleich des monistischen und dualistischen Ansatzes s. *Leyens* RabelsZ 67 (2003), 57 (69 ff.) bezogen auf das *board* nach U.S.-amerikanischem Recht.

501 *Reichert/Brandes* ZGR 2003, 767 (792 f.). Vgl. auch *Lange* EuZW 2003, 301 (306).

502 So erstmals *Hoffmann-Becking* ZGR 2004, 355 (370 f.); s. auch die Nachw. bei Lutter/Hommelhoff/*Teichmann* Anh. Art. 43 SE-VO (§ 40 SEAG), Rn. 10 (Fn. 14).

Danosa-Arbeitnehmereigenschaft stellt. In der Literatur findet sich bislang keine entsprechende Einordnung.[503]

Der Verwaltungsrat als „oberstes Leitungsorgan"[504] kann Aufgaben der geschäftsführenden Direktoren an sich ziehen und diesen Weisungen erteilen (§ 44 Abs. 2 SEAG). Dabei gibt es grundsätzlich keine Angelegenheit, die weisungsfest ist, dem Weisungsrecht des Verwaltungsrats also prinzipiell entzogen wäre.[505] Auch die Informationspflichten der geschäftsführenden Direktoren sind umfassend, insoweit verweist § 44 SEAG u.a. auf § 90 AktG.[506] Schließlich hat der Verwaltungsrat auch die Personalhoheit, kann als geschäftsführende Direktoren sowohl Dritte als auch Personen aus seiner Mitte bestellen (§ 40 Abs. 1 S. 1 SEAG).[507] Hinsichtlich der Abberufung ist der Verwaltungsrat weitgehend frei, insbesondere nicht an das Vorliegen eines wichtigen Grundes gebunden (§ 40 Abs. 5 SEAG).[508] Aus diesen binnenverfassungsrechtlichen Vorgaben des § 44 SEAG ergibt sich, dass die geschäftsführenden Direktoren kein gleichberechtigtes Organ neben dem Verwaltungsrat bilden, sondern diesem hierarchisch untergeordnet sind.[509] Nach *Teichmann*, einem Mitverfasser des Diskussionsentwurfs zum SEAG, ist gerade die Weisungsabhängigkeit und freie Abberufbarkeit Ausfluss der Zentralisierung der Verwaltung bei einem Organ.[510] Zu beachten ist jedoch die nach § 40 Abs. 5 S. 1 Hs. 2 SEAG bestehende Gestaltungsfreiheit. Wird die Abberufung des geschäftsführenden Direktors durch die Satzung an einen wichtigen Grund geknüpft und wird er gleichzeitig unbefristet bestellt (was möglich ist, da Art. 46 SE-VO hier nicht greift[511]), ist der Bestand seines Amtes relativ stark geschützt.

Da zwischen der Mitgliedschaft des Verwaltungsrats und der Stellung als geschäftsführender Direktor keine Inkompatibilität besteht (§ 40 Abs. 1 S. 2 SEAG), ließe sich annehmen, dass ein Direktor dieses Organ auch beherrschen könnte.

---

503 Unentschieden *Thüsing* ZESAR 2009, 486: Eigenschaft sei noch ungeklärt.

504 *Teichmann* BB 2004, 53 (54).

505 *Bachmann* ZGR 2008, 779 (786) m.w.N.; *Ihrig* ZGR 2008, 809 (819).

506 Ausf. Spindler/Stilz/*Eberspächer* Art. 43 SE-VO, Rn. 21 ff.

507 Spindler/Stilz/*Eberspächer* Art. 43 SE-VO, Rn. 36.

508 Zur möglichen Grenze der Rechtsmissbräuchlichkeit *Ihrig* ZGR 2008, 809 (823).

509 MüKo-AktG/*Reichert/Brandes* Art. 43 SE-VO, Rn. 13 m.w.N. Vgl. dazu auch Lutter/Hommelhoff/*Teichmann* Anh. Art. 43 SE-VO (§ 40 SEAG), Rn. 48, der annimmt, dies entspreche dem „gesetzlichen Leitbild der geschäftsführenden Direktoren". Vgl. auch *Hoffmann-Becking* ZGR 2004, 355 (369): Direktoren seien inhaltlich „an die Leitentscheidungen des Verwaltungsrats gebunden".

510 *Teichmann* BB 2004, 53 (58).

511 Spindler/Stilz/*Eberspächer* Art. 46 SE-VO, Rn. 1 m.w.N.

Dies würde gemäß der *Danosa*-Kriterien seine Arbeitnehmereigenschaft mangels Unterordnungsverhältnisses ausschließen. Jedoch sieht § 40 Abs. 1 S. 2 SEAG vor, dass die Mehrheit der Verwaltungsratsmitglieder nicht dem Direktorium angehören darf. Damit ist eine „board balance" geschaffen,[512] die verhindert, dass ein geschäftsführender Direktor durch seine Stimme gesellschaftsrechtlich vermittelten herrschenden Einfluss auf den Verwaltungsrat erlangen kann.[513]

Somit bereitet die Einordnung der geschäftsführenden Direktoren für die monistisch verfasste SE auf dem Boden der bisherigen Ergebnisse keine Probleme. Sie stehen in einem augenscheinlichen Unterordnungsverhältnis. Sie haben hinsichtlich der für die vorliegende Untersuchung entscheidenden Aspekte gegenüber dem Verwaltungsrat eine vergleichbar schwache Stellung wie der GmbH-Geschäftsführer gegenüber der Gesellschafterversammlung.[514] Sie sind gegen Eingriffe in Tätigkeit und Bestand ihres Amts nicht hinreichend geschützt. Geschäftsführende Direktoren können ihre Tätigkeit somit nicht unabhängig von anderen Gesellschaftsorganen erbringen. Auch sie unterfallen deshalb dem Arbeitnehmerbegriff nach *Danosa*.

3. *Zusammenfassung*

Damit kann zusammenfassend konstatiert werden, dass die vom EuGH vorgegebene Definition es trotz ihrer Weite erlaubt, auch Fremd-Geschäftsleiter unter Umständen vom Arbeitnehmerbegriff auszunehmen. Allerdings unterfällt lediglich der geschäftsführende Gesellschafter einer Personenhandelsgesellschaft dem *Danosa*-Arbeitnehmerbegriff nicht. Demgegenüber unterfallen der Definition des EuGH neben dem GmbH-Geschäftsführer und dem geschäftsführenden Direktor einer SE selbst das Vorstandsmitglied einer AG trotz dessen starker organisationsrechtlicher Stellung. Dies jedoch gilt nur, legt man der Statusbestimmung das gesetzliche Normalstatut zugrunde. Bei allen untersuchten

---

512 *Merkt* ZGR 2003, 650 (667).

513 Vgl. aber zur Möglichkeit der Gewinnung faktischen Einflusses etwa *Wicke* NJW 2007, 3755 (3758).

514 *Ihrig* ZGR 2008, 809 (819). Ähnlich *Rockstroh* BB 2012, 1620 (1621) mit Blick auf das Weisungsrecht, kraft dessen sich der Verwaltungsrat gegenüber „den geschäftsführenden Direktoren ... ebenso durchzusetzen [vermag], wie die Gesellschafterversammlung einer GmbH gegenüber deren Geschäftsführern". Vgl. auch Lutter/Hommelhoff/*Teichmann* Anh. Art. 43 SE-VO (§ 40 SEAG), Rn. 5, der jedenfalls feststellt, dass der geschäftsführende Direktor dem GmbH-Geschäftsführer wesentlich näher stehe als dem AG-Vorstand. Die monistisch verfasste SE biete „eine Leitungsstruktur, wie sie im deutschen Recht für die GmbH typisch ist" (*Teichmann* BB 2004, 53 [55]).

Gesellschaftsformen existieren statutarische Gestaltungsmöglichkeiten, deren Ausnutzung eine abweichende Bewertung erlaubt. Die Beschränkung des Anwendungsbereichs der MuSchRL auf Arbeitnehmerinnen ist somit durch die weite Auslegung des Arbeitnehmerbegriffes durch den EuGH nicht funktionslos geworden.

Die *Danosa*-Entscheidung verlangt eine Gesamtbewertung der jeweiligen binnenverfassungsrechtlichen Spezifika. Ein Geschäftsleiter unterfällt dem Arbeitnehmerbegriff dann nicht, wenn das Recht der Gesellschaft die Annahme eines Unterordnungsverhältnisses nicht trägt. Für die Annahme der *Danosa*-Arbeitnehmereigenschaft entscheidend ist, wie sicher der Bestand der Geschäftsleiterposition ist. Ist der Bestand derart gesichert, dass sich der Geschäftsleiter Übergriffen in seine Geschäftsführung erwehren kann, ist die Gefahr einer faktischen Unterordnung gering. Das ist vor allem dann der Fall, wenn eine unbefristete Bestellung bzw. das Geschäftsführeramt kraft Gesellschafterstellung mit einer beschränkten Abberufbarkeit einhergeht. Inhaltliche Leitungsautonomie jedoch kann für sich genommen noch nicht verhindern, dass sich das Leitungsorgan faktisch dem Willen eines anderen Organs unterordnen muss.

Kapitel 2. Mutterschutz

Die *Danosa*-Entscheidung des EuGH erging auf dem Boden europäischen Mutterschutzrechts. Die Auswirkungen der Entscheidung auf das deutsche Recht betreffen daher primär den Mutterschutz. Dieser soll daher an der Spitze des besonderen diskriminierungsrechtlichen Teils dieser Untersuchung stehen.

Zunächst wird die diskriminierungsrechtliche Dimension des Mutterschutzes dargestellt, ehe sich die Untersuchung dem persönlichen Anwendungsbereich des MuSchG widmen wird. Um sich den Kontext der durch den EuGH angestoßenen Entwicklung im Mutterschutzrecht zu vergegenwärtigen, wird in der gebotenen Kürze der europarechtliche Hintergrund des MuSchG vorgestellt, um danach herauszuarbeiten, wie Praxis und Schrifttum vor der Entscheidung des EuGH in der Rs. *Danosa* den Anwendungsbereich des MuSchG bestimmten und wie er nach der Entscheidung zu bestimmen ist. Zuletzt werden die konkreten Rechtsfolgen, vor allem die der Kündigungssperre aus § 9 MuSchG, untersucht.

A. Einführung

I. Mutterschutz als Diskriminierungsschutz

Das MuSchG enthält in § 9 einen besonderen Kündigungsschutz für Mütter und werdende Mütter bis zum Ablauf von vier Monaten nach der Entbindung. Ein Ziel der Regelung ist es, den Schutz der Gesundheit von Mutter und Kind sicherzustellen.[515] Dies erfolgt in Vollzug des durch die Verfassung in Art. 6 Abs. 4 GG verbürgten Anspruchs der Mutter auf Schutz und Fürsorge.[516]

Ursprünglich war der Mutterschutz nicht zusätzlich auf den Schutz gegen Diskriminierungen gerichtet. Er findet seine historischen Wurzeln schließlich bereits im 19. Jahrhundert[517] und somit zu einer Zeit, in der eine Ungleichbehandlung

---

515 Zu den Maximen des MuSchG eingehend *Bulla* Jahrbuch für das gesamte Arbeitsrecht und die Arbeitsgerichtsbarkeit, Bd. 1, 42 (48 ff.).

516 Vgl. grundlegend BVerfG 25.1.1972 – 1 BvL 3/70, BVerfGE 32, 273 = NJW 1972, 572, das in Art. 6 Abs. 4 GG aufgrund des Wortlauts und der Entstehungsgeschichte einen bindenden Auftrag an den einfachen Gesetzgeber sieht und keinen bloßen Programmsatz. Zur verfassungsrechtlichen Dimension ausführlich Maunz/Dürig/*Badura* Art. 6 GG, Rn. 145 ff.

517 Die erste Norm zum Mutterschutz war § 135 GewO nach einer Gesetzesnovelle vom 17.7.1878 (RGBl. S. 199), wonach u.a. gewerbliche Arbeiterinnen drei Wochen nach der Niederkunft nicht beschäftigt werden durften.

von Mann und Frau selbstverständlich war. Frauen waren in Deutschland damals nicht einmal zur Wahl berechtigt, wurden also bereits hinsichtlich eines elementaren staatsbürgerlichen Rechts durch den Gesetzgeber diskriminiert.[518] Historisch betrachtet erschöpfte sich das Ziel des Mutterschutzes im Schutz der Gesundheit.[519] Mit dem wachsenden Arbeitskräftebedarf durch die Industrialisierung wuchs auch die Zahl der Frauen, die in Industrie und Handel unter gesundheitsgefährdenden Bedingungen arbeiteten.[520]

Nach modernem Verständnis gewährt das heutige MuSchG jedoch auch einen besonderen Schutz gegen Diskriminierungen wegen des Geschlechts.[521] Dieser folgt nicht lediglich reflexartig aus dem Ziel des Gesundheitsschutzes. Vielmehr handelt es sich bei dem Schutzgebot aus Art. 6 Abs. 4 GG um eine Mitwirkung des Staates bei der nach Art. 3 Abs. 2 S. 2 GG gebotenen Gleichstellung der Geschlechter.[522] Im MuSchG vereinen sich demnach die prinzipiell gleichrangigen Ziele des Gesundheits- und des Diskriminierungsschutzes. Durch das unabdingbare[523] und absolute[524] Kündigungsverbot in § 9 MuSchG wird es dem

---

518 Erst 1918 wurde Frauen das aktive Wahlrecht zuteil durch die „Verordnung über die Wahlen zur verfassunggebenden deutschen Nationalversammlung" vom 30.11.1918 (RGBl. S. 1345). Zwar erhob bereits 1879 erstmals *August Bebel* in seinem Werk „Die Frau und der Sozialismus" entsprechende Forderungen, er war seiner Zeit aber weit voraus. Vgl. dazu *Hofmann-Göttig* S. 20 f.

519 *Bulla* (Fn. 515), S. 49.

520 *Edel* S. 21 ff.

521 ErfK/*Schmidt* Art. 6 GG, Rn. 26. Vgl. aber *Benecke* EuZA 2008, 385 (390), die sogar meint, dass in der Rechtsprechung des EuGH der „Mutterschutz als Gesundheitsschutz" zunehmend in den Hintergrund trete und der diskriminierungsrechtliche Schutzaspekt überwiege. Aus den Urteilsbegründungen selbst lässt sich dies jedoch schwerlich ableiten, betont der EuGH doch stets, das Ziel der MuSchRL sei gerade auch die „physische und psychische Gesundheit der Frau", s. etwa EuGH 11.10.2007 – Rs. C-460/06 (*Paquay*), Tz. 30, NZA 2007, 1271; EuGH 11.11.2010 – Rs. C-232/09 (*Danosa*), Tz. 60, NJW 2011, 2343.

522 Maunz/Dürig/*Badura* Art. 6 GG, Rn. 155. *Aubel* S. 108 ff. weist aber darauf hin, dass zur Vermeidung eines den Mann benachteiligenden, verfassungsinternen Widerspruchs zu Art. 3 Abs. 2 S. 2 GG allein die „Mutter im biologischen Sinn" als Grundrechtsberechtigte des Art. 6 Abs. 4 GG anzusehen sei. Art. 6 Abs. 4 GG solle nur solchen Problemen entgegenwirken, „die ihrer Natur nach nur bei Frauen vorkommen können". So auch BSG. 16.2.1989 – 4 REg 6/88, NJW 1989, 1885.

523 Ascheid/Preis/Schmidt/*Rolfs* § 9 MuSchG, Rn. 15 m.w.N.

524 ErfK/*Schlachter* § 9 MuSchG, Rn. 1; Zmarzlik/*Viethen*/*Wascher* § 9 MuSchG, Rn. 4, 43. § 9 Abs. 1 MuSchG gestattet eine Kündigung nicht aus einem anderen Grund als dem der Schwangerschaft, sondern verbietet sie aus gleich welchem Grund. § 9

Arbeitgeber unmöglich gemacht, bei der Entscheidung über den Fortbestand des Arbeitsverhältnisses aus Gründen der Schwangerschaft und damit unmittelbar[525] aufgrund des Geschlechts zu differenzieren.

II. Relevanz der MuSchRL für den Mutterschutz

Einige Stimmen in der Literatur weisen zu Recht darauf hin, dass es, abhängig von den Umständen des Einzelfalls, im Ergebnis keine Rolle spielt, ob man die Geschäftsleiterin als Arbeitnehmerin im Sinne der Mutterschutz-Richtlinie (MuSchRL) ansieht.[526] Denn der EuGH führte in den Entscheidungsgründen zu der zweiten Vorlagefrage des lettischen Gerichts aus, eine Kündigung aufgrund einer Schwangerschaft widerspreche bereits seiner früheren gleichbehandlungsrechtlichen Rechtsprechung.[527] Darin lag bereits vor Inkrafttreten der MuSchRL nach Auffassung des EuGH eine unter der 1976 erlassenen Gleichbehandlungsrichtlinie[528] verbotene Diskriminierung der Frau.[529] Der EuGH hat ausgeführt, dass eine Entlassung nur Frauen treffen könne und daher als unmittelbare Diskriminierung auf Grund des Geschlechts anzusehen sei. Diese Richtlinie ist durch die Gleichbehandlungsrichtlinie 2006/54/EG[530] ersetzt worden, nach deren Art. 14

Abs. 3 MuSchG sieht allerdings die Möglichkeit der Arbeitsschutzbehörde vor, die Kündigung einer (werdenden) Mutter ausnahmsweise für zulässig zu erklären.

525 St. Rspr. des EuGH seit 8.11.1990 – Rs. C-177/88 (*Dekker*), NJW 1991, 628 zur Ablehnung der Einstellung einer Frau wegen befürchteter Nachteile aufgrund ihrer Schwangerschaft; aus neuerer Zeit EuGH 3.2.2000 – Rs. C-207/98 (*Mecklenburg-Vorpommern*), Tz. 20, NZA 2000, 255 m.w.N. Vgl. auch Grabitz/Hilf/Nettesheim/*Langenfeld* Art. 157 AEUV, Rn. 24 ff. m.w.N.

526 Vgl. *Leopold* ZESAR 2011, 362 (364, 368); *Reiserer* DB 2011, 2262 (2264 f.); *Schubert* EuZA 2011, 362 (367 f.).

527 EuGH 11.11.2010 – Rs. C-232/09 (*Danosa*), Tz. 59, NJW 2011, 2343.

528 Richtlinie 76/207/EWG des Rates vom 9.2.1976 zur „Verwirklichung des Grundsatzes der Gleichbehandlung von Männern und Frauen hinsichtlich des Zugangs zur Beschäftigung, zur Berufsbildung und zum beruflichen Aufstieg sowie in bezug auf die Arbeitsbedingungen" (ABl. L 39 vom 14.2.1976, S. 40).

529 EuGH 8.11.1990 – Rs. C-177/88 (*Dekker*), Tz. 12, NJW 1991, 628 zur Nicht-Einstellung wegen Schwangerschaft; EuGH 8.11.1990 – Rs. C-179/88 (*Handels- og Kontorfunktionærernes Forbund*), Tz. 13, NJW 1991, 629 hinsichtlich einer Kündigung wegen krankheitsbedingter Fehlzeiten nach einer Schwangerschaft. Vgl. später auch EuGH 30.6.1998 – Rs. C-394/96 (*Brown*), Tz. 25 f., NZA 1998, 871.

530 Richtlinie des Europäischen Parlamentes und des Rates vom 5.7.2006 zur „Verwirklichung des Grundsatzes der Chancengleichheit und Gleichbehandlung von Männern

Abs. 1 lit. c eine geschlechterspezifische Diskriminierung – unabhängig von der Arbeitnehmereigenschaft – unzulässig ist.

Das ändert jedoch nichts daran, dass es notwendig ist, sich mit dem möglichen Mutterschutz von Geschäftsleiterinnen nach der MuSchRL genau zu befassen. Das Niveau des Kündigungsschutzes nach MuSchRL und Gleichbehandlungs-RL ist jeweils unterschiedlich hoch: Nach Art. 19 Abs. 1 der Gleichbehandlungs-RL muss die Frau nämlich zumindest Indizien für eine Diskriminierung vortragen, damit den Kündigenden die (sekundäre) Beweislast einer Nichtdiskriminierung trifft.[531] Nach Art. 10 MuSchRL hingegen unterfällt zunächst jede Kündigung während der Schwangerschaft dem Verbotstatbestand und eine Kündigung stellt eine begründungsbedürftige Ausnahme dar. Das Schutzniveau, das die MuSchRL gewährt, ist somit wesentlich höher und Kündigungsschutz vor allem in praxi leichter zu erreichen.

B. Persönlicher Anwendungsbereich des MuSchG

Der persönliche Anwendungsbereich des MuSchG wird durch dessen § 1 bestimmt. Danach greift der besondere Kündigungsschutz nur bei Schwangeren und Müttern bis zum Ablauf von vier Monaten nach der Entbindung, die entweder in einem Arbeitsverhältnis stehen oder dem Heimarbeitsgesetz unterfallen.

I. Europarechtlicher Hintergrund

Erstmals 1927 wurde der Mutterschutz in einem eigenständigen „Gesetz über die Beschäftigung vor und nach der Niederkunft“[532] kodifiziert.[533] Das heutige MuSchG gründet auf einem Gesetz von 1952, das den Mutterschutz umfassend neu regelte. Europarechtliche Vorgaben wurden erstmals in der Richtlinie des Rates vom 19. Oktober 1992 über die „Durchführung von Maßnahmen zur Verbesserung der Sicherheit und des Gesundheitsschutzes von schwangeren Arbeitnehmerinnen, Wöchnerinnen und stillenden Arbeitnehmerinnen am

---

und Frauen in Arbeits- und Beschäftigungsfragen (Neufassung)“ (ABl. L 204 vom 26.7.2006, S. 23).

531 *Schubert* EuZA 2011, 362 (368).

532 Gesetz vom 16.7.1927 (RGBl. I S. 184), abgeändert durch Gesetz vom 29.10.1927 (RGBl. I S. 325).

533 Zur Geschichte des Mutterschutzes im Einzelnen *Buchner/Becker* Teil A, Rn. 7 ff.; *Bulla* Jahrbuch für das gesamte Arbeitsrecht und die Arbeitsgerichtsbarkeit, Bd. 1, S. 42 ff.; *Edel* passim.

Arbeitsplatz"[534] verabschiedet. In Deutschland wurde diese sog. Mutterschutz-Richtlinie 2002 durch das Zweite Gesetz zur Änderung des Mutterschutzrechts[535] umgesetzt, wobei der Umsetzungsbedarf aufgrund des bereits bestehenden hohen Schutzniveaus gering war.[536] Als erheblich stellte sich jedoch der Einfluss der Rechtsprechung des EuGH heraus, welcher den Mutterschutz in zahlreichen Entscheidungen zunehmend weiterentwickelte.[537]

Art. 2 der MuSchRL ist die für den persönlichen Anwendungsbereich entscheidende Definitionsnorm und erfasst – neben „Wöchnerinnen" und „stillenden Arbeitnehmerinnen – die „schwangere Arbeitnehmerin", wenn sie „den Arbeitgeber gemäß den einzelstaatlichen Rechtsvorschriften und/oder Gepflogenheiten von ihrer Schwangerschaft unterrichtet" hat. Der Begriff der Arbeitnehmerin wird durch die Richtlinie selbst indes nicht definiert. Er sei, so der EuGH, eigenständig unionsrechtlich auszulegen.[538] Er ist der Auffassung, dass sich die Verweisung auf die „einzelstaatlichen Rechtsvorschriften und/oder Gepflogenheiten" nur auf die Unterrichtung des Arbeitgebers über die Schwangerschaft beziehe und nicht auf den Arbeitnehmerbegriff.[539]

Zwar wird bereits dieser Ansatz vereinzelt abgelehnt.[540] Für ihn streitet aber neben dem grammatikalischen Argument des EuGH,[541] dass andere arbeitsrechtliche Richtlinien hinsichtlich des Arbeitnehmerbegriffes eine konkrete

---

534 Richtlinie 92/85/EWG des Rates (ABl. L 348 vom 28.11.1992, S. 1).

535 Vom 16.6.2002 (BGBl. I S.1812).

536 *Buchner/Becker* Teil A, Rn. 37. Vgl. auch *Zmarzlik* DB 1994, 96.

537 Vgl. etwa die den Stand der Rechtsprechung skizzierende Entscheidung EuGH 8.9.2005 – Rs. C-191/03 (*McKenna*), NZA 2005, 1105.

538 EuGH 20.9.2007 – Rs. C-116/06 (*Kiiski*), Tz. 24, NZA 2007, 1274.

539 So auch *Schubert* EuZA 2011, 362 (364); *Ziegler* S. 290.

540 So vertritt *Franzen* EuZA 2012, 295 (338), dass aufgrund der Bezugnahme auf die einzelstaatlichen Normen und Gepflogenheiten ein autonomer Arbeitnehmerbegriff nicht zwingend sei. Auch nach *Rebhahn* EuZA 2012, 3 (24) legt der Wortlaut der Richtlinie „sehr nahe", dass auf den mitgliedsstaatlichen Arbeitnehmerbegriff verwiesen werde.

541 Auch der von *Rebhahn* (Fn. 540) als Argument ins Feld geführte Beistrich in anderen Sprachfassungen rechtfertigt keine entgegengesetzte grammatikalische Auslegung. In der englischen Fassung heißt es etwa: „pregnant worker shall mean a pregnant worker who informs her employer of her condition, in accordance with national legislation and/or national practice". Der Beistrich ist kein Hinweis darauf, dass der Verweis sich auch auf den Arbeitnehmerbegriff bezieht. Die Sprachfassung spricht sogar deutlich dagegen. Die Wendung „in accordance with" drückt nämlich nur eine Konformität aus (vgl. *Oxford* Begriff „accordance"; anders als „according to") und kann sich daher nur auf die Mitteilung an den Arbeitgeber beziehen und nicht

Verweisung auf nationales Recht vorsehen, wenn der Richtliniengeber ihm keine autonome europarechtliche Bedeutung beimessen will. So enthält etwa Art. 2 Nr. 1 lit. c der Betriebsübergangs-RL[542] eine Definitionsnorm, wonach Arbeitnehmer jeder ist, der „in dem betreffenden Mitgliedstaat aufgrund des einzelstaatlichen Arbeitsrechts geschützt" ist.[543]

Die Rahmen-Richtlinie zu Sicherheit und Gesundheitsschutz der Arbeitnehmer[544] (ArbSchRRL), auf der die MuSchRL als Einzelrichtlinie im Sinne des Art. 16 beruht, definiert in Art. 3 den Arbeitnehmer als „jede Person, die von einem Arbeitgeber beschäftigt wird", als Arbeitgeber jede „Person, die als Vertragspartei des Beschäftigungsverhältnisses mit dem Arbeitnehmer die Verantwortung für das Unternehmen bzw. den Betrieb trägt". Über die Einbeziehung von Organvertretern treffen beide Richtlinien keine Aussage. Ob wegen der Verweisung in Art. 1 Abs. 2 MuSchRL der Arbeitnehmerbegriff der ArbSchRRL heranzuziehen ist[545] oder der MuSchRL ein eigenständiges Begriffsverständnis zugrunde zu legen ist[546], ist jedenfalls für die vorliegende Untersuchung nicht von Bedeutung. Auch der ArbSchRRL ist nämlich keine Aussage dazu zu entnehmen, ob der Organvertreter als Arbeitnehmer anzusehen ist.

---

auf den Arbeitnehmerbegriff. Eine andere grammatikalische Auslegung würde der Sprachfassung einen lexikalischen Fehler unterstellen.

542 Richtlinie 2001/23/EG des Rates vom 12.3.2001 zur „Angleichung der Rechtsvorschriften der Mitgliedstaaten über die Wahrung von Ansprüchen der Arbeitnehmer beim Übergang von Unternehmen, Betrieben oder Unternehmens- oder Betriebsteilen" (ABl. L 82 vom 22.3.2001, S. 16).

543 Deshalb kann auch entgegen *Franzen* (Fn. 540) die Rspr. des EuGH zur Betriebsübergangs-RL nicht als Argument herangezogen werden. Dass der EuGH dort keinen unionsrechtlichen Arbeitnehmerbegriff anlegt, versteht sich aufgrund des Wortlauts der Definitionsnorm von selbst, während Art. 2 der MuSchRL gerade keine ausdrückliche Verweisung enthält, die sich auch auf den Arbeitnehmerbegriff bezieht. Der Ansicht des EuGH ausdrücklich zustimmend auch *Ziegler* S. 285, 291, die zusätzlich entstehungsgeschichtliche und teleologische Argumente heranzieht.

544 Richtlinie 89/391/EWG des Rates vom 12.6.1989 über die „Durchführung von Maßnahmen zur Verbesserung der Sicherheit und des Gesundheitsschutzes der Arbeitnehmer bei der Arbeit" (ABl. L 183 vom 29.6.1989, S. 1).

545 So *Ziegler* S. 291.

546 So implizit EuGH 20.9.2007 – Rs. C-116/06 (*Kiiski*), Tz. 24, NZA 2007, 1274.

II. Anwendbarkeit auf Geschäftsleiterinnen

1. Früheres Meinungsbild

Weil sich das europäische Sekundärrecht nicht zur Einbeziehung von Organvertretern in den Kreis der geschützten Arbeitnehmer äußert, bestand über diese Frage in Deutschland Uneinigkeit. Wäre die Geschäftsleiterin bereits seit jeher in den Anwendungsbereich des MuSchG einbezogen worden, wäre die Frage nach dem Arbeitnehmerbegriff der MuSchRL für Deutschland jedenfalls insoweit ohne Bedeutung.[547]

Nach verbreiteter Auffassung schied sowohl eine direkte als auch analoge Anwendbarkeit des MuSchG auf die Geschäftsleiterin aus. Vereinzelt wurde vertreten, das MuSchG könne auf Geschäftsleiterinnen generell keine Anwendung finden,[548] selbst wenn diese im Einzelfall als Arbeitnehmerin anzusehen sei. Das Schutzbedürfnis der Geschäftsführerin sei nicht so hoch wie das der Arbeitnehmerin. Die Gegenmeinung bejahte die direkte Anwendbarkeit auf die Arbeitnehmer-Geschäftsführerin.[549] Dem Sozialschutz der Geschäftsführerin gebühre der Vorrang.[550] Jedoch kam in den meisten Fällen auch diese Auffassung zu dem Ergebnis, dass das MuSchG nicht anwendbar ist, weil Geschäftsleiter nur ganz ausnahmsweise als Arbeitnehmer angesehen wurden.[551] Eine analoge Anwendung des MuSchG im Falle fehlender Arbeitnehmereigenschaft wurde deshalb abgelehnt, weil es an einer planwidrigen Regelungslücke[552] fehle. Der Gesetzgeber

---

547 Insbesondere ist es den Mitgliedsstaaten nach der Abweichungsbefugnis in Art. 1 Abs. 2 MuSchRL nämlich unbenommen, einen strengen Mutterschutz vorzusehen und damit auch, einen weiteren Arbeitnehmerbegriff anzulegen als dies der EuGH tut.

548 *Bulla/Buchner* § 1 MuSchG, Rn. 69 m.w.N.; *Meisel/Hiersemann* § 1 MuSchG, Rn. 20.

549 Meyer-Landrut/*Miller*/Niehus §§ 35–38 GmbHG, Rn.98, 184; *Miller* ZIP 1981, 578 (582); *Peters* § 1 MuSchG, Abschn. 2b hinsichtlich der GmbH, anders aber hinsichtlich des Vorstandsmitglieds einer AG, ohne diese Differenzierung zu begründen.

550 Vgl. Scholz/*Schneider/Sethe* § 35 GmbHG, Rn. 177, 180.

551 S. bereits oben S. 7 ff. und insb. BAG 26.5.1999 – 5 AZR 664/98, NJW 1999, 3731. Da der BGH und die weit überwiegende Auffassung im Schrifttum ausnahmslos von einer Einordnung des Geschäftsleiters als freien Dienstnehmer ausgehen, scheidet eine direkte Anwendung des MuSchG bereits aufgrund fehlender Arbeitnehmereigenschaft aus (so ausdrücklich *Buchner/Becker* § 1 MuSchG, Rn. 92; *Meisel/Sowka* § 1 MuSchG, Rn. 20; *Graue* § 1 MuSchG, Rn. 16; *Willikonsky* § 1 MuSchG, Rn. 12; Zmarzlik/*Viethen/Wascher* § 1 MuSchG, Rn. 14; *Heilmann* § 1 MuSchG, Rn. 37).

552 Diese bedarf es für eine Analogie (BAG 11.7.2000 – 1 ABR 39, BAGE 95, 240 bezüglich § 103 BetrVG; BAG 13.02.2003 – 8 AZR 654/01, BAGE 104, 358 = NZA 2003, 552 [554] bezüglich § 613a BGB). S. auch Larenz/*Canaris* S. 191 ff.

habe mit der Einbeziehung der Heimarbeiterinnen durch § 1 Nr. 2 MuSchG zu erkennen gegeben, dass es nicht seinem Regelungsziel entspreche, weitere, nicht in einem Arbeitsverhältnis stehende Personen einzubeziehen.[553] Weitergehend wurde argumentiert, die Gewährung von Sozialschutz dürfe die ungestörte Funktion des Organverhältnisses nicht beeinträchtigen; vor diesem Hintergrund wurde die Gewährung von Mutterschutz als nicht tragbar erachtet.[554] Ferner sei die Anwendung der Arbeitnehmerschutzvorschriften auf die Geschäftsführerin auch nicht erforderlich, da sie als künftiges Organmitglied doch die Fähigkeit habe, ihren Anstellungsvertrag frei auszuhandeln.[555] Es obliege ihr selbst, sich durch eine vertragliche Vereinbarung „gegenüber der Anstellungsgesellschaft für den Fall der Mutterschaft abzusichern".[556] Zwar kann in einem Anstellungsvertrag die Geltung des MuSchG vereinbart werden.[557] Eine Aspirantin auf eine Geschäftsleiterposition würde sich jedoch massivem Misstrauen der Gegenseite aussetzen, wollte sie sich eine vertragliche Anwendbarkeit des MuSchG ausbedingen. Auf diesen naheliegenden Einwand gingen die Vertreter, die der Geschäftsleiterin eine vertragliche Vereinbarung abverlangten, nicht ein.

Nach anderer Auffassung war das MuSchG analog anwendbar.[558] Dabei wurden vor allem die vergleichbare Schutzbedürftigkeit der Geschäftsleiterin und

---

553 *Buchner/Becker* § 1 MuSchG, Rn. 96. S. auch LSG Niedersachsen 12.3.2003, L 4 KR 255/00, *juris*; Oppenländer/Trölitzsch/*Baumann* § 13 Rn. 17; *Freckmann* DStR 2008, 52 (56); Lutter/Hommelhoff/*Kleindick* 17. Aufl., Anh. zu § 6 GmbHG, Rn. 47; *Lunk* FS Bauer, 2010, 705 (707); *Martens* FS Hilger/Stumpf, 1983, 437 (453 Fn. 31); GK-GmbHG/*Paefgen* § 35 GmbHG, Rn. 144, 146; Michalski/*Tebben* § 6 GmbHG, Rn. 125; Baumbach/Hueck/*Zöllner/Noack* § 35 GmbHG, Rn. 178. Differenzierend *Heyll* S. 203 ff. Vgl. auch Henssler/Strohn/*Oetker* § 35 GmbHG, Rn. 77, dem zufolge arbeitsrechtliche Vorschriften nur bei ausdrücklicher Anordnung anzuwenden seien.

554 GK-GmbHG/*Paefgen* § 35 GmbHG, Rn. 144; Baumbach/Hueck/*Zöllner/Noack* § 35 GmbHG, Rn. 177 f. Es verbiete sich aufgrund der Bedeutung des Organs für die Handlungsfähigkeit der Gesellschaft jegliche Störung, etwa durch die Beschäftigungsverbote. Zu diesem Aspekt auch *Heyll* S. 204, der aber eine differenzierende Haltung einnimmt und die analoge Anwendbarkeit für „abhängige Organpersonen" bejaht.

555 GK-GmbHG/*Paefgen* § 35 GmbHG, Rn. 144.

556 LSG Niedersachsen 12.3.2003, L 4 KR 255/00, Tz. 36, *juris*; *Buchner/Becker* § 1 MuSchG, Rn. 96. Im Anschluss an sie auch Rancke/*Pepping* 2. Aufl. § 1 MuSchG, Rn. 30.

557 *Ossola-Haring* Abschn. 6.9.2 (S. 61) und den Klauselvorschlag S. IX. Diese Möglichkeit dürfte nach BGH 10.5.2010 – II ZR 70/09, NJW 2010, 2343 m. Anm. *Dzida* zur vertraglichen Einbeziehung des KSchG keinen grundsätzlichen Bedenken mehr unterliegen.

558 *Gissel* S. 132, 144; *Henssler* RdA 1992, 289 (296); Scholz/*Schneider/Sethe* § 35 GmbHG, Rn. 180; *Wank* FS Wiedemann, 2002, 587 (594). Nach den einzelnen Normen des

der Individualschutzcharakter des MuSchG betont,[559] derentwegen die funktionelle Arbeitgeberstellung einer Analogie nicht entgegen stehen könne.[560] Mit dem verfassungsrechtlich verbürgten Persönlichkeitsrecht und dem Gesundheitsschutz der Geschäftsleiterin sei es nicht vereinbar, die werdende Mutter bis zur Niederkunft zur Dienstleistung zu verpflichten.[561] Auch angesichts der in Art. 3 Abs. 3 S. 2 GG verbürgten Geschlechtergleichstellung und dem Benachteiligungsverbot sei dies problematisch.[562] Dass sich die Gesellschaft bei Ausfall ihres Handlungsorgans gewichtigen organisatorischen Problemen gegenübersehe, stehe einer Analogie nicht entgegen, zumal diese Probleme sich auch bei schwangeren leitenden Angestellten stellten.[563] Dagegen wurde geltend gemacht, eine Vertretung des Geschäftsführers sei keine geeignete Lösungsmöglichkeit. Für den Fall einer Alleingeschäftsführerin, deren Schwangerschaft die Gefährdung der Funktionsfähigkeit der Gesellschaft bedeuten würde, solle der Sozialschutz deshalb nach einschränkender Auffassung zurücktreten.[564]

2. *Heutiges Meinungsbild*

In der Literatur ist umstritten, wie der persönliche Anwendungsbereich des MuSchG im Anschluss an die *Danosa*-Entscheidung zu bestimmen ist. Teilweise wird vertreten, das MuSchG sei auf die Geschäftsleiterin trotz der Entscheidung grundsätzlich unanwendbar.[565] Stattdessen wird von einigen Vertretern dafür

---

MuSchG differenzierend und für § 9 MuSchG bejahend *Kuhn* S. 189 f. Im Ergebnis auch, aber nicht ausdrücklich für eine Analogie eintretend *Hümmerich* NJW 1995, 1177 (1181 f.); *Oberrath* MDR 1999, 134 (138 f.). *Diller* S. 74 f. trifft keine ausdrückliche Aussage zur Anwendbarkeit, sieht darin aber jedenfalls keine gravierenden „Kollisionen" mit Gesellschaftsrecht. Krit. zur Ablehnung der Anwendbarkeit des MuSchG auch *Wehrmeyer* S. 188 (Frau bedürfe des sozialen Schutzes), aber letztlich ohne Entscheidung.

559 *Gissel* S. 132 f.; *Henssler* RdA 1992, 289 (296). Zu ersterem allgemein Scholz/*Schneider/Sethe* § 35 GmbHG, Rn. 177.

560 *Gissel* S. 132 f.

561 *Hümmerich* NJW 1995, 1177 (1181 f.).

562 *Oberrath* MDR 1999, 134 (138 f.).

563 *Gissel* S. 132 f.

564 *Henssler* RdA 1992, 289 (296); zust. *Wank* FS Wiedemann, 2002, 587 (594).

565 Roth/*Altmeppen* § 6 GmbHG, Rn. 77; *Lunk/Rodenbusch* GmbHR 2012, 188 (191 f.); *von Medem* ArbRAktuell 2010, 654 – zu ihren Argumenten sogleich. Wohl auch Fiebig/Gallner/Mestwerdt/Nägele/*Fiebig/Böhm* § 9 MuSchG, Rn. 2, die allerdings die *Danosa*-Entscheidung gar nicht zu berücksichtigen scheinen.

plädiert, das Kündigungsverbot über eine europarechtskonforme Auslegung der §§ 138, 242 BGB zu erreichen.[566]

Eine andere Auffassung setzt bei dem MuSchG an und möchte es auf die den *Danosa*-Kriterien unterfallende Geschäftsleiterin anwenden. Zum Teil wird dies durch eine analoge Anwendung des MuSchG erreicht.[567] Damit wird impliziert, dass die Anwendbarkeit nicht durch eine Auslegung des Arbeitnehmerbegriffs in § 1 Nr. 1 MuSchG erreicht werden kann. Mehrheitlich wird hingegen auch nach der *Danosa*-Entscheidung die Möglichkeit einer Analogie abgelehnt.[568] Zur Begründung wird auf den eindeutigen Wortlaut des MuSchG hingewiesen, der nur Arbeitnehmerinnen und Heimarbeiterinnen umfasse.[569]

Die überwiegende Auffassung gelangt zu einer Anwendbarkeit des MuSchG, indem sie den Arbeitnehmerbegriff in § 1 Nr. 1 MuSchG richtlinienkonform unionsrechtlich auslegt.[570] Auf diese Weise wird erreicht, dass eine den *Danosa*-Kriterien entsprechende Geschäftsleiterin ohne Rückgriff auf eine Analogie, sondern unter direkter Anwendung des MuSchG in den persönlichen Anwendungsbereich des Gesetzes fällt.

Andere halten den Arbeitnehmerbegriff des § 1 Nr. 1 MuSchG aufgrund der deutschen Rechtsprechung für nicht im Sinne des EuGH auslegungsfähig.[571] Die Rechtsprechung habe dem Begriff des Arbeitnehmers „klare Konturen verliehen". Der Gesetzgeber habe diese Begriffsbestimmung gebilligt, indem er sie

---

566 *Von Medem* ArbRAktuell 2010, 654. Vgl. dazu zur alten Rechtslage auch *Reiserer/Heß-Emmerich/Peters* S. 96: Unabhängig von der Anwendbarkeit des MuSchG biete jedenfalls § 134 BGB wegen der Wertungen des Art. 3 GG „ausreichenden Schutz".

567 MüKo-GmbHG/*Jaeger* § 35 Rn. 285.

568 *Lunk/Rodenbusch* GmbHR 2012, 188 (191); *Reiserer* DB 2011, 2262 (2266); *Schubert* EuZA 2011, 362 (369); *von Steinau-Steinrück/Mosch* NJW-Spezial 2011, 178 (178).

569 *Reiserer* DB 2011, 2262 (2266); *Schubert* EuZA 2011, 362 (369); *von Steinau-Steinrück/Mosch* NJW-Spezial 2011, 178.

570 *Fischer* NJW 2011, 2329 (2331); Henssler/Willemsen/Kalb/*Hergenröder* § 1 MuSchG, Rn. 4; *Junker* NZA 2011, 950 (951); *Oberthür* NZA 2011, 253 (256); Rancke/*Pepping* § 1 MuSchG, Rn. 30; *Preis/Sagan* ZGR 2013, 26 (55); Ascheid/Preis/Schmidt/*Rolfs* § 9 MuSchG, Rn. 10; ErfK/*Schlachter* § 1 MuSchG, Rn. 3; Scholz/*Schneider/Hohenstatt* § 35 GmbHG, Rn. 507; *Wilsing/Meyer* DB 2011, 341 (341). Wohl auch Schaub/*Linck* § 166 Rn. 8; *von Steinau-Steinrück/Mosch* NJW-Spezial 2011, 178 (179). Ohne methodische Entscheidung *Bauer* GWR 2010, 586; Rolfs/Giesen/Kreikebohm/Udsching/*Leopold* § 1 MuSchG, Rn. 19.

571 *Lunk* FS Bauer, 2010, 705 (716); *Lunk/Rodenbusch* GmbHR 2012, 188 (191 f.); *von Medem* ArbRAktuell 2010, 654; *Schubert* EuZA 2011, 362 (369). Dagegen *Preis/Sagan* ZGR 2013, 26 (54).

seinen Gesetzesvorhaben zugrundegelegt habe. Das mache eine richtlinienkonforme Auslegung des Arbeitnehmerbegriffs in § 1 Nr. 1 MuSchG unzulässig, da sie der nationalen Rechtsprechung zuwiderliefe.[572]

Für eine Auslegungsfähigkeit des § 1 Nr. 1 MuSchG wird jedoch vorgebracht, dass der Arbeitnehmerbegriff eben nicht gesetzlich definiert sei und auch die Konkretisierung des Begriffs durch die Rechtsprechung nichts an dessen Auslegungsfähigkeit und Auslegungsbedürftigkeit geändert habe.[573] Angesichts der unterschiedlichen Rechtsprechung von BGH und BAG könne von einer klaren Begriffsbestimmung nicht die Rede sein. Zudem habe der Gesetzgeber das MuSchG durch die letzten Gesetzesänderungen gerade an die MuSchRL anpassen wollen, weshalb eine europarechtskonforme Auslegung seinem Willen nicht widerspreche.[574] Selbst wenn man von einem gefestigten richterrechtlichen Arbeitnehmerbegriff ausgehe, entfalte diese Rechtsanwendung durch die Gerichte keine Bindungswirkung.[575]

An dieser Auffassung wird wiederum kritisiert, dass „es der Bedeutung der nationalen höchstrichterlichen Rechtsprechung nicht gerecht" würde, „wollte man jedenfalls einer klar konturierten höchstrichterlichen Rechtsprechung insoweit jegliche Bedeutung für die Auslegung absprechen".[576]

3. *Stellungnahme*

Es wurde aufgezeigt, dass der tradierte deutsche Arbeitnehmerbegriff partiell, beschränkt auf einzelne Schutzgesetze, gemäß der in der *Danosa*-Entscheidung aufgeführten Kriterien auszulegen ist.[577] Damit ist nicht gesagt, wie genau die Umsetzung in Bezug auf das MuSchG erfolgen soll.

---

572 *Lunk* FS Bauer, 2010, 705 (716) unter Berufung auf *Bauer/Arnold* NJW 2009, 631 (633) zur fehlenden Möglichkeit einer europarechtskonformen Auslegung von § 7 Abs. 3, 4 BUrlG im Anschluss an EuGH 20.1.2009 – verb. Rs. C-350/06 u. C-520/06 (*Schultz-Hoff*), NJW 2009, 495.

573 *Oberthür* NZA 2011, 253 (256); *Reiserer* DB 2011, 2262 (2266). Zust. *Leopold* ZESAR 2011, 362 (366). Vgl. auch hinsichtlich der europarechtskonformen Auslegung des Arbeitnehmerbegriffs aus § 2 BUrlG in Folge der *Danosa*-Entscheidung *Forst* GmbHR 2012, 821 (823), der jedenfalls eine Subsumtion unter den Begriff des „Angestellten" für methodenkonform hält.

574 *Reiserer* DB 2011, 2262 (2266).

575 *Oberthür* NZA 2011, 253 (256) m.N. aus der Rspr.

576 *Lunk/Rodenbusch* GmbHR 2012, 188 (191).

577 S. oben, S. 44 ff.

a. Möglichkeit 1: Mutterschutz durch KSchG und AGG

Statt den persönlichen Anwendungsbereich des MuSchG auf die Geschäftsleiterin zu erstrecken, könnte der nach der MuSchRL erforderliche Schutz auf Grundlage von KSchG und AGG gewährleistet werden, also mittels Normen, die nicht spezifisch dem Mutterschutz dienen. Diese Möglichkeit erscheint deshalb gangbar, weil der EuGH in der *Danosa*-Entscheidung selbst betont, dass Kündigungsschutz auch die Gleichbehandlungsrichtlinie 76/207/EWG (GleichbehandlungsRL) gewährt, da eine schwangerschaftsbedingte Kündigung einen Fall der unmittelbaren Diskriminierung darstellt.[578] Dass es sich bei einer ungünstigen Behandlung wegen Schwangerschaft oder Mutterschaft um eine Benachteiligung wegen des Geschlechts handelt, hat schließlich auch der deutsche Gesetzgeber in § 3 Abs. 1 S. 2 AGG klargestellt. Kündigungsschutz wegen einer Diskriminierung auf Grundlage des KSchG zu gewähren, stünde konzeptionell mit der Linie des BAG im Einklang, die materiellen Diskriminierungsverbote aus dem AGG bei der Auslegung des Begriffs der Sozialwidrigkeit aus § 1 Abs. 1 KSchG zu berücksichtigen.[579] Das BAG wendet die Diskriminierungsverbote auch im Kündigungsschutzrecht an, ohne dass die Unwirksamkeit einer Kündigung sich unmittelbar aus § 7 AGG ergibt. Dieser Ansatz liegt darin begründet, dass gemäß § 2 Abs. 4 AGG für Kündigungen ausschließlich die Bestimmungen zum Kündigungsschutz gelten sollen. Da die GleichbehRRL nach der Rechtsprechung des EuGH aber auch Kündigungen umfasst,[580] nehmen gewichtige Stimmen im Schrifttum an, die Norm sei europarechtswidrig.[581] Indem das BAG das

578 EuGH 11.11.2010 – Rs. C-232/09 (*Danosa*), Tz. 66, NJW 2011, 2343 unter Bezugnahme auf EuGH 11.10.2007 – Rs. C-460/06 (*Paquay*), Tz. 29, NZA 2007, 1271: „Vor dem Inkrafttreten der Richtlinie 92/85/EWG hatte der EuGH bereits entschieden, dass einer Frau … Kündigungsschutz nicht nur während des Mutterschaftsurlaubs gewährt werden muss, sondern während der gesamten Schwangerschaft".

579 BAG 6.11.2008 – 2 AZR 523/07, Tz. 34, NZA 2009, 361; BAG 15.12.2011 – 2 AZR 42/10, Tz. 47, NZA 2012, 1044. In diese Richtung bereits *Willemsen/Schweibert* NJW 2006, 2583 (2584). Dafür, dass eine schwangerschaftsbedingte Kündigung auch sozialwidrig und damit nach § 1 KSchG unwirksam sein kann auch *Buchner/Becker* § 9 MuSchG, Rn. 274 m.w.N. Auch im Kündigungsschutzprozess ist eine gleichzeitige Berufung auf Sozialwidrigkeit (§ 1 KSchG) und Nichtigkeit (§ 9 Abs. 1 MuSchG) möglich (*v. Hoyningen-Huene/Linck* Einl. Rn. 96).

580 EuGH 11.7.2006 – Rs. C-13/05 (*Navas*), Tz. 37, NZA 2006, 839.

581 *Preis/Temming* NZA 2010, 185 (192); *Thüsing* BB 2007, 1506 (1507) m.w.N. S. auch MüKo-BGB/*Thüsing* § 2 AGG, Rn. 26 f.

Benachteiligungsverbot bei der Anwendung von § 1 Abs. 1 KSchG berücksichtigt, umschifft es das Verdikt der Europarechtswidrigkeit von § 2 Abs. 4 AGG.[582]

Der Ansatz, kündigungsrechtlichen Mutterschutz über KSchG und AGG zu gewährleisten, würde jedoch erhebliche Folgeprobleme auslösen. Das betrifft vor allem Fragen der Beweislast und der Sanktionen einer diskriminierenden Kündigung.[583] Zudem müssten die Erlaubnistatbestände aus Art. 10 Nr. 1 MuSchRL, § 9 Abs. 3 MuSchG berücksichtigt werden, ein Rückgriff auf spezielles Mutterschutzrecht wäre also ohnehin erforderlich. Doch selbst wenn man den Begriff der Sozialwidrigkeit systemkonform im Sinne eines Kündigungsverbots während schwangerschaftsbedingter Schutzzeiten auslegen und dadurch jedenfalls im Ergebnis ein Art. 10 MuSchRL entsprechendes Schutzniveau schaffen könnte, würde dies noch keinen richtliniengemäßen Zustand bedeuten. Infolge der *Danosa*-Entscheidung muss die Geschäftsleiterin vielmehr auch den übrigen Schutzvorschriften der MuSchRL unterfallen. So müsste etwa neben dem zweiwöchigen obligatorischen Mindestmutterschaftsurlaub aus Art. 8 MuSchRL auch das Nachtarbeitsverbot gemäß Art. 7 MuSchRL durch eine Anwendung bereits bestehenden deutschen Rechts gewährleistet werden. Insoweit wären neben KSchG und AGG auch Einzelnormen des MuSchG analog anzuwenden. Es kann daher nicht überzeugen, Mutterschutz allein durch nicht mutterschutzspezifische Normen, namentlich KSchG und AGG, gewährleisten zu wollen.

b. Möglichkeit 2: Mutterschutz durch MuSchG

Mutterschutz ist daher auf Grundlage des MuSchG zu gewährleisten. Zum einen kommt hierfür in Betracht, die einzelnen Schutzvorschriften des MuSchG nur insoweit analog anzuwenden, wie dies durch die MuSchRL indiziert ist. Zum anderen kommt in Betracht, § 1 Nr. 1 MuSchG richtlinienkonform auszulegen, um so das gesamte MuSchG auf die *Danosa*-Geschäftsleiterin zur Anwendung zu bringen.

---

582 Krit. *Preis/Temming* NZA 2010, 185 (192). Anders *Adomeit/Mohr* NJW 2009, 2255 (2256): „Ergebnis ist inhaltlich überzeugend und fügt sich nahtlos in die bisherige Rechtsprechung des Gerichts ein". S. zudem ErfK/*Schlachter* § 2 AGG, Rn. 17 f., auch zu der Frage, ob die übrigen Sanktionen des AGG ausgeschlossen sind.

583 Dazu Rolfs/Giesen/Kreikebohm/Udsching/*Roloff* § 2 AGG, Rn. 26 ff., der feststellt, es sei „nicht ersichtlich, warum ein Arbeitnehmer, der eine diskriminierende Kündigung erhält, schlechter behandelt werden sollte als ein Arbeitnehmer, der durch andere Maßnahmen im bestehenden Arbeitsverhältnis benachteiligt wird". Vgl. zur Frage der Anwendung von § 15 AGG etwa ErfK/*Schlachter* § 2 AGG, Rn. 18, die die Möglichkeit einer Entschädigungsklage aufgrund des Abschreckungseffekts für geboten hält.

Beide Ansätze gleichermaßen bringen mit sich, dass die jeweiligen Vorschriften auf die Geschäftsleiterin zur Anwendung gebracht werden müssten, selbst wenn das von der MuSchRL geforderte Schutzniveau geringer ist. Das daraus folgende Problem lässt sich exemplarisch anhand der Beschäftigungsverbote aus dem MuSchG darstellen: Art. 8 MuSchRL fordert einen unterbrechungsfreien Mutterschafts*urlaub* von mindestens 14 Wochen (Abs. 1), wobei nur zwei Wochen davon obligatorisch sind (Abs. 2). Demgegenüber sehen die §§ 3 Abs. 2, 6 Abs. 1 MuSchG ein sanktionsbedrohtes Beschäftigungs*verbot* vor. Für die Zeit nach der Entbindung gilt es regelmäßig für acht Wochen. Die Mutter kann insoweit in die Beschäftigung – von Fällen des Kindstodes abgesehen (§ 6 Abs. 1 S. 3 MuSchG)[584] – nicht einwilligen.[585] Damit ist die deutsche Regelung strenger.[586] Das gilt auch für § 6 Abs. 1 S. 1 Hs. 2 MuSchG, der für Fälle von Mehrlings- und Frühgeburten eine Verlängerung der Mutterschutzfrist um vier Wochen vorsieht. Eine derartige generelle Verlängerung verlangt die MuSchRL nicht.[587]

Würde man §§ 3 Abs. 2, 6 Abs. 1 MuSchG im Wege der Einzelanalogie auf die Geschäftsleiterin anwenden, kämen die dort geregelten Beschäftigungsverbote genauso zur Anwendung, als wenn eine normale Angestellte betroffen wäre. Es ließe sich nicht überzeugend begründen, einzelne Normen des MuSchG auf das europarechtlich geforderte Maß zurückzuführen. Denn wendet man §§ 3 Abs. 2, 6 Abs. 1 MuSchG analog an, lassen sich die dort geregelten Beschäftigungsverbote nicht im Sinne eines nur mindestens zweiwöchigen Mutterschaftsurlaubs verstehen. Ein anderes Ergebnis mittels einer Analogie zu konstruieren, die sich

---

584 Dazu *Buchner/Becker* § 6 MuSchG, Rn. 18 ff. Diese Ausnahme soll dem aus der Praxis bekannten Umstand Rechnung tragen, dass viele Leidtragende ihren Verlust durch eine zeitige Wiederaufnahme der beruflichen Tätigkeit besser ertragen können (so der Gesetzesentwurf der BReg vom 26.10.1995, BT-Drs. 13/2763, S. 10).

585 Erbs/Kohlhaas/*Ambs* § 6 MuSchG, Rn. 1; *Buchner/Becker* § 6 MuSchG, Rn. 12 m.w.N.; Rolfs/Giesen/Kreikebohm/Udsching/*Leopold* § 6 MuSchG, Rn. 8. Vgl. auch BAG 14.10.1954 – 2 AZR 30/53, NJW 1955, 39: „… mag sich auch die *werdende* Mutter hier mit einer ausdrücklichen, aber doch jederzeit widerruflichen Erklärung zur Arbeitsleistung bereit erklären dürfen" (Hervorhebung nachträglich). Dies ergibt sich letztlich aus einem Umkehrschluss aus §§ 3 Abs. 2, 6 Abs. 1 S. 3 MuSchG.

586 *Zmarzlik* DB 1994, 96 (97).

587 Entscheidend ist nur, dass in jedem Falle ein „mindestens 14 Wochen" umfassender Mutterschaftsurlaub vorzusehen ist. Vor der Änderung des jetzigen § 6 Abs. 1 S. 2 MuSchG war dies nicht gewährleistet. Eine Verlängerung der Schutzfrist war nur vorgesehen, wenn medizinisch eine Frühgeburt vorlag, also nicht in allen Fällen einer vorzeitigen Entbindung (vgl. zur insoweit richtlinienwidrigen Umsetzung der früheren Fassung des MuSchG *Graue* NJW 1999, 2795 [2797]).

auf das europarechtlich Unabdingbare beschränkt (gleichsam eine „beschränkt-analoge“ Anwendung), wäre methodisch kaum vertretbar. Folge der *Danosa*-Entscheidung des EuGH müsste dann ein Schutz der Geschäftsleiterin sein, der über das europarechtlich geforderte Maß deutlich hinausgeht.

Flexibler und deshalb vorzugswürdig ist der Ansatz, den Arbeitnehmerbegriff aus § 1 Nr. 1 MuSchG europarechtskonform im Sinne der *Danosa*-Entscheidung auszulegen und somit zunächst das gesamte MuSchG auf die Geschäftsleiterin zur Anwendung zu bringen. Erst in einem zweiten Schritt ließen sich dann die einzelnen Vorschriften des MuSchG teleologisch reduzieren, soweit die Voraussetzungen dafür vorliegen. Dies würde voraussetzen, dass sonst ein Ergebnis herbeigeführt würde, das der inneren Normteleologie widersprechen würde.[588] Mit anderen Worten müsste der nach dem Wortlaut der Norm gebotene Schutzumfang über ihren Regelungszweck hinausgehen. Ob dies der Fall ist, lässt sich nur anhand der konkreten Mutterschutznorm bestimmen, was den späteren Ausführungen vorbehalten bleibt.

Dieser Lösung widerspricht auch nicht die vereinzelt als Grenze europarechtskonformer Rechtsfortbildung angesehene Einschränkung, „dass die jeweilige nationale Norm mit allenfalls geringfügigen Modifikationen das vorgegebene Regelungsziel erreich[en]“ müsse.[589] Diese funktionale Grenze europarechtskonformer Rechtsanwendung wäre deshalb nicht überschritten, weil eine teleologische Reduktion der Einzelnormen des MuSchG nicht dazu dient, einen europarechtskonformen Zustand zu erreichen. Dieser ist bereits mit der europarechtskonformen Auslegung des Arbeitnehmerbegriffs in § 1 Nr. 1 MuSchG erreicht, jedoch über das europarechtlich Geforderte hinausgehend. Vielmehr handelt es sich bei der hier vorgeschlagenen teleologischen Reduktion der Einzelnormen des MuSchG um eine national-rechtlich gebotene Einschränkung eines Normkomplexes, der durch die europarechtskonforme Modifikation des Arbeitnehmerbegriffs zu umfassend geraten ist. Die Reduktion dient hinsichtlich der Geschäftsleiterin dazu, den Mutterschutz auf das durch die MuSchRL vorgegebene Mindestschutzniveau zu reduzieren.

588 Vgl. Larenz/*Canaris* S. 210 f. Grundsätzliche Kritik übt *Herzberg* NJW 1990, 2525, der vor allem auf die Gefahr hinweist, die Reduktion aufgrund einer falschen Einschätzung des Normzwecks durchzuführen.

589 *Herresthal* S. 336.

c. *Ergebnis*

An dieser Stelle bleibt festzuhalten, dass es vorzugswürdig ist, zunächst das gesamte MuSchG auf die *Danosa*-Geschäftsleiterin zur Anwendung zu bringen, indem der Arbeitnehmerbegriff in § 1 Nr. 1 MuSchG europarechtskonform ausgelegt wird. In einem zweiten Schritt sind die einzelnen Schutzvorschriften des MuSchG teleologisch zu reduzieren, soweit sie über das europarechtlich geforderte Maß hinausgehen. Eine Analogie einzelner Mutterschutznormen ist nicht überzeugend, da diese nicht auf methodisch gangbarem Wege auf das europarechtlich geforderte Maß reduziert werden könnten. Auch ist Mutterschutz nicht stattdessen durch eine europarechtskonforme Anwendung von KSchG und AGG zu gewährleisten. Dieser Ansatz hätte verschiedene, überzeugend nicht lösbare Probleme zur Folge, die, setzt man bei der Auslegung von § 1 Nr. 1 MuSchG an, nicht entstehen.

C. Rechtsfolgen des Mutterschutzrechts

Es stellt sich die Frage, welche Rechtsfolgen sich aus dem Mutterschutzrecht ergeben, wendet man es auf die Geschäftsleiterin an. Die Brisanz dieser Frage offenbart sich unmittelbar, vergegenwärtigt man sich, dass nach dem sog. Trennungsgrundsatz Anstellungs- und Bestellungsverhältnis nebeneinander stehen und rechtlich unabhängig voneinander zu beurteilen sind.[590] Namentlich wird zu beantworten sein, ob das in § 9 MuSchG normierte Kündigungsverbot auch auf das gesellschaftsrechtliche Bestellungsverhältnis durchschlägt. Nicht den Gegenstand dieser Untersuchung bildet demgegenüber die Frage, welche Auswirkungen der Mutterschutz auf die Organstellung der Geschäftsleiterin hat, etwa ob die Gesellschaft mit Wahrnehmung der Mutterschutzzeiten führungslos wird (vgl. §§ 35 Abs. 1 S. 2 GmbHG, 78 Abs. 1 S. 2 AktG, 10 Abs. 2 S. 2 InsO). Diese Fragen sind nicht spezifisch diskriminierungsrechtlicher Natur und bleiben hier daher ausgeklammert.[591]

---

590 BGH 28.10.2002 – II ZR 146/02, NJW 2003, 351; *Köhl* DB 1996, 2597 (2601); *K. Schmidt* GesR, § 14 III 2 b; Scholz/*Schneider/Hohenstatt* § 35 GmbHG, Rn. 251 m.N. auch für die dem entgegenstehende sog. Einheitstheorie; MüKo-GmbHG/*Stephan/Tieves* § 35 GmbHG, Rn. 39. S. auch die Nachw. bei *Baums* S. 3.

591 Dazu aber *Kruse/Stenslik* NZA 2013, 596 (598 ff.); *Windbichler* FS Hoffmann-Becking, 2013, 1413 (1415 ff.).

I. Kündigungsverbot

Aus § 9 MuSchG folgt ein Kündigungsverbot während der Schutzzeiten, das sich im Grundsatz auf sämtliche Kündigungsgründe erstreckt. Danach statuiert das MuSchG ein absolutes Kündigungsverbot. Nach § 9 Abs. 3 MuSchG ist die Kündigung jedoch nach vorheriger behördlicher Genehmigung in Ausnahmefällen gestattet, die nicht mit der Schwangerschaft zusammenhängen. Das absolute Kündigungsverbot wird somit um einen Erlaubnisvorbehalt ergänzt.

Es stellt sich die Frage, ob dieses Konzept bei der Anwendung des MuSchG auf die Geschäftsleiterin anzuwenden ist oder ob insoweit eine partielle Reduktion des § 9 MuSchG in Betracht kommt. Namentlich, ob die Kündigung einer Geschäftsleiterin während der Schutzzeiten aus einem nicht auf der Schwangerschaft beruhenden Grund zulässig bleibt und nicht dem Erlaubnisvorbehalt des § 9 Abs. 3 MuSchG zu unterwerfen ist. Zuvor bedarf es einer Klärung, ob die MuSchRL eine solche Reduktion überhaupt zulässt. Würde die MuSchRL ein absolutes Kündigungsverbot vorschreiben, wäre also das Konzept des § 9 Abs. 1, 3 MuSchG europarechtlich determiniert, stellt sich die Frage einer Reduktion gar nicht. In diesem Fall hätte die *Danosa*-Entscheidung ohne Weiteres zur Folge, dass auch die Geschäftsleiterin durch das absolute Kündigungsverbot mit Erlaubnisvorbehalt geschützt ist.

1. Schutzforderung der MuSchRL

Nach Art. 10 Nr. 1 MuSchRL besteht ein umfassendes Kündigungsverbot *während* der Schwangerschaft und des Mutterschaftsurlaubs. Vom Kündigungsverbot ausgenommen sind nur „nicht mit [dem] Zustand [der Schwangeren] in Zusammenhang stehend[e] Ausnahmefälle, die entsprechend den einzelstaatlichen Rechtsvorschriften und/oder Gepflogenheiten zulässig sind“. Nach dem zweiten Leitsatz der *Danosa*-Entscheidung gilt das mutterschutzrechtlich gebotene Abberufungsverbot indes nur, wenn die der Schwangeren „gegenüber ergangene Abberufungsentscheidung im Wesentlichen auf ihrer Schwangerschaft beruht“. Der EuGH hebt nicht hervor, dass ein „Ausnahmefall“ vorliegen muss. Daraus allein kann jedoch nicht geschlossen werden, dass die MuSchRL nach Auffassung des EuGH die Kündigung aus nicht mit der Schwangerschaft zusammenhängenden Gründen generell gestattet, also ein nur relatives Kündigungsverbot vorliegt. Vielmehr führt der EuGH in den Entscheidungsgründen aus, die Kündigung sei nur dann möglich, wenn ein „Ausnahmefall" vorliege.[592] Gleichwohl schließt *Thüsing* aus der *Danosa*-Entscheidung, der EuGH ließe „[e]ine Kündigung bzw. Abberufung aus einem anderen Grund, der nichts mit der Schwangerschaft zu tun hat, … auch in der Zeit vom Beginn der Schwangerschaft bis zum Ende des Mutterschaftsurlaubs zu".[593] Dieser Schluss lässt sich nur aus einer isolierten Betrachtung des Leitsatzes ziehen, nicht aber dann, wenn man die Entscheidungsgründe einbezieht. Dort nimmt der EuGH ausdrücklich auf den Wortlaut der Richtlinie Bezug.

Die Richtlinie lässt ihrerseits aber keine definitive Antwort auf die Frage zu, ob europarechtlich ein absoluter Kündigungsschutz während der Schutzzeiten notwendig ist oder nicht. Auch der EuGH hat bislang nicht entschieden, wie der Begriff des „Ausnahmefalls" zu verstehen ist. Es kann durchaus lediglich der Fall gemeint sein, dass während der Schutzzeiten aus erheblichen, nicht auf der Schwangerschaft beruhenden Gründen gekündigt wird. Dieses Verständnis entspricht auch der Rechtslage im Vereinigten Königreich. Dort wird aus der MuSchRL nur ein Verbot von Kündigungen *aufgrund* der Schwangerschaft abgeleitet,[594] obwohl auch die englische Sprachfassung der MuSchRL von „exceptional cases" spricht. Gemäß Section 99 (3) des Employment Rights Act 1996 ist eine Kündigung nur dann unwirksam, wenn ihr Grund mit der Schwangerschaft zusammenhängt. Einen absoluten Kündigungsschutz während der Schutzzeiten kennt das englische Recht nicht. Die Erwägungsgründe der MuSchRL lassen keinen Schluss zu. In ihnen heißt es lediglich: „Die Gefahr, aus Gründen entlassen zu werden, *die mit ihrem Zustand in Verbindung stehen*, kann sich schädlich auf die physische und psychische Verfassung von schwangeren Arbeitnehmerinnen,

592 EuGH 11.11.2010 – Rs. C-232/09 (*Danosa*), Tz. 61, NJW 2011, 2343 im Anschluss an seine frühere Rechtsprechung, etwa EuGH 11.10.2007 – Rs. C-460/06 (*Paquay*), Tz. 31, NZA 2007, 1271.

593 Graf von Westphalen/*Thüsing* Geschäftsführerverträge, Rn. 236a. Ähnlich *Ziemons* KSzW 2013, 19 (21), die diesen Schluss auch in Bezug auf die Abberufung schon aus der MuSchRL selbst zieht, ohne die *Danosa*-Entscheidung heranzuziehen.

594 Vgl. den Vorlagesachverhalt von EuGH 14.7.1994 – Rs. C-32/93 (*Webb*), NZA 1994, 783 zur Entlassung einer schwangeren Schwangerschaftsvertretung. In der Entscheidung widersprach der EuGH der Rechtslage im Vereinigten Königreich im Hinblick auf den nur relativen Kündigungsschutz auch nicht, obwohl der EuGH auch auf die MuSchRL Bezug nahm. S. auch *Crump/Pugsley* Rn. 7.93: „[I]t is automatically unfair to select a woman for dismissal *on the basis that* she is pregnant"; *Seward et al.* Rn. 9.38: „As confirmed in *Webb*, it will be automatically discriminatory to dismiss a woman *on the ground of* her pregnancy or for a pregnancy related reason" (Hervorhebungen jeweils nachträglich hinzugefügt).

Wöchnerinnen oder stillenden Arbeitnehmerinnen auswirken; daher ist es erforderlich, ihre Kündigung zu verbieten".[595] Daraus lässt sich nicht ableiten, ob der Richtliniengeber einen Schutz nur gegen schwangerschaftsbedingte Kündigungen gewährleisten wollte[596] oder im Ausgangspunkt ein absolutes Kündigungsverbot im Auge hatte. Ferner kann in dem Regel-Ausnahme-Verhältnis, das der Formulierung von Art. 10 Nr. 1 MuSchRL zu entnehmen ist, keine Entscheidung für die eine oder andere Variante gesehen werden.

Eindeutig ist nur, dass Art. 10 Nr. 1 MuSchRL einen effektiven Schutz der Schwangeren gegen Kündigungen fordert, welche mit der Schwangerschaft zusammenhängen. Für einen effektiven Mutterschutz ist ein absolutes Kündigungsverbot aber nicht erforderlich. Das relative Kündigungsverbot – etwa nach dem Vorbild des englischen Rechts – bietet einen wirksamen Schutz vor Kündigungen, die während der Schutzzeiten erfolgen, sofern die Gerichte einen strengen Prüfungsmaßstab bei der Frage des Kündigungsgrundes anlegen.

Der Richtliniengeber hat es letztlich den Mitgliedsstaaten überlassen, wie sie den Kündigungsschutz während der Schutzzeiten gewährleisten. Dass sich der deutsche Gesetzgeber – schon lange vor Richtlinienerlass – für ein absolutes Kündigungsverbot entschieden hat, ist dadurch bedingt, dass er zugleich einen präventiven behördlichen Erlaubnisvorbehalt vorgesehen hat. Die Effektivität eines solchen Erlaubnisvorbehalts kann am besten durch einen im Ausgangspunkt umfassenden, auf jegliche Kündigungsgründe bezogenen Kündigungsschutz gewährleistet werden. Dieses Schutzkonzept ist jedoch durch die MuSchRL nicht vorgeschrieben. Zwar stipuliert Art. 10 Nr. 1 MuSchRL die Anforderung, dass „gegebenenfalls die zuständige Behörde ihre Zustimmung erteilen" müsse. Der EuGH hat jedoch entschieden, dass aus dem Wort „gegebenenfalls" folge, dass die Mitgliedsstaaten nicht gezwungen seien, ein präventives Schutzsystem einzuführen, welches das jeweilige nationale Recht vorher nicht kannte.[597] Insoweit gebietet Art. 10 Nr. 1 MuSchRL lediglich einen effektiven Mindestschutz, der durch das auf präventive Kontrolle gerichtete Schutzkonzept des § 9 Abs. 1, 3 MuSchG erweitert ist.

Damit folgt aus Art. 10 Nr. 1 MuSchRL keine Notwendigkeit eines absoluten Kündigungsschutzes. Insoweit ist europarechtlich jedenfalls nicht ausgeschlossen, das Kündigungsverbot aus § 9 Abs. 1 MuSchG hinsichtlich einer

595 Hervorhebungen nachträglich hinzugefügt.

596 So der Belgier *Blanpain* S. 568: „Article 10 of Council Directive 92/85/EEC [is] to be interpreted as precluding a worker from being dismissed on the ground of pregnancy".

597 EuGH 4.10.2001 – Rs. C-438/99 (*Melgar*), Tz. 51, NJW 2002, 125.

Geschäftsleiterin nur auf solche Kündigungen zu beziehen, die mit der Schwangerschaft in Verbindung stehen. Um den europarechtlichen Vorgaben zu genügen, ist hierbei auf die Rechtsprechung des EuGH abzustellen, wonach eine Verbindung dann vorliegt, wenn die Entlassung entweder wegen der Schwangerschaft erfolgt oder aus einem Grund, der wesentlich auf der Schwangerschaft beruht.[598]

2. Reduktion des MuSchG

Dass § 9 Abs. 1 MuSchG nur dann der Kündigung einer Geschäftsleiterin entgegensteht, wenn die Kündigungsgründe mit der Schwangerschaft in Verbindung stehen, entspricht auch einer in der Literatur vertretenen Auffassung.[599] Eine Kündigung der schwangeren Geschäftsleiterin aus Gründen, die mit ihrer Schwangerschaft nicht zusammenhängen, ist demzufolge ohne vorherige Zustimmung der obersten Landesbehörde zulässig. Zur Begründung wird angeführt, die richtlinienkonforme Anwendung „sollte nur soweit gehen, wie es Sinn und Zweck der Richtlinie gebieten".[600]

Rechtstechnisch ließe sich dies durch eine teleologische Reduktion des § 9 Abs. 1 MuSchG erreichen. Soweit eine Geschäftsleiterin betroffen ist, unterfiele diese nur einem relativen Kündigungsverbot, d.h. sie dürfte nur nicht aus schwangerschaftsbedingten Gründen gekündigt werden. Eine teleologische Reduktion scheidet allerdings deshalb aus, weil der Wortlaut des Kündigungsverbots nicht über den Regelungszweck der Norm hinausgeht.[601] Das absolute Kündigungsverbot entspricht dem gesetzgeberischen Konzept des § 9

598 EuGH 8.11.1990 – Rs. C-177/88 (*Dekker*), Tz. 12, NJW 1991, 628, wonach eine abgelehnte Einstellung wesentlich auf der Schwangerschaft beruht, wenn sie mit den finanziellen Auswirkungen schwangerschaftsbedingter Fehlzeiten begründet wird. Die Wendung ist seitdem st. Rspr., s. etwa EuGH 11.11.2010 – Rs. C-232/09 (*Danosa*), Tz. 66, NJW 2011, 2343 m.w.N.

599 *Von Steinau-Steinrück/Mosch* NJW Spezial 2011, 178 (179). Unklar *Reinhard/Bitsch* ArbRB 2011, 241 (243), die einerseits nur Entlassungen aufgrund der Schwangerschaft für unzulässig erachten, andererseits aber eine Erlaubnis nach § 9 Abs. 3 MuSchG, die nur bei einem umfassenden präventiven Kündigungsverbot Sinn macht, für erforderlich halten.

600 *Von Steinau-Steinrück/Mosch* NJW Spezial 2011, 178 (179), allerdings zur Möglichkeit der freien Abberufbarkeit; dieses Argumentationsmuster lässt sich aber wohl auch auf die Kündigung des Anstellungsverhältnisses übertragen, auf die *von Steinau-Steinrück* und *Mosch* sonach ausdrücklich Bezug nehmen.

601 S. zu den Voraussetzungen einer teleologischen Reduktion bereits oben, S. 133.

MuSchG. Demgegenüber würde sich ein nur relatives Kündigungsverbot für Geschäftsleiterinnen weit von diesem Konzept entfernen und wäre vom Willen des Gesetzgebers schwerlich gedeckt. Der Gesetzgeber wollte mit dem absoluten Kündigungsverbot in § 9 Abs. 1 MuSchG gerade einen umfassenden Schutz der (werdenden) Mutter erreichen und Kündigungen nur dann erlauben, wenn eine behördliche Zustimmung vorliegt.[602] Das Mutterschutzgesetz von 1927[603] sah Kündigungen aus Gründen, die nicht mit der Schwangerschaft zusammenhängen, noch als zulässig an.[604] Davon ist der Gesetzgeber 1942 bewusst abgerückt.[605] Zwar sollte damals noch dem Umstand Rechnung getragen werden, dass die Gesundheit der in den Rüstungsbetrieben benötigten Frauen kriegswichtig war.[606] Das Regelungskonzept hat sich seither aber bewährt.[607] Es kann schon auf frühere Vorschläge u.a. der SPD und der Gewerkschaften zurückgeführt werden,[608] die nicht im Verdacht stehen, damit die Förderung der Rüstungsproduktion im Sinne gehabt zu haben. Mit dem absoluten Kündigungsverbot wird vom üblichen Rechtsschutzsystem abgewichen, das im Falle einer unberechtigten Kündigung eine Kündigungsschutzklage erfordert. Das Konzept des § 9 MuSchG ist auf vorbeugenden Kündigungsschutz gerichtet. Dieses System wäre partiell außer Kraft gesetzt, würde man sich im Anschluss an die *Danosa*-Entscheidung allein an den Richtlinienvorgaben orientieren. Dies würde ohne jeglichen parlamentarischen Willensakt erfolgen, aus dem sich eine Abweichung vom absoluten Kündigungsverbot rechtfertigen würde.

Das Regelungskonzept des § 9 MuSchG gewährleistet einerseits effektiven Mutterschutz und berücksichtigt andererseits in § 9 Abs. 3 MuSchG angemessen die berechtigten Interessen des Arbeitgebers an einer Lösungsmöglichkeit in

---

602 Zur verfassungsrechtlichen Bewertung, v.a. hinsichtlich Art. 3 und 20 Abs. 2 GG, siehe BVerwG 29.10.1958 – V C 88.56, BVerwGE 7, 294 = NJW 1959, 690.

603 S. oben, Fn. 532.

604 Dazu *Buchner/Becker* § 9 MuSchG, Rn. 195.

605 Gesetz zum Schutze der erwerbstätigen Mutter (Mutterschutzgesetz) vom 17.5.1942 (RGBl. I S. 321).

606 So der Gesetzesentwurf des Reichsarbeitsministeriums (*Edel* S. 79 f.).

607 So postuliert *Oetker* AuR 1997, 41 (42 f.), die Verwirklichung des Schutzauftrags aus Art. 6 Abs. 4 GG sei ohne diese Regelung nicht „gleichermaßen effektiv zu verwirklichen". *Aubel* S. 280 konstatiert, § 9 MuSchG könne insgesamt „als Musterbeispiel einer angemessenen Abwägung zwischen den Interessen der Mutter und des Arbeitgebers angesehen werden". Auch *Preis* NZA 1997, 1256 (1260 f.) stellt die Effektivität nicht in Frage, weist aber auf „kontraproduktive beschäftigungspolitische Effekte" hin.

608 *Schmalz* GMH 1950, 282 (283).

Ausnahmefällen.[609] Zudem muss man sich fragen, ob im Lichte der *Danosa*-Entscheidung eine unterschiedliche Behandlung von Geschäftsleiterinnen, die den *Danosa*-Kriterien entsprechen, überhaupt noch verfassungsrechtlich gerechtfertigt werden könnte. Maßstab ist unter anderem Art. 3 Abs. 1 GG. Das BVerwG hat dazu vertreten, die „persönliche und wirtschaftliche Abhängigkeit" von Arbeitnehmerinnen und die daraus folgende „besondere Schutzbedürftigkeit" sei ein einleuchtender Grund, nur Arbeitnehmerinnen und nicht auch Selbständige vom Mutterschutz zu erfassen.[610] Hat die deutsche Rechtsprechung aber nunmehr auch die Geschäftsleiterin als vom persönlichen Schutzbereich des MuSchG umfasst anzusehen, kann eine Differenzierung aufgrund einer angeblich weniger ausgeprägten Schutzbedürftigkeit nicht mehr überzeugen. Der EuGH hat die grundsätzliche Schutzbedürftigkeit der in einem Unterordnungsverhältnis stehenden Geschäftsleiterin bejaht. Sie bei der Anwendung des § 9 MuSchG zu benachteiligen hieße deshalb, diese grundsätzliche Wertung wieder in Frage zu stellen. Es überzeugt deshalb nicht, dem Kündigungsschutz im Hinblick auf die *Danosa*-Geschäftsleiterin nur relative Wirkung zukommen zu lassen.

3. Ergebnis

Auch die § 1 Nr. 1 MuSchG unterfallende schwangere Geschäftsleiterin genießt den Kündigungsschutz des § 9 MuSchG umfassend. Dass nach der hier vertretenen Auffassung die europarechtlichen Vorgaben insoweit keinen absoluten Schutz gegen jegliche Kündigungen fordern, rechtfertigt keine Abweichung vom Schutzkonzept des § 9 Abs. 1, 3 MuSchG. Eine teleologische Reduktion würde von dem bewusst auf präventiven Schutz gerichteten gesetzgeberischen Konzept eines absoluten Kündigungsschutzes mit Erlaubnisvorbehalt abweichen. Sie begründete eine Ungleichbehandlung im Vergleich zu normalen Arbeitnehmerinnen, die verfassungsrechtlich nicht gerechtfertigt werden könnte.

II. Abberufungsverbot

Es ist fraglich, welche Schlüsse aus der *Danosa*-Entscheidung für das Organverhältnis zu ziehen sind. Im Recht der Kapitalgesellschaften ist die Möglichkeit der Abberufung der Geschäftsleiter wie gesehen weitgehend. Reicht bei der AG ein Vertrauensentzug der Hauptversammlung als Abberufungsgrund grundsätzlich

609 Vgl. *Buchner/Becker* § 9 MuSchG, Rn. 196 ff.; Ascheid/Preis/Schmidt/*Rolfs* § 9 MuSchG, Rn. 66.

610 BVerwG 27.5.1993 – 5 C 42/89, NJW 1994, 401 (angestellte Assistenzzahnärztin). Vgl. auch BSG 28.10.1965 – 3 RK 77/63, *juris* (Antrag einer Arbeitslosen auf Stillgeld).

aus (§ 84 Abs. 2 S. 2 AktG), ist in der Normalverfassung der GmbH die Abberufung nicht an einen Grund gebunden (§ 38 Abs. 1 GmbHG). Letzterer Regelung entsprach auch die Rechtslage der lettischen Vorlage. Auf die Vorlagefrage, ob aus Art. 10 MuSchRL ein Abberufungsverbot zu folgern sei, antwortete der EuGH, dass ein Abberufungsbeschluss, der wesentlich mit der Schwangerschaft zusammenhängt, unter anderem mit Art. 10 der MuSchRL unvereinbar sei.[611] Da der Wortlaut der Richtlinie insoweit nur „Kündigungen" verbietet, war diese Auslegung nicht zwingend. Vom Wortlaut ausgehend hätte es genauso nahe gelegen, nur das Anstellungsverhältnis von Art. 10 der MuSchRL erfasst anzusehen. Auf frühere Rechtsprechung konnte der EuGH nicht zurückgreifen.[612]

Bejaht man, dass der *Danosa*-Entscheidung auch Folgen für das gesellschaftsrechtliche Bestellungsverhältnis zu entnehmen sind, ist des Weiteren fraglich, ob ein nicht auf Schwangerschaften als Abberufungsgrund beschränkter, also absoluter Abberufungsschutz zu gewähren ist, gegebenenfalls mit oder ohne behördlichen Erlaubnisvorbehalt. Methodisch ließe sich dies dadurch erreichen, dass man von dem in § 9 MuSchG verwendeten Begriff „Kündigung" auch die Abberufung als umfasst ansieht. Alternativ kommt ein bloß relativer Abberufungsschutz in Betracht, also der Gesellschaft nur solche Abberufungen zu verbieten, deren Grund in Zusammenhang mit der Schwangerschaft stehen. Methodisch hieße dies, die gesellschaftsrechtlichen Abberufungsvorschriften zu reduzieren. In systematischer Hinsicht geht es mithin um die Frage, infolge der *Danosa*-Entscheidung entweder arbeitsrechtliche Vorschriften „gesellschaftsrechtlich" oder gesellschaftsrechtliche Vorschriften „arbeitsrechtlich" aufzuladen.

1. Literaturauffassungen

In der Literatur wird zunächst weithin nicht in Abrede gestellt, dass sich die *Danosa*-Entscheidung auch auf das Organverhältnis bezieht. Nur vereinzelt wird vertreten, die Abberufungsmöglichkeit sei durch die *Danosa*-Entscheidung unangetastet geblieben und die Organisationsfreiheit der Gesellschaft setze sich

---

611 EuGH 11.11.2010 – Rs. C-232/09 (*Danosa*), Tz. 62, NJW 2011, 2343.

612 Zwar wurde in EuGH 12.10.2004 – Rs. C-55/02 (*Kommission/Portugal*), Tz. 50, NZA 2004, 1265; EuGH 27.1.2005 – Rs. C-188/03 (*Junk/Kühnel*), Tz. 32, NZA 2005, 213 jeweils der Begriff der „Entlassung" nach der Massenentlassungs-RL allein auf ein Arbeitsverhältnis bezogen. Die Entscheidungen sind aber nicht aussagekräftig, weil es auf den Unterschied zwischen Anstellungs- und Bestellungsverhältnis gar nicht ankam.

durch.[613] Vorsichtige Zweifel daran, ob der EuGH sich überhaupt eindeutig zum Schicksal des Organverhältnisses geäußert habe, meldet jedoch *Bauer* an. In seiner Kurzanmerkung stellt er fest, die Ausführungen des EuGH „lesen sich so, als ob sie sich auch auf die Organstellung beziehen".[614] Er konstatiert, der EuGH gehe auf den Unterschied zwischen Bestellungs- und Anstellungsverhältnis, den auch das lettische Recht kennt, gar nicht ein.[615] Diesen Zweifeln wurde in der Literatur bislang nicht nachgegangen.

Wird also weithin angenommen, dass sich die *Danosa*-Entscheidung auch auf das Organverhältnis bezieht, wird diese Rechtsauffassung doch inhaltlich kritisiert. Der Mutterschutz dürfe sich schlechthin nicht auf die Abberufung auswirken, ohne dass immer deutlich würde, ob sich die inhaltliche Kritik tatsächlich auch in einer einschränkenden Umsetzung der *Danosa*-Entscheidung auf das deutsche Recht niederschlagen soll.[616]

---

613 *Baeck/Winzer* NZG 2011, 101. Sie raten der Praxis aber, da die Rechtslage insoweit „offen" sei, vorsorglich auch Gründe zu dokumentieren, die nicht in Zusammenhang mit der Schwangerschaft stehen. Nach *Preis/Sagan* ZGR 2013, 26 (39) bestehen „keine Ansatzpunkte dafür, den Schutz auf andere Rechtsgeschäfte mit schwangeren Arbeitnehmerinnen auszudehnen", da nach dem Telos von Art. 10 MuSchRL nur durch „das Beschäftigungsverhältnis die notwendige Sicherheit verschafft werden" solle. Zust. Scholz/*Schneider/Hohenstatt* § 35 GmbHG, Rn. 509. Vgl. auch *Sagan* ZESAR 2011, 412 (419 f.), nach dem nur das Anstellungsverhältnis ein Arbeitsverhältnis sein könne, da sich allein aus diesem die Vergütungspflicht ergebe.

614 *Bauer* GWR 2010, 586. Anders *Kruse/Stenslik* NZA 2013, 596 (597) und *Ziemons* KSzW 2013, 19 (20), denen zufolge es in der *Danosa*-Entscheidung *allein* um die Beendigung der Organstellung gegangen sei. Geht man von dem durch das Kassationsgericht mitgeteilten Sachverhalt aus, ist dies zutreffend; jedoch lassen die Entscheidungsgründe durchaus Zweifel aufkommen, dazu sogleich.

615 So auch *Windbichler* FS Hoffmann-Becking, 2013, 1413 (1414). Krit. dazu *Junker* NZA 2011, 950 (951): EuGH beziehe Kündigungsverbot „undifferenziert" auch auf die Abberufung. Ähnlich *Preis/Sagan* ZGR 2013, 26 (37), denen zufolge die Entscheidungsgründe den Schluss zulassen, der EuGH habe „möglicherweise gar nicht zwischen Organ- und Anstellungsverhältnis unterschieden".

616 Eher nur inhaltlich krit. Roth/*Altmeppen* § 38 GmbHG, Rn. 31a; *Bauer* GWR 2010, 586. Für eine Beschränkung der Entscheidung auf das Anstellungsverhältnis spricht sich auch *Windbichler* FS Hoffmann-Becking, 2013, 1413 (1423) aus. *Reinhard/Bitsch* ArbRB 2011, 241 (244) hingegen gehen, trotz ihrer Annahme, die Entscheidung beziehe sich auch auf das Organverhältnis, offenbar davon aus, die „Organisationsfreiheit der Gesellschaft" setze sich durch. Im Ergebnis würde dies mit der Auffassung von *Baeck* und *Winzer* (Fn. 613) übereinstimmen.

Anstellungs- und Organverhältnis seien streng voneinander zu trennen. Eine Beschränkung der Abberufungsmöglichkeit sei ein „schwerer Eingriff in die Privatautonomie der Gesellschaftsorganisation".[617] Arbeitsrechtliche Richtlinien griffen in eine gesellschaftsrechtliche Materie wie die Organisationsverfassung von Gesellschaften ein.[618] Ein solcher Eingriff sei gar nicht erforderlich, da die Geschäftsleiterin hinsichtlich ihres Anstellungsverhältnisses durch § 9 MuSchG ausreichend geschützt sei.[619] Die „Grenzen eines angemessenen Sozialschutzes" seien weit überschritten, würde sich der Kündigungsschutz auch auf das Organverhältnis auswirken.[620] Der aufgezwungene Schutz „schadet der Gesellschaft und der betroffenen Geschäftsführerin, ... provoziert Ausweichstrategien und setzte falsche Anreize".[621] Offen bekennen sich *Zöllner* und *Noack* angesichts der ihrer Meinung nach sachlich verfehlten Auffassung des EuGH dazu, die *Danosa*-Entscheidung erstrecke sich zwar eigentlich auf das Organverhältnis, müsse insoweit aber einschränkend interpretiert werden.[622] Die Vertretung der Gesellschaft müsse sichergestellt werden und sie müsse die Akzeptanz der Gesellschafter finden. Die aus der *Danosa*-Entscheidung folgende „Zwangsvertretung wegen Schwangerschaft [vermenge] Sozialschutz der Schwangeren mit Funktionsnotwendigkeiten einer Korporation".

Ungeachtet dieser Kritik an der *Danosa*-Entscheidung wird vertreten, es gelte für die Dauer der Mutterschutzzeit ein absolutes und uneingeschränktes Abberufungsverbot, d.h. die Geschäftsleiterin dürfe egal aus welchem Grund und ohne die Möglichkeit einer behördlichen Zustimmung nicht abberufen werden.[623] Zwar wird zugestanden, dass für die Gesellschaft ein solches Abberufungsverbot misslich sei, zumal die Abberufung aus anderen Gründen als der Schwangerschaft europarechtlich eigentlich zulässig sei. Jedoch könne eine § 9 Abs. 3 MuSchG entsprechende Ausnahmeregelung in § 38 Abs. 1 GmbHG nicht hineingelesen werden.

Zudem wird vertreten, die *Danosa*-Entscheidung beziehe sich auch auf das Bestellungsverhältnis, der Mutterschutz stehe also im Ergebnis einer Abberufung

617 Roth/*Altmeppen* § 38 GmbHG, Rn. 31a.

618 *Bauer* GWR 2010, 586.

619 Roth/*Altmeppen* § 38 GmbHG, Rn. 31a.

620 *Reinhard/Bitsch* ArbRB 2011, 241 (244).

621 *Windbichler* FS Hoffmann-Becking, 2013, 1413 (1423), die sich deshalb bereits für eine Anwendung der *Danosa*-Grundsätze nur auf das Anstellungsverhältnis ausspricht.

622 Baumbach/Hueck/*Zöllner/Noack* § 38 GmbHG, Rn. 6.

623 *Oberthür* NZA 2011, 253 (257).

entgegen, ohne dass die Vertreter dieser Auffassung jedoch auf die Reichweite des Abberufungsverbots eingehen.[624] Sie lassen damit offen, ob ein absolutes Abberufungsverbot anzunehmen ist. Es bestehe kein Zweifel, dass sich der Schutz nach der Vorstellung des EuGH auch auf die Abberufung beziehe.[625] *Schubert* stellt zudem heraus, dass vielfach durch Koppelungsklauseln eine Beendigung des Organverhältnisses auch das Ende des Anstellungsverhältnisses bedeute, was zum Schutze der Schwangeren nicht hingenommen werden könne. In solchen Fällen müsse sich die Richtlinie also auch auf das Bestellungsverhältnis beziehen.[626] Selbst wenn keine Koppelungsklausel enthalten sei, sorge die Abberufung dafür, dass die Frau ihr Amt nicht mehr ausüben könne und womöglich wegen dieses weggefallenen Beschäftigungsbedarfs gekündigt werde. Allein diese Gefahr rufe erhebliche Belastungen hervor, die die Richtlinie verhindern wolle.[627]

Im Gegensatz dazu wird vertreten, dass Abberufungen, die nicht mit der Schwangerschaft zusammen hängen, zulässig bleiben sollen.[628] Zur Begründung wird angeführt, die richtlinienkonforme Anwendung „sollte nur soweit gehen, wie es Sinn und Zweck der Richtlinie gebieten".[629] Wolle die Gesellschaft eine schwangere Geschäftsführerin abberufen, könne sie dies unter der Voraussetzung, dass dafür sachliche Gründe ohne Zusammenhang mit der Schwangerschaft vorliegen, wofür die Gesellschaft schließlich auch die Beweislast trage.[630] Ferner wird ein Wertungswiderspruch aufgezeigt: Wende man auf § 38 Abs. 1 GmbHG den § 9 MuSchG an, sei im Ergebnis der Abberufungsschutz sogar stärker als der Kündigungsschutz.[631] Denn § 9 Abs. 3 MuSchG wäre bereits mangels Behördenzuständigkeit nicht auf die Abberufung anwendbar, weshalb einerseits ein Abberufungsschutz ohne Ausnahmemöglichkeit anzunehmen wäre, während die Kündigung ausnahmsweise für zulässig erklärt werden könne. Andere

624 Henssler/Willemsen/Kalb/*Hergenröder* § 1 MuSchG, Rn. 4: „Abberufung … jedenfalls aus Gründen der Schwangerschaft nicht zulässig"; *Reiserer* DB 2011, 2262 (2267); *Reufels* ArbRB 2010, 358; *Schubert* EuZA 2011, 362 (367).

625 *Reiserer* DB 2011, 2262 (2267). Ähnlich *Kruse/Stenslik* NZA 2013, 596 (597); *Ziemons* KSzW 2013, 19 (20), die von vornherein annehmen, die Entscheidung beziehe sich allein auf das Organverhältnis.

626 *Schubert* EuZA 2011, 362 (367). Ihr insoweit folgend *Preis/Sagan* ZGR 2013, 26 (39).

627 *Schubert* EuZA 2011, 362 (367).

628 MüKo-GmbHG/*Jaeger* § 35 Rn. 285; *Kruse/Stenslik* NZA 2013, 596 (598); *Lunk/Rodenbusch* GmbHR 2012, 188 (192); Graf von Westphalen/*Thüsing* Geschäftsführerverträge, Rn. 236a; *von Steinau-Steinrück/Mosch* NJW Spezial 2011, 178 (179).

629 *Von Steinau-Steinrück/Mosch* NJW Spezial 2011, 178 (179).

630 MüKo-GmbHG/*Jaeger* § 35 Rn. 285; *Lunk/Rodenbusch* GmbHR 2012, 188 (192).

631 *Junker* NZA 2011, 950 (951).

Vertreter halten bereits die behördliche Zustimmung ausdrücklich nicht für erforderlich, soweit eine Geschäftsführerin abberufen werden soll.[632]

2. *Stellungnahme*

Da eine umfassende Auseinandersetzung mit dieser Problematik bislang fehlt, sollen die in der Literatur vorgeschlagenen Lösungen jeweils eingehend untersucht werden, um so zu einem interessengerechten Ergebnis zu gelangen.

a. *Notwendigkeit einer Einschränkung der Abberufungsfreiheit*

Die von *Bauer* angemeldeten Zweifel sind berechtigt. Die Urteilsgründe können Restzweifel nicht ausräumen, ob sich die Entscheidung des EuGH wirklich auf das organschaftliche Verhältnis bezieht. Das gilt besonders in Verbindung mit den Schlussanträgen des Generalanwalts, denen bei der Auslegung von Entscheidungen des EuGH allgemein große Bedeutung zukommt.[633] Mit Blick auf die Ausführungen von Generalanwalt *Bot* zur zweiten Vorlagenfrage muss bemerkt werden, dass er den Unterschied zwischen Organ- und Anstellungsverhältnis verkannt hat. In Zusammenhang mit der Abberufung stellt der Generalanwalt fest, die Richtlinie verpflichte die Mitgliedstaaten zur Ergreifung aller erforderlichen Maßnahmen, „um die *Kündigung* von Arbeitnehmerinnen aus Gründen, die mit ihrer Schwangerschaft zusammenhängen, zu verbieten".[634] Der Mitgliedstaat habe „sicherzustellen, dass in jedem Fall eine *Kündigung* aus Gründen, die mit der Schwangerschaft zusammenhängen, verboten ist"[635]. Sodann zieht er den Schluss: „*Nach alledem* verstößt eine nationale Rechtsvorschrift ..., [die] hinsichtlich des Rechts der Gesellschafter zur *Abberufung* der Mitglieder des Vorstands keine Einschränkung vorsieht, nur soweit gegen das Unionsrecht, wie die Vorschrift eine *Abberufung* aus Gründen, die mit der Schwangerschaft zusammenhängen, gestattet."[636] Eine Begründung gerade für diesen Schluss von Kündigung auf Abberufung lässt der Generalanwalt vermissen. Er arbeitet zwar sauber heraus, dass die Richtlinie nur relativen Schutz bietet. Eine Antwort auf die zweite Vorlagefrage hinsichtlich der Auswirkungen der Richtlinie gerade auf

---

632 *Kruse/Stenslik* NZA 2013, 596 (598).

633 S. bereits oben, S. 23. Vgl. auch *Sack* EuZW 2001, 77 (78), der die Erörterungen aber heute für weitgehend verzichtbar hält.

634 EuGH, Schlussanträge vom 2.9.2010 – Rs. C-232/09, Tz. 104, *juris*. Hervorhebung nachträglich.

635 EuGH Schlussanträge Rs. *Danosa* (Fn. 634), Tz. 105. Hervorhebung nachträglich.

636 EuGH Schlussanträge Rs. *Danosa* (Fn. 634), Tz. 106. Hervorhebungen nachträglich.

das Organverhältnis bleibt der Generalanwalt indes schuldig. Vielmehr meint er, die zweite Vorlagefrage mit seinen Ausführungen zur ersten Frage „bereits zum Teil beantwortet“ zu haben.[637] Wohl deshalb sind seine Ausführungen zur zweiten Vorlagefrage auch auffallend knapp ausgefallen.[638] Gleichwohl hat der Generalanwalt sich nicht dazu veranlasst gesehen, kritisch zu hinterfragen, ob er den Gegenstand der Untersuchung überhaupt zutreffend abgegrenzt hat. Der Grund für dieses mangelnde Problembewusstsein mag dem Umstand geschuldet sein, dass Generalanwalt *Bots* französischer Heimatjurisdiktion eine Trennung zwischen Anstellungs- und Organverhältnis fremd ist.[639]

Führt man sich die große praktische Bedeutung der Schlussanträge des Generalanwalts für die Behandlung und Entscheidung von Rechtssachen durch den EuGH vor Augen, ist nicht ausgeschlossen, dass sich dieses Versäumnis in der *Danosa*-Entscheidung fortgesetzt hat. Dies liegt umso näher als der EuGH auf die Unterscheidung zwischen Anstellung und Bestellung mit keinem Wort eingeht. Er benutzt zwar die Begriffe Abberufung und Kündigung, ohne aber auf den rechtlichen Unterschied einzugehen. In der englischen Fassung wird demgegenüber schon nicht sprachlich exakt unterschieden. Das Kündigungsverbot wird noch richtig mit „prohibition on dismissal“ übersetzt (Tz. 58), während bei der Abberufung jedoch ungenau von „dismissal“ gesprochen wird (Tz. 57). Anders in der französischen Fassung („révocation“ in Tz. 57 gegenüber „licenciement“ in Tz. 58). So kann letztlich nur vermutet werden, ob der EuGH tatsächlich auch die organschaftliche Abberufung als vom Kündigungsverbot umfasst ansieht oder die Begriffe synonym verwendet.[640]

Trotz dieses Versäumnisses scheint das vom EuGH formulierte Ergebnis, die Abberufung sei als von Art. 10 der MuSchRL umfasst, letztlich nicht zufällig zu sein. Jedes andere Ergebnis ließe die bisherige teleologische Linie außer Acht, die der EuGH bei der Anwendung der MuSchRL verfolgt. Nicht nur die *Danosa*-Entscheidung selbst ist dafür ein gutes Beispiel. Die Entscheidung in

---

637 EuGH Schlussanträge Rs. *Danosa* (Fn. 634), Tz. 103.

638 Die Schlussanträge umfassen 131 Absätze. Der gesamten zweiten Vorlagefrage mit ihrer gesellschaftsrechtlichen Brisanz widmet der Generalanwalt gerade einmal 10 davon.

639 Vgl. *Gravenstein* S. 11, 14 für die Direktoren und Verwaltungsratsmitglieder der Aktiengesellschaft (*Société anonyme*, S.A.). Diese können im Hinblick auf ihre organschaftliche Funktion nie zugleich Angestellte der S.A. sein. Der Rechtsstatus, insbesondere die Vergütung, ist insoweit durch das Gesellschaftsrecht geregelt.

640 Anders *Reinhard/Bitsch* ArbRB 2011, 241 (241 f.), die aus der sprachlichen Unterscheidung in der französischen Fassung schließen, dass der EuGH die Differenzierung auch rechtlich nachvollzieht.

der Rs. *Paquay*[641] führt anschaulich vor Augen, wie weit der EuGH zum Schutze der Mütter geht. In dieser Entscheidung wurde der Begriff der Kündigung aus Art. 10 der MuSchRL sogar auf Maßnahmen erstreckt, die innerhalb der Mutterschutzzeit lediglich in Vorbereitung einer Kündigungsentscheidung getroffen werden: Selbst wenn der Arbeitgeber nach Ablauf der Schutzzeit kündigt, führt das Schalten einer Stellenanzeige innerhalb der Schutzzeit, die auf die Ersetzung der Mutter durch einen anderen Arbeitnehmer gerichtet ist, bereits zu einer Unwirksamkeit der späteren Kündigung. Mit dem Wortlaut des Begriffs „Kündigung" hat dieses Auslegungsergebnis nicht viel gemein.[642] Vielmehr legt der EuGH den Schwerpunkt seiner Argumentation auch hier auf die teleologische Erwägung, die physische und psychische Verfassung von Schwangeren zu schützen, sie insbesondere vor einem freiwilligen Abbruch ihrer Schwangerschaft zu bewahren.[643] Unter diesem Gesichtspunkt, den der EuGH in der *Danosa*-Entscheidung ebenfalls hervorhebt,[644] kann die Erstreckung des Art. 10 der MuSchRL auf die Abberufung nicht als Ausrutscher gewertet werden, den man in der nationalen Rechtsanwendung getrost in der Hoffnung übergehen könne, der EuGH korrigiere sich bei nächster Gelegenheit. Vielmehr setzt der EuGH seine Linie konsequent fort, indem er den Mutterschutz auf die Abberufung erstreckt.

Die Entscheidung als solche gibt somit keinen Anlass daran zu zweifeln, dass der EuGH den Begriff „Kündigung" aus Art. 10 MuSchRL so auslegt, dass ihm auch die Abberufung während der Schutzzeiten unterfällt. Die Entscheidung enthält insoweit ein Defizit hinsichtlich ihrer Begründung und auch die Schlussanträge können insoweit nicht ergänzend herangezogen werden. Gleichwohl fügt sich dieses Ergebnis konsequent in die bisherige Rechtsprechungslinie des EuGH ein. Festzuhalten bleibt jedoch, dass der EuGH weder in der *Paquay*- noch in der *Danosa*-Entscheidung überzeugend verfährt. Der EuGH lässt sich augenscheinlich allein von der teleologischen Linie leiten, die Mutter bedürfe eines möglichst weitgehenden Schutzes. Er bestimmt die Bedeutung des Begriffs

---

641 EuGH 11.10.2007 – Rs. C-460/06 (*Paquay*), NZA 2007, 1271.

642 Vgl. *Benecke* EuZA 2008, 385 (388), nach der das Urteil „eine recht unbekümmerte Abwendung vom Wortlaut der Richtlinie" enthalte. Sie kritisiert im folgenden die dadurch verursachte Rechtsunsicherheit für den Arbeitgeber und weist auf die Gefahr hin, dass sich dies zu einem Einstellungshemmnis zulasten der Frauen entwickeln könne (ebenda, S. 390). Der Entscheidung zust. *Schmidt* ZESAR 2008, 193 und eine richtlinienkonforme Auslegung von § 9 MuSchG befürwortend.

643 EuGH, Rs. *Paquay* (Fn. 641), Tz. 30.

644 EuGH 11.11.2010 – Rs. C-232/09 (*Danosa*), Tz. 60, NJW 2011, 2343.

„Kündigung" derart, dass – vor allem in der Rs. *Paquay* – nach deutschem Methodenverständnis eigentlich von einer Analogie zu sprechen wäre.

Eine einschränkende Interpretation der *Danosa*-Entscheidung kann vor diesem Hintergrund nicht überzeugen und würde auf eine europarechtswidrige Umsetzungsverweigerung der Rechtsprechung des EuGH hinauslaufen.

b. Kein uneingeschränktes Abberufungsverbot

Die am weitesten gehende Forderung in der Literatur ist, die Geschäftsleiterin müsse durch ein unbeschränktes Abberufungsverbot ohne die Möglichkeit einer behördlichen Zustimmung geschützt werden.

Ein uneingeschränktes Abberufungsverbot hieße, dass die Aufhebung der Organstellung für die Dauer des Mutterschutzes schlechthin unmöglich wäre, mag der nicht in der Schwangerschaft zu sehende Kündigungs- und Abberufungsgrund auch noch so schwerwiegend und augenscheinlich sein. So wäre es möglich, einer der Untreue zulasten der Gesellschaft überführte schwangere Geschäftsführerin zwar mit behördlicher Genehmigung zu kündigen, nicht aber, sie abzuberufen. Mit Blick auf die dann fortbestehende organschaftliche Vertretungsmacht im Außenverhältnis (§§ 35, 37 GmbHG, 78, 82 AktG) wäre dies ein für die Gesellschafter untragbarer Zustand. Mehr noch, man würde damit einen verfassungswidrigen Zustand provozieren. Das BVerwG hat bereits herausgestellt, ein ausnahmslos geltendes Kündigungsverbot verletze die Eigentumsgarantie und die Handlungsfreiheit im Bereich der Eigentumsordnung (Art. 2 Abs. 1, 14 GG).[645] Dabei dürfte sich ein Abberufungsverbot als ungleich stärkerer Eingriff in die Eigentumsrechte der Gesellschafter darstellen. Sie müssen nicht nur – wie im durch das BVerwG entschiedenen Fall – an einem Arbeitnehmer festhalten, sondern müssten ihre Gesellschaft und damit einen Teil ihres Eigentums weiterhin der ungehinderten organschaftlichen Disposition der Geschäftsleiterin aussetzen. Dabei dient gerade die Trennung zwischen Anstellungs- und Bestellungsverhältnis dazu, dem Geschäftsleiter zwar Schutz zuteilwerden zu lassen, der durch das Anstellungsverhältnis vermittelt wird, der Gesellschaft aber andererseits die im Vergleich zur Kündigung einfachere Möglichkeit der Abberufung zu belassen, um ihre Vermögensinteressen effektiv wahren zu können.[646] Diesen Sachgrund des Trennungsgrundsatzes würde man gleichsam in sein Gegenteil verkehren, ließe man zwar die Kündigung, nicht aber die Abberufung des Organvertreters zu.

---

645 BVerwG 2.7.1981 – 5 C 87/80, NJW 1982, 62 (63).

646 Vgl. *Säcker* FS Müller, 1981, 745 (746); *ders.* BB 1979, 1321 (1322).

Damit überzeugt es nicht, ein unbeschränktes Abberufungsverbot ohne Möglichkeit einer behördliche Zustimmung anzunehmen.

c. *Kein Abberufungsverbot mit Erlaubnisvorbehalt*

Alternativ kommt in Betracht, aus der *Danosa*-Entscheidung die Notwendigkeit eines Abberufungsverbots mit Erlaubnisvorbehalt zu folgern. Zunächst wird untersucht, ob sich eine solche Lösung überhaupt methodisch überzeugend begründen ließe. Im Anschluss wird zu fragen sein, ob ein Abberufungsverbot mit Erlaubnisvorbehalt den berechtigten Interessen der Gesellschaft ausreichend Rechnung tragen würde.

aa. Keine systematisch überzeugende Begründung

Zur Begründung eines Abberufungsverbot mit Erlaubnisvorbehalt sind zwei Wege denkbar. Zum einen eine Anknüpfung an die gesellschaftsrechtlichen Abberufungsvorschriften, zum anderen an § 9 MuSchG.

Würde man in die gesellschaftsrechtlichen Abberufungsvorschriften (§ 38 Abs. 1 GmbHG, § 84 Abs. 3 AktG, § 40 Abs. 5 SEAG) den Grundsatz hineinlesen, dass eine Abberufung während der Schutzzeiten unzulässig ist, ließe sich keine Möglichkeit einer behördlichen Zustimmung zur Abberufung konstruieren. Zwar könnte ein zusätzliches Tatbestandsmerkmal „Genehmigung der Abberufung" möglicherweise im Wege einer europarechtskonformen Auslegung der Abberufungsvorschriften aufgenommen werden. Konsequenterweise müsste dann aber die zuständige Behörde ausdrücklich die Kündigung (gemäß § 9 Abs. 3 MuSchG) *und* die Abberufung (gemäß entsprechender Auslegung der gesellschaftsrechtlichen Abberufungsvorschriften) genehmigen. Letzteres könnte die Behörde mangels Ermächtigungsgrundlage aber nicht; eine Genehmigung der gesellschaftsrechtlichen Abberufung wäre rechtswidrig.[647] Bei der behördlichen Zustimmung handelt es sich nämlich um einen die Mutter drittbelastenden Verwaltungsakt,[648] weshalb der unmittelbar allein für die Kündigung geltende § 9 Abs. 3 MuSchG auch nicht etwa analog als Ermächtigungsgrundlage

647 Vgl. etwa OVG Münster 26.10.1994 – 22 B 997/94, NVwZ 1995, 395 (396); Kuhla/*Hüttenbrink* D. Rn 147.

648 BAG 17.6.2003 – 2 AZR 245/02, NZA 2003, 1329 (1330); BAG 17.2.1982 – 7 AZR 846/79, BAGE 38, 42 = NJW 1982, 2630 zu § 12 SchwbG a.F.; *Buchner/Becker* § 9 MuSchG, Rn. 210; Ascheid/Preis/Schmidt/*Rolfs* § 9 MuSchG, Rn. 85 f.

herangezogen werden könnte. Dies würde eine Art. 20 Abs. 3 GG widersprechende Analogie im Eingriffsbereich der Verwaltung darstellen.[649]

Der zweite denkbare Weg ist, von dem in § 9 MuSchG verwendeten Begriff der Kündigung auch die Abberufung erfasst zu sehen, also bei § 9 MuSchG und nicht bei den jeweiligen gesellschaftsrechtlichen Abberufungsvorschriften anzusetzen. Der Begriff der Kündigung bezieht sich zwar offensichtlich nicht auf das Organverhältnis, sondern auf das Arbeitsverhältnis.[650] Er ist als Rechtsbegriff aber einer europarechtskonformen Auslegung zugänglich. Schon im Zusammenhang mit dem Begriff der Arbeitnehmerin i.S.d. § 1 Nr. 1 MuSchG wurde herausgearbeitet, dass dem Europarecht auch insoweit zur Durchsetzung zu verhelfen ist, als tradierte nationale Auslegungsergebnis dem entgegenstehen.[651] Die terminologische Gleichsetzung der Kündigung mit der Abberufung würde zwar nicht mit nationalen gesellschaftsrechtlichen Grundsätzen in Einklang stehen.[652] Führt man sich jedoch nochmals die Vorgaben vor Augen, die EuGH und BVerfG hinsichtlich der Herstellung europarechtskonformer Zustände machen, erscheint dieser Weg gangbar und gegenüber einer europarechtskonformen Auslegung gesellschaftsrechtlicher Abberufungsvorschriften vorzugswürdig.[653] Erstreckte man auf diese Weise von vornherein den Begriff der Kündigung in § 9 MuSchG europarechtskonform auch auf die Abberufung, bräuchten die zuständigen Behörden auch weiterhin nur „die Kündigung“ zu genehmigen. Damit wäre zugleich inhaltlich über die Möglichkeit der Abberufung entschieden, das Problem einer fehlenden Ermächtigungsgrundlage stellte sich nicht.

Bereits der Ansatz, den gesellschaftsrechtlichen Regelungszusammenhang zugunsten einer Anwendung von § 9 MuSchG zu verlassen, sieht sich Bedenken ausgesetzt. § 9 Abs. 1 MuSchG als Vorschrift des Arbeitnehmerschutzrechts würde unmittelbar auf das gesellschaftsrechtliche Bestellungsverhältnis einwirken.

---

649 Vgl. BVerfG 14.8.1996 – 2 BvR 2088/93, NJW 1996, 3146; *Konzak* NVwZ 1997, 872; Bader/Ronellenfitsch/*Wolff/Brink* § 35 VwVfG, Rn. 57.

650 Vgl. BAG 23.10.1991 – 7 AZR 56/91, NZA 1992, 925 (927); *Buchner/Becker* § 9 MuSchG, Rn. 20; Ascheid/Preis/Schmidt/*Rolfs* § 9 MuSchG, Rn. 12.

651 S. bereits oben, S. 46 ff.

652 S. dazu oben, S. 134 (Fn. 590).

653 Es ist auch unwahrscheinlich, dass der Gesetzgeber, wollte er in Reaktion auf die *Danosa*-Entscheidung das Gesetzesrecht anpassen, die verschiedenen gesellschaftsrechtlichen Gesetze ändern würde. Das Arbeitnehmerschutzrecht der Mutter wurde bislang zentral durch das MuSchG geregelt. Eine Änderung des Gesellschaftsrechts erschiene deshalb nicht nur unzweckmäßig, sondern auch gesetzestechnisch nicht der richtige Ort für Anpassungen.

Die Vorschrift würde eine Abberufungssperre begründen und damit dem Bestellungsorgan seine Personalhoheit entziehen. Diese würde hinsichtlich einer schwangeren Geschäftsleiterin auf eine Behörde übergehen, welche sich bei ihrer Entscheidung über die Erlaubnis der Abberufung nicht einmal auf eine ausdrückliche Ermächtigungsgrundlage stützen könnte. Schon aus diesem Grund könnte der Ansatz nicht überzeugen, ein Abberufungsverbot mit Erlaubnisvorbehalt aus § 9 Abs. 1 MuSchG zu schließen.

bb. Verlust effektiver Abberufungsmöglichkeit

Diese Bedenken sind systematischer Natur und gründen darauf, dass § 9 Abs. 1 MuSchG als Arbeitnehmerschutzvorschrift einen solchen Übergriff in das Gesellschaftsrecht schwerlich legitimieren kann. Daneben bestehen erhebliche Zweifel, ob der Gesellschaft eine effektive Abberufungsmöglichkeit auch im Falle eines behördlichen Zustimmungsvorbehalts verbleiben würde. Wäre diese Frage zu verneinen, wäre einem Abberufungsverbot mit Erlaubnisvorbehalt selbst ungeachtet der systematischen Bedenken eine Absage zu erteilen.

(1) Vorfrage: Zustimmungsmangel bei Beschlussfassung

Ob eine effektive Abberufungsmöglichkeit verbleibt, entscheidet sich zunächst danach, welche Rechtsfolgen aus einem Abberufungsbeschluss überhaupt hervorgehen würden, wenn dieser ohne vorherige behördliche Zustimmung gefasst ist, erachtet man diese als notwendig.

Nach der Rechtsprechung des BAG ist die Kündigung eines Arbeitsvertrags, die ohne die vorherige Zustimmung ausgesprochen wird, nach § 134 BGB unheilbar nichtig.[654] Dogmatisch wird dies damit begründet, dass die behördliche Zustimmung nicht zum Tatbestand des Kündigungsrechtsgeschäfts gehöre, womit eine nachträgliche Ergänzung des Rechtsgeschäfts und damit eine Heilung ausscheidet.[655] Zu fragen ist, welche Rechtsfolge sich ergeben sollte, fasste die Gesellschafterversammlung bzw. der Aufsichtsrat einen Abberufungsbeschluss, ohne dass die behördliche Zustimmung nach § 9 Abs. 3 MuSchG vorliegt. Die eben skizzierte Rechtsprechung des BAG lässt sich jedenfalls nicht ohne Weiteres

---

654 BAG 31.3.1993 – 2 AZR 595/92, NZA 1993,646 (648) m.w.N.; BAG 29.7.1968 – 2 AZR 363/67, DB 1968, 1632. So auch die einhellige Auffassung im Schrifttum, s. etwa KR/*Bader/Gallner* § 9 MuSchG, Rn. 97; *Buchner/Becker* § 9 MuSchG, Rn. 206; *Kittner* NZA 2010, 198; Ascheid/Preis/Schmidt/*Rolfs* § 9 MuSchG, Rn. 67; ErfK/*Schlachter* § 9 MuSchG, Rn. 13.

655 *Buchner/Becker* § 9 MuSchG, Rn. 207. Vgl. auch *Herschel* AuR 1959,257 (258); *Mörtel* DVBl. 1958,287 (289) im Anschluss an *Bulla*.

auf das Gesellschaftsrecht übertragen. Zwar sind nach der ganz herrschenden Meinung auch Beschlüsse Rechtsgeschäfte,[656] die allgemeinen zivilrechtlichen Vorschriften über Willensmängel passen bei der Fehlerhaftigkeit von Beschlüssen jedoch vielfach nicht.[657]

Hinsichtlich der AG ist die Rechtsfolgenfrage noch einfach zu klären, da es auf das differenzierte Rechtsfolgensystem der §§ 241 ff. AktG nicht ankommt; dieses ist nach herrschender Meinung nur auf Hauptversammlungsbeschlüsse anwendbar, nicht aber auf Beschlüsse des Aufsichtsrats (§ 108 AktG),[658] wie den über die Abberufung. Ein mangelhafter – insbesondere ein gegen Gesetzesrecht verstoßender – Aufsichtsratsbeschluss ist nichtig.[659] Das würde auch für die GmbH gelten, sofern für die Abberufung der Aufsichtsrat zuständig ist.[660] Für die Personenhandelsgesellschaften ergibt sich selbiges. Der Beschluss ihrer Gesellschafterversammlung wäre bei einem Verstoß gegen § 9 Abs. 1, 3 MuSchG nach § 134 BGB nichtig.[661] Auch im Recht der Personengesellschaften unterliegen Mehrheitsbeschlüsse der Gesellschafter den allgemeinen Wirksamkeitsgrenzen, worunter nach einhelliger Auffassung auch § 134 BGB gezählt wird.[662]

Wenn nicht ein Aufsichtsrat, sondern die Gesellschafterversammlung der GmbH über die Abberufung entscheidet, wird – mit gewissen Abweichungen – das aktienrechtliche Beschlussfehlerfolgenregime (§§ 241 ff. AktG) auf die

656 *Caspar* ZHR 163 (1999), 54 (66) m.w.N.; *Hüffer* ZGR 2001, 833 (834); *Lutter* FS Quack, 1991, 301 (303) m.w.N.; *Winnefeld* BB 1972, 1053 (1055 f.).

657 GK-GmbHG/*Hüffer* § 47 GmbHG, Rn. 3 m.w.N.; *K. Schmidt* GesR, § 15 I 2 a; Gehrlein/Ekkenga/Simon/*Teichmann* § 47 GmbHG, Rn. 5, Anh. § 47 GmbHG, Rn. 1.

658 BGH 17.5.1993 – II ZR 89/92, BGHZ 122, 343 (347 ff.) = NJW 1993, 2307 (2308); BGH 10.10.2005 – II ZR 90/03, Tz. 8–10, BGHZ 164, 249 = NJW 2006, 374; Hüffer/*Koch* § 241 AktG, Rn. 2. Zur abw. Auffassung s. nächste Fn.

659 BGH 17.5.1993 – II ZR 89/92, BGHZ 122, 343 = NJW 1993, 2307 (2309); BGH 21.4.1997 – II ZR 175/95 (*ARAG/Garmenbeck*), BGHZ 135, 244 = NJW 1997, 1926 (1927); MüKo-AktG/*Habersack* § 108 AktG, Rn. 73; *Spindler*/Stilz § 108 AktG, Rn. 68 m.w.N. Demgegenüber differenzieren Teile des Schrifttums nach der Schwere des Verstoßes und kommen darüber zu einer bloßen Anfechtbarkeit im Falle weniger schwerer Fehler. So etwa *Baums* ZGR 1983, 300 (305 ff.); *Hoffmann/Preu* Rn. 60 ff. (Nichtigkeit sei „für die Praxis zu rigoros"); KK/*Mertens/Cahn* § 108 AktG, Rn. 87, 101 ff. Dagegen etwa Rowedder/Schmidt-Leithoff/*Koppensteiner/Schnorbus* § 52 GmbHG, Rn. 27.

660 Ziemons/*Jaeger* § 52 GmbHG, Rn. 57; Rowedder/Schmidt-Leithoff/*Koppensteiner/Schnorbus* § 52 GmbHG, Rn. 81; Scholz/*Schneider* § 52 GmbHG, Rn. 437.

661 Vgl. MüKo-HGB/*Enzinger* § 119 HGB, Rn. 102; *Fehrenbach* S. 216.

662 Ebenroth/Boujong/Joost/Strohn/*Freitag* § 119 HGB, Rn. 72; Baumbach/Hopt/*Roth* § 119 HGB, Rn. 35; Oetker/*Weitemeyer* § 119 HGB, Rn. 57.

GmbH entsprechend angewandt.[663] Soweit die Wertungen aus §§ 241 ff. AktG dem nicht entgegenstehen, bleibt § 134 BGB auf den Gesellschafterbeschluss als Rechtsgeschäft aber anwendbar, weshalb auch ein gegen eine Verbotsnorm verstoßender Beschluss der Gesellschafterversammlung nach Auffassung des BGH zur Nichtigkeit führt.[664] Das spezielle Fehlerfolgenregime der §§ 241 ff. AktG steht dem nicht entgegen,[665] da § 9 Abs. 3 MuSchG keinen spezifisch aktienrechtlichen Gehalt aufweist, somit insbesondere nicht unter § 241 Nr. 3 AktG zu subsumieren wäre.[666] Fehlt die behördliche Zustimmung nach § 9 Abs. 3 MuSchG, ist der Abberufungsbeschluss also bereits nichtig. Dies würde auch der Meinung *Eberspächers* entsprechen, demzufolge die §§ 241 ff. AktG als lege specialis dem allgemeinen § 134 BGB stets vorgehen.[667] Da er gleichzeitig der Auffassung ist, § 241 Nr. 3 AktG erfasse alle Rechtsnormen i.S.d Art. 2 EGBGB und nicht nur solche spezifisch aktienrechtlichen Gehalts,[668] würde sich die Nichtigkeitsfolge zwar nicht aus § 134 BGB, aber aus § 241 Nr. 3 AktG ergeben. Eine schwebende Unwirksamkeit des Beschlusses, die für Fälle des Fehlens einer notwendigen Zustimmung sonst angenommen wird, kommt von vornherein nicht in Betracht. Dafür wäre ein inhaltlich einwandfrei gefasster Beschluss erforderlich.[669] Inhaltlich kann ein Beschluss aber nicht einwandfrei gefasst sein, wenn er bereits aufgrund der fehlenden Zustimmung nichtig ist.[670]

Zusammenfassend lässt sich festhalten, dass, wendete man § 9 Abs. 3 MuSchG auch auf die Abberufung an, sowohl in der AG als auch in der GmbH und in der Personenhandelsgesellschaft ein Abberufungsbeschluss nichtig wäre, der ohne vorherige behördliche Zustimmung gefasst würde.

---

663 BGH 16.12.1953 – II ZR 167/52, BGHZ 11, 231 (235) = NJW 1954, 385 f.; BGH 3.5.1999 – II ZR 119/98, NJW 1999, 2115 (2116), jeweils m.w.N. Aus der Literatur Rowedder/Schmidt-Leithoff/*Koppensteiner/Gruber* § 47 GmbHG, Rn. 86 m.w.N.

664 *Caspar* ZHR 163 (1999), 54 (66); *Fehrenbach* S. 196 f., 218; *Hüffer* ZGR 2001, 833 (835) („Der gesetzwidrig betätigte Regelungswille bleibt in dem Sinne unbeachtlich, daß die gewollte Regelung nicht zustandekommt"); *Winnefeld* BB 1972, 1053 (1055).

665 Zum Verhältnis etwa *Hüffer* ZGR 2001, 833 (838).

666 Vgl. Hölters/*Englisch* § 241 AktG, Rn. 64; Hüffer/*Koch* § 241 AktG, Rn. 16 ff.

667 *Eberspächer* S. 35.

668 *Eberspächer* S. 106 m.w.N.; Spindler/Stilz/*Würthwein* § 241 AktG, Rn. 214.

669 Vgl. RG 21.6.1935 – II B 5/35, RGZ 148, 175 (186); BGH 13.7.1967 – II ZR 238/64, BGHZ 48, 141 (143) = NJW 1967, 2159 (2160): Beschluss „zwar ordnungsgemäß gefaßt ..., [kann] für sich aber keine Wirkungen entfalten"; *Happ* § 19 Rn. 9 m.w.N.; Baumbach/Hueck/*Zöllner* Anh. § 47 GmbHG, Rn. 20.

670 Vgl. *Happ* § 19 Rn. 11.

(2) Kollision zwischen Zustimmungserfordernis und Abberufungsmöglichkeit

Folge der extensiven Auslegung des Begriffs der Kündigung i.S.d. § 9 Abs. 1, 3 MuSchG wäre, dass die Möglichkeit einer sofortigen Abberufung nicht mehr bestünde. Zwar wird die Abberufung des Geschäftsleiters wirksam, sobald der Beschluss ihm gegenüber kundgegeben wird.[671] Bereits die Beschlussfassung setzt, um wirksam zu sein, aber voraus, dass die behördliche Zustimmung vorliegt. Auch § 84 Abs. 3 S. 4 AktG, demzufolge der Beschluss über die Abberufung eines Vorstandsmitglieds[672] wirksam ist, bis seine Unwirksamkeit durch rechtskräftige Entscheidung festgestellt wurde, hilft nicht. Denn nach nahezu einhelliger Auffassung ist er nur auf Fälle des fehlenden wichtigen Grundes anwendbar.[673] Andere Beschlussmängel werden durch § 84 Abs. 3 S. 4 AktG entgegen dessen weiten Wortlauts nicht erfasst. Denn gerade ein Streit über das Vorliegen eines „wichtigen Grunds" ist mit erheblicher Rechtsunsicherheit behaftet, die mit Blick auf die notwendige Klarheit über die Zusammensetzung des Vorstands nicht tragbar wäre. Diese Unsicherheit besteht bei einem Verstoß gegen § 134 BGB i.V.m. § 9 Abs. 1 MuSchG nicht, da sich die Frage, ob die Voraussetzungen des § 9 Abs. 1 MuSchG vorliegen, ohne Rücksicht auf die Auslegung unbestimmter Rechtsbegriffe klären lässt. § 84 Abs. 3 S. 4 AktG kann einem Abberufungsbeschluss daher nicht zur vorläufigen Wirksamkeit verhelfen.

Die Gesellschaft müsste also so lange an ihrer Geschäftsleiterin festhalten, bis die Behörde die Zustimmung erteilt hat. Dies erscheint mit Blick auf die organschaftliche Vertretungsmacht im Außenverhältnis, die bis zur Abberufung fortbestehen würde und die Gesellschaft existenziell gefährden könnte, nicht interessengerecht. Man denke an eine Geschäftsführerin, die einer strafbaren

671 Für die GmbH Rowedder/*Koppenstein/Gruber* § 38 GmbHG, Rn. 21 m.w.N.; MüKo-GmbHG/*Stephan/Tieves* § 38 GmbHG, Rn. 50. Vgl. aber etwa Lutter/Hommelhoff/*Kleindiek* § 38 GmbHG, Rn. 31 im Falle des Gesellschafter-Geschäftsführers in personalistischer GmbH. Für die AG *Grumann/Gillmann* DB 2003, 770 (771); MüKo-AktG/*Spindler* § 84 AktG, Rn. 123 m.w.N.

672 Die Vorschrift wird nach h.M. auch analog auf die Abberufung des (nicht mitbestimmten) GmbH-Geschäftsführers aus wichtigem Grund angewandt (Lutter/Hommelhoff/*Kleindiek* § 38 GmbHG, Rn. 27 ff.; Michalski/*Terlau* § 38 GmbHG, Rn. 64 ff.; zum Streitstand Scholz/*Schneider/Schneider* § 38 GmbHG, Rn. 63 f.).

673 OLG Köln 28.2.2008 – 18 U 3/08, NZG 2008, 635 m.w.N.; Hüffer/*Koch* § 84 AktG, Rn. 39; GK-AktG/*Kort* § 84 AktG, Rn. 188; Hölters/*Weber* § 84 AktG, Rn. 79 m.w.N. So auch OLG Stuttgart 15.4.1985 – 2 U 57/85, GmbHR 1986, 26 für den Fall eines formell unwirksamen Aufsichtsratsbeschlusses. A.A. *Schürnbrand* NZG 2008, 609 (611).

Handlung zum Nachteil der Gesellschaft überführt wird. Es ist den Gesellschaftern nicht zuzumuten, einen Teil ihres Vermögens einem Geschäftsleiter anzuvertrauen, dem sie nicht mehr das dafür notwendige Vertrauen gegenüber bringen können. Vorsätzliche, nicht leicht wiegende Straftaten rechtfertigen die Zustimmung nach § 9 Abs. 3 MuSchG.[674] Selbst im Falle einer bloßen nachhaltigen Zerrüttung des Verhältnisses zwischen Geschäftsführerin und Gesellschaftern wäre eine Zustimmung nicht von vornherein ausgeschlossen.[675] Problematisch bleibt jedoch, dass die Gesellschaft bis zum Vorliegen der behördlichen Zustimmung den Abberufungsbeschluss nicht fassen könnte.

Diesem Aspekt wurde in der Diskussion bislang nicht die notwendige Aufmerksamkeit gewidmet. Er ist es aber, der etwa im Recht der GmbH, das wie gesehen sonst vom Grundsatz der Satzungsautonomie getragen ist,[676] ausschlaggebend ist, um durch § 38 Abs. 2 GmbHG eine zu weitgehende statutarische Beschränkung der Abberufungsfreiheit zu verhindern. Nach dem BGH beruht § 38 Abs. 2 GmbHG darauf, dass die Gesellschaft eine Lösungsmöglichkeit von ihrem Geschäftsführer haben muss, um sich etwa im Fall grober Pflichtverletzungen von ihm lossagen zu können.[677] Dieser Lösungsmöglichkeit darf sie sich nicht begeben, weil sie sich sonst den weitgehenden Befugnissen des Geschäftsführers schutzlos aussetzen würde.[678] Es muss somit jederzeit eine effektive Abberufungsmöglichkeit bestehen. Ferner hilft auch ein Rekurs auf den Zweck, der dem Trennungsgrundsatz zugrunde liegt. Er gewährleistet unter anderem, dass die Gesellschaft eine effektive Möglichkeit hat, dem Geschäftsleiter das Amt zu

674 BAG 8.12.1955 – 2 AZR 13/54, BAGE 2, 233 = AP MuSchG § 9 Nr. 4 m. Anm. *Theuerkauf*; BAG 17.6.2003 – 2 AZR 245/02, BAGE 106, 293 = NZA 2003, 1329: Mehrfache Falschdokumentation der Arbeitszeit; VG Frankfurt a.M. 16.11.2001 – 7 E 5031/99 (3), NZA-RR 2002, 638 (641): Bloßer Diebstahlsverdacht, der für nicht ausreichend erachtet wurde; Erbs/Kohlhaas/*Ambs* § 9 MuSchG, Rn. 36.

675 Vgl. BayVGH 29.3.2007 – 9 C 06.2456, *juris*. Die Entscheidung wird allerdings sehr von den Umständen des Einzelfalls getragen und erlaubt nur bedingt eine Übertragung seiner Gründe auf andere Fälle. Der Entscheidung lagen nämlich nicht nur vorangegangene, nicht unerhebliche Pflichtverletzungen zugrunde (etwa das Arbeiten bei einem anderen Arbeitgeber trotz Krankschreibung), sondern die Mutter hatte sich ursprünglich auch mit der Kündigung zum Ende der Schutzfrist einverstanden erklärt.

676 Baumbach/*Hueck/Fastrich* § 3 GmbHG, Rn. 4.

677 BGH 21.4.1969 – II ZR 200/67, NJW 1969, 1483. S. auch Ziemons/Jaeger/*Heilmeier* § 38 GmbHG, Rn. 2.

678 Vgl. Graf von Westphalen/*Thüsing* Geschäftsführerverträge, Rn. 239.

entziehen, ohne dessen persönliche Rechtsstellung bei der Entscheidung darüber notwendigerweise einbeziehen zu müssen.[679]

Somit bleibt festzuhalten: Die Notwendigkeit einer Zustimmung nach § 9 Abs. 3 MuSchG würde mit dem Postulat einer jederzeit notwendigen effektiven Abberufungsmöglichkeit kollidieren, wäre doch die Gesellschaft auf eine behördliche Zustimmung angewiesen, auf deren Erteilung sie erst warten müsste.[680]

(3) Keine Möglichkeit einstweiliger Maßnahmen

Um aus diesem Zwischenergebnis Schlussfolgerungen ableiten zu können, ob § 9 Abs. 1, 3 MuSchG auf die Abberufung anwendbar sein kann, bedarf es jedoch der Prüfung, ob die aufgezeigte Kollision nicht durch die Möglichkeit der Gesellschaft, einstweilige Maßnahmen zu ergreifen, aufgelöst werden kann.

Nicht ausreichen würde es, wenn die Gesellschafter es der Geschäftsleiterin verbieten würden, sich bis zur Entscheidung der Behörde jeder Tätigkeit zu enthalten. Denn für die Wirkung der Handlungen der Geschäftsleiterin im Außenverhältnis ist ein solches Verbot ohne Bedeutung.[681] Sie könnte die Geschäftsleiterin allenfalls insoweit einer falsa procuratrix gleichstellen, als sie durch eine Mitteilung an ihre Geschäftspartner über die Beschränkung der

---

679 *Eckardt* S. 153 f., der daraus die Unwirksamkeit von Koppelungsklauseln schlussfolgert. Vgl. auch *Säcker* BB 1979, 1321 (1322), der die unterschiedlichen Anforderungen an Abberufung und Kündigung für einen „Sachaspekt" hält, „der die rechtliche Trennung von Bestellung und Anstellung auch innerlich rechtfertigt". *Mack* S. 40 f. folgert aus dem Charakter der Abberufung als actus contrarius der Bestellung, dass es auch bei ihr „allein auf [das] (organisatorische) Interesse der Gesellschaft" ankommen könne. Deshalb könne das Interesse des Organwalters am Fortbestand des Anstellungsverhältnisses bei der Abberufung nicht berücksichtigt werden. Allerdings stellt er im Fortgang der Untersuchung fest, dass auch die monistische Theorie, die nicht nach Anstellungs- und Organverhältnis unterscheidet, zum selben Ergebnis komme (ebenda, S. 66). In diese Richtung auch Raiser/*Veil* KapGes, § 14 Rn. 45 m.w.N., der davon ausgeht, dass auch bei einer Einheitsbetrachtung Differenzierungsmöglichkeiten zwischen gesellschafts- und vertragsrechtlicher Ebene bestehen.

680 Das Erfordernis der Eintragung des Abberufungsbeschlusses in das Handelsregister (§ 39 GmbHG, § 81 Abs. 1 AktG) hat hierbei keine Bedeutung. Insoweit bedarf es keines Wartens auf die Wirksamkeit, da der Eintragung nur deklaratorische Wirkung zukommt (BGH 9.5.1960 – II ZB 3/60, BB 1960, 880; *Krafka/Kühn* Rn. 1586; MüKo-GmbHG/*Stephan/Tieves* § 38 GmbHG, Rn. 49 m.w.N.). Beachte aber § 15 HGB: Ein gutgläubiger Dritter könnte sich auf die fortbestehende Vertretungsbefugnis berufen, bis die Eintragung erfolgt ist.

681 Vgl. etwa Scholz/*Schneider/Schneider* § 38 GmbHG, Rn. 95 zur Weisung, die Geschäftsführertätigkeit zeitweise ruhen zu lassen; MüHdb-GesR II/*Scheel* § 9 Rn. 43.

Vertretungsmacht im Innenverhältnis die rechtsgeschäftliche Bindungswirkung abwenden könnte. Dann könnte ein Vertragsschluss entgegen der Mitteilung nämlich einen offensichtlichen Missbrauch der Vertretungsmacht darstellen[682] mit der Folge der analogen Anwendung der §§ 177 ff. BGB[683]. Darauf kann die Gesellschaft nicht verwiesen werden. Sie wäre schon nicht umfassend geschützt, sondern nur im Hinblick auf eben diejenigen Geschäftspartner, die überhaupt in Kenntnis gesetzt werden konnten.

Auch die Behörde selbst hat bei § 9 Abs. 3 MuSchG keine Möglichkeit der einstweiligen Entscheidung. Dem verwaltungsbehördlichen Verfahren ist eine allgemein mögliche Eilentscheidung fremd. Zwar ist die Entscheidung in den hier relevanten Fällen besonders eilbedürftig und das Verfahren deshalb „möglichst schnell durchzuführen".[684] Auch kann unter Umständen auf die Anhörung der Betroffenen verzichtet werden.[685] Darauf hat die Gesellschaft jedoch keinen Anspruch.[686] Und schließlich würde eine unterlassene Anhörung keine Gewähr

---

682 Vgl. dazu BGH 27.3.1985 - VIII ZR 5/84, BGHZ 94, 132 (138) = NJW 1985, 2409 (2410); BGH 31.1.1991 - VII ZR 291/88, BGHZ 113, 315 (320) = NJW 1991, 1812 (1813); Palandt/*Ellenberger* § 164 BGB, Rn. 14, jeweils m.w.N. Gesellschaftsrechtlich eingebettete Sachverhalte betrafen etwa OLG Stuttgart 2.6.1999 - 9 U 246/98, NZG 1999, 1009: Geschäftspartner musste aufgrund erkennbarem Gesellschaftszweck bewusst sein, dass Geschäft von Vertretungsmacht nicht gedeckt ist; OLG Hamm 18.11.1996 - 31 U 42/96, NJW-RR 1997, 737: Gezieltes Zusammenwirken von GmbH-Geschäftsführer und Bank dergestalt, dass Alleingesellschafterin von einem Darlehen nichts erfährt. Zum Problemkreis etwa *Fleischer* NZG 2005, 529; *Vedder* GmbHR 2007, 736; *Zacher* GmbHR 1994, 842; Baumbach/Hueck/*Zöllner/Noack* § 35 GmbHG, Rn. 160.

683 BGH 6.5.1999 - VII ZR 132/97, BGHZ 141, 357 (364) = NJW 1999, 2266 (2268); Palandt/*Ellenberger* § 164 BGB, Rn. 14b, jeweils m.w.N.

684 KR/*Bader/Gallner* § 9 MuSchG, Rn. 105, die auch auf die Möglichkeit von Amtshaftungsansprüchen infolge schuldhafter Verzögerung hinweisen. Im Anschluss daran auch Rancke/*Schöllmann* § 9 MuSchG, Rn. 86.

685 Gemäß § 28 Abs. 2 Nr. 2 VwVfG bzw. den jeweiligen landesrechtlichen Entsprechungen. Dazu KR/*Bader/Gallner* § 9 MuSchG, Rn. 106; Ascheid/Preis/Schmidt/*Rolfs* § 9 MuSchG, Rn. 72. Anders offenbar Zmarzlik/*Viethen/Wascher* § 9 MuSchG, Rn. 74, die meinen, die Schwangere müsse stets gehört werden.

686 Das Absehen von einer Anhörung bedarf stets einer Ermessensentscheidung durch die Behörde (BGH 10.1.2002 - III ZR 212/01, NVwZ 2002, 509 [510]), für § 9 Abs. 3 MuSchG Ascheid/Preis/Schmidt/*Rolfs* § 9 MuSchG, Rn. 72. Ob von einem außergewöhnlichen Fall ausgegangen werden kann, der eine entsprechende Ermessensreduzierung auf Null rechtfertigen würde (vgl. Bader/Ronellenfitsch/*Aschke* § 40 VwVfG, Rn. 73), ist höchst zweifelhaft. Schließlich dient die Anhörung im Rahmen

dafür bieten, dass die Zustimmung auch im Übrigen beschleunigt erteilt werden könnte. Insbesondere dürfte die Behörde, da es sich bei der Zustimmung nach § 9 Abs. 3 MuSchG um einen die Betroffene belastenden Verwaltungsakt handelt, auch keine vorläufige Zustimmung erteilen. Derartige vorläufige, drittbelastende Verwaltungsakte mit Sicherungscharakter bedürfen einer ausdrücklichen gesetzlichen Zulassung,[687] die § 9 Abs. 3 MuSchG nicht enthält.

Im Hinblick auf einstweiligen gerichtlichen Rechtsschutz ist zu unterscheiden zwischen dem Ziel, die Geschäftsleiterin einstweilen abzuberufen und dem Ziel, die Zustimmung einstweilen zu erlangen. Für erstere wären die ordentlichen Gerichte zuständig, da über die Abberufung als gesellschaftsrechtliche Angelegenheit zu entscheiden wäre.[688] Für letztere wären analog § 40 Abs. 1 VwGO die Verwaltungsgerichte zuständig, da in der Hauptsache über eine öffentlichrechtliche Streitigkeiten nichtverfassungsrechtlicher Art, nämlich die Erteilung der Zustimmung nach § 9 Abs. 3 MuSchG, zu entscheiden wäre.[689]

Zwar haben jedenfalls Kapitalgesellschaften dem Grundsatz nach die Möglichkeit, Rechtsschutz durch die ordentlichen Gerichte mit dem Ziel zu erlangen, die Geschäftsleiterin einstweilen abzuberufen.[690] Allerdings scheidet einstweiliger Rechtsschutz hier von vornherein aus, weil eine einstweilige Entscheidung nicht weiter gehen kann als die entsprechende Entscheidung in der Hauptsache.[691] Auch in der Hauptsache könnte sich ein Zivilgericht aber nicht über die Kündigungssperre des § 9 Abs. 1 MuSchG hinwegsetzen, könnte die Abberufung nicht ohne Rücksicht auf § 9 Abs. 3 MuSchG für rechtmäßig erklären. Eine solche Entscheidung scheidet schon deshalb denknotwendig aus, weil – wie bereits festgestellt – die fehlende Zustimmung stets die Nichtigkeit eines Abberufungsbeschlusses zur Folge hat. Ohne die behördliche Zustimmung könnte ein

von § 9 Abs. 3 MuSchG auch der Sachverhaltsermittlung und soll sicherstellen, dass die behördliche Entscheidung den durch das MuSchG unter besonderen Schutz gestellten Interessen der Mutter gerecht wird (vgl. *Kittner* NZA 2010, 198).

687 Stelkens/Bonk/Sachs/*U. Stelkens* § 35 VwVfG, Rn. 246.

688 Vgl. Spindler/Stilz/*Fleischer* § 84 AktG, Rn. 131; MüKo-AktG/*Spindler* § 84 AktG, Rn. 143.

689 Vgl. BVerwG 10.2.1960 – V C 14/58, NJW 1960, 1028 (1029), auch ausdrücklich dazu, dass die Arbeitsgerichte nicht zuständig sind; *Buchner/Becker* § 9 MuSchG, Rn. 250 f., § 20 MuSchG, Rn. 52.

690 Vgl. ausf. *Littbarski* S. 6 ff. Z.B. OLG Frankfurt a.M. 18.9.1998 – 5 W 22/98, NJW-RR 1999, 257; Lutter/Hommelhoff/*Kleindiek* § 38 GmbHG, Rn. 36 f. hinsichtlich des GmbH-Geschäftsführers.

691 Musielak/*Huber* § 938 ZPO, Rn. 4; HK-ZPO/*Kemper* § 938 ZPO, Rn. 2; Vorwerk/Wolf/ *Mayer* § 938 ZPO, Rn. 4; Zöller/*Vollkommer* § 938 ZPO, Rn. 3.

Zivilgericht daher keine Verfügung erlassen, mittels derer die Geschäftsleiterin einstweilen abberufen wird.

Jedoch kommt ein Antrag nach § 123 Abs. 1 VwGO vor dem Verwaltungsgericht auf Erteilung der Zustimmung in Betracht und würde den gebotenen Beschleunigungseffekt bewirken. Er hätte zur Folge, dass die Zustimmung einstweilen erteilt und damit der Abberufungsbeschluss wirksam gefasst werden kann. Ein solcher Antrag ist in Fällen des § 9 Abs. 3 MuSchG statthaft.[692] Allerdings kann aufgrund der hohen Anforderungen der Verwaltungsgerichte an die Eilbedürftigkeit der Sache nicht in jedem Fall der gesellschaftsrechtlich gebotene Schutz erlangt werden.[693] Im dargelegten Beispielfall einer vorsätzlichen Straftat zulasten der Gesellschaft ließe sich die besondere Eilbedürftigkeit noch nachweisen. Anders kann dies bei anderen Gründen zu bewerten sein, etwa in Fällen bloßen Tatverdachts, der noch der Aufklärung bedarf, oder bei groben Pflichtverletzungen, die die Grenze zur Straftat nicht überschreiten. Insbesondere dürften sich die Verwaltungsgerichte gehindert sehen, die sich allein gesellschaftsrechtlich durch die unbeschränkbare Vertretungsmacht ergebende Eilbedürftigkeit entscheidend zu berücksichtigen. Der Grund dafür besteht in dem Konnex zwischen Zustimmung zur Kündigung und Abberufung. Da die gerichtliche Anordnung zugleich die einstweilige Zustimmung zur Kündigung darstellen würde, können die Verwaltungsgerichte ihre Anforderungen an die Eilbedürftigkeit nämlich nicht absenken. Sonst hätte dies zur Folge, dass der Schutz der Geschäftsleiterin insgesamt sinken würde. Der Weg über § 123 VwGO bietet daher nicht in jedem denkbaren Fall, in dem eine sofortige Abberufbarkeit gesellschaftsrechtlich gewährleistet sein muss, eine effektive Möglichkeit, die Organstellung einstweilen zu beenden.

---

692 Vgl. VG München 14.11.2005 – M 15 E 05.3983, BeckRS 2005, 39237. Zwar setzt er grundsätzlich das Abwarten einer Entscheidung durch die Behörde voraus (BVerwG 28.11.2007 – 6 C 42/06, NVwZ 2008, 575 [577] m.w.N.), davon werden jedoch in vielen Fällen Ausnahmen zugelassen (vgl. etwa OVG Münster 27.1.2010 – 13 C 410/09, NVwZ-RR 2010, 437 bei fehlenden Kapazitäten der Universität, die Zulassung des Antragstellers zum Studium in der gebotenen Dauer zu prüfen oder – noch weitgehender – OVG Koblenz 8.12.2009 – 8 B 11243/09, *juris* in einem Fall, in dem die Behörde im Verlaufe des Eilverfahrens nicht zu erkennen gab, dass sie Anlass für das vom Antragsteller begehrte Handeln sieht).

693 Vgl. VG München 14.11.2005 – M 15 E 05.3983, BeckRS 2005, 39237, das eine „konkrete Gefährdung der wirtschaftlichen Existenz“ des Betriebes voraussetzt.

cc. Ergebnis

Nach alledem kann die Abberufung nicht von einer behördlichen Zustimmung abhängig gemacht werden. Der systematische Ansatz, § 9 MuSchG als Arbeitnehmerschutzvorschrift auf die gesellschaftsrechtliche Abberufung anzuwenden, hat sich als nicht überzeugend erwiesen. Eine Arbeitsbehörde kann nicht, jedenfalls nicht ohne ausdrückliche Ermächtigung, dazu berufen sein, eine Abberufungssperre zu öffnen. Zudem wäre die Personalhoheit des Bestellungsorgans ohne ausdrückliche gesetzgeberische Anordnung erheblich eingeschränkt, sperrte man die Möglichkeit zur sofortigen Abberufung der Geschäftsleiterin. Außerdem wurde dargelegt, dass eine Zeit des Wartens auf die Zustimmung durch die Behörde für die Gesellschaft nicht hinnehmbar ist und auch nicht in dem gebotenen Maß durch einstweilige behördliche oder gerichtliche Maßnahmen überbrückt werden kann. Dies würde die Gesellschaft ihrer notwendigen effektiven Abberufungsmöglichkeit berauben.

d. Lösung: Relatives Abberufungsverbot

Es bleibt die Möglichkeit eines lediglich relativen Abberufungsverbots. Das heißt, die Geschäftsleiterin könnte (ohne behördliche Zustimmung) abberufen werden, vorausgesetzt, der Grund dafür stünde nicht im Zusammenhang mit der Schwangerschaft. Methodisch bedeutet dies, hinsichtlich der Beendigung der Organstellung nicht an § 9 MuSchG anzuknüpfen, sondern die Abberufungsvorschriften (§ 38 Abs. 1 GmbHG, § 84 Abs. 3 AktG, § 40 Abs. 5 SEAG) europarechtskonform teleologisch zu reduzieren. Ein Abberufungsgrund, der mit der Schwangerschaft der Geschäftsleiterin in Zusammenhang steht, könnte keinen wichtigen Grund bilden. Ist nach dem Recht der Gesellschaft die Abberufung nicht an einen wichtigen Grund geknüpft, wäre die Abberufung ausnahmsweise nicht möglich, wenn sie mit der Schwangerschaft in Zusammenhang steht.

Art. 10 Nr. 1 der MuSchRL gewährleistet nur, dass im Zuge der Umsetzung der MuSchRL ein behördliches Zustimmungserfordernis nicht aufgegeben werden durfte, nicht jedoch die Einführung eines präventiven Schutzsystems nach Muster von § 9 Abs. 1, 3 MuSchG.[694] Da nach früher herrschender Meinung § 1 Nr. 1 MuSchG Organpersonen nicht einbezog[695] und somit – insoweit sogar nach einhelliger Auffassung[696] – aus § 9 Abs. 1 MuSchG ein Abberufungsverbot

694 EuGH 4.10.2001 – Rs. C-438/99 (*Melgar*), Tz. 51, NJW 2002, 125. S. dazu oben, S. 137.

695 S. bereits oben, S. 125 ff.

696 So bezog auch die Auffassung, die eine analoge Anwendung des MuSchG befürwortete, dies nur auf das Anstellungsverhältnis und betonte die notwendig sicherzustellende

bislang nicht folgte, war dem deutschen Recht konsequenterweise auch eine mutterschutzrechtliche Zustimmung zur Abberufung fremd. Europarechtlich ist deshalb eine behördliche Zustimmung zur Abberufung nicht geboten.[697]

Auch wird mit einem relativen Abberufungsverbot das Schutzsystem des § 9 MuSchG nicht aufgegeben, ist es doch nach der hier vertretenen Auffassung auf das Anstellungsverhältnis uneingeschränkt anwendbar. So wird der gesetzgeberischen Grundentscheidung für den präventiven Schutz der Mutter ausreichend Rechnung getragen. Zugleich wird auch dem Schutzbedürfnis der Geschäftsleiterin recht weitgehend entsprochen. Beriefe die Gesellschaft ihre Geschäftsleiterin rechtswidrig ab, behielte diese ihre Ansprüche aus dem Anstellungsvertrag.

Insbesondere verfängt das Argument nicht, dass mit der Abberufung der Beschäftigungsbedarf seitens der Gesellschaft entfiele und dadurch ein Grund geschaffen würde, das Anstellungsverhältnis zu kündigen. Richtig ist, dass eine fehlende Weiterbeschäftigungsmöglichkeit einen Grund für die Zulässigkeitserklärung nach § 9 Abs. 3 MuSchG darstellen kann. Die Behörde prüft dabei nicht, ob ein betriebsbedingter Kündigungsgrund nach Maßgabe der Rechtsprechung zu §§ 1 Abs. 2 KSchG, 626 Abs. 1 BGB vorliegt, da im Verwaltungsverfahren nach § 9 Abs. 3 MuSchG arbeitsrechtliche Begriffe nicht geprüft werden.[698] Vielmehr prüft die Behörde, ob der Vortrag des Antragstellers die Annahme eines „besonderen Falles" im Sinne des § 9 Abs. 3 MuSchG rechtfertigt, was bei einer fehlenden Weiterbeschäftigungsmöglichkeit angenommen wird.[699] Allerdings liegt ein besonderer Fall nach der Rechtsprechung des BVerwG nur vor, „wenn außergewöhnliche Umstände das Zurücktreten der vom Gesetz als vorrangig angesehenen Interessen der Schwangeren hinter die des Arbeitgebers rechtfertigen".[700]

Funktionsfähigkeit der Gesellschaft (etwa *Henssler* RdA 1992, 289 [296]). Deutlich auch *Gissel* S. 144: § 9 MuSchG begründe „auf keinen Fall einen Schutz der Geschäftsführerin vor Abberufung".

697 So auch *Kruse/Stenslik* NZA 2013, 596 (598); *Preis/Sagan* ZGR 2013, 26 (39); *Ziemons* KSzW 2013, 19 (21).

698 Vgl. BAG 20.1.2005 – 2 AZR 500/03, NJW 2005, 2109; *Kittner* NZA 2010, 198 (200).

699 BVerwG 18.8.1977 – 5 C 8/77, BVerwGE 54, 276 = AP MuSchG 1968 § 9 Nr. 5; VG Ansbach 7.10.2010 – AN 14 K 10 00534, *juris*: Stilllegung des Geschäftsbetriebs infolge Insolvenz; *KR/Bader/Gallner* § 9 MuSchG, Rn. 122b.

700 BVerwG 29.10.1958 – 5 C 88/56, BVerwGE 7, 294 = NJW 1959, 690 (691): Nicht bei Kündigung wegen des Verreisens während zweiwöchiger Krankschreibung; BVerwG 18.8.1977 – 5 C 8/77, BVerwGE 54, 276 = AP MuSchG 1968 § 9 Nr. 5: Nicht, wenn bei Betriebsstilllegung eine Umsetzung der Schwangeren auf zumutbare Position möglich ist. Vgl. auch BVerwG 30.9.2009 – 5 C 32/08, BVerwGE 135, 67 = NJW 2010, 2074 (2075) zu § 18 BEEG.

Es sei „ein strenger Maßstab anzulegen“ und das Interesse der Frau werde „in aller Regel … Vorrang haben“.[701] Die Aufrechterhaltung des Vertragsverhältnisses müsste für die Gesellschaft unzumutbar sein.[702] Angesichts dieses Maßstabs könnte sich die Gesellschaft nicht mit Erfolg allein auf den weggefallenen Beschäftigungsbedarf berufen, da sie diesen Wegfall durch die Abberufung der Geschäftsleiterin selbst geschaffen hat. Damit ein besonderer Fall vorliegt, müsste vielmehr der Sachverhalt, aufgrund dessen die Abberufung erfolgte, die Zustimmung nach § 9 Abs. 3 MuSchG rechtfertigen. Die Behörde hätte demnach im Rahmen von § 9 Abs. 3 MuSchG zu prüfen, ob der Grund für die Abberufung die Zustimmung zur Kündigung des Anstellungsvertrags rechtfertigt. Zudem wäre eine Kündigung wegen Beschäftigungswegfalls ohnehin nur dann zustimmungsfähig, wenn keine Umsetzung auf eine für die Abberufene zumutbare Position erfolgen könnte.[703]

Der hier vertretenen Auffassung steht auch nicht entgegen, dass die Frau durch die Abberufung unzweifelhaft Belastungen ausgesetzt wird. Zwar hat der EuGH wiederholt betont, dass Zweck der MuSchRL auch der Schutz vor psychischen Belastungen sei.[704] Jedoch genießt nach der MuSchRL die Schwangere gerade keinen in jeder Hinsicht absoluten Kündigungsschutz, sondern kann aus nicht mit der Schwangerschaft in Zusammenhang stehenden Gründen gekündigt werden. Damit hat der Richtliniengeber selbst zum Ausdruck gebracht, dass zur Wahrung der Interessen des Arbeitgebers auch psychische Belastungen der

---

701 BVerwG 21.10.1970 – 5 C 34/69, BVerwGE 36, 160 = MDR 1971, 243. Ihm folgend BayVGH 29.2.2012 – 12 C 12.264, NZA-RR 2012, 302: Unzulässig ist Kündigung aufgrund einer über Facebook getätigten abfälligen Bemerkung über einen Kunden, bei dem die Arbeitnehmerin eingesetzt war.

702 Vgl. BVerwG 2.7.1981 – 5 C 87/80, NJW 1982, 62 (63); BayVGH 29.2.2012 – 12 C 12.264, NZA-RR 2012, 302. Siehe auch ErfK/*Schlachter* § 9 MuSchG, Rn. 12: habe „Ausnahmecharakter“. Dieser zeigt sich etwa daran, dass der Arbeitgeber einer Gefährdung seiner Existenzgrundlage jedenfalls nahe sein muss, um sich betriebsbedingt auf § 9 Abs. 3 MuSchG stützen zu können. Vgl. auch KR/*Bader/Gallner* § 9 MuSchG, Rn. 122b m.w.N.

703 Vgl. BVerwG 18.8.1977 – 5 C 8/77, BVerwGE 54, 276 = AP MuSchG 1968 § 9 Nr. 5.

704 EuGH 11.11.2010 – Rs. C-232/09 (*Danosa*), Tz. 60, NJW 2011, 2343 (2346); EuGH 11.10.2007 – Rs. C-460/06 (*Paquay*), Tz, 30, NZA 2007, 1271 (1272); EuGH 8.9.2005 – Rs. C-191/03 (*McKenna*), Tz. 47, NZA 2005, 1105 (1107). S. auch die Erwägungsgründe der MuSchRL. Auch das BVerwG betont diesen Zweck, s. etwa die Entscheidungen vom 2.7.1981 – 5 C 87/80, NJW 1982, 62 und 21.10.1970 – 5 C 34/69, BVerwGE 36, 160 = MDR 1971, 243.

Schwangeren hingenommen werden müssen. Die MuSchRL stellt die Schwangere also keineswegs völlig sorglos.

Auch verfassungsrechtliche Bedenken gegen diese Auffassung können nicht durchgreifen. § 9 MuSchG ist neben einem Erhalt von Arbeitsplatz und Existenzgrundlage auch darauf gerichtet, psychische Belastungen von Schwangeren und Müttern fern zu halten, die aus einem Entzug ihrer wirtschaftlichen Existenzgrundlage folgen würden.[705] Da § 9 MuSchG auf das Anstellungsverhältnis nach der hier vertretenen Auffassung jedoch uneingeschränkt anzuwenden ist, bleibt insbesondere der Vergütungsanspruch der Geschäftsleiterin unberührt. Die verbleibenden psychischen Belastungen, die mit der Abberufung einhergehen, etwa die Sorge über die zukünftigen Erwerbsaussichten, sind zwar beachtlich. Aus dem verfassungsrechtlichen Prinzip der praktischen Konkordanz folgt aber, dass Art. 6 Abs. 4 GG keinen Maximalschutz bedingen kann.[706] Verfassungsrechtlich gefordert ist nur ein Mindestschutz.[707] Es wurde bereits herausgearbeitet, dass auch Eigentumsgarantie und Handlungsfreiheit im Bereich der Eigentumsordnung als vom BVerwG berücksichtigte Interessen der Gesellschafter anerkannt wurden.[708] Diese machen als kollidierende Verfassungsgüter einen Ausgleich der widerstreitenden Interessen nötig. § 9 Abs. 3 MuSchG ist Ausfluss dieses notwendigen Ausgleichs. Ein relatives Abberufungsverbot stellt einen solchen Ausgleich zwischen den Interessen der Gesellschaft und denen der Geschäftsleiterin dar. Maßgeblich ist, dass die Geschäftsleiterin wirtschaftlich abgesichert bleibt, da der Bestand des Anstellungsvertrag durch die Abberufung nicht berührt wird. Sie verliert diese Absicherung erst, wenn die Behörde der Kündigung des Anstellungsvertrags nach § 9 Abs. 3 MuSchG zustimmt.

Schließlich ist zu bedenken, dass ein zu weitgehender Mutterschutz sich auch als Einstellungshemmnis auswirken kann. Bereits die MuSchRL selbst erkennt dies an, wenn sie fordert, der Mutterschutz „darf Frauen auf dem Arbeitsmarkt nicht benachteiligen".[709] Hätte aber die Gesellschaft keine effektive Abberufungsmöglichkeit, könnte sie die organschaftliche Stellung im Falle einer eintretenden unmittelbaren Gefährdung der Gesellschaft durch Handlungen der Geschäftsleiterin nicht zeitig aufheben. Es ist durchaus denkbar, dass sich diese Überlegung

705 Vgl. BAG 26.4.1956 – GS 1/56, BAGE 3, 66 = NJW 1956, 1454 (1455); *Aubel* S. 154 f.; ErfK/*Schlachter* § 9 MuSchG, Rn. 1; Zmarzlik/*Viethen/Wascher* § 9 MuSchG, Rn. 1.

706 Vgl. *Aubel* S. 213.

707 BAG 23.10.1991 – 7 AZR 56/91, NZA 1992, 925 (928); *Aubel* S. 213; *Jarass*/Pieroth Art. 6 GG, Rn. 70; Epping/Hillgruber/*Uhle* Art. 6 GG, Rn. 69 m.w.N.

708 S. 148.

709 Erwägungsgrund 10 der MuSchRL.

in einem Anstellungs- und Berufungshemmnis manifestieren würde. Auch dieser Umstand legt nahe, dass einem relativen Abberufungsverbot als vernünftiger Ausgleich zwischen Mutterschutz und dem Grundsatz freier Abberufbarkeit der Vorzug gebührt.

e. *Insbesondere: Problem der Koppelungsklauseln*

Auf den ersten Blick bestechend ist jedoch das von *Schubert* vorgetragene Bedenken, durch Koppelungsklauseln könnte erreicht werden, dass die Abberufung auf den Anstellungsvertrag durchschlägt. Schließlich wäre mögliche Folge einer Koppelungsklausel in der Tat, dass durch die – zustimmungsfreie – Abberufung auch das Anstellungsverhältnis automatisch zu einem Ende käme. Das gilt zwar nicht für den Fall, in dem die Abberufung gerade aufgrund der Schwangerschaft erfolgt. Dies ist wie gesehen aufgrund der teleologischen Reduktion der Abberufungsvorschriften nicht rechtmäßig möglich. Deshalb könnte in diesem Fall nach der Rechtsprechung des BGH die im Anstellungsvertrag enthaltene auflösende Bedingung nicht eintreten, da dafür das Organmitglied rechtmäßig abberufen worden sein muss[710]. In allen anderen Fällen, d.h. wenn die Abberufung nicht auf der Schwangerschaft beruht, wäre das Anstellungsverhältnis beendet. Der hier befürwortete Schutz durch § 9 Abs. 3 MuSchG würde insoweit leer laufen.

Zwar ist grundsätzlich anerkannt, dass § 9 MuSchG der Beendigung des Arbeitsverhältnisses durch eine auflösende Bedingung nicht entgegensteht, selbst wenn diese während der Schutzfrist eintritt.[711] Denn der Begriff der „Kündigung" aus § 9 MuSchG erstreckt sich grundsätzlich nicht auf eine auflösende Bedingung.[712] Aus § 9 MuSchG folgt kein allgemeines Verbot, das Vertragsverhältnis zu beenden.[713] Diese Auslegung wird auch durch die Rechtsprechung des EuGH getragen, der für den ähnlichen Fall des Eintritts einer auflösenden Befristung während der Schwangerschaft entschieden hat, dies widerspreche nicht

---

710 Vgl. BGH 29.5.1989 – II ZR 220/88, NJW 1989, 2683 (2684).

711 BAG 28.11.1958 – 1 AZR 199/58, BB 1958, 1246; BAG 23.10.1991 – 7 AZR 56/91, NZA 1992, 925 (927); KR/*Bader/Gallner* § 9 MuSchG, Rn. 146; Mues/*Eisenbeis*/Laber Teil 6, Rn. 77; Zmarzlik/*Viethen/Wascher* § 1 MuSchG, Rn. 14.

712 Nach dem BAG (28.11.1958 – 1 AZR 199/58, BB 1958, 1246) knüpft das MuSchG nämlich „an das bestehende Arbeitsverhältnis an und damit auch grundsätzlich an das Arbeitsverhältnis mit all seinen etwaigen Rechtsmängeln, Befristungen und auflösenden Bedingungen". So hindert die Schwangerschaft den Arbeitgeber auch nicht daran, einen befristeten Arbeitsvertrag nicht zu verlängern (BAG 12.10.1960 – GS 1/59, BAGE 10, 65 = NJW 1961, 798; *Bulla* DB 1963, 1151).

713 Zmarzlik/*Viethen/Wascher* § 9 MuSchG, Rn.3.

grundsätzlich dem durch die MuSchRL bezweckten Schutz.[714] Der Eintritt der auflösenden Bedingung in Koppelungsklauseln, der die Beendigung des Anstellungsverhältnisses herbeiführt, hängt danach nicht von der Zustimmung nach § 9 Abs. 3 MuSchG ab.

Doch hat die durch BAG und EuGH anerkannte Freiheit bei der Vertragsgestaltung, die der im Arbeitsleben notwendigen Flexibilität der Vertragsparteien Rechnung tragen soll, auch ihre Grenzen. Dies ist dort der Fall, wo eine Umgehung des Mutterschutzes droht. § 9 MuSchG stellt ein Verbotsgesetz i.S.d. § 134 BGB dar.[715] Die Rechtsprechung hat in verschiedenen Fällen eine Umgehung angenommen.[716] In einem Fall hat das BAG entschieden, dass die Schwangerschaft selbst nicht als auflösende Bedingung vereinbart werden dürfe.[717] Im Unterschied zur Vereinbarung der Schwangerschaft selbst als auflösende Bedingung, was die Umgehungsabsicht in sich trägt, dienen Koppelungsklauseln nicht der Umgehung des Mutterschutzrechts. Dies ist schon deshalb offensichtlich, weil nach der bislang herrschenden Meinung die Geschäftsleiterin gar keinen Mutterschutz genießt. Koppelungsklauseln wollen vielmehr einem grundsätzlich billigenswerten Interesse der Gesellschaft an einem Gleichlauf von Anstellungs- und Organverhältnis Rechnung tragen. Allerdings bedarf eine Umgehung keines darauf gerichteten Willens der Vertragsparteien. Es muss ihnen nicht einmal bewusst gewesen sein, dass aus einer Vereinbarung eine Gesetzesumgehung folgt.[718] Wäre anzunehmen, der nach der hier vertretenen Ansicht bestehende Schutz der Geschäftsleiterin nach § 9 Abs. 1, 3 MuSchG wäre durch eine Koppelungsklausel wirkungslos, dann würde sich die Klausel dem Verdikt der Nichtigkeit nach § 134 BGB aussetzen, gleich ob den Vertragsparteien dies bewusst war oder nicht.

Fraglich ist jedoch, ob der Schutz der Geschäftsleiterin nach § 9 Abs. 1, 3 MuSchG durch eine Koppelungsklausel tatsächlich wirkungslos wäre oder ob eine

714 EuGH 4.10.2001 – Rs. C 438/99 (*Melgar*), NZA 2001, 1243.

715 BAG 27.11.1956 – 1 AZR 540/55, BAGE 3, 309; BAG 28.11.1958 – 1 AZR 199/58, DB 1959, 174; *Buchner/Becker* § 9 MuSchG, Rn. 79 m.w.N. Dabei erfasst § 134 BGB auch Umgehungen (Palandt/*Ellenberger* § 134 BGB, Rn. 28).

716 Etwa BAG 28.11.1963 – 2 AZR 140/63, BAGE 15, 132 = NJW 1964, 567: Auslaufenlassen von Probearbeitsverhältnis wegen im Laufe der Probezeit eingetretener Schwangerschaft rechtsmissbräuchlich (krit. und darin eine rechtlich nicht begründbare Abschlusspflicht sehend *Beuthien* RdA 1964,207); BAG 12.10.1960 – GS 1/59, BAGE 10, 65 = NJW 1961, 798: Berufung auf eine Befristung; LAG Hamburg 30.6.1955 – 1 Sa 41/55, AP BGB § 620 Nr. 3 m. zust. Anm. *Molitor*: Befristung.

717 BAG 28.11.1958 – 1 AZR 199/58, AP GG Art. 6 Abs. 1 Nr. 3 m. zust. Anm. *Krüger*.

718 BGH 23.6.1971 – VIII ZR 166/70, BGHZ 56, 285 (289) = NJW 1971, 1658 (1659).

einschränkenden Auslegung der Koppelungsklausel in Betracht kommt, um dies zu verhindern. So hat der BGH in seiner grundlegenden Entscheidung zur Zulässigkeit von Koppelungsklauseln entschieden, diese seien so auszulegen, dass der Anstellungsvertrag erst nach Ablauf der Frist des § 622 Abs. 1 BGB[719] beendet sei, auch wenn die Vereinbarung dafür keinen Anhalt biete.[720] Der BGH führt aus, der Trennungsgrundsatz diene letztlich der Sicherstellung einer unabhängigen Leitung und Vertretung der Gesellschaft. Diesen Zweck beeinträchtige es nicht, wenn das Anstellungsverhältnis erst nach Ablauf der Frist des § 622 Abs. 1 BGB ende, was dem Schutz des Organmitglieds diene. Der BGH meint vielmehr, es käme „der Umgehung dieser zwingenden Kündigungsvorschrift gleich“, würde man eine Koppelungsvereinbarung nicht entsprechend auslegen. Auch in der vorliegenden Konstellation kann mit einer einschränkenden Auslegung der Koppelungsklausel die Folge einer (ungewollten) Umgehung des § 9 MuSchG vermieden werden. Die im Wege der ergänzenden Vertragsauslegung gewonnene Klausel würde etwa lauten: „Der Vertrag wird entgegen vorstehender auflösender Bedingung nicht automatisch beendet, wenn eine Kündigung des Vertrages § 9 Abs. 1, 3 MuSchG widerspräche.“ Das ließe die Wirksamkeit der Abberufung (aufgrund nicht-schwangerschaftsbedingter Gründe) unberührt, verhinderte aber gleichzeitig, dass die Abberufung auf das Anstellungsverhältnis durchschlägt.

Eine derartige Auslegung kommt gewiss zu einem vom Wortlaut der Koppelungsklausel abweichenden Ergebnis, da die hier problematischen Klauseln gerade keine Einschränkung der Bedingung für den Fall der Anwendbarkeit des § 9 MuSchG beinhalten. Bereits nach § 133 BGB hindert das eine Auslegung jedoch nicht, wenn ihr Ergebnis dem übereinstimmenden Willen der Vertragspartner entspricht.[721] Die Rechtsprechung vertritt vielmehr, dass einer gesetzeskonformen,

---

719 Das Urteil bezog sich genauer auf § 622 Abs. 1 S. 2 BGB in der Fassung des BGB bis zur Änderung durch das Kündigungsfristengesetz vom 7.10.1993 (BGBl. I S. 1668), die lautete: „Eine kürzere Kündigungsfrist [als sechs Wochen zum Schluß eines Kalendervierteljahres] kann einzelvertraglich nur vereinbart werden, wenn sie einen Monat nicht unterschreitet und die Kündigung nur für den Schluß eines Kalendermonats zugelassen wird.“ Stattdessen sind heute die Fristen aus § 622 Abs. 1, 2 BGB zu beachten (*Bauer* BB 1994, 855 [856]).

720 BGH 29.5.1989 – II ZR 220/88, NJW 1989, 2683 (2684).

721 Dazu im Zusammenhang mit Anstellungsverträgen etwa BGH 1.12.1997 – II ZR 232/96, NJW 1998, 1480: Auslegung einer Koppelungsklausel in dem Anstellungsvertrag eines Fremdgeschäftsführers, die sich nach ihrem Wortlaut aber nur auf das Ausscheiden eines Gesellschafter-Geschäftsführers bezieht.

also die Nichtigkeit einer Klausel vermeidenden Auslegung im Zweifel der Vorrang gebührt.[722] Eine ergänzende Vertragsauslegung kann dann vorgenommen werden, wenn der Vertrag eine ausfüllungsbedürftige und planwidrige Lücke offenbart, wenn also die Rechtslage ohne eine „Ergänzung des Vertrages keine angemessene, den typischen Interessen der Vertragsparteien Rechnung tragende Lösung bietet"[723]. Damit ist ein objektiv generalisierender Maßstab anzulegen,[724] die Ergänzung muss also eine „allgemeine Lösung eines immer wiederkehrenden Interessengegensatzes"[725] bewirken. Unter diesen Gesichtspunkten begegnet die eben skizzierte ergänzende Vertragsauslegung von Koppelungsklauseln keinen Bedenken. Einerseits blieb die Koppelung wirksam, was dem Interesse der Gesellschaften an dem beabsichtigten Gleichlauf zwischen Anstellungs- und Organverhältnis Rechnung trüge; andererseits wäre den Interessen der Geschäftsleiterinnen genüge getan, da für den Fall einer Schwangerschaft sichergestellt wäre, dass eine Beendigung des Anstellungsvertrags nicht automatisch der Abberufung folgt. Regelmäßig kann zudem davon ausgegangen werden, dass Gesellschaft und Geschäftsleiterin bei Verabredung der Koppelung die auflösende Bedingung entsprechend eingeschränkt hätten, hätten sie die Auswirkungen der *Danosa*-Rechtsprechung auf den Schutz durch § 9 MuSchG gekannt. Schließlich hätten sie sonst eine wegen einer Gesetzesumgehung nichtige Klausel in den Anstellungsvertrag aufgenommen.

Damit lässt sich, legt man die Rechtsprechung des BGH zu Koppelungsklauseln und der ergänzenden Auslegung von Verträgen zugrunde, ein methodisch vertretbares Ergebnis finden, um den von *Schubert* aufgeworfenen Widerspruch aufzulösen. Durch eine Koppelungsklausel wird kein Durchschlagen der Abberufung auf den Anstellungsvertrag erreicht, was den Schutz durch § 9 MuSchG

---

722 Etwa BGH 26.9.2002 – I ZR 44/00, BGHZ 152, 153 = NJW 2003, 819 (820); BAG 20.8.1996 – 9 AZR 471/95, BAGE 84, 17 = NJW 1997, 541: Vertragsparteien wollten regelmäßig keine nichtigen Vertragsbedingungen verabreden, weshalb ergänzende Vertragsauslegung geboten sei, wenn Vereinbarung sonst gegen § 622 Abs. 6 BGB verstoße.

723 BAG 25.5.2005 – 5 AZR 572/04, NZA 2005, 1111 (1115) m.w.N. Grundlegend zur ergänzenden Vertragsauslegung in der Rechtsprechung BGH 1.2.1984 – VIII ZR 54/83 (*Tagespreisklausel*), BGHZ 90, 69 = NJW 1984, 1177 (1178 ff.). Aus neuerer Zeit etwa BGH 17.4.2002 – VIII ZR 297/01, NJW 2002, 2310. Grundlegend in der Literatur *Henckel* AcP 159 (1960/61), 106; *Larenz* NJW 1963, 737. Ablehnend heute etwa *Neuner* FS Canaris, 2007, Bd. 1, 901 (918 f.).

724 BGH 14.4.2005 – VII ZR 56/04, NJW-RR 2005, 1040 (1041) m.w.N.

725 BGH 12.10.2005 – IV ZR 162/03, NJW 2005, 3559 (3565); Ulmer/Brandner/Hensen/*H. Schmidt* § 306 BGB, Rn. 32, 37.

aushebeln würde. Die in der Koppelungsklausel enthaltene auflösende Bedingung kann nicht eintreten, solange die Zustimmung nach § 9 Abs. 3 MuSchG nicht erteilt wurde. Die Koppelungsklausel führt im zeitlichen Geltungsbereich des § 9 MuSchG nicht automatisch zur Beendigung des Anstellungsvertrags, sondern es bedarf hierzu der behördlichen Zustimmung. Die Abberufungsfreiheit der Gesellschaft muss somit, von der Schwangerschaft als Abberufungsgrund abgesehen, nicht beschränkt werden.

f. Ergebnis

Damit hat sich als überzeugend erwiesen, der Schwangeren keinen absoluten Abberufungsschutz zu gewähren, sondern nur insoweit, als die Abberufung in Zusammenhang mit der Schwangerschaft steht. Um ein solches relatives Abberufungsverbot zu erreichen, sind die gesellschaftsrechtlichen Abberufungsvorschriften europarechtskonform teleologisch zu reduzieren.

Aus der *Danosa*-Entscheidung folgt, dass auch das Abberufungsverhältnis dem Mutterschutz unterfällt, die Abberufungsfreiheit während der Schutzzeiten also eingeschränkt werden muss. Ein absolutes Abberufungsverbot ohne Erlaubnisvorbehalt allerdings wäre für die Gesellschaft untragbar, da diese gezwungen wäre, selbst im Falle schwerer Pflichtverletzungen der Geschäftsleiterin an dieser festzuhalten. Hiergegen bestehen im Hinblick auf die Eigentumsrechte der Gesellschafter gewichtige verfassungsrechtliche Bedenken. Aber auch ein absolutes Abberufungsverbot mit Erlaubnisvorbehalt ist kein gangbarer Weg. Ohne ausdrückliche gesetzliche Ermächtigung kann eine Arbeitsbehörde nicht über die Zulässigkeit einer gesellschaftsrechtlichen Abberufung entscheiden. Auch die erhebliche Beschränkung der Personalhoheit des Bestellungsorgans, die ein Erlaubnisvorbehalt nach sich zöge, bedürfte einer besonderen Ermächtigung. Zudem wäre eine Zeit des Wartens auf die Zustimmung durch die Behörde für die Gesellschaft nicht hinnehmbar. Diese würde damit ihrer unabdingbaren effektiven Abberufungsmöglichkeit beraubt, was speziell bei einem Vertrauensverlust der Gesellschafter nicht zumutbar ist. In diesen Fällen muss eine sofortige Abberufung möglich sein, um der Geschäftsleiterin ohne Zeitverzug die Vertretungsmacht im Außenverhältnis entziehen zu können. Ein relatives Abberufungsverbot trägt dem Interesse der Gesellschaft am Erhalt ihrer Abberufungsfreiheit und dem Interesse der Geschäftsleiterin an einem Schutz ihres Organverhältnisses gleichermaßen Rechnung. Weder verlangt das Europarecht ein präventives Schutzsystem nach Vorbild des § 9 Abs. 1, 3 MuSchG, noch bedingen verfassungsrechtliche Vorgaben einen Maximalmutterschutz. Weil der Geschäftsleiterin die Entgeltansprüche auch im Falle einer Abberufung erhalten bleiben, wird die wirtschaftliche

Existenzgrundlage der Geschäftsleiterin durch diese Lösung nicht berührt. Der Lösung stehen auch Koppelungsklauseln nicht entgegen, da diese ergänzend so ausgelegt werden können, dass der Mutterschutz nicht umgangen wird. Auch eine berechtigte, weil nicht mit der Schwangerschaft zusammenhängende Abberufung kann nicht bewirken, dass der Anstellungsvertrag ohne behördliche Zustimmung beendet wird.

III. Beschäftigungsverbote

Aufgrund der hier vertretenen richtlinienkonformen Anwendung von § 1 Nr. 1 MuSchG ist die Geschäftsleiterin umfassend in den persönlichen Anwendungsbereich des MuSchG einbezogen. Sie unterfällt daher in anstellungsvertraglicher Hinsicht neben der Kündigungsschutznorm des § 9 MuSchG auch den anderen Normen des MuSchG. Dies ist zwingend, soweit das MuSchG europarechtlich determiniert ist. In der *Danosa*-Entscheidung hat der EuGH über die Auslegung des Arbeitnehmerbegriffs der MuSchRL entschieden, weshalb sein Urteil in Bezug auf alle in der Richtlinie statuierten Arbeitnehmerrechte Bedeutung hat. Namentlich sind dies vor allem die Beschäftigungsverbote. Auch diese Rechte haben diskriminierungsrechtlichen Gehalt, da sie dem Ausgleich spezifisch mit der Schwangerschaft – und damit unmittelbar dem Geschlecht – zusammenhängender Nachteile dienen.[726]

1. Schutzforderung der MuSchRL

Neben den bereits aufgezeigten Unterschieden zwischen Art. 8 MuSchRL und §§ 3 Abs. 2, 6 Abs. 1 MuSchG[727] enthält das in § 8 MuSchG geregelte Verbot von Mehr-, Nacht- und Sonntagsarbeit eine hinsichtlich der Geschäftsleitertätigkeit besonders relevante Abweichung. Die MuSchRL sieht in Art. 7 lediglich ein Verbot der Nachtarbeit vor.[728] Die Richtlinie gibt allerdings nicht vor, welche Zeiten als Nachtzeiten gelten und bestimmt, dass das Verbot nur bei einer im Einzelfall bestehenden medizinischen Notwendigkeit eingreift. § 8 MuSchG trifft demgegenüber umfassende, nicht von medizinischer Notwendigkeit abhängige Schutzregeln. Es sieht unter anderem eine tägliche Arbeitszeit von maximal 8,5 Stunden und längstens bis 20 Uhr vor.

---

726 Vgl. *Buchner/Becker* § 2 MuSchG, Rn. 2; vor §§ 3–8 MuSchG, Rn. 4; vor §§ 11–16 MuSchG, Rn. 1.

727 S. oben, S. 132.

728 Zmarzlik/Zipperer/Viethen/Vieß/*Viethen/Wascher* § 8 MuSchG, Rn. 17.

Dabei ist der Begriff der Arbeitszeit in Anlehnung an das ArbZG zu definieren.[729] Hinsichtlich der rechtlichen Bewertung nach dem ArbZG ist praktisch besonders relevant, ob etwa das Beantworten einer E-Mail oder ein Anruf die Mindestruhezeit nach § 5 Abs. 1 ArbZG unterbricht.[730] Nach Auffassung des EuGH zur arbeitszeitrechtlichen Einordnung der ärztlichen Bereitschaftszeit ist entscheidend, dass der Arbeitnehmer „dem Arbeitgeber zur Verfügung steht und seine Tätigkeit ausübt oder Aufgaben wahrnimmt".[731] Dem hat sich das BAG bereits angeschlossen.[732] Vergegenwärtigt man sich dieses umfassende Verständnis vom Begriff „Arbeitszeit", wird die Mindestruhezeit nach § 5 Abs. 1 ArbZG auch durch kurzzeitige, nicht gänzlich unerhebliche Tätigkeiten wie das Abfassen einer E-Mail oder einen Anruf unterbrochen.[733] Aus der *Danosa*-Entscheidung ergeben sich schon deshalb ernstzunehmende arbeitszeitrechtliche Risiken, weil der Arbeitnehmerbegriff des § 2 Abs. 2 ArbZG nun auch Geschäftsleiterinnen erfassen könnte.[734]

Unabhängig von den arbeitszeitrechtlichen Risiken einer Unterbrechung der Mindestruhezeit stipuliert § 8 MuSchG mit dem Nachtarbeitsverbot ab 20 Uhr ein für den Einsatz mobiler Geräte ähnlich wirkendes Hemmnis. Da bei der Definition der Begriffe der Arbeit bzw. Beschäftigung auf das ArbZG zurückzugreifen ist, müsste die Gesellschaft sicherstellen, dass die schwangere

---

729 *Buchner/Becker* § 8 MuSchG, Rn. 24; Rancke/*Pepping* § 8 MuSchG, Rn. 20.

730 Das ist deshalb problematisch, weil eine Inanspruchnahme des Arbeitnehmers während des Mindestruhezeitraums dazu führt, dass die volle 11-stündige Ruhezeit neu zu gewähren ist (ErfK/*Wank* § 5 ArbZG, Rn. 4).

731 EuGH 3.10.2000 – Rs. C-303/98 (*Simap*), Tz. 47, RdA 2001, 339 m. Anm. *Hergenröder* auf Grundlage der Richtlinie 93/104/EG des Rates vom 23.11.1993 über „bestimmte Aspekte der Arbeitszeitgestaltung" (ABl. L 307 vom 13.12.1993, S. 18).

732 BAG 18.2.2003 – 1 ABR 2/02, NZA 2003, 742.

733 Vgl. *Falder* NZA 2010, 1150 (1152): „Unter Berücksichtigung des Umstands, dass heutzutage der Bereitschaftsdienst vollumfänglich als Arbeitszeit zu werten ist bestehen somit erhebliche Bedenken die so genannten ‚nicht nennenswerten Arbeitsleistungen' nicht als Arbeitszeit zu qualifizieren". Für eine Einordnung als ruhezeitschädliche Arbeitszeit auch *Anzinger/Koberski* § 5 ArbZG, Rn. 12; Rolfs/Giesen/Kreikebohm/Udsching/*Kock* § 5 ArbZG, Rn. 7.2. Dagegen *Bissels/Domke/Wisskirchen* DB 2010, 2052 (2054): „[G]eringfügige Unterbrechung der Ruhezeit" wie durch das kurze Abfassen einer E-Mail seien nicht ruhezeitschädlich. Ebenso *Baeck/Deutsch* § 5 ArbZG, Rn. 14, da diese den Arbeitnehmer „kaum belasten". Demgegenüber unproblematisch nicht vom Arbeitszeitbegriff erfasst ist das bloße Bereithalten von Kommunikationsmitteln (vgl. Rolfs/Giesen/Kreikebohm/Udsching/*Kock* § 2 ArbZG, Rn. 10.2: Bei lediglich „faktischer Erreichbarkeit" liegt noch keine Arbeitszeit vor).

734 Vgl. dazu Graf von Westphalen/*Thüsing* Geschäftsführerverträge, Rn. 229.

Geschäftsleiterin nach 20 Uhr weder Anrufe führt oder sich mit geschäftlichen E-Mails befasst noch ihren Leitungsaufgaben anderweitig nachgeht. Die gerade bei Führungskräften weithin praktizierte Verwendung von Mobiltelefonen und anderen mobilen Geräten, die eine Kommunikation auch außerhalb der üblichen Bürozeiten erlauben, wäre bei Schwangeren engen zeitlichen Grenzen gesetzt.

Die Beschäftigungsverbote dürften deshalb für eine Vielzahl von Geschäftsleiterinnen ein erhebliches Hemmnis bei der Ausübung des Amtes bedeuten. Unbeachtlich wäre nämlich auch, wenn die Geschäftsleiterin in die darüber hinaus gehende zeitliche Beanspruchung einwilligt.[735] Selbst die bloße Entgegennahme von Arbeitsleistungen, die außerhalb der erlaubten Zeitspanne erbracht wurden, ist für den Arbeitgeber verboten.[736] Einzig eine behördliche Einzelfallausnahme nach § 8 Abs. 6 MuSchG ermöglicht eine Beschäftigung über die vom Gesetz genannten Arbeitszeitgrenzen hinaus.[737]

Damit enthält das MuSchG Beschäftigungsverbote, die beträchtlich über das europarechtlich geforderte Maß hinausgehen und – wie soeben dargelegt – die freie Amtsausübung der Geschäftsleiterin praktisch erheblich beschränken. Die unveränderte Anwendung der betreffenden Normen auf die Geschäftsleiterin hätte zur Folge, dass diese für die Dauer ihrer Schwangerschaft erheblichen arbeitszeitlichen Beschränkungen unterworfen wäre und über einen Zeitraum von mindestens acht Wochen die Gesellschaft überhaupt nicht leiten dürfte. Europarechtlich obligatorisch wäre ein Ausfall der Geschäftsleiterin demgegenüber nur für den Zeitraum von zwei Wochen, soweit im Übrigen die Zustimmung der Geschäftsleiterin über die Weiterführung des Amtes vorliegt.

2. Reduktion des MuSchG

Soweit das MuSchG hinsichtlich der Beschäftigungsverbote über das europarechtlich Geforderte hinausgeht, kommt bei der Anwendung des MuSchG auf die Geschäftsleiterin eine teleologische Reduktion in Betracht. Namentlich wäre das Beschäftigungsverbot aus § 6 Abs. 1 MuSchG auf das zweiwöchige obligatorische Maß zurückzuführen und § 8 MuSchG wäre nur hinsichtlich des

735 BAG 24.6.1960 – 1 AZR 96/58, DB 1960, 1249: Das Beschäftigungsverbot richte sich seinem Schutzzweck nach gegen beide Parteien. *Buchner/Becker* § 8 MuSchG, Rn. 6 m.w.N.

736 Rancke/*Pepping* § 8 MuSchG, Rn. 18 m.w.N.

737 Dazu *Buchner/Becker* § 8 MuSchG, Rn. 67 ff.

Nachtarbeitsverbots anzuwenden und soweit diese Arbeitszeitbeschränkung im Einzelfall medizinisch notwendig ist.[738]

Vereinzelt wird eine derartige Einschränkung des MuSchG für die Geschäftsleiterin ausdrücklich abgelehnt.[739] Eine „gespaltene Auslegung" des Gesetzes sei deshalb nicht möglich, weil der Gesetzgeber sich insoweit „für eine einheitliche Regelung entschieden" habe. Auch für den über die Richtlinienvorgaben hinausgehenden Teil habe der Gesetzgeber „eine Auslegung anhand des europäischen Rechts akzeptiert". Folgte man dieser Auffassung, wäre das MuSchG unterschiedslos auch auf die Geschäftsleiterin anzuwenden. Die dargestellten erheblichen Hemmnisse bei der Amtsausübung wären die Folge.

Dass der Gesetzgeber sich für eine einheitliche Regelung entschieden und deren europarechtskonforme Auslegung akzeptiert habe, überzeugt nicht. Die Besonderheiten der organschaftlichen Stellung der Geschäftsleiterin konnte der Gesetzgeber bei Erlass der §§ 3 Abs. 2, 6 Abs. 1, 8 MuSchG gar nicht berücksichtigen, da er nur Arbeitnehmerinnen nach damaligem Verständnis sowie Heimarbeiterinnen überhaupt in den persönlichen Anwendungsbereich des MuSchG einbeziehen wollte.[740] Die Einbeziehung der Geschäftsleiterin in den persönlichen Anwendungsbereich folgt heute erst der europarechtskonformen Auslegung von § 1 Nr. 1 MuSchG. Auch die – im Gegensatz etwa zum ArbZG oder KSchG – einschränkungslose Anwendbarkeit des MuSchG auf leitende Angestellte[741] spricht nicht gegen eine reduzierte Anwendung auf Organvertreter. Die Geschäftsleiterin gewährleistet die Funktionsfähigkeit der Gesellschaft und ihr Amt setzt aufgrund umfassender und unbeschränkbarer Befugnisse im Innen- und Außenverhältnis ein besonderes Maß von Vertrauen voraus, das eine zeitweilige Vertretung schwieriger macht als dies bei nicht-organschaftlich leitenden Angestellten der Fall ist. Dies rechtfertigt es, bei der Anwendung des MuSchG zwischen nicht-organschaftlichen leitenden Angestellten und Organvertretern

---

738 S. zur teleologischen Reduktion und den Richtlinienvorgaben bereits oben, S. 133.

739 *Preis/Sagan* ZGR 2013, 26 (55).

740 Die Beschränkung des persönlichen Anwendungsbereichs auf abhängig Beschäftigte wurde „wegen der finanziellen Auswirkungen" eines weiteren persönlichen Anwendungsbereichs vorgenommen (Protokoll der 180. Sitzung des 1. Deutschen Bundestages vom 12.12.1951, BT-Plenarprotokoll 1/180, S. 7519).

741 *Buchner/Becker* § 1 MuSchG, Rn. 37 m.w.N.; Rancke/*Pepping* § 1 MuSchG, Rn. 11. Dabei vertreten *Buchner/Becker* § 1 MuSchG, Rn. 95 ausdrücklich, dass im Falle einer ausnahmsweisen Arbeitnehmereigenschaft von Organvertreterinnen die Arbeitnehmerschutzvorschriften gelten.

zu differenzieren. Man kann daher die Geschäftsleiterin partiell vom MuSchG ausnehmen, ohne damit dem Willen des Gesetzgebers zu widersprechen.

Diese Auffassung widerspricht auch nicht dem hinsichtlich des Kündigungsverbots gefundenen Ergebnis. Wurde dort vertreten, eine teleologische Reduktion des § 9 MuSchG hin zu einem relativen Abberufungsverbot scheide aus, beruhte dies auf dem hinter § 9 MuSchG stehenden gesetzgeberischen Konzept. Dort würde eine Reduktion dem Telos des Gesetzes widersprechen, hat der Gesetzgeber sich in § 9 Abs. 1 MuSchG doch gerade für das absolute Kündigungsverbot mit Erlaubnisvorbehalt und damit ein bestimmtes, in sich geschlossen Schutzsystem entschieden.

Endlich ist zu berücksichtigen, dass das Beschäftigungsverbot aus § 6 Abs. 1 MuSchG, das nicht einmal einer behördlichen Ausnahmeregelung zugänglich ist, der Geschäftsleiterin zudem einen gefährlichen Schutz aufoktroyierte. Es würde die Gefahr einer anstellungshemmenden Wirkung in sich tragen. Bereits früher wurde, unabhängig von der Geschäftsleiterin, am generellen Verbot von Mehr- und Nachtarbeit Kritik geübt. *Coester-Waltjen* hat darauf hingewiesen, dass „[e]in stärker an den individuellen Bedürfnissen ausgerichtetes Beschäftigungsverbot … die angemessenere Lösung“ biete.[742] Sie mahnte „Zurückhaltung bei der Festlegung nachgeburtlicher Beschäftigungsverbote“ an.[743] Auch von anderen Vertretern wurde Kritik an der bestehenden Regelung geübt, führe das „starre System von Verbotsnormen“ doch zu „überdehnten Einschnitten in die Privatautonomie“,[744] das trotz dem „nicht seltene[n] Problem gestörter Vertragsparität“ in der derzeitigen Form nicht überzeuge.[745] Diese Mahnungen, flexible Regelungsmöglichkeiten nicht gänzlich zu versperren, überzeugen gerade im Hinblick auf das Geschäftsleiteramt. Aufgrund seiner spezifischen Anforderungen erscheint es hier besonders wichtig, der Geschäftsleiterin zu ermöglichen, gegebenenfalls in vermindertem Maße, als Zentralgestalt der Gesellschaft die Leitungsaufgaben weiter wahrzunehmen.

742 *Coester-Waltjen* S. 135.

743 *Coester-Waltjen* S. 134. Zur Begründung führt sie unter anderem die potenziell einstellungshemmende Wirkung für Jüngere an.

744 *Nebe* S. 71.

745 *Nebe* S. 72. Sie kritisiert die generellen Beschäftigungsverbote jedoch nicht schlechthin, sondern wendet sich speziell gegen das „ausschließlich oder überwiegend typisierend[e] Schutzkonzep[t]“, das diesen zugrundeliege.

3. *Sachgerechter Mutterschutz neben MuSchG*

Dass die gesetzlichen Beschäftigungsverbote nicht auf das Anstellungsverhältnis der Geschäftsleiterin passen, heißt nicht, dieser keinerlei Schutz mehr zu gewähren. Aufgrund ihrer herausgehobenen Position kann ihr allerdings zugemutet werden, ihre Eigeninteressen aktiv zu vertreten.

Fühlt die Geschäftsleiterin sich während oder nach der Schwangerschaft dem Amt gesundheitlich nicht gewachsen, muss von ihr verlangt werden können, auf eine beschäftigungsfreie Zeit oder eine Verminderung der zeitlichen Beanspruchung zu bestehen. Ein solches Verlangen könnte sie – selbst ohne vertragliche Einräumung entsprechender Rechte – bereits auf Grundlage der anstellungsvertraglichen Rücksichtnahmepflicht, der die Gesellschaft ihr gegenüber unterliegt.[746] Diese sind zwar weniger umfassend als im bestehenden Arbeitsverhältnis.[747] Es ist aber anerkannt, dass zum Pflichtenkanon der Gesellschaft auch die angemessene, bezahlte Freistellung zu Erholungszwecken gehört.[748]

Entsprechendes muss dann gelten, wenn die Freistellung sogar medizinisch indiziert ist. Soweit der Geschäftsleiterin die Erbringung ihrer Dienstleistung schlechthin unmöglich ist, etwa aufgrund eines schwangerschaftsbedingten Krankenhausaufenthalts, besteht bereits gemäß § 275 Abs. 1 BGB keine Leistungspflicht. Aber auch in gesundheitlich weniger gravierenden Fällen kann eine Berücksichtigung der Interessen der Schwangeren an einer verminderten dienstlichen Inanspruchnahme bestehen, indem ihr – wie im Arbeitsverhältnis[749] – ein Leistungsverweigerungsrecht gemäß § 275 Abs. 3 BGB zugestanden wird. Nach

746 Vgl. BGH 20.10.1954 – II ZR 280/53, BGHZ 15, 71 (77) = NJW 1954, 1841 in Zusammenhang mit der Abberufung eines AG-Vorstands; BGH 23.9.1968 – II ZR 94/67, BGHZ 50, 378 (383) = NJW 1968, 2373 (2374): Ruhegehalt aus nachwirkender Fürsorgepflicht; *Fleck* FS Hilger/Stumpf, 1983, 197 (207); Lutter/*Hommelhoff/Kleindiek* Anh. zu § 6 GmbHG, Rn. 28; MüKo-AktG/*Spindler* § 84 AktG, Rn. 67; Baumbach/Hueck/*Zöllner/Noack* § 35 GmbHG, Rn.50, wonach Pflicht „auch im gesrechtl Organverhältnis" besteht.

747 BGH 11.7.1953 – II ZR 126/52, BGHZ 10, 187 (192) = NJW 1953, 1465: Das Dienstverhältnis nähere sich dem Arbeitsverhältnis, „wenn auch eine echte Treu- und Fürsorgepflicht wie bei dem Arbeitsverhältnis der Abhängigen und anderen Gemeinschaftsverhältnissen nicht bestehen kann"; *Fleck* FS Hilger/Stumpf, 1983, 197 (207).

748 *Haase* GmbHR 2005, 338 (343); *Moll/Eckhoff* § 81 Rn. 53 m.w.N.; *Sudhoff* S. 29; Hölters/*Weber* § 84 AktG, Rn. 49 m.w.N.

749 Dazu MüKo-BGB/*Ernst* § 275 BGB, Rn. 39; *Henssler/Muthers* ZGS 2002, 219 (223); Schaub/*Linck* § 49 Rn. 7; MüHdb-ArbR/*Reichold* § 39 Rn. 17 m.w.N. Vgl. auch *Schubert* S. 281 f., die eine weitgehende Anwendbarkeit des § 275 Abs. 3 BGB auf Arbeitnehmerähnliche im Falle von Krankheit oder Gesundheitsgefahren befürwortet.

anderer Auffassung ist im Falle von Arbeitsunfähigkeit ohnehin stets einen Fall von § 275 Abs. 1 BGB anzunehmen.[750] Teilweise wird auch eine speziell auf die Schwangerschaft bezogene Abgrenzung zwischen § 275 Abs. 1 und 3 BGB befürwortet.[751] Im vorliegenden Zusammenhang kommt es auf die Abgrenzung nicht an, da einzig entscheidend ist, dass die Geschäftsleiterin aufgrund der Schwangerschaft die Möglichkeit hat, rechtmäßig ihrer Tätigkeit zeitweise nicht nachzugehen.

Wegen ihres Entgeltanspruchs kommt zwar eine direkte oder analoge Anwendung des EFZG nicht in Betracht.[752] Unter den Voraussetzungen von § 616 BGB, der auch auf das Anstellungsverhältnis von Organmitgliedern anwendbar ist,[753] ergibt sich dann aber ein Anspruch der Geschäftsleiterin auf Fortzahlung ihrer Vergütung. Problematisch ist insoweit allerdings die Voraussetzung der verhältnismäßig nicht erheblichen Dauer der Verhinderung. Die Frage der Erheblichkeit richtet sich gemäß herrschender Meinung nach dem Verhältnis der Dauer der Verhinderung zur Dauer der Anstellung.[754] Abhängig von den Umständen des Einzelfalls wird vereinzelt vertreten, dass auch eine mehrmonatige Krankheit noch unter § 616 BGB fallen kann.[755] Andere sehen sechs Wochen als Höchstgrenze an.[756] Vereinzelt wird pauschal darauf hingewiesen, die Vorschrift erlaube aufgrund der Beschränkung auf eine nicht erhebliche Dauer der Verhinderung regelmäßig keine Entgeltfortzahlungsdauer, wie sie üblicherweise notwendig sei.[757] Die praktische Bedeutung dieses Problems ist für die hier relevanten Fälle jedoch begrenzt, da die Geschäftsleiterin jederzeit die Möglichkeit haben muss, von den Schutzfristen des MuSchG Gebrauch zu machen. Der Geschäftsleiterin muss es schon aufgrund der insoweit zwingenden Vorgaben des Art. 8 MuSchRL

---

750 *Canaris* JZ 2001, 499 (504); *Joussen* NZA 2001, 745 (747).

751 *Nebe* S. 287 ff., 296 f.

752 Vgl. Erman/*Belling* § 616 BGB, Rn. 50 m.w.N.; *Haase* GmbHR 2005, 1260 (1263) m.w.N. auch unter Darstellung der Entstehungsgeschichte und des Normzwecks des EFZG; Staudinger/*Oetker* § 616 BGB, Rn. 183.

753 Roth/*Altmeppen* § 6 GmbHG, Rn. 114; *Fleck* FS Hilger/Stumpf, 1983, 197 (218); *Fleischer* NZG 2010, 561 (565); *Haase* GmbHR 2005, 1260 (1264 ff.); MüKo-BGB/*Henssler* § 616 BGB, Rn. 11, 20.

754 Erman/*Belling* § 616 BGB, Rn. 47; HK-BGB/*Schreiber* § 616 BGB, Rn. 5. A.A. Staudinger/*Oetker* § 616 BGB, Rn. 95 f. m.w.N. auch für die h.M.

755 *Sudhoff* S. 30.

756 So *Fuhrmann* Rn. 212; grds. auch Roth/*Altmeppen* § 6 GmbHG, Rn. 114; ferner MüKo-BGB/*Henssler* § 616 BGB, Rn. 60 unter Berufung auf *Haase* GmbHR 2005, 1260 (1266), der sich jedoch gerade gegen eine solche Grenze ausspricht (S. 1267).

757 *Schaub* WiB 1994, 637.

stets möglich sein, ihre Zustimmung zur Beschäftigung innerhalb der Mutterschutzfrist entsprechend § 6 Abs. 1 S. 4 MuSchG zu widerrufen. Sie könnte somit ohne Rechtsnachteile jederzeit die Mutterschutzfristen nutzen, gerade dann, wenn lange Ausfallzeiten zu befürchten sind und deshalb zweifelhaft ist, ob § 616 BGB noch angewendet werden kann.

Den Interessen der schwangeren Geschäftsleiterin ist also genügt. Es besteht ein umfassender Schutz in Fällen, in denen die Dienstleistung schwangerschaftsbedingt nicht erbracht werden kann. Gleichzeitig sind die skizzierten Handlungsmöglichkeiten flexibler als dies bei den unabdingbaren Beschäftigungsverboten der Fall ist. Auf diese Weise wird ein schonender Ausgleich der Interessen von Gesellschaft und Geschäftsleiterin ermöglicht. Die praktische Möglichkeit der Inanspruchnahme dieser Rechte wiederum ist durch den hier vertretenen Kündigungs- und Abberufungsschutz abgesichert. Insbesondere wäre auch die Abberufung unzulässig, da die Berufung auf § 275 Abs. 1 BGB, der Gebrauch des Leistungsverweigerungsrechts aus § 275 Abs. 3 BGB oder der Widerruf entsprechend § 6 Abs. 1 S. 4 MuSchG auf den Zustand der Schwangerschaft zurückzuführen wäre und daher der Abberufung nach der hier vertretenen Auffassung ausnahmsweise entgegenstünde.

4. *Ergebnis*

Die Einbeziehung der Geschäftsleiterin in den persönlichen Anwendungsbereich des MuSchG folgt erst aus der europarechtskonformen Auslegung von § 1 Nr. 1 MuSchG, weshalb der Gesetzgeber die Besonderheiten der organschaftlichen Stellung der Geschäftsleiterin bei Erlass der §§ 3 Abs. 2, 6 Abs. 1, 8 MuSchG nicht berücksichtigen konnte. Die absoluten Beschäftigungsverbote passen auf die Geschäftsleiterin nicht, was eine teleologische Reduktion gebietet.

Die Beschäftigungsverbote des MuSchG sind wie folgt zu reduzieren:

- § 6 Abs. 1 MuSchG insoweit, als dieses Beschäftigungsverbot nur hinsichtlich eines zweiwöchigen Zeitraums nach der Entbindung zwingend ist. Im Übrigen kann die Mutter der Beschäftigung ausdrücklich und jederzeit widerruflich zustimmen.
- § 8 MuSchG insoweit, als nur eine Tätigkeit von 20 bis 6 Uhr verboten ist und auch nur dann, wenn ein ärztliches Attest vorgelegt wird, das – in Übereinstimmung mit Art. 7 Abs. 1 MuSchRL – die Notwendigkeit eines Nachtarbeitsverbots „im Hinblick auf die Sicherheit und den Gesundheitsschutz der Arbeitnehmerin bestätigt“.

IV. Entgeltschutz

Auch im Entgeltschutz geht die deutsche Regelung über das hinaus, was die MuSchRL fordert. So stellt es Art. 11 Nr. 4 MuSchRL den Mitgliedsstaaten frei, eine Wartezeit von bis zu zwölf Monaten vorzusehen. Danach kann das Entstehen von mutterschutzrechtlichen Entgeltansprüchen an das Bestehen des Anstellungsverhältnisses für eine gewisse Mindestdauer geknüpft werden.[758] Eine solche Wartezeit ist dem MuSchG fremd; es greift vollumfänglich vom ersten Tag des vereinbarten Arbeitsbeginns an, unabhängig von der tatsächlichen Arbeitsaufnahme.[759] Auch die Ausgestaltung der Entgeltsicherung ist durch Art. 11 MuSchRL nur grob umrissen; dem nationalen Gesetzgeber bleiben hier erhebliche Gestaltungsspielräume, gerade auch was die letztendliche Höhe des Entgelts anbelangt.[760] Insoweit ist eine veränderte Rechtsanwendung des MuSchG auf Organvertreter jedoch nicht geboten. Zudem ist schwerlich vorstellbar, dass der Rechtsanwender einen Eingriff in das System der Entgeltsicherung mit den damit verbundenen Umlageverfahren überhaupt sachgerecht leisten könnte.

V. Fragerecht im Bewerbungsverfahren

Die an eine Bewerberin gerichtete Frage, ob sie schwanger sei, ist jedenfalls grundsätzlich unzulässig.[761] Entgegen einer verbreitet vertretenen Auffassung[762]

---

758 Eine solche Wartezeit befürworten *Peters-Lange* und *Rolfs* (NZA 2000, 682 [684]), die dadurch eine Begünstigung jüngerer Bewerberinnen bei der Einstellung erwarten.

759 Grobys/Panzer/*Fohrmann* Nr. 117 (Mutterschutz), Rn. 3; Rancke/*Pepping* § 1 MuSchG, Rn. 48.

760 Vgl. EuGH 8.9.2005 – Rs. C-191/03 (*McKenna*), Tz. 58 ff., NZA 2005, 1105, wonach „das Gemeinschaftsrecht bei seinem gegenwärtigen Stand keine volle Entgeltfortzahlung für eine Arbeitnehmerin vorschreibt, die während ihrer Schwangerschaft wegen einer mit dieser verbundenen Krankheit fehlt". Er nimmt dabei in Tz. 50 auch Bezug auf seine frühere, vor Erlass der MuSchRL ergangene Entscheidung EuGH 13.2.1996 – Rs. C-342/93 (*Gillespie*), AP EWG-Vertrag Art. 119 Nr. 74, in der es unter Tz. 20 heißt, das Gemeinschaftsrecht verlange nicht, „daß ArbN während des Mutterschaftsurlaubs weiter das volle Arbeitsentgelt erhalten. … Jedoch durften diese Leistungen nicht so niedrig sein, daß dadurch der Zweck des Mutterschaftsurlaubs, der Schutz der ArbN vor und nach der Niederkunft, gefährdet worden wäre".

761 *Hamann* Jura 2007, 641 (643); ErfK/*Preis* § 611 BGB, Rn. 274; Ascheid/Preis/Schmidt/*Rolfs* § 9 MSchG, Rn. 48; *Szech* S. 140 m.w.N.

762 *Däubler*/Bertzbach § 7 AGG, Rn. 28; Jauernig/*Mansel* § 7 AGG, Rn. 5; Adomeit/*Mohr* § 8 AGG, Rn. 34; *Palasch* NZA-RR 2013, 232 (233); *Wank* FS Richardi, 2007, 441 (458). Wohl auch MüKo-BGB/*Thüsing* § 3 AGG, Rn. 21 (§ 242 BGB als Schranke). Gegen die Möglichkeit von Ausnahmen *Szech* S. 143 f. m.w.N. für beide Auffassungen.

können auch nicht im Rahmen von § 8 Abs. 1 AGG Ausnahmen vom Fragerechtsverbot zugelassen werden. Nach der Rechtsprechung des EuGH steht die Schwangere unter dem umfassenden Schutz der MuSchRL. In der *Webb*-Entscheidung hat der EuGH ausgeführt:[763]

> „Die Verfügbarkeit des Arbeitnehmers ist für den Arbeitgeber zwangsläufig eine wesentliche Voraussetzung für die ordnungsgemäße Erfüllung des Arbeitsvertrages. Jedoch kann der vom Gemeinschaftsrecht gewährleistete Schutz für die Frau während der Schwangerschaft und nach der Entbindung nicht von der Frage abhängen, ob die Anwesenheit der Betroffenen in dem ihrer Mutterschaft entsprechenden Zeitraum für das ordnungsgemäße Funktionieren des Unternehmens unerläßlich ist, in dem sie beschäftigt ist. Die gegenteilige Auslegung würde den Bestimmungen der Richtlinie ihre praktische Wirksamkeit nehmen."

Hält man sich dies vor Augen, überzeugt es nicht, Ausnahmen vom Fragerechtsverbot zuzulassen. Stellt die Gesellschaft die Frage der Schwangerschaft gleichwohl, begründet die Verweigerung der An- oder Bestellung ein Indiz für eine Diskriminierung nach § 22 AGG.[764] Da der EuGH in der *Danosa*-Entscheidung selbst im Falle der Geschäftsleiterin, die für die Funktion der Gesellschaft von wesentlicher Bedeutung ist, nicht einmal eine Ausnahme vom umfassenden Mutterschutz zulässt, rechtfertigt die Geschäftsleitereigenschaft auch beim Fragerecht keine abweichende Beurteilung. Überdies würde es einen Wertungswiderspruch darstellen, einerseits ein umfassendes Kündigungsverbot während der Schutzzeiten und sogar ein relatives Abberufungsverbot anzunehmen, der Gesellschaft andererseits aber zu erlauben, eine Kandidatin bereits während des Bewerbungsverfahrens aufgrund ihrer Schwangerschaft auszusieben. Die Schwangere bedarf während und bereits in Anbahnung des Anstellungs- und Organverhältnisses gleichermaßen eines umfassenden Schutzes, um die Geschlechtergleichstellung zu gewährleisten.

VI. Ergebnis

Mutterschutzrechtlich ist zwischen dem Anstellungs- und Organverhältnis der Geschäftsleiterin zu unterscheiden. Das Anstellungsverhältnis ist in § 9 MuSchG einzubeziehen. Methodisch beruht dies darauf, dass die Geschäftsleiterin dem persönlichen Anwendungsbereich des MuSchG unterfällt, was der

---

763 EuGH 14.7.1994 – Rs. C-32/93 (*Webb*), Tz. 26, NZA 1994, 783 zur Entlassung einer schwangeren Schwangerschaftsvertretung. Vgl. zum großen Schutzumfang auch EuGH 11.10.2007 – Rs. C-460/06 (*Paquay*), NZA 2007, 1271.

764 Vgl. *Bauer/Göpfert/Krieger* § 2 AGG, Rn. 23 f.

europarechtskonformen Auslegung des Arbeitnehmerbegriffs aus § 1 Nr. 1 MuSchG folgt. Eine Kündigung ist deshalb, unabhängig von ihrem Grund, nur nach behördlicher Zustimmung möglich. Das Organverhältnis hingegen unterfällt nicht § 9 MuSchG und somit insbesondere keinem behördlichen Zustimmungserfordernis. Vielmehr sind die Abberufungsvorschriften nur insoweit teleologisch zu reduzieren, als die Abberufung nicht auf der Schwangerschaft beruhen darf. Im Übrigen ist die Abberufung zustimmungsfrei möglich. Die Einbeziehung der Geschäftsleiterin in den persönlichen Anwendungsbereich des MuSchG hätte auch zur Folge, dass die Beschäftigungsverbote aus §§ 3 Abs. 2, 6 Abs. 1, 8 MuSchG zur Anwendung kämen. Dies allerdings trüge den Besonderheiten der organschaftlichen Stellung der Geschäftsleiterin nicht hinreichend Rechnung. Deshalb ist mittels einer teleologischen Reduktion des MuSchG der Mutterschutz nur insoweit zu gewähren, als dies durch die MuSchRL gefordert wird. Im Übrigen ist der Geschäftsleiterin zuzumuten, die ihr etwa nach §§ 275 Abs. 1, Abs. 3, 616 BGB zustehenden Rechte gegenüber der Gesellschaft auszuüben, soweit ihr Zustand zeitweise nicht erlaubt, als Geschäftsleiterin tätig zu werden.

Kapitel 3. Allgemeines Gleichbehandlungsgesetz

Bereits früher war die Anwendung des AGG auf Organmitglieder Gegenstand reger wissenschaftlicher Auseinandersetzung.[765] Mit der *Danosa*-Entscheidung hat der EuGH das nächste Kapitel dieser Diskussion eingeläutet. Die nachfolgende Untersuchung wird sich dem persönlichen und sachlichen Anwendungsbereich des AGG unter besonderer Berücksichtigung der *Danosa*-Entscheidung, der Vermutungswirkung aus § 22 AGG und der Reichweite des Diskriminierungsverbots widmen. Einen weiteren Schwerpunkt wird die Frage der Rechtfertigung von Diskriminierungen bilden, vor allem im Hinblick auf Altersgrenzen, ehe abschließend das Rechtsfolgenregime des AGG in gesellschaftsspezifischer Hinsicht dargestellt wird.

A. Einführung

Einführend wird dargestellt, welche Richtlinien der deutsche Gesetzgeber auf dem Gebiet der Gleichbehandlungsgesetzgebung zu beachten hat. Sonach werden Sachverhalt, Verfahrensgang und die Gründe der Entscheidung des BGH vom 23. April 2012[766] dargestellt. Die Richtlinien und die Entscheidung des BGH werden zu Beginn des Kapitels behandelt, da im Verlauf der Untersuchung an zahlreichen Stellen auf sie einzugehen sein wird.

I. Richtlinienvorgaben

Das europäische Sekundärrecht ist auf dem Gebiet des Anti-Diskriminierungsrechts ein Konglomerat von Einzel- und Rahmenrichtlinien, die jeweils Diskriminierungen wegen bestimmter Merkmale betreffen und in ihrem Anwendungsbereich unterschiedlich ausgestaltet sind. Das 2006 erlassene AGG dient ausweislich seiner Begründung der Umsetzung mehrerer dieser Richtlinien.[767]

---

765 S. etwa die Monographien von *Hoentzsch*, die die *Danosa*-Entscheidung nicht mehr berücksichtigen konnte, sowie *Liebhäuser*. Aus der Zeitschriftenliteratur seien hervorgehoben die vielzitierten Aufsätze von *Bauer/Arnold* ZIP 2008, 993; *Eßer/Baluch* NZG 2007, 321 und *Lutter* BB 2007, 725.

766 BGH 23.4.2012 – II ZR 163/10, NJW 2012, 2346.

767 „Entwurf eines Gesetzes zur Umsetzung europäischer Richtlinien zur Verwirklichung des Grundsatzes der Gleichbehandlung" der Bundesregierung vom 8.6.2006 (BT-Drs.

Es wird jedoch mehrfach darauf zurückzukommen sein, dass das AGG teilweise hinter den Richtlinienvorgaben zurückblieb[768] und so Vertragsverletzungsverfahren provozierte, während es in anderen, wichtigen Bereichen über die Richtlinienvorgaben hinausgeht.[769]

Für die Zwecke der vorliegenden Untersuchung ist es ausreichend, diejenigen Richtlinien in den Blick zu nehmen, deren Anwendungsbereich sich auf die Beschäftigung und den Beruf beziehen. Zunächst betrifft dies die Antirassismus-Richtlinie 2000/43/EG[770] (AntirassismusRL), die der Verpönung der Rasse und ethnischen Herkunft als Differenzierungsmerkmale dient. Daneben trat die Gleichbehandlungs-Rahmenrichtlinie 2000/78/EG[771] (GleichbehRRL), die die Merkmale der Religion und Weltanschauung, Behinderung, des Alters sowie der sexuellen Identität zum Gegenstand hat. Relevant ist zudem die Geschlechtergleichstellungsrichtlinie 2002/73/EG[772], wobei diese Richtlinie zwischenzeitlich durch die Richtlinie 2006/54/EG[773] (GenderRL) ersetzt wurde. Dies diente vor allem der Konsolidierung verschiedener Gleichbehandlungsrichtlinien.[774]

16/1780) (AGG-E), S. 1. Zum Gesetzgebungsverfahren *Richardi* NZA 2006, 881 f.

768 Bauer/*Thüsing*/Schunder NZA 2006, 774.

769 MüKo-BGB/*Thüsing* Einl. AGG, Rn. 24 f.; *ders.* RdA 2008, 307 (309 f.). Zu den Vertragsverletzungsverfahren s. *Bauer/Göpfert/Krieger* Einl. AGG, Rn. 22 ff. und die Antwort der Bundesregierung auf eine parlamentarische Anfrage in dem Bericht vom 3.12.2010 (BT-Drs. 17/4108), S. 8 f.

770 Richtlinie des Rates zur „Anwendung des Gleichbehandlungsgrundsatzes ohne Unterschied der Rasse oder der ethnischen Herkunft" vom 29.6.2000 (ABl. L 180 vom 19.7.2000, S. 22).

771 Richtlinie des Rates zur „Festlegung eines allgemeinen Rahmens für die Verwirklichung der Gleichbehandlung in Beschäftigung und Beruf" vom 27.11.2000 (ABl. L 303 vom 2.12.2000, S. 16).

772 Richtlinie des Parlamentes und des Rates zur „Änderung der Richtlinie 76/207/EWG des Rates zur Verwirklichung des Grundsatzes der Gleichbehandlung von Männern und Frauen hinsichtlich des Zugangs zur Beschäftigung, zur Berufsbildung und zum beruflichen Aufstieg sowie in Bezug auf die Arbeitsbedingungen" vom 23.9.2002 (ABl. L 269 vom 5.10.2002, S. 15).

773 Richtlinie des Parlaments und des Rates zur „Verwirklichung des Grundsatzes der Chancengleichheit und Gleichbehandlung von Männern und Frauen in Arbeits- und Beschäftigungsfragen" vom 5.7.2006 (ABl. L 204 vom 26.7.2006, S. 23).

774 Vgl. Erwägungsgrund 1 der Richtlinie sowie Grabitz/Hilf/Nettesheim/*Langenfeld* Art. 157 AEUV, Rn. 87 ff. Zur Entwicklung des europäischen Antidiskriminierungsrechts s. auch den Überblick von *Colneric* NZA-Beil. 2008, 66 (67 f.).

II. BGH vom 23. April 2012

Mit seiner Entscheidung vom 23. April 2012[775] hat der BGH wesentliche Weichenstellungen hinsichtlich des Diskriminierungsschutzes von Geschäftsleitern vorgenommen.

1. *Sachverhalt*

Der Kläger war medizinischer Geschäftsführer der Beklagten. Diese bot in der Rechtsform der GmbH, deren alleinige Gesellschafterin die Stadt Köln war, Krankenhausdienstleistungen an. Die Stadt hatte für Leistungsämter, zu denen auch die Stelle des Klägers zählte, eine Altersgrenze von 65 Jahren festgelegt. Dem Aufsichtsrat oblagen die Rechtsgeschäfte im Zusammenhang mit der Anstellung der Geschäftsführer und der Ausspruch einer Empfehlung an die Gesellschafterversammlung, die für die Bestellung und Abberufung zuständig war. Der Anstellungsvertrag des Klägers wurde 2004 mit einer fünfjährigen Laufzeit geschlossen. Diese Befristungsdauer war im Gesellschaftsvertrag vorgesehen. Während der Kläger bereits 2008 – zu diesem Zeitpunkt 61 Jahre alt – seine Bereitschaft erklärte, den Anstellungsvertrag nach Ablauf der Laufzeit zu verlängern, entschied sich der Aufsichtsrat gegen ihn und gab in seiner Empfehlung einem 41-jährigen Mitbewerber den Vorzug.

Der Kläger behauptete, dieser Entscheidung durch den Aufsichtsrat läge eine Diskriminierung aufgrund seines Alters zugrunde. Er beantragte neben der Feststellung der Ersatzpflicht der Beklagten hinsichtlich aller Vermögensschäden auch die Zahlung einer Entschädigung für seinen Nichtvermögensschaden von mindestens € 110.000, einem halben Jahresgehalt.

Hatte die Beklagte erstinstanzlich die Entscheidung noch mit der Amtsführung des Klägers begründet, führte der Vorsitzende des Aufsichtsrats vor dem BGH in Übereinstimmung mit früheren Berichten aus der Tagespresse aus, die Beklagte sei wegen des „Umbruchs auf dem Gesundheitsmarkt" auf eine langfristige Bindung zu ihrem medizinischen Geschäftsführer angewiesen. Deshalb habe man sich für den jüngeren Mitbewerber entschieden, der nämlich das Krankenhaus „langfristig in den Wind stellen" könne. Zudem hatte der Vorsitzende in der maßgeblichen Aufsichtsratssitzung darauf hingewiesen, dass die städtische Altersgrenze für Leistungsämter zu beachten sei.

775 BGH 23.4.2012 – II ZR 163/10, NJW 2012, 2346.

2. *Verfahrensgang*

Die erstinstanzlich mit dem Fall befasste Kammer für Handelssachen des LG Köln[776] wies die Klage ab. Da es um die Abberufung des Klägers ginge, sei gemäß § 6 Abs. 3 AGG bereits der sachliche Anwendungsbereich nicht eröffnet. Selbst wenn der Anwendungsbereich aber mit Blick auf eine europarechtskonforme Auslegung von § 6 Abs. 1 AGG für den Kläger als GmbH-Geschäftsführer eröffnet sein sollte, sei eine unterschiedliche Behandlung wegen des Alters jedenfalls nach § 10 AGG gerechtfertigt gewesen. Es habe sich um eine „legitime Personalentscheidung" gehandelt.

Anders beurteilte den Fall das OLG Köln[777], das auf die begehrte Feststellung erkannte und dem Kläger eine Entschädigung von € 36.600 zusprach. In der ausführlich begründeten Entscheidung sah das OLG den Anwendungsbereich des AGG über § 6 Abs. 3 AGG für eröffnet an und erkannte eine altersbedingte Benachteiligung. Eine legitime Zielsetzung der Ungleichbehandlung sei nicht feststellbar. Vielmehr habe sich die Beklagte lediglich auf „schlagwortartige Hinweise auf bestimmte Gründe für die Nicht-Wiederbeschäftigung" beschränkt.

Diesem Urteil folgte auch der BGH, hielt aber nicht alle der Kriterien für sachgerecht, die das OLG bei der Festsetzung der Entschädigung angelegt hatte. Es verwies die Sache deshalb zurück, um dem OLG eine Neubestimmung der Entschädigungshöhe zu ermöglichen. Die Gründe des BGH berühren mehrere Fragen, die den Gegenstand der vorliegenden Untersuchung bilden und werden deshalb nachfolgend an verschiedenen Stellen behandelt.

B. Anwendungsbereich

I. Persönlicher Anwendungsbereich

Der persönliche Anwendungsbereich des AGG wird zunächst durch § 6 Abs. 1 bestimmt, wonach sein gesamter zweiter Abschnitt (§§ 6–18) unter anderem auf den Arbeitnehmer zur Anwendung kommt. Deshalb wird der Abschnitt auch als arbeitsrechtlicher Teil des AGG bezeichnet. Darüber hinaus bestimmt § 6 Abs. 3 AGG, dass dieser arbeitsrechtliche Abschnitt entsprechend auch für Organmitglieder gelte, „soweit es die Bedingungen für den Zugang zur Erwerbstätigkeit sowie den beruflichen Aufstieg betrifft". Damit hat der Gesetzgeber die durch den Gesetzesentwurf zum AGG[778] noch offen gelassene Frage, ob das AGG auch

776 27.11.2009 - 87 O 71/09, *juris*.

777 29.7.2010 - 18 U 196/09, NZA 2011, 211.

778 Fn. 767.

auf den Geschäftsleiter angewandt wird,[779] hinsichtlich eines Teilbereichs positiv beantwortet. Ausgenommen ist das Organmitglied nach dem Wortlaut von § 6 Abs. 3 AGG vom Schutz vor Diskriminierungen durch Beschäftigungs- und Arbeitsbedingungen sowie hinsichtlich seiner Entlassung.[780] Der Begriff des Organmitglieds wird dabei weit verstanden, erfasst ordentliche wie stellvertretende Vorstandsmitglieder sowie entsprechende Vorsitzende des Geschäftsleitungsorgans.[781] Auch geschäftsführende Gesellschafter von Personengesellschaften sind erfasst.[782] Zudem müssen auch Bewerber um ein entsprechendes Amt der Vorschrift unterfallen, um dem Umstand Rechnung zu tragen, dass der Anwendungsbereich des AGG auch den Zugang zur Organstellung erfasst.[783] Methodisch ist dies über eine entsprechend erweiternde Auslegung des § 6 Abs. 3 AGG zu erreichen oder über eine analoge Anwendung von § 6 Abs. 1 S. 2 AGG. Nicht unter die Norm fallen Organmitglieder dann, wenn die Leitung der Gesellschaft nicht eigenen Erwerbszwecken dient, wie dies bei der unentgeltlichen Führung etwa einer gemeinnützigen Gesellschaft der Fall ist.[784] Dabei ist von Unentgeltlichkeit auch dann auszugehen, wenn lediglich ein Aufwendungsersatz geleistet wird.[785]

---

779 Bejahend schon *Bauer/Göpfert/Krieger* DB 2005, 595 (596); *von Steinau-Steinrück/Schneider/Wagner* NZA 2005, 28 (30).

780 Adomeit/*Mohr* § 6 AGG, Rn. 31 f.; *Schleusener*/Suckow/Voigt § 6 AGG, Rn. 18; Däubler/Bertzbach/*Schrader/Schubert* § 6 AGG, Rn. 31b, 32a; *Willemsen/Schweibert* NJW 2006, 2583 (2584).

781 *Eßer/Baluch* NZG 2007, 321 (323).

782 Rust/*Falke* § 6 AGG, Rn. 25; *Meinel/Heyn/Herms* § 6 AGG, Rn. 33; Adomeit/*Mohr* § 6 AGG, Rn. 34; MüHdb-ArbR/*Oetker* § 14 Rn. 29; *ders.* FS Otto, 2008, 361 (368), der zutr. auf das Fehlen tragfähiger Gründe für deren Nichterfassung hinweist.

783 *Eßer/Baluch* NZG 2007, 321 (322); *Reufels/Molle* NZA-RR 2011, 281; ErfK/*Schlachter* § 6 AGG, Rn. 6; Palandt/*Weidenkaff* § 6 AGG, Rn. 4. Vgl. auch *Annuß* BB 2006, 1629 (1630).

784 *Hoentzsch* S. 11 ff.; Adomeit/*Mohr* § 6 AGG, Rn. 37. Vgl. auch MüHdb-ArbR/*Oetker* § 14 Rn. 29, 34; *ders.* FS Otto, 2008, 361 (365 ff.); *Reuter* FS Adomeit, 2008, 595 (599 f.) sowie Palandt/*Weidenkaff* § 6 AGG, Rn. 4 unter Verweis auf § 2 Abs. 1 Nr. 1 AGG.

785 MüHdb-ArbR/*Oetker* § 14 Rn. 29, 34; *ders.* FS Otto, 2008, 361 (366 f.). Im Anschluss an ihn *Reuter* FS Adomeit, 2008, 595 (600). Beide weisen jedoch darauf hin, dass in der Zahlung einer Aufwendungspauschale auch eine „verdeckte Vergütung" liegen könne, die wiederum dem Entgeltbegriff unterfalle. Vgl. insgesamt bereits das im Zusammenhang mit dem Entgeltlichkeitskriterium des EuGH in der *Danosa*-Entscheidung befürwortete Ergebnis, S. 25, 52.

1. *Abhängiger Geschäftsleiter*

Soweit die Rechtsprechung des BAG ergibt, dass der Geschäftsleiter im Ausnahmefall bereits Arbeitnehmer ist, nahm die herrschende Meinung vor der *Danosa*-Entscheidung an, der Arbeitnehmer-Geschäftsleiter sei von § 6 Abs. 1 S. 1 Nr. 1 AGG erfasst.[786] § 6 Abs. 3 AGG wurde somit nicht als lex specialis angesehen, die § 6 Abs. 1 S. 1 Nr. 1 AGG verdrängt. Eine zentrale Frage nach der *Danosa*-Entscheidung ist, ob diese auch die Auslegung des Begriffs des Arbeitnehmers im Sinne des § 6 Abs. 1 S. 1 Nr. 1 AGG bestimmt. In diesem Fall wäre der gesamte arbeitsrechtliche Teil des AGG anzuwenden, wenn der Geschäftsleiter nach europäischem Verständnis Arbeitnehmer ist.

Die AntirassismusRL, GleichbehRRL und GenderRL enthalten keine einheitlichen Definitionsnormen, anhand derer sich ihr persönlicher Anwendungsbereich bestimmen ließe. Sie verbieten Diskriminierungen hinsichtlich der jeweils verpönten Merkmale, soweit es den „Zugang zur Beschäftigung oder zu abhängiger oder selbständiger Erwerbstätigkeit" betrifft, und zwar „unabhängig von Tätigkeitsfeld und beruflicher Position einschließlich des beruflichen Aufstiegs".[787] Zudem erstrecken die Richtlinien ihren Schutz auch auf die Beschäftigungs-, Arbeits- und Entlassungsbedingungen.[788] Damit geben die Richtlinien vor, dass abhängig Beschäftigte umfassend vor Diskriminierungen geschützt werden müssen, wobei der EuGH an seine Rechtsprechung zum Arbeitnehmerbegriff anknüpft.[789] Die Richtlinien erstrecken den persönlichen Anwendungsbereich nicht ausdrücklich auf die Beschäftigungs-, Arbeits- und Entlassungsbedingungen des Selbständigen.

Was aus diesen Vorgaben der Richtlinien und der *Danosa*-Entscheidung für die Auslegung von § 6 AGG folgt, hat der BGH in seiner Entscheidung vom 23. April 2012 offen gelassen.[790] Er sah in der Entscheidung über die Besetzung des

---

786 *Eßer/Baluch* NZG 2007, 321 (323 f.); *Hoentzsch* S. 70 f.; Däubler/Bertzbach/*Schrader/Schubert* § 6 AGG, Rn. 31a; *Thüsing* Rn. 131. I.E. auch *Krause* AG 2007, 392 (394), der eine umfassende Anwendung der §§ 6 ff. AGG über die Fälle von § 6 Abs. 3 AGG hinaus für angezeigt hält, ohne jedoch an § 6 Abs. 1 AGG anzuknüpfen. Gegen eine erweiternde Anwendung von § 6 Abs. 3 AGG *Bauer/Arnold* ZIP 2008, 993 (996), da aufgrund des eindeutigen Willens des Gesetzgebers keine europarechtskonforme Erweiterung möglich sei.

787 Art. 3 Abs. 1 lit. a AntirassismusRL und GleichbehRRL, Art. 14 Abs. 1 lit. a GenderRL.

788 Art. 3 Abs. 1 lit. c AntirassismusRL und GleichbehRRL, Art. 14 Abs. 1 lit. c GenderRL.

789 Vgl. etwa EuGH 11.10.2007 – Rs. C-460/06 (*Paquay*), Tz. 40, NZA 2007, 1271 zur Vorgänger-Richtlinie der GenderRL.

790 BGH 23.4.2012 – II ZR 163/10, Tz. 17, NJW 2012, 2346.

Amtes des medizinischen Geschäftsführers den Zugang des Klägers zur Erwerbstätigkeit betroffen und konnte deshalb den persönlichen Anwendungsbereich bereits über § 6 Abs. 3 AGG als eröffnet ansehen.[791] Die aus § 6 Abs. 3 AGG folgende lediglich partielle Anwendbarkeit des AGG auf den Geschäftsleiter reichte dem BGH aus, um die für die Entscheidung maßgeblichen Rechtsfragen zu beantworten. Ob der GmbH-Geschäftsführer vor dem Hintergrund der *Danosa*-Entscheidung bereits Arbeitnehmer im Sinne des § 6 Abs. 1 S. 1 Nr. 1 AGG ist, bleibt damit höchstrichterlich ungeklärt.[792]

a. *Meinungsbild*

In der Literatur ist nach der *Danosa*-Entscheidung vorherrschende Auffassung, dass der abhängige Geschäftsleiter bereits § 6 Abs. 1 S. 1 Nr. 1 AGG unterfällt.[793] Verbreitet wird betont, dass der in § 6 Abs. 1 S. 1 Nr. 1 AGG verwendete Arbeitnehmerbegriff europarechtskonform anhand der *Danosa*-Entscheidung auszulegen sei.[794] Folgt man dem, wird der gesamte arbeitsrechtliche Teil des AGG auf den Geschäftsleiter angewandt, sofern dieser die *Danosa*-Kriterien erfüllt. Diese

---

791 Zust. *Kort* WM 2013, 1049 (1050), da die Wiederbesetzung des Geschäftsführeramts der erstmaligen Besetzung gleichgestellt werden müsse.

792 Dass der BGH die Arbeitnehmereigenschaft offen lässt, beruht nach *Kort* WM 2013, 1049 (1050) drauf, dass der entscheidende Senat „gesellschaftsrechtlich denke". *Kort* vermutet allerdings, dem Senat dürfte die Vorstellung, ein Geschäftsleitungsmitglied sei als Arbeitnehmer anzusehen, eher fremd sein.

793 *Hohenstatt/Naber* ZIP 2012, 1989 f.; Lutter/Hommelhoff/*Kleindiek* § 6 GmbHG, Rn. 34; *Kort* NZG 2013, 601 (607); *ders.* WM 2013, 1049 (1057); *Leopold* ZESAR 2011, 362 (367); *Löw* GmbHR 2010, R305 (R306); HK-GmbHG/*Lücke/Simon* § 38 GmbHG, Rn. 17; *Lunk/Rodenbusch* GmbHR 2012, 188 (192 f.); *Lunk* RdA 2013, 111 (112); *Miras* GWR 2012, 311 (313); *Mohr* ZHR 178 (2014), 326 (338 f.); *Paefgen* ZIP 2012, 1296 (1297); *Preis/Sagan* ZGR 2013, 26 (61); *Reufels/Molle* NZA-RR 2011, 281 (282 f.); Rolfs/Giesen/Kreikebohm/Udsching/*Roloff* § 6 AGG, Rn. 7; *Sagan* ZESAR 2011, 412 (420); ErfK/*Schlachter* § 6 AGG, Rn. 5; *Schleusener*/Suckow/Voigt § 6 AGG, Rn. 19; Scholz/*Schneider/Hohenstatt* § 35 GmbHG, Rn. 326; *Schubert* ZIP 2013, 289 (290 f.); *Stagat* NZA-RR 2011, 617 (622); *Wank* FS Hüffer, 2010, 1051 (1067); Palandt/*Weidenkaff* § 6 AGG, Rn. 2; *Wilsing/Meyer* DB 2011, 341 (342). Offen gelassen von KR/*Treber* § 6 AGG, Rn. 4. Vgl. auch bereits *Liebhäuser* S. 73 ff. sowie Wendeling-Schröder/*Stein* § 6 AGG, Rn. 31.

794 *Hohenstatt/Naber* ZIP 2012, 1989 f.; *Kort* NZG 2013, 601 (602, 607); *Leopold* ZESAR 2011, 362 (367); *Paefgen* ZIP 2012, 1296 (1297); *Preis/Sagan* ZGR 2013, 26 (61); *Reufels/Molle* NZA-RR 2011, 281 (282); *Schleusener*/Suckow/Voigt § 6 AGG, Rn. 19; *Schubert* ZIP 2013, 289 (290 f.); *Wilsing/Meyer* DB 2011, 341 (342). Dass europäisches Verständnis entscheide auch bereits *Krause* AG 2007, 392 (394).

Auffassung wird damit begründet, dass die Beschränkung des Schutzumfangs auf den Zugang zur Erwerbstätigkeit und den Aufstieg – die eine Anwendung von § 6 Abs. 3 AGG nach sich zöge – mit Unionsrecht nicht vereinbar sei, soweit es den *Danosa*-Geschäftsleiter beträfe, da die zugrundeliegenden Richtlinien jede unselbständige Beschäftigung dem umfassenden Diskriminierungsschutz unterstellten.[795] Zudem lasse sich der Zweck des europäischen Antidiskriminierungsrechts nicht effektiv verwirklichen, bestimmte man den persönlichen Anwendungsbereich der Umsetzungsakte anhand des jeweiligen nationalen Arbeitnehmerbegriffs.[796] Schließlich spreche auch § 6 Abs. 3 AGG nicht gegen die Einbeziehung von Organvertretern gemäß § 6 Abs. 1 AGG, da er keine vorrangige Spezialnorm sei, sondern der Gesetzgeber ihn nur der Klarstellung halber in das Gesetz aufgenommen habe.[797] Teilweise wird angenommen, § 6 Abs. 3 AGG sei zwar eine Spezialvorschrift, müsse aber aufgrund seiner Richtlinienwidrigkeit unangewendet bleiben, weshalb über § 6 Abs. 1 AGG ein richtlinienkonformes Ergebnis gefunden werden könne.[798]

Davon abweichend spricht sich ein Teil der Literatur gegen eine Auslegung des Arbeitnehmerbegriffs in § 6 Abs. 1 S. 1 Nr. 1 AGG im europarechtlichen Sinne aus.[799] Sie argumentieren, aus § 6 Abs. 1 S. 1 Nr. 2, 3, Abs. 3 AGG ergebe sich, dass der Gesetzgeber von einem nationalen Verständnis des Arbeitnehmerbegriffes

---

795 *Leopold* ZESAR 2011, 362 (367); ErfK/*Schlachter* § 6 AGG, Rn. 5.

796 *Schubert* ZIP 2013, 289 (290).

797 *Schubert* ZIP 2013, 289 (291), wobei sie einräumt, dass die Begründung zum RegE (BT-Drs. 16/1780, S. 34) nicht eindeutig sei. Jedoch wird dort von einer Klarstellung gesprochen, was den Schluss von *Schubert* durchaus trägt. *Liebhäuser* S. 85 ff. nimmt an, der Gesetzgeber scheine sich über die Arbeitnehmereigenschaft eines Organmitglieds schlichtweg „keine Gedanken gemacht zu haben" und verneint eine Sperrwirkung aus Richtlinienerwägungen. Dass § 6 Abs. 3 AGG nicht vorrangig sei, vertreten auch *Reufels/Molle* NZA-RR 2011, 281 (283); Wendeling-Schröder/*Stein* § 6 AGG, Rn. 26; *Wank* FS Hüffer, 2010, 1051 (1067).

798 *Wank* AP AGG § 22 Nr. 6 (Ziff. I. 2., 3. Abs.).

799 Henssler/Willemsen/Kalb/*Rupp* § 6 AGG, Rn. 3; noch deutlicher in der 5. Auflage. Im Zusammenhang mit § 6 Abs. 3 AGG im Ergebnis auch *Bauer/Göpfert/Krieger* § 6 AGG, Rn. 35a; *Bauer/von Medem* NZA 2012, 945 (952), aber unter Hinweis auf die mögliche Europarechtswidrigkeit dieser Beschränkung. Ferner Prütting/Wegen/Weinreich/*Lingemann* § 6 AGG Rn. 7. *Meinel/Heyn/Herms* § 6 AGG, Rn. 21 hielten dieses Ergebnis – vor der *Danosa*-Entscheidung – auch hinsichtlich des Fremdgeschäftsführers für unionsrechtskonform. MüHdb-ArbR/*Oetker* § 14 Rn. 27, 29, auf den sie Bezug nehmen, nahm demgegenüber an, ausnahmsweise könne der persönliche Anwendungsbereich nach § 6 Abs. 1 AGG eröffnet sein, sofern Organmitglieder dem Beschäftigtenbegriff unterfallen.

ausgegangen sei und in § 6 Abs. 3 AGG ausdrücklich eine nur eingeschränkte Anwendung des AGG auf Organmitglieder angeordnet habe.[800]

Nach anderer Auffassung soll zwar auf den Geschäftsleiter nur § 6 Abs. 3 AGG angewendet werden, womit augenscheinlich von einem Spezialitätsverhältnis zwischen Abs. 3 und Abs. 1 ausgegangen wird. Allerdings müsse der gesamte arbeitsrechtliche Teil des AGG angewendet werden, § 6 Abs. 3 AGG sei entsprechend europarechtskonform auszulegen.[801] Gegen diese Vorgehensweise wird geltend gemacht, dass so auch auf den Nicht-Arbeitnehmer-Geschäftsleiter der gesamte arbeitsrechtliche Teil des AGG zur Anwendung kommen müsse, was aber nicht überzeugend sei. Wollte man dies vermeiden, müsse man die erweiternde Auslegung des § 6 Abs. 3 AGG davon abhängig machen, ob der Geschäftsleiter die Voraussetzungen des europäischen Arbeitnehmerbegriffs erfüllt, was zu einer methodisch nicht haltbaren „gespaltenen" Auslegung von § 6 Abs. 3 AGG führe.[802] Zudem wird angenommen, der Wille des Gesetzgebers stehe einer europarechtskonformen Auslegung des § 6 Abs. 3 AGG entgegen, da im Gesetzgebungsverfahren trotz Kritik bewusst an der nur partiellen Anwendbarkeit des AGG festgehalten worden sei.[803]

b. Stellungnahme

§ 6 Abs. 1 AGG dient der Umsetzung antidiskriminierungsrechtlicher Richtlinien.[804] Deshalb muss der Auslegung der in den Richtlinien verwendeten Begriffe ein europarechtliches Verständnis zugrunde gelegt werden. Eine andere

---

800 Henssler/Willemsen/Kalb/*Rupp* 5. Aufl. § 6 AGG, Rn. 3; das Argument ist in der aktuellen Auflage nicht mehr enthalten.

801 MüKo-BGB/*Thüsing* § 2 AGG, Rn. 8, § 6 AGG, Rn. 11. Vgl. auch *Bauer* GWR 2010, 586, der offen lässt, ob hinsichtlich des den *Danosa*-Kriterien unterfallenden Geschäftsleiters § 6 Abs. 1 S. 1 Nr. 1 AGG oder ein teleologisch erweiternd ausgelegter § 6 Abs. 3 AGG zur Anwendung kommt. Dagegen *Reufels/Molle* NZA-RR 2011, 281 (283). Einen anderen § 6 Abs. 1 AGG außer Betracht lassenden Ansatz vertraten vor der *Danosa*-Entscheidung *Reichold/Heinrich* FS Westermann, 2008, 1315 (1329). Sie plädierten für eine analoge Anwendung des arbeitsrechtlichen Teils, um einen richtlinienkonformen Zustand des deutschen Rechts herbeizuführen. Ihre – bereits früher mit Blick auf die differenzierende Rechtsprechung des BAG (s. oben S. 7 ff.) ungenaue – Prämisse, der Geschäftsleiter könne kein Arbeitnehmer sein, ist nach der hier vertretenen Auffassung im Anwendungsbereich europarechtlich indizierter Normen abzulehnen (s. dazu oben, S. 44 ff.).

802 *Preis/Sagan* ZGR 2013, 26 (61).

803 *Bauer/Göpfert/Krieger* § 6 AGG, Rn. 35a.

804 Palandt/*Weidenkaff* § 6 AGG, Rn. 1. Dazu insg. bereits oben, S. 181 f.

Auffassung würde sich dem Verdikt aussetzen, zu einer europarechtswidrigen Verengung des persönlichen Anwendungsbereichs des AGG zu führen. Die Richtlinien suchen ausdrücklich jede Form von unselbständiger Beschäftigung dem diskriminierungsrechtlichen Schutzregime zu unterstellen. Dass dies für den Geschäftsleiter einer Gesellschaft zu gelten hat, wird durch den EuGH in der *Danosa*-Entscheidung nunmehr explizit herausgestellt. Es liefe „dem Schutzziel des Art. 2 VII der Richtlinie 76/207/EWG zuwider, wenn man zuließe, dass eine Gesellschaft die Mitglieder ihrer Unternehmensleitung … von ihrem Amt abberufen könnte, sofern die Abberufung im Wesentlichen auf der Schwangerschaft der Betroffenen beruht".[805] Ungeachtet der Frage, ob neben dem Anstellungs- auch das Bestellungsverhältnis geschützt ist, bringt der EuGH hiermit zum Ausdruck, dass die GleichbehandlungsRL anwendbar ist, indem er ausdrücklich auf diese verweist. Dass Frau *Danosa* ein Mitglied der Unternehmensleitung einer Gesellschaft war, stellt der EuGH ausdrücklich heraus, ohne aufgrund dieses Umstands aber abweichende Schutzzwecküberlegungen anzustellen. Es bestanden offensichtlich keine Zweifel daran, dass auch der Geschäftsleiter einer Gesellschaft den Schutz vor Diskriminierungen verdient. Der EuGH hat also – neben dem besonderen, durch die MuSchRL vermittelten Diskriminierungsschutz – auch den allgemeinen Schutz vor Geschlechterdiskriminierung für einschlägig erachtet, was bei der Auslegung des AGG berücksichtigt werden muss.

Dass der Gesetzgeber bei der Konzeption des § 6 AGG von einem rein national-rechtlichen Verständnis des Arbeitnehmerbegriffs ausgegangen ist, lässt sich nicht belegen. Selbst wenn dies aber der Fall sein sollte, hieße dies nicht, dass der Begriff einer veränderten Auslegung im Kontext europarechtlicher Entwicklungen verschlossen wäre. Es wurde bereits herausgearbeitet, dass zur Herbeiführung richtlinienkonformer Ergebnisse auch gefestigte Auslegungen einer Änderung unterworfen sein können.[806] Deshalb ist bereits § 6 Abs. 1 AGG anwendbar und einer Lösung über § 6 Abs. 3 AGG bedarf es nicht. Damit kommt es auch auf das Problem der methodischen Vertretbarkeit einer „gespaltenen" Auslegung der Norm nicht an.

c. *Ergebnis*

Die Richtlinien fordern einen umfassenden Schutz des abhängigen, also den *Danosa*-Kriterien unterfallenden, Geschäftsleiters gegen Diskriminierungen. Dem ist dadurch Rechnung zu tragen, dass der Arbeitnehmerbegriff in § 6 Abs. 1

---

805 EuGH 11.11.2010 – Rs. C-232/09 (*Danosa*), Tz. 67, NJW 2011, 2343.
806 S. 46 ff.

S. 1 Nr. 1 AGG entsprechend dem vom EuGH zugrundegelegten Verständnis auszulegen ist. Soweit der Geschäftsleiter den *Danosa*-Kriterien unterfällt, ist somit über § 6 Abs. 1 S. 1 Nr. 1 AGG der gesamte arbeitsrechtliche Teil anwendbar.

2. *Selbständiger Geschäftsleiter*

Anders stellt sich die Rechtslage hinsichtlich des selbständigen Geschäftsleiters dar, der also den *Danosa*-Kriterien nicht unterfällt. Hier ist eine europarechtskonform veränderte Auslegung des deutschen Arbeitnehmerbegriffs nicht angezeigt. Dies gilt namentlich dann, wenn der Geschäftsleiter sich nicht in einem Verhältnis der Unterordnung befindet, wofür unter anderem eine mögliche, durch eine Kapitalbeteiligung vermittelte Beherrschung sprechen kann. Zudem ist nach bislang herrschender Meinung der Vorstand der AG generell kein Arbeitnehmer im europäischen Sinne, weshalb ihm der Diskriminierungsschutz allein durch § 6 Abs. 3 AGG vermittelt wird.

Auch insoweit fordern die AntirassismusRL, GleichbehRRL und GenderRL zwar einen Schutz des „Zugang[s] zur Beschäftigung oder zu abhängiger oder selbständiger Erwerbstätigkeit".[807] Nicht eindeutig sind die Richtlinienvorgaben jedoch hinsichtlich des Schutzes der Beschäftigungs-, Arbeits- und Entlassungsbedingungen.[808] Denn insoweit fehlt eine ausdrückliche Erstreckung auch auf Selbständige, der persönliche Anwendungsbereich ist nicht explizit festgelegt. Während etwa Art. 14 Abs. 1 lit. a GenderRL, die den Zugang zur Erwerbstätigkeit betrifft, ausdrücklich auch die Selbständigen einbezieht, ist dies bei Art. 14 Abs. 1 lit. c GenderRL, der die Beschäftigungs- und Entlassungsbedingungen betrifft, nicht der Fall.[809]

a. *Meinungsbild*

Die Folge für den Anwendungsbereich des AGG hinsichtlich des selbständigen Geschäftsleiters ist umstritten. Eine Auffassung wendet auf diesen § 6 Abs. 3 AGG an und legt diese Norm nicht richtlinienkonform aus.[810] Danach wären

807 Art. 3 Abs. 1 lit. a AntirassismusRL und GleichbehRRL, Art. 14 Abs. 1 lit. a GenderRL.

808 Art. 3 Abs. 1 lit. c AntirassismusRL und GleichbehRRL, Art. 14 Abs. 1 lit. c GenderRL.

809 Das gilt auch für die AntirassismusRL und GleichbehRRL, s. jeweils Art. 3 Abs. 1.

810 *Bauer/Arnold* ZIP 2012, 597 (599); *Hohenstatt/Naber* ZIP 2012, 1989 (1990); Lutter/Hommelhoff/*Kleindiek* § 6 GmbHG, Rn. 34; *Kort* NZG 2013, 601 (607); *Mohr* ZHR 178 (2014), 326 (345); *Wilsing/Meyer* NJW 2012, 3211 (3212). Bereits vor der *Danosa*-Entscheidung zudem *Bauer/Göpfert/Krieger* § 6 AGG, Rn. 30 f.; *Krause* AG 2007, 392 (394 f.); *Liebhäuser* S. 62 ff.; *Meinel/Heyn/Herms* § 6 AGG, Rn. 21, da Organmitglieder selbst „der Arbeitgeberseite zuzuordnen" seien; *Schleusener*/Suckow/Voigt § 6 AGG,

selbständige Geschäftsleiter hinsichtlich ihrer Beschäftigungs-, Arbeits- und Entlassungsbedingungen nicht durch das AGG geschützt. Dies sei zur Umsetzung der Richtlinienforderungen nicht gefordert, da auch die Richtlinien zwischen Arbeitnehmern und Selbstständigen unterschieden und durch § 6 Abs. 3 AGG der für Selbständige geforderte Schutz erreicht werde.[811] Das Ergebnis überzeuge auch deshalb, weil Organmitglieder aufgrund ihrer Annäherung an die Aufgaben eines Arbeitgebers weniger schutzwürdig seien als Arbeitnehmer.[812] Dass der sachliche Anwendungsbereich für Gesellschaftsorgane eingeschränkt sei, sei eine zutreffende „Vertypisierung der grundrechtlich geschützten unternehmerischen Entscheidungsautonomie".[813]

Nach anderer Auffassung ist zwar hinsichtlich des selbständigen Geschäftsleiters allein auf § 6 Abs. 3 AGG abzustellen. Allerdings sei die Norm richtlinienkonform auszulegen, um so den erforderlichen Beendigungsschutz zu erreichen.[814] Der Schutz selbständiger Organmitglieder beschränke sich richtlinienwidrig nur auf den Zugang zur Erwerbstätigkeit sowie den beruflichen Aufstieg und klammere die Entlassungsbedingungen aus.[815] Dies entspreche deshalb nicht den Richtlinien, weil diese nicht zwischen Arbeitnehmern und Selbständigen differenzierten und daher beide Gruppen umfassend dem Diskriminierungsschutz unterfielen.[816] Dagegen wird geltend gemacht, der frühere Entwurf eines

Rn. 18. Zweifelnd, ob europarechtskonforme Auslegung möglich, auch *Wank* FS Hüffer, 2010, 1051 (1067).

811 *Kort* NZG 2013, 601 (607); *Liebhäuser* S. 68 ff. In diesem Sinne auch *Mohr* ZHR 178 (2014), 326 (345 f.); *Preis/Sagan* ZGR 2013, 26 (61). Im Ergebnis ebenso *Meinel/Heyn/Herms* § 6 AGG, Rn. 21.Von der Richtlinienkonformität gehen auch *Bauer/Arnold* ZIP 2012, 597 (598); *Hoentzsch* S. 52 ff., 74 aus. Keine Zweifel daran äußert auch *Lutter* BB 2007, 721 (728).

812 *Liebhäuser* S. 70.

813 *Mohr* ZHR 178 (2014), 326 (345).

814 *Leopold* ZESAR 2011, 362 (367). Nach ErfK/*Schlachter* § 6 AGG, Rn. 6 und MüKo-BGB/*Thüsing* § 2 AGG, Rn. 7 f. § 6 AGG, Rn. 11 sei von Zugang zur Beschäftigung auch der „fortgesetzte Zugang" als umfasst anzusehen. Vgl. auch bereits *Horstmeier* GmbHR 2007, 125 (126).

815 *Junker* NZA 2011, 950 (951); *Oberthür* NZA 2011, 253 (257 f.); *Ziemons* KSzW 2013, 19 (23 f.). Wohl auch *Diller* NZG 2011, 254 (Fn. 2). Vgl. auch die Kritik von *Horstmeier* GmbHR 2007, 125 (126). Vgl. zudem *Schubert* ZIP 2013, 289 (291 f.), die darlegt, dass richtlinienhistorische Gründe und der politische Hintergrund des europäischen Antidiskriminierungsrechts dagegen sprächen, Beschäftigte und Selbstständige im Hinblick auf den sachlichen Anwendungsbereich unterschiedlich zu behandeln.

816 *Leopold* ZESAR 2011, 362 (367); MüKo-BGB/*Thüsing* § 2 AGG, Rn. 8. Vgl. auch *Schubert* ZIP 2013, 289 (291 f.).

Antidiskriminierungsgesetzes habe „freie Dienstverhältnisse sowie sonstige Beschäftigungsverhältnisse" von der Anwendung vollständig ausgenommen[817] und deshalb müsse davon ausgegangen werden, dass der Gesetzgeber den erst später hinzugefügten § 6 Abs. 3 AGG als abschließend ansah.[818]

Schließlich wird auch vertreten, ein richtlinienwidriger Zustand könne im Falle der Abberufung aus diskriminierenden Gründen durch Rückgriff auf allgemeine zivilrechtliche Unwirksamkeitsregeln, namentlich §§ 138, 242 BGB, vermieden werden.[819]

b. Stellungnahme

Entscheidend ist zunächst, ob die mit dem AGG umgesetzten Richtlinien fordern, dass auch die Beschäftigungs- und Entlassungsbedingungen eines selbständigen Organmitglieds dem Diskriminierungsschutz unterliegen. Der EuGH hat sich in der *Danosa*-Entscheidung insoweit eindeutig positioniert. Frau *Danosa* müsse *unabhängig* von ihrer Arbeitnehmereigenschaft „auf der Grundlage des Grundsatzes der Nichtdiskriminierung und insbesondere der Bestimmungen der Richtlinie 76/207/EWG Kündigungsschutz ... gewährt werden".[820] Damit bringt der Gerichtshof unzweideutig zum Ausdruck, dass es auf die Frage der abhängigen Beschäftigung für den allgemeinen Schutz vor Geschlechterdiskriminierung nicht ankommt. Dies entspricht der ständigen Rechtsprechung des EuGH, der zufolge eine Entlassung, die in Zusammenhang mit der Schwangerschaft steht, nur Frauen treffen kann und deshalb eine Geschlechterdiskriminierung begründet.[821] Ob ein Abhängigkeitsverhältnis vorliegt, entscheidet somit lediglich über die Gewährung besonderen Diskriminierungsschutzes durch die

---

817 ADG-E (Fn. 767), S. 31.

818 *Ziemons* KSzW 2013, 19 (24), die aufgrund dieses durch den Rechtsanwender nicht behebbaren Umsetzungsdefizits auf die Gefahr der Staatshaftung hinweist.

819 *Schubert* EuZA 2011, 362 (370); *dies.* ZIP 2013, 289 (293). So auch *Bauer/Arnold* ZIP 2012, 597 (602); *Reufels/Molle* NZA-RR 2011, 281 (282); Rust/*Falke* § 6 AGG, Rn. 28 („in krassen Ausnahmefällen"), die aber nicht von einer Richtlinienwidrigkeit des AGG ausgehen. Vgl. LG Frankfurt a.M. 7.3.2001 – 3-13 O 78/00, NZA-RR 2001, 298 (299 f.), das die Kündigung des Anstellungsvertrags eines Geschäftsführers wegen dessen ethnischer Herkunft und Nationalität gemäß § 138 BGB als nichtig ansah.

820 EuGH 11.11.2010 – Rs. C-232/09 (*Danosa*), Tz. 64, 66, NJW 2011, 2343. Das muss sich auch auf die heutige, konsolidierte GenderRL beziehen; die Richtlinie 76/207/EWG war zum Zeitpunkt der Entscheidung längst ersetzt.

821 EuGH 11.10.2007 – Rs. C-460/06 (*Paquay*), Tz. 29, NZA 2007, 1271; EuGH 8.9.2005 – Rs. C-191/03 (*McKenna*), Tz, 47, NZA 2005, 1105. Vgl. auch EuGH 8.11.1990 – Rs. C-179/88 (*Handels- og Kontorfunktionærernes Forbund*), Tz. 17, NJW 1991, 629.

MuSchRL, nicht aber darüber, ob überhaupt ein Schutz gegen Diskriminierungen gewährleistet ist. Somit ist auch der selbständige Geschäftsleiter umfassend dem Schutz gegen Diskriminierungen zu unterstellen.

Das europäische Gleichbehandlungsrecht fordert deshalb auch bei selbständigen Tätigkeiten einen Schutz gegen Entlassungen. Dass es „lediglich die Hemmnisse für den erstmaligen Zugang beseitigen" wolle und zurücktrete „sobald diese überwunden sind",[822] ist mit der Rechtsprechung des EuGH nicht zu vereinbaren. Diese Auffassung lässt sich auch nicht auf den Richtlinienwortlaut stützen, da etwa Art. 14 Abs. 1 lit. c GenderRL keine ausdrückliche Beschränkung auf abhängig Beschäftigte vorsieht. Ebenso wenig lassen die Erwägungsgründe ein solches Verständnis zu, sprechen im Gegenteil mit ihrer Betonung der grundlegenden Bedeutung der Gleichbehandlung[823] dafür, auch Selbständigen einen umfassenden Schutz zu gewährleisten.[824] Auch würde sonst außer Betracht gelassen, dass Art. 24 der EU-Grundrechtecharta, auf die etwa Erwägungsgrund 5 der GenderRL ausdrücklich Bezug nimmt, die Geschlechtergleichheit „in allen Bereichen" sicherstellt. Vor diesem Hintergrund überzeugt die Auffassung des EuGH, dass Frau *Danosa* unabhängig von ihrer Eigenschaft als Arbeitnehmerin Diskriminierungsschutz hinsichtlich ihrer Entlassung zu gewähren ist.

Auch wenn der EuGH keine Veranlassung hatte, zur Frage der Beschäftigungsbedingungen Stellung zu nehmen, sind keine Gründe dafür ersichtlich, insoweit andere Maßstäbe anzulegen als an die Entlassungsbedingungen. Schließlich lassen die Richtlinien auch insoweit nicht den Schluss zu, dass die Beschäftigungsbedingungen von Selbständigen keiner diskriminierungsrechtlichen Kontrolle zugänglich sind.

Wendet man vor diesem Hintergrund seinen Blick wieder dem deutschen Recht zu, ist zu konstatieren, dass eine durch § 6 Abs. 3 AGG angeordnete partielle Anwendbarkeit des AGG, die vor allem den Entlassungsschutz des Selbständigen ausschließen würde, mit dem europäischen Recht unvereinbar wäre. Doch muss dieser Zustand nicht eine Staatshaftung der Bundesrepublik oder, um dies zu vermeiden, einen Rückgriff auf die zivilrechtlichen Generalklauseln mit sich bringen. Das AGG dient dazu, die Gleichbehandlungsrichtlinien umzusetzen und es ist nichts dafür ersichtlich, dass der Gesetzgeber den Anwendungsbereich des Umsetzungsgesetzes bewusst richtlinienwidrig verengen wollte. Auch der Wortlaut des § 6 Abs. 3 AGG stünde einer richtlinienkonformen Auslegung nicht

822 *Preis/Sagan* ZGR 2013, 26 (64).

823 Vgl. etwa Erwägungsgrund 2 der GenderRL, wonach die Geschlechtergleichstellung nach dem Primärrecht und der EuGH-Rechtsprechung „ein grundlegendes Prinzip" sei.

824 Ebenso *Leopold* ZESAR 2011, 362 (367).

entgegen.[825] Methodisch wäre der in § 6 Abs. 3 AGG vermeintlich vorgenommenen Beschränkung zu begegnen, indem der Begriff „Zugang" extensiv ausgelegt wird. Überzeugend hat der BGH in seiner Entscheidung vom 23. April 2012 vom Begriff des „Zugangs zur Erwerbstätigkeit" auch den fortgesetzten Zugang als erfasst angesehen.[826] Diese Auslegung mag sich zwar am Rande der Wortlautgrenze bewegen, überschreitet sie aber nicht, weshalb es einer rechtsfortbildenden teleologischen Extension von § 6 Abs. 3 AGG nicht bedarf.

Dafür, dass § 6 Abs. 3 AGG einer entsprechenden Auslegung zugänglich ist, spricht der Gesetzesentwurf zum AGG. In ihm heißt es, § 6 Abs. 3 AGG stelle lediglich klar, dass sich Geschäftsführer „auf den Schutz gegen Benachteiligungen berufen können, soweit es um Sachverhalte *wie etwa* den Zugang zur Tätigkeit als Organmitglied oder das Fortkommen in dieser Tätigkeit geht"[827].[828] Der Gesetzgeber sieht die Nennung der Erstzugangsbedingungen und des beruflichen Aufstiegs ausweislich der Gesetzesbegründung also gerade nicht als abschließend an.[829] Mit einem entgegenstehenden Willen des Gesetzgebers lässt sich deshalb schwerlich gegen eine extensive Auslegung von § 6 Abs. 3 AGG argumentieren. Nur vermeintlich ist der Wille des Gesetzgebers aufgrund des Gesetzestextes naheliegend. Damit steht einer europarechtskonformen Erstreckung des § 6 Abs. 3 AGG auf die Beschäftigungs- und Entlassungsbedingungen nichts entgegen. Umfasst sind vom Schutzbereich demnach nicht nur der Erstzugang, sondern auch die Bedingungen dieses Zugangs sowie der fortgesetzte Zugang.

Demgegenüber kann ein Rückgriff auf die allgemeinen zivilrechtlichen Generalklauseln nicht überzeugen. Vielmehr ist das AGG der richtige Standort, um eine Lösung der diskriminierungsrechtlichen Fragestellungen zu suchen.

---

825 Oben, S. 46 ff. So in Bezug auf das AGG ausdrücklich *Leopold* ZESAR 2011, 362 (367).

826 BGH 23.4.2012 – II ZR 163/10, Tz. 20 ff., NJW 2012, 2346. Vgl. auch BVerwG 26.1.2011 – 8 C 46/09, Tz. 26, NZA-RR 2011, 233 zur Höchstsaltersgrenze für Sachverständige. Wird diesen aufgrund ihres Alters die Verlängerung der Sachverständigenbestellung verweigert, sei der Zugang zu dieser Tätigkeit betroffen.

827 AGG-E (Fn. 767), S. 34. Hervorhebung nachträglich.

828 Auf diese Stelle im Gesetzesentwurf wies bereits *Horstmeier* GmbHR 2007, 125 (126) hin, um damit einen Widerspruch zwischen Gesetzestext und -begründung deutlich zu machen („Gesetzgeber hat sich bei der Einbeziehung [der Organmitglieder] offensichtlich nicht viele Gedanken gemacht").

829 Anders *Lutter* BB 2007, 725 (728, Fn. 30) und im Anschluss an ihn *Liebhäuser* S. 70, die meinen, die Gesetzesbegründung sei insoweit lediglich „ungenau und nicht wörtlich zu nehmen" (*Liebhäuser* ebenda). Dagegen auch *Mohr* ZHR 178 (2014), 326 (345).

c. Ergebnis

Nach der Richtlinienauslegung durch den EuGH fordert das europäische Recht auch einen Schutz des selbständigen, dem Arbeitnehmerbegriff nicht unterfallenden Geschäftsleiters gegen Diskriminierungen. § 6 Abs. 3 AGG wird dem nicht gerecht, wenn man vom Begriff „Zugang" nur den ersten Zugang zur Erwerbstätigkeit als umfasst ansieht. Auch der selbständige Geschäftsleiter muss umfassend gegen Diskriminierungen geschützt werden, weshalb der in § 6 Abs. 3 AGG verwandte Begriff des Zugangs dahin auszulegen ist, dass er auch die Bedingungen der Beschäftigung sowie des Zugangs und den fortgesetzten Zugang umfasst. Im Ergebnis folgt daraus, dass der sachliche Anwendungsbereich durch § 6 Abs. 3 AGG nicht begrenzt wird, worauf zurückzukommen sein wird.

3. Gesellschafter-Geschäftsführer

Dass Gesellschafter-Geschäftsführer überhaupt § 6 Abs. 3 AGG unterfallen, entspricht nahezu einhelliger Auffassung.[830] Abweichend wurde vor der *Danosa*-Entscheidung vereinzelt vertreten, der Gesellschafter-Geschäftsführer könne dem Organbegriff nicht unterfallen.[831] § 6 Abs. 3 AGG müsse insoweit einschränkend ausgelegt werden, da gesellschaftsrechtliche Beziehungen und damit die Aufnahme als Gesellschafter dem Anwendungsbereich des AGG entzogen seien.[832] Das ergebe sich unter anderem aus den Richtlinien, die dem AGG zugrunde liegen, da diese ausdrücklich nicht die Vereinigungsfreiheit berührten. Dann aber müsse konsequenterweise auch die Aufnahme und Bestellung als Gesellschafter-Geschäftsführer vom AGG ausgenommen sein.

Gegen diese Auffassung wurde jedoch eingewandt, sie widerspreche nicht nur dem Wortlaut des AGG, sondern auch den zugrundeliegenden Richtlinien.[833] Zudem wurde ihr entgegengehalten, dass der deutsche Gesetzgeber ohnehin auch zur überschießenden Umsetzung der Richtlinien befugt sei und deshalb

---

830 Däubler/Hjort/Schubert/Wolmerath/*Berg* § 6 AGG, Rn. 8; *Eßer/Baluch* NZG 2007, 321 (323); *Hoentzsch* S. 23; *Kort* NZG 2013, 601 (607); Jauernig/*Mansel* § 6 AGG, Rn. 4; *Meinel/Heyn/Herms* § 6 AGG, Rn. 22; MüKo-BGB/*Thüsing* § 6 AGG, Rn. 11; Palandt/*Weidenkaff* § 6 AGG, Rn. 4; *Weller* AnwBl. 2007, 320 (322).

831 *Schroeder/Diller* NZG 2006, 728 (730).

832 Insoweit auch Adomeit/*Mohr* § 6 AGG, Rn. 40, der allerdings weiter differenziert und § 6 Abs. 3 AGG für einschlägig erachtet, wenn die Gesellschafterstellung die einzige Möglichkeit ist, die Erwerbstätigkeit auszuüben.

833 *Liebhäuser* S. 43 ff.; MüKo-BGB/*Thüsing* § 6 AGG, Rn. 11. Vgl. auch dessen Kommentierung zu § 2 AGG, Rn. 5, wonach die entgegenstehende Auffassung „ersichtlich interessengeleitet" sei.

den Gesellschafter-Geschäftsführer selbst dann in den Anwendungsbereich des AGG einbeziehen könne, wenn dies die Richtlinien nicht verlangten.[834] Den Diskriminierungsschutz von der Frage der Gesellschafterstellung abhängig zu machen leuchte zudem dann nicht ein, wenn der Benachteiligte „keinen maßgeblichen Einfluss auf" seine Bestellung nehmen könne.[835]

Dass ein Gesellschafter-Geschäftsführer nicht durch das AGG geschützt wird, wäre mit Blick auf die *Danosa*-Entscheidung nicht überzeugend. Wie bereits herausgearbeitet wurde, kann grundsätzlich insbesondere die Minderheitsbeteiligung nichts an dem Bestehen eines Unterordnungsverhältnisses ändern.[836] In diesem Fall kommt sogar die Einbeziehung des an der Gesellschaft beteiligten Geschäftsleiters über § 6 Abs. 1 S. 1 Nr. 1 AGG in Betracht. Seine Einbeziehung auch in den Anwendungsbereich des AGG ist europarechtlich erforderlich, weshalb eine bereits vor der *Danosa*-Entscheidung zweifelhafte teleologische Reduktion des § 6 Abs. 3 AGG nicht in Frage kommt.

Daneben bestehen jedoch zwei differenzierende Auffassungen. Eine will die Anwendbarkeit von § 6 Abs. 3 AGG auf den Gesellschafter-Geschäftsführer davon abhängig machen, ob dessen Tätigkeit „nach einer wertenden Betrachtung als selbständige Erwerbstätigkeit anzusehen ist", was sich danach bestimme, welches Rechtsverhältnis „im Vordergrund steht".[837] Doch fehlt es einer derartigen Bestimmung an der notwendigen Abgrenzungsschärfe. Außerdem kann es für die Bewertung der Schutzwürdigkeit keine Rolle spielen, ob das Rechtsverhältnis als Geschäftsleiter oder das als Gesellschafter im Vordergrund steht. In beiden Fällen wird eine Handlung vorgenommen, die im Erwerbsleben stattfindet und die das AGG sowie die zugrundeliegenden Richtlinien gerade zu verbannen suchen.

Eine andere differenzierende Auffassung hält für entscheidend, ob der Gesellschafter-Geschäftsführer auf statutarischer Grundlage tätig wird. Sei dies der Fall, könne er dem Organbegriff nicht unterfallen.[838] Denn ist der Gesellschafter bereits kraft Gesellschaftsvertrags Geschäftsführer (§ 6 Abs. 3 S. 2 GmbHG), sei kein Bestellungsverfahren mehr erforderlich, in dessen Verlauf er diskriminiert werden könnte. Dann fiele die Vermittlung der Gesellschafterstellung mit der Vermittlung der Geschäftsführerstellung gleichsam zusammen. Allerdings schließt dies die Gefahr von Diskriminierungen nur bei der Bestellung zum Organ aus und deshalb nicht bei der Begründung und Beendigung des

834 *Weller* AnwBl. 2007, 320 (322).
835 Wendeling-Schröder/*Stein* § 6 AGG, Rn. 29.
836 S. oben, S. 74 ff. (GmbH), 99 ff. (AG).
837 *Bauer/Göpfert/Krieger* § 6 AGG, Rn. 29.
838 Adomeit/*Mohr* § 6 AGG, Rn. 40; MüHdb-ArbR/*Oetker* § 14 Rn. 29.

Anstellungsverhältnisses. Darüber hinaus wäre der auf statutarischer Grundlage tätige Geschäftsleiter auch nicht gegen Diskriminierungen bei der Beendigung der Organstellung geschützt. Mit Blick auf die entstehenden Schutzlücken vermag dieser differenzierende Ansatz also ebenso wenig zu überzeugen.

Nicht beantwortet ist damit, ob Gesellschafter-Geschäftsführer auch dann dem § 6 Abs. 3 AGG unterfallen, wenn sie durch ihre Kapitalbeteiligung einen beherrschenden Einfluss auf die Gesellschaft ausüben können. Nach dem Wortlaut ist dies der Fall, da er Organmitglieder pauschal in den Anwendungsbereich einbezieht. Entsprechend wird auch vertreten, dass die Höhe einer Kapitalbeteiligung unerheblich sei und der Gesellschafter-Geschäftsführer stets § 6 Abs. 3 AGG unterfallen müsse.[839] Diese Auffassung überzeugt deshalb, weil ein maßgeblich an der Gesellschaft beteiligter Geschäftsleiter zwar imstande ist, ihn diskriminierende Entscheidungen seiner Mitgesellschafter zu verhindern. Dies aber mag die ihn treffende Diskriminierungsgefahr nur faktisch auszuschließen, kann aber für die Rechtsfrage der Anwendbarkeit des AGG keine Rolle spielen.

4. *Einschränkung wegen Vertrauensstellung*

Nicht überzeugen kann es schließlich, eine Einschränkung des persönlichen Anwendungsbereichs durch eine direkte oder analoge Anwendung von § 19 Abs. 5 AGG zu suchen. Dies wurde zwar vereinzelt angedacht,[840] wird aber zu Recht einhellig abgelehnt[841] und vom BGH nicht einmal erwogen[842]. Diese Norm steht im Abschnitt zum Schutz vor Benachteiligungen im Zivilrechtsverkehr und kann daher nicht auf Normen des arbeitsrechtlichen Teils des AGG angewandt werden.[843] Dies legt auch die Gesetzesbegründung nahe, die diese Vorschrift

839 *Hoentzsch* S. 23; MüKo-BGB/*Thüsing* § 6 AGG, Rn. 11.

840 So auf Grundlage des Gesetzentwurfs vom 15.12.2004 (BT-Drucks. 15/4538) (ADG-E) von *Bauer/Göpfert/Krieger* DB 2005, 595 (597 f.). Ihre Argumentation lässt sich nicht auf das Gesetz gewordene AGG übertragen, da der systematische Standort von § 19 Abs. 5 AGG geändert wurde, woraus sich heute sogar ein Argument gegen die Erstreckung auf das Organmitglied ableiten lässt (vgl. *Hoentzsch* S. 25), siehe sogleich.

841 *Bauer/Göpfert/Krieger* § 19 AGG, Rn. 4; *Hoentzsch* S. 23 ff.; *Horstmeier* GmbHR 2007, 125 (126 f.); *Liebhäuser* S. 39 f.; Adomeit/*Mohr* § 6 AGG, Rn. 43 („nicht notwendig"); *Wank* FS Hüffer, 2010, 1051 (1066).

842 BGH 23.4.2012 – II ZR 163/10, NJW 2012, 2346.

843 *Wank* FS Hüffer, 2010, 1051 (1066) in Bezug auf die Aufnahme von Gesellschaftern. A.A. *Schroeder/Diller* NZG 2006, 728 (729), die meinen, dem Gesetzgeber sei hier ein Redaktionsversehen unterlaufen.

maßgeblich als Umsetzungsakt hinsichtlich der Richtlinie 2004/113/EG[844] begreift, welche aber gerade keinen arbeitsrechtlichen Anwendungsbereich hat, sondern sich ausweislich Art. 1 auf die „Versorgung mit Gütern und Dienstleistungen" bezieht. Die besondere Vertrauensstellung, in der sich der Geschäftsleiter befindet, kann sachgerecht auf Ebene der Rechtfertigung berücksichtigt werden.[845]

5. *Ergebnis*

Infolge der *Danosa*-Entscheidung kann der Geschäftsleiter sowohl als Arbeitnehmer unter § 6 Abs. 1 S. 1 Nr. 1 AGG fallen und somit den Schutz des gesamten arbeitsrechtlichen Teils des AGG genießen. Er kann aber auch, wenn er den *Danosa*-Kriterien nicht unterfällt, lediglich unter dem Schutz nach § 6 Abs. 3 AGG stehen. Zwar sieht der Gesetzeswortlaut insoweit nur einen eingeschränkten Schutzumfang vor. Aus der *Danosa*-Entscheidung ergibt sich allerdings, dass auch der selbständige Geschäftsleiter umfassenden Diskriminierungsschutz genießt. Im Ergebnis hat dies zur Folge, dass die Frage der Selbständigkeit bei der Bestimmung des sachlichen Anwendungsbereichs des AGG keine Rolle spielt, da er durch § 6 Abs. 3 AGG nicht begrenzt wird. Es wurde zudem herausgearbeitet, dass eine etwaige Beteiligung an der Gesellschaft nur für die Frage relevant ist, ob eine Arbeitnehmereigenschaft anzunehmen ist, für sich genommen aber die Anwendbarkeit von § 6 Abs. 3 AGG nicht ausschließen kann.

II. Sachlicher Anwendungsbereich

Der sachliche Anwendungsbereich des AGG ergibt sich aus § 2, wobei für die vorliegende Untersuchung vor allem die Zugangs- und Aufstiegsbedingungen (Abs. 1 Nr. 1) und die Beschäftigungs- und Entlassungsbedingungen (Abs. 1 Nr. 2) relevant sind. Zudem wird Abs. 4 eine Rolle spielen, der Kündigungen vom Anwendungsbereich des AGG ausnimmt.

1. *Anstellungs- und Bestellungsverhältnis*

Im Anschluss an die Untersuchung der mutterschutzrechtlichen Folgen des *Danosa*-Urteils ist die Frage, wie sich die Trennung zwischen Anstellung und

---

844 Richtlinie des Rates zur „Verwirklichung des Grundsatzes der Gleichbehandlung von Männern und Frauen beim Zugang zu und bei der Versorgung mit Gütern und Dienstleistungen" vom 13.12.2004 (ABl. L 373 vom 20.12.2004, S. 37).

845 Dazu unten, S. 230 ff.

Bestellung auf den Diskriminierungsschutz auswirkt, verhältnismäßig einfach zu beantworten. Der EuGH erstreckt seine Rechtsprechung sowohl auf das Anstellungs- als auch auf das Bestellungsverhältnis.[846] Er führt aus, dass eine auf der Schwangerschaft beruhende Abberufungsentscheidung weder mit der MuSchRL noch mit der GleichbehandlungsRL vereinbar sei.[847] Folgt man der hier vertretenen Auffassung, dass der EuGH sich damit für eine Erstreckung des Diskriminierungsschutzes auf Anstellungs- und Bestellungsverhältnis entschieden hat, ist damit zugleich die Streitfrage entschieden, ob das AGG auch das Organverhältnis erfasst.[848] Nach anderer Auffassung beziehen sich die entsprechenden Ausführungen des EuGH lediglich auf die MuSchRL und erlauben keinen Rückschluss auf die Auslegung anderer Richtlinien.[849] Denn die besondere Zwecksetzung der MuSchRL, freiwillige Schwangerschaftsabbrüche verhindern zu wollen, lasse sich nicht auf andere Richtlinien übertragen. Doch wird dieses Verständnis der *Danosa*-Entscheidung nicht gerecht, betont der EuGH gerade in Zusammenhang mit der GleichbehandlungsRL, diese erlaube *keinerlei* Diskriminierungen.[850] Zudem nimmt er gerade in Zusammenhang mit seinen Ausführungen zur GleichbehandlungsRL ausdrücklich auf die Abberufung Bezug.[851]

Dass sich das AGG sowohl auf das Anstellungs- als auch das Bestellungsverhältnis bezieht, vertritt auch der BGH in seiner Entscheidung vom 23. April 2012[852] und folgt damit der herrschenden Meinung in der Literatur[853]. Der

846 S. oben, S. 140 ff.

847 EuGH 11.11.2010 – Rs. C-232/09 (*Danosa*), Tz. 62 f., 70, NJW 2011, 2343.

848 Die Frage verneinend *Bauer/Göpfert/Krieger* § 6 AGG, Rn. 27; *Bauer/Arnold* ZIP 2008, 993 (997 f.); *Meinel/Heyn/Herms* § 6 AGG, Rn. 22; *Reufels/Molle* NZA-RR 2011, 281 (283 f.); *Reuter* FS Adomeit, 2008, 595 (599). Begründet wird diese Auffassung u.a. damit, das Organmitglied erhalte den Anspruch auf seine Einkünfte nur aus dem Dienstvertrag und es handele sich deshalb auch nur insoweit um eine Erwerbstätigkeit im Sinne von §§ 2 Abs. 1 Nr. 1, 6 Abs. 3 AGG (*Bauer/Arnold* ZIP 2008, 993 [997 f.]).

849 *Preis/Sagan* ZGR 2013, 26 (65).

850 EuGH Rs. *Danosa* (Fn. 847), Tz. 65.

851 EuGH Rs. *Danosa* (Fn. 847), Tz. 67.

852 II ZR 163/10, NJW 2012, 2346 (2347 f.). Zust. *Kort* WM 2013, 1049 (1050), da die Differenzierung diskriminierungsrechtlich keinen Sinn mache und die Erstreckung auf Bestellungs- und Anstellungsverhältnis dem Telos von § 6 Abs. 3 AGG entspreche. Krit. demgegenüber *Brötzmann* GmbHR 2012, 851 (852), da das Gremium sich bei der Bestellung „nur vom Gesellschaftswohl und der Steigerung des Unternehmenswerts leiten lassen“ solle. Ähnlich *Lingemann/Weingarth* DB 2012, 2325 (2327).

853 *Eßer/Baluch* NZG 2007, 321 (328); *Hoentzsch* S. 31 ff. m.w.N.; *Jaeger* FS Bauer, 2010, 495 (496); Lutter/Hommelhoff/*Kleindiek* § 6 GmbHG, Rn. 34; Hüffer/*Koch* § 76

BGH argumentiert, dass selbst wenn die Rechtsbeziehung umfassend durch den Anstellungsvertrag geregelt wird, für dessen Durchführung doch letztlich die Bestellung von entscheidender Bedeutung sei. Werde der Geschäftsführer aus diskriminierenden Gründen nicht bestellt, könnten immaterielle Schäden entstehen, die auch der Anstellungsvertrag nicht ausgleichen könne.[854] Zu diesen immateriellen Schäden gehören nach einer früheren Entscheidung des BGH „Ansehensverlust oder Minderung der Lebensfreude".[855] Diesen Umstand lässt die Erwägung außer Ansatz, die „soziale Absicherung" des Geschäftsleiters ergebe sich maßgeblich aus dem Anstellungsvertrag[856]. Richtig ist vielmehr das von *Schubert* angeführte Argument, es stehe einer effektiven Richtlinienverwirklichung entgegen, wenn man den Diskriminierungsschutz nur auf das Anstellungsverhältnis beschränkt.[857]

Anders als bei Aufsichtsratsmitgliedern, deren Rechtsverhältnis zur Gesellschaft nach herrschender Meinung nur korporationsrechtlicher Natur ist,[858] ist es

---

AktG, Rn. 63; *Lutter* BB 2007, 725 (726); *Mansel* FS Canaris, 2007, Bd. 1, 809 (815 f.); Adomeit/*Mohr* § 6 AGG, Rn. 45; *Oetker* FS Otto, 2008, 361 (373); *Schubert* ZIP 2013, 289 (292 f.). Begründet wird diese Auffassung mit der engen faktischen Verbindung zwischen den beiden Rechtsverhältnissen sowie der Erwägung, dass sich § 6 Abs. 3 AGG selbst auf die Organstellung beziehe und es deshalb nicht überzeugen könne, es vom Diskriminierungsschutz auszunehmen (*Eßer/Baluch* NZG 2007, 321 [328]; vgl. auch Adomeit/*Mohr* § 6 AGG, Rn. 45).

854 Diesem Umstand misst *Reuter* FS Adomeit, 2008, 595 (599) keine Bedeutung bei. Dass die Maßgeblichkeit allein des Anstellungsverhältnisses sachgerecht sei, ergebe sich daraus, dass die Gesellschaft ein Eigeninteresse an einer Bestellung habe, wolle sie nicht eine Vergütung ohne Gegenleistung erbringen.

855 BGH 11.10.2010 – II ZR 266/08, Tz. 10, NJW 2011, 920.

856 Vgl. *Preis/Sagan* ZGR 2013, 26 (39). Ihnen folgt *Mohr* ZHR 178 (2014), 326 (343).

857 *Schubert* ZIP 2013, 289 (293). Ähnlich *Kort* WM 2013, 1049 (1050).

858 MüKo-AktG/*Habersack* § 101 AktG, Rn. 67; GK-AktG/*Hopt/Roth* § 101 AktG, Rn. 92; *Spindler*/Stilz § 101 AktG, Rn. 8; *Natzel* DB 1959, 201 (206), wobei aber nicht ausgeschlossen sei, dass es zu vertraglichen Vereinbarungen kommen könne; *ders.* AG 1959, 93 (95). Nach früher h.M. lag dem korporationsrechtlichen Verhältnis ein Vertrag zugrunde (RG 2.3.1929 – I 324/28, RGZ 123, 351 [354], wonach dies „selbstverständlich sei"; aus der Literatur etwa *Säcker* FS Rebmann, 1989, 781 [783]). Nach wiederum a.A. ist von einem einheitlichen Rechtsverhältnis mit Doppelnatur auszugehen (Hüffer/*Koch* § 101 AktG, Rn. 2). – *Oetker* FS Otto, 2008, 361 (373 f.) leitet daraus ein Argument für die Auffassung ab, die vom AGG sowohl das Anstellungs- als auch Bestellungsverhältnis umfasst sieht; sähe man dies anders, sei das Aufsichtsratsmitglied nicht vom Schutz umfasst, was mit Blick auf das Ziel des AGG nicht überzeugen könne.

bei Geschäftsleitern nur von beschränkter Bedeutung, ob sich das AGG auch auf das Organverhältnis bezieht.[859] Die Trennung zwischen vertraglichem und korporationsrechtlichem Verhältnis wirkt sich überhaupt nur dann aus, wenn eines dieser Rechtsverhältnisse zustande kommt, während das andere aus diskriminierenden Beweggründen unterbleibt. Praktische Bedeutung kann dem zukommen, wenn Anstellungsvertragsschluss und Bestellung zeitlich weit auseinanderliegen. So erfolgte in einem vom BGH entschiedenen Fall der Abschluss des GmbH-Geschäftsführervertrags rund sechs Monate vor der Bestellung; in der Zwischenzeit war der spätere Geschäftsführer lediglich zum Prokuristen bestellt, um seine Eignung für das Geschäftsführeramt zu prüfen.[860] Dem BGH genügte dies, um „ein[en] ausreichend enge[n] Zusammenhang" zwischen Anstellungsvertragsschluss und Organbestellung anzunehmen. Daraus wird deutlich, dass es durchaus Fallkonstellationen geben kann, in denen Anstellung und Bestellung zeitlich so weit auseinander liegen, dass nur die Bestellung aufgrund diskriminierender Motive unterbleibt. Als Beispiel kann hier die während der Probezeit bekannt werdende Schwangerschaft dienen. Aus dem MuSchG folgt weder ein Anspruch der Geschäftsleiterin auf Bestellung nach Ablauf der Probezeit noch ein Schadensersatz- oder Entschädigungsanspruch im Falle der Nichtbestellung wegen Schwangerschaft. Ein Diskriminierungsschutz – etwa durch Gewährung einer Entschädigung – könnte deshalb allein durch das AGG vermittelt werden. Dass dies nach der hier vertretenen Auffassung der Fall ist, erscheint zur Gewährleistung eines möglichst lückenlosen Schutzes auch in der Sache überzeugend.

2. Erst- und Wiederbesetzung des Geschäftsleiteramtes

Die Person, die das Geschäftsleiteramt erstmalig einnehmen soll, ist unproblematisch vom persönlichen Anwendungsbereich des AGG erfasst. Die Einbeziehung abhängiger Geschäftsleiter ergibt sich aus § 6 Abs. 1 S. 1 Nr. 1 AGG, der keine Beschränkung des sachlichen Anwendungsbereichs vorsieht. Hinsichtlich selbständiger Geschäftsleiter folgt es aus § 6 Abs. 3 AGG, der ausdrücklich auch den Zugang zur Erwerbstätigkeit erfasst. Die Erstbesetzung hat demnach in jedem Fall diskriminierungsfrei zu erfolgen.

Bereits im Rahmen der Untersuchung des durch § 6 Abs. 3 AGG bestimmten persönlichen Anwendungsbereichs wurde dargelegt, dass zur Schaffung der Richtlinienkonformität von der Norm auch der fortgesetzte Zugang zum Organverhältnis zu erfassen ist. Dies entspricht auch der Rechtsprechung des BGH,

---

859 Vgl. *Bauer/Arnold* ZIP 2008, 993 (998); *Hoentzsch* S. 30 f.
860 BGH 9.10.1989 – II ZR 16/89, NJW 1990, 387.

der in seiner Entscheidung vom 23. April 2012 vom Begriff des „Zugangs zur Erwerbstätigkeit" auch den Fall als erfasst angesehen hat, dass über die Wiederbestellung des Geschäftsführers zu entscheiden ist.[861] Damit hat der BGH europarechtskonform auch die Entscheidung über die Wiederbesetzung des Geschäftsleiteramtes als vom AGG umfasst angesehen. Wolle der Geschäftsführer nach dem Ende seiner befristeten Position erneut das Amt ausführen, erstrebt er nach Auffassung des BGH einen erneuten Zugang zur Tätigkeit, was wiederum § 6 Abs. 3 AGG unterfallen müsse. Damit folgte der BGH einem in der Literatur eingenommenen Standpunkt.[862] Eine Parallele lässt sich hier zu der Auffassung des BAG ziehen, eine mitbestimmungspflichtige „Einstellung" nach § 99 Abs. 1 S. 1 BetrVG sei auch in der Fortsetzung eines Arbeitsverhältnisses zu sehen, wenn dem eine neue Arbeitgeberentscheidung zugrunde liegt[863].

Vereinzelt wurde gegen die Vorgehensweise des BGH in der Entscheidung vom 23. April 2012 geltend gemacht, er nehme nur die „verweigerte Neueinstellung" in den Blick und nicht die „Nichtverlängerung eines befristeten Arbeitsvertrages".[864] Doch sind dies im zugrundeliegenden Fall nur zwei Kehrseiten derselben Medaille, da es um die Frage der Verlängerung eines bestehenden Verhältnisses ging. Das Gericht setzt sich insbesondere auch mit dem entgegenstehenden Argument von *Lutter* auseinander, wonach man damit ein „ziemlich widersinniges Hin und Her" provoziere, da der wiederbestellte Geschäftsführer sogleich wieder abberufen werden könne, ohne dass dies § 6 Abs. 3 AGG unterfalle.[865] Doch weist der BGH im Anschluss an *Oetker*[866] darauf hin, dass es sich bei einem solchen Vorgehen um eine unzulässige Rechtsausübung handele.[867]

---

861 BGH 23.4.2012 – II ZR 163/10, Tz. 20 ff., NJW 2012, 2346.

862 MüKo-BGB/*Thüsing* § 2 AGG, Rn. 7, ihm folgend *Reuter* FS Adomeit, 2008, 595 (600); Däubler/Bertzbach/*Schrader/Schubert* § 6 AGG, Rn. 32a. Ferner Hüffer/*Koch* § 76 AktG, Rn. 63. So nun auch *Bauer/Arnold* ZIP 2012, 597 (603) für den Fall, dass sich an das Ende der Geschäftsleitertätigkeit ein erneuter Besetzungsprozess anschließt. Anders noch *Bauer/Arnold* ZIP 2008, 993 [999]; *Bauer/Göpfert/Krieger* § 6 AGG, Rn. 31. Dagegen auch *Eßer/Baluch* NZG 2007, 321 (329); *Krause* AG 2007, 392 (394); *Lutter* BB 2007, 725 (728); *Mohr* ZHR 178 (2014), 326 (347); *Willemsen/Schweibert* NJW 2006, 2583 (2384).

863 BAG 28.10.1986 – 1 ABR 16/85, NJW 1987, 2540 (2541 f.) m.w.N.

864 *Wank* AP AGG § 22 Nr. 6 (Ziff. II).

865 *Lutter* BB 2007, 725 (728).

866 FS Otto, 2008, 362 (375).

867 Zust. *Kort* WM 2013, 1049 (1051).

Dass dies letztlich bedeutet, die Entlassung am Maßstab des AGG zu messen,[868] ist nach hier vertretener Auffassung bereits europarechtlich geboten, um den von den Richtlinien geforderten Diskriminierungsschutz lückenlos sicherzustellen.

3. *Kündigung und Abberufung*

a. *Kündigung und Abberufung von § 6 Abs. 3 AGG erfasst*

Setzt man die Überlegungen zum Schutzumfang beim selbständigen Geschäftsleiter konsequent fort, ist der eben benannte Rückgriff auf die Rechtsfigur der unzulässigen Rechtsausübung nicht nötig. Denn danach wären bereits Kündigung und Abberufung als solche von § 6 Abs. 3 AGG zu erfassen und nicht nur die Entscheidung über die Verlängerung des Anstellungsvertrags sowie die Wiederbestellung. Schon Kündigung und Abberufung wären AGG-widrig, folgten sie einem diskriminierenden Motiv. Ob der etwaige Wiederbesetzungsprozess diskriminierungsfrei erfolgt, wäre eine davon unabhängige Frage.

In der Entscheidung des BGH vom 23. April 2012 kam es auf diesen Unterschied nicht an. Der Unterschied ist, dass auch hinsichtlich des selbständigen Organmitglieds bereits die abschlägige Entscheidung über die Verlängerung des Anstellungsvertrags nur diskriminierungsfrei erfolgen dürfte. Entschiede sich etwa der Aufsichtsrat, den Vorstand zu verkleinern und kündigte deshalb den Anstellungsvertrag und sähe von der Einleitung eines Wiederbesetzungsprozesses ab, dürfte diese Entscheidung keinem diskriminierenden Motiv folgen.

Die entgegenstehende Auffassung, die zwischen Beendigung und Wiederbesetzung der Organstellung differenziert und nur den Wiederbesetzungsprozess diskriminierungsfrei halten will,[869] kann vor dem Hintergrund der *Danosa*-Entscheidung nicht überzeugen. Der EuGH erklärt, dass Frau *Danosa* auch dann Kündigungsschutz gewährt werden müsse, wenn sie nicht der MuSchRL, sondern nur der GleichbehandlungsRL unterfiele.[870] Dieses dictum verlangt, nicht erst den Wiederbesetzungsprozess, sondern bereits die Entscheidung über die

---

868 Damit begründen *Preis/Sagan* ZGR 2013, 26 (63) ihre ablehnende Haltung gegenüber der Auffassung des BGH und der von *Oetker*.

869 *Bauer/Arnold* ZIP 2012, 597 (603); *Eßer/Baluch* NZG 2007, 321 (329); Rust/*Falke* § 6 AGG, Rn. 26 m.w.N.; Hüffer/*Koch* § 76 AktG, Rn. 63; *Krause* AG 2007, 392 (394); Däubler/Bertzbach/*Schrader/Schubert* § 6 AGG, Rn. 32a; *Willemsen/Schweibert* NJW 2006, 2583 (2584). Vgl. auch *Bauer/Arnold* NZG 2012, 921 (923). Wohl auch HK-GmbHG/*Lücke/Simon* § 38 GmbHG, Rn. 17, nach denen § 6 Abs. 3 AGG aufgrund seines Wortlauts auf die Abberufung keine Anwendung finde.

870 EuGH 11.11.2010 – Rs. C-232/09 (*Danosa*), Tz. 64, 66, NJW 2011, 2343.

Fortsetzung des Amtsverhältnisses vom Anwendungsbereich des AGG zu erfassen. Für die entgegenstehende Auffassung streiten zwar der Wortlaut des § 6 Abs. 3 AGG, der die Kündigung vom Diskriminierungsschutz scheinbar ausnimmt[871] sowie die in § 2 Abs. 1 AGG vorgenommene Differenzierung zwischen Zugangs- und Entlassungsbedingungen[872]. Doch ist, wie bereits dargelegt, diese Beschränkung des sachlichen Anwendungsbereichs hinsichtlich selbständiger Geschäftsleiter in Anbetracht der *Danosa*-Entscheidung nicht zu halten. Der Begriff „Zugang“ in § 6 Abs. 3 AGG muss auch den Verbleib im Amt erfassen, um den von den Richtlinien geforderten umfassenden Schutz zu gewährleisten.

b. Beschränkter Anwendungsbereich nach § 2 Abs. 4 AGG

Sowohl hinsichtlich selbständiger als auch hinsichtlich abhängiger Geschäftsleiter, welche nach der hier vertretenen Auffassung bereits § 6 Abs. 1 S. 1 Nr. 1 AGG unterfallen, könnte die Erfassung der Kündigung vom sachlichen Anwendungsbereich jedoch § 2 Abs. 4 AGG wiedersprechen. Diese Vorschrift bestimmt, dass für Kündigungen „ausschließlich die Bestimmungen zum allgemeinen und besonderen Kündigungsschutz“ gelten.[873]

aa. Meinungsbild

In Rechtsprechung und Literatur wurde vertreten, § 2 Abs. 4 AGG sei richtlinienwidrig und dürfe nicht angewendet werden.[874] Nach anderer Auffassung sei § 2 Abs. 4 AGG zwar nicht richtlinienkonform, müsse als geltendes Recht aber angewendet werden, da die Norm selbst nicht diskriminierend sei.[875]

Folgt man der überwiegenden Auffassung im Schrifttum, steht § 2 Abs. 4 AGG einem richtlinienkonformen Ergebnis nicht entgegen. Dies wird verbreitet

---

871 *Bauer/Arnold* ZIP 2012, 597 (603); *Eßer/Baluch* NZG 2007, 321 (329); *Krause* AG 2007, 392 (394); *Liebhäuser* S. 65.

872 *Liebhäuser* S. 65; *Oetker* FS Otto, 2008, 362 (374).

873 Zum Hintergrund dieses umstrittenen Ausschlusses, der erst spät Einzug in den Entwurf des AGG fand, *Thüsing* Rn. 103 ff.

874 ArbG Osnabrück 5.2.2007 – 3 Ca 724/06, NZA 2007, 626 (627) zu einem Verstoß gegen das AGG durch eine Kündigung auf Grundlage eines Sozialplans mit Altersgruppen; *Bayreuther* DB 2006, 1842 f.; *Däubler*/Bertzbach § 2 AGG, Rn. 263 m.w.N.; *Sagan* NZA 2006, 1257; *Thüsing* BB 2007, 1506 (1507); *ders.* Rn. 115; *Winkler* S. 337; *Wisskirchen* DB 2006, 1491 (1495). Dass die Vorschrift europarechtswidrig sei auch *Preis/Temming* NZA 2010, 185 (192). Offen gelassen in OLG Düsseldorf 18.10.2012 – I-6 U 47/12, GmbHR 2012, 1347 (1350).

875 *Hamacher/Ulrich* NZA 2007, 657 (660 f.).

dadurch erreicht, dass die Kündigung an den allgemeinen zivilrechtlichen Generalklauseln aus §§ 138, 242 BGB gemessen wird und bei deren Anwendung die materiellen Diskriminierungsverbote des AGG berücksichtigt werden.[876] Nach einem anderen Ansatz, dem sich jüngst auch das BAG angeschlossen hat, verdränge das AGG zwar die zivilrechtlichen Generalklauseln. Da § 2 Abs. 4 AGG aber nur solche Kündigungen erfasse, die dem speziellen Kündigungsrecht unterfallen, seien andere Kündigungen unmittelbar am Maßstab des AGG zu messen.[877] In dem durch das BAG entschiedenen Fall wurde die Kündigung während der Wartezeit (§ 1 Abs. 1 KSchG) ausgesprochen. Da § 2 Abs. 4 AGG nur das Verhältnis zwischen AGG und KSchG betreffe und die Kündigung wegen § 1 Abs. 1 KSchG dem besonderen Kündigungsschutzrecht nicht unterfalle, könne sie unmittelbar anhand von § 134 BGB i.V.m. § 7 Abs. 1 AGG beurteilt werden. Zwar beziehe sich § 2 Abs. 4 AGG seinem Wortlaut nach auf alle Kündigungen. Entstehungsgeschichte und Gesetzeszweck geböten jedoch eine teleologische Reduktion im Hinblick auf solche Kündigungen, für die eine spezielle Kündigungsnorm gelte.[878]

Bereits nach einem früheren Judikat des BAG verstoße § 2 Abs. 4 AGG nicht gegen Europarecht, da das BAG die Diskriminierungsverbote auch im Rahmen von § 1 Abs. 1 KSchG und damit letztlich auch im Kündigungsschutzrecht anwendet.[879] Da nach § 2 Abs. 1 Nr. 2 AGG vom Schutzbereich des Gesetzes auch „Entlassungsbedingungen" und die „Beendigung eines Beschäftigungsverhältnisses" erfasst seien, könne § 2 Abs. 4 AGG nicht im Sinne eines „gänzlichen Anwendungsausschlusses" der materiellen Diskriminierungsverbote im Kündigungsschutzrecht verstanden werden.

---

876 *Bauer/Göpfert/Krieger* § 2 AGG, Rn. 62; KR/*Griebeling* § 1 KSchG, Rn. 26a; *Hamacher/Ulrich* NZA 2007, 657 (661); Adomeit/*Mohr* § 2 AGG, Rn. 230; ErfK/*Schlachter* § 2 AGG, Rn. 18; KR/*Treber* § 2 AGG, Rn. 17 ff.; Moll/*Vossen* § 43 Rn. 42.

877 BAG 19.12.2013 – 6 AZR 190/12, Tz. 17 ff., NZA 2014, 372; Wendeling-Schröder/*Stein* § 2 AGG, Rn. 40 ff., 48; Kittner/Däubler/*Zwanziger* AGG, Rn. 63. In diese Richtung wohl auch *Löwisch*/Spinner/Wertheimer Vor § 1 AGG, Rn. 26, 28.

878 BAG 19.12.2013 – 6 AZR 190/12, Tz. 32 ff., NZA 2014, 372.

879 BAG 6.11.2008 – 2 AZR 523/07, Tz. 28 ff., NZA 2009, 361; BAG 15.12.2011 – 2 AZR 42/10, Tz. 47, NZA 2012, 1044. Für diese Lösungsmöglichkeit bereits *Kock* ZIP 2006, 1551 (1552). Auch Henssler/Willemsen/Kalb/*Rupp* § 2 AGG, Rn. 13; ErfK/*Schlachter* § 2 AGG, Rn. 18. Krit. etwa Rolfs/Giesen/Kreikebohm/Dusching/*Roloff* § 2 AGG, Rn. 27 f. und *Oberthür* NZA 2011, 253 (257 f.), welche darin keine genügend eindeutige Richtlinienumsetzung sieht.

bb. Stellungnahme

Das besondere Kündigungsschutzrecht ist in den vorliegenden Fällen regelmäßig nicht anwendbar, da Organmitglieder vom Kündigungsschutz gemäß § 14 Abs. 1 KSchG ausgeschlossen sind, solange das Organverhältnis besteht. Folgt man der Auffassung des BAG, wäre die Kündigung des Anstellungsvertrags eines Geschäftsleiters deshalb unmittelbar am Maßstab des AGG zu messen. § 2 Abs. 4 AGG stünde dem nicht entgegen. Dem entspricht der Gesetzeszweck dieser Norm, mittels derer lediglich eine Doppelprüfung einer Kündigung vermieden, nicht aber der Schutzumfang beschränkt werden soll. In den Gesetzesmaterialien heißt es ausdrücklich, mittels § 2 Abs. 4 AGG solle das Verhältnis zwischen AGG und KSchG „dahin präzisiert werden, dass für Kündigungen ausschließlich die Bestimmungen zum allgemeinen und besonderen Kündigungsschutz Anwendung finden ..., weil diese Regelungen speziell auf Kündigungen zugeschnitten sind".[880] Im Falle der Kündigung eines Anstellungsvertrags finden sich aber weder Kündigungsschutzvorschriften allgemeiner Art, da die Anwendung des KSchG nach dessen § 14 Abs. 1 ausgeschlossen ist, noch solche besonderer Art, da kein spezielles Kündigungsschutzregime für Geschäftsleiter existiert. Lediglich im Falle der Kündigung während schwangerschaftsbedingter Schutzzeiten greift im Anschluss an die hier vertretene Auffassung das Schutzregime aus § 9 MuSchG. Zudem enthält das AGG die sachnähere Regelung für die Prüfung anhand diskriminierungsrechtlicher Wertungen. Demgegenüber brächte der Weg über die bürgerlich-rechtlichen Regeln zusätzlich den Nachteil mit sich, die sonst geltende allgemeine Beweislastregel hinter die spezielle diskriminierungsrechtliche Regelung aus § 22 AGG zurücktreten zu lassen, um so eine europarechtskonforme Rechtsanwendung zu gewährleisten.[881] Dies ist methodisch zweifelhaft und der Transparenz des Diskriminierungsschutzes nicht dienlich. Deshalb überzeugt der Weg, den das BAG in Bezug auf § 2 Abs. 4 AGG eingeschlagen hat.

c. Ergebnis

Sowohl abhängiger als auch selbständiger Geschäftsleiter sind gegen Kündigung und Abberufung geschützt, wobei es nicht darauf ankommt, ob im Anschluss eine Neubesetzung des Amtes vorgenommen wird. § 6 Abs. 3 AGG muss neben dem Erstzugang auch den Verbleib im Amt erfassen, um den von den Richtlinien

---

880 BT-Drs. 16/2022, S. 12.

881 Ascheid/*Preis*/Schmidt Grundlagen J, Rn. 71g: Unionsrechtlich geforderte Beweislastverteilung sei durch Auslegung des § 138 Abs. 2 ZPO zu gewährleisten.

nach der *Danosa*-Entscheidung geforderten Schutz zu gewährleisten.§ 2 Abs. 4 AGG steht dem nicht entgegen, da die Norm nach überzeugender Auffassung nur bei einer Kündigung verfängt, die von besonderen Kündigungsschutznormen erfasst ist.

4. *Automatische Beendigung*

Bei der Kündigung und Abberufung handelt es sich jeweils um Willensakte, die auf die Beendigung des Anstellungs- bzw. Bestellungsverhältnisses gerichtet sind. Die Beendigung lässt sich jedoch auch durch Bedingungen und Befristungen erreichen. Beispielsweise wäre denkbar, den Eintritt einer Schwangerschaft als auflösende Bedingung zu vereinbaren oder mit dem Erreichen einer bestimmten Altersgrenze die automatische Beendigung zu verbinden. Auch die bereits behandelten Koppelungsklauseln stellen auflösende Bedingungen dar.[882]

Bei AG-Vorstandsmitgliedern sieht das Gesetz vor, dass deren Anstellungsverträge befristet abgeschlossen werden müssen und auch ihre Bestellung nur befristet erfolgen darf (§ 84 Abs. 1 S. 1, 5 AktG).[883] In Anstellungsverträgen von GmbH-Geschäftsführern können Befristungen und Bedingungen vereinbart werden,[884] welche insbesondere – anders als im Arbeitsverhältnis – keines Sachgrundes bedürfen.[885] Auch im Lichte der *Danosa*-Entscheidung ist das TzBfG nämlich nicht auf den Geschäftsleiter anwendbar.[886]

Der BGH hält selbst die Bestellung des GmbH-Geschäftsführers unter einer auflösenden Bedingung für zulässig.[887] Damit hat der BGH der herrschenden Auffassung im Schrifttum widersprochen, die noch argumentierte, dass die aus

---

882 S. oben, S. 164.

883 Das gilt auch für den Anstellungsvertrag des mitbestimmten Geschäftsführers (§ 31 Abs. 1 MitbestG). Zu den Grenzen, insbesondere der Vereinbarung einer kurzfristigen Probezeit, s. MüHdb-GesR IV/*Wiesner* § 21 Rn. 21.

884 Henssler/Strohn/*Oetker* § 35 GmbHG, Rn. 103 f.; Michalski/*Tebben* § 6 GmbHG, Rn. 244 f.; Ziemons/Jaeger/*Wisskirchen/Kuhn* § 6 GmbHG, Rn 175 ff.

885 Lutter/*Hommelhoff/Kleindieck* Anh. § 6 GmbHG, Rn. 46, jedoch unter Hinweis auf das AGG; MüHdb-GesR III/*Marsch-Barner/Diekmann* § 43, Rn. 105; Baumbach/Hueck/*Zöllner/Noack* § 35 GmbHG, Rn. 215.

886 S. dazu noch unten, S. 254 f. A.A. schon vor der *Danosa*-Entscheidung *Busch/Schönhöft* DB 2007, 2650 (2652), die aufgrund der differenzierten Auffassung des BAG zur Arbeitnehmereigenschaft des GmbH-Geschäftsführers das TzBfG für anwendbar halten.

887 BGH 24.10.2005 – II ZR 55/04, NZG 2006, 62 (63 f.) für einen Fall, in dem der Geschäftsführer aus seinem Amt ausscheiden sollte, sofern dieser der GmbH ab einem bestimmten Datum „nicht seine volle Arbeitskraft zur Verfügung" stellt.

der Bedingung folgende Rechtsunsicherheit über deren Eintritt in Bezug auf das Organverhältnis nicht hingenommen werden könne.[888] Auch sind Koppelungsklauseln in den Anstellungsverträgen der GmbH-Geschäftsführer zulässig.[889] Demgegenüber werden auflösende Bedingungen im Bestellungsbeschluss eines Vorstands nicht für zulässig gehalten, um das Erfordernis eines wichtigen Grundes für die Abberufung (§ 84 Abs. 3 S. 1 AktG) nicht leerlaufen zu lassen.[890]

Im Anschluss an die hier vertretene Auffassung, dass sowohl der abhängige Geschäftsleiter (über § 6 Abs. 1 S. 1 Nr. 1 AGG) als auch der selbständige Geschäftsleiter (über eine richtlinienkonforme Auslegung des § 6 Abs. 3 AGG) umfassend dem persönlichen Anwendungsbereich des AGG unterfallen, muss eine derartige automatische Beendigung vom AGG erfasst sein, unabhängig davon, ob die Regelung sich auf das Anstellungs- oder Bestellungsverhältnis bezieht. Denn die Regelung einer automatischen Beendigung stellt eine Entlassungsbedingung nach § 2 Abs. 1 Nr. 2 AGG dar. In Bezug auf diese Einordnung ist die Rechtsprechung des EuGH zwar uneinheitlich. Einerseits geht er in der *Prigge*-Entscheidung davon aus, Altersgrenzen für Piloten seien Beschäftigungsbedingungen,[891] andererseits rechnete er noch in der Entscheidung der Rs. *Kleist* Altersgrenzen „im Rahmen einer allgemeinen Pensionierungspolitik eines Arbeitgebers" den Entlassungsbedingungen zu.[892] Im Ergebnis spielt diese Unterscheidung jedoch keine Rolle, da die Rechtsfolgen identisch sind und eine genaue Abgrenzung zwischen Beschäftigungs- und Entlassungsbedingungen daher dahinstehen kann. Überzeugender ist jedoch die Zurechnung zu den Entlassungsbedingungen, da auflösende Bedingungen die Voraussetzungen einer automatischen Beendigung regeln und nicht der inhaltlichen Ausgestaltung des Beschäftigungsverhältnisses dienen.

---

888 So noch immer Roth/*Altmeppen* § 6 GmbHG, Rn. 68; Scholz/*Schneider* § 6 GmbHG, Rn. 38 m.w.N. Anders *Goette* DStR 1998, 938 (939); *Hoentzsch* S. 95 f.; *Schumacher* GmbHR 2006, 924 (925 f.); Baumbach/Hueck/*Zöllner/Noack* § 38 GmbHG, Rn. 85, da eine mögliche faktische Unsicherheit über den Eintritt der Bedingung die Ablehnung auflösender Bedingungen nicht rechtfertigen könne.

889 BGH 29.5.1989 – II ZR 220/88, NJW 1989, 2683 f.; *Grumann/Gillmann* DB 2003, 770 (772 f.); *Moll/Eckhoff* § 81 Rn. 27; MüKo-AktG/*Spindler* § 84 AktG, Rn. 193 m.w.N. A.A. *Eckardt* AG 1989, 431 (432), der Koppelungsklauseln für mit dem Trennungsprinzip unvereinbar hält.

890 Semler/von Schenck/*Fonk* § 9 Rn. 41 m.w.N.; Fleischer/*Thüsing* § 4 Rn. 40.

891 EuGH 13.9.2011 – Rs. C-447/09 (*Prigge*), Tz. 41, NJW 2011, 3209 m. Anm. *Krieger*.

892 EuGH 18.11.2010 – Rs. C-356/09 (*Kleist*), Tz. 26, NZA 2010, 1401.

5. *Andere Vereinbarungen*

Auch andere diskriminierende Regelungen in dem Anstellungsvertrag wären sowohl bei abhängigen als auch selbständigen Geschäftsleitern dem AGG unterworfen, da es sich dabei um Beschäftigungsbedingungen handelt.

Relevant könnten hier etwa diskriminierende Entgeltregelungen sein.[893] Zu denken wäre aber auch an eine AGG-widrige Staffelung des Erholungsurlaubs nach dem Alter. Das BAG hat entschieden, dass eine Erhöhung des Urlaubsanspruches mit Erreichen des 30. und 40. Lebensjahres eine nicht gerechtfertigte Altersdiskriminierung zum Nachteil Jüngerer darstellt.[894] Zwar bezog sich diese Entscheidung auf eine tarifvertragliche Urlaubsstaffelung, sie lässt sich jedoch auch auf einzelvertragliche Bestimmungen übertragen.[895] Vor diesem Hintergrund erscheint es in der Praxis insbesondere nicht empfehlenswert, bei der anstellungsvertraglichen Urlaubsgewährung zwischen Junior- und Senior-Geschäftsführern zu differenzieren.[896]

C. Benachteiligungen und deren Rechtfertigung

In diesem Kapitel werden zunächst in Zusammenhang mit Geschäftsleitern entscheidende allgemeine Aspekte der Benachteiligung und Rechtfertigung dargestellt. Daran schließt sich die Untersuchung solcher Benachteiligungen an, die in Zusammenhang mit Organvertretern typischerweise relevant sind.

I. Allgemeines

§ 7 AGG enthält das zentrale Benachteiligungsverbot im arbeitsrechtlichen Anwendungsbereich des Gesetzes. § 7 Abs. 1 AGG nimmt ausdrücklich Bezug auf die verpönten Merkmale (§ 1 AGG), den Begriff der Benachteiligung (§ 3 AGG) sowie den des Beschäftigten (§ 6 AGG).

1. *Benachteiligungsverbot*

a. *Adressaten*

Der Adressatenkreis des Benachteiligungsverbots beschränkt sich nicht auf den in § 6 Abs. 2 AGG definierten Arbeitgeber, sondern umfasst aufgrund seiner

893 *Schleusener*/Suckow/Voigt § 2 AGG, Rn. 9; *Thüsing* Rn. 98.

894 BAG 20.3.2012 – 9 AZR 529/10, NJW 2012, 3465.

895 *Bamberger*/Roth § 12 BGB, Rn. 166d; *Hoffmann-Remy* NJW 2012, 3469.

896 So noch *Haase* GmbHR 2005, 338 (340).

passivischen Formulierung alle Personen, die faktisch in der Lage sind, geschützte Personen zu benachteiligen.[897] Danach kann eine AGG-relevante Ungleichbehandlung des Geschäftsleiters etwa vom Aufsichtsrat,[898] der Gesellschafterversammlung oder durch eine weisungsbefugte Obergesellschaft ausgehen.[899] Auch von einer im Binnenorganverhältnis mit besonderen Befugnissen ausgestatteten Person kann eine Ungleichbehandlung ausgehen, selbst wenn sie hierarchisch nicht höhergestellt ist. Beispielsweise kommt eine solche durch Maßnahmen des Vorstandsvorsitzenden während oder in Vorbereitung der Vorstandssitzungen oder im Zusammenhang mit der Koordinierung und Überwachung der Arbeit der übrigen Vorstandsmitglieder in Betracht.[900]

b. Benachteiligung und Begünstigung

Wann genau eine Benachteiligung vorliegt, also eine weniger günstige Behandlung im Sinne des § 3 Abs. 1 AGG anzunehmen ist, definiert das Gesetz nicht. Nach herrschender Auffassung in Rechtsprechung und Literatur kommt es dabei auf die objektive Sicht eines verständigen Dritten an.[901] Ob der Geschäftsleiter persönlich die Maßnahme als nachteilig empfindet, spielt daher keine Rolle. Nach anderer Auffassung entscheidet die subjektive Sicht der Betroffenen, wonach auch solche Ungleichbehandlungen erfasst sind, die „zum Wohle des Betroffenen ergriffen werden, … wenn sie denn von den gegen ihren Willen Geschützten [als Benachteiligung] empfunden werden".[902] Doch kann es auf das bisweilen höchst

---

897 ErfK/*Schlachter* § 7 AGG, Rn. 2. Vgl. etwa BAG 17.12.2009 – 8 AZR 670/08, Tz. 23, NZA 2010, 383, wonach dem Arbeitgeber – wie es bereits der Rechtsprechung zu § 611a BGB a.F. entsprochen habe – das Verhalten seiner Mitarbeiter oder Dritter im Einstellungsverfahren zuzurechnen ist. S. auch *Mansel* FS Canaris, 2007, Bd. 1, 809 (813).

898 BGH 23.4.2012 – II ZR 163/10, NJW 2012, 2346.

899 Vgl. *Eßer/Baluch* NZG 2007, 321 (327).

900 Vgl. dazu oben, S. 83 f.

901 BAG 25.2.2010 – 6 AZR 911/08, Tz. 33, NZA 2010, 561 zur möglichen Altersdiskriminierung durch ein auf ältere Arbeitnehmer beschränktes Angebot von Aufhebungsverträgen; Adomeit/*Mohr* § 3 AGG, Rn. 29; ErfK/*Schlachter* § 2 AGG Rn. 3; *Wendeling-Schröder*/Stein § 3 AGG, Rn. 4.

902 *Schleusener*/Suckow/Voigt § 3 AGG, Rn. 13; MüKo-BGB/*Thüsing* § 3 AGG, Rn. 8. Die von *Thüsing* angeführte Entscheidung des BVerfG (28.1.1992 – 1 BvR 1025/82, BVerfGE 85, 191 (209 f.) = NJW 1992, 964 [965 f.]) zum generellen Nachtarbeitsverbot für Frauen streitet nicht für seine Auffassung. Das BVerfG legt bei der Frage der Nachteilszufügung einen objektiven Maßstab an und stellt nicht auf das subjektive Empfinden der einzelnen Frau ab. Das wird besonders deutlich, wenn das BVerfG

unterschiedliche subjektive Empfinden der Betroffenen schwerlich ankommen, würde der Arbeitgeber sonst Schutz- und Integrationsmaßnahmen ohne Zustimmung des Betroffenen nicht durchsetzen können, obwohl sie gegebenenfalls objektiv geboten sind. Veranschaulichen lässt sich die Problematik etwa anhand der Neuaufteilung der Ressortzuständigkeiten, wenn dem betroffenen Geschäftsleiter damit Verantwortlichkeiten ganz oder teilweise entzogen werden. Erfolgt dies, um etwa eine eingeschränkte Leistungsfähigkeit durch fortschreitendes Alter oder Schwangerschaft zu kompensieren, muss es darauf ankommen, ob aus objektiver Sicht tatsächlich eine Minderung der Leistungsfähigkeit vorliegt und der neue Ressortzuschnitt geeignet und erforderlich ist, um den Leistungsabfall auszugleichen. Ist dies nicht der Fall, ist auch die „Wenigerbelastung" des Geschäftsleiters für diesen weniger günstig, da sie sich potenziell nachteilig auf sein berufliches Fortkommen auswirkt. Ob der Geschäftsleiter hingegen den neuen Ressortzuschnitt subjektiv nachteilig empfindet, muss außer Betracht bleiben. Sonst liefe dies auf ein Vetorecht in Bezug auf solche Gremienentscheidungen hinaus, die den Geschäftsleiter selbst berühren, was einen Eingriff in die Willensbildung des Gremiums und die Zuständigkeitsordnung der Gesellschaft mit sich bringen würde.

2. *Kausalität*

Ein Verstoß gegen die Diskriminierungsverbote setzt gemäß § 3 Abs. 1, 2 AGG voraus, dass zwischen dem verpönten Merkmal und der Benachteiligung Kausalität besteht, die Benachteiligung also *wegen* eines Merkmals erfolgt ist.[903]

a. *Motivbündel*

Nach im Grundsatz einhelliger Auffassung ist dabei ausreichend, wenn neben das verpönte Merkmal zusätzliche Gründe treten, die mitentscheidend für die Ungleichbehandlung sind (sog. Motivbündel).[904] Ansonsten könnte durch die

---

feststellt, das Nachtarbeitsverbot erschwere „einen Abbau von gesellschaftlichen Nachteilen der Frau".

903 Bamberger/Roth/*Fuchs* § 7 AGG, Rn. 2; *Meinel/Heyn/Herms* § 3 AGG, Rn. 7.

904 BAG 24.1.2013 – 8 AZR 188/12, Tz. 35, NZA 2013, 896; BAG 13.10.2009 – 9 AZR 722/08, Tz. 50, NZA 2010, 327 m.w.N.; *Grobys* NZA 2006, 898 (901); *Kamanabrou* RdA 2006, 321 (325); *Kort* WM 2013, 1049 (1052); *Rust*/Falke § 3 AGG, Rn. 25; *Windel* RdA 2007, 1 (3) m.w.N. Vgl. auch BVerfG 16.11.1993 – 1 BvR 258/86, BVerfGE 89, 276 = NZA 1994, 745 (746) zu § 611a BGB a.F.

Angabe eines von den verpönten Merkmalen unabhängigen, mitentscheidenden Kriteriums das Diskriminierungsverbot allzu leicht umgangen werden.[905]

Über die Einzelheiten besteht jedoch Uneinigkeit. Dies gilt insbesondere für die Frage, welches Gewicht dem verpönten Merkmal in dem Bündel von Motiven zukommen muss. Das BAG geht in der Sache weitgehend davon aus, es genüge bereits irgendeine Beeinflussung.[906] In der Instanzrechtsprechung und der Literatur wird demgegenüber vertreten, dem verpönten Merkmal müsse eine maßgebliche Rolle zukommen[907] bzw. es müsse das entscheidende und damit unentbehrliche Motiv gewesen sein[908]. Ähnlich wollen *Thüsing* und *Stiebert* die Kausalität dann ablehnen, wenn nicht-verpönte Gründe für sich genommen bereits zu einer unterschiedlichen Behandlung geführt hätten, da in diesem Fall das verpönte Merkmal die Ungleichbehandlung nicht mehr beeinflusst habe.[909]

Die *Danosa*-Entscheidung stünde diesem Verständnis jedenfalls nicht entgegen, da der EuGH eine Geschlechterdiskriminierung für den Fall annehmen will, dass „die Abberufungsentscheidung ... *im Wesentlichen* auf der Schwangerschaft" beruht[910]. Hingegen hat der BGH – ganz im Sinne der BAG-Rechtsprechung – der Auffassung von *Thüsing* und *Stiebert* in seiner Entscheidung vom 23. April 2012 ausdrücklich eine Absage erteilt.[911] Der diskriminierende Umstand müsse gerade keine Ursache gewesen sein, die für das Zustandekommen der Entscheidung nicht hinweg gedacht werden könne; er müsse nur Teil des die Entscheidung beeinflussenden Motivbündels gewesen sein. Schließlich würde sonst der Diskriminierungsschutz relativiert.[912]

905 *Schlachter* AP BGB § 611a Nr. 9 (II. 2. b.).

906 BAG 21.7.2009 – 9 AZR 431/08, Tz. 40, NZA 2009, 1087 in Bezug auf das Merkmal der Behinderung, das „bei der Einstellungsentscheidung überhaupt nicht zu Lasten des schwerbehinderten Bewerbers berücksichtigt werden [darf]".

907 LAG Nürnberg 19.2.2008 – 6 Sa 675/07, *juris* in Bezug auf das Merkmal der Behinderung; *Preis* ZESAR 2007, 308 (314) unter Hinweis auf BVerfG 21.6.2006 – 1 BvR 1659/04, NZA 2006, 913 (914) zu § 611a BGB a.F., wonach die Forderung der Maßgeblichkeit des Motivs mit Art. 3 Abs. 2 GG in Einklang steht.

908 Adomeit/*Mohr* § 3 AGG, Rn. 59.

909 *Thüsing/Stiebert* NZG 2011, 641 (642 f.). *Schleusener*/Suckow/Voigt § 3 AGG, Rn. 12, auf die sich *Thüsing* und *Stiebert* stützen, vertritt lediglich, es sei für die Kausalität *ausreichend*, wenn das verpönte Merkmal „die Entscheidung beeinflusst hat".

910 EuGH 11.11.2010 – Rs. C-232/09 (*Danosa*), Tz. 70, NJW 2011, 2343. Hervorhebung nachträglich.

911 BGH 23.4.2012 – II ZR 163/10, Tz. 37, NJW 2012, 2346.

912 *Ziemons* KSzW 2013, 19 (24). Ähnlich bereits *Wendeling-Schröder*/Stein § 3 AGG, Rn. 7, wonach „[v]ollkommen eindimensionale Motivationslagen" praktisch sehr

zuzurechnen. Dies allerdings würde deren Entscheidungsfreiheit missachten.[918] Die Stimmen derjenigen Gremienmitglieder, die sich nicht auf ein diskriminierendes Motiv stützen, blieben bei der Kausalitätsfrage letztlich unberücksichtigt, was sich in Widerspruch zu ihrem Abstimmungsverhalten setze.[919] Auch die Motivbündel-Rechtsprechung könne zu keiner abweichenden Bewertung führen, da ein Bündel verschiedener Motive nur in der Person einzelner Gremienmitglieder bestehen könne, nicht aber in dem Gremium als Ganzem.[920]

Diese Auffassung wird auch für den Fall sich „überkreuzender" Diskriminierungsgründe vertreten.[921] Entscheidet sich ein Mitglied des fünfköpfigen Gremiums nur aufgrund des Geschlechts, zwei andere nur aufgrund des Alters gegen die Anstellung und Bestellung eines Bewerbers, könnte sich dieser dennoch auf eine Diskriminierung berufen.

Gegen die herrschende Auffassung wird angeführt, dass ihr zufolge eine Diskriminierung auch dann ausscheiden müsse, wenn eine für die Beschlussfassung entscheidende, aber nicht allein mehrheitsfähige Anzahl von Mitgliedern einem diskriminierenden Motiv folgte. In diesem Fall seien die Stimmen der Mitglieder, die aus diskriminierenden Motiven abstimmten, aber „sogar conditio sine qua non für die Beschlussfassung".[922] Deshalb wird abweichend vertreten, es reiche aus, wenn das Merkmal für eine für die Entscheidung maßgebliche Zahl von Mitgliedern mitentscheidend ist, auch wenn diese nicht die Gremienmehrheit bilde (z.B. bei nur einem Mitglied, wenn die Entscheidung mit drei zu zwei Stimmen gefasst wurde).[923] Stellte man auf die erforderliche Mehrheit ab, würde das „die Anforderungen an die Kausalität unangemessen stark" erhöhen.[924] Dies stünde dem Schutzzweck des AGG entgegen, welches jegliche Beeinflussung von Entscheidungen durch diskriminierende Motive zu verhindern suche.[925]

Noch weiter geht eine Auffassung, der zufolge für die Annahme der Kausalität stets reichen soll, wenn das Merkmal bereits für ein einziges Gremienmitglied

918 *Thüsing/Stiebert* NZG 2011, 641 (642).

919 *Lingemann/Weingarth* DB 2012, 2325 (2328).

920 *Bauer/Arnold* NZG 2012, 921 (924 f.); *Lingemann/Weingarth* DB 2012, 2325 (2328): ein derartiges „personelles Motivbündel" sei abzulehnen.

921 *Bauer/Arnold* ZIP 2008, 993 (1001); *Bauer/Göpfert/Krieger* § 7 AGG, Rn. 16; *Wendeling-Schröder*/Stein § 7 AGG, Rn. 15 m.w.N.

922 *Preis/Sagan* ZGR 2013, 26 (68).

923 *Kort* WM 2013, 1049 (1052); *Lunk* RdA 2013, 111 (113); *Preis/Sagan* ZGR 2013, 26 (68); *Reufels/Molle* NZA-RR 2011, 281 (285); *Ziemons* KSzW 2013, 19 (25).

924 *Preis/Sagan* ZGR 2013, 26 (68); *Reufels/Molle* NZA-RR 2011, 281 (285).

925 *Lunk* RdA 2013, 111 (113).

mitentscheidend war.[926] Nicht nur das Gremium als Ganzes sei nämlich dem AGG verpflichtet, sondern jedes einzelne seiner Mitglieder. Jede einzelne Stimme verschlechtere die Bedingungen der durch das AGG geschützten Person, führe also zu einer „Chancenverschiebung", was für die Annahme von Kausalität ausreiche. Dagegen wird geltend gemacht, dies überschreite den Wortsinn von § 3 Abs. 1 AGG, welcher nämlich eine „Manifestation der diskriminierenden Handlung gegenüber der betreffenden Person" erfordere; „unternehmensinterne Prozesse" seien vom Diskriminierungsverbot nicht erfasst.[927]

Der BGH beantwortete die Streitfrage in seiner Entscheidung vom 23. April 2012 nicht, sondern stützt seine Entscheidung allein auf die Einlassung des Aufsichtsratsvorsitzenden, der die Meinung des Kollegialorgans geäußert habe.[928] Unter Kausalitätsgesichtspunkten begegnet diese Begründung keinen Bedenken, da die Kausalität auch nach der herrschenden Meinung zu bejahen ist, wenn – wie vom BGH angenommen – dem Kollegialorgan das diskriminierende Motiv zugerechnet werden kann. Wohl aber muss der Ansatz des BGH im Zusammenhang mit § 22 AGG überprüft werden.[929]

bb. Stellungnahme

Wie bereits eingangs herausgearbeitet wurde, ist darauf abzustellen, unter welchen Voraussetzungen der Wille der Gremienmitglieder ein Verhältnis der Kausalität zwischen verpöntem Merkmal und Benachteiligung begründen kann. Es kann dabei nicht um ein Kausalverhältnis zwischen dem Abstimmungsverhalten einzelner Gremienmitglieder und der Benachteiligung gehen. Denn das Gremium als Ganzes ist zur Entscheidung berufen, nicht ein einzelnes Mitglied. Entscheidend muss deshalb sein, wann dem Gremium das Abstimmungsverhalten zuzurechnen ist, um auf dieser Grundlage zu entscheiden, ob der durch die Mitglieder vermittelte Gremienwille zu einer Benachteiligung führt. Folgt man dem, kann allein die herrschende Meinung überzeugen. Die abweichenden Auffassungen führen dazu, dass bereits die Stimme Einzelner ein Kausalitätsverhältnis begründen kann. Dies lässt außer Acht, dass nicht der Prozess der Willensbildung im Organ entscheiden kann, also das Organinternum, sondern es auf das Ergebnis dieser Willensbildung ankommt. Die im Organinternum abgegebene Einzelstimme könnte sonst unmittelbar in das Außenverhältnis

---

926 *Eßer/Baluch* NZG 2007, 321 (328).

927 *Hoefs/Rentsch* DB 2012, 2733 (2734).

928 BGH 23.4.2012 – II ZR 163/10, Tz. 36 f., NJW 2012, 2346.

929 Dazu noch unten, S. 221 ff.

durchschlagen. Stellte man nicht allein auf die Mehrheitsauffassung im Gremium ab, würde einer Minderheit oder sogar einem einzelnen Mitglied ermöglicht, jede unliebsame Personenwahl zu torpedieren. Indem einzelne Mitglieder ihre Abstimmung auf diskriminierende Gründe stützen, könnten sie nämlich stets eine AGG-widrige Wahl herbeiführen. Dies würde selbst dann gelten, wenn die Mehrheit der Mitglieder der diskriminierenden Äußerung ausdrücklich widersprochen hätte. Einzelnen Mitgliedern stünde damit faktisch ein Veto-Recht in Besetzungsfragen zu. Dies würde nicht nur die gesetzlichen Abstimmungsregeln unterminieren, sondern es würde damit in mitbestimmten Gesellschaften in die Parität zwischen Anteilseigner- und Arbeitnehmerseite eingegriffen. Dies zeigt, dass die Minderheitsmeinungen nicht überzeugen können.

c. Ergebnis

Das nach § 3 Abs. 1, 2 AGG vorausgesetzte Verhältnis der Kausalität zwischen dem verpönten Merkmal und der Benachteiligung setzt nicht voraus, dass das Merkmal einziger, wesentlicher oder ausschlaggebender Faktor der Benachteiligung ist. Ausreichend ist vielmehr, dass das diskriminierende Motiv die Entscheidung mit beeinflusst hat, mag es auch von verhältnismäßig geringem Gewicht gewesen sein. Wird diese Entscheidung von einem Gremium getroffen, kommt es auf den Mehrheitswillen an, der aus dem Abstimmungsergebnis folgt. Denn nur die Entscheidung des Gremiums kann eine Benachteiligung mit sich bringen, nicht aber das Abstimmungsverhalten einzelner Mitglieder.

3. Vermutung aus § 22 AGG

Die Beweislastregelung in § 22 AGG ist eine der zentralen Vorschriften des AGG und ist in der Praxis von überragender Bedeutung.[930] § 22 AGG lehnt sich an § 611a Abs. 1 S. 3 BGB a.F. an und dient dazu, dem Diskriminierten effektiven Rechtsschutz zu gewährleisten.[931] Die Vorschrift statuiert eine Beweislastumkehr zugunsten des nach allgemeinen Grundsätzen beweisbelasteten Anspruchstellers. Die Beweislastumkehr tritt ein, wenn der Anspruchsteller Indizien beweisen kann, die eine Benachteiligung überwiegend wahrscheinlich machen.[932] Hierfür

---

930 Diese Bedeutung spiegelt sich auch in der großen Zahl an Veröffentlichungen wider, die sich mit § 22 AGG befassen. Monographisch *Peick* und *Wörl*. Speziell zur Europarechtskonformität *Hoentzsch* DB 2006, 2631.

931 *Meinel/Heyn/Herms* § 22 AGG, Rn. 1, 5. Vgl. auch *Grobys* NZA 2006, 898 (899).

932 BAG 5.2.2004 – 8 AZR 112/03, BAGE 109, 265 = NJW 2004, 2112 (2114) zu § 611a BGB a.F.; BAG 17.12.2009 – 8 AZR 670/08, Tz. 20, NZA 2010, 383; Jauernig/*Mansel*

reicht aus, dass das diskriminierende Motiv Teil eines Motivbündels war, wenn das Motiv also nach überwiegender Wahrscheinlichkeit mitentscheidend war.[933]

a. *Anwendbarkeit*

§ 22 AGG geht auf europarechtliche Vorgaben zurück, namentlich auf Art. 8 AntirassismusRL und Art. 10 GleichbehRRL, die wiederum inhaltsgleich mit der auf das Merkmal Geschlecht bezogenen BeweislastRL[934] sind.[935] In der *Danosa*-Entscheidung weist der EuGH ausdrücklich darauf hin, dass die Regelungen anwendbar sind.[936] Zweifel daran, ob § 22 AGG auf Geschäftsleiter anwendbar ist und damit den Vorgaben des EuGH genügt, weckt jedoch die Tatsache, dass die Vorschrift nicht im arbeitsrechtlichen Abschnitt enthalten ist. Somit wäre die Beweislastumkehr, folgt man dem Wortlaut des § 6 Abs. 3 AGG, jedenfalls auf selbständige Geschäftsleiter nicht anwendbar. Im Schrifttum wird insoweit jedoch davon ausgegangen, dass eine solche Beschränkung richtlinienwidrig wäre,[937] weshalb die Anwendbarkeit von § 22 AGG auch in Bezug auf Geschäftsleiter überwiegend bejaht wird.[938] Die Beschränkung in § 6 Abs. 3 AGG diene nur der

---

§ 22 AGG, Rn. 3; Rolfs/Giesen/Kreikebohm/Udsching/*Roloff* § 22 AGG, Rn. 5 ff.; *Windel* RdA 2011, 193 (196 f.); jeweils m.w.N. Offen gelassen in BGH 23.4.2012 – II ZR 163/10, Tz. 34, NJW 2012, 2346.

933 BAG 17.8.2010 – 9 AZR 839/08, Tz. 31, NJW 2011, 550; BAG 5.2.2004 – 8 AZR 112/03, BAGE 109, 265 = NJW 2004, 2112 (2116) zu § 611a BGB a.F. *Meinel/Heyn/Herms* § 22 AGG, Rn. 14; Rolfs/Giesen/Kreikebohm/Dusching/*Roloff* § 22 AGG, Rn. 18; *Windel* RdA 2007, 1 (3).

934 Richtlinie 97/80/EG des Rates über die Beweislast bei Diskriminierung aufgrund des Geschlechts vom 15.12.1997 (ABl. L 14 vom 20.1.1998, S. 6). S. dort insb. Art. 4 Abs. 1. Diese Regelung geht auf entsprechende Rechtsprechung des EuGH zurück, s. EuGH 17.10.1989 – Rs. 109/88 (*Danfoss*), Tz. 11, NZA 1990, 772; EuGH 27.10.1993 – Rs. C-127/92 (*Enderby*), Tz. 14, NZA 1994, 797, jeweils zur Lohnungleichbehandlung.

935 Hierzu *Hoentzsch* DB 2006, 2631 f.

936 EuGH 11.11.2010 – Rs. C-232/09 (*Danosa*), Tz. 72 f., NJW 2011, 2343.

937 *Eßer/Baluch* NZG 2007, 321 (325); *Preis/Sagan* ZGR 2013, 26 (66).

938 *Bauer/Arnold* ZIP 2008, 993 (997): allgemeine Regeln über Rechtsschutz gelten, ohne dass es dazu Auslegung bedürfte (vgl. Fn. 937). So wohl auch MüKo-GmbHG/*Jaeger* § 35 GmbHG, Rn. 268; *ders.* FS Bauer, 2010, 495 (500); Scholz/*Schneider/Hohenstatt* § 35 GmbHG, Rn. 345. Abw. *Hoentzsch* S. 184 f.: § 22 AGG analog; *Preis/Sagan* ZGR 2013, 26 (66 f.): richtlinienkonforme Auslegung. Ohne methodische Entscheidung *Krause* AG 2007, 392 (397); Henssler/Willemsen/Kalb/*Rupp* § 6 AGG, Rn. 7. A.A. nur *Eßer/Baluch* NZG 2007, 321 (325 f.), da der eindeutige Wortlaut von § 6 Abs. 3 AGG dem entgegenstehe. – Mit Blick auf die eindeutige Absicht des Gesetzgebers, § 22 AGG richtlinienkonform auszugestalten (AGG-E [Fn. 767], S. 47), dürfte der

gehalten.[943] Es sei sachgerecht, den unwidersprochen gebliebenen Äußerungen des Vorsitzenden Indizcharakter beizumessen, da er im Gremium eine wichtige Rolle spiele. Man würde in Anbetracht der Funktion des § 22 AGG die Anforderungen überspannen, forderte man von jedem Gremienmitglied ein Verhalten, das ein Indiz für eine Benachteiligung begründe.[944] Vielmehr gebe der Gremienvorsitzende mit derartigen öffentlichen Äußerungen zu erkennen, dass das diskriminierende Motiv nicht nur sein eigenes Stimmverhalten beeinflusst hat, sondern auch das weiterer Mitglieder.[945] Dies müsse deshalb ausreichen, weil Bewerber, die eine Diskriminierung geltend machen wollen, in besonderem Maße auf die Informationen angewiesen seien, die ein Gremium nach außen kommuniziert. Üblicherweise verfügten sie über keine anderen Informationen über den internen Willensbildungsprozess, weshalb § 22 AGG gerade bei auf Gremienentscheidungen beruhenden Entscheidungen seine besondere Bedeutung gewinne.[946] Kritisiert wird allerdings, dass der BGH nicht begründe, warum den Äußerungen des Aufsichtsratsvorsitzenden eine derartige Bedeutung beizumessen sei; das Gesetz enthalte keine Grundlage einer solchen Repräsentation, weshalb es einer Herleitung bedurft hätte.[947]

Andere Stimmen legen § 22 AGG ein restriktiveres Verständnis zugrunde. Um die Beweislastumkehr zu bewirken, sei die Darlegung von Indizien erforderlich, die auf ein diskriminierendes Motiv der entscheidungstragenden Anzahl von Gremienmitglied schließen lasse.[948] Auf Äußerungen des Aufsichtsratsvorsitzenden allein könne deshalb nicht abgestellt werden, weil das Gesetz ihm zwar eine besondere Stellung zuordne, er aber letztlich aufgrund der Stimmengleichheit „auch nicht mehr Einfluss auf den Beschluss als ein einfaches Mitglied“

---

943 *Preis/Sagan* ZGR 2013, 26 (68). Ebenso *Lunk* RdA 2013, 111 (113). Ähnlich *Paefgen* ZIP 2012, 1296 (1298), der eine Repräsentationsbefugnis nur insoweit annimmt, als die Kollektiventscheidung nach außen kommuniziert wird. – Schon vor der BGH-Entscheidung *Hoentzsch* S. 191, sofern eine entscheidungstragende Mehrheit dem nicht entgegentrete.

944 *Lunk* RdA 2013, 111 (113).

945 *Preis/Sagan* ZGR 2013, 26 (68).

946 *Paefgen* ZIP 2012, 1296 (1298). Ähnl. schon *Hoentzsch* S. 191: eine „Wertungsentscheidung zugunsten des Anspruchstellers aufgrund der regelmäßig auftretenden Beweisschwierigkeiten“ mache dies erforderlich (Fn. 903).

947 *Lunk* RdA 2013, 111 (113).

948 *Hoefs/Rentsch* DB 2013, 2733 (2735); *Lingemann/Weingarth* DB 2012, 2325 (2328); *Thüsing/Stiebert* NZG 2011, 641 (642). Wohl auch *Stenslik/Zahn* DStR 2012, 1865 (1867), die sich gegen eine faktische Zurechnung von Äußerung des Vorsitzenden aussprechen. Auch *Bauer/Arnold* ZIP 2012, 597 (604).

habe.[949] Da jedes Gremienmitglied bei der Abstimmung unabhängig sei und aus anderen Motiven abstimmen könne, könne das diskriminierende Motiv eines anderen Gremienmitglieds kein Indiz für eine Benachteiligung durch das gesamte Gremium darstellen.[950] Ansonsten würde man die Entschließungsfreiheit der Gremienmitglieder außer Acht lassen, die keine Zurechnung fremder Motive zulasse.[951] Ließe jedoch ein Absageschreiben des Gremienvorsitzenden auf diskriminierende Motive schließen, spreche dies dafür, dass die entscheidungstragende Anzahl von Mitgliedern diskriminierende Motive zugrundegelegt habe.[952]

Zudem wird eingewandt, dass das öffentlich vertretene Motiv für eine Personalentscheidung zur Schonung des Geschäftsleiters häufig nicht dem eigentlich ausschlaggebenden Motiv entspreche. Deshalb dürfe eine Indizwirkung jedenfalls dann nicht eintreten, wenn der Vorsitzende die Motive des Gremiums nicht richtig wiedergebe und der Äußerung deshalb andere Gremienmitglieder entgegentreten.[953]

(3) Stellungnahme

Richtig ist zunächst, dass ein Absageschreiben ein Indiz für eine Diskriminierung enthalten kann.[954] Nicht einsichtig ist es, warum eine schriftliche vom Aufsichtsrat oder den Gesellschaftern ausgehende Erklärung, etwa in Form eines Absageschreibens, ein Indiz für eine Diskriminierung begründen können soll, man andererseits aber hinsichtlich anderweitiger Äußerungen etwa des Vorsitzenden

---

949 *Hoefs/Rentsch* DB 2013, 2733 (2735). Ähnlich *Lingemann/Weingarth* DB 2012, 2325 (2328): Vorsitzender habe keine „Organqualität", sei „allenfalls als Erklärungsvertreter anzusehen".

950 *Thüsing/Stiebert* NZG 2011, 641 (642); *Hoefs/Rentsch* DB 2013, 2733 (2735). In eine andere Richtung weist *Thüsing* Rn. 232, wonach „die nachgewiesenen Äußerungen Einzelner … repräsentativ für eine Mehrheit gelten" können. Zust. Adomeit/*Mohr* § 3 AGG, Rn. 66.

951 *Bauer/Arnold* ZIP 2012, 597 (604); *Hoefs/Rentsch* DB 2013, 2733 (2735).

952 *Bauer/Arnold* ZIP 2008, 993 (1001).

953 *Bauer/Arnold* NZG 2012, 921 (924); *dies.* ZIP 2008, 993 (1001). Vgl. insoweit auch *Paefgen* ZIP 2012, 1296 (1298). Krit. zu diesem Aspekt *Stenslik/Zahn* DStR 2012, 1865 (1867), da in der Praxis ein derartiger Widerspruch nicht erfolge.

954 Hierzu allg. Schaub/*Schrader*/Straube/Vogelsang/*Klagges* A. Teil 1, Rn. 38, die deshalb raten, auf eine Begründung der Absage zu verzichten. Vgl. etwa ArbG Berlin 11.2.2009 - 55 Ca 16952/08, *juris* wonach der Hinweis „Leider richtet sich die Position … an deutsche Muttersprachler, daher können wir Ihre Bewerbung leider nicht berücksichtigen" ein Indiz für eine Diskriminierung wegen der ethnischen Herkunft begründet.

restriktiver verfahren will. Dabei wird ein Absageschreiben üblicherweise auch nicht von allen entscheidungstragenden Gremienmitgliedern mitverfasst. Tatsächlich bestehen keine Unterschiede zwischen einem Absageschreiben und anderweitigen Äußerungen des Vorsitzenden oder anderer Gremienmitglieder, die es rechtfertigten, die Indizwirkung nicht auf beide gleichermaßen zu erstrecken. In beiden Fällen wird die interne Willensbildung nach außen getragen. Dabei werden den Gremienmitgliedern, die sich bei ihrer Entscheidung nicht von diskriminierenden Motiven leiten ließen, auch keine fremden diskriminierenden Motive zugerechnet. Derartige Zurechnungsgesichtspunkte kommen im Rahmen der Kausalitätsfeststellung zum Tragen, nicht aber im Rahmen des § 22 AGG. Hier ist allein die Wertungsfrage entscheidend, ob eine typische Beweisnot besteht, wegen der zum Zwecke der Effektivierung des Diskriminierungsschutzes dem Anspruchsteller eine prozessuale Erleichterung zuzugestehen ist. Gerade diesen Aspekt hat auch der EuGH hervorgehoben[955] und ebnete damit den Richtlinienbestimmungen den Weg, die heute Grundlage für § 22 AGG sind. Mit diesem Regelungsziel schwerlich vereinbar erscheint es, würde man einem Bewerber oder Geschäftsleiter die Beweislast aufbürden, selbst wenn der Vorsitzende des für die Personalentscheidung verantwortlichen Gremiums öffentlich diskriminierende Motive geäußert hat. In einem solchen Fall ist es vielmehr sachgerecht, der Gesellschaft den Beweis abzuverlangen, dass die wahren Motive anders gelagert und nicht diskriminierend sind. Es ist kein überzogener Anspruch, eine sorgfältige Dokumentation des Diskussionsstandes im Gremium zu fordern,[956] die im Bedarfsfalle die indizielle, nach außen kundgetane Motivlage entkräften kann. Dies gilt erst recht, wenn bereits das Gesetz – wie § 107 Abs. 2 AktG[957] – eine Dokumentation der die Beschlüsse tragenden Gesichtspunkte verlangt.

Diese Grundsätze haben auch dann zu gelten, wenn das Motiv vom Vorsitzenden unzutreffend wiedergegeben wird, etwa weil die wahren Gründe für die Personalentscheidung mit Rücksicht auf die persönliche oder berufliche Stellung des Bewerbers bzw. Geschäftsleiters nicht offen gelegt werden sollten. Dies kann

955 EuGH 17.10.1989 – Rs. 109/88 (*Danfoss*), Tz. 14, NZA 1990, 772: „Das Bemühen um Effektivität … muß dazu führen, … daß [die Richtlinie] Änderungen der nationalen Beweislastregeln in den Sonderfällen impliziert, in denen solche Änderungen für die wirksame Durchführung des Gleichheitsgrundsatzes unerläßlich sind". Vgl. auch EuGH 27.10.1993 – Rs. C-127/92 (*Enderby*), Tz. 18, NZA 1994, 797.

956 Entsprechend fallen die Schlussfolgerungen aus der Entscheidung für die Praxis aus, s. etwa *Hoefs/Rentsch* DB 2013, 2733 (2735); *Paefgen* ZIP 2012, 1296 (1298).

957 MüKo-AktG/*Habersack* § 107 AktG, Rn. 79; Hölters/*Hambloch-Gesinn/Gesinn* § 107 AktG, Rn. 75; MüHdb-GesR IV/*Hoffmann-Becking* § 31 Rn. 100.

an der Indizwirkung nichts ändern, ebenso wenig wie ein Widerspruch anderer Gremienmitglieder. Ist der Verdacht einer Diskriminierung durch eine öffentliche Äußerung des Vorsitzenden erstmals begründet, kann ein bloßer Widerspruch anderer Mitglieder nicht ausreichen, den Verdacht wieder aus der Welt zu schaffen. Gelegenheit dafür bietet ein etwaiges gerichtliches Verfahren.

Zu erwägen ist schließlich, ob diese Grundsätze auch gelten, wenn nicht der für die Vertretung des Gremiums nach außen zuständige Vorsitzende, sondern ein anderes Gremienmitglied den Verdacht einer Diskriminierung begründet. Auch dies ist zu bejahen, da es – wie bereits dargelegt – nicht darum geht, Gremium oder Gesellschaft eine Erklärung zuzurechnen. Vielmehr ist allein entscheidend, ob sich aus Sicht eines verständigen Dritten der Verdacht einer Diskriminierung stellt. Dies aber kann unabhängig von der Funktion des Äußernden der Fall sein, wenn die öffentliche Äußerung eindeutige Rückschlüsse auf eine Willensbildung zulässt, für die auch diskriminierende Motive leitend waren.

(4) Ergebnis

Damit ist die Auffassung des BGH überzeugend. Für die Umkehr der Beweislast reicht es aus, wenn der Vorsitzende des Gremiums, auf das die Personalentscheidung zurückgeht, eine diskriminierende Motivlage öffentlich geäußert hat. Es ist sogar ausreichend, wenn irgendein Mitglied des Gremiums eine entsprechende Äußerung getätigt hat.

bb. Äußerungen in der Gremiensitzung

Der BGH geht in seiner Entscheidung vom 23. April 2012 noch weiter. Es reiche für die Vermutungswirkung bereits aus, wenn Äußerungen während der Gremiensitzung auf ein diskriminierendes Motiv hindeuten.[958] Der BGH hat es bei der Beweislastumkehr schon für ausreichend angesehen, dass der Vorsitzende in der Aufsichtsratssitzung darauf hingewiesen hatte, dass die durch die Stadt Köln festgelegte Altersgrenze für Leistungsämter zu beachten sei. Bemerkenswert ist die Begründung des BGH. Dass „eine freie Erörterung im Aufsichtsrat durch die Vermutungswirkung des § 22 AGG behindert wird" entspreche seiner Auffassung zufolge „gerade dem Zweck des AGG".

In der Literatur wurden dagegen Bedenken erhoben. Ein solches Verständnis drohe die Funktionsfähigkeit juristischer Personen zu beeinträchtigen und lasse Grundsätze guter Unternehmensführung außer Acht.[959] Es schränke die „freie

958 BGH 23.4.2012 – II ZR 163/10, Tz. 31, NJW 2012, 2346.

959 In diese Richtung *Windbichler* FS Hoffmann-Becking, 2013, 1413 (1423, Fn. 54).

S. 2 AktG. Hinsichtlich Personalia hat sich der Aufsichtsrat sogar in besonderer Zurückhaltung zu üben, da hier stets auch Interessen Dritter betroffen sind.[968]

Demzufolge wäre es für das einzelne Aufsichtsratsmitglied schon aus Gründen der Vertraulichkeit nicht in jedem Fall möglich, den abgelehnten Bewerber über die anderen für das Vorstandsamt in Betracht gezogenen Bewerber oder den Gang und den Inhalt der Beratungen während der Bildung der Personalauswahlentscheidung in Kenntnis zu setzen. Vor der Informationsweitergabe müsste vielmehr der Aufsichtsrat entsprechend entscheiden.[969] Das gilt nicht in gleichem Maße für die Gesellschafter einer GmbH oder Personengesellschaft. Zwar unterliegen auch sie einer Geheimhaltungspflicht über gesellschaftsinterne Vorgänge, aber nur soweit deren Offenlegung für die Gesellschaft von Nachteil wäre.[970] Dies aber dürfte nur in Betracht kommen, wenn tatsächlich diskriminierende Motive eine Rolle gespielt haben.

Das Bestehen eines gesetzlichen Auskunftsanspruchs, der sich aus den Richtlinien oder dem AGG ableiten ließe und der die Geheimhaltungspflicht aufheben könnte,[971] haben EuGH und BAG verneint. Zwar darf zudem eine Offenlegung vertraulicher Informationen dann erfolgen, wenn dies für die Gesellschaft vorteilhaft ist,[972] also „der Gesellschaft durch die Offenlegung der vertraulichen Information besser gedient ist als durch deren Geheimhaltung“[973]. Das käme in den vorliegend relevanten Fällen dann in Betracht, wenn allein durch die Mitteilung der einzelnen Auswahlgesichtspunkte der Erfolg einer AGG-Klage abgewendet werden könnte. Diese Voraussetzung wird jedoch nur dann gegeben sein, wenn die Beweislastumkehr nach § 22 AGG bereits eingetreten ist und damit die Gesellschaft nunmehr zu beweisen hätte, dass die Gremienentscheidung nicht auf einem diskriminierenden Motiv beruht. In diesem Fall wäre die Vorlage etwa des

---

mitbestimmungsfreien GmbH, wobei hier allerdings gewisse gesellschaftsvertragliche Modifikationen möglich sind (Michalski/*Giedinghagen* § 52 GmbHG, Rn. 183a).

968 *Lutter* Rn. 502 ff. Vgl. auch GK-AktG/*Hopt* § 93 AktG, Rn. 191; KK/*Mertens/Cahn* § 116 AktG, Rn. 48.

969 *Linker/Zinger* NZG 2002, 497 (502); *Spindler*/Stilz § 116 AktG, Rn. 82 („Informationshoheit des Aufsichtsrats“), jeweils m.w.N.

970 Vgl. RG 27.3.1923, RGZ 107, 171 (172) zur Pflicht zur Herausgabe von geheimhaltungsbedürftigen Aufzeichnungen eines ausgeschiedenen OHG-Mitgesellschafters; Roth/*Altmeppen* § 13 GmbHG, Rn. 50; Baumbach/Hueck/*Fastrich* § 13 GmbHG, Rn. 28; Römermann/*Seibt* § 2 Rn. 195.

971 Vgl. GK-AktG/*Hopt/Roth* § 116 AktG, Rn. 260 ff.

972 Vgl. Michalski/*Haas/Ziemons* § 43 GmbHG, Rn. 132; GK-AktG/*Hopt* § 93 AktG, Rn. 209; Potthoff/Trescher/*Theisen* Rn. 913.

973 *Bank* NZG 2013, 801 (803).

entlastenden Sitzungsprotokolls über die Personalentscheidung gerechtfertigt oder die zeugenschaftliche Aussage eines Aufsichtsratsmitglieds. Hat indes der Anspruchsteller die Voraussetzungen des § 22 AGG nicht überwinden können, hätten die Geheimhaltungsinteressen weiterhin Vorrang und das Aufsichtsratsmitglied dürfte das Protokoll nicht in den Prozess einführen und hätte sich auf sein Zeugnisverweigerungsrecht[974] zu berufen. Ein weiterer Fall gerechtfertigter Offenlegung kommt in Betracht, wenn nach der skizzierten BAG-Rechtsprechung ausnahmsweise eine Auskunftsobliegenheit besteht; namentlich wenn eine Verweigerung jeglicher Information ein Diskriminierungsindiz darstellen würde oder Diskriminierungsrechte des Betroffenen andernfalls vereitelt würden. Denn in diesem Fall würde es darum gehen, die Überschreitung der Schwelle des § 22 AGG, die zu einer Beweislastumkehr führt, durch Mitteilung des Inhalts der Beratungen zu verhindern.

Die Offenlegung der Auswahlkriterien, die von den Aufsichtsratsmitgliedern in einer geheimhaltungsbedürftigen Sitzung angelegt worden sind, kann demnach in drei Fällen gerechtfertigt sein: Erstens wenn die Gesellschaft sich einer Beweislastumkehr nach § 22 AGG gegenüber sieht und sich zu verteidigen hat, um einen Prozessverlust zu verhindern. Zweitens wenn der Gesellschaft eine Auskunft obliegt, um den Eintritt der Beweislastumkehr zu verhindern. Drittens in allen übrigen Fällen, in denen der Aufsichtsrat sich für eine Weitergabe der Informationen entscheidet. In allen anderen Fällen wäre es dem einzelnen Aufsichtsratsmitglied verwehrt, den Inhalt der Beratungen offenzulegen. Das gilt auch für den Fall der ungefragten Offenlegung der Motive in einem an den Bewerber gerichteten Ablehnungsschreiben durch den Vorsitzenden.

(3) Folgerungen für die Anwendung der *Meister*-Rechtsprechung

Daraus kann jedoch nicht geschlossen werden, dass die vom BAG aufgestellten Ausnahmetatbestände im Kontext der Besetzung des Geschäftsleiteramts nicht greifen könnten. Schließlich obliegt es dem Aufsichtsratsgremium, etwa seinen Vorsitzenden von der Geheimhaltungspflicht durch einen entsprechenden Beschluss zu befreien. Dass der Aufsichtsratsvorsitzende einem Bewerber eine Begründung für dessen Ablehnung verweigert, kann zwar für sich genommen kein Indiz für eine Diskriminierung darstellen. Schließlich ist der Vorsitzende bereits von Rechts wegen gehindert, über den Inhalt der Beratungen Auskunft zu geben.

974 OLG Koblenz 5.3.1987 – 6 W 38/87, NJW-RR 1987, 809 (810); MüKo-ZPO/*Damrau* § 383 ZPO, Rn. 38; *Lutter* Rn. 530; *Spindler*/Stilz § 116 AktG, Rn 98; jeweils m.w.N. A.A. KK/*Mertens/Cahn* § 116 AktG, Rn. 40.

Unterlässt er es aber trotz Vorliegens eines „Anfangsverdachts" gegen die Gesellschaft, auf einen Beschluss zur Offenlegung hinzuwirken oder verweigert der Aufsichtsrat in einem solchen Fall einen entsprechenden Beschluss, kann dies ein taugliches Indiz im Sinne der *Meister*-Rechtsprechung begründen. Denkbar sind etwa Medienberichte, die unter Verweis auf nicht benannte Quellen aus Unternehmenskreisen auf diskriminierende Motive hindeuten.[975] In einem solchen Fall könnte ausnahmsweise eine Verweigerung jeglicher Information ein Diskriminierungsindiz begründen. Der Aufsichtsrat wäre gehalten, seinen Vorsitzenden, auch zur Wahrung der Unternehmensinteressen, zu den belastenden Momenten Stellung nehmen zu lassen.

Ob die Veröffentlichung der bloßen Negativtatsache, ein bestimmter diskriminierender Grund habe entgegen der Medienberichte keine Rolle in der Beratung gespielt, ausreichen kann, ein Indiz nach § 22 AGG auszuschließen, dürfte vom Einzelfall abhängen. Umso gewichtiger und substantiierter die in dem Medienbericht aufgeworfenen Verdachtsmomente sind, die auf das diskriminierende Motiv hindeuten, desto substantiierter wird auch die Antwort der Gesellschaft ausfallen müssen, um belastende Momente zu entkräften und den Eintritt der Beweislastumkehr zu verhindern.

4. *Maßstab der Rechtfertigung*

Der besonderen Stellung, die Geschäftsleiter in der Gesellschaft haben, kann – wie bereits herausgearbeitet wurde – nicht dazu führen, sie bereits auf Ebene des persönlichen Anwendungsbereichs vom Diskriminierungsschutz generell auszunehmen. Insbesondere erlaubt § 19 Abs. 5 AGG dies nicht.[976] Umstritten ist, ob auf Ebene der Rechtfertigung von Ungleichbehandlungen die Besonderheiten der Geschäftsleiterstellung berücksichtigt werden können, die sich vor allem aus der Vertrauensbindung zur Gesellschaft ergeben.

---

975 Anders war dies in dem vom BGH am 23. April 2012 entschiedenen Fall. Hier wurde der Aufsichtsratsvorsitzende in der Lokalpresse direkt mit einer Äußerung zitiert, die auf eine Altersdiskriminierung hindeutete (vgl. BGH 23.4.2012 – II ZR 163/10, Tz. 29, NJW 2012, 2346). In derartigen Fällen tritt allein durch das Zitieren eines bestimmten Gremienmitglieds nach Auffassung des BGH die Beweislastumkehr nach § 22 AGG ein, ohne dass es dafür einer Verweigerung weiterer Auskünfte bedürfte. Der BGH deutet an, dies könne nur dadurch verhindert werden, dass die Gesellschaft dem Pressebericht entgegentritt, dazu noch sogleich.

976 S. 198 f.

a. *Meinungsbild*

Dafür, die Besonderheiten der Geschäftsleiterstellung berücksichtigen zu können, spreche nach im Schrifttum verbreiteter Auffassung vor allem die gemäß § 6 Abs. 3 AGG lediglich „entsprechende" Geltung des arbeitsrechtlichen Teils.[977] Nach dem Wortlaut von § 6 Abs. 3 AGG fingiere die Norm keine völlige Gleichstellung des Organmitglieds mit dem Beschäftigten.[978] Die Entscheidungsfreiheit, die sich aus § 84 Abs. 1 AktG für den Aufsichtsrat und aus § 38 Abs. 1 GmbHG für die Gesellschafterversammlung ergebe, müsse auch bei der Frage der Rechtfertigung einbezogen werden und könne eine Ungleichbehandlung eher rechtfertigen als bei Arbeitnehmern.[979] Schließlich seien Organmitglieder auch weniger benachteiligungsgefährdet als Arbeitnehmer.[980] Dass das Vertrauensverhältnis zwischen Geschäftsleiter und Gesellschaft bei der Bewertung der Kündigung zu berücksichtigen sei, vertraten zudem die Anstellungsgesellschaft von Frau *Danosa* sowie die lettische und griechische Regierung.[981] Der EuGH jedoch griff dieses Argument nicht auf.

---

977 *Bauer/Göpfert/Krieger* § 6 AGG, Rn. 36 unter Verweis auf *Larenz* S. 261; *Bauer/Arnold* ZIP 2008, 993 (996); *Bauer*/Thüsing/Schunder NZA 2005, 32 (33); *Hoentzsch* S. 100 f., die sich aber gegen „eine pauschale großzügige Behandlung aller Organpersonen" ausspricht, die den unterschiedlichen Befugnissen nicht gerecht werden könne (S. 100); Prütting/Wegen/Weinreich/*Lingemann* § 6 AGG, Rn. 7; Adomeit/*Mohr* § 6 AGG, Rn. 33, 43; *Thüsing/Stiebert* NZG 2011, 641 (644); *Wank* FS Hüffer, 2010, 1051 (1068 f.). Eine großzügigere Behandlung hält auch *Biester* jurisPR-ArbR 35/2006, Anm. 6 (I.3.b.) für möglich. In diese Richtung auch *Jaeger* FS Bauer, 2010, 495 (496 f.), der aber darauf hinweist, dies dürfe nicht dazu führen, das Organmitglied nur gegen offensichtlich AGG-widrige Verhaltensweisen zu schützen. Ähnlich zurückhaltend *Oetker* FS Otto, 2008, 361 (376), der „der Autonomie der Gesellschafterversammlung [nicht] generell den Vorrang" einräumen will.

978 *Oetker* FS Otto, 2008, 361 (376).

979 *Bauer/Göpfert/Krieger* § 6 AGG, Rn. 36; *Bauer/Arnold* ZIP 2008, 993 (996); Adomeit/*Mohr* § 6 AGG, Rn. 43. Ähnlich *Thüsing/Stiebert* NZG 2011, 641 (644): Arbeitnehmerschutz solle nach der „Grundentscheidung des Gesetzes ... stärker sein als der Schutz des Organs vor Maßnahmen der Gesellschaft"; *Roesner* S. 72: „Der unternehmerischen Entscheidung des Arbeitgebers ist grundsätzlich der Vorzug vor dem Schutz der Selbständigen oder Organmitglieder einzuräumen. ... Nur in Benachteiligungsfällen von besonderer Intensität kommt hier eine Benachteiligung nach dem AGG in Betracht".

980 *Bauer*/Thüsing/Schunder NZA 2005, 32 (33).

981 EuGH 11.11.2010 – Rs. C-232/09 (*Danosa*), Tz. 45, NJW 2011, 2343.

Nach der herrschenden Meinung im Schrifttum erlaubt es das Gesetz nicht, bei Geschäftsleitern großzügigere Maßstäbe anzulegen.[982] Dieser Meinung hat sich der BGH in seiner Entscheidung vom 23. April 2012 angeschlossen. Für eine „gespaltene Auslegung" des AGG seien „keine Anhaltspunkte ersichtlich".[983] Die Anordnung lediglich „entsprechender" Geltung beruhe einzig auf der Regelungstechnik des Gesetzgebers, der im arbeitsrechtlichen Teil auf das Verhältnis persönlicher Abhängigkeit abstelle.[984] Vielmehr lasse sich aus der Verwendung des ungebräuchlichen Begriffs des „Beschäftigten" im arbeitsrechtlichen Teil des AGG ableiten, der Gesetzgeber habe damit verdeutlichen wollen, „dass das Gesetz eben gerade nicht nur auf die klassischen Arbeitnehmer Anwendung finden soll".[985] Aus einem Umkehrschluss aus § 19 Abs. 5 AGG ergebe sich außerdem, dass der Gesetzgeber andere Schuldverhältnisse nicht habe „privilegieren" wollen.[986] Zudem stünden einer Absenkung der Maßstäbe die dem AGG zugrundeliegenden Richtlinien entgegen, da diesen ein unterschiedliches Schutzniveau nicht entnommen werden könne.[987] Das deutsche Gesellschaftsrecht könne die Vorgaben des Europarechts nicht überlagen, weshalb das Bestellungsorgan die nach deutschem Recht gewährten Spielräume nur in Einklang mit den AGG ausüben könne.[988]

---

982 Henssler/Willemsen/Kalb/*Rupp* § 6 AGG, Rn. 7; *Horstmeier* GmbHR 2007, 125 (126 f.); *Kamanabrou* RdA 2006, 321 (324); *Liebhäuser* S. 99 f.; *Lutter* BB 2007, 725 (727): AGG ziele auf Gleichbehandlung aller Beschäftigten; *Preis/Sagan* ZGR 2013, 26 (69); *Raif* GWR 2010, 537; *Reufels/Molle* NZA-RR 2011, 281 (284); ErfK/*Schlachter* § 6 AGG, Rn. 6; Schiek/*Schmidt* § 6 AGG, Rn. 17; Scholz/*Schneider/Hohenstatt* § 35 GmbHG, Rn. 329; Wendeling-Schröder/*Stein* § 6 AGG, Rn. 32; *Ziemons* KSzW 2013, 19 (24). In diese Richtung auch Rust/*Falke* § 6 AGG, Rn. 29.

983 BGH 23.4.2012 – II ZR 163/10, Tz. 42, NJW 2012, 2346.

984 Henssler/Willemsen/Kalb/*Rupp* § 6 AGG, Rn. 7; Schiek/*Schmidt* § 6 AGG, Rn. 17; *Reufels/Molle* NZA-RR 2011, 281 (284). Dagegen jedoch Wendeling-Schröder/*Stein* § 6 AGG, Rn. 32, der darauf hinweist, dies müsse dann auch bei Arbeitnehmerähnlichen gelten, hinsichtlich derer der Gesetzgeber aber in § 6 Abs. 2 S. 3 AGG einen anderen methodischen Weg gewählt habe.

985 ErfK/*Schlachter* § 6 AGG, Rn. 6.

986 *Horstmeier* GmbHR 2007, 125 (127). Vgl. auch *Liebhäuser* S. 99 f., die auf die Formulierung der Verweisung in § 24 AGG hinweist und daraus im Umkehrschluss folgert, dass die „besondere Rechtsstellung" von Organmitgliedern nicht berücksichtigt werden dürfe.

987 Schiek/*Schmidt* § 6 AGG, Rn. 17 unter Verweis auf Art. 3 Abs. 1 lit. a AntirassismusRL und GleichbehRRL. Vgl. auch den inhaltsgleichen Art. 14 Abs. 1 lit. a GenderRL. Ebenso Wendeling-Schröder/*Stein* § 6 AGG, Rn. 32.

988 *Ziemons* KSzW 2013, 19 (24).

b. Stellungnahme

Dass im Hinblick auf Organmitglieder bei der Anwendung des AGG insgesamt ein großzügigerer Maßstab anzulegen ist als im Verhältnis zu Arbeitnehmern, findet weder im Wortlaut noch in der Gesetzesbegründung oder den zugrundeliegenden Richtlinien eine Stütze.[989] Spezifische Besonderheiten der Beziehung zwischen Organmitglied und Gesellschaft lassen sich bei der Anwendung des AGG berücksichtigen, auch ohne gesetzesfremd grundlegend andere Maßstäbe anzulegen.[990] Zudem ergibt sich aus den Sachverhalten, die den Entscheidungen des EuGH in der Rs. *Danosa* und der des BGH vom 23. April 2012 zugrundelagen, dass sich auch Organmitglieder durchaus in Gefährdungslagen befinden können, die einen Schutz vor Ungleichbehandlungen erfordern. Zu berücksichtigen ist aber andererseits, dass nach der hier vertretenen Auffassung der persönliche Anwendungsbereich umfassend ist. Er erfasst sowohl den abhängigen als auch selbständigen Geschäftsleiter hinsichtlich aller Gegenstände möglicher Diskriminierungen, also insbesondere auch hinsichtlich der Beschäftigungs- und Entlassungsbedingungen. Zudem wurde herausgearbeitet, dass der Geschäftsleiter hinsichtlich seines Organverhältnisses dem Schutz des AGG unterfällt. Dieses europarechtlich fundierte, umfassende Verständnis des persönlichen und sachlichen Anwendungsbereichs macht es erforderlich, auf Ebene der Rechtfertigung die Verhältnisse der jeweiligen Gesellschaft einzubeziehen. Die Person des Geschäftsleiters ist für die strategische Ausrichtung und den Erfolg der Gesellschaft von außerordentlicher Bedeutung, weshalb Gesellschafter und Aufsichtsrat im Einzelfall ein legitimes Interesse an Ungleichbehandlungen haben können.

Veranschaulichen lässt sich dies anhand des Merkmals der Staatsangehörigkeit. Zwar umfasst das durch § 1 AGG verpönte Merkmal der ethnischen Zugehörigkeit die Staatsangehörigkeit als solche – in Übereinstimmung mit den Richtlinien[991] – nicht.[992] Allerdings kann die Anknüpfung an die Staatsangehörigkeit

989 Ausf. *Hoentzsch* S. 26 f.

990 Vgl. *Bauer/Göpfert/Krieger* § 6 AGG, Rn. 36; *Hoentzsch* S. 26 f.; Adomeit/*Mohr* § 6 AGG, Rn. 42 f.; MüHdb-ArbR/*Oetker* § 14 Rn. 29; *ders.* FS Otto, 2008, 361 (376); *Raif* GWR 2010, 537; ErfK/*Schlachter* § 6 AGG, Rn. 6; *Wank* FS Hüffer, 2010, 1051 (1068 f.).

991 Art. 3 Abs. 2 AntirassismusRL, Art. 3 Abs. 2 GleichbehRRL, die sich allerdings unmittelbar nur auf Hoheitsakte beziehen (vgl. *Däubler*/Bertzbach § 1 AGG, Rn. 32).

992 *Bauer/Göpfert/Krieger* § 1 AGG, Rn. 18; Adomeit/*Mohr* § 1 AGG, Rn. 62; *Schwab* DNotZ 2006, 649 (653); MüKo-BGB/*Thüsing* § 1 AGG, Rn. 53 ff. Vgl. auch VGH München 14.8.2008 – 7 CE 08.10592, NVwZ-RR 2009, 110 (113) zur Gleichstellung von Bildungsausländern bei der Studienplatzvergabe.

eine Diskriminierung wegen der Rasse oder der ethnischen Herkunft begründen.[993] Deshalb wäre es – legt man übliche Maßstäbe an – AGG-rechtlich problematisch, suchte eine AG mit einem bislang nur mit Deutschen besetzten Vorstand gezielt nach einem Vorstandsmitglied anderer Staatsangehörigkeit.[994] Bezieht man jedoch die Bedeutung der Person des Geschäftsleiters für die strategischen Geschicke der Gesellschaft ein, wird man zu dem Ergebnis kommen können, dass die Ungleichbehandlung deutscher Bewerber auf einer nachvollziehbaren unternehmerischen Erwägung beruhen und ein billigenswertes Ziel darstellen kann, etwa wenn die AG dadurch sichtbar internationaler ausgerichtet werden soll oder um die Integration in einen internationalen Unternehmensverbund zu fördern.

Insoweit ist es zutreffend, dass die Geschäftsleitereigenschaft bei der Rechtfertigung nicht unberücksichtigt bleiben kann. Allerdings ist es konstruktiv keineswegs zwingend oder geboten, dies spezifisch gesellschaftsrechtlich mit § 6 Abs. 3 AGG zu begründen. Vielmehr lassen sich die legitimen Interessen bereits bei der Anwendung der §§ 3 Abs. 2, 8 ff. AGG berücksichtigen. Dies muss, folgt man der hier vertretenen Auffassung, erst recht deshalb gelten, weil der abhängige Geschäftsleiter bereits über § 6 Abs. 1 S. 1 Nr. 1 AGG in den Anwendungsbereich einbezogen ist, ihn betreffend der arbeitsrechtliche Teil also nicht nur „entsprechend", sondern direkt anwendbar ist. Auch beim abhängigen Geschäftsleiter ist es jedoch erforderlich, die Spezifika seiner persönlichen Stellung und der Bedeutung seines Amtes bei der Anwendung des AGG zu berücksichtigen.

Es bedarf hinsichtlich des Geschäftsleiters somit keiner grundlegend anderen Maßstabsbildung, sondern bei der Anwendung des AGG sind lediglich die Besonderheiten des jeweiligen Einzelfalls zu berücksichtigen. Wie sonst auch ist entscheidend von der auszuübenden Tätigkeit abhängig, welche spezifischen Anforderungen der Tätigkeit im Einzelfall eine Ungleichbehandlung rechtfertigen können.[995] Dies entspricht ganz § 8 Abs. 1 AGG, der für die Rechtfertigung von Diskriminierungen auf die konkrete Tätigkeit und die beruflichen Anforderungen dieser Tätigkeit abstellt.

---

993 *Däubler*/Bertzbach § 1 AGG, Rn. 32 ff.; Adomeit/*Mohr* § 1 AGG, Rn. 63; *Schiek* § 1 AGG, Rn. 18, § 3 AGG, Rn. 35; *dies.* NZA 2004, 873 876, 882.

994 Vgl. das Beispiel bei *Bauer/Arnold* ZIP 2008, 993 (996).

995 Vgl. BAG 28.5.2009 – 8 AZR 536/08, Tz. 38, NZA 2009, 1016; Henssler/Willemsen/Kalb/*Rupp* § 8 AGG, Rn. 2; ErfK/*Schlachter* § 8 AGG, Rn. 3; MüKo-BGB/*Thüsing* § 8 AGG, Rn. 9 f. und die Beispiele für gerechtfertigte und ungerechtfertigte mittelbare Benachteiligungen bei *Bauer/Göpfert/Krieger* § 3 AGG, Rn. 38.

c. *Ergebnis*

Hinsichtlich des Geschäftsleiters ist der Rechtfertigungsmaßstab bei der Beurteilung von Ungleichbehandlungen nicht generell abzusenken, was sich insbesondere nicht aus der lediglich „entsprechenden" Geltung des arbeitsrechtlichen Teils nach § 6 Abs. 3 AGG schließen lässt. Vielmehr sind bei der Frage der Rechtfertigung die Besonderheiten des jeweiligen Einzelfalls zu berücksichtigen, was es auch ermöglicht, Stellung und Bedeutung des Geschäftsleiteramtes maßgebliche Bedeutung beizumessen.

II. Behindertendiskriminierung

Den Diskriminierungsschutz Schwerbehinderter hat die GleichbehRRL zum Gegenstand. Sie trifft in Art. 2 nicht nur ein Diskriminierungsverbot, sondern verlangt in Art. 5 auch „angemessene Vorkehrungen" der Mitgliedsstaaten, um zu gewährleisten, dass der Gleichbehandlungsgrundsatz auf Behinderte angewendet wird. Dementsprechend sieht § 1 AGG die Behinderung als verpöntes Merkmal vor und § 81 Abs. 4 SGB IX gewährleistet – etwa im Hinblick auf die Rechtsfolgen eines Verstoßes europarechtlich noch unzureichend[996] – den Abbau von Beschäftigungshindernissen. Einen besonderen Kündigungsschutz, wie er Art. 10 Nr. 1 MuSchRL vorsieht, verlangen die Richtlinien für den Fall der Behinderung jedoch nicht.[997]

§§ 85 ff. SGB IX enthalten einen besonderen Kündigungsschutz für schwerbehinderte und diesen gleichgestellte behinderte Arbeitnehmer. Auch nach der *Danosa*-Entscheidung werden Geschäftsleiter mangels Arbeitnehmereigenschaft als nicht vom persönlichen Anwendungsbereich umfasst angesehen.[998] Nach der hier vertretenen Auffassung, nach der keine allgemeine Revision des deutschen Arbeitnehmerbegriffes vorzunehmen ist, ist dem zu folgen. Die Anwendung der §§ 85 ff. SGB IX auf Geschäftsleiter ist nicht europarechtlich geboten, weshalb dem SGB IX auch nach der *Danosa*-Entscheidung der deutsche Arbeitnehmerbegriff zugrunde zu legen ist. Folglich kann der Geschäftsleiter nur ganz

---

996 MüKo-BGB/*Thüsing* § 8 AGG, Rn. 43. Vgl. auch *Thüsing* NZA 2001, 1061 (1063).

997 ErfK/*Rolfs* § 85 SGB IX, Rn. 3.

998 OLG Düsseldorf 18.10.2012 – I-6 U 47/12, GmbHR 2012, 1347 (1349 f.) m. zust. Anm. *Brötzmann*; *Knittel* § 85 SGB IX, Rn. 14; Erman/*Edenfeld* § 611 BGB, Rn. 154; Schaub/*Koch* § 179 Rn. 1; *Lunk* ArbRB 2013, 78; ErfK/*Rolfs* § 85 SGB IX, Rn. 3; Ascheid/Preis/Schmidt/*Vossen* § 85 SGB IX, Rn. 7.

ausnahmsweise dem besonderen Kündigungsschutz aus dem SGB IX unterfallen.[999] Da Kündigung und Abberufung dem sachlichen Anwendungsbereich des AGG unterfallen und § 2 Abs. 4 AGG der diskriminierungsrechtlichen Prüfung der Kündigung des Anstellungsvertrags nicht entgegensteht,[1000] kann das allgemeine Benachteiligungsverbot aus § 7 AGG einen Kündigungsschutz des behinderten Geschäftsleiters vermitteln.

1. *Krankheit als Behinderung*

Relevant können in diesem Zusammenhang etwa Personalentscheidungen sein, die wegen Erkrankungen ergehen, welche aufgrund ihrer Schwere oder Dauer bei dem zuständigen Gremium Zweifel an der Fähigkeit zur ordnungsgemäßen Leitung der Geschäfte der Gesellschaft wecken. SGB IX und AGG gewähren nur einen beschränkten Schutz, da Krankheit und Behinderung begrifflich nicht gleichzusetzen sind.[1001] Der EuGH geht davon aus, der Gesetzgeber habe „[m]it der Verwendung des Begriffs ‚Behinderung' … bewusst ein Wort gewählt, das sich von dem der ‚Krankheit' unterscheidet", weshalb „sich die beiden Begriffe nicht schlicht und einfach einander gleichsetzen" lassen. Entscheidend ist vielmehr, dass der regelwidrige Gesundheitszustand die „Teilhabe am Berufsleben über einen langen Zeitraum" einschränkt.[1002] Das deutsche Sozialrecht legt dem Begriff der Behinderung insoweit einen voraussichtlichen Mindestzeitraum von sechs Monaten zugrunde (§ 2 Abs. 1 S. 1 SGB IX), was ausweislich der Gesetzesbegründung auch für das AGG gelten soll.[1003] Ob diese Anforderung mit der *Navas*-Entscheidung des EuGH in Einklang steht,[1004] ist nicht unproblematisch. Dagegen wird vertreten, dass im Einzelfall auch eine kürzere Dauer ausreichend sein soll, da das Unionsrecht keine starre zeitliche Grenze vorsehe.[1005] Festzuhalten ist jedoch, dass eine Krankheit erst dann unter den Behinderungsbegriff des AGG fällt, wenn sie eine langfristige Teilhabestörung verursacht.

---

999 OLG München 16.5.2007 – 14 U 399/04, NZA-RR 2007, 579 (580); Ascheid/Preis/Schmidt/*Vossen* § 85 SGB IX, Rn. 7. Vgl. zudem *Miller* ZIP 1981, 578 (582).

1000 S. oben, S. 205 ff.

1001 EuGH 11.7.2006 – Rs. C-13/05 (*Navas*), Tz. 44, NZA 2006, 839; Adomeit/*Mohr* § 1 AGG, Rn. 128 m.w.N. Zur Krankheit als Behinderung ausf. *Bayreuther* FS Reuter, 2010, 453 (459 ff.), der andenkt, ab GdB von 30 liege Behinderung nach AGG nahe (S. 461).

1002 EuGH Rs. *Navas* (Fn. 1001), Tz. 45.

1003 BT-Drs. 16/1780, S. 31.

1004 So Schiek/*Schmidt* § 1 AGG, Rn. 41.

1005 MüKo-BGB/*Thüsing* § 1 AGG, Rn. 81; *Winkler* S. 90.

In einer neueren Entscheidung hat das BAG den diskriminierungsrechtlichen Behinderungsbegriff jedoch sehr weit gezogen. Neben einer symptomlosen HIV-Erkrankung können demnach auch Volkskrankheiten wie *diabetes mellitus* oder Rheuma eine Behinderung begründen.[1006] Anders als der EuGH, der für eine relevante Behinderung eine Einschränkung im Berufsleben fordert,[1007] reicht für das BAG aus, dass im konkreten Fall die gesellschaftliche Teilhabe eingeschränkt ist.[1008] Bei der HIV-Erkrankung sei dies aufgrund „zahlreiche[r] Stigmatisierungen ... und soziale[m] Vermeidungsverhalten" zum Nachteil der Betroffenen anzunehmen. Im entscheidungserheblichen Fall konnte jedoch ohnehin zugleich eine Einschränkung im Berufsleben angenommen werden, da der Betroffene im Reinraum eines pharmazeutischen Unternehmens eingesetzt werden sollte, was mit dessen Richtlinien nicht im Einklang stand.

Damit ist der Geschäftsleiter im Falle einer Erkrankung abhängig vom Einzelfall durchaus diskriminierungsrechtlich vor einer Kündigung und Abberufung geschützt, namentlich wenn er aufgrund der Krankheit langfristig an der gesellschaftlichen Teilhabe gestört ist.

2. *Rechtfertigung*

Selbst wenn im Einzelfall krankheitsbedingt eine Behinderung im Rechtssinne eintritt, steht dies einer Kündigung und Abberufung aber nicht stets entgegen. Ist der Geschäftsleiter aufgrund der Behinderung an einer ordnungsgemäßen Geschäftsführung gehindert, kann den berechtigten Interessen der Gesellschaft über § 8 AGG Rechnung getragen werden. Berufliche Anforderungen sind geeignet, eine Ungleichbehandlung aufgrund eines an sich verpönten Merkmals zu rechtfertigen. An diese Anforderungen legt das BAG indes einen strengen Maßstab an, indem es ihre *Unverzichtbarkeit* für die Art der Tätigkeit verlangt.[1009] Die Tätigkeit dürfe ohne die Anforderung „entweder gar nicht oder nicht

---

1006 BAG 19.12.2013 – 6 AZR 190/12, Tz. 66 ff., NZA 2014, 372 (380 f.). Krit. *Fuhlrott* GWR 2014, 96: „Ein solcher relativer Behindertenbegriff wird erhebliche Abgrenzungsschwierigkeiten und eine Beeinträchtigung der Rechtssicherheit nach sich ziehen."

1007 EuGH 11.4.2013 – verb. Rs. C-335/11 u. C-337/11 (*HK Danmark*), Tz. 41, NZA 2013, 553.

1008 BAG 19.12.2013 – 6 AZR 190/12, Tz. 61, NZA 2014, 372.

1009 BAG 28.5.2009 – 8 AZR 536/08, Tz. 38, NZA 2009, 1016. S. auch *Kamanabrou* RdA 2006, 321 (327); Rolfs/Giesen/Kreikebohm/Udsching/*Roloff* § 8 AGG, Rn. 3; MüKo-BGB/*Thüsing* § 8 AGG, Rn. 9; *Wiedemann/Thüsing* NZA 2002, 1234 (1237). Vgl. auch BT-Drs. 16/1780, S. 35 bezüglich des Geschlechts, hinsichtlich dessen ausdrücklich

ordnungsgemäß durchgeführt werden" können. Das heißt, dass die Behinderung sich nicht negativ auf die Fähigkeit zur ordnungsgemäßen Geschäftsführung auswirken darf. Der Geschäftsleiter ist von zentraler Bedeutung für die Gesellschaft, da ihre Entscheidungsfähigkeit jederzeit sichergestellt sein muss. Normative Anknüpfungspunkte für diesen Befund sind §§ 6 Abs. 2 S. 1, 2 Nr. 1 GmbHG, 76 Abs. 3 S. 1, 2 Nr. 1 AktG. Ein Geschäftsleiter muss demnach unbeschränkt geschäftsfähig sein und darf nicht einem Einwilligungsvorbehalt nach § 1903 BGB unterliegen.[1010] Letzteres gilt selbst dann, wenn der Einwilligungsvorbehalt sich auf solche Bereiche bezieht, die der Ausübung der Geschäftsführertätigkeit nicht entgegenstehen würden.[1011] Dem Gesetzgeber reicht die abstrakte Gefahr mangelnder Entscheidungs- und Handlungsfähigkeit, um eine Person vom Geschäftsleiteramt auszuschließen. Besteht eine solche Gefahr, ist eine Ungleichbehandlung gerechtfertigt.

Ist aufgrund der Krankheit sogar die Geschäftsfähigkeit beschränkt, handelt es sich freilich um krasse Fälle, in denen eine Behinderung auch tatbestandlich unzweifelhaft vorliegen wird. Im Übrigen dürfte eine Ungleichbehandlung nur in seltenen Fällen gerechtfertigt werden können. Vor allem die symptomlose HIV-Erkrankung oder Volkskrankheiten wie *diabetes mellitus* dürften kaum jemals die Fähigkeit zur ordnungsgemäßen Geschäftsführung in Frage stellen. Eine abweichende Beurteilung kann nur dann gerechtfertigt sein, wenn die Krankheit langfristige Krankenhausaufenthalte oder Rehabilitationsmaßnahmen nach sich zieht, die einer Führung der Geschäfte der Gesellschaft entgegenstehen.

Bei der Frage, ob Art und Schwere einer Behinderung der Ausübung der Geschäftsleitertätigkeit entgegenstehen, besteht allerdings ein gewisser Beurteilungsspielraum des entscheidenden Gremiums. Dieser Beurteilungsspielraum untersteht im Sinne eines effektiven Diskriminierungsschutzes gerichtlicher Kontrolle.[1012] Bestehen etwa aufgrund schwerer Krankheit durchgreifende Zweifel an der zukünftigen Eignung des Geschäftsleiters, ist es der Gesellschaft nicht zumutbar, erst den weiteren Krankheitsverlauf oder einen lediglich möglichen Therapieerfolg abzuwarten oder sich gar mit einem nur eingeschränkt leistungsfähigen Geschäftsleiter abzufinden.

---

keine „Absenkung des Schutzstandards" mit der Formulierung von § 8 AGG verbunden sein sollte.

1010 Die Eignung unberührt lässt hingegen die Betreuung der jeweiligen Person ohne angeordneten Einwilligungsvorbehalt (*Jäger* DStR 1996, 108; Lutter/Hommelhoff/*Kleindiek* § 6 GmbHG, Rn. 18; Ziemons/Jaeger/*Wisskirchen/Kuhn* § 6 GmbHG, Rn. 13).

1011 Henssler/Strohn/*Oetker* § 6 GmbHG, Rn. 16.

1012 Vgl. *Bauer/Göpfert/Krieger* § 8 AGG, Rn. 34; Adomeit/*Mohr* § 8 AGG, Rn. 5, 73.

III. Altersdiskriminierung

Große praktische Bedeutung hat im Zusammenhang mit der Diskriminierung von Geschäftsleitern das Merkmal des Alters. Der Sachverhalt in der Entscheidung des BGH vom 23. April 2012 betrifft nicht etwa eine seltene Erscheinung, sondern Altersgrenzen für die Tätigkeit als Geschäftsleiter sind weit verbreitet.

Nachdem herausgearbeitet wurde, wann eine Benachteiligung auf Grund des Alters vorliegt, folgen allgemeine Überlegungen zu der Möglichkeit der Gesellschaft, solche Benachteiligungen zu rechtfertigen. Dem folgen die Rechtfertigungsmöglichkeiten speziell im Hinblick auf Bestimmungen, die ein Mindest- bzw. Höchstalter für die Tätigkeit vorsehen (sog. Altersgrenzen).

1. Benachteiligung

Eine Benachteiligung liegt dann vor, wenn das zuständige Gesellschaftsorgan bei einer Personalentscheidung an das Alter als verpöntes Merkmal anknüpft. Demgegenüber nicht entscheidend ist, auf welcher Grundlage es dabei handelt. Altersgrenzen können in der Satzung festgelegt sein oder darauf basierend oder autonom individualvertraglich mit dem Geschäftsleiter vereinbart werden, ohne dass dies diskriminierungsrechtlich eine Rolle spielt.[1013] Sowohl im Falle von Satzungsbestimmungen als auch von individuellen Vereinbarungen kommt es zu einer Benachteiligung jedoch erst dann, wenn die Bestimmung bzw. Vereinbarung aktuell bereits eine Ungleichbehandlung darstellt.[1014] Werden Anstellungsvertrag und Bestellung aufgrund einer Höchstaltersgrenze in einer Satzungsbestimmung befristet, liegt eine Ungleichbehandlung unproblematisch vor. Denn ein jüngerer Bewerber hätte sich der Befristung jedenfalls in ihrer konkreten Länge nicht aussetzen müssen. Erfolgt demgegenüber keine Befristung, sondern sieht eine Satzungsbestimmung lediglich eine Kündigung und Abberufung mit Vollendung eines bestimmten Lebensjahrs vor, droht die Benachteiligung erst. Denn es hängt von einem weiteren Willensentschluss der Gesellschaft ab, ob von der Bestimmung Gebrauch gemacht wird. Die Satzungsbestimmung ist zwar nicht gemäß § 7 Abs. 1 AGG i.V.m. § 134 BGB unwirksam, da die tatbestandlich

---

1013 *Lutter* BB 2007, 725 (727), nach dem auch eine entsprechende „Gepflogenheit" in der Gesellschaft ausreichen soll. Damit sind wohl in der Gesellschaft übliche Maßnahmen gemeint, die weder in der Satzung noch im Anstellungsvertrag vorgesehen sind.

1014 *Oetker* FS Otto, 2008, 361 (377). Allgemein auch Rolfs/Giesen/Kreikebohm/Udsching/*Roloff* § 3 AGG, Rn. 6; MüKo-BGB/*Thüsing* § 10 AGG, Rn. 18. Vgl. auch *Lingemann/Weingarth* DB 2012, 2325 (2330): „Ebenso unstreitig dürfte sein, dass die Vereinbarung von Altersgrenzen die davon Betroffenen wegen des Alters benachteiligt".

vorausgesetzte Benachteiligung fehlt. Der Geschäftsleiter hat aber die Möglichkeit, die Gesellschaft analog § 1004 BGB in Anspruch zu nehmen, gerichtet auf Unterlassung der Kündigung und Abberufung auf Grundlage der Satzung.[1015] Schließlich könnte der Geschäftsleiter sich bereits durch die bloße Existenz der Bestimmung dazu veranlasst sehen, rechtzeitig eine andere Position zu suchen oder Vorbereitungen hinsichtlich seines erwarteten Ruhestands zu treffen; insoweit ist er durch die Satzungsbestimmung bereits aktuell beschwert, ohne schon benachteiligt zu sein. Ebenso könnte sich ein rentennaher Bewerber aufgrund einer solchen Bestimmung von vornherein von einer Bewerbung abhalten lassen. Nach der Rechtsprechung des EuGH, die sich auf öffentliche Äußerungen des Arbeitgebers bezog, bestimmte Personen aus diskriminierenden Motiven nicht einstellen zu wollen,[1016] muss auch in solchen Fällen erst drohender Benachteiligung eine Rechtsschutzmöglichkeit gegeben sein.[1017]

2. Allgemeines zur Rechtfertigung nach § 10 AGG

a. Regelungstechnik

§ 10 AGG enthält in S. 3 spezielle Rechtfertigungstatbestände für Ungleichbehandlungen wegen des Alters, die auf Art. 6 GleichbehRRL beruhen und daraus teilweise wörtlich übernommen wurden. Wichtig für das Verständnis von § 10 AGG ist, dass diese Rechtfertigungstatbestände keine Regelbeispiele darstellen, die eine objektive und angemessene, auf einem legitimen Ziel beruhende Ungleichbehandlung nach S. 1 indizieren würden. Ihnen kommt lediglich Konkretisierungscharakter zu, sie sollen also die Auslegung der Norm erleichtern.[1018] Auch wenn der Tatbestand der Konkretisierungen erfüllt ist, bedarf es stets einer

1015 Rolfs/Giesen/Kreikebohm/Udsching/*Roloff* § 3 AGG, Rn. 6, § 15 AGG, Rn. 19; MüKo-BGB/*Thüsing* § 15 AGG, Rn. 54. Vgl. auch BT-Drs. 16/1780, S. 38.

1016 EuGH 10.7.2008 – Rs. C-54/07 (*Feryn*), Tz. 23 ff., NZA 2008, 929.

1017 Vgl. aber BT-Drs. 16/1780, S. 32, in der an den Begriff der Benachteiligung angeknüpft wird: „Die unmittelbare Benachteiligung muss entweder noch andauern bzw. bereits abgeschlossen sein; oder aber es muss eine hinreichend konkrete Gefahr bestehen, dass eine solche Benachteiligung eintritt („erfährt, erfahren hat oder erfahren würde"). Eine nur abstrakte Gefahr löst noch keine Ansprüche aus. Es bedarf einer Wiederholungsgefahr … oder einer ernsthaften Erstbegehungsgefahr …".

1018 Vgl. MüKo-BGB/*Thüsing* § 10 AGG, Rn. 18. S. dazu die massive Kritik von *Preis* NZA 2006, 401 (409): „juristisch[e] Fehlleistungen", würden „erhebliche Auslegungsschwierigkeiten … mit sich bringen", „kryptische Modifizierung".

Einzelfallbetrachtung der Ungleichbehandlung, um sie am Maßstab der § 10 S. 1, 2 AGG zu messen.[1019]

b. Rechtmäßige Ziele von Ungleichbehandlungen

Einer ausdrücklichen Benennung der Ziele in Regelungen, die Ungleichbehandlungen aufgrund des Alters vorsehen, bedarf es nicht. Welcher Zweck beispielsweise mit der Vereinbarung einer Altersgrenze in einem Anstellungsvertrag verfolgt wird, bedarf in dem Vertragswerk keiner Begründung. Es ist vielmehr ausreichend, wenn ein mit der Prüfung befasstes Gericht die Ziele anhand von Anhaltspunkten, die es „aus dem allgemeinen Kontext der betreffenden Maßnahme" abzuleiten hat, selbst ermitteln kann.[1020]

Ungeklärt ist bislang die Frage, welche Ziele Ungleichbehandlungen aufgrund des Alters rechtfertigen können. Aus der GleichbehRRL lassen sich hierzu keine sicheren Schlüsse ziehen. Sie bestimmt in Art. 6 Abs. 1 S. 1, dass legitim *insbesondere* solche Ziele seien können, die aus „den Bereichen Beschäftigungspolitik, Arbeitsmarkt und berufliche Bildung" stammen. Damit werden beschäftigungs- und arbeitsmarktpolitische Zielsetzungen angesprochen, also solche, die an einem Allgemeinwohlinteresse ausgerichtet sind. Unklar ist, ob dies ausschließt, dass eine Regelung auch oder ausschließlich einem betriebs- und unternehmensbezogenen Ziel folgen darf, also Partikularinteressen von Arbeitgebern.

aa. Rechtsprechung des EuGH

Nach der *Age Concern*-Entscheidung des EuGH können nicht beliebige Gründe als Rechtfertigung herangezogen werden, sondern nur solche sozialpolitischer, mithin im Allgemeininteresse liegender, Natur.[1021] Die Entscheidung hat eine britische Vorschrift zum Gegenstand, die u.a. altersbedingte Benachteiligungen untersagt. Als Ausnahme hiervon sieht sie jedoch vor, dass ab einem Alter von 65 Jahren Entlassungen erlaubt sind, welche wegen der Versetzung in den Ruhestand erfolgen. Diese Ausnahme billigte der EuGH im Grundsatz und grenzte sozialpolitische Ziele „von rein individuellen Beweggründen [ab], die der Situation des Arbeitgebers eigen sind, wie Kostenreduzierung oder Verbesserung der

1019 Vgl. *Temming* S. 506; MüKo-BGB/*Thüsing* § 10 AGG, Rn. 31 in Bezug auf Altershöchstgrenzen nach § 10 S. 3 Nr. 5 AGG.

1020 Vgl. EuGH 18.11.2010 – Rs. C-250/09 u.a. (*Georgiev*), Tz. 39 f., NJW 2011, 42 m.w.N. in Bezug auf nationale Rechtsvorschriften.

1021 EuGH 5.3.2009 – Rs. C-388/07 (*Age Concern*), Tz. 46, EuZW 2009, 340. So auch in EuGH 18.6.2009 – Rs. C-88/08 (*Hütter*), Tz. 41, NZA 2009, 891. Zur *Age Concern*-Entscheidung ausf. *Joannidis* S. 160 ff.

Wettbewerbsfähigkeit". Zugleich erkannte der EuGH an, dass den Arbeitgebern durch die mitgliedsstaatlichen Rechtsvorschriften eine gewisse Flexibilität eingeräumt werden dürfe.

Nur graduell offener als in der *Age Concern*-Entscheidung formuliert der EuGH in der *Rosenbladt*-Entscheidung. Dieser lag die Klage einer Reinigungskraft zugrunde, auf deren Arbeitsvertrag die Tarifverträge für das Gebäudereiniger-Handwerk anwendbar waren. Dort war vorgesehen, dass Arbeitsverhältnisse mit Erreichen des Renteneintrittsalters enden. Der EuGH entschied, dass Regelungen wie § 10 S. 3 Nr. 5 AGG, die an das Renteneintrittsalter angelehnte Altershöchstgrenzen erlauben, und darauf beruhende tarifvertragliche Regelungen „nicht unvernünftig" seien, „um legitime Ziele der nationalen Arbeits- und Beschäftigungspolitik … zu erreichen".[1022] Mit dem Abstellen auf die Vernünftigkeit hat der EuGH einerseits einen denkbar großzügigen Prüfungsmaßstab vorgegeben, den eine Altersgrenze im konkreten Fall zu erfüllen hat.[1023] Andererseits hat er aber seine *Age Concern*-Rechtsprechung bestätigt, wonach legitim nur arbeits- und beschäftigungspolitische Ziele sind. Deshalb kann es nicht überzeugen, anzunehmen, der EuGH erkenne auch betriebs- und unternehmensbezogene Interessen an.[1024] Soweit dafür zur Begründung neben der *Rosenbladt*-Entscheidung auf die Entscheidung in der Rs. *Kücükdeveci*[1025] abgestellt wird, geht auch dies fehl. Der EuGH hat in der *Kücükdeveci*-Entscheidung anerkannt, § 622 Abs. 2 S. 2 BGB erfülle ein legitimes beschäftigungs- und arbeitsmarktpolitisches Ziel,[1026] hat seine Rechtsprechung also nicht geändert. Es hat zwar der Norm die

---

1022 EuGH 12.10.2010 – Rs. C-45/09 (*Rosenbladt*), Tz. 51, 69, NJW 2010, 3767. So auch später EuGH 5.7.2012 – Rs. C-141/11 (*Hörnfeldt*), Tz. 32, NZA 2012, 785 auf Grund einer schwedischen Vorlage.

1023 *Preis/Sagan* ZGR 2013, 26 (70). Vgl. auch *Bauer/von Medem* NZA 2012, 945 (947). Krit. *Temming* S. 506, wonach der EuGH „den Grundsatz der Verhältnismäßigkeit ohne dogmatisch überzeugende Begründung vollkommen aufgeweicht" habe.

1024 So aber *Stenslik* RdA 2010, 247 (248); *Tempelmann/Stenslik* DStR 2011, 577 (580). In diese Richtung auch *Bayreuther* NJW 2011, 19 (22) wonach der EuGH keinen Anstoß an dem Ziel genommen habe, die personalwirtschaftliche Flexibilität des Arbeitgebers zu erhöhen. Relativierend aber *Stenslik/Zahn* DStR 2012, 1865 (1867) („[D]ass legitime Ziele im Sinne dieser Vorschrift auch betriebs- und unternehmensbezogene Interessen sein können … wird … nun *auch wohl* vom EuGH so gesehen", Hervorhebung nachträglich). Vgl. *Stenslik* S. 45, der – vor *Rosenbladt* und *Kücükdeveci* – die Auffassung vertrat, anerkennenswert müssten auch betriebs- und unternehmensbezogene Interessen sein.

1025 EuGH 19.1.2010 – Rs. C-555/07, NJW 2010, 427 m. Anm. *Link*.

1026 EuGH Rs. *Kücükdeveci* (Fn. 1025), Tz. 33–36.

Angemessenheit im Sinne von Art. 6 Abs. 1 GleichbehRRL abgesprochen, zuvor aber das Erfordernis beschäftigungs- und arbeitsmarktpolitischer Rechtfertigung aus der *Age Concern*-Rechtsprechung bestätigt. Der EuGH hat entscheidend auf den Umstand rekurriert, kürzere Kündigungsfristen erleichterten die Einstellung jüngerer Arbeitnehmer und hat demnach nicht auf Arbeitgeberinteressen abgestellt, sondern das Interesse an einer besseren beruflichen Eingliederung jüngerer Arbeitnehmer. Dass dies als in der Sache nicht überzeugend kritisiert wird,[1027] kann es nicht rechtfertigen, dem EuGH eine Änderung seiner *Age Concern*-Rechtsprechung zu unterstellen.

Zuletzt hat der EuGH in der *Prigge*-Entscheidung zu Altersgrenzen von Verkehrspiloten der *Lufthansa* bestätigt, dass Ungleichbehandlungen eine gemeinwohlbezogene Rechtfertigung erfordern.[1028] Die Tarifverträge der *Lufthansa* sahen vor, dass die Arbeitsverträge ihrer Verkehrspiloten enden, sobald diese das 60. Lebensjahr vollendet haben. Diese tarifliche Regelung hielt der EuGH wegen einer unmittelbaren Altersdiskriminierung für europarechtswidrig. Entscheidend ist weniger, dass der EuGH bei der konkreten Tarifbestimmung durchgreifende Zweifel an der Notwendigkeit der Ungleichbehandlung wegen des Alters hatte. Vielmehr stellt er ausdrücklich auf seine *Age Concern*-Entscheidung ab und bestätigt, dass eine Ungleichbehandlung wegen des Alters nur zulässig sein soll, wenn diese sozialpolitischen Zielen diene. Bereits lange vor der *Prigge*-Entscheidung hat somit das Erfordernis gemeinwohlbezogener Gründe Einzug in die EuGH-Rechtsprechung gehalten. Wenn dies in der Literatur bisweilen anders

---

1027 So *Stenslik* RdA 2010, 247 (248): „Tatsächlich verfolgt § 622 Absatz 2 Satz 2 BGB schon kein legitimes Ziel …, weil der einzig erkennbare Sinn der Norm die Vorenthaltung der Verlängerung der Kündigungsfristen für die jüngeren Arbeitnehmer ist". Auch Generalanwalt *Bot* war in seinen Schlussanträgen anderer Auffassung: „Was zunächst die Behauptung angeht, eine solche Maßnahme wirke sich positiv auf die Einstellung von jungen Arbeitnehmern aus, so ist diese meines Erachtens, gelinde gesagt, theoretischer Natur. … [Die Altersschwelle] fördert … nicht die berufliche Eingliederung von jungen Arbeitnehmern" (EuGH, Schlussanträge 7.7.2009 – Rs. C-555/07, Tz. 45, *juris*). Insoweit stimmt auch *von Medem* NZA 2009, 1072 (1073) Generalanwalt *Bot* zu, obwohl er seine Auffassung im Ergebnis nicht teilt.

1028 EuGH 13.9.2011 – Rs. C-447/09 (*Prigge*), Tz. 81, NJW 2011, 3209 m. Anm. *Krieger*.

gesehen wurde,[1029] dürfte dies darauf beruhen, dass die *Prigge*-Entscheidung nicht in den Kontext früherer EuGH-Entscheidungen eingeordnet wurde.[1030]

bb. Rezeption der EuGH-Rechtsprechung in Deutschland

Vor diesem Hintergrund verwundert die Aussage des BGH in seiner Entscheidung vom 23. April 2012, dass eine Regelung auch oder ausschließlich einem betriebs- und unternehmensbezogenen Ziel folgen darf.[1031] Die Begründung dieser Annahme erschöpft sich in einem Verweis auf zwei Textstellen der *Age Concern*-Entscheidung des EuGH und auf ein früheres, vor der *Age Concern*-Entscheidung ergangenes Urteil des BAG[1032]. In diesem legt das BAG dar, warum § 10 AGG die Berücksichtigung betriebs- und unternehmensbezogener Interessen erlaube. Stützen können sich BGH und BAG auf die Begründung zum Regierungsentwurf des AGG, wonach die Legitimität „aus Sicht des Arbeitgebers oder der Tarifparteien zu beurteilen" sei.[1033]

Die Sichtweise des BGH entsprach der herrschenden Meinung in der Literatur[1034] und erfährt Zustimmung auch durch das neuere Schrifttum.[1035] Dass auch betriebs- und unternehmensbezogene Interessen verfolgt werden dürfen, folge

---

1029 *Bauer/Arnold* ZIP 2012, 597 (600); *Hoefs/Rentsch* DB 2013, 2733 (2736) („Störsignale aus Luxemburg"). Vgl. auch *Krieger* NJW 2011, 3214; *Lingemann/Weingarth* DB 2012, 2325 (2330), wonach die Frage der Rechtfertigung mit betriebs- und unternehmensbezogenen Interessen durch die *Prigge*-Entscheidung „nicht mehr unumstritten" sei.

1030 Zutr. aber *Klein* jurisPR-ArbR 14/2012, Anm. 3.

1031 BGH 23.4.2012 – II ZR 163/10, Tz. 54, NJW 2012, 2346. Den seitens der beklagten Gesellschaft vorgegebenen Zweck, Vorsorge für einen „Umbruch im Gesundheitsmarkt" zu treffen, hielt der BGH schon für zu wenig substantiiert. Die Beklagte habe „schon nicht erläutert, was darunter im Einzelnen zu verstehen sein soll und warum die Entwicklung auf dem Gesundheitsmarkt eine langfristige Bindung an einen neuen Geschäftsführer notwendig macht" (Tz. 55). S. hierzu noch unten, S. 263 ff.

1032 22.1.2009 – 8 AZR 906/07, Tz. 53, NZA 2009, 945.

1033 BT-Drs. 16/1780, S. 36. Dagegen allerdings *Lutter* BB 2007, 725 (728), der eine objektive Sicht anmahnt.

1034 *Annuß* BB 2006, 1629 (1633); *Kamanabrou* RdA 2006, 321 (329); *Lutter* BB 2007, 725 (728) („Wohl der Gesellschaft aus der Sicht eines verständigen Unternehmers"); *Thüsing/Stiebert* NZG 2011, 641 (644); *Wilsing/Meyer* DB 2011 341 (343). A.A. noch *Wiedemann/Thüsing* NZA 2002, 1234 (1237), da sich „die Richtlinie an den nationalen Gesetzgeber wendet, der in Verfolgung des Gemeinwohls von der lückenlosen Umsetzung des Diskriminierungsverbots absehen darf". Zudem *Joannidis* S. 158 ff.

1035 *Bauer/Arnold* ZIP 2012, 597 (600); *Hoefs/Rentsch* DB 2013, 2733 (2736); *Lingemann/Weingarth* DB 2012, 2325 (2330); *Paefgen* ZIP 2012, 1296 (1298). Auch *Wilsing/Meyer* NJW 2012, 3211 (3212), gehen – ohne Begründung – mit dem BGH davon aus, aus

daraus, dass auch solche dem Allgemeinwohl entsprächen und damit sozialpolitisch legitim sein könnten.[1036] Ein solches Verständnis der EuGH-Rechtsprechung sei auch primärrechtlich geboten, da der durch die Grundrechtscharta vermittelte Schutz der unternehmerischen Freiheit und des Eigentums verlange, die Funktionsfähigkeit von Kapitalgesellschaften nicht zu beeinträchtigen.[1037] Mit Blick auf die Vorgaben der GleichbehRRL wurde in systematischer Hinsicht vorgetragen, Art. 6 Abs. 1 S. 2 lit. b und c sprächen für die Berücksichtigungsfähigkeit von Unternehmens- und Betriebsinteressen, stellte die Norm doch selbst auf solche Interessen ab.[1038]

cc. Stellungnahme

Die weitgehende Annahme des BGH in seiner Entscheidung vom 23. April 2012, auch betriebs- und unternehmensbezogene Interessen könnten ohne weiteres als Rechtfertigung herangezogen werden, überzeugt nicht. So gewichtig die dafür vorgetragenen Sachgründe auch sind, so wenig steht die von BGH und Literatur vertretene Auffassung in Einklang mit der Rechtsprechung des EuGH. Dass die GleichbehRRL diesem Verständnis nicht entgegensteht, bleibt ein vom EuGH bislang nicht bestätigter Befund. Deshalb wird in der Literatur zu Recht eingewandt, dass man „die These, betriebs- und unternehmensbezogene Interessen könnten eine unterschiedliche Behandlung wegen des Alters rechtfertigen, nur noch als waghalsig bezeichnen" könne.[1039]

Dass auch betriebs- und unternehmensbezogene Interessen als legitime Ziele anzuerkennen seien, ist nur insoweit richtig, als ihnen durchaus *zugleich* eine

---

der *Age Concern*-Entscheidung sei die Berücksichtigungsfähigkeit von betriebs- und unternehmensbezogenen Interessen ableitbar.

1036 *Paefgen* ZIP 2012, 1296 (1298); *Bauer/Arnold* ZIP 2012, 597 (600), wonach „unternehmensinterne Ziele ... im Übrigen verallgemeinernd stets einen gewissen Bezug zu Fragen der Sozialpolitik haben".

1037 *Paefgen* ZIP 2012, 1296 (1298). Zur Notwendigkeit, die Freiheitsrechte der Gesellschafter zu berücksichtigten, ausf. *Mohr* ZHR 178 (2014), 326 (348 ff.).

1038 *Kamanabrou* RdA 2006, 321 (329); *Hoefs/Rentsch* DB 2013, 2733 (2736); *Paefgen* ZIP 2012, 1296 (1298). So auch BAG 22.1.2009 – 8 AZR 906/07, Tz. 54, NZA 2009, 945 in Bezug auf Art. 6 Abs. 1 S. 2 lit. c GleichbehRRL.

1039 *Preis/Sagan* ZGR 2013, 26 (70 f.). Krit. auch *Hohenstatt/Naber* ZIP 2012, 1989 (1996); *Kort* WM 2013, 1049 (1054); *Ziemons* KSzW 2013, 19 (27 f.). Vgl. auch *Hoefs/Rentsch* DB 2013, 2733 (2739). Früher bereits *Wiedemann/Thüsing* NZA 2002, 1234 (1237). Adomeit/*Mohr* § 10 AGG, Rn. 10 schließt aus der *Age Concern*-Rechtsprechung, dass Unternehmensinteressen nur dann berücksichtigungsfähig sind, wenn der Gesetzgeber sie „als im Allgemeininteresse liegend anerkannt" hat.

beschäftigungspolitische Dimension zukommen kann. Das ist etwa bei dem Interesse an einer „sachgerechten und berechenbaren Personal- und Nachwuchsplanung“ der Fall. Damit rechtfertigt in dem der *Rosenbladt*-Entscheidung zugrunde liegenden Sachverhalt der Arbeitgeberverband, der den Tarifvertrag ausgehandelt hatte, die Altersgrenze für Reinigungskräfte.[1040] Diese Rechtfertigung blieb vom EuGH unbeanstandet, was damit begründet werden kann, dass Altersgrenzen eine kontinuierliche Nachfrage am Arbeitsmarkt sichern, indem Kräfte regelmäßig und planbar aus dem Erwerbsleben ausscheiden und in der Folge durch Jüngere ersetzt werden müssen. Zu der Frage nach der möglichen Rechtfertigung mit betriebs- und unternehmensbezogenen Interessen hat sich der EuGH jedoch noch nicht geäußert.

Es bedürfte somit einer Vorlage an den EuGH, wollte man solche Interessen als Rechtfertigung für eine Ungleichbehandlung zulassen. Entscheidungserheblich wäre die Frage etwa dann, rechtfertigte die Gesellschaft eine statutarische Altersgrenze allein mit den hohen Leistungsansprüchen eines Geschäftsleiteramtes und der im Alter abnehmenden Leistungsfähigkeit,[1041] so wie dies die Kommentarliteratur zum Corporate Governance Kodex nahelegt.[1042] Diese Begründung wäre nicht allgemeinwohlbezogen, sondern allein auf die Interessen der Gesellschaft gerichtet.[1043] Unmittelbar trägt die anhaltende Leistungsfähigkeit eines Geschäftsleiters nur dazu bei, die Gesellschaftsinteressen zu verfolgen, nicht aber führt sie zu allgemeingesellschaftlichen Wohlstandseffekten.

Würden BAG und BGH hingegen an ihrer Auffassung festhalten, dass betriebs- und unternehmensbezogene Interessen als Rechtfertigung genügen, ohne die Frage dem EuGH vorzulegen, würden sie das Recht auf den gesetzlichen

1040 EuGH 12.10.2010 – Rs. C-45/09 (*Rosenbladt*), Tz. 59, NJW 2010, 3767.

1041 A.A. *Reufels/Molle* NZA-RR 2011, 281 (284), die – ohne Begründung – „auch die Sicherstellung der Leistungsfähigkeit“ als ein rechtmäßiges, offenbar beschäftigungspolitisches, Ziel ansehen.

1042 Ringleb/*Kremer* Rn. 908; *Wilsing* Nr. 5.1.2 Rn. 12. Ebenso *Deilmann/Albrecht* AG 2010, 727 (729). Vgl. auch *Säcker* BB 1979, 1321 (1324) in Bezug auf die Befristung von Anstellungsverträgen: Die Gesellschaft könne sich „beim Top-Management eine Beschäftigung über das 65. Lebensjahr hinaus im Hinblick auf die Innovations- und Leistungsfähigkeit grade ihres obersten Führungspersonals nicht wünschen“.

1043 Zu weitgehend deshalb *Bauer/Arnold* ZIP 2012, 597 (600), die davon ausgehen, jegliche „unternehmensinterne Ziele … [haben] im Übrigen verallgemeinernd stets einen gewissen Bezug zu Fragen der Sozialpolitik“.

Richter aus Art. 101 Abs. 1 S. 2 GG verletzen.[1044] So hat das BVerfG[1045] eine Entscheidung des BVerwG[1046] aufgehoben, welches in einem Rechtsstreit um eine Altersgrenze, die in einer IHK-Satzung enthalten war, ohne Vorlage an den EuGH davon ausging, auch nicht-sozialpolitische Ziele könnten eine Ungleichbehandlung wegen des Alters rechtfertigen.[1047] Das BVerwG hatte zwar angenommen, dass mit der Altersgrenze für Sachverständige kein sozialpolitisches Ziel verfolgt wurde, weil damit allein deren Leistungsfähigkeit sichergestellt werden sollte. Die Aufzählung in Art. 6 Abs. 1 GleichbehRRL sei jedoch nicht abschließend, weshalb auch das Ziel, nicht leistungsfähige Sachverständige vom Markt fernzuhalten, dem Europarecht genüge. Zu Recht stellte das BVerfG fest, diese Auffassung des BVerwG „findet in der von ihm herangezogenen Rechtsprechung des EuGH offensichtlich keine Stütze".[1048]

Mit der *Age Concern*-Rechtsprechung des EuGH zu vereinbaren wäre indes, die Altersgrenze mit einer allgemeinen beschäftigungspolitischen Zielsetzung zu rechtfertigen. Namentlich könnte die Höchstaltersgrenze, wie dies die Bundesregierung im *Rosenbladt*-Verfahren vorbrachte, als „Ausdruck eines in Deutschland seit vielen Jahren bestehenden politischen und sozialen Konsenses" gerechtfertigt werden, der „vor allem auf dem Gedanken einer Arbeitsteilung zwischen den Generationen" beruht.[1049] Auch wenn der private Arbeitgeber als solcher für beschäftigungs- und arbeitspolitische Maßnahmen nicht zuständig ist,[1050] dürften an die Rechtfertigung keine überzogenen Anforderungen gestellt werden. Ansonsten würde etwa die – in der *Prigge*-Entscheidung als richtlinienkonform anerkannte[1051] – Altershöchstgrenzenregelung aus § 10 S. 3 Nr. 5 AGG leer zu laufen drohen, da der Arbeitgeber die gemäß § 10 S. 1, 2 AGG geforderte Einzelfallrechtfertigung nicht erbringen könnte. Es muss den Arbeitgebern

1044 Jedoch legt die neuere Rechtsprechung des BAG nahe, dass es zukünftig allein sozialpolitische Ziele genügen lässt (etwa BAG 15.11.2012 – 6 AZR 359/11, Tz. 31, NZA 2013, 629).

1045 BVerfG 24.10.2011 – 1 BvR 1103/11, NZA 2012, 202.

1046 BVerwG 26.1.2011 – 8 C 46/09, NZA-RR 2011, 233.

1047 Dazu auch *Klein* jurisPR-ArbR 14/2012, Anm. 3; *Preis/Sagan* ZGR 2013, 26 (70 f.). Damit dürfte die Auffassung von *Bauer/Arnold* ZIP 2012, 597 (600), denen zu folge entgegen der *Prigge*-Entscheidung „weiterhin auch unternehmerische Ziele als mit Art. 6 Abs. 1 RL 2000/78/EG vereinbar angesehen werden" sollen, nicht mehr vertretbar sein.

1048 BVerfG 24.10.2011 – 1 BvR 1103/11, NZA 2012, 202 (203).

1049 EuGH 12.10.2010 – Rs. C-45/09 (*Rosenbladt*), Tz. 43, NJW 2010, 3767.

1050 Vgl. *Wiedemann/Thüsing* NZA 2002, 1234 (1238).

1051 EuGH 13.9.2011 – Rs. C-447/09 (*Prigge*), NJW 2011, 3209.

deshalb freistehen, eine Ungleichbehandlung auch mit allgemeinen arbeits- und beschäftigungspolitischen Erwägungen zu begründen.[1052]

3. *Mindestalter*

Dem Gesetz sind in §§ 6 Abs. 2 S. 1 GmbHG, 76 Abs. 3 S. 1 AktG, 40 Abs. 1 S. 4 SEAG indirekte Mindestaltersgrenzen zu entnehmen, da es die Eignung an die unbeschränkte Geschäftsfähigkeit knüpft, mithin in Verbindung mit §§ 2, 106 BGB die Vollendung des 18. Lebensjahres fordert. Eine weitere, speziell gesellschaftsrechtliche Mindestaltersgrenze sieht das Gesetz nicht vor. Der Deutsche Corporate Governance Kodex (DCGK) enthält eine Vorschrift, nach der der Aufsichtsrat eine Altersgrenze für Vorstandsmitglieder festlegen soll (Nr. 5.1.2, Abs. 2). Der DCGK ist ein Regelwerk, das von einer Regierungskommission erarbeitet wurde und darauf abzielt, börsennotierten Gesellschaften die Standards guter Unternehmensführung aufzuzeigen (vgl. dessen Präambel).[1053] Soweit die Gesellschaften von Empfehlungen des Kodex („Soll-Vorschriften“) abweichen, müssen sie dies gemäß § 161 Abs. 1 AktG offenlegen und begründen (sog. „comply or explain“).

Ob mit Nr. 5.1.2, Abs. 2 des DCGK nur eine Höchstaltersgrenze gemeint ist oder auch eine Mindestaltersgrenze, lässt der Kodex offen. Verbreitet wird in diesem Zusammenhang nur die Zulässigkeit von Höchstaltersgrenzen diskutiert,[1054] teilweise wird darüber hinaus auch ausdrücklich vertreten, es seien damit nur Obergrenzen angesprochen.[1055] Vereinzelt werden aber auch Mindestaltersgrenzen als von der Kodexvorschrift umfasst angesehen.[1056]

Ungeachtet dieser Frage werden bei der Besetzung von Geschäftsleiterpositionen vielfach Mindestanforderungen an das Alter gestellt.[1057] Dies kann einerseits im Wege einer Mindestaltersgrenze erfolgen, aber auch durch vordergründig altersunabhängige Merkmale wie die Länge der Berufs- oder Führungserfahrung. Während Mindestaltersgrenzen eine unmittelbare Ungleichbehandlung begründen,

---

1052 Nach *Bauer/von Medem* NZA 2012, 945 (947) müssen die Gerichte der Mitgliedsstaaten zwar begründen, „warum auch die konkret in Rede stehende Altersgrenze legitime Ziele verfolgt und angemessen ist“. Da aber faktisch ein „Rückgriff auf die allgemeinen Erwägungen“ genüge, sei dies keine „wirkliche Hürde“.

1053 Zur Rechtsnatur des Kodex als soft law Henssler/Strohn/*Vetter* § 161 AktG, Rn. 4.

1054 Ringleb/*Kremer* Rn. 905 ff.; *Strieder* S. 107; *Wilsing/Meyer* DB 2011, 341 (343).

1055 *Wilsing* Nr. 5.1.2 Rn. 12. So auch *Bauer/Arnold* ZIP 2012, 597 (599 f.), die meinen „nach (zutreffender) allgemeiner Meinung“ sei die Kodexempfehlung bereits mit Bestimmung von Höchstaltersgrenzen erfüllt.

1056 *Reufels/Molle* NZA-RR 2011, 281 (284).

1057 *Bauer/Göpfert/Krieger* § 10 AGG, Rn. 31; Adomeit/*Mohr* § 10 AGG, Rn. 115.

handelt es sich bei altersunabhängigen Merkmalen um mittelbare Ungleichbehandlungen. Diese knüpfen indirekt an das Lebensalter an, da Berufs- und Führungserfahrung mit dem Alter wachsen.[1058] Beide Formen der Ungleichbehandlung werden vom AGG erfasst (vgl. § 3 Abs. 1, 2 AGG); nicht nur die Benachteiligung von älteren, sondern auch die jüngerer Personen ist verboten.[1059]

a. *Altersgrenzen*

Dass Mindestaltersgrenzen zulässig sind, ist § 10 S. 3 Nr. 2 AGG zu entnehmen.[1060] Das Ziel, das die Gesellschaft bei der Festlegung von Mindestaltersgrenzen zulässigerweise verfolgen darf, statuiert § 10 S. 3 Nr. 2 AGG hingegen nicht. Nach der *Age Concern*-Rechtsprechung des EuGH muss derartigen Grenzen eine sozialpolitische Zwecksetzung zugrunde liegen, sie müssen sich also daran messen lassen, ob sie im Allgemeininteresse liegen.[1061] Zulässig können demnach solche Mindestaltersgrenzen sein, die dazu dienen, die Konformität des Arbeitsverhältnisses mit zwingenden gesetzlichen Bestimmungen – vor allem dem JArbSchG – zu gewährleisten.

Rechtsprechung, aus der sich Erkenntnisse zur diskriminierungsrechtlichen Zulässigkeit von Mindestaltersgrenzen gewinnen lässt, existiert nicht. Soweit das BVerwG die Unzulässigkeit von Mindestaltersgrenzen im Beamtenrecht angenommen hat, hat es dies mit dem Leistungsgrundsatz aus Art. 33 Abs. 2 GG begründet, nicht aber diskriminierungsrechtlich.[1062]

In der Literatur wird verbreitet gegen die Rechtmäßigkeit von Mindestaltersgrenzen eingewandt, das Alter sei für sich genommen kein sachgerechtes Kriterium, da sich in ihm weder Berufs- noch Lebenserfahrung widerspiegelten.[1063]

1058 *Meinel/Heyn/Herms* § 10 AGG, Rn. 47; Adomeit/*Mohr* § 10 AGG, Rn. 117.

1059 *Rieble/Zedler* ZfA 2006, 273 (283) m.w.N. Vgl. EuGH 19.1.2010 – Rs. C-555/07 (*Kücükdeveci*), NJW 2010, 427 m. Anm. *Link*.

1060 *Lutter* BB 2007, 725 (729).

1061 EuGH 5.3.2009 – Rs. C-388/07 (*Age Concern*), Tz. 46, EuZW 2009, 340. Dazu Adomeit/*Mohr* § 10 AGG, Rn. 100 und bereits oben.

1062 BVerwG 26.9.2012 – 2 C 74/10, NVwZ 2013, 80 zur Voraussetzung für den Laufbahnwechsel in der Finanzverwaltung. S. auch OVG Bautzen 7.11.2013 – 2 B 457/13, LKV 2014, 174 zum Praxisaufstieg in den gehobenen Polizeivollzugsdienst.

1063 Däubler/Bertzbach/*Brors* § 10 AGG, Rn. 71 f.; Rust/Falke/*Bertelsmann* § 10 AGG, Rn. 133, 135; *ders.* ZESAR 2005, 242 (245); *Hoentzsch* S. 133; *Meinel/Heyn/Herms* § 10 AGG, Rn. 43; *Schmidt/Senne* RdA 2002, 80 (88): „[M]angels Meßbarkeit von „Lebenserfahrung" wird diese mit steigendem Alter unterstellt. Das Alter selbst kommt jedoch als Rechtfertigungsgrund einer Diskriminierung wegen des Alters nicht in Betracht". Zust. *Schiek* § 10 AGG, Rn. 9.

Diese seien nämlich „biographie- und nicht altersabhängig".[1064] Selbst indizielle Wirkung soll dem Lebensalter nicht zukommen.[1065] Nach anderer Auffassung komme dem Lebensalter in typisierender Hinsicht Bedeutung zu bei der Bemessung der Berufserfahrung und dürfe daher der Bewerberauswahl zugrunde gelegt werden.[1066] Zudem transportiere es Merkmale wie Durchsetzungsfähigkeit.[1067]

Das Problematische an Mindestaltersgrenzen liegt in deren Starrheit. So lassen sich zwar durchaus, gerade hinsichtlich der für diese Untersuchung relevanten Leitungspositionen und die damit einhergehende Personalverantwortung, die ein hohes Maß von Akzeptanz unter der Belegschaft erfordern, gute Gründe für bestimmte Mindestaltersanforderungen finden. Im Vordergrund steht bei der Statuierung solcher Grenzen jedoch die Gewährleistung von Eigenschaften, die mit einem höheren Lebensalter bei typisierender Sicht verbunden werden. Solche Eigenschaften hängen aber nicht starr am Lebensalter; ein 39-jähriger Bewerber, der eine Altersgrenze knapp verfehlt, kann etwa genauso durchsetzungsstark sein wie ein 40-jähriger, der die formale Anforderung erfüllt. Eine starre Mindestaltersgrenze vermag damit keinem legitimen Ziel zu folgen. Anders kann dies bei flexiblen Mindestaltersgrenzen zu beurteilen sein, die ein ungefähres Lebensalter als Mindestalter vorsehen („ab etwa 40 Jahre") und daher dem Gremium den nötigen Raum geben, mit Blick auf den Einzelfall – also letztlich die gesamte Biografie des Bewerbers und nicht zuletzt den persönlichen Eindruck, den er hinterlässt – die Auswahlentscheidung zu treffen. Eine derartige flexible Grenze könnte etwa in der Satzung als sog. „Auswahlrichtlinie" nach der im gesellschaftsrechtlichen Schrifttum herrschenden Meinung im Grundsatz zulässigerweise vorgesehen werden.[1068]

Zu bemerken ist allerdings, dass auch eine flexible Mindestaltersgrenze die Gefahr birgt, als Indiz für eine Diskriminierung angesehen zu werden und folglich die Beweislastumkehr nach § 22 AGG auszulösen. Die Umkehr der Beweislast

1064 Däubler/Bertzbach/*Brors* § 10 AGG, Rn. 59.

1065 Däubler/Bertzbach/*Brors* § 10 AGG, Rn. 72.

1066 *Bauer/Arnold* ZIP 2008, 993 (1000); Adomeit/*Mohr* § 10 AGG, Rn. 115. Vgl. auch *Bauer/Göpfert/Krieger* § 10 AGG, Rn. 31 („für bestimmte Positionen"); Bamberger/Roth/*Fuchs* § 10 AGG, Rn. 6; *Linsenmeier* RdA 2003, Sonderbeilage Heft 5, 22 (28); Scholz/*Schneider/Hohenstatt* § 35 GmbHG, Rn. 336; *Wendeling-Schröder*/Stein § 10 AGG, Rn. 34.

1067 *Bauer/Göpfert/Krieger* § 10 AGG, Rn. 31.

1068 Vgl. Spindler/Stilz/*Fleischer* § 76 AktG, Rn. 127; Hüffer/*Koch* § 76 AktG, Rn. 60; *Lutter* BB 2007, 725 (729); MüKo-AktG/*Spindler* § 76 AktG, Rn. 110, jeweils m.w.N. A.A. KK/*Mertens/Cahn* § 76 AktG, Rn. 116.

kommt namentlich in solchen Fällen in Betracht, in denen das Lebensalter des Bewerbers weit von dem „Richtalterswert" entfernt war. Der Gesellschaft würde im Einzelfall der Nachweis obliegen, dass das Alter nicht ausschlaggebend oder auch nur mitentscheidend war bzw. dass es zwar berücksichtigt wurde, dies aber gerechtfertigt ist. Gerade letzteres ist mit Blick auf die eben skizzierte Meinungsverschiedenheit über die grundsätzliche Zulässigkeit von Mindestaltersgrenzen derzeit mit beachtlichen Unsicherheiten verbunden. Aus praktischer Sicht spricht dies dafür, Mindestaltersgrenzen tunlichst weder in der Satzung vorzusehen noch sie den Anforderungsprofilen zugrundezulegen. Stattdessen empfiehlt es sich, die nach Meinung der Gesellschaft mit dem höheren Lebensalter verbundenen Qualifikationen im Anforderungsprofil zu benennen.[1069]

b. Berufserfahrung

§§ 8, 10 AGG sind auch auf mittelbare Ungleichbehandlungen anwendbar, sofern die Unterscheidung nicht bereits nach § 3 Abs. 2 AGG sachlich gerechtfertigt werden kann.[1070] Das ergibt sich aus dem Wortlaut von § 10 S. 3 Nr. 2 AGG, der ausdrücklich auch Mindestanforderungen an die Berufserfahrung in Bezug nimmt. Voraussetzung einer Rechtfertigung ist nach der Rechtsprechung des EuGH, dass das mit der Berufserfahrung gewachsene Erfahrungswissen relevant ist für die Ausübung der Tätigkeit.[1071] Damit ist die Berücksichtigung von Berufserfahrung prinzipiell legitim, sofern die Erfahrung tatsächlich eine zusätzliche Qualifikation für die konkrete Stelle bedeutet.[1072] Hierbei wird teilweise gefordert, der Arbeitgeber müsse im Einzelfall nachweisen, dass in concreto

---

1069 So auch *Hoentzsch* S. 136, die allerdings von der generellen Unzulässigkeit von Altersgrenzen ausgeht.

1070 Adomeit/*Mohr* § 3 AGG, Rn. 160; ErfK/*Schlachter* § 3 AGG, Rn. 13. Nach MüKo-BGB/*Thüsing* § 10 AGG, Rn. 60 gilt allerdings hier wie dort derselbe Maßstab. In der durch ihn zitierten Entscheidung BAG 11.8.2009 – 3 AZR 23/08, NZA 2010, 408 (411) heißt es nur, dass „die Anforderungen an die Rechtfertigung einer mittelbaren Benachteiligung [jedenfalls] nicht höher [sind] als diejenigen an die Rechtfertigung einer unmittelbaren Benachteiligung". *Bauer/Göpfert/Krieger* § 3 AGG, Rn. 32 nehmen an, bei § 3 Abs. 2 AGG sei die „Rechtfertigungsschwelle ... deutlicher niedriger". Ähnlich *Meinel/Heyn/Herms* § 3 AGG, Rn. 16.

1071 EuGH 7.2.1991 – Rs. C-184/89 (*Nimz*), Rn. 14, NVwZ 1991, 461. Vgl. auch EuGH 3.10.2006 – Rs. C-17/05 (*Cadman*), Tz. 34, NJW 2007, 47, wonach „es ein legitimes Ziel der Entgeltpolitik ist, unter anderem die Berufserfahrung zu honorieren, die den Arbeitnehmer befähigt, seine Arbeit besser zu verrichten".

1072 Schleusener/Suckow/*Voigt* § 10 AGG, Rn. 28; *Schmidt/Senne* RdA 2002, 80 (88); *Wendeling-Schröder*/Stein § 10 AGG, Rn. 36, wonach damit „nicht wirklich an das

mit der Berufserfahrung tatsächlich der Qualifikationsgrad gestiegen ist.[1073] Dies wird damit begründet, dass mit dem Anspruch der Tätigkeit auch die Dauer steige, „innerhalb der ein Arbeitnehmer seinen höchsten Qualifikationsgrad erreicht hat", weshalb der Arbeitgeber im Einzelfall nachzuweisen habe, „dass die Berufserfahrung den Arbeitnehmer bei seiner konkreten Tätigkeit zu besserer Leistung befähigt".[1074] Nach anderer Auffassung obliege dem Arbeitgeber ein solcher Nachweis nur dann, wenn insofern ernstliche Zweifel bestehen.[1075]

Die Tätigkeit als Geschäftsleiter beinhaltet nur zu einem verhältnismäßig geringen Teil Routinetätigkeiten und mit ihrer Ausübung steigt das Erfahrungswissen des Geschäftsleiters kontinuierlich an. Es handelt es sich um eine komplexe Geistestätigkeit, deren Ausübung neben einer kontinuierlich wachsenden Erfahrung im Leitungs- und Führungsbereich und wachsendem Fach- und Branchenwissen auch mit sich bringt, dass beruflich nutzbare Netzwerke intensiviert werden. Es liegt im Interesse einer Gesellschaft, sich diese mit wachsender Berufserfahrung steigenden Kenntnisse und Erfahrungen nutzbar zu machen. Die Gesellschaft darf demnach eine bestimmte Berufserfahrung fordern, ohne sich dem Verdikt der Altersdiskriminierung auszusetzen. Auch hier ist allerdings zu beachten, dass Forderungen nach einer ganz bestimmten (Mindest-)Anzahl von Berufsjahren schwieriger gerechtfertigt werden können als dies bei flexiblen Formulierungen (etwa „langjährige Berufserfahrung") der Fall ist, die den für die Rechtfertigung notwendigen Blick auf die Einzelumstände erlauben.[1076]

Obgleich § 22 AGG auch bei dem Verdacht mittelbarer Diskriminierungen anwendbar ist,[1077] dürfte die Gesellschaft einer etwaigen Beweislastumkehr daher – anders als bei der Forderung eines bestimmten Mindestalters – vergleichsweise

---

Alter, sondern an die Qualifikation angeknüpft" werde. Vgl. auch MüKo-BGB/*Thüsing* § 10 AGG, Rn. 23.

1073 Rust/Falke/*Bertelsmann* § 10 AGG, Rn. 141; *Rieble/Zedler* ZfA 2006, 273 (284 f.); *Schiek* § 10 AGG, Rn. 8; *Schmidt/Senne* RdA 2002, 80 (88).

1074 *Rieble/Zedler* ZfA 2006, 273 (284 f.).

1075 Däubler/Bertzbach/*Brors* § 10 AGG, Rn. 59; *Meinel/Heyn/Herms* § 10 AGG, Rn. 47. Zust. Adomeit/*Mohr* § 10 AGG, Rn. 117.

1076 Vgl. *Hoentzsch* S. 134, die von „weiche[n] Zielvorgaben mit der Möglichkeit der Einzelabwägung" spricht. Dadurch soll nach *Wörl* S. 168 auch die Indizwirkung nach § 22 AGG ausgeschlossen sein.

1077 *Grobys* NZA 2006, 898 (899); ErfK/*Schlachter* § 22 AGG, Rn. 2; *Wichert/Zange* DB 2007, 970 (972). Rust/*Falke* § 22 AGG, Rn. 65 begründet dies überzeugend damit, dass sonst die Beweiserleichterung bei mittelbaren Diskriminierungen „so gut wie ins Leere liefe", wo doch die Sachgründe „typischerweise der Sphäre der Anspruchsgegner zuzuordnen" seien. Zust. Schleusener/Suckow/*Voigt* § 22 AGG, Rn. 10.

gelassen entgegen sehen. Wird wegen des Vorliegens eines Sachgrunds nach § 3 Abs. 2 AGG bereits die mittelbare Diskriminierung als solche verneint,[1078] scheidet eine Beweislastumkehr nach umstrittener Ansicht sogar schon im Ansatz aus.[1079]

4. *Höchstaltersgrenzen*

In dem Fall, der der Entscheidung des BGH vom 23. April 2012 zugrunde lag, hatte die Stadt Köln eine Altersgrenze von 65 Jahren festgelegt für die Leitungsämter städtischer Gesellschaften, ohne dass dies jedoch in der Satzung der Gesellschaft niedergelegt war. Dem Gesetz sind keine Höchstaltersgrenzen zu entnehmen. Demgegenüber enthält der DCGK eine dahingehende Soll-Vorschrift (Nr. 5.1.2, Abs. 2), wonach dem Aufsichtsrat die Festlegung einer Altersgrenze empfohlen wird. Altersgrenzen sollen nach den Kommentierungen zum Kodex dem Umstand Rechnung tragen, dass die Tätigkeit als Geschäftsleiter mit erheblichen Belastungen verbunden ist. Mit zunehmendem Lebensalter nehme die Leistungsfähigkeit und damit der Wert des Geschäftsleiters für die Gesellschaft ab.[1080] Zudem ließen sich Höchstaltersgrenzen gegebenenfalls auch mit der „fehlenden Kraft zu Innovationen" älterer Geschäftsleiter begründen.[1081]

a. Benachteiligung

In Bezug auf Höchstaltersgrenzen wird ganz überwiegend eine Benachteiligung nach § 3 Abs. 1 AGG angenommen.[1082] Vereinzelt wird jedoch das Vorliegen einer Benachteiligung bezweifelt mit der Erwägung, Arbeitnehmer empfänden

---

1078 Vgl. BAG 22.6.2011 – 8 AZR 48/10, Tz. 38, NJW 2012, 171: „Trotz des etwaigen Vorliegens einer Benachteiligung wegen eines verpönten Merkmals ist der Tatbestand einer mittelbaren Diskriminierung dennoch nicht verwirklicht, wenn die Maßnahme gerechtfertigt ist"; Rolfs/Giesen/Kreikebohm/Udsching/*Roloff* § 3 AGG, Rn. 18; ErfK/*Schlachter* § 3 AGG, Rn. 13.

1079 *Bauer/Göpfert/Krieger* § 3 AGG, Rn. 37; Henssler/Willemsen/Kalb/*Rupp* § 22 AGG, Rn. 1; *Wörl* S. 115: „Indizien liegen nur vor, wenn diese keine Rückschlüsse auf eine Rechtfertigung enthalten". A.A. *Grobys* NZA 2006, 898 (899); ErfK/*Schlachter* § 22 AGG, Rn. 2; *Wichert/Zange* DB 2007, 970 (972).

1080 Vgl. Ringleb/*Kremer* Rn. 908; *Wilsing* Nr. 5.1.2 Rn. 12. Ebenso *Deilmann/Albrecht* AG 2010, 727 (729) wonach die Kodexempfehlung „der Qualitätssicherung" diene.

1081 Vgl. *Mohr* ZHR 178 (2014), 326 (366).

1082 EuGH 16.10.2007 – Rs. C-411/05 (*Palacios*), Tz. 51, NJW 2007, 3339. Däubler/Bertzbach/*Brors* § 10 AGG, Rn. 83; *Hoentzsch* S. 122; *Lingemann/Weingarth* DB 2012, 2325 (2330); *Waas* EuZW 2007, 359 (360, Fn. 17), der eine Parallele zu der Begründung des arbeitsrechtlichen Weiterbeschäftigungsanspruchs zieht. Im Zusammenhang mit Altersgrenzen von Piloten meint *Temming* S. 307, es gebe keine Klausel, die „derartig

Höchstaltersgrenzen häufig gar nicht als benachteiligend.[1083] Entsprechend wurde die Auffassung vertreten, dass „der Ruhestand im Allgemeinen weniger als Verpflichtung, sondern vielmehr als soziales Recht wahrgenommen wird".[1084] Doch wurde bereits unter dem Stichwort der begünstigenden Diskriminierung[1085] herausgearbeitet, dass das subjektive Empfinden des Betroffenen kein taugliches Kriterium bei der Feststellung einer Benachteiligung darstellt. Das hat auch hinsichtlich Höchstaltersgrenzen zu gelten. Entscheidend muss hier sein, dass das Organverhältnis ohne entsprechende Willensäußerung des Geschäftsleiters beendet wird und diesem damit die Freiheit genommen wird, zwischen Beendigung und Fortsetzung der Organtätigkeit zu wählen. Zudem finden damit auch die anstellungsvertraglichen Ansprüche und sonstigen Rechte des Geschäftsleiters ihr Ende, mögen an deren Stelle teilweise auch Ersatzleistungen treten. Diese Rechtsverkürzung muss ungeachtet des subjektiven Empfindens ausreichen, um eine Benachteiligung anzunehmen.

b. Exkurs: Anwendbarkeit des TzBfG

Vielfach wird die Gesellschaft eine Höchstaltersgrenze im Wege einer Befristung des Anstellungsverhältnisses umsetzen. Das TzBfG, folgt man der hier vertretenen Auffassung, ist auf den Geschäftsleiter nicht anwendbar, selbst wenn er den *Danosa*-Kriterien unterfällt. Dies folgt daraus, dass nach den dem TzBfG zugrundeliegenden Richtlinien[1086] die Arbeitnehmerbegriffe der Mitgliedsstaaten über den persönlichen Anwendungsbereich entscheiden.[1087] Die Anwendung des TzBfG auch auf den *Danosa*-Geschäftsleiter ist deshalb europarechtlich nicht gefordert.[1088] Weil die *Danosa*-Entscheidung lediglich eine partielle Neujustierung des deutschen Arbeitnehmerbegriffs nach sich zieht,[1089] bleibt es bei dem

---

diskriminierend wirkt wie diese Altersgrenzenklausel", da sie den Betroffenen „in die Rolle des Rentners *zwingt*".

1083 Adomeit/*Mohr* § 10 AGG, Rn.162.

1084 EuGH, Schlussanträge 15.2.2007 – Rs. C-411/05, Tz. 69, *juris*.

1085 S. oben, S. 211 f.

1086 Zum einen Richtlinie 1999/70/EG des Rates vom 28.6.1999 zu der EGB-UNICE-CEEP-Rahmenvereinbarung über befristete Arbeitsverträge (ABl. L 175 vom 10.7.1999, S. 43), zum anderen Richtlinie 97/81/EG des Rates vom 15.12.1997 zu der von UNICE, CEEP und EGB geschlossenen Rahmenvereinbarung über Teilzeitarbeiter (ABl. L 14 vom 20.1.1998, S. 9), jeweils i.V.m. § 2 Abs. 1 der jeweils zugrundeliegenden Rahmenvereinbarungen. S. dazu *Meinel/Heyn/Herms* Einl., Rn. 16.

1087 *Bauer/von Medem* NZA 2012, 945 (952).

1088 Ebenso *Miras* GWR 2012, 311 (313 f.).

1089 So bereits oben, S. 44 ff.

persönlichen Anwendungsbereich des TzBfG. Demzufolge sind auf den Geschäftsleiteranstellungsvertrag die Anforderungen, die das TzBfG an eine wirksame Befristung stellt, nicht anwendbar.

c. *Rechtfertigung*

Bei der Frage der Rechtfertigung von Ungleichbehandlungen durch Höchstaltersgrenzen stellt sich zunächst allgemein die Frage, ob Nr. 5.1.2, Abs. 2 DCGK, die dem Aufsichtsrat die Festlegung eine Altersgrenze empfiehlt, als Rechtfertigung herangezogen werden kann. Hierzu wird vertreten, die Empfehlung sei jedenfalls ein „starker Hinweis darauf, dass eine Altersgrenze auch unabhängig vom Rentenalter zulässig sein muss".[1090] Nach überzeugender Auffassung scheidet eine Kodexempfehlung jedoch als Rechtfertigung von Ungleichbehandlungen aus.[1091] Die Auslegung eines Parlamentsgesetzes wie des AGG kann nicht anhand einer Bestimmung erfolgen, die von einer außerparlamentarischen Kommission ausgeht. Zudem enthält die Kodexbestimmung keine konkreten Vorgaben an die Gesellschaft, sondern empfiehlt ihr lediglich allgemein die Einführung von Altersgrenzen. Sie kann deshalb eine im Einzelfall an den Vorgaben des AGG zu messende Rechtfertigung nicht vorwegnehmen. Es ist deshalb nicht möglich, konkrete Höchstaltersgrenzen allein mit der Existenz von Nr. 5.1.2, Abs. 2 DCGK zu rechtfertigen.

Aufgrund der unterschiedlichen Anforderungen für eine Rechtfertigung von Höchstaltersgrenzen ist nachfolgend danach zu unterscheiden, ob die Altersgrenzen sich auf die erstmalige Übernahme des Geschäftsleiteramts beziehen (z.B. „Der Geschäftsleiter darf zum Zeitpunkt der erstmaligen Bestellung das 60. Lebensjahr noch nicht vollendet haben"), auf die Wiederbestellung (z.B. „Der Geschäftsleiter darf zum Zeitpunkt der Wiederbestellung das 60. Lebensjahr noch nicht vollendet haben") oder auf die Beendigung der Tätigkeit (z.B. „Das Geschäftsleiteramt endet automatisch mit Erreichen des gesetzlichen Renteneintrittsalters").

aa. Höchstaltersgrenzen beim Eintritt

Ebenso wie das Unterschreiten eines Mindestalters dem Zugang zum Geschäftsleiteramt entgegen stehen kann, kann dies auch das Überschreiten einer Höchstaltersgrenze. Hier liegt eine Benachteiligung auf der Hand, da ein Bewerber aufgrund seines Alters gegenüber jüngeren Bewerbern ungleich behandelt wird.[1092]

1090 *Thüsing/Stiebert* NZG 2011, 641 (644).

1091 *Kort* WM 2013, 1049 (1055).

1092 *Lutter* BB 2007, 725 (726); Adomeit/*Mohr* § 10 AGG, Rn. 122.

Derartige Höchstaltersgrenzen für den Zugang zur Erwerbstätigkeit sind durch § 10 S. 3 Nr. 3 AGG erfasst, der wörtlich aus Art. 6 Abs. 1 S. 2 lit. c GleichbehRRL übernommen wurde. Demnach können zum einen „spezifische Ausbildungsanforderungen" des Geschäftsleiteramts die Höchstaltersgrenze rechtfertigen. Zum anderen kann die Altersgrenze zulässigerweise zum Ziel haben, dass eine „angemessene Beschäftigungszeit vor dem Eintritt in den Ruhestand" gewährleistet ist. Zudem ist auch beim Zugang § 10 S. 3 Nr. 5 AGG anzuwenden.[1093] Es wäre zweckwidrig, eine Höchstaltersgrenze hinsichtlich der Beendigung bei der Einstellung unberücksichtigt zu lassen. Sieht die Satzung der Gesellschaft demnach eine an das gesetzliche Renteneintrittsalter anknüpfende Höchstaltersgrenze für die Amtsausübung vor, kann diese einem Bewerber, der dieses Renteneintrittsalter bereits überschritten hat, zulässigerweise entgegen gehalten werden. Ebenso wäre es dann möglich, das gesetzliche Renteneintrittsalter ausdrücklich auch für den Eintritt als Höchstgrenze vorzusehen. Da § 10 S. 3 Nr. 5 AGG unmittelbar Altersgrenzen für die Beendigung der Tätigkeit betrifft, wird im Fortgang der Darstellung untersucht, ob und unter welchen Voraussetzungen der Rechtfertigungstatbestand im Hinblick auf Geschäftsleiter gilt.[1094]

(1) Spezifische Ausbildungsanforderungen

Über den ersten Beispieltatbestand aus § 10 S. 3 Nr. 3 AGG kann die altersbedingte Ablehnung eines Bewerbers gerechtfertigt werden, wenn der Arbeitgeber in eine langfristige Karriereentwicklung investieren und mit der Altersgrenze gewährleisten will, dass die damit verbundenen Kosten betriebswirtschaftlich sinnvoll eingesetzt sind.[1095] Investierte ein Arbeitgeber in ein mehrjähriges Programm, um seinen Führungsnachwuchs heranzubilden, wäre es nicht tragbar, wenn aufgrund des Alters des Bewerbers bereits mit einem Ausscheiden in einigen

1093 *Bauer/Arnold* ZIP 2008, 993 (1000); *Eßer/Baluch* NZG 2007, 321 (329) („unter Berücksichtigung der nach § 6 III AGG gebotenen entsprechenden Anwendung"); *Reufels/Molle* NZA-RR 2011, 281 (284); *Lutter* BB 2007, 725 (727), wonach es sinnwidrig wäre, „wenn erst der Zugang gewährt werden muss, nur um dann das Beschäftigungsverhältnis sofort beenden zu können". Vgl. auch *Bauer/Arnold* ZIP 2012, 597 (600): „Mindest- und Höchstaltersgrenzen sind geradezu ein Paradebeispiel dafür, dass sich Zugangsbedingungen i.S.d. § 2 Abs. 1 Nr. 1 AGG und Entlassungsbedingungen i.S.d. § 2 Abs. 1 Nr. 2 AGG in Einzelfällen nicht trennscharf unterscheiden lassen".

1094 S. 268 ff.

1095 Vgl. die Begründung zum Regierungsentwurf (BT-Drs. 16/1780), S. 36; *Lingemann/Müller* BB 2007, 2006 (2009); ErfK/*Schlachter* § 10 AGG, Rn. 8, die beispielhaft „High Potentials"-Programme nennt; MüKo-BGB/*Thüsing* § 10 AGG, Rn. 19 m.w.N.

Jahren zu rechnen wäre. Das Nachwuchsprogramm verfehlte dann letztlich seinen Zweck, im Unternehmen einsetzbare Führungskräfte hervorzubringen.

In Bezug auf das Geschäftsleiteramt wird zu Recht vorgebracht, dass spezifische Ausbildungsanforderungen selten überhaupt in Betracht kommen, da das Geschäftsleiteramt mit einem „training on the job" nicht zu vereinbaren sei.[1096] Ein Trainee-Programm für Berufseinsteiger,[1097] das mit der Bestellung zum Geschäftsleiter verbunden ist, ist schwer vorstellbar. Im Ergebnis ist der erste Beispieltatbestand aus § 10 S. 3 Nr. 3 AGG damit für Geschäftsleiter nicht relevant.

(2) Sicherung angemessener Beschäftigungszeit

Der zweite Beispieltatbestand aus § 10 S. 3 Nr. 3 AGG lässt eine Altersgrenze zur Gewährleistung einer angemessenen Beschäftigungsdauer zu. Auch der Zweck dieses Tatbestands ist es, eine betriebswirtschaftlich vertretbare Beschäftigungszeit zu gewährleisten.[1098] Die zentrale Auslegungsfrage ist, wann eine Beschäftigungsdauer angemessen ist.

(a) Entsprechende Anwendung der Rückzahlungsklausel-Rechtsprechung

Vertreten wird im Zusammenhang mit § 10 S. 3 Nr. 3 AGG, bei der Ermittlung der angemessenen Beschäftigungszeit von Arbeitnehmern könne an die Bindungshöchstzeiträume angeknüpft werden, die das BAG in Zusammenhang mit Rückzahlungsklauseln bei vom Arbeitgeber finanzierten Fort- und Ausbildungen aufgestellt hat.[1099] Danach kann – je nach Dauer der Fortbildung – eine Bindungsdauer zwischen einigen Monaten bis zu höchstens fünf Jahren in Betracht kommen, letzteres wenn die Aus- oder Fortbildung mehr als zwei Jahre beträgt.[1100] Übertragen auf § 10 S. 3 Nr. 3 AGG hieße das beispielweise, eine

---

1096 *Ziemons* KSzW 2013, 19 (27). Vgl. auch *Hoentzsch* S. 137, nach der die Teilnahme an einem Trainee-Programm zwar langfristig grundsätzlich für eine Organtätigkeit empfehlen kann, aber dafür eben auch nicht unabdingbar sei. Auch *Kort* WM 2013, 1049 (1052) lehnt die Anwendung von § 10 S. 3 Nr. 3 AGG in Bezug auf Geschäftsleiter ab.

1097 Solche sind von § 10 S. 3 Nr. 3 Alt. 1 AGG typischerweise erfasst (*Bauer/Göpfert/Krieger* § 10 AGG, Rn. 35; vgl. auch MüKo-BGB/*Thüsing* § 10 AGG, Rn. 22).

1098 *Bauer/Göpfert/Krieger* § 10 AGG, Rn. 32; *Wendeling-Schröder*/Stein § 10 AGG, Rn. 48.

1099 Dies vertreten *Bauer/Göpfert/Krieger* § 10 AGG, Rn. 34; MüKo-BGB/*Thüsing* § 10 AGG, Rn. 20. Krit. demgegenüber ErfK/*Schlachter* § 10 AGG, Rn. 8 (nicht mehr „als erste Anhaltspunkte"); *Wendeling-Schröder*/Stein § 10 AGG, Rn. 49 (andere Zweckrichtung). Zust. Adomeit/*Mohr* § 10 AGG, Rn. 123 („nicht vergleichbare Fallgestaltung").

1100 BAG 19.1.2011 – 3 AZR 621/08, Tz. 33 f., NZA 2012, 85; BAG 14.1.2009 – 3 AZR 900/07, Tz. 18, NZA 2009, 666 m.w.N.

Einarbeitungszeit von drei Monaten würde eine angemessene Mindestbeschäftigungszeit von zwei Jahren begründen. Eine Höchstaltersgrenze wäre in diesem Fall dann gerechtfertigt, wenn sie sicherstellt, dass der Arbeitnehmer vor dem Eintritt in das Rentenalter noch zwei Jahre für den Arbeitgeber tätig sein kann.

Verdeutlichen lässt sich dieser Vorschlag etwa an dem Beispiel von *Roland Koch*, dessen Zeit als einfaches Vorstandsmitglied beim Baukonzern *Bilfinger Berger SE* nur vier Monate betrug – was offenbar gleichsam als Einarbeitungszeit diente[1101] – und der bereits ab dem fünften Monat den Vorstandsvorsitz übernahm.[1102] Dies ist deshalb möglich, weil die Organtätigkeit nur wenige spezifische, mit der Amtserfüllung verbundene Kenntnisse voraussetzt. Die Tätigkeit als Geschäftsleiter knüpft vielmehr regelmäßig an eine vorangegangene Führungskräftelaufbahn an. Nimmt man, dem eben genannten Beispiel folgend, eine Einarbeitungszeit von vier Monaten an, käme entsprechend der BAG-Rechtsprechung zu Fort- und Ausbildungskosten eine Höchstaltersgrenze in Betracht, die lediglich zwei Jahre unter dem Renteneintrittsalter läge.[1103]

Aus diesem Beispiel wird deutlich, dass der Ansatz, die Rückzahlungsklausel-Rechtsprechung heranzuziehen, im Zusammenhang mit der Organtätigkeit wenig hilfreich ist. Das hängt damit zusammen, dass mit dem Geschäftsleiteramt selbst typischerweise nur eine verhältnismäßig kurze Einarbeitungszeit verbunden ist. Das Organmitglied treffen schon vom Tage seiner Bestellung an die Rechte und Pflichten eines Geschäftsleiters, weshalb die zur Aufgabenerfüllung unabdingbare Einarbeitung denkbar schnell abgeschlossen sein muss. Eine Bestellungsdauer wie im eben gebildeten Beispiel dürfte – außerhalb des Interims-Managements – dem Interesse der Gesellschaft selten gerecht werden.

1101 Vgl. etwa *Schumacher* Wirtschaftswoche vom 30.6.2011: „Nach vier Monaten Einarbeitung übernimmt Ex-Ministerpräsident Roland Koch die Führung beim Baukonzern Bilfinger Berger" (www.wiwo.de/5298626.html, zuletzt abgerufen am 31.8.2014).

1102 Vgl. die Pressemitteilung der *Bilfinger Berger SE* „Roland Koch wird neuer Vorstandsvorsitzender von Bilfinger Berger" vom 29.10.2010 (www.bilfinger.com/presse/pressenotizen/artikel/article/578, zuletzt abgerufen am 31.8.2014).

1103 *Bauer/Göpfert/Krieger* § 10 AGG, Rn. 34 wollen aus der Rechtsprechung eine Regel ableiten, der zufolge die Bindungsdauer „bis zu drei mal so lang sein kann, wie die Ausbildungs- und Einarbeitungszeit", was der Staffelung, die das BAG vornimmt, jedoch nicht entspricht. Legt man den Vorschlag von *Bauer*, *Göpfert* und *Krieger* zugrunde, ergäbe sich im vorliegenden Beispiel eine noch kürzere Bindungsdauer als sie das BAG bei Rückzahlungsklauseln zulässt. – Insbesondere sind mit der Einarbeitung auch keine erheblichen Kosten verbunden, die eine höhere Bindungsdauer rechtfertigen könnten (BAG 5.12.2002 – 6 AZR 539/01, NZA 2003, 559 [560] m.w.N.).

Vielmehr wird es regelmäßig im Interesse der Gesellschaft sein, eine gewisse Kontinuität der Besetzung der Leitungsämter zu gewährleisten. Nichts anderes folgt aus dem DCGK, der zwar in Nr. 5.1.2, Abs. 2 anregt, bei Erstbestellungen die Höchstbestellungsdauer von fünf Jahren aus § 84 Abs. 1 S. 1 AktG nicht stets auszuschöpfen. Doch soll dadurch lediglich gewährleistet werden, sich schneller bzw. weniger kostenintensiv vom Vorstandsmitglied lösen zu können, wenn sich die mit der Besetzungsentscheidung verbundenen Erwartungen nicht erfüllen.[1104] Auch wenn – der Kodexbestimmung folgend – die Erstbestellungsdauer von Vorstandsmitgliedern in der Praxis regelmäßig nur drei Jahre beträgt,[1105] wird die Bestellung von Geschäftsleitern typischerweise auf eine längerfristige Übernahme des Amtes angelegt sein.

(b) Meinungsbild

Hinsichtlich des Eintritts – also bei der Frage, ab wann eine Gesellschaft einen Bewerber aufgrund zu hohen Alters ablehnen darf – werden im Schrifttum nur vereinzelt konkrete Vorschläge für zulässige Altersgrenzen gemacht. Verbreitet wird demgegenüber vertreten, die Zulässigkeit einer Höchstaltersgrenze sei einzelfallabhängig und pauschale Grenzen könnten nicht gezogen werden. Insoweit dürfte es zulässig sein, auch die Meinungsäußerungen zu Höchstaltersgrenzen bei der Beendigung anzuführen. Werden schon Höchstaltersgrenzen für die Beendigung des Geschäftsleiteramtes für nicht pauschalisierbar gehalten, muss dies auch für Grenzen beim Eintritt gelten.[1106]

1104 MüKo-AktG/*Spindler* § 84 AktG, Rn. 41. Vgl. auch Ringleb/*Kremer* Rn. 902, wonach „bei internen Besetzungen bereits die Möglichkeit [bestand], sich ein Bild von den Fähigkeiten des Kandidaten zu machen", weshalb „[e]ine verkürzte erste Amtsperiode ... dann vielfach nicht erforderlich sein" wird. Spindler/Stilz/*Fleischer* § 84 AktG, Rn. 14 spricht vom „Risiko eines personellen Fehlgriffs", das durch eine kürzere Erstbestellungsdauer vermindert werden könne. Vgl. auch *Wilsing* Nr. 5.1.2, Rn. 10, wonach die Empfehlung dazu diene, sich nicht „langfristig an einen ungeeigneten Geschäftsleiter" zu binden.

1105 Hölters/*Weber* § 84 AktG, Rn. 20; *Wilsing* Nr. 5.1.2, Rn. 10 m.w.N. Diese Erstbestellungsdauer empfiehlt auch Spindler/Stilz/*Fleischer* § 84 AktG, Rn. 14.

1106 Vgl. dann *Reufels/Molle* NZA-RR 2011, 281 (285); *Wilsing/Meyer* DB 2011, 341 (343 f.); MüKo-AktG/*Spindler* § 84 AktG, Rn. 32; *Ziemons* KSzW 2013, 19 (27). Dagegen *Lutter* BB 2007, 725 (728), der aber bei der Prüfung der Angemessenheit und Erforderlichkeit selbst auf den Einzelfall bezogene Merkmale anlegt, z.B. die Größe des Unternehmens.

Nach *Lutter* hingegen ist eine Altersgrenze von 58 Jahre nicht zu beanstanden.[1107] Dem stimmen *Bauer* und *Arnold* zu und meinen darüber hinaus sei für Vorstandsmitglieder eine Grenze von 50 Jahren gerechtfertigt.[1108] Denn es müsse gewährleistet werden können, dass zwei Wiederbestellungen möglich sind. Dies sichere einerseits die „notwendige Kontinuität auf Vorstandsebene" und trage andererseits dazu bei, dass der Organwalter nicht wegen eines Rufes als „Vorstand auf Abruf" faktisch in seiner Handlungsfähigkeit beschränkt sei. *Hoentzsch* überzeugt die Berücksichtigung des Kontinuitätsaspekts; sie will allerdings nur eine mögliche Wiederbestellung berücksichtigen und hält deshalb eine Beschäftigungsdauer von 10 Jahren für angemessen.[1109] Dies reiche aus um der Gesellschaft „den notwendigen Zeitraum für Neuordnungs- und Sanierungsmaßnahmen" zu verschaffen und ihr „auch langfristige Investitionsvorhaben" zu ermöglichen. Gegen eine Berücksichtigung von Zeiträumen nach einer Wiederbestellung wird eingewandt, die Gesellschaft könne schon nicht darauf vertrauen, dass das Organmitglied auch nach Ablauf seiner Amtszeit für eine weitere Amtszeit zur Verfügung steht.[1110] *Thüsing* und *Stiebert* stellen darauf ab, dass der Geschäftsleiter seine volle anstellungsvertragliche Amtszeit erbringen können muss, was bei einer Bestellung auf fünf Jahre einer Höchstaltersgrenze bei Eintritt von 60 Jahren entspräche.[1111] Demgegenüber kann nach *Kort* der Wunsch nach einer vollen, fünfjährigen Amtszeit generell keine Rechtfertigung für eine altersbedingte Ungleichbehandlung darstellen.[1112] Nach *Schneider* und *Hohenstatt* erscheine eine Mindestbeschäftigungsdauer von drei Jahren angemessen.[1113]

(c) Stellungnahme

Wie bereits herausgearbeitet wurde[1114] können – nach dem derzeitigen Stand der Rechtsprechung des EuGH – legitime Ziele einer Ungleichbehandlung wegen

---

1107 *Lutter* BB 2007, 725 (728).

1108 *Bauer/Arnold* ZIP 2008, 993 (1000); *dies.* ZIP 2012, 597 (600).

1109 *Hoentzsch* S. 138.

1110 *Ziemons* KSzW 2013, 19 (27), die mit Blick auf Nr. 5.1.2, Abs. 2 des DCGK dem Interesse der Gesellschaft an einer Sicherung der „Kontinuität der Unternehmensleitung" keinen hohen Stellenwert beimessen will.

1111 *Thüsing/Stiebert* NZG 2011, 641 (644), die aber abhängig vom Einzelfall auch andere Altersgrenzen anzuerkennen scheinen, namentlich für den Fall eines Generationenwechsels (ebenda, S. 645).

1112 *Kort* WM 2013, 1049 (1055).

1113 Scholz/*Schneider/Hohenstatt* § 35 GmbHG, Rn. 337.

1114 S. 241 ff.

des Alters zwar allein solche sozialpolitischer Art sein. Im Rahmen von § 10 S. 3 Nr. 3 AGG bedarf es aber einer Berücksichtigung auch der berechtigten Kontinuitätsinteressen der Gesellschaft. Das legitime Ziel der altersbedingten Ungleichbehandlung legt § 10 S. 3 Nr. 3 AGG selbst fest, nämlich die Gewährleistung einer angemessenen Beschäftigungsdauer.[1115] Bei der Auslegung des unbestimmten Rechtsbegriffs der Angemessenheit müssen Kontinuitätsinteressen der Gesellschaft berücksichtigt werden können, da der Begriff nur so sachgerecht konkretisierbar ist. Dass hier gerade nicht nur sozialpolitische Zielsetzungen berücksichtigt werden können, liegt schon deshalb nahe, weil § 10 S. 3 Nr. 3 AGG auf eine sinnvolle Verwertung der Arbeitskraft gerichtet ist. Damit erkennt das Gesetz im Rahmen von § 10 S. 3 Nr. 3 AGG betriebs- und unternehmensbezogene Interessen des Arbeitsgebers selbst an.[1116]

Zunächst ist zu berücksichtigen, dass die herrschende Meinung im gesellschaftsrechtlichen Schrifttum in Bezug auf das Vorstandsmitglied von einer grundsätzlichen Mindestbestelldauer von einem Jahr ausgeht, um die Leitungsautonomie des Vorstands zu sichern.[1117] Auch unter dem Blickwinkel der Angemessenheit der Beschäftigungsdauer dürfte – unabhängig von der Rechtsform der geleiteten Gesellschaft[1118] – ein Jahr als untere Grenze anzuerkennen sein. Eine darunter liegende Amtszeit des Geschäftsleiters dürfte den Gesellschaftsinteressen in den meisten Fällen nicht gerecht werden, erscheint in dieser Zeit allenfalls die Erbringung von Interims-Aufgaben sinnvoll möglich. Darüber hinaus jedoch ist eine pauschale Festlegung einer angemessenen Beschäftigungsdauer schwerlich möglich, da die Erwartungen der Gesellschaften zu vielgestaltig sind, um sie in einer einheitlichen Mindestbeschäftigungsdauer aufgehen zu lassen. Soll nach den Plänen der Gesellschaft etwa eine grundlegende strategische Neuausrichtung des Unternehmens erfolgen, die von dem neu zu bestellenden

---

1115 Vgl. *Temming* S. 508 zu Art. 6 Abs. 1 S. 2 lit. c GleichbehRRL.

1116 Vgl. die Nachw. in Fn. 1038.

1117 *Bürgers*/Körber/*Israel* § 84 AktG, Rn. 8 („Richtwert“); Spindler/Stilz/*Fleischer* § 84 AktG, Rn. 12 m.w.N.; *Heidbüchel* WM 2004, 1317 (1318); *Lutter/Krieger/Verse* Rn. 355 (aber fünf Jahre als Regeldauer); MüKo-AktG/*Spindler* § 84 AktG, Rn. 43. A.A. *Eckardt* S. 70 (zwei Jahre).

1118 Abw. *Kort* WM 2013, 1049 (1055), der dies „allenfalls bei der AG“ anerkennen will. Denn hinter der einjährigen Mindestbestelldauer stünden aktienrechtsspezifische, auf die Sicherung der Leitungsautonomie gerichtete Gründe, weshalb eine Übertragung auf den GmbH-Geschäftsführer ausscheide. Jedoch geht es nicht darum, die Auffassung über die Mindestbestelldauer des AG-Vorstands auf den GmbH-Geschäftsführer zu übertragen. Es geht um die Festlegung einer Grenze, unterhalb derer im Regelfall eine Bestellung schlechthin nicht mehr sinnvoll ist.

Geschäftsleiter nicht nur geplant, sondern auch exekutiert werden soll, erscheinen höhere Mindestbeschäftigungszeiten eher angemessen als in einem Fall, in dem die eingeschlagene Strategie des scheidenden Geschäftsleiters lediglich weiterverfolgt werden soll.

Mit Blick auf die Gefahren, die eine zu laxe Handhabung des § 10 S. 3 Nr. 3 AGG für den Diskriminierungsschutz des Bewerbers eröffnen würde, erscheint es demgegenüber nicht vertretbar, von einer angemessenen Beschäftigungsdauer von mehr als fünf Jahren auszugehen. Das Interesse an einer möglichen Wiederbestellung muss hinter dem Interesse an einem effektiven Diskriminierungsschutz älterer Bewerber zurückstehen. Dies gilt erst recht, weil die Gesellschaft die Wiederbestellung nicht einseitig vornehmen kann, sondern sie stets der Annahme durch die zu bestellende Person bedarf.[1119] Genauso stünde es dem unbefristet bestellten GmbH-Geschäftsführer grundsätzlich frei, das Amt jederzeit niederzulegen[1120] und den Anstellungsvertrag zu kündigen. Deshalb kann es nicht überzeugen, hinsichtlich der diskriminierungsrechtlichen Beurteilung gleichsam zu unterstellen, dass der Geschäftsleiter überhaupt für mehr als fünf Jahre zur Leitung der Gesellschaft bereit ist. Als weiteres Argument lässt sich anführen, dass es der Gesellschaft bzw. der satzungsändernden Mehrheit ihrer Gesellschafter freisteht, ihre statutarischen Höchstaltersgrenzen für die Organtätigkeit auch an- oder gänzlich aufzuheben, um so eine Weiterbeschäftigung des Geschäftsleiters zu ermöglichen, wenn dies dem Gesellschaftsinteresse entspricht. Auch dies spricht dagegen, der Gesellschaft bei der Festlegung ihrer Eintrittshöchstaltersgrenze einen allzu großen Spielraum zu lassen.

Diese Auffassung findet zuletzt auch in der Entscheidung des BGH vom 23. April 2012 eine Bestätigung. Demnach verdiene der „bloße Wunsch …, die Geschäftsführer auf fünf Jahre zu bestellen … jedenfalls dann keinen Schutz, wenn der Geschäftsführer schon zuvor in diesem Amt tätig war".[1121] Ist nach Auffassung des BGH aber bei der Wiederbestellung das Interesse an einer Bestellung auf fünf weitere Jahre nicht schutzwürdig, kann bei Erstbestellung

1119 Hüffer/*Koch* § 84 AktG, Rn. 3; Wellhöfer/*Peltzer*/Müller § 18 Rn. 70 für die AG; *Bunnemann*/Zirngibl § 3 Rn. 43; Baumbach/Hueck/*Fastrich* § 6 GmbHG, Rn. 25 für die GmbH.

1120 BGH 8.2.1993 – II ZR 58/92, NJW 1993, 1198 (1199 f.); *Lohr* DStR 2002, 2173 (2175); *Wicke* § 38 GmbHG, Rn. 15. S. aber zur Amtsniederlegung zur Unzeit Lutter/Hommelhoff/*Kleindiek* § 38 GmbHG, Rn. 44. Zur Amtsniederlegung des „Einmann-Geschäftsführers" *Lohr* DStR 2002, 2173 (2176 ff.).

1121 BGH 23.4.2012 – II ZR 163/10, Tz. 56, NJW 2012, 2346.

konsequenterweise das Interesse an einer mehr als fünf Jahre betragenden Bestellung ebenso wenig schutzwürdig sein.

Es sollte daher einer Einzelfallbetrachtung überlassen bleiben, die nach § 10 S. 3 Nr. 3 AGG angemessene Beschäftigungszeit zu bestimmen. Die Bandbreite angemessener Beschäftigungszeiten liegt nach dem soeben Gesagten zwischen einem und fünf Jahren. Geht man gleichzeitig vom gesetzlichen Renteneintrittsalter als Höchstaltersgrenze für die Beschäftigung aus, läge die unterste Grenze, die dem Bewerber entgegengehalten werden könnte, bei derzeit 60 Jahren. In Anbetracht der Anhebung des Renteneintrittsalters von 65 auf 67 Jahre (§ 35 S. 2 SGB VI) und den damit korrespondierenden Übergangsregeln (§ 235 SGB VI) empfiehlt es sich, dann, wenn die Übergangsregeln in Betracht kommen, keine numerische Altersgrenze vorzusehen, sondern auf das Renteneintrittsalter nach SGB VI abzustellen.[1122] Es könnte etwa gesucht werden nach einem Bewerber, der „unter Zugrundelegung des gesetzlichen Renteneintrittsalters die Funktion des Geschäftsleiters für mindestens fünf Jahre ausüben kann". Damit wird vermieden, versehentlich eine zu hohe Altersgrenze vorzusehen und damit den Rahmen des § 10 S. 3 Nr. 3 AGG zu verlassen.

(d) Substantiierung des Gesellschaftsinteresses

Folgt man der hier vertretenen Auffassung, hängt die durch eine Altersgrenze für die erstmalige Bestellung als Geschäftsleiter zu gewährleistende angemessene Beschäftigungsdauer von den Umständen des Einzelfalls ab. Die Rechtfertigungslast trägt die Gesellschaft. Der BGH hat in der Entscheidung vom 23. April 2012 in den Blick genommen, warum die Gesellschaft den Wunsch hegte, den Geschäftsführer für weitere fünf Jahre zu bestellen und erkannte die pauschale Berufung auf einen „Umbruch im Gesundheitsmarkt" nicht als ausreichend an.[1123] Das Unternehmen habe sich auch nicht darüber erklärt, warum der angebliche Umbruch erfordert, sich langfristig an den Geschäftsführer zu binden.

Diese strengen Anforderungen an die Substantiierung des Unternehmensinteresses haben Kritik erfahren. *Hoefs* und *Rentsch* sind der Ansicht, der BGH habe damit „[d]ie Hürden für die Rechtfertigung ... unangemessen hoch angesetzt" und trage „der unternehmerischen Realität keine Rechnung".[1124] Die von der Geschäftsleitung zu stellenden strategischen Weichen erforderten einen langfristigen Planungshorizont und eine Umsetzung durch den Geschäftsleiter,

---

1122 Vgl. *Bayreuther* NJW 2011, 19 (21).

1123 BGH 23.4.2012 – II ZR 163/10, Tz. 55, NJW 2012, 2346.

1124 *Hoefs/Rentsch* DB 2012, 2733 (2737).

der sie getroffen habe. Deshalb sei „[d]as Streben nach langfristiger Führungskontinuität" ein „grundlegendes unternehmerisches Interesse" und müsse daher generelle Altersgrenzen rechtfertigen können. Jedoch hat der BGH keine grundsätzlichen Zweifel daran formuliert, dass Kontinuitätsinteressen als Rechtfertigungsgrund in Frage kommen. Es bürdet der Gesellschaft lediglich die Substantiierungslast auf, um überprüfen zu können, ob tatsächlich legitime Gründe die Ungleichbehandlung bedingen und Kontinuitätsinteressen nicht bloß vorgeschoben werden. Über die gerichtliche Kontrolldichte jedoch hat der BGH sich nicht geäußert, obwohl sie es ist, die letztlich darüber entscheidet, auf welche prozessualen Anforderungen sich die Gesellschaft bei der Überprüfung von Personalentscheidungen einzustellen hat. Ob der BGH unangemessen hohe Hürden für die Rechtfertigung setzt, ist daher aus heutiger Sicht noch nicht zu sagen.

Paefgen schlägt in diesem Zusammenhang vor, die Business Judgment Rule anzuwenden,[1125] nach welcher eine persönliche Haftung ausgeschlossen ist, solange die schadensbegründende Entscheidungen sorgfältig vorbereitet wurde. Nach *Paefgen* sei von der Legitimität der zum Zwecke der Rechtfertigung herangezogenen Unternehmensinteressen auszugehen, solange die Entscheidungsträger auf Basis angemessener Information gehandelt hätten und kein Interessenkonflikt vorliege. Nach der Rechtsprechung des BGH trifft den Anspruchsteller die Darlegungs- und Beweislast dafür, dass das Verhalten des Geschäftsleiters „möglicherweise pflichtwidrig" ist.[1126] Daraus schließt *Paefgen*, den Geschäftsleiter treffe lediglich eine sekundäre Darlegungs- und Beweislast,[1127] was allerdings nicht der herrschenden Meinung entspricht.[1128] *Paefgen* scheint seine Auffassung von der sekundären Darlegungs- und Beweislast des Anspruchstellers auch in der vorliegenden Konstellation anwenden zu wollen. Nach der herrschenden Meinung zu § 92 Abs. 2 S. 2 AktG müsste aber – wendete man die darin zum Ausdruck kommende Entscheidung entsprechend auf die

1125 *Paefgen* ZIP 2012, 1296 (1299). Zust. *Bauer/Arnold* NZG 2012, 921 (925). Krit. aber *Kort* WM 2013, 1049 (1054), da das Legalitätsprinzip die Anwendung der Business Judgment Rule einschränke. Vgl. zu der Voraussetzung einer unternehmerischen Entscheidung für die Anwendbarkeit der Business Judgment Rule *Fleischer* § 7 Rn. 53 f.; *Kocher* CCZ 2009, 215 (216 ff.); *Schäfer* ZIP 2005, 1253 (1255 ff.); MüKo-AktG/*Spindler* § 93 AktG, Rn. 41 ff.

1126 BGH 4.11.2002 – II ZR 224/00, BGHZ 152, 280 = NZG 2003, 81 (82) im Anschluss an *Goette* ZGR 1995, 648 (671 ff.).

1127 *Paefgen* NZG 2009, 891 (893 f.).

1128 Vgl. Spindler/Stilz/*Fleischer* § 93 AktG, Rn. 221; *Schlimm* S. 161 f.; MüKo-AktG/*Spindler* § 93 AktG, Rn. 181 f., jeweils m.w.N.

vorliegende Konstellation an – die Gesellschaft, die die Altersgrenze festgelegt hat, im Diskriminierungsprozess darlegen und beweisen, dass die dafür herangezogenen Gründe legitim sind.

Dieser Ansatz anerkennt einen gerichtlich nicht überprüfbaren Bereich unternehmerischer Entscheidungsmacht auch in Bezug auf die Angemessenheitsprüfung im Rahmen von § 10 S. 3 Nr. 3 AGG. Zwar ist nicht als solches mit einer prognostischen Unsicherheit behaftet, ob anstehende strategische Entscheidungen eine bestimmte Mindestbeschäftigungsdauer und eine entsprechende Höchstaltersgrenze für die Einstellung notwendig machen. Dieser Umstand würde es alleine nicht rechtfertigen, den Umfang gerichtlicher Kontrolle zu reduzieren. Es betrifft jedoch den unternehmerischen Kernbereich, ob überhaupt unternehmensinterne oder -externe Faktoren es erforderlich erscheinen lassen, Entscheidungen von unternehmenspolitischer Dimension zu treffen.[1129] Diese Frage ist ausschlaggebend, um die Angemessenheit einer Mindestbeschäftigungsdauer des mit der Unternehmensstrategie befassten Geschäftsleiters zu bestimmen. Denn nur wenn tatsächlich langfristig wirkende Entscheidungen anstehen und anschließend umgesetzt werden müssen, ist es auch gerechtfertigt, eine Ungleichbehandlung wegen des Alters mit erhöhten Kontinuitätserwartungen an die Geschäftsleitung zu rechtfertigen. *Paefgens* Ansatz ist also insoweit zuzustimmen, dass auch in Bezug auf § 10 S. 3 Nr. 3 AGG ein nicht überprüfbarer Bereich unternehmerischer Entscheidungsmacht anzuerkennen ist.

Der BGH erwartet, dass die Erwägungen der Gesellschaft, die eine langfristige Bindung an den Geschäftsleiter erforderlich machen sollen, erläutert werden. Insoweit bietet sich an, auf die Anforderungen an die Substantiierungslast zurückzugreifen, die das BAG im Recht der betriebsbedingten Kündigung entwickelt hat.[1130] Stützt sich der Arbeitgeber etwa auf einen Umsatz- oder Gewinnrückgang, trifft ihn die Darlegungs- und Beweislast für das Vorliegen dieser Umstände und dafür, dass dadurch bedingt die Beschäftigungsmöglichkeit für den betroffenen Arbeitnehmer entfallen ist.[1131] Der Arbeitgeber darf sich „nicht auf schlagwortartige Umschreibungen beschränken", sondern muss die Tatsachen so

---

1129 Vgl. etwa BAG 27.1.2011 – 2 AZR 9/10, Tz. 18, NJOZ 2011, 1370 m.w.N. Zum Begriff der unternehmerischen Entscheidung im kündigungsrechtlichen Kontext etwa ErfK/*Oetker* § 1 KSchG, Rn. 239 ff.; Moll/*Ulrich* § 43 Rn. 129 ff.

1130 Dazu MüKo-BGB/*Hergenröder* § 1 KSchG, Rn. 315; *Kaiser* NZA-Beil. 2005, 31 (37); Ascheid/Preis/Schmidt/*Kiel* § 1 KSchG, Rn. 483; ErfK/*Oetker* § 1 KSchG, Rn. 261 f.

1131 BAG 17.6.1999 – 2 AZR 141/99, BAGE 92, 71 = NJW 2000, 381 (382 f.); BAG 23.2.2012 – 2 AZR 548/10, Tz. 16, NZA 2012, 852 m.w.N.

darlegen, dass eine Überprüfung ermöglicht wird.[1132] Stützt der Arbeitgeber sich auf innerbetriebliche Gründe, etwa eine beschlossene Rationalisierungsmaßnahme, muss er darlegen und gegebenenfalls beweisen, dass eine darauf gerichtete Entscheidung vorliegt. Insofern unterliegt der gerichtlichen Überprüfung nur, ob die Entscheidung missbräuchlich ergangen ist, also „offensichtlich unsachlich, unvernünftig oder willkürlich ist".[1133] Die Übertragung dieser Grundsätze erscheint deshalb richtig, weil sie trotz Anerkennung freier unternehmerischer Entscheidungsmacht[1134] eine wirksame gerichtliche Kontrolle gewährleistet. Ähnlich wie im haftungsrechtlichen Kontext der Business Judgment Rule geht es darum, einen gewissen Bereich nicht justiziabler unternehmenspolitischer Entscheidungen zu gewährleisten, ohne der Praxis damit willkürliches Handeln zu ermöglichen.

Im vom BGH am 23. April 2012 entschiedenen Fall berief sich die Gesellschaft pauschal auf einen „Umbruch im Gesundheitsmarkt". Folgt man der hier vertretenen Auffassung, hätte die Gesellschaft darlegen müssen, welchen Entwicklungen sich der Gesundheitsmarkt ausgesetzt sieht, welche Folgen für die Gesellschaft voraussehbar sind und warum auf dieser Grundlage unternehmenspolitische Entscheidungen erforderlich sind, die auf einige Jahre eine Personalkontinuität in der Leitungsebene erforderlich machen. Diese Hürden sind hoch, aber keineswegs unangemessen hoch. Nur auf diese Weise lässt sich nachvollziehen, ob eine Mindestbeschäftigungsdauer im konkreten Fall angemessen ist. Ob die Erwägungen der Gesellschaft zweckmäßig sind oder betriebswirtschaftlich auch opportun gewesen wäre, die Marktentwicklung abzuwarten, oder das Unternehmen gar bereits für die Entwicklungen gewappnet ist, wäre demgegenüber der gerichtlichen Kontrolle verschlossen. Es geht deshalb nicht um das „richtig oder falsch" der Kontinuitätserwartung, sondern darum, ob sie auf sachlichen Erwägungen beruht, die in sich schlüssig sind und von einer hinreichenden Tatsachengrundlage getragen werden.

1132 BAG 7.12.1978 – 2 AZR 155/77, BAGE 31, 157 = NJW 1979, 1902 (1903); BAG 17.6.1999 – 2 AZR 141/99, BAGE 92, 71 = NJW 2000, 381 (382).

1133 BAG 7.7.2011 – 2 AZR 12/10, Tz. 41, NJW 2012, 475 m.w.N.

1134 Vgl. etwa BAG 22.11.2012 – 2 AZR 673/11, Tz. 16, NZA 2013, 730 zur außerordentlichen betrieblichen Kündigung wegen ordentlicher Unkündbarkeit; BAG 26.9.2002 – 2 AZR 636/01, BAGE 103, 31 = NJW 2003, 2116 (2117) zur betriebsbedingten Kündigung aufgrund einer Teilbetriebsstilllegung. Insgesamt zum Begriff der unternehmerischen Entscheidung BAG 20.2.1986 – 2 AZR 212/85, NZA 1986, 822 (834).

(3) Ergebnis

Bei der Auslegung des Begriffs der Angemessenheit im Rahmen von § 10 S. 3 Nr. 3 AGG können die betriebs- und unternehmensbezogenen Interessen der Gesellschaft berücksichtigt werden. Eine Beschäftigungsdauer von einem Jahr, die durch eine Höchstaltersgrenze abgesichert werden soll, entspricht regelmäßig den berechtigten Interessen der Gesellschaft, ohne dass diese weitere Umstände zur Rechtfertigung darlegen müsste. Darüber hinaus ist die Zulässigkeit einer Höchstaltersgrenze bis zur Absicherung einer Mindestbeschäftigungsdauer von fünf Jahren möglich, wenn sie im konkreten Einzelfall mit betriebs- und unternehmensbezogenen Interessen gerechtfertigt werden kann. In Frage kommen insoweit vor allem anstehende strategische Weichenstellungen, die vom neuen Geschäftsleiter sowohl getroffen als auch exekutiert werden sollen. Hinsichtlich des Vorliegens rechtfertigender betriebs- und unternehmensbezogener Interessen trägt die Gesellschaft die Substantiierungs- und Beweislast; mit einer schlagwortartigen Wiedergabe der Gründe ist es nicht getan.

bb. Höchstaltersgrenzen bei der Wiederbestellung

Von den auf eine Erstbestellung anwendbaren Höchstaltersgrenzen ist zu unterscheiden, wann Höchstaltersgrenzen im Falle einer Wiederbestellung des Geschäftsleiters gerechtfertigt sein können.

Hierum ging es in der Entscheidung des BGH vom 23. April 2012. Der medizinische Geschäftsführer der Krankenhaus-GmbH war für fünf Jahre bestellt worden und sollte nach dem Willen des Aufsichtsrats aus Altersgründen nicht für eine weitere Amtszeit wiederbestellt werden. Der BGH nahm an, § 10 S. 3 Nr. 3 AGG greife nach seinem Sinn und Zweck nicht, denn der Kläger sei eingearbeitet gewesen, weshalb eine unterbrechungsfreie Fortsetzung der Geschäftsleitung möglich gewesen sei.[1135] Daraus ist zu schließen, dass der Beispieltatbestand nur bei *Neu*einstellungen greifen soll.[1136] Es kommt jedoch in Betracht, dass der Regelungszweck ermöglicht, § 10 S. 3 Nr. 3 AGG in extensiver Auslegung auch auf die Wiederbestellung zu erstrecken. Auch im bestehenden Anstellungsverhältnis kann sich bei der Entscheidung über dessen Fortsetzung die Frage stellen, ob Kontinuitätserwartungen der Gesellschaft der Wiederbestellung entgegenstehen. Hat sich etwa erst gegen Ende der Amtszeit das Bedürfnis einer tiefgreifenden

---

1135 BGH 23.4.2012 – II ZR 163/10, Tz. 46, NJW 2012, 2346.

1136 So auch *Hoefs/Rentsch* DB 2013, 2733 (2736). Weiter *Kort* WM 2013, 1049 (1055), nach dem der Wunsch nach einer vollen Amtszeit generell keine Rechtfertigung für eine altersbedingte Ungleichbehandlung darstellen könne.

unternehmenspolitischen Neuausrichtung ergeben, wäre im Falle einer Wiederbestellung eines rentennahen Geschäftsleiters keine „angemessene Beschäftigungsdauer" mehr gewährleistet. Es wurde herausgearbeitet, dass gerade die zukunftsbezogenen Aufgaben des Geschäftsleiters über die Frage der Angemessenheit der Beschäftigungsdauer entscheiden. Jedoch lässt sich dieser Aspekt auch im Rahmen der Generalklausel nach § 10 S. 1, 2 AGG erfassen, weshalb kein Bedürfnis besteht, § 10 S. 3 Nr. 3 AGG über seinen Wortlaut hinaus auch auf Wiederbestellungen anzuwenden. Es ist deshalb richtig, wenn der BGH im Hinblick auf die Generalklausel und nicht im Hinblick auf § 10 S. 3 Nr. 3 AGG prüft, ob der „Umbruch auf dem Gesundheitsmarkt" geeignet ist, eine altersbedingte Ungleichbehandlung zu rechtfertigen.

Der Sache nach ergeben sich keine Unterschiede bei der Rechtfertigung. Insbesondere kommt wie dargelegt auch im bestehenden Anstellungsverhältnis in Betracht, dass berechtigte Kontinuitätserwartungen einer Wiederbestellung entgegenstehen. Faktisch wird sich die Rechtfertigungslast der Gesellschaft jedoch erhöhen. Aus dem Vortrag müsste sich ergeben, warum die bisherige Amtszeit nicht ausreichte, um zum Beispiel eine strategische Neuausrichtung in die Wege zu leiten.

cc. Höchstaltersgrenzen hinsichtlich Beendigung

Soll die Beschäftigung beendet werden, weil der Beschäftigte ein bestimmtes Höchstalter erreicht hat, bildet § 10 S. 3 Nr. 5 AGG den einschlägigen Rechtfertigungstatbestand. Knüpft die Altersgrenze indes nicht an das Renteneintrittsalter an, kann sie durch die Generalklausel aus § 10 S. 1, 2 AGG gerechtfertigt sein. Zudem kommt in Betracht, das Höchstalter als berufliche Anforderung nach § 8 AGG anzusehen.

(1) Renteneintrittsalter als Altersgrenze

Bereits vor Inkrafttreten des AGG entsprach es der Rechtsprechung des BAG, dass Altersgrenzen zulässig sind, die auf die Regelaltersgrenze abstellen.[1137] Verschiedentlich wurden hiergegen in der Literatur verfassungsrechtliche Einwände erhoben.[1138] Die Berufsfreiheit erlaube es nicht, im Sinne eines „Rotationsprinzips"

1137 BAG 11.6.1997 - 7 AZR 186/96, BAGE 86, 105 = NZA 1997, 1290.

1138 So etwa *Henssler* DB 1993, 1669 (1673 f.); *Schlüter/Belling* NZA 1988, 297 (300 ff.); *Waltermann* NZA 1994, 822 (826 ff.). Dazu ausf. Rust/Falke/*Bertelsmann* § 10 AGG, Rn. 232 ff.

Arbeitnehmer mit Erreichen des 65. Lebensjahrs automatisch und unabhängig von deren Willen zu pensionieren.[1139]

Dass auf die Regelaltersgrenze abstellende Altersgrenzen zulässig sind, wurde durch die Rechtsprechung des EuGH nicht in Frage gestellt. In der *Palacios*-Entscheidung hat der EuGH vielmehr die Rechtmäßigkeit einer entsprechenden spanischen Ruhestandsvorschrift bestätigt.[1140] Der Arbeitgeber von Herrn *Palacios de la Villa* machte geltend, dessen Arbeitsverhältnis sei beendet, da er sein 65. Lebensjahr vollendet habe und eine Altersrente beanspruchen könne. Diese Auffassung entsprach dem anwendbaren und von einer gesetzlichen Ermächtigungsgrundlage gedeckten Tarifvertrag. Der EuGH hielt die damit verbundene Ungleichbehandlung wegen des Alters für gerechtfertigt. Die streitgegenständliche Ermächtigungsgrundlage wolle den nationalen Arbeitsmarkt regulieren, was im Allgemeininteresse liege und daher rechtmäßig sei. Dabei sah der EuGH die Regelung insbesondere nicht als „übermäßige Beeinträchtigung" der Arbeitnehmerinteressen an, da „den Betroffenen am Ende ihrer beruflichen Laufbahn ein finanzieller Ausgleich in Gestalt einer Altersrente" zukomme.[1141]

Das BAG bestätigte unter Berufung auf die *Palacios*-Entscheidung seine Linie, dass auf die Regelaltersgrenze abstellende Altersgrenzen zulässig sind.[1142] Es nahm an, dass die Befristung eines Arbeitsverhältnisses durch eine tarifvertragliche Altersgrenze auch dazu diene, jüngeren Arbeitnehmern eine Beschäftigungschance zu eröffnen und deshalb in Übereinstimmung mit den Vorgaben des EuGH dem sozialpolitischen Ziel der Entlastung des Arbeitsmarkts diene.[1143]

Aus der *Palacios*-Entscheidung wurde in der Literatur zudem auf die Vereinbarkeit von § 10 S. 3 Nr. 5 AGG mit den Richtlinien geschlossen.[1144] Endgültige Klarheit über die grundsätzliche Zulässigkeit von Altersgrenzen und der Europarechtskonformität von § 10 S. 3 Nr. 5 AGG führte schließlich die *Rosenbladt* -Entscheidung des EuGH herbei.[1145] Der EuGH bejaht die Europarechtskonformität von § 10 S. 3 Nr. 5 AGG und stützt sich darauf, dass Altersgrenzen – in Übereinstimmung mit Art. 6 Abs. 1 GleichbehRRL – zulässigerweise auf einem

1139 *Waltermann* NZA 1994, 822 (828 f.).

1140 EuGH 16.10.2007 – Rs. C-411/05 (*Palacios*), NJW 2007, 3339.

1141 EuGH Rs. *Palacios* (Fn. 1140), Tz. 73.

1142 BAG 18.6.2008 – 7 AZR 116/07, Tz. 33, BAGE 127, 74 = NZA 2008, 1302.

1143 BAG 18.6.2008 (Fn. 1142), Tz. 29.

1144 *Sagan* EuZW 2007, 765.

1145 EuGH 12.10.2010 – Rs. C-45/09 (*Rosenbladt*), NJW 2010, 3767. S. zu der Entscheidung bereits oben, S. 242 f.

„Ausgleich zwischen politischen, wirtschaftlichen, sozialen, demografischen und/oder haushaltsbezogenen Erwägungen" beruhen.[1146]

Nachfolgend werden die Voraussetzungen an die Zulässigkeit einer Altersgrenze dargestellt, die an das Rentenalter anknüpfen.

(a) Anknüpfung an möglichen Altersrentenbezug

§ 10 S. 3 Nr. 5 AGG stellt auf die Möglichkeit ab, Altersrente zu beantragen und scheint damit ein rentenversicherungspflichtiges Beschäftigungsverhältnis vorauszusetzen. Ein solches besteht namentlich bei Fremdgeschäftsführern, abhängigen Gesellschafter-Geschäftsführern und arbeitnehmerähnlichen Selbständigen.[1147] Darüber hinaus wird befürwortet, § 10 S. 3 Nr. 5 AGG auch auf rentenversicherungsfreie Beschäftigungsverhältnisse zu erstrecken.[1148] Das betrifft vor allem Vorstandsmitglieder einer AG, da diese der Rentenversicherungspflicht generell nicht unterliegen (§ 1 S. 3 SGB VI). § 10 S. 3 Nr. 5 AGG ungeachtet der Rentenversicherungspflicht des jeweiligen Geschäftsleiters auf alle Geschäftsleiter anzuwenden, überzeugt deshalb, weil sich aus der *Rosenbladt*-Entscheidung schließen lässt, dass die Höhe eines bestehenden Rentenanspruchs für die Zulässigkeit der an das Renteneintrittsalter anknüpfenden Grenze unbeachtlich ist,[1149] hatte Frau *Rosenbladt* doch lediglich einen Nettoaltersrentenanspruch von rund € 230. Diese Überlegung rechtfertigt es, den Wortlaut der Norm weit zu verstehen und davon jede Bestimmung als umfasst anzusehen, die bei der Beendigung auf die Vollendung des Renteneintrittsalters abstellt. Ob

---

1146 EuGH Rs. *Rosenbladt* (Fn. 1145), Tz. 44; EuGH Rs. *Palacios* (Fn. 1140), Tz. 69.

1147 BSG 24.11.2005 – B 12 RA 1/04 R, NJW 2006, 1162; BSG 6.3.2003 – B 11 AL 25/02, GmbHR 2004, 494 (496); BSG 20.1.1990 – 11 RAr 47/88, BSGE 66, 168 = NZA 1990, 950 (951); Breithaupt/Ottersbach/*Imping* § 4 Rn. 875 ff., 879; MüKo-GmbHG/*Jaeger* § 35 GmbHG, Rn. 300 f.; Baumbach/Hueck/*Zöllner/Noack* § 35 GmbHG, Rn. 181.

1148 *Lutter* BB 2007, 725 (727); *Thüsing/Stiebert* NZG 2011, 641 (643), wonach auch ein fehlender Rentenanspruch der Rechtfertigungsmöglichkeit nicht entgegenstehe. Auch *Bauer/Arnold* ZIP 2008, 993 (1000) und *Jaeger* FS Bauer, 2010, 495 (497) nehmen dies an, begründen dies jedoch maßgeblich mit der lediglich „entsprechenden" Anwendung nach § 6 Abs. 3 AGG, die nach hier vertretener Auffassung indes kein unterschiedliches Schutzniveau rechtfertigt (s. oben, S. 230 ff.). Vgl. auch *Kort* WM 2013, 1049 (1053).

1149 So auch *Bayreuther* NJW 2011, 19 (20) mit Blick auf die Schlussanträge von Generalanwältin *Trstenjak* (EuGH, Schlussanträge vom 28.4.2010 – Rs. C-45/09, Tz. 159 ff., *juris*), wonach der Grund für „[d]ie mangelnde Auskömmlichkeit der Altersrente ... nur einen geringen Bezug mit dem Verbot der Altersdiskriminierung auf[weist]" und eine sozialrechtliche, nicht eine diskriminierungsrechtliche Frage sei.

tatsächlich ein Rentenanspruch besteht oder in welcher Höhe, ist demgegenüber unbeachtlich.[1150] Dieses Ergebnis sieht sich schließlich dadurch bestätigt, dass sonst nicht-rentenversicherungspflichtige Organvertreter stärker geschützt wären als Arbeitnehmer. Denn wendete man § 10 S. 3 Nr. 5 AGG auf Organvertreter nur dann an, wenn sie rentenversicherungspflichtig sind, könnten auf rentenversicherungsfreie Geschäftsleiter Altersgrenzen keine Anwendung finden. Nicht der gesetzlichen Rentenversicherung unterfallende Organmitglieder werden aber in aller Regel durch Versorgungszusagen der Gesellschaften abgesichert,[1151] weshalb im Vergleich zum rentenversicherungspflichtigen Organmitglied oder Arbeitnehmer keine Sachgründe für eine Differenzierung bestehen.

In diesem Zusammenhang sei bemerkt, dass, kommt Geschäftsleitern nach deutschem Verständnis die Arbeitnehmereigenschaft zu, sichergestellt sein muss, dass ihnen nach dem Tätigkeitsende Altersversorgungsleistungen zustehen. Für Arbeitnehmer hat das BAG nämlich betont, aus Art. 12 Abs. 1 GG sei ein Erfordernis wirtschaftlicher Absicherung abzuleiten.[1152] Dass ein Arbeitsverhältnis aufgrund einer privatautonom vereinbarten Altersgrenze unter Lohnfortfall ende, sei nur dann zu rechtfertigen, wenn der Arbeitnehmer anschließend durch Leistungen einer Altersversorgung abgesichert sei. Die konkrete Höhe der Leistungen sei jedoch auch hier unbeachtlich. Diese Entscheidung ist auf Nichtarbeitnehmer nicht übertragbar,[1153] da die Rechtsordnung ihnen in höherem Maße die eigenverantwortliche Alterssicherung auferlegt (vgl. schon § 1 S. 3 SGB VI).

Zusammenfassend ist festzuhalten, dass es, um eine Altersgrenze nach § 10 S. 3 Nr. 5 AGG zu rechtfertigen, unerheblich ist, ob das Beschäftigungsverhältnis rentenversicherungspflichtig oder rentenversicherungsfrei ist. Auch im Hinblick auf Geschäftsleiter, die nicht der gesetzlichen Rentenversicherung unterfallen, kann deshalb eine Altersgrenze gerechtfertigt sein.

(b) Anknüpfung an gesetzliches Renteneintrittsalter

Voraussetzung für die Anwendung von § 10 S. 3 Nr. 5 AGG ist, dass an das gesetzliche Renteneintrittsalter angeknüpft wird. Dabei ist vom frühestmöglichen

---

1150 *Bauer/Arnold* ZIP 2012, 597 (600); *Thüsing/Stiebert* NZG 2011, 641 (643); *Ziemons* KSzW 2013, 19 (26).

1151 *Jaeger* FS Bauer, 2010, 495 (497); *Uckermann* NZA 2012, 434 („Unmittelbare Pensionszusagen an beherrschende Gesellschafter-Geschäftsführer … gehören für diesen Personenkreis zum allgemeinen Vergütungsstandard"). Zum Verbreitungsgrad von Versorgungszusagen in Anstellungsverträgen etwa Fleischer/*Thüsing* § 6 Rn. 78 m.w.N.

1152 BAG 18.6.2008 – 7 AZR 116/07, Tz. 25, NZA 2008, 1302.

1153 So auch implizit *Bauer/Arnold* ZIP 2012, 597 (600, Fn. 23).

abschlagsfreien Renteneintritt auszugehen.[1154] Auch hier wird in Anbetracht der Anhebung des Renteneintrittsalters von 65 auf 67 Jahre (§ 35 S. 2 SGB VI) und den damit korrespondierenden Übergangsregeln (§ 235 SGB VI) zu empfehlen sein, auf das Renteneintrittsalter nach SGB VI zu verweisen, um nicht versehentlich eine zu niedrige Altersgrenze anzusetzen.[1155]

Weitergehend wird im Schrifttum vertreten, § 10 S. 3 Nr. 5 AGG sei so auszulegen, dass sie „jede Rente bzw. Versorgung wegen des Alters und nicht nur die gesetzliche Rente" meint.[1156] Das schlösse auch ein Renteneintrittsalter unterhalb der gesetzlichen Grenze ein, solange der Betroffene durch Renten- oder andere Versorgungsansprüche wirtschaftlich abgesichert ist. Begründet wird dies mit der Rechtsprechung des BGH[1157], der zufolge das Organmitglied nach Beendigung seiner Organstellung auf Zahlungsansprüche verwiesen werden könne, nicht aber eine tatsächliche Beschäftigung beanspruchen könne.[1158]

Dass jeder Versorgungsanspruch eine Altersgrenze nach § 10 S. 3 Nr. 5 AGG rechtfertigen kann, wird überwiegend zu Recht nicht geteilt.[1159] Das Gegenteil

---

1154 MüKo-BGB/*Thüsing* § 10 AGG, Rn. 29. A.A. Adomeit/*Mohr* § 10 AGG, Rn. 165, wonach der Vorschrift nicht zu entnehmen sei, dass sie auf „ungekürzte Renten" beschränkt sei. Dieses Verständnis würde jedoch zu dem begründungsbedürftigen und europarechtlich problematischen Ergebnis führen, dass erheblich unter der Regelaltersgrenze liegende Altersgrenzen vereinbart werden könnten (vgl. § 36 S. 2 SGB VI zur Möglichkeit der vorzeitigen Inanspruchnahme einer gekürzten Altersrente bei Erfüllung einer Wartezeit von 35 Jahren).

1155 Vgl. dazu bereits oben, S. 263.

1156 *Hoentzsch* S. 123. Ebenso Scholz/*Schneider/Hohenstatt* § 35 GmbHG, Rn. 341. Ferner *Jaeger* FS Bauer, 2010, 495 (497), da der Zweck des § 10 S. 3 Nr. 5 AGG sei, Altershöchstgrenzen zuzulassen, mit deren Erreichen der Rentenbezug sichergestellt sei. Zust. *Bauer/Arnold* ZIP 2012, 597 (601) und Hüffer/*Koch* § 76 AktG, Rn. 65, welcher für eine analoge Anwendung von § 10 S. 3 Nr. 5 AGG in Fällen der Absicherung durch eine Versorgungszusage oder Übergangsregelung eintritt. Eine solche – rein monetären Erwägungen folgende – Zwecksetzung ist der Gesetzesbegründung indes nicht zu entnehmen (s. BT-Drs. 16/1780, S. 36). Ohne Entscheidung *Kort* WM 2013, 1049 (1053), der die Rechtfertigungsmöglichkeit als durch die Rechtsprechung „ungesichert" bezeichnet.

1157 BGH 11.10.2010 – II ZR 266/08, NJW 2011, 920.

1158 *Bauer/Arnold* ZIP 2012, 597 (601).

1159 Vgl. *Kothe-Heggemann* GmbHR 2012, R197 (R198) im Anschluss an *Löw* GmbHR 2010, R305 (R306), wonach ausschließlich das gesetzliche Renteneintrittsalter gemeint sein könne. So auch *Bauer/Göpfert/Krieger* § 10 AGG, Rn. 39; *Meinel/Heyn/Herms* § 10 AGG, Rn. 78. Wohl auch *Oetker* FS Otto, 2008, 361 (377), wonach die Beendigung des Organverhältnisses mit dem Bezug von Altersruhegeld verknüpft

legt bereits der Wortlaut der Norm nahe,[1160] der von einer „Rente wegen Alters" spricht und in Hs. 2 auf § 41 SGB VI verweist, welcher sich nur auf die gesetzliche Rentenversicherung bezieht.[1161] Zudem steht die Auffassung nicht im Einklang mit der Rechtsprechung des EuGH in der Rs. *Prigge*[1162]. Darin hat der EuGH der Altersgrenze von 60 Jahren für Verkehrspiloten eine Absage erteilt, obwohl diese ausweislich des Vorlagebeschlusses des BAG eine tarifvertraglich eingeräumte Übergangsversorgung durch die *Lufthansa* als Arbeitgeberin genossen.[1163] Der EuGH maß diesem Umstand keine Bedeutung bei, sondern betonte sogar am Rande, dass die nationale Regelung das Renteneintrittsalter auf 65 Jahre festlege.[1164] Entscheidend ist demzufolge nach Auffassung des EuGH nicht, ob dem von der Altersgrenze Betroffenen zukünftig finanzielle Einbußen drohen, sondern geschützt ist gerade auch die Möglichkeit der weiteren Ausübung der Tätigkeit. Mit Blick auf die *Danosa*-Entscheidung könnte insbesondere nicht überzeugen, hinsichtlich Organmitgliedern europarechtlich andere Maßstäbe anzulegen. Es trägt deshalb nicht, sich an die Auffassung des BGH zum grundsätzlich fehlenden Weiterbeschäftigungsanspruch nach erfolgter Abberufung anlehnen zu wollen.

Weiter wird geltend gemacht, Altersgrenzen, die an einen früheren Zeitpunkt als das gesetzliche Renteneintrittsalter anknüpfen, müssten deshalb zulässig sein, weil dies interessengerecht dabei helfen würde, „Streitigkeiten über die Beendigung der Tätigkeit wegen nicht ausreichender Leistungen oder aus strategischen Erwägungen" zu verhindern.[1165] Wenn aber tatsächlich Leistungsdefizite des Geschäftsleiters vorliegen oder die Unternehmensstrategie eine Neubesetzung des Geschäftsleiteramts erfordert, kann die Gesellschaft im Einzelfall eine entsprechende Personalentscheidung treffen und hat sich gegebenenfalls vor Gericht für ihre Entscheidung zu rechtfertigen. Dies ist allemal interessengerechter, als Altersgrenzen aufgrund eines angeblich alterstypischen Leistungsabfalls in quasi beliebiger Höhe zuzulassen.

---

werden könne, womit die Leistung der gesetzlichen Rentenversicherung angesprochen wäre (s. Tilch/Arloth/*J. Winkler* „Altersruhegeld").

1160 So auch Schiek/*Schmidt* § 10 AGG, Rn. 26.

1161 Kreikebohm/*Dankelmann* § 41 SGB VI, Rn. 6; Henssler/Willemsen/Kalb/*Ricken* § 41 SGB VI, Rn. 2.

1162 EuGH 13.9.2011 – Rs. C-447/09 (*Prigge*), NJW 2011, 3209 m. Anm. *Krieger.*

1163 BAG 17.6.2009 – 7 AZR 112/08, NZA 2009, 1355 (1356).

1164 EuGH Rs. *Prigge* (Fn. 1162), Tz. 64.

1165 *Mohr* ZHR 178 (2014), 326 (366).

Bei der Anwendung von § 10 S. 3 Nr. 5 AGG kann es demnach nur auf das gesetzliche Renteneintrittsalter ankommen. Dies steht nicht im Widerspruch zu dem oben gefundenen Ergebnis, dass rentenversicherungsfreie Organmitglieder auch § 10 S. 3 Nr. 5 AGG unterfallen können, weil sie durch Versorgungszusagen der Gesellschaften abgesichert werden. Dort diente die Absicherung durch andere Versorgungssysteme lediglich als Argument dafür, dass rentenversicherungsfreie Organmitglieder keinen stärkeren Schutz verdienen als Arbeitnehmer. Dass ein Versorgungsanspruch keine Altersgrenze auch unterhalb des gesetzlichen Renteneintrittsalters rechtfertigen kann, ist ein davon unabhängiger Befund.

(c) Ergebnis

Altersgrenzen, die an das gesetzliche Renteneintrittsalter anknüpfen, sind im Einklang mit der Rechtsprechung des EuGH nach § 10 S. 3 Nr. 5 AGG zulässig. Dies gilt unabhängig davon, ob das von der Altersgrenze betroffene Organmitglied der Rentenversicherungspflicht unterliegt. Der Wortlaut von § 10 S. 3 Nr. 5 AGG ist insofern weit zu verstehen. Sonst wären nicht-rentenversicherungspflichtige Organvertreter nämlich stärker geschützt als Arbeitnehmer, da bei ersteren die Rechtfertigungsmöglichkeit des § 10 S. 3 Nr. 5 AGG nicht anwendbar wäre. Unbeachtlich ist entsprechend der *Rosenbladt*-Entscheidung des EuGH, ob tatsächlich ein Rentenanspruch besteht und in welcher Höhe. Allerdings kann nicht jede Versorgung, die der Geschäftsleiter mit Erreichen eines Alters unterhalb der gesetzlichen Renteneintrittsgrenze beanspruchen kann, eine Altersgrenze über § 10 S. 3 Nr. 5 AGG rechtfertigen. Weder wäre dies vom Wortlaut der Norm gedeckt noch stünde dies im Einklang mit der *Prigge*-Entscheidung des EuGH. Vielmehr kommt es bei § 10 S. 3 Nr. 5 AGG allein auf solche Versorgungsansprüche an, die mit Erreichen des gesetzlichen Renteneintrittsalters beansprucht werden können.

(2) Andere Altersgrenzen

Kann demnach das Renteneintrittsalter zulässigerweise als Altersgrenze dienen, müssen erst recht höhere Altersgrenzen möglich sein.[1166] Problematisch sind allerdings solche Altersgrenzen, die unter dem gesetzlichen Renteneintrittsalter liegen. Sie können wie gesehen nicht § 10 S. 3 Nr. 5 AGG unterfallen und müssen sich daher an der Generalklausel aus § 10 S. 1, 2 AGG messen lassen.[1167] Warum

1166 So auch *Hoentzsch* S. 125.

1167 *Meinel/Heyn/Herms* § 10 AGG, Rn. 80; ErfK/*Schlachter* § 10 AGG, Rn. 11; *Wendeling-Schröder*/Stein § 10 AGG, Rn. 57 m.w.N.

der Gesetzgeber in § 10 S. 3 Nr. 5 AGG an das gesetzliche Renteneintrittsalter anknüpft, ist den Gesetzesmaterialien nicht zu entnehmen. Diese beschränken sich auf den Hinweis, § 10 S. 3 Nr. 5 AGG diene „der Rechtssicherheit", indem klargestellt werde, „dass auch weiterhin das Alter bei der Beendigung von Arbeitsverhältnissen ... berücksichtigt werden kann".[1168]

Eine Rechtfertigung über § 8 Abs. 1 AGG kommt nicht in Betracht, da es sich bei dem Alter nicht um eine wesentliche und entscheidende berufliche Anforderung für einen Geschäftsleiter handelt.[1169] Dies gilt erst recht, ruft man sich die hohen Voraussetzungen in Erinnerung, die der EuGH in der *Prigge*-Entscheidung[1170] statuiert hat.[1171] Der EuGH hat schon bei Verkehrspiloten, deren physische und psychische Leistungsfähigkeit erhebliche sicherheitsrelevante Bedeutung hat, eine Altersgrenze von 60 Jahren nicht anerkannt. Deshalb können schwerlich für Geschäftsleiter großzügigere Maßstäbe gelten. Der EuGH hat in der *Prigge*-Entscheidung ausdrücklich auf die geltende Altersgrenze von 65 Jahren[1172] hingewiesen.[1173] Deshalb dürfte auch ausgeschlossen sein, dass er Höchstaltersgrenzen akzeptiert hätte, die zwischen 60 und 65 Jahren liegen.

Nach § 10 S. 1, 2 AGG muss eine Ungleichbehandlung wegen des Alters einem legitimen Ziel folgen und objektiv und angemessen sein, um gerechtfertigt zu sein. Zudem müssen die Mittel, die zur Erreichung dieses Ziels gewählt werden, verhältnismäßig sein. Nach *Schneider* und *Hohenstatt* falle eine solche Rechtfertigung schwer, da die „effektiv[e] Geschäftsführung ... regelmäßig durch mildere Mittel, bspw. Gesundheitschecks, gesichert werden" könne.[1174] Sie argumentieren mit Blick auf die *Prigge*-Entscheidung, dass die ordnungsgemäße Erfüllung der Aufgaben als Geschäftsleiter bis zum Erreichen der Regelaltersgrenze typischerweise nicht leide.[1175] Nach *Ziemons* kommt eine Rechtfertigung von

---

1168 AGG-E (Fn. 767), S. 36.

1169 *Ziemons* KSzW 2013, 19 (27). Ausf. *Kort* WM 2013, 1049 (1052).

1170 EuGH 13.9.2011 – Rs. C-447/09, NJW 2011, 3209 m. Anm. *Krieger.*

1171 Vgl. auch *Kort* WM 2013, 1049 (1052); *Ziemons* KSzW 2013, 19 (27).

1172 FCL.065 lit b. des Anhangs I der Verordnung der Kommission vom 3.11.2011 zur „Festlegung technischer Vorschriften und von Verwaltungsverfahren in Bezug auf das fliegende Personal in der Zivilluftfahrt gemäß der Verordnung (EG) Nr. 216/2008 des Europäischen Parlaments und des Rates" (Nr. 1178/2011, ABl. L 311 vom 25.11.2011, S. 1).

1173 EuGH Rs. *Prigge* (Fn.1170), Tz. 64, 73.

1174 Scholz/*Schneider*/*Hohenstatt* § 35 GmbHG, Rn. 338.

1175 Scholz/*Schneider*/*Hohenstatt* § 35 GmbHG, Rn. 340. Eine Altersgrenze von 62 Jahren komme jedoch dann in Betracht, wenn mit dem Erreichen dieses Alters eine „nicht ganz geringfügige betriebliche Altersversorgung" gewährleistet sei (ebenda, Rn. 341).

Höchstaltersgrenzen, die § 10 S. 3 Nr. 5 AGG nicht unterfallen, von vornherein nicht in Betracht.[1176] Denn sie könnten mit sozialpolitischen Zielsetzungen nicht begründet werden[1177] und seien schwerlich mit den hohen Anforderungen vereinbar, die § 10 S. 1, 2 AGG statuiere. Demgegenüber werden von anderen Vertretern verschiedentlich pauschale Altersgrenzen für zulässig gehalten, namentlich solche von 60 Jahren[1178] und von 58 Jahren.[1179]

Die hier vertretene Auffassung, dass pauschale Höchstaltersgrenzen für den Eintritt in das Unternehmen nicht zulässig sind, sondern nur im Einzelfall gerechtfertigt sein können,[1180] könnte nahelegen, dass in Bezug auf Höchstaltersgrenzen für die Ausübung der Geschäftsleitertätigkeit nichts anderes gelten kann. Sie könnten dann gleichfalls nicht pauschal, sondern nur mit Blick auf die besonderen Umstände des Einzelfalls gerechtfertigt sein. Die zu § 10 S. 3 Nr. 3 AGG entwickelten Grundsätze lassen sich jedoch nicht auf § 10 S. 1, 2 AGG übertragen. Es wurde herausgearbeitet, dass außerhalb des § 10 S. 3 Nr. 3 AGG

1176 *Ziemons* KSzW 2013, 19 (27 f.). So auch *Kort* WM 2013, 1049 (1054).

1177 So auch *Bauer/von Medem* NZA 2012, 945 (952) für den Fall, dass sich die eine sozialpolitische Rechtfertigung verlangende „Rechtsprechung des EuGH verfestigen sollte". Sie stellen exemplarisch auf das Interesse ab, Nachwuchskräften einen rascheren Aufstieg zu ermöglichen, was zwar im Sinne des Allgemeininteresses gerechtfertigt werden könne, wofür aber auch eine befristete Bestellung ausreiche. Sie hegen zudem Zweifel daran, ob eine Altersgrenze von 60 Jahren mit abnehmender Leistungsfähigkeit gerechtfertigt werden könne. Richtigerweise dürfte es sich bei dem Interesse an einem leistungsfähigen Organwalter aber um ein unternehmensbezogenes Interesse handeln und nicht um ein Allgemeinwohlinteresse, weshalb es bereits deshalb als Rechtfertigungsgrund ausscheidet.

1178 Hüffer/*Koch* § 76 AktG, Rn. 65 für den Fall, dass Versorgungszusage der Gesellschaft greife oder Übergangsversorgung sichergestellt sei; Ringleb/*Kremer* Rn. 908, der aber auch niedrigere Altersgrenzen für möglich hält. Auch *Thüsing/Stiebert* NZG 2011, 641 (644) bei fünfjähriger Beschäftigungsdauer, da die Gesellschaft absichern können müsse, dass der Geschäftsleiter die volle Vertragsdauer zur Verfügung stehe.

1179 *Bauer/Arnold* ZIP 2012, 597 (600). Auf *Lutter* BB 2007, 725 (728 f.) lässt sich diese Auffassung nicht stützen, da er die Entlassungsbedingungen bei Organmitgliedern schon nicht als vom AGG umfasst ansieht und die Altersgrenze von 58 Jahren folglich nur unter dem Blickwinkel der Einstellung betrachtet. Vgl. auch *Bauer/Arnold* ZIP 2008, 993 (1000). Dagegen *Jaeger* FS Bauer, 2010, 495 (498), da Abnahme der Leistungsfähigkeit ab diesem Alter nicht erkennbar sei. Krit. auch *Maiß* GWR 2012, 294; *Wilsing/Meyer* DB 2011, 341 (343). – Für Zulässigkeit pauschaler Altersgrenzen auch unterhalb des Renteneintrittsalters, aber ohne Benennung eines bestimmten Alters *Lingemann/Weingarth* DB 2012, 2325 (2330 f.).

1180 S. oben S. 260 ff.

nur beschäftigungspolitische Zielsetzungen für die Rechtfertigung herangezogen werden können. Die im Rahmen von § 10 S. 3 Nr. 3 AGG relevanten Umstände des Einzelfalls – etwa Kontinuitätserwartungen der Gesellschaft – können daher im Rahmen von § 10 S. 1, 2 AGG nicht herangezogen werden.

Vor diesem Hintergrund kommt eine Rechtfertigung von solchen Altersgrenzen für Geschäftsleiter, die unterhalb des gesetzlichen Renteneintrittsalters liegen, nicht in Betracht. Die nach der Rechtsprechung des EuGH einzig in Betracht kommende sozialpolitische Rechtfertigung kann im Hinblick auf sie nicht gelingen. Insbesondere aus der *Rosenbladt*-Entscheidung lässt sich nichts gewinnen, was für die Zulässigkeit unterhalb des gesetzlichen Renteneintrittsalters liegender Altersgrenzen spräche. Der EuGH hat die Europarechtskonformität des § 10 S. 3 Nr. 5 AGG entscheidend damit begründet, dass die dem Renteneintrittsalter entsprechende Altersgrenze zum einen von den Tarifpartnern festgelegt worden war, denen ein weiter Ermessensspielraum zuzubilligen sei, und zudem das Ausscheiden aus dem Berufsleben in einem Alter von 65 Jahren von einem gesellschaftlichen Konsens getragen sei.[1181] Beides trifft auf Altersgrenzen für Organmitglieder, die unterhalb des gesetzlichen Renteneintrittsalters liegen, ersichtlich nicht zu. Sie werden einseitig festgelegt und werden auch nicht von einem gesellschaftlichen Konsens getragen.

Weder über § 10 AGG noch über § 8 AGG können demnach Altersgrenzen gerechtfertigt sein, die unterhalb des gesetzlichen Renteneintrittsalters liegen. Solange der amtierende Geschäftsleiter das gesetzliche Renteneintrittsalter nicht erreicht hat, kann ein „Generationenwechsel" an der Spitze der Gesellschaft demnach nur im Einvernehmen mit dem Geschäftsleiter vorgenommen werden. Weder darf er abberufen werden noch darf seine Wiederbestellung verweigert werden aus Gründen, die im Zusammenhang mit seinem Alter stehen.

dd. Ergebnis

Höchstaltersgrenzen für Eintritt und Wiederbestellung können durch die Gesellschaft bestimmt werden, soweit sie auf eine Mindestbestell- bzw. -wiederbestelldauer von höchstens fünf Jahren gerichtet sind. Ihre Rechtfertigung hängt von den Umständen des Einzelfalls ab, wobei insofern auch betriebs- und

---

1181 EuGH 12.10.2010 – Rs. C-45/09 (*Rosenbladt*), Tz. 41, 43, NJW 2010, 3767. Vgl. auch EuGH 5.7.2012 – Rs. C-141/11 (*Hörnfeldt*), NZA 2012, 785; in dem entscheidungserheblichen Zeitraum entsprach die dort streitgegenständliche Regelung – die die Möglichkeit der einseitigen Beendigung des Arbeitsverhältnisses ohne Kündigung mit Vollendung des 67. Lebensjahrs vorsah – dem gesetzlichen Renteneintrittsalter (ebenda, Tz. 43).

unternehmensbezogene Interessen berücksichtigungsfähig sind. Auch Grenzen, die auf die Beendigung des Amtes bei Erreichen eines bestimmten Alters gerichtet sind, sind zulässig, allerdings nur insoweit, als dabei auf das gesetzliche Renteneintrittsalter abgestellt wird. Für die Umsetzung der Kodex-Empfehlung bleibt insoweit nur Raum, wenn die Gesellschaft eine Altersgrenze in Höhe mindestens der gesetzlichen Renteneintrittsaltersgrenze festlegen will.

IV. Geschlechterdiskriminierung

Die maßgeblichen Fragen in Bezug auf Ungleichbehandlungen wegen des Geschlechts haben bereits den Gegenstand der besonderen mutterschutzrechtlichen Untersuchung gebildet.[1182] In der *Danosa*-Entscheidung hat der EuGH herausgestellt, dass ein Schutz vor schwangerschaftsbedingten Kündigungen neben der MuSchRL auch durch die GleichbehandlungsRL 76/207/EWG gewährt wird. Bei der ungünstigen Behandlung wegen Schwangerschaft oder Mutterschaft handelt es sich um eine unmittelbare Benachteiligung aufgrund des Geschlechts, was der Gesetzgeber in § 3 Abs. 1 S. 2 AGG ausdrücklich klargestellt hat.

D. Rechtsfolgen eines Verstoßes

Ein Verstoß gegen das Benachteiligungsverbot aus § 7 Abs. 1 AGG zieht gemäß § 15 Abs. 1–4 AGG Entschädigungs- und Schadensersatzansprüche nach sich. Diese werfen im Hinblick auf den Geschäftsleiter keine speziellen Probleme auf. Zu untersuchen bleibt, welche Rechtsfolgen sich für Anstellungsverhältnis einerseits, Bestellungsverhältnis andererseits ergeben, wenn sich der Geschäftsleiter einer Diskriminierung ausgesetzt sieht.

I. Anspruch auf erstmalige Begründung

Unproblematisch ist noch, dass ein diskriminierter Bewerber jedenfalls keinen Anspruch auf den erstmaligen Abschluss eines Anstellungsvertrags haben kann. § 15 Abs. 6 AGG schließt einen „Anspruch auf Begründung eines Beschäftigungsverhältnisses“ ausdrücklich aus. § 15 Abs. 6 AGG begegnet insoweit keinen europarechtlichen Bedenken. Weder hat der EuGH in der Vergangenheit einen Kontrahierungszwang im Falle von Diskriminierungen im Bewerbungsverfahren gefordert noch bestimmen die Richtlinien einen solchen.[1183] Art. 17

1182 S. zum durch das AGG vermittelten Mutterschutz S. 130 ff.

1183 Vgl. bereits EuGH 10.4.1984 – Rs. C-14/83 (*von Colson*), NJW 1984, 2021 und Erwägungsgrund 17 der GleichbehRRL. Zudem Däubler/Bertzbach/*Deinert* § 15 AGG,

GleichbehRRL verlangt lediglich unspezifisch, dass „Sanktionen … wirksam, verhältnismäßig und abschreckend sein" müssen.

Mangels Kontrahierungszwangs kann im Hinblick auf das Organverhältnis auch kein Anspruch auf erstmalige Bestellung bestehen.[1184] Bereits im Rahmen der Bestimmung des sachlichen Anwendungsbereichs des AGG wurde herausgearbeitet, dass sich die *Danosa*-Entscheidung im Hinblick auf die GleichbehandlungsRL auch auf das Organverhältnis bezieht.[1185] Dem entspricht es, wenn der BGH in seiner Entscheidung vom 23. April 2012 den Standpunkt eingenommen hat, vom sachlichen Anwendungsbereich des AGG sei auch das Organverhältnis umfasst.[1186] In der Sache ergeben sich auch keine Gründe, Anstellungs- und Organverhältnis in Bezug auf § 15 Abs. 6 AGG unterschiedlich zu behandeln. Vielmehr gebietet es die Organisationsfreiheit der Gesellschafter, dass ihnen bzw. den durch sie gewählten Gremienmitgliedern die Kontrolle über die Personalauswahlentscheidung auf Organebene erhalten bleiben muss.[1187]

II. Befristung

Es fragt sich, welche Rechtsfolgen sich ergeben, wenn eine Befristung des Anstellungsvertrags oder der Bestellung auf diskriminierenden Motiven beruht.

1. Anstellungsvertrag

Soweit eine Bestimmung des Anstellungsvertrags diskriminierenden Gehalt aufweist, was vor allem in Gestalt einer diskriminierenden Befristung der Fall sein kann, ist grundsätzlich nicht der gesamte Anstellungsvertrag nach § 7 Abs. 1 AGG i.V.m. § 134 BGB nichtig, sondern lediglich die betroffene Klausel (sog. Teilnichtigkeit, vgl. § 139 Hs. 2 BGB).[1188] Zwar wird von der Nichtigkeitsfolge aus § 134 BGB grundsätzlich das gesamte Rechtsgeschäft erfasst. Nach Auffassung des BGH ist aber von Teilnichtigkeit auszugehen, wenn nicht das gesamte

---

Rn. 8; *Thüsing* Rn. 553, nach dem das AGG damit einen „vernünftigen, mit der Vertragsfreiheit des Arbeitgebers in Einklang stehenden, Kompromiss" wähle.

1184 So auch *Bauer/Arnold* ZIP 2012, 597 (604); *Reufels/Molle* NZA-RR 2011, 281 (285 f.); Scholz/*Schneider/Hohenstatt* § 35 GmbHG, Rn. 342; *Schubert* ZIP 2013, 289 (295), die darauf hinweist, dass sich auch aus anderen Normen – etwa § 826 BGB – nichts anderes ergeben könne.

1185 S. 199 ff.

1186 BGH 23.4.2012 – II ZR 163/10, Tz. 19, NJW 2012, 2346.

1187 Vgl. *Schubert* ZIP 2013, 289 (295).

1188 *Däubler*/Bertzbach § 7 AGG, Rn. 18d m.w.N.; Adomeit/*Mohr* § 7 AGG, Rn. 14; *Hoentzsch* S. 162, 167; *Meinel/Heyn/Herms* § 7 AGG, Rn. 57.

Rechtsgeschäft durch Gesetz verboten ist, sondern nur eine einzelne Bestimmung. Der BGH begründet dies damit, dass die Nichtigkeit nicht weiterreichen könne „als die tatbestandliche Erfüllung des Verbotsgesetzes“.[1189] Der durch das Gesetz vermittelte Schutz „würde in sein Gegenteil verkehrt“, würde stets der gesamte Vertrag der Nichtigkeitsfolge anheimfallen.[1190] Dem entspricht auch die Rechtsprechung des BAG, demzufolge der auf die Vermutung der Gesamtnichtigkeit gerichtete § 139 BGB nicht anwendbar ist, wenn ein Arbeitsvertrag unwirksame Klauseln aufweist und die Gültigkeit des Vertrags im Übrigen zum Zwecke des Arbeitnehmerschutzes erforderlich ist. Das BAG hat in einem Fall, in dem der Arbeitgeber weibliche und männliche Arbeitnehmer ohne rechtfertigenden Grund ungleich entlohnte, entschieden, dass nicht die günstigere Regelung nichtig ist, wie es § 139 BGB entsprochen hätte, sondern dass die geringer entlohnte Gruppe weiblicher Arbeitnehmer den höheren Lohn beanspruchen könne.[1191] Diese sog. „Angleichung nach oben“ entspricht der ständigen Rechtsprechung des BAG und wird, neben Lohnansprüchen, etwa auch auf diskriminierende Urlaubsregelungen angewendet.[1192] Um der Rechtsprechung des EuGH genügen zu können, sei die „Angleichung nach oben“ dann gerechtfertigt, wenn eine Diskriminierung „auf andere Weise ... nicht behoben werden kann“.[1193]

Nicht überzeugen kann deshalb die Auffassung, die die Aufrechterhaltung des übrigen Vertrages davon abhängig machen will, ob die Parteien den Vertrag in ähnlicher Weise auch ohne die Klausel abgeschlossen hätten.[1194] Wäre nämlich nachweisbar – z.B. unter Bezugnahme auf einen Gesellschafter- oder Aufsichtsratsbeschluss oder ein Sitzungsprotokoll –, dass für die Gesellschaft die betreffende Vertragsbedingung, etwa die Befristungsklausel, eine wesentliche Voraussetzung für den Vertragsschluss war, würde der Geschäftsleiter um den Anstellungsvertrag gebracht. Dies könnten auch Schadensersatz- und

---

1189 BGH 11.10.2007 – VII ZR 25/06, Tz. 14, NJW 2008, 55; BGH 11.1.1984 – VIII ARZ 13/83, BGHZ 89, 316 = NJW 1984, 722 (723) bzgl. gesetzeswidriger Preisabreden. Vgl. allg. Schulze/*Dörner* § 134 BGB, Rn. 10; Palandt/*Ellenberger* § 134 BGB, Rn. 13.

1190 BGH 11.1.1984 – VIII ARZ 13/83, BGHZ 89, 316 = NJW 1984, 722 (723).

1191 BAG 9.9.1981 – 5 AZR 1182/79, NJW 1982, 461 (462), wobei es das Verbot der Ungleichbehandlung aus dem allgemeinen Gleichbehandlungsgrundsatz herleitete.

1192 BAG 20.3.2012 – 9 AZR 529/10, Tz. 27 ff., NZA 2012, 803. Vgl. zur europarechtlichen Dimension EuGH 20.3.2003 – Rs. C-187/00 (*Kutz-Bauer*), NZA 2003, 506; EuGH 7.2.1991 – Rs. C-184/89 (*Nimz*), NVwZ 1991, 461.

1193 BAG 20.3.2012 (Fn. 1192), Tz. 30.

1194 *Bauer/Göpfert/Krieger* § 7 AGG, Rn. 23, die dafür etwa auf das Vorliegen einer salvatorischen Klausel abstellen wollen.

Entschädigungsansprüche nicht vollständig kompensieren; ein lückenloser Diskriminierungsschutz wäre nicht gewährleistet.[1195] Von einer Teilnichtigkeit auszugehen, entspricht schließlich auch § 7 Abs. 2 AGG, der ausdrücklich auf einzelne „Bestimmungen in Vereinbarungen" Bezug nimmt und nicht auf die gesamte Vereinbarung.

§ 15 Abs. 6 AGG widerspricht es nicht, eine Befristung als unwirksam anzusehen. Zwar wird vertreten, § 15 Abs. 6 AGG müsse auch für die Nichtverlängerung eines Vertrages gelten, dessen Befristung bereits diskriminierend war.[1196] Begründet wird dies damit, die Privatautonomie müsse sich hier durchsetzen, wolle § 15 Abs. 6 AGG doch einen Kontrahierungszwang gerade verhindern.[1197] Doch ließe dies außer Acht, dass eine Bestimmung aus diskriminierenden Motiven – in diesem Fall die Befristung – nach § 7 Abs. 2 AGG ausdrücklich unwirksam ist. Der Arbeitgeber darf sich auf die diskriminierende Handlung – sei es die Befristung oder eine Kündigung aus diskriminierenden Motiven – somit von vornherein nicht berufen können, auf § 15 Abs. 1 AGG und somit auch die Einschränkung durch § 15 Abs. 6 AGG kommt es nicht an. Auch ist es nach überzeugender Rechtsprechung des BAG „wertungsmäßig ein Unterschied, ob ein Arbeitgeber verpflichtet ist, einen von ihm abgelehnten Arbeitnehmer einzustellen ..., oder ob er verpflichtet ist, einen Arbeitnehmer, den er aus eigener Willensentscheidung auf einer bestimmten Position eingestellt hat, weiterzubeschäftigen".[1198] Deshalb verbietet sich eine extensive Anwendung von § 15 Abs. 6 AGG.[1199] § 15 Abs. 6 AGG steht demnach nur entgegen, dem Arbeitgeber eine Verlängerung aufzuzwingen, die aus diskriminierenden Motiven unterblieben ist, nicht aber steht sie der Unwirksamkeitsfolge einer diskriminierenden Kündigung oder Befristung entgegen.

Ein besonderes Problem stellt sich jedoch im Hinblick darauf, dass die Befristung des Anstellungsvertrags gemäß gesellschaftsrechtlicher Vorschriften teilweise zwingend ist, namentlich in Bezug auf die AG (§ 84 Abs. 1 S. 5, 1 AktG) und die dualistische SE (Art. 46 Abs. 1 SE-VO). Eine Befristung kann deshalb jedenfalls nicht ersatzlos unwirksam sein, führte man sonst einen

---

1195 Ähnlich *Hoentzsch* S. 165 ff. in Bezug auf das Organverhältnis.

1196 LAG Hamm 26.2.2009 – 17 Sa 923/08, Tz. 118, *juris* (obiter dictum). Ihm folgen *Bauer/Göpfert/Krieger* § 15 AGG, Rn. 68.

1197 LAG Hamm 26.2.2009 – 17 Sa 923/08, Tz. 118, *juris*.

1198 BAG 6.4.2011 – 7 AZR 524/09, Tz. 34, NJW 2011, 3113.

1199 Ebenso *Hoentzsch* S. 167; *Preis/Sagan* ZGR 2013, 26 (72). Insoweit auch *Meinel/Heyn/Herms* § 15 AGG, Rn. 102: Befristung sei „selbstverständlich" unwirksam, wenn sie aus diskriminierenden Motiven vereinbart wurde.

gesellschaftsrechtswidrigen Zustand herbei. Erfolgte die Befristung aus diskriminierenden Motiven, kann deshalb nur fingiert werden, sie sei für die Höchstdauer (fünf Jahre bei der AG bzw. sechs Jahre bei der SE) vorgenommen worden. Wird deshalb der Anstellungsvertrag eines 57-Jährigen nur für drei Jahre abgeschlossen bzw. verlängert, damit ein neuer Geschäftsleiter eingesetzt werden kann, sobald die in der Satzung vorgesehene Altersgrenze von 60 Jahren erreicht ist, muss fingiert werden, die Befristung sei für fünf bzw. sechs Jahre erfolgt. Im Ergebnis läuft dies auf eine geltungserhaltende Reduktion diskriminierender Vereinbarungen hinaus, die normalerweise ausgeschlossen ist.[1200] Im vorliegenden Fall ist sie aufgrund besonderer gesellschaftsrechtlicher Wertungen aber vorzunehmen. Sonst würde die Diskriminierungskontrolle Ergebnisse hervorrufen, die mit dem Gesellschaftsrecht nicht im Einklang stünden.

2. *Organverhältnis*

Auch die Befristung der Bestellung, damit das Organverhältnis des Geschäftsleiters bei Erreichen eines bestimmten Alters eo ipso beendet wird, kann auf einem diskriminierenden Motiv beruhen. Die für das Anstellungsverhältnis gefundenen Ergebnisse sind entsprechend auf das Organverhältnis anzuwenden. Die Befristung ist unwirksam, der Geschäftsleiter bleibt im Amt. Soweit eine Befristung zwingend ist (§ 84 Abs. 1 S. 1 AktG, Art. 46 Abs. 1 SE-VO), wird fingiert, diese sei für die Höchstdauer vorgenommen worden.

Es sind keine Gründe ersichtlich, die für ein anderes Ergebnis streiten. Die Organisationsfreiheit der Gesellschafter wird hierdurch zwar in einem wichtigen Punkt, der Besetzung des Geschäftsleiteramts, eingeschränkt. Doch kann der Gesellschaft zugemutet werden, diese Einschränkung hinzunehmen. Die Unwirksamkeit bzw. Verlängerung der Befristung hat nur zur Folge, dass die Gesellschafter die Bindung an ihren Geschäftsleiter nicht aus diskriminierenden Motiven aufgeben darf. Die Intensität dieses Eingriffs in die Organisationsfreiheit ist gering, denn zum einen haben die Gesellschafter bzw. hat das zur Personalauswahl berufene Organ den Geschäftsleiter einmal als geeignet für die

---

1200 Henssler/Willemsen/Kalb/*Rupp* § 7 AGG, Rn. 4; Adomeit/*Mohr* § 7 AGG, Rn. 15 m.w.N.; *Thüsing* Rn. 493. Nicht ausgeschlossen ist eine geltungserhaltende Reduktion aber etwa bei einer Überschreitung der zeitlichen Grenzen eines nachvertraglichen Wettbewerbsverbots (BGH 8.5.2000 – II ZR 308/98, NJW 2000, 2584, 2585). Zudem ist eine ergänzende Vertragsauslegung etwa im Falle unwirksamer Entgeltklauseln anerkannt (Däubler/Bertzbach/*Deinert* § 7 AGG, Rn. 104a ff.; Adomeit/*Mohr* § 7 AGG, Rn. 17).

Leitung der Gesellschaft angesehen. Der Geschäftsleiter wird der Gesellschaft demnach nicht in einem Maße aufgezwungen, wie dies bei einem Anspruch auf erstmalige Bestellung der Fall wäre. Zum anderen bleibt die Organisationsfreiheit insoweit unberührt, als die Möglichkeit fortbesteht, den Geschäftsleiter vorzeitig aus wichtigem Grund abzuberufen, etwa im Falle von Leistungsdefiziten.

III. Anspruch auf Verlängerung

Unterlässt es die Gesellschaft aus diskriminierenden Gründen, das Anstellungsverhältnis zu verlängern oder ihren Geschäftsleiter wiederzubestellen, stellt sich die Frage, welche Rechtsfolgen sich hieraus ergeben können.

In dem vom BGH in seiner Entscheidung vom 23. April 2012 behandelten Fall lag weder eine Kündigung vor noch wurde festgestellt, dass bereits die Befristung des Anstellungsvertrags diskriminierend war. Es lagen keine Anhaltspunkte dafür vor, dass bereits die Vereinbarung der Befristung als solche diskriminierend war, weshalb die Befristungsabrede nicht nach § 7 Abs. 1 AGG i.V.m. § 134 BGB unwirksam sein konnte. Den Vorwurf einer Diskriminierung traf die Gesellschaft erst, als sich der Aufsichtsrat gegen eine Verlängerung des Anstellungsvertrags des Klägers entschieden und einem jüngeren Bewerber den Vorzug gegeben hatte. Der Kläger forderte Schadensersatz und Entschädigung, weshalb sich der BGH nicht mit der Frage zu befassen hatte, ob der Kläger eine Verlängerung seines Anstellungs- und Organverhältnisses hätte beanspruchen können. Das Problem hat sich in der Praxis auch bereits dergestalt ergeben, dass ein befristeter Arbeitsvertrag aufgrund Schwangerschaft nicht verlängert wurde, wobei auch hier lediglich Geldersatz gefordert wurde.[1201]

1. Anstellungsvertrag

Im Hinblick auf den vom BGH entschiedenen Fall hätte der Kläger die Verlängerung seines Anstellungsvertrags möglicherweise im Wege der Naturalrestitution auf § 15 Abs. 1 AGG i.V.m. § 249 BGB stützen können. Dass § 15 Abs. 1 AGG einen Ausgleich im Wege der Naturalrestitution erlaubt, ist im Grundsatz unumstritten.[1202] Daraus könnte auch ein Anspruch auf Verlängerung des Anstellungsvertrags erwachsen, sofern dem § 15 Abs. 6 AGG nicht entgegensteht.

1201 ArbG Mainz 2.9.2008 – 3 Ca 1133/08, *juris*.

1202 Rust/Falke/*Bücker* § 15 AGG, Rn. 18; Adomeit/*Mohr* § 15 AGG, Rn. 32; MüHdb-ArbR/*Oetker* § 15 Rn. 51. Auch *Bauer/Göpfert/Krieger* § 15 AGG, Rn. 23, die aber auf § 15 Abs. 6 AGG hinweisen, dazu sogleich. *Stoffels* RdA 2009, 204 (211) ist der

Einem anderen Ansatz folgend könnte im Falle der Nichtverlängerung statt auf § 15 AGG auf die Rechtsfolge aus § 16 S. 1 TzBfG abzustellen sein, demzufolge sich das befristete Anstellungsverhältnis in ein unbefristetes umwandeln würde.[1203] Auf Rechtsfolgenseite passt § 16 S. 1 TzBfG bei der Nichtverlängerung eines Anstellungsvertrags aus diskriminierenden Motiven, da die Nichtverlängerung denknotwendig eine vorhergehende Befristung des Anstellungsvertrags voraussetzt. Doch müsste sich auch diese Rechtsfolge, die nämlich noch weiter führt als eine bloß einmalige „Zwangsverlängerung" nach § 15 Abs. 1 AGG i.V.m. § 249 BGB, der Frage stellen, ob sie sich mit § 15 Abs. 6 AGG vereinbaren lässt. Zudem würde sie im Falle einer vorgeschriebenen Befristung (§ 84 Abs. 1 S. 5, 2 AktG, Art. 46 Abs. 1 SE-VO) zu einem Ergebnis führen, das gesellschaftsrechtlich unzulässig wäre. Die entsprechende Anwendung von § 16 S. 1 TzBfG ist daher abzulehnen.

Ob § 15 Abs. 6 AGG einem Zwang zur Vertragsfortsetzung entgegensteht, ist höchstrichterlich bislang nicht entschieden worden.[1204] In der Literatur wird nahezu einhellig vertreten, § 15 Abs. 6 AGG müsse auch für diese Konstellation gelten. Eine diskriminierende Nichtverlängerung eines Vertrags könne deshalb keinen Kontrahierungszwang begründen.[1205] Dies folge aus dem Sinn und Zweck der Norm, welche einen Zwang zum Vertragsschluss zu verhindern suche.[1206] Vereinzelt wird dem ein Wertungswiderspruch zu § 16 S. 1 TzBfG entgegengehalten, woraus geschlossen wird, dass § 15 Abs. 6 AGG einem Rechtsanspruch auf Verlängerung nicht entgegenstehen könne.[1207] Ziehe eine unwirksame Befristung nach dem TzBfG ein unbefristetes Arbeitsverhältnis nach sich, müsse „unter dem Aspekt der Privatautonomie des Arbeitgebers" auch eine diskriminierende Nichtverlängerung einen solchen Rechtsanspruch begründen. Andere sehen diesen Wertungswiderspruch nicht, da § 16 TzBfG nur die unwirksame

---

Meinung, ein Ausgleich könne nur „in den seltensten Fällen im Wege der Naturalrestitution" erfolgen.

1203 *Wank* AP AGG § 22 Nr. 6 (Ziff. II).

1204 In Bezug auf Arbeitnehmer offen gelassen durch BAG 13.8.2008 – 7 AZR 513/07, Tz. 24, NZA 2009, 27. Auch in LAG Rheinland-Pfalz 13.8.2010 – 9 Sa 193/10, *juris* konnte die Entscheidung dahinstehen.

1205 *Bauer/Göpfert/Krieger* § 15 AGG, Rn. 68; *Diller/Kern* FA 2007, 103 (104) zur Nichtverlängerung eines befristeten Arbeitsvertrags wegen Schwangerschaft; *Hanau* ZIP 2006, 2189 (2201); *Meinel/Heyn/Herms* § 15 AGG, Rn. 102; Adomeit/*Mohr* § 15 AGG, Rn. 151; *Preis/Sagan* ZGR 2013, 26 (72); Wendeling-Schröder/*Stein* § 15 AGG, Rn. 97; *Stoffels* RdA 2009, 204 (214) m.w.N.

1206 *Meinel/Heyn/Herms* § 15 AGG, Rn. 102; *Stoffels* RdA 2009, 204 (214).

1207 Schleusener/Suckow/*Voigt* § 15 AGG, Rn. 87.

Befristungsabrede erfasse[1208] und der Fall einer Nichtverlängerung eines Vertrags ihrer fehlenden Begründung nicht gleichgesetzt werden könne[1209].

Mit Blick auf den eindeutigen Wortlaut des § 15 Abs. 6 AGG und der mangelnden europarechtlichen Forderung eines Kontrahierungszwangs ist der nahezu einhelligen Auffassung in der Literatur beizutreten. Die Nichtverlängerung aus diskriminierenden Motiven kann nicht mit der diskriminierenden Befristungsabrede und Kündigung gleichgesetzt werden. Insofern ist der Geschäftsleiter, dessen Anstellungsvertrag nicht verlängert wird, auf Geldansprüche nach § 15 Abs. 1, 2 AGG zu verweisen. Wegen der erheblichen Forderungen, die dies gerade im Hinblick auf Geschäftsleiter nach sich ziehen kann, entfaltet dies eine abschreckende Sanktion. Für die hier entscheidenden Fälle kann zudem von vornherein kein Wertungswiderspruch zu § 16 TzBfG bestehen, weil das TzBfG, folgt man der hier vertretenen Auffassung, auf den Geschäftsleiter nicht anwendbar ist.[1210] Selbst wenn das TzBfG anwendbar wäre, begründete dies keinen Wertungswiderspruch. Der Gesetzgeber hat sich mit § 16 S. 1 TzBfG für eine Sonderregelung im Falle unwirksamer Befristungen entschieden, die das AGG nicht vorsieht. Vielmehr ist der Gesetzgeber offenbar davon ausgegangen, dass das Rechtsfolgenregime des AGG zur Effektuierung des Diskriminierungsschutzes ausreichend ist. Mit § 15 Abs. 6 AGG bringt er zum Ausdruck, dass ein weitergehender Eingriff in die Privatautonomie des Arbeitgebers – anders als bei § 16 S. 1 TzBfG – nicht erfolgen soll. Aus dem AGG kann somit kein Anspruch auf Verlängerung des Anstellungsvertrags folgen.

2. *Organverhältnis*

Diese Grundsätze haben gleichermaßen für die Wiederbestellung zu gelten. Die aus diskriminierenden Motiven unterlassene Wiederbestellung hat als Nichtverlängerung des Organverhältnisses ebenfalls unter § 15 Abs. 6 AGG zu fallen.[1211] § 15 Abs. 6 AGG ist extensiv auch auf diesen Fall zu erstrecken. Es folgt aus der Privatautonomie, welcher ausweislich § 15 Abs. 6 AGG im Fall von Diskriminierungen der Vorrang gebührt, dass sich die Organisationsfreiheit der Gesellschafter durchsetzen muss. Es ist kein Grund ersichtlich, Anstellungs- und

1208 *Meinel/Heyn/Herms* § 15 AGG, Rn. 102.

1209 Adomeit/*Mohr* § 15 AGG, Rn. 151. Tendenziell auch Wendeling-Schröder/*Stein* § 15 AGG, Rn. 97.

1210 S. hierzu bereits oben, S. 254 f.

1211 So auch *Bauer/Arnold* ZIP 2012, 597 (604); *Kort* WM 2013, 1049 (1055); *Schubert* ZIP 2013, 289 (295).

Organverhältnis hier abweichend zu behandeln. Im Gegenteil wäre es in der Sache nicht überzeugend, gestützt auf das AGG einen Zustand zu ermöglichen, in dem die organschaftliche Stellung als Geschäftsleiter nicht von einem Anstellungsvertrag begleitet wird. Wohl aber kann es sich auf die Höhe der Entschädigung, die dem ehemaligen Geschäftsleiter nach § 15 Abs. 2 AGG zusteht, auswirken, dass infolge einer Diskriminierung weder sein Anstellungsvertrag verlängert wurde noch eine Wiederbestellung erfolgte. Denn der Geschäftsleiter hat neben seinen vertraglichen Ansprüchen auch seine Organstellung verloren, welche ihm etwa einen zusätzlichen Bestandsschutz durch das Erfordernis eines wichtigen Grundes für die Abberufung vermittelte.

IV. Beendigung

1. Anstellungsvertrag

Wie sich aus den bisherigen Ergebnissen ergibt, unterfällt auch die Kündigung des Anstellungsvertrags dem sachlichen Anwendungsbereich des AGG. § 2 Abs. 4 AGG steht dem nicht entgegen.[1212] Daraus ergibt sich die Frage, welche Rechtsfolgen aus einer diskriminierenden Kündigung resultieren.

Zwar kennt § 7 Abs. 2 AGG eine ausdrückliche Unwirksamkeitsfolge, bezieht sich dabei aber nur auf „Bestimmungen in Vereinbarungen" und nicht auf Rechtsgeschäfte insgesamt. Da gemäß § 32 AGG das AGG nicht abschließend ist, sind hinsichtlich der Rechtsfolgen jedoch auch Vorschriften des BGB anwendbar.[1213] Deshalb kommt in Frage, auf §§ 138, 242 BGB zurückzugreifen und darüber die Unwirksamkeit einer diskriminierenden Kündigung konstruktiv zu begründen.[1214] Die Vertreter dieser Auffassung argumentieren, die zivilrechtlichen Generalklauseln ermöglichten im Wege einer europarechtskonformen Auslegung, auch die materiellen Diskriminierungsverbote aufzunehmen.[1215]

1212 S. hierzu S. 205 ff.

1213 *Thüsing* Rn. 492. Vgl. auch Adomeit/*Mohr* § 32 AGG, Rn. 1 und BT-Drs. 16/1780, S. 34, wonach „[s]onstige Unwirksamkeits- oder Nichtigkeitsgründe" durch § 7 Abs. 2 AGG „nicht berührt" werden sollen.

1214 *Hamacher/Ulrich* NZA 2007, 657 (661); *Kock* ZIP 2006, 1551 (1552); *Schubert* ZIP 2013, 289 (293 f.); Moll/*Vossen* § 43 Rn. 42. So auch *Hanau* ZIP 2006, 2189 (2192), der allgemein auf die „zivilrechtlichen Generalklauseln" abstellt. Ähnl. *Oberthür* NZA 2011, 253 (257): „aus dem Diskriminierungsrecht abgeleitete[s] Kündigungsverbot". In diese Richtung auch BGH 23.4.2012 – II ZR 163/10, Tz. 23, NJW 2012, 2346. Unentschieden Scholz/*Schneider/Hohenstatt* § 35 GmbHG, Rn. 343.

1215 *Hanau* ZIP 2006, 2189 (2192).

Folgt man jedoch der hier vertretenen Auffassung zu § 2 Abs. 4 AGG, bedarf es eines solchen Rückgriffs nicht. Dann kann nämlich die Unwirksamkeit mit § 7 Abs. 1 AGG i.V.m. § 134 BGB begründet werden.

§ 7 Abs. 1 AGG ist Verbotsgesetz,[1216] weshalb eine diskriminierende Kündigung gemäß § 134 BGB nichtig ist.[1217] Diese Auffassung lässt sich auf die Gesetzesbegründung stützen, wonach „einseitige Rechtsgeschäfte, die gegen das gesetzliche Benachteiligungsverbot verstoßen, nach § 134 BGB grundsätzlich nichtig sind“, wobei sogar ausdrücklich diskriminierende Kündigungen als Beispiel genannt werden.[1218] Dem entspricht auch die bereits im Zusammenhang mit § 2 Abs. 4 AGG behandelte Entscheidung des BAG zur Ungleichbehandlung aufgrund einer symptomlosen HIV-Erkrankung. Da das KSchG in dem zugrundeliegenden Fall noch keine Anwendung fand, leitete das BAG die Unwirksamkeit der ordentlichen Kündigung aus § 7 Abs. 1 AGG i.V.m. § 134 BGB ab.[1219] Dem liegt die Überlegung zugrunde, dass ein effektiver Schutz vor einer verbotenen Handlung nur zu erreichen ist, wenn ihr die rechtliche Wirkung versagt wird. Ähnlich hat dies der BGH jüngst im Zusammenhang mit dem Schwarzarbeitsbekämpfungsgesetz (SchwarzArbG) betont.[1220] Obgleich Schwarzarbeit mit der Bußgeldandrohung in § 8 SchwarzArbG bereits empfindliche finanzielle Nachteile zur Folge haben kann, spreche dies nicht gegen die Verbotsgesetzqualität des Gesetzes. Im Anschluss an *Armbrüster* vertritt der BGH vielmehr die Auffassung, das SchwarzArbG wolle „nicht nur den tatsächlichen Vorgang der Schwarzarbeit eindämmen, sondern im Interesse der wirtschaftlichen Ordnung den zu Grunde liegenden Rechtsgeschäften die rechtliche Wirkung nehmen“.[1221] Dass § 15 Abs. 1–4 AGG dem Diskriminierten Geldansprüche gewährt und bereits daraus ein gewisser Abschreckungseffekt folgt, kann der Annahme einer Unwirksamkeit des Rechtsgeschäfts daher nicht entgegenstehen. Vielmehr ist vor dem

---

1216 *Annuß* BB 2006, 1629 (1634); *Herms/Meinel* DB 2004, 2370 (2372); Prütting/Wegen/Weinreich/*Lingemann* § 7 AGG, Rn. 7; Adomeit/*Mohr* § 7 AGG, Rn. 3; *Sagan* NZA 2006, 1257 (1259); *Thüsing* Rn. 493.

1217 So auch *Sagan* NZA 2006, 1257 (1259). Deshalb kommt § 7 Abs. 2 AGG auch nur deklaratorische Bedeutung zu (BT-Drs. 16/1780, S. 34). Dass es der Unwirksamkeitsfolge bedürfe, ergebe sich laut *Sagan* daraus, dass „eine diskriminierende Kündigung einer sozial ungerechtfertigten und deshalb nach § 1 I KSchG unwirksamen Kündigung nach Art und Schwere der Rechtsverletzung nicht nachsteht“ (ebenda, S. 1259).

1218 BT-Drs. 16/1780, S. 47.

1219 BAG 19.12.2013 – 6 AZR 190/12, Tz. 14, 22, NZA 2014, 372.

1220 BGH 1.8.2013 – VII ZR 6/13, Tz. 15, NJW 2013, 3167.

1221 BGH 1.8.2013 (Fn. 1220), Tz. 17.

Hintergrund der *Danosa*-Entscheidung die Unwirksamkeitsfolge zwingend. Der EuGH hat ausdrücklich den Schutz von Frau *Danosa* vor der Kündigung gefordert, selbst wenn sie lediglich dem Schutz der GleichbehandlungsRL unterfiele.[1222] Ihr Schadensersatz- oder Entschädigungsleistungen nach § 15 AGG zuzubilligen genügte dem nicht, da diese keinen Schutz gegen die Kündigung selbst bieten. Auch könnte es mit Blick auf die in dieser Untersuchung bereits gefundenen Ergebnisse nicht überzeugen, die Kündigung des Anstellungsvertrags aufgrund der Schwangerschaft der Geschäftsleiterin für unwirksam zu erklären, ihr aber im Falle einer Kündigung aus anderen unmittelbar geschlechtsbezogenen Gründen lediglich einen Schadensersatz- und Entschädigungsanspruch zuzusprechen.

2. *Organverhältnis*

Problematisch ist hingegen die Übertragung der Grundsätze zur Kündigung des Anstellungsvertrags auf die Abberufung. Ob auch der Abberufungsbeschluss unwirksam ist, wurde im allgemeinen diskriminierungsrechtlichen Kontext – anders als im Hinblick auf die MuSchRL[1223] – bislang nur selten thematisiert. Dies lässt sich damit erklären, dass entgegen der hier vertretenen Auffassung vielfach die Beendigung des Organverhältnisses wegen §§ 2 Abs. 4, 6 Abs. 3 AGG als von vornherein nicht vom Schutzbereich des AGG erfasst angesehen wird.[1224]

a. Meinungsbild

Nach einer Meinung hat ein Verstoß gegen § 7 Abs. 1 AGG bei der Beschlussfassung die Unwirksamkeit des Abberufungsbeschlusses zur Folge.[1225] Ein Verstoß gegen das Diskriminierungsverbot müsse nämlich bei allen Entscheidungen berücksichtigt werden, die vom Anwendungsbereich des AGG erfasst seien.[1226] Insbesondere stünde dem auch § 15 Abs. 6 AGG nicht entgegen, da die Abberufung eben nicht die Begründung des Organverhältnisses betreffe.[1227] Aus § 2 Abs. 4 AGG soll sich nichts Abweichendes ergeben, da diese Norm lediglich das

---

1222 EuGH 11.11.2010 – Rs. C-232/09 (*Danosa*), Tz. 64, 66, NJW 2011, 2343.

1223 Dazu ausf. oben, S. 140 ff.

1224 Vgl. MüKo-GmbHG/*Stephan/Tieves* § 38 GmbHG, Rn. 8; Baumbach/Hueck/*Zöllner/Noack* § 38 GmbHG, Rn. 6a, jeweils m.w.N.

1225 *Hoentzsch* S. 162 ff.; *Kort* WM 2013, 1049 (1056).

1226 *Hoentzsch* S. 162.

1227 *Kort* WM 2013, 1049 (1056).

Verhältnis des AGG zum KSchG und besonderen Kündigungsschutz regele und sich aus ihr nichts für das Schicksal des Organverhältnisses ableiten lasse.[1228]

Nach der Gegenmeinung berührt eine Diskriminierung die Wirksamkeit des Abberufungsbeschlusses nicht.[1229] Ihre Vertreter begründen sie zum einen mit dem Grundsatz der freien Abberufbarkeit aus § 38 Abs. 1 GmbHG und der Systematik zu § 84 Abs. 3 AktG.[1230] Zum anderen wird argumentiert, aus dem AGG könne die Unwirksamkeit einer Abberufung deshalb nicht abgeleitet werden, weil es nur Sekundäransprüche vorsehe[1231] bzw. gerade keinen Kontrahierungszwang[1232]. Zudem wird eingewandt, die Kapitalverkehrsfreiheit nach Art. 63 AEUV müsse auch die diskriminierende Abberufung rechtfertigen.[1233] Denn die Nichtigkeitsfolge würde sonst eine unverhältnismäßig hohe Belastung für die Anteilseigner bedeuten, da sie daran gehindert wären, über Geschäftsführungsbefugnis und Vertretungsmacht frei zu befinden. Zudem seien Schadensersatz- und Entschädigungsansprüche ausreichend, um eine Diskriminierung wirksam und verhältnismäßig zu sanktionieren.[1234]

Diese Auffassung kann sich durch die Ausführungen des BGH vom 23. April 2012 bestätigt sehen. Der BGH führt obiter aus, § 6 Abs. 3 AGG sei darauf gerichtet, den für die Entlassung „zuständigen Gesellschaftsorganen eine weitgehend freie, nur am Unternehmenswohl orientierte und allein an der Grenze der Sittenwidrigkeit und des Verstoßes gegen Treu und Glauben zu messende Entscheidung zu ermöglichen".[1235] Damit ähnelt die Auffassung des BGH einer in der Literatur vertretenen Auffassung, wonach im Ausnahmefall eine diskriminierenden Motiven folgende Abberufung nach §§ 138, 242 BGB unwirksam sein

---

1228 *Schubert* ZIP 2013, 289 (293). Sie vertritt jedoch, die Abberufung des Geschäftsleiters sei gleichwohl wirksam, s. sogleich.

1229 *Hohenstatt/Naber* ZIP 2012, 1989 (1993); *Horstmeier* GmbHR 2007, 125 (128); Hüffer/*Koch* § 76 AktG, Rn. 63; Scholz/*Schneider/Hohenstatt* § 35 GmbHG, Rn. 343; *Schubert* ZIP 2013, 289 (293); *Ziemons* KSzW 2013, 19 (26). Vgl. zudem die Kritik zur Einbeziehung des Organverhältnisses in den sachlichen Anwendungsbereich des AGG von *Brötzmann* GmbHR 2012, 845 (852).

1230 *Hohenstatt/Naber* ZIP 2012, 1989 (1993).

1231 *Hohenstatt/Naber* ZIP 2012, 1989 (1993).

1232 *Horstmeier* GmbHR 2007, 125 (128); *Ziemons* KSzW 2013, 19 (26).

1233 *Schubert* ZIP 2013, 289 (296 ff.). Dagegen *Kort* WM 2013, 1049 (1056) mit dem Argument, die Kapitalverkehrsfreiheit müsse ihrerseits Schranken finden in den Gleichbehandlungsgeboten.

1234 *Schubert* ZIP 2013, 289 (298).

1235 BGH 23.4.2012 – II ZR 163/10, Tz. 21, NJW 2012, 2346.

könne.[1236] Der Sache nach geht es dem BGH offenbar darum, das für die Kündigungs- und Abberufungsentscheidung zuständige Organ nicht dem Korsett des AGG zu unterwerfen, sondern nur Fälle besonders gravierender Diskriminierungsverstöße mit der Unwirksamkeitsfolge zu bedenken.

b. Stellungnahme

Die *Danosa*-Entscheidung, die sich sowohl auf das Anstellungs- als auch auf das Bestellungsverhältnis bezieht,[1237] ließe sich mit der Auffassung des BGH vereinbaren. Der EuGH ist der Auffassung, dass ein Abberufungsbeschluss nicht auf der Schwangerschaft beruhen dürfe; andernfalls sei der Beschluss mit dem Kündigungsverbot aus Art. 10 MuSchRL unvereinbar.[1238] Wenn der EuGH in einem nächsten Schritt festhält, es könne dahingestellt bleiben, welche Richtlinie anwendbar sei (MuSchRL oder GleichbehandlungsRL),[1239] bringt er zum Ausdruck, dass der Abberufungsschutz auch durch die GleichbehandlungsRL vermittelt wird. Deutlich wird dies auch, wenn der EuGH ausführt:

> „Selbst wenn man unterstellt, dass Frau Danosa etwa keine ‚schwangere Arbeitnehmerin' im weiten Sinn der Richtlinie 92/85/EWG ist, liefe es dem Schutzziel des Art. 2 VII der Richtlinie 76/207/EWG zuwider, wenn man zuließe, dass eine Gesellschaft die Mitglieder ihrer Unternehmensleitung, die Aufgaben wie die im Ausgangsverfahren beschriebenen wahrnehmen, von ihrem Amt abberufen könnte, sofern die Abberufung im Wesentlichen auf der Schwangerschaft der Betroffenen beruht."[1240]

Dass sich der Ansatz des BGH damit vereinbaren ließe, folgt daraus, dass das Gericht sich, indem es auf §§ 138, 242 BGB abstellt, eine Hintertür offengehalten hat, um gravierende Fälle von Diskriminierungen erfassen zu können. So ließe sich die Unwirksamkeit eines auf der Schwangerschaft beruhenden Abberufungsbeschlusses ganz unabhängig von MuSchRL, MuSchG und AGG begründen. Der Ansatz des BGH überzeugt aber schon deshalb nicht, weil sich die Abberufungsfreiheit nur im Rahmen geltenden Rechts durchsetzen kann. Die vom BGH zur Begründung angeführte Berufung auf das Unternehmenswohl stellt auch sonst

---

1236 *Bauer/Arnold* ZIP 2012, 597 (602); *Reufels/Molle* NZA-RR 2011, 281 (282); Rust/*Falke* § 6 AGG, Rn. 28; *Schubert* EuZA 2011, 362 (370). Vgl. LG Frankfurt a.M. 7.3.2001 – 3–13 O 78/00, NZA-RR 2001, 298 (299 f.) für die Kündigung des Anstellungsvertrags.

1237 S. oben, S. 140 ff.

1238 EuGH 11.11.2010 – Rs. C-232/09 (*Danosa*), Tz. 62, NJW 2011, 2343.

1239 EuGH Rs. *Danosa* (Fn. 1238), Tz. 70.

1240 EuGH Rs. *Danosa* (Fn. 1238), Tz. 67.

keine taugliche Rechtfertigung für rechtswidriges Handeln dar, wie es im Zusammenhang mit Vorstandshandeln einhelliger Auffassung entspricht.[1241]

Wendet man daher mit der hier vertretenen Auffassung auf abhängige Geschäftsleiter § 6 Abs. 1 AGG an und sieht in § 6 Abs. 3 AGG keine Beschränkung auf Erstzugang und Aufstieg,[1242] wird man § 7 Abs. 1 AGG auch auf den Abberufungsbeschluss anzuwenden haben. In der Konsequenz heißt dies, dass ein Verstoß gegen das Benachteiligungsverbot aus § 7 Abs. 1 AGG gemäß § 134 BGB[1243] die Unwirksamkeit des Abberufungsbeschlusses zur Folge hat. Der diskriminierte Geschäftsleiter bleibt somit Amtsinhaber. Dass das AGG selbst nur Sekundäransprüche vorsieht, stellt kein taugliches Argument gegen die Erstreckung des AGG auf die Abberufungsentscheidung dar. Schließlich ist die Unwirksamkeitsfolge entscheidend, die aus § 7 Abs. 1 AGG i.V.m. § 134 BGB folgt. Außerdem bringt § 7 Abs. 2 AGG gerade zum Ausdruck, dass ein Verstoß gegen das AGG durchaus auch Folgen auf Primärebene nach sich zieht.[1244]

Wenn der BGH die Abberufungsfreiheit betont und feststellt, das Besetzungsorgan solle keine „Abwägung nach dem AGG vornehmen müssen",[1245] befürchtet er offenbar einen Übergriff des Arbeitsrechts in das Gesellschaftsrecht. Doch hat dieser Übergriff mit der *Danosa*-Entscheidung längst stattgefunden. Auch in der Sache erscheint wenig überzeugend, nur besonders gravierende Verstöße über

---

1241 Vgl. etwa Henssler/Strohn/*Dauner-Lieb* § 93 AktG, Rn. 20; *Fleischer* ZIP 2005, 141 (144 f.) („Vorrang der Legalitätspflicht"); GK-AktG/*Hopt* § 93 AktG, Rn. 99 („Bindung an gesetzliche Vorschriften geht Opportunitätsüberlegungen vor"). Zu der entsprechenden Pflicht des Aufsichtsrats OLG Düsseldorf 22.6.1995 – 6 U 104/94, NJW-RR 1995, 1371 (1375).

1242 S. oben, S. 186 ff.

1243 Dazu, dass ein Gesetzesverstoß zur Nichtigkeit des Beschlusses führt, bereits oben, S. 151 ff. im Zusammenhang mit einem gegen § 9 Abs. 3 MuSchG verstoßenden Gesellschafter- bzw. Aufsichtsratsbeschluss. Vgl. auch *Preis/Sagan* ZGR 2013, 26 (71), die den diskriminierenden Motiven folgenden Aufsichtsratsbeschluss „über die Nichtverlängerung der Geschäftsführertätigkeit" ebenfalls § 7 Abs. 1 AGG i.V.m. § 134 BGB unterwerfen. So wohl auch *Schubert* ZIP 2013, 289 (294). *Hoentzsch* S. 163 f. will hinsichtlich der GmbH § 241 Nr. 3 AktG analog heranziehen. Aufgrund fehlendem gesellschaftsrechtlichen Gehalt der Norm dürfte dies jedoch ausscheiden (vgl. zum Problem Fn. 666). S. zudem *Krause* AG 2007, 392 (395, Fn. 38), der meint, diskriminierende Zwecke oder Motive könnten keinen Verstoß gegen § 241 Nr. 3, 4 AktG nach sich ziehen.

1244 MüKo-BGB/*Thüsing* § 7 AGG, Rn. 11. Vgl. auch ErfK/*Schlachter* § 7 AGG, Rn. 6: „Schadensersatz-/Entschädigungsansprüche als alleinige Rechtsfolge genügen nicht".

1245 BGH 23.4.2012 – II ZR 163/10, Tz. 21, NJW 2012, 2346.

§§ 138, 242 BGB erfassen zu wollen, bei vermeintlich weniger gravierenden Verstößen dagegen auf die Abberufungsfreiheit zu verweisen. Die damit einhergehende Ungewissheit über die Wirksamkeit einer Abberufung wäre auch für die Gesellschaft misslich und die etwaige Rechtsunsicherheit keineswegs geringer verglichen mit einer Anwendung von § 7 Abs. 1 AGG als einheitlichem Maßstab. Zudem mag es zwar besonders schwerwiegende Fälle von Diskriminierungen geben, was jedoch nicht dazu führen darf, im Hinblick auf das Organverhältnis einen Bereich gleichsam „geduldeter Diskriminierungen geringeren Gewichts" zu etablieren. Dass die Erstreckung des AGG auf das Anstellungsverhältnis einen gewissen wirtschaftlichen Schutz des Geschäftsleiters bedeutet, vermag hieran nichts zu ändern.

3. § 15 Abs. 6 AGG

Der aufgezeigten Unwirksamkeitsfolge im Hinblick auf Anstellungs- und Organverhältnis steht auch § 15 Abs. 6 AGG nicht entgegen.[1246] Die Unwirksamkeit des auf die Kündigung und Abberufung gerichteten Beschlusses des zuständigen Organs führt gerade zu keinem Kontrahierungszwang, sondern zu dem Verbot, sich aus bestimmten Gründen von dem Geschäftsleiter zu lösen. Anders als bei der Verlängerung des Anstellungs- und Organverhältnisses wird von dem zuständigen Organ keine auf die Verlängerung bezogene Willenserklärung gefordert. Vielmehr wird dem Organ ein auf die Lösung vom Organmitglied gerichteter Beschluss verboten. Die Schwere der Eingriffe in Privatautonomie und Organisationsfreiheit durch ein Beendigungsverbot unterscheidet sich zwar allenfalls graduell von der eines Verlängerungsgebots, das nach der hier vertretenen Auffassung nicht besteht. Schließlich wird in beiden Fällen dem zuständigen Organ im Ergebnis die Freiheit entzogen, über die Besetzung des Geschäftsleiteramtes frei zu befinden. Doch rechtfertigt die unterschiedliche Qualität der Benachteiligung eine andere Behandlung. Der Entzug von Rechten durch eine Beendigung wiegt schwerer als eine Nicht(weiter)gewährung von Rechten durch eine unterlassene Verlängerung. In letzterem Falle konnte der Geschäftsleiter sich bereits bei Begründung des Anstellungs- und Organverhältnisses auf das Ende seiner Amtszeit einstellen.

1246 So für die Kündigung ausdrücklich Scholz/*Schneider/Hohenstatt* § 35 GmbHG, Rn. 343 mit Blick auf den Wortlaut der Norm und die Effektivität des Diskriminierungsschutzes, die gefährdet sei, erachte man diskriminierende Kündigungen nicht für unwirksam.

V. Berufung eines anderen Bewerbers

Fraglich ist des weiteren, ob die Berufung eines Bewerbers, dem aus einem diskriminierenden Motiv gegenüber dem Betroffenen der Vorzug gegeben wurde, angreifbar ist. Aus der Entscheidung des BGH vom 23. April 2012 ergeben sich insoweit keine Anhaltspunkte. Nach einer in der Literatur vertretenen Auffassung ist ein solcher Beschluss des Aufsichtsrats nichtig bzw. der Gesellschafterversammlung anfechtbar.[1247] Denn er verstoße inhaltlich gegen geltendes Recht, namentlich § 7 Abs. 1 AGG, und müsse deshalb dem von der herrschenden Meinung vertretenen Beschlussmängelregime unterfallen. Dagegen wurde eingewandt, dass dies „gravierende Unsicherheit bezüglich der Wirksamkeit der Bestellung der Geschäftsleitung zur Folge" hätte.[1248] Zudem würden derartige Bestellungsbeschlüsse keinen Gesetzesverstoß darstellen, da sich § 7 Abs. 1 AGG „nur gegen die Benachteiligung als solche richtet", welche aber nicht in der Bestellung des Mitbewerbers zu sehen sei, sondern ausschließlich in der Nichtberücksichtigung des Betroffenen.[1249] Eine „Konkurrentenklage" sähe das AGG weder vor noch entspreche eine solche mit Blick auf § 15 Abs. 6 AGG dessen Sinn und Zweck.[1250]

Die zuletzt genannte Auffassung überzeugt. Ein gegen die Berufung eines anderen Bewerbers gerichteter Anspruch des diskriminierten Bewerbers könnte allein auf negative Konkurrentenabwehr gerichtet sein. Der Anspruch könnte dem diskriminierten Bewerber jedoch wegen § 15 Abs. 6 AGG nicht positiv ermöglichen, statt dem anderen Bewerber in die Organposition einzutreten. Der Anspruch wäre somit letztlich darauf gerichtet, eine erneute, diskriminierungsfreie Entscheidung über die Bestellung zu erzwingen. Ihm fehlt eine eindeutige gesetzliche Grundlage. Einer solchen bedürfte es aber, schließlich würde durch eine stattgebende gerichtliche Entscheidung der zum Organwalter berufene Mitbewerber um seine Rechtsposition gebracht.

VI. Ergebnis

Einem Anspruch auf erstmalige Begründung des Anstellungs- und Organverhältnisses steht § 15 Abs. 6 AGG entgegen. Anderes gilt bezüglich der Befristung

---

1247 *Krause* AG 2007, 392 (395); *Liebhäuser* S. 137 f.

1248 *Reufels/Molle* NZA-RR 2011, 281 (285).

1249 *Bauer/Arnold* AG 2007, 807 (808). Zust. *Reufels/Molle* NZA-RR 2011, 281 (285). Ähnlich *Schubert* ZIP 2013, 289 (295): „Nicht die Wahl oder Bestellung eines Bewerbers ist gesetzeswidrig, sondern die Benachteiligung des Mitbewerbers".

1250 *Bauer/Arnold* AG 2007, 807 (808); *Reufels/Molle* NZA-RR 2011, 281 (285 f.).

des Anstellungsvertrags und der befristeten Bestellung. § 15 Abs. 6 AGG bezieht sich nur auf den Fall, dass noch kein Rechtsverhältnis bestand; nur insoweit gebührt der Privatautonomie der Vorrang. Demnach ist eine Befristung, die auf einem diskriminierenden Motiv beruht, aufgrund § 7 Abs. 1 AGG i.V.m. § 134 BGB unwirksam. Eine Gesamtnichtigkeit des Anstellungsvertrags bzw. der Bestellung würde insbesondere den Interessen des diskriminierten Geschäftsleiters widersprechen und diesen im Ergebnis um seinen effektiven Diskriminierungsschutz bringen, weshalb nur der Befristungsteil des Anstellungsvertrags bzw. des Bestellungsakts unwirksam ist. Eine abweichende Rechtsfolge ist dort geboten, wo das Gesellschaftsrecht vorschreibt, dass Anstellung und Bestellung nur befristet erfolgen können. In diesem Fall ist die Befristung ausnahmsweise geltungserhaltend insoweit zu reduzieren, als die gesellschaftsrechtliche Höchstdauer für die Befristung zu gelten hat. Demgegenüber ist dem Geschäftsleiter kein Anspruch auf Vertragsverlängerung und Wiederbestellung zu gewähren, wenn diese aus einem diskriminierenden Motiv unterblieben sind. Dem steht wiederum § 15 Abs. 6 AGG entgegen. Insoweit kann der diskriminierte Geschäftsleiter lediglich Geldersatz fordern.

Eine Kündigung ist unwirksam, wenn sie gegen § 7 Abs. 1 AGG verstößt, was aus § 7 Abs. 1 AGG i.V.m. § 134 BGB folgt. Auch ein gegen das Diskriminierungsverbot verstoßener Abberufungsbeschluss ist nichtig. Die im Schrifttum bislang überwiegende Gegenauffassung überzeugt nicht. Die Nichtigkeitsfolge gilt auch nicht nur für besonders gravierende Verstöße über §§ 138, 242 BGB, sondern muss für alle Fälle eines Verstoßes gegen § 7 Abs. 1 AGG über § 134 BGB gelten, um dem Geschäftsleiter effektiven Diskriminierungsschutz zu gewähren. Die grundsätzlich anerkennens- und schützenswerte Abberufungsfreiheit kann sich nur im Rahmen des geltenden Rechts durchsetzen, nicht aber im Falle einer verbotenen Diskriminierung. § 15 Abs. 6 AGG steht dem nicht entgegen, da keine Willenserklärung – gerichtet auf Berufung oder Verlängerung – gefordert wird, sondern auf verpönten Motiven beruhende Willenserklärungen – Kündigung und Abberufung – untersagt werden.

Gegen die Berufung eines anderen Bewerbers besteht seitens des Diskriminierten indes keine Handhabe. Dem AGG ist keine Grundlage dafür zu entnehmen, im Wege einer negativen Konkurrentenabwehr eine erneute Entscheidung über die Besetzung zu erzwingen.

Kapitel 4. Schlussbetrachtung

A. Die Rechtstellung des Geschäftsleiters

Der Geschäftsleiter einer deutschen Gesellschaft *kann* als Arbeitnehmer zu behandeln sein. Dabei wurde herausgearbeitet, dass zum einen zwischen den Gesellschaftsformen zu differenzieren ist, zum anderen aber auch danach, vor welchem normativen Hintergrund man die Statusbestimmung vornimmt. Nimmt man nämlich, wie hier vorgeschlagen, eine lediglich partielle Neujustierung des Arbeitnehmerbegriffs vor, ergibt sich folgendes Bild: Der Geschäftsleiter kann einerseits im Anwendungsbereich einer europarechtlich indizierten, etwa diskriminierungsrechtlichen, Norm als Arbeitnehmer zu behandeln sein; er kann andererseits im Anwendungsbereich einer rein nationalen Norm weiter nicht in den Kreis der Arbeitnehmer einzubeziehen sein.

Der Status des Geschäftsleiters ist damit ein gespaltener, je nachdem anhand welcher Norm man die Statusbestimmung vornimmt. Aufgeworfen ist damit die Frage der dogmatischen Verortung der hier vertretenen Auffassung, namentlich ob sie die Lehre vom einheitlichen Arbeitnehmerbegriff[1251] in Frage stellt oder sich in sie einfügen lässt. Diese Frage stellt sich bei allen Ansätze, die – anders als bei *Wank* und *Schubert* – die Implikationen der *Danosa*-Entscheidung nur im europarechtlich indizierten Bereich, etwa dem Diskriminierungsrecht, suchen. In der Sache stellt es keine Abkehr vom einheitlichen Arbeitnehmerbegriff dar, wenn man den Geschäftsleiter nur einen gleichsam „relativen" Arbeitnehmerstatus zuerkennt. Das Gesetz selbst kennt Differenzierungen des Arbeitnehmerbegriffs, etwa die Sonderform des leitenden Angestellten. Damit ist keine Aufspaltung des einheitlichen Arbeitnehmerbegriffs verbunden, sondern die Anerkennung einer nach dem Schutzbedürfnis einer bestimmten Gruppe differenzierenden Sonderform des Arbeitsverhältnisses.

Freilich geht es beim leitenden Angestellten darum, dass ein *Arbeitnehmer* in bestimmten, vom Gesetzgeber vorgesehenen Fällen vom Anwendungsbereich einer Norm *ausgenommen* wird. Im Falle des Geschäftsleiters ist die Stoßrichtung umgekehrt: Ein *Nichtarbeitnehmer* würde in bestimmten, europarechtlich indizierten Fällen vom Anwendungsbereich einer arbeitnehmerschützenden Norm *eingeschlossen*. Deshalb wäre es ungenau, gestützt auf die hier vertretene

1251 MüHdb-ArbR/*Richardi* § 16 Rn. 12; Staudinger/*Richardi/Fischinger* Vor § 611 BGB, Rn. 223; HK-ArbR/*Kreuder* § 611 BGB, Rn. 118.

Auffassung überhaupt vom Geschäftsleiter als Arbeitnehmer zu sprechen. Auch der die *Danosa*-Kriterien erfüllende Geschäftsleiter bleibt Nichtarbeitnehmer, der lediglich in bestimmten Fällen einem Arbeitnehmer gleichzusetzen ist. Der Status des Geschäftsleiters ist eher vergleichbar mit dem eines Arbeitnehmerähnlichen. Auch er ist – mangels persönlicher Abhängigkeit[1252] – kein Arbeitnehmer, wird aber in bestimmten Fällen von Arbeitnehmerschutzvorschriften eingeschlossen. Im Unterschied zum Geschäftsleiter nimmt jedoch der Gesetzgeber diese Einbeziehung vor, etwa in § 6 Abs. 1 S. 2 Nr. 3 AGG, § 2 S. 2 BUrlG oder § 2 Abs. 2 Nr. 3 ArbSchG.[1253] Im Falle des Geschäftsleiters indes muss diese Einbeziehung – jedenfalls einstweilen – der Rechtsanwender leisten, um einen europarechtskonformen Zustand herbeizuführen.

Das verdeutlicht, dass der einheitliche deutsche Arbeitnehmerbegriff durch die hier vertretene gespaltene Statusbestimmung des Geschäftsleiters nicht betroffen ist. Der Sonderstatus des Geschäftsleiters beruht auf seiner durch den Gesetzesanwender zur Herbeiführung europarechtskonformer Zustände zu leistenden Einbeziehung in bestimmte Bereiche des Arbeitnehmerschutzrechts. Dogmatisch handelt es sich um eine auf bestimmte Normen beschränkte europarechtskonforme Auslegung des Arbeitnehmerbegriffs, ohne dass damit der einheitliche deutsche Arbeitnehmerbegriff berührt wäre.

B. Ausblick: Die Notwendigkeit gesetzgeberischen Handelns

Nachdem die mit der *Danosa*-Entscheidung für Deutschland aufgeworfenen Fragen des Diskriminierungsschutzes des Geschäftsleiters vor allem im Hinblick auf den Bestand seines Amtes einer umfassenden Lösung zugeführt wurden, bedürfen die hier gewählten Ansätze einer abschließenden kritischen Betrachtung. Besonders mit Blick auf die vorgeschlagenen teleologischen Reduktionen einzelner Vorschriften des MuSchG ist augenscheinlich, dass die Anwendung des

---

1252 BAG 15.11.2005 – 9 AZR 626/04, Tz. 19, NJOZ 2007, 5250 im Zusammenhang mit § 2 S. 2 BUrlG; BAG 19.12.2000 – 5 AZB 16/00, NZA 2001, 285 (286) im Zusammenhang mit § 5 Abs. 1 ArbGG. Allg. ErfK/*Preis* § 611 BGB, Rn. 111; Schaub/*Vogelsang* § 10 Rn. 1.

1253 Darüber hinaus kommt eine analoge Anwendung anderer den Arbeitnehmer schützender Normen nicht in Betracht; s. *Neuvians* S. 115 ff., 171, die sich aufgrund des deshalb nur unzureichenden Sozialschutzes (vgl. S. 101 f.) für eine Neudefinition des Arbeitnehmerbegriffs in Anschluss an *Wank* ausspricht (S. 173 ff.). Vgl. auch *Schubert* S. 545, wonach sich die Ausdehnung des persönlichen Anwendungsbereichs von Arbeitnehmerschutzgesetzen auf Arbeitnehmerähnliche im Wege der Rechtsfortbildung grundsätzlich verbiete.

MuSchG auf die Geschäftsleiterin von einer klaren und eindeutigen Umsetzung der MuSchRL weit entfernt ist.

Der EuGH allerdings fordert eine solche klare und eindeutige Richtlinienumsetzung (sog. Transparenzgebot). Er hat in einem Vertragsverletzungsverfahren das Königreich der Niederlande verurteilt, weil dieses eine Richtlinie[1254] nicht durch Erlass von Rechts- und Verwaltungsvorschriften umgesetzt hatte.[1255] Das Königreich berief sich darauf, mittels einer richtlinienkonformen Auslegung der bereits vorhandenen Vorschriften könne das durch die Richtlinie vorgegebene Ergebnis erreicht werden; einer darüber hinausgehenden Umsetzung bedürfe es deshalb nicht.[1256] Diesem Ansatz widersprach der EuGH mit dem Argument, es sei „besonders wichtig", dass die Bürger „in die Lage versetzt werden, von allen ihren Rechten Kenntnis zu erlangen und diese gegebenenfalls vor den nationalen Gerichten geltend zu machen".[1257] Die Möglichkeit einer systematischen oder richtlinienkonformen Auslegung reiche dafür nicht aus.[1258]

Dass eine klare und eindeutige Umsetzung der Richtlinien nicht gewährleistet ist, lässt sich prima vista auch im Hinblick auf die in Zusammenhang mit § 6 Abs. 3 AGG vertretene Auffassung konstatieren. Die durch § 6 Abs. 3 AGG angeordnete Beschränkung des sachlichen Anwendungsbereichs auf Zugang und Aufstieg wurde aus europarechtlichen Gründen letztlich für funktionslos erklärt. Sowohl auf abhängige wie auch selbständige Geschäftsleiter ist demnach der arbeitsrechtliche Teil des AGG umfassend anwendbar, namentlich auch in Bezug auf Kündigung und Abberufung. Schwerlich deckt sich dieses Ergebnis mit dem Wortlaut von § 6 AGG. Aber auch die im Laufe der Untersuchung dargestellten anderen Lösungsansätze, die eine Richtlinienumsetzung über die europarechtskonforme Auslegung zivilrechtlicher Generalklauseln suchen, setzen sich dem Verdikt der Europarechtswidrigkeit aus.[1259]

1254 Richtlinie 93/13/EWG des Rates vom 5.4.1993 über „missbräuchliche Klauseln in Verbraucherverträgen" (ABl. L 95 vom 21.4.1993, S. 29).

1255 EuGH 10.5.2001 – Rs. C-144/99, NJW 2001, 2244.

1256 Vgl. EuGH 10.5.2001 (Rn. 1255), Tz. 20 f.

1257 EuGH 10.5.2001 (Rn. 1255), Tz. 17 f. So bereits EuGH 23.3.1995 – Rs. C-365/93 (*Kommission/Griechische Republik*), Tz. 9, *juris*.

1258 Vgl. zur Integration diskriminierungsrechtlicher Richtlinienbestimmungen in das KSchG auch *von Medem* S. 194 ff.

1259 Hierzu speziell im Hinblick auf das AGG *von Medem* S. 194 ff. Vgl. auch MüKo-BGB/*Thüsing* § 2 AGG, Rn. 24. Ferner *Oberthür* NZA 2011, 253 (258) in Bezug auf die Sozialwidrigkeit nach § 1 Abs. 1 KSchG aus diskriminierungsrechtlichen Gründen.

Gibt der nationale Normenbestand den durch die Richtlinie geforderten Rechtsstand nicht eindeutig wieder, verlangt die Rechtssicherheit einen entsprechenden Umsetzungsakt.[1260] Viele der durch diese Untersuchung gemachten Lösungsvorschläge führen daher zu einem Zustand, der zwar einerseits zu europarechtlich „richtigen“ Ergebnissen führt. Andererseits ist jedoch festzuhalten, dass der Weg dorthin durch eine richtlinienkonforme Korrektur der nationalen Gesetze geprägt ist. Demgemäß könnte die Anwendung der hier gemachten Lösungsvorschläge den Erfolg eines Vertragsverletzungsverfahrens nicht verhindern, könnte aber jedenfalls Schadensersatzforderungen gegen die Bundesrepublik wegen richtlinienwidriger Umsetzung zuvorkommen. Zu mehr ist der Rechtsanwender nicht imstande. Es obliegt dem deutschen Gesetzgeber, sich den notwendigen Anpassungen anzunehmen, um auf diese Weise eine klare und eindeutige Richtlinienumsetzung zu gewährleisten.

1260 Vgl. *Leible* EuZW 2001, 438 (439), wonach es „zweifelhaft [erscheine], dass etwa durch eine richtlinienkonforme Auslegung von Generalklauseln oder unbestimmten Rechtsbegriffen stets dem Rechtssicherheitsgrundsatz Genüge getan wird; bereits die Umsetzungsnorm und nicht erst die diese konkretisierende Auslegung durch die Gerichte muss es dem Einzelnen ermöglichen, von seinen Rechten Kenntnis zu nehmen“.

Ergebnisse

Die wesentlichen Ergebnisse der Untersuchung lassen sich thesenartig wie folgt zusammenfassen:

A. Zum Arbeitnehmerstatus des Geschäftsleiters

1. In der Rechtssache *Danosa* hat der EuGH erstmals über die Arbeitnehmereigenschaft organschaftlicher Geschäftsleiter befunden. Dabei gibt der EuGH keinen Katalog von Mindestbedingungen für die Annahme der Arbeitnehmereigenschaft vor, sondern nimmt eine Gesamtschau aller die Binnenorganisation der Gesellschaft kennzeichnenden Umstände vor.

   Der EuGH verlangt zunächst, dass der Geschäftsleiter, um Arbeitnehmer zu sein, in die Gesellschaft eingegliedert sein muss, also der Binnenorganisation der Gesellschaft angehört und nicht Außenstehender ist. Zudem muss er seine Leistung an die Gesellschaft entgeltlich erbringen, wozu auch Ertragsbeteiligungen gehören können. Geschäftsleiter aller deutscher Gesellschaften gleich welcher Rechtsform sind im Sinne des EuGH in die Gesellschaft eingegliedert, da sie alle – anders als bloße Bevollmächtigte – einen integralen Teil der erst durch sie handlungsfähig werdenden Gesellschaft bilden.
2. Entscheidend ist, ob der Geschäftsleiter im Hinblick auf den Inhalt seiner Tätigkeit und den Bestand seines Amtes in einem Verhältnis der Unterordnung steht. Dies ist das zentrale Kriterium, das der EuGH bei der Frage der Arbeitnehmereigenschaft anlegt.

   Um ein Unterordnungsverhältnis annehmen zu können, bedarf es nicht zwingend einer Weisungsunterworfenheit. Demnach kann eine inhaltliche Leitungsautonomie für sich genommen noch nicht verhindern, dass sich das Leitungsorgan faktisch dem Willen eines anderen Organs unterordnen muss.

   Um Arbeitnehmerschutz zu erlangen ist es vielmehr ausreichend, dass der Geschäftsleiter von einem anderen Gesellschaftsorgan kontrolliert wird und mit diesem zusammenarbeiten muss. Weiterhin muss eine Gesamtschau der Bestellungsmodalitäten und Abberufungsmöglichkeiten ergeben, dass der Geschäftsleiter nicht frei und unabhängig von anderen Organen handeln kann. Kein Unterordnungsverhältnis besteht, wenn der Geschäftsleiter unbefristet bestellt wurde und zugleich nicht einschränkungslos abberufen werden kann.

3. Für den EuGH spielt keine Rolle, ob der Geschäftsleiter sich auch im konkreten Fall Einwirkungen anderer Organe auf seine Tätigkeit gegenübersieht. Damit lässt er bloße Einwirkungs*möglichkeiten* anderer Organe auf die Geschäftsleitung genügen (abstrakt-typologischer Ansatz).

   Dieser Ansatz ist zu kritisieren, da er zur Folge hat, dass tatsächlich selbständig und eigenverantwortlich tätige Geschäftsleiter dem Arbeitnehmerbegriff unterfallen können. Da sich das Judikat insoweit nicht widerspruchsfrei in die frühere Rechtsprechung des EuGH einordnen lässt, steht jedoch zu vermuten, dass der EuGH im Falle einer erneuten Vorlage abweichend entscheiden könnte, wenn die Vorlagefragen hierzu Anlass bieten.
4. Der deutsche Arbeitnehmerbegriff bedarf trotz der *Danosa*-Entscheidung keiner grundlegenden, gesetzesübergreifenden Revision. Es ist lediglich eine partielle Neuausrichtung angezeigt, die sich auf einzelne Schutzgesetze zu beschränken hat, dort wo dies europarechtlich geboten ist.

   Dabei kann der Arbeitnehmerbegriff im Rahmen richtlinienkonformer Rechtsanwendung gemäß der in der *Danosa*-Entscheidung aufgeführten Kriterien ausgelegt werden. Dem steht die bisherige deutsche Rechtsprechung zum Arbeitnehmerbegriff nicht entgegen.
5. Grundsätzlich erfüllt der Geschäftsführer einer GmbH die Kriterien, die der EuGH zur Bestimmung des Arbeitnehmerbegriffs anlegt. Das gilt gleichermaßen für die mitbestimmte wie die mitbestimmungsfreie GmbH. Sowohl die inhaltliche Führung der GmbH als auch der Bestand des Organverhältnisses des Geschäftsführers hängt vom Willen der Gesellschafter ab. Deshalb steht der Geschäftsführer in einem Verhältnis der Unterordnung. Der durch den Geschäftsführeranstellungsvertrag etwaig gewährte Schutz vermag hieran nichts zu ändern, da er die rechtliche Möglichkeit der Abberufung unberührt lässt. Bei der mitbestimmungsfreien GmbH ist allerdings möglich, dass ein Verhältnis der Unterordnung aufgrund der Nutzung statutarischer Gestaltungsmöglichkeiten nicht besteht. Der Arbeitnehmereigenschaft steht auch eine Stellung als Gesellschafter-Geschäftsführer erst dann entgegen, wenn der Umfang der Kapitalbeteiligung es dem Geschäftsführer erlaubt, die Geschäfte weitgehend ohne Rücksicht auf den Willen seiner Mitgesellschafter zu führen. Regelmäßig liegt diese Voraussetzung ab einer hälftigen Beteiligung an der Gesellschaft vor.
6. Das Vorstandsmitglied einer AG fällt unter den *Danosa*-Arbeitnehmerbegriff. Zwar kommt weder der Hauptversammlung noch dem Aufsichtsrat ein Weisungsrecht gegenüber dem Vorstand zu. Zudem ist das Vorstandsmitglied nicht einschränkungslos abberufbar. Gleichwohl hat der Aufsichtsrat

rechtlich insgesamt eine starke Stellung gegenüber dem Vorstand, da ihm umfassende Kontroll- und Überwachungsbefugnisse zustehen und Zustimmungsvorbehalte bestehen. Zudem kommt dem Aufsichtsrat die Personalkompetenz zu; er kann dadurch starken Einfluss auf das Vorstandsmitglied ausüben. Das Vorstandsmitglied ist in hohem Maße vom Wohlwollen des Aufsichtsrats abhängig, was sowohl mit Blick auf seine notwendige Wiederbestellung als auch die mögliche Abberufung aufgrund eines Vertrauensverlustes gilt. Nur wenn das Vorstandsmitglied über eine Mehrheitsbeteiligung an der AG verfügt oder über eine dauerhafte Präsenzmehrheit, schließt dies ein Unterordnungsverhältnis gegenüber dem Aufsichtsrat aus.

7. Der geschäftsführende Gesellschafter einer Personenhandelsgesellschaft unterfällt dem *Danosa*-Arbeitnehmerbegriff nicht. Zwar ist der geschäftsführende Gesellschafter dem Willen seiner Mitgesellschafter inhaltlich in hohem Maße unterworfen und untersteht umfassenden Informations- und Kontrollrechten. Gegen seine Arbeitnehmerstellung spricht aber vor allem, dass der Bestandsschutz seines Amtes stark ist und eine alleinige gerichtliche Entziehungsmacht besteht. Aufgrund dieses starken Schutzes droht dem geschäftsführenden Gesellschafter insbesondere keine Entziehung des Geschäftsführeramtes aufgrund diskriminierender Umstände. Eine abweichende Bewertung ist dann vorzunehmen, wenn der geschäftsführende Gesellschafter durch gesellschaftsvertragliche Regelung frei abberufbar ist oder er lediglich befristet bestellt wird, weil er dann sein Handeln auch an dem Wunsch einer Wiederbestellung ausrichten muss.
8. Dem Mitglied des Leitungsorgans einer dualistisch verfassten SE kommt die *Danosa*-Arbeitnehmereigenschaft zu. In den maßgeblichen Aspekten bestehen keine Unterschiede zum Vorstandsmitglied einer AG.

   Erhebliche Unterschiede bestehen indes im Falle der monistisch verfassten SE. Gleichwohl unterfällt der geschäftsführende Direktor dem *Danosa*-Arbeitnehmerbegriff, da er im Verhältnis zum Verwaltungsrat in einem Unterordnungsverhältnis steht. Der Direktor hat diesem gegenüber eine vergleichbar schwache Stellung wie der GmbH-Geschäftsführer gegenüber der Gesellschafterversammlung und ist gegen Eingriffe in seine Tätigkeit und den Bestand seines Amts nicht hinreichend geschützt.

B. Zum Mutterschutz der Geschäftsleiterin

1. Um einen der *Danosa*-Entscheidung entsprechenden Schutz der Geschäftsleiterin zu erreichen, ist der Arbeitnehmerbegriff in § 1 Nr. 1 MuSchG europarechtskonform auf die Geschäftsleiterin zu erstrecken. Soweit die

Mutterschutzvorschriften aus dem MuSchG über das europarechtlich geforderte Maß hinausgehen, können die Vorschriften teleologisch reduziert werden. Eine Gewährung von Mutterschutz über KSchG und AGG ist genauso wenig überzeugend wie eine Analogie einzelner Mutterschutznormen. Während ersteres zu erheblichen Folgeproblemen führen würde, wäre letzteres auf methodisch gangbarem Wege nicht zu erreichen.

2. Die § 1 Nr. 1 MuSchG unterfallende Geschäftsleiterin genießt den Kündigungsschutz des § 9 MuSchG umfassend. Zwar ist es europarechtlich nicht zwingend, einen absoluten, d.h. auf sämtliche Kündigungsgründe bezogenen, Kündigungsschutz zu gewährleisten. In Bezug auf die Geschäftsleiterin ist eine Abweichung vom Schutzkonzept des § 9 Abs. 1, 3 MuSchG jedoch nicht gerechtfertigt.
3. Dieses auf das Anstellungsverhältnis bezogene Ergebnis ist nicht auf das Organverhältnis zu übertragen. Es ist nur ein relativer Abberufungsschutz zu gewähren, also bezogen auf Abberufungen, die in Zusammenhang mit der Schwangerschaft stehen. Methodisch wird diese Lösung dadurch erreicht, dass die gesellschaftsrechtlichen Abberufungsvorschriften europarechtskonform teleologisch reduziert werden. Dies gleicht das Interesse der Gesellschaft am Erhalt ihrer Abberufungsfreiheit und der Gesellschafter am Schutz ihres Eigentums einerseits und das Interesse der Geschäftsleiterin an einem wirksamen Schutz ihres Organverhältnisses andererseits angemessen aus. Europa- oder Verfassungsrecht stehen dieser Lösung nicht entgegen. Damit Koppelungsklauseln nicht bewirken, dass der nur relative Abberufungsschutz den absoluten Kündigungsschutz aushebeln kann, sind Koppelungsklausen einschränkend dahin auszulegen, dass eine Abberufung solange nicht auf das Anstellungsverhältnis durchschlägt, wie die behördliche Zustimmung zur Kündigung nicht vorliegt.
4. Die im MuSchG vorgesehenen Beschäftigungsverbote können aufgrund der besonderen Stellung der Geschäftsleiterin nicht einschränkungslos auf sie angewendet werden. Insoweit ist eine teleologische Reduktion geboten. Ein zwingendes Beschäftigungsverbot besteht zunächst nur während eines zweiwöchigen Zeitraums nach der Entbindung; im Übrigen kann die Mutter einverständlich arbeiten. Das Nachtarbeitsverbot gilt von 20 bis 6 Uhr nach Vorlage eines ärztlichen Attests.

C. Zur Anwendung des AGG auf den Geschäftsleiter

1. Die Frage, ob der Geschäftsleiter den *Danosa*-Kriterien unterfällt, ist für die Bestimmung des Anwendungsbereichs des AGG im Ergebnis ohne Bedeutung. Ist er als Arbeitnehmer anzusehen, kommt er über § 6 Abs. 1 S. 1 Nr. 1 AGG in den Genuss des Schutzes durch den gesamten arbeitsrechtlichen Teil des AGG. Ist er kein Arbeitnehmer, ist zwar dem Wortlaut von § 6 Abs. 3 AGG zufolge ein nur eingeschränkter sachlicher Schutzumfang gegeben. Um dem europarechtlich Geforderten zu genügen, ist § 6 Abs. 3 AGG aber so auszulegen, dass er neben dem erstmaligen Zugang auch den fortgesetzten Zugang sowie die Beschäftigungsbedingungen umfasst. Eine etwaige Kapitalbeteiligung an der Gesellschaft spielt für die Bestimmung des Anwendungsbereichs des AGG im Ergebnis keine Rolle.
2. Sowohl das Anstellungs- als auch das Bestellungsverhältnis unterfallen dem Anwendungsbereich des AGG. Es kommt nicht darauf an, ob im Anschluss eine Wiederbesetzung der Geschäftsleiterposition vorgenommen wird. § 2 Abs. 4 AGG ändert hieran nichts, sondern steht einer Anwendung des AGG nur entgegen, wenn der zu beurteilende Sachverhalt von besonderen Kündigungsschutznormen erfasst ist, was im Hinblick auf Geschäftsleiter wegen § 14 Abs. 1 KSchG nicht der Fall ist. Auch wenn Anstellungs- oder Bestellungsverhältnis durch eine entsprechende Regelung – etwa eine Höchstaltersgrenze – automatisch beendet werden sollen, unterfällt dies als Entlassungsbedingung dem Anwendungsbereich des AGG.
3. Das Benachteiligungsverbot richtet sich nicht nur an die Anstellungsgesellschaft selbst als Arbeitgeberin, sondern auch an das zuständige Aufsichtsorgan und den Vorsitzenden des Organs, dem der Geschäftsleiter angehört. Ob eine Benachteiligung vorliegt, entscheidet sich nach der objektiven Sicht eines verständigen Dritten.
4. Eine AGG-relevante Benachteiligung setzt voraus, dass die Ungleichbehandlung wegen eines verpönten Merkmals erfolgt. Diese Kausalität besteht auch dann, wenn neben das verpönte Merkmal zusätzliche Gründe treten, die mitentscheidend für die Ungleichbehandlung sind (sog. Motivbündel). Um keine Umgehungsmöglichkeiten zuzulassen, steht einer Kausalität nicht entgegen, wenn bei einem solchen Motivbündel schon die nicht-verpönten Gründe zu einer unterschiedlichen Behandlung geführt hätten.
5. Auf die Beweislastumkehr in § 22 AGG kann sich auch ein Geschäftsleiter berufen, selbst wenn dieser § 6 Abs. 3 AGG unterfällt. Diese Norm schließt die Anwendbarkeit des im arbeitsrechtlichen Teil befindlichen § 22 AGG

nicht aus. Bei der Anwendung von § 22 AGG ist entscheidend, ob sich aus Sicht eines verständigen Dritten der Verdacht einer Diskriminierung stellt. Ausreichend ist hierfür eine öffentliche Äußerung eines Mitglieds des Gremiums, welches für die Personalentscheidung zuständig ist. Auch eine Äußerung, die während der Gremiensitzung fällt und nach außen dringt, kann ein Indiz begründen. Zudem ist es trotz der bestehenden Geheimhaltungspflicht über den Inhalt der Gremienberatungen möglich, dass eine Verweigerung jeglicher Informationen über die Einstellung gegenüber dem abgelehnten Bewerber ein taugliches Indiz für eine Diskriminierung begründet. Das Gremium kann gehalten sein, ein Mitglied zu dem vertraulichen Inhalt der Beratungen aussagen zu lassen.

6. Bei der Rechtfertigung von Ungleichbehandlungen zum Nachteil von Geschäftsleitern sind nicht grundlegend andere Maßstäbe anzulegen. Ein anderes lässt sich insbesondere nicht aus der lediglich „entsprechenden“ Geltung des arbeitsrechtlichen Teils nach § 6 Abs. 3 AGG schließen. Es sind aber die Besonderheiten des jeweiligen Einzelfalles und damit auch Stellung und Bedeutung des Geschäftsleiteramtes zu berücksichtigen.
7. Geschäftsleiter fallen nicht in den Anwendungsbereich der §§ 85 ff. SGB IX, da deren Anwendung auf Geschäftsleiter auch nach der *Danosa*-Entscheidung europarechtlich nicht indiziert ist. Der Arbeitnehmerbegriff in Bezug auf §§ 85 ff. SGB IX bedarf daher keiner europarechtskonformen Auslegung. Jedoch ist der behinderte Geschäftsleiter durch das allgemeine Benachteiligungsverbot aus § 7 AGG geschützt. Eine Behinderung liegt auch vor, wenn der Geschäftsleiter aufgrund einer Erkrankung langfristig an der gesellschaftlichen Teilhabe gestört ist. Eine Rechtfertigung kommt, wenn die Krankheit den Grad einer Behinderung erreicht, nur in seltenen Fällen in Betracht. Namentlich dann, wenn durch die Behinderung die Geschäftsfähigkeit beschränkt ist oder aus sonstigen Gründen, wenn der Geschäftsleiter behinderungsbedingt nicht zu einer ordnungsgemäßen Geschäftsführung in der Lage ist.
8. Eine Benachteiligung wegen des Alters liegt vor, wenn das zuständige Gesellschaftsorgan bei einer Personalentscheidung an das Alter als verpöntes Merkmal anknüpft, gleich ob dies in der Satzung geschieht oder individualvertraglich vereinbart wird. Eine Ungleichbehandlung liegt zunächst dann vor, wenn Anstellung oder Bestellung befristet werden. Bedarf es demgegenüber einer weiteren Willensentscheidung der Gesellschaft, etwa eines Abberufungsbeschlusses auf Grundlage einer statutarischen Altersgrenze, ist der Geschäftsleiter bis zu dieser Entscheidung beschwert, aber noch nicht

benachteiligt. Er kann demnach zwar noch keine Diskriminierung geltend machen, wohl aber eine entsprechende Gefahr im Wege des Unterlassungsanspruchs.

9. Betriebs- und unternehmensbezogene Interessen können nicht – jedenfalls nicht ohne vorherige Anrufung des EuGH – als Rechtfertigung einer Ungleichbehandlung wegen des Alters dienen. Deshalb sollten Höchstaltersgrenzen insbesondere nicht mit den hohen Leistungsansprüchen des Geschäftsleiteramtes oder der im Alter abnehmenden Leistungsfähigkeit gerechtfertigt werden. Vielmehr sind allgemeinwohlbezogene, vor allem beschäftigungspolitische, Gründe erforderlich.
10. Mindestaltersgrenzen begründen eine unmittelbare Ungleichbehandlung aufgrund des Alters, indem ältere Bewerber bevorzugt werden. Nur wenn solche Altersgrenzen flexibel ausgestaltet sind, also ein ungefähres Lebensalter als Mindestalter vorsehen, können sie gerechtfertigt sein. Dem Gremium steht bei der Auswahlentscheidung dann der nötige Raum zu, die gesamte Biografie des Bewerbers und den persönlichen Eindruck, den er hinterlässt, zu berücksichtigen. Gleichwohl ist von der Verwendung flexibler Mindestaltersgrenzen abzuraten, da sie ein Indiz für eine Benachteiligung (§ 22 AGG) begründen.
11. Eine Benachteiligung jüngerer Bewerber ist auch mittelbar durch vordergründig altersunabhängige Anforderungen möglich, namentlich solche an die Länge der Berufs- oder Führungserfahrung. Eine bestimmte Erfahrung zu fordern, ist legitim, sofern die Erfahrung tatsächlich eine zusätzliche Qualifikation bedeutet. Da die Geschäftsleitung eine komplexe Geistestätigkeit ist und die Erfahrung im Leitungs- und Führungsbereich und etwa das Branchenwissen kontinuierlich steigen, ist auch gegen die Forderung einer langjährigen Erfahrung nichts zu erinnern, solange sie den Blick des Gremiums auf die Einzelfallumstände durch eine flexible Formulierung ermöglicht.
12. Höchstaltersgrenzen können eine Benachteiligung unabhängig davon darstellen, wie sie vom Betroffenen wahrgenommen werden. Selbst wenn der Betroffene eine entsprechende Befristung seines Anstellungs- und Organverhältnis eher als „Recht auf Ruhestand" wahrnimmt, ist allein entscheidend, dass mit dem Erreichen der Altersgrenze die bestehenden Rechtsverhältnisse beendet werden und insofern eine Rechtsverkürzung eintritt.
13. Die Rechtfertigung von Höchstaltersgrenzen für den Eintritt oder die Wiederbestellung hängt von den Umständen des Einzelfalls ab.

Um eine angemessene Beschäftigungsdauer zu ermöglichen, kann die Gesellschaft eine Mindestbeschäftigungsdauer jedenfalls von einem Jahr vorsehen und diese durch eine für den Eintritt geltende Höchstaltersgrenze absichern. Um eine mehr als einjährige Mindestbeschäftigungsdauer rechtfertigen zu können, muss die Gesellschaft darlegen können, dass die Einzelfallumstände eine Personalkontinuität in der Leitungsebene und damit eine Mindestbeschäftigungsdauer in entsprechender Länge erforderlich machen. Diese Einzelfallumstände können betriebs- und unternehmensbezogen sein.

Dabei beträgt das Höchstmaß der Mindestbeschäftigungsdauer fünf Jahre. Das Interesse an einer möglichen Wiederbestellung eines auf fünf Jahre berufenen Geschäftsleiters hat hinter dem Interesse an einem effektiven Diskriminierungsschutz älterer Bewerber zurück zu treten.

14. Grenzen, die auf die Beendigung des Amtes bei Erreichen eines bestimmten Alters gerichtet sind, sind zulässig, wenn auf das gesetzliche Renteneintrittsalter (frühestmöglicher abschlagsfreier Renteneintritt) abgestellt wird oder eine darüber liegende Altersgrenze vereinbart wird. Dabei ist ohne Belang, ob der betroffene Geschäftsleiter der Rentenversicherungspflicht unterliegt oder ob – wie regelmäßig der Fall – eine anderweitige Versorgung sichergestellt ist. Höchstaltersgrenzen unterhalb des Renteneintrittsalters sind unzulässig. Ihnen liegen keine vom EuGH geforderten legitimen sozialpolitischen Gründe zugrunde.
15. Ein aufgrund diskriminierender Motive abgelehnter Bewerber hat keinen Anspruch darauf, dass mit ihm erstmalig ein Anstellungsvertrag abgeschlossen oder er erstmalig zum Geschäftsleiter bestellt wird. Insoweit stehen ihm lediglich Sekundäransprüche aus § 15 Abs. 1–4 AGG zu. Der abgelehnte Bewerber kann nicht gegen die Berufung eines Konkurrenten vorgehen. Eine negative Konkurrentenabwehr, die eine erneute Entscheidung des Gremiums über die Besetzung erzwingen würde, kennt das AGG nicht.
16. Ist eine Bestimmung des Anstellungsvertrags – etwa eine Befristungsregelung – diskriminierend, ist diese Bestimmung grundsätzlich unwirksam (Teilnichtigkeit). Ist eine Befristung gesellschaftsrechtlich zwingend, ist die diskriminierende Befristung auf das vorgesehene Höchstbefristungsmaß zu reduzieren. Diese Ergebnisse gelten entsprechend für die befristete Bestellung.
17. Unterbleibt die Verlängerung des Anstellungsvertrags aus diskriminierenden Motiven, hat der Geschäftsleiter keinen Anspruch auf die Verlängerung. Dem steht § 15 Abs. 6 AGG entgegen, der einem Kontrahierungszwang entgegensteht. § 16 S. 1 TzBfG kann hier nicht entsprechend angewandt werden,

da er eine Spezialnorm des Befristungsrechts darstellt. Ihn hier entsprechend anzuwenden, könnte schon zu gesellschaftsrechtlich unzulässigen Ergebnissen führen.

Dies gilt entsprechend für die unterlassene Wiederbestellung; der Organisationsfreiheit ist wegen § 15 Abs. 6 AGG der Vorrang einzuräumen vor dem Interesse des Geschäftsleiters an einer Fortsetzung des Organverhältnisses.

18. Wird der Anstellungsvertrag aus diskriminierenden Gründen gekündigt, ist die Kündigung gemäß § 7 Abs. 1 AGG i.V.m. § 134 BGB unwirksam. Die Nichtigkeitsfolge kann nicht lediglich für besonders gravierende Verstöße über §§ 138, 242 BGB gelten, sondern muss für alle Fälle eines Verstoßes gegen § 7 Abs. 1 AGG greifen, um den Geschäftsleiter umfassend zu schützen. Selbiges gilt für den Abberufungsbeschluss.

    Der durch die Kündigungs- und Abberufungsentscheidung diskriminierte Geschäftsleiter bleibt somit Amtsinhaber mitsamt seiner anstellungsvertraglichen Rechte und Pflichten. Dem steht insbesondere § 15 Abs. 6 AGG nicht entgegen, da keine auf eine Verlängerung des Anstellungs- und Organverhältnisses gerichtete Willenserklärung der Gesellschaft erzwungen wird und sich die Organisationsfreiheit deshalb hier nicht durchsetzen kann.

D. Zusammenfassend zur Rechtsstellung des Geschäftsleiters und Ausblick

1. Die *Danosa*-Entscheidung führt nicht dazu, dem Geschäftsleiter die Arbeitnehmereigenschaft generell zuzusprechen. Seine Rechtsstellung ist vielmehr eine gespaltene, je nachdem anhand welcher Norm man die Statusbestimmung vornimmt. Er ist im Anwendungsbereich eines bestimmten Gesetzes nur dann als Arbeitnehmer zu behandeln, wenn dies das Europarecht fordert. Dem Geschäftsleiter kommt damit lediglich ein „relativer" Arbeitnehmerstatus zu.
2. Die Umsetzung der in dieser Untersuchung aufzeigten Vorschläge würde zwar zu von den Richtlinien geforderten Ergebnissen führen. Die Richtlinien würden allerdings nicht mit der vom EuGH geforderten Klarheit in deutsches Recht umgesetzt. Dies betrifft etwa § 1 MuSchG und § 6 AGG. Dem Transparenzgebot ist insoweit nicht genügt und der Gesetzgeber ist dazu aufgerufen, für die notwendige Umsetzungsklarheit zu sorgen.

Literaturverzeichnis

Abele, Roland: Anmerkung zum Urteil des BAG vom 24.3.2009 - 9 AZR 983/07, in: EuZW 2009, S. 472.

Adomeit, Klaus/Mohr, Jochen: Allgemeines Gleichbehandlungsgesetz (AGG) - Kommentar zum AGG und zu anderen Diskriminierungsverboten, 2. Auflage, Stuttgart 2011.

Adomeit, Klaus/Mohr, Jochen: Rechtsgrundlagen und Reichweite des Schutzes vor diskriminierenden Kündigungen, in: NJW 2009, S. 2255–2258.

Alber, Siegbert: Die Generalanwälte beim Gerichtshof der Europäischen Gemeinschaften, in: DRiZ 2006, S. 168–170.

Altmeppen, Holger: Die Haftung des Managers im Konzern, München 1998.

Alvensleben, Volker von/Haug, Isabel/Schnabel, Astrid: Der Fremdgeschäftsführer im Spannungsfeld zwischen Arbeitgeberposition und Arbeitnehmereigenschaft, in: BB 2012, S. 774–778.

Annuß, Georg: Das Allgemeine Gleichbehandlungsgesetz im Arbeitsrecht, in: BB 2006, S. 1629–1636.

Anzinger, Rudolf/Koberski, Wolfgang: Kommentar zum Arbeitszeitgesetz, 4. Auflage, Frankfurt am Main 2014.

Ascheid, Reiner/Preis, Ulrich/Schmidt, Ingrid (Hrsg.): Kündigungsrecht - Großkommentar zum gesamten Recht der Beendigung von Arbeitsverhältnissen, 4. Auflage, München 2012.

Aubel, Tobias: Der verfassungsrechtliche Mutterschutz - Ein Beitrag zur Dogmatik der Leistungsgrundrechte am Beispiel des Art. 6 Abs. 4 GG, zugl. Diss. Münster 2002, Berlin 2003.

Bachmann, Gregor: Der Verwaltungsrat der monistischen SE, in: ZGR 2008, S. 779–808.

Baeck, Ulrich/Deutsch, Markus: Arbeitszeitgesetz: Kommentar, 3. Auflage, München 2014.

Baeck, Ulrich/Winzer, Thomas: Mitglied des Vertretungsorgans einer Gesellschaft als Arbeitnehmer - Anmerkung zu EuGH, Urteil vom 11.11.2010 - C 232/09, in: NZG 2011, S. 101.

Baeck, Ulrich/Winzer, Thomas: Aktuelle Entwicklungen im Arbeitsrecht, in: NZG 2012, S. 1053–1056.

Bamberger, Heinz Georg/Roth, Herbert (Hrsg.): Beck'scher Online-Kommentar BGB, Edition 31, München 2014.

Bank, Stephan: Die Verschwiegenheitspflicht von Organmitgliedern in Fällen multipler Organmitgliedschaften, in: NZG 2013, S. 801–806.

Bardorf, Wolfgang: Der Gesellschaftereinfluß auf die GmbH-Geschäftsführung nach dem Mitbestimmungsgesetz – Eine Untersuchung mit Vergleich zu der mitbestimmungsfreien GmbH, der GmbH nach dem BetrVG 1952 und der GmbH nach dem MontanMitbestG, zugl. Diss. Augsburg 1980, Göttingen 1981.

Bauer, Jobst-Hubertus: Kündigung und Kündigungsschutz vertretungsberechtigter Organmitglieder, in: BB 1994, S. 855–858.

Bauer, Jobst-Hubertus: Anmerkung zu EuGH, Urteil vom 11.11.2010 – Rs. C-232/09, in: GWR 2010, S. 586.

Bauer, Jobst-Hubertus: Anmerkung zum Urteil des EuGH vom 19.4.2012 – Rs. C-415/10 (Meister), in: ArbRAktuell 2012, S. 219.

Bauer, Jobst-Hubertus/Arnold, Christian: Auf „Junk" folgt „Mangold" – Europarecht verdrängt deutsches Arbeitsrecht, in: NJW 2006, S. 6–12.

Bauer, Jobst-Hubertus/Arnold, Christian: Organbesetzung und Allgemeines Gleichbehandlungsgesetz – kein neues Betätigungsfeld für „Berufsaktionäre"!, in: AG 2007, S. 807–809.

Bauer, Jobst-Hubertus/Arnold, Christian: AGG-Probleme bei vertretungsberechtigten Organmitgliedern, in: ZIP 2008, S. 993–1003.

Bauer, Jobst-Hubertus/Arnold, Christian: EuGH kippt deutsches Urlaubsrecht – Die Schultz-Hoff Entscheidung und ihre Folgen, in: NJW 2009, S. 631–636.

Bauer, Jobst-Hubertus/Arnold, Christian: AGG und Organmitglieder – Klares und Unklares vom BGH, in: NZG 2012, S. 921–926.

Bauer, Jobst-Hubertus/Arnold, Christian: Altersdiskriminierung von Organmitgliedern, in: ZIP 2012, S. 597–605.

Bauer, Jobst-Hubertus/Diller, Martin: Koppelung von Abberufung und Kündigung bei Organmitgliedern – Zulässige Gestaltung oder sittenwidrige Falle?, in GmbHR 1998, S. 809–813.

Bauer, Jobst-Hubertus/Göpfert, Burkard/Krieger, Steffen: Diskriminierungsrisiken bei Organmitgliedern, in: DB 2005, S. 595–599.

Bauer, Jobst-Hubertus/Medem, Andreas von: Altersgrenzen zur Beendigung von Arbeitsverhältnissen – Was geht, was geht nicht?, in: NZA 2012, S. 945–954.

Bauer, Jobst-Hubertus/Medem, Andreas von: Von Schultz-Hoff zu Schulte – der EuGH erweist sich als lernfähig, in: NZA 2012, S. 113–119.

Bauer, Jobst-Hubertus/Thüsing, Gregor/Schunder, Achim: Entwurf eines Gesetzes zur Umsetzung europäischer Antidiskriminierungsrichtlinien, in: NZA 2005, S. 32–36.

Baumbach, Adolf (Begr.)/Hopt, Klaus J. (Bearb.): Handelsgesetzbuch – mit GmbH & Co., Handelsklauseln, Bank- und Börsenrecht, Transportrecht (ohne Seerecht), 36. Auflage, München 2014.

Baumbach, Adolf (Begr.)/Hueck, Alfred (Hrsg.): GmbHG – Gesetz betreffend die Gesellschaft mit beschränkter Haftung, 20. Auflage, München 2013.

Baums, Theodor: Der fehlerhafte Aufsichtsratsbeschluß, in: ZGR 1983, S. 300–345.

Baums, Theodor: Der Geschäftsleitervertrag – Begründung, Inhalt und Beendigung der Rechtsstellung der Vorstandsmitglieder und Geschäftsführer in den Kapitalgesellschaften und Genossenschaften, zugl. Habil.-Schrift Bonn 1985/86, Köln 1987.

Bayer, Walter: Der an der Tochter beteiligte Mehrheitsgesellschafter der Mutter: herrschendes Unternehmen? – Zugleich Besprechung der Entscheidung BGHZ 148, 123, in: ZGR 2002, S. 933–954.

Bayreuther, Frank: Kündigungsschutz im Spannungsfeld zwischen Gleichbehandlungsgesetz und europäischem Antidiskriminierungsrecht, in: DB 2006, S. 1842–1847.

Bayreuther, Frank: Krankheit als Behinderung im deutschen und amerikanischen Diskriminierungsrecht, in: Martinek, Michael/Rawert, Peter/Weitemeyer, Birgit (Hrsg.), Festschrift für Dieter Reuter zum 70. Geburtstag am 16. Oktober 2010, Berlin 2010, S. 453–468.

Bayreuther, Frank: Altersgrenzen, Altersgruppenbildung und der Ausschluss rentennaher Arbeitnehmer aus Sozialplänen – Konsequenzen der Urteile des EuGH in Sachen Rosenbladt, Andersen, Georgiev und Kleist, in: NJW 2011, S. 19–23.

Becker, Friedrich/Hillebrecht, Wilfried (Begr.)/Etzel, Gerhard (Gesamtred.): KR – Gemeinschaftskommentar zum Kündigungsschutzgesetz und zu sonstigen kündigungsschutzrechtlichen Vorschriften, 10. Auflage, Köln 2013 (zit.: KR/*Bearb.*).

Benecke, Martina: Mutterschutz trotz Kündigung nach Ablauf der Schutzzeit – Urteil des Europäischen Gerichtshofs vom 11.10.2007 – Rechtssache Paquay, in: EuZA 2008, S. 385–394.

Bertelsmann, Klaus: Altersdiskriminierung im Arbeitsrecht, in: ZESAR 2005, S. 242–253

Beuthien, Volker: Abschlußzwang durch Mutterschutz? – Kritik an BAG, AP Nr. 26 § 620 BGB Befristeter Arbeitsvertrag, in: RdA 1964, S. 207–212.

Bezzenberger, Tilman: Der Vorstandsvorsitzende der Aktiengesellschaft, in: ZGR 1996, S. 661–673.

Biester, Frauke: Auswirkungen des Allgemeinen Gleichbehandlungsgesetzes auf die betriebliche Praxis – Teil 1 -, in: jurisPR-ArbR 35/2006, Anm. 6.

Bissels, Alexander/Domke, Carsten/Wisskirchen, Gerlind: BlackBerry & Co.: Was ist heute Arbeitszeit?, in: DB 2010, S. 2052–2055.

Blanpain, Roger: European Labour Law, 11. Auflage, Den Haag 2008.

Boecken, Winfried: Die Altersgrenze von 68 Jahren für Vertragsärzte aus EG-rechtlicher Sicht, in: NZS 2005, S. 393–400.

Boemke, Burkhard: Das Dienstverhältnis des GmbH-Geschäftsführers zwischen Gesellschafts- und Arbeitsrecht, in: ZfA 1998, S. 209–239.

Boemke, Burkhard: Anmerkung zu BAG, Urteil vom 26.05.1999 – 5 AZR 664/98, in: AP GmbHG § 35 Nr. 10.

Boldt, Gerhard: Anmerkung zum Urteil BAG 13.5.1982 – 6 AZR 360/80, in: AP BUrlG § 7 Übertragung Nr. 4.

Borelli, Silvia: Der Arbeitnehmerbegriff im europäischen Recht – Ein Überblick über die Rechtsprechung des Europäischen Gerichtshofs, in: AuR 2011, S. 472–477.

Boujong, Karlheinz: Rechtliche Mindestanforderung an eine ordnungsgemäße Vorstandskontrolle und -beratung – Konsequenzen aus den Entscheidungen des Bundesgerichtshofs BGHZ 114, 127 und BGHZ 124, 111, in: AG 1995, S. 203–207.

Brachert, Sebastian: Organmitgliedschaft und Arbeitnehmerstatus – ein Beitrag zur arbeitsrechtlichen Einordnung von Geschäftsführern der Gesellschaft mit beschränkter Haftung und von Vorstandsmitgliedern der Aktiengesellschaft, zugl. Diss. Erlangen-Nürnberg 1990, Frankfurt am Main 1991.

Brammsen, Joerg: Der Arbeitnehmerbegriff – Versuch einer einheitlichen Neubestimmung, in: RdA 2010, S. 267–274.

Brandmüller, Gerhard: Der GmbH-Geschäftsführer im Gesellschafts-, Steuer- und Sozialversicherungsrecht, 18. Auflage, Bonn/Berlin 2006.

Breithaupt, Joachim/Ottersbach, Jörg H. (Hrsg.): Kompendium Gesellschaftsrecht, München 2010.

Brötzmann, Ulrich: Geschäftsführer: Anwendbarkeit des Allgemeinen Gleichbehandlungsgesetzes, in: GmbHR 2012, S. 851–852.

Brötzmann, Ulrich: Geschäftsführer: Kündigung eines schwerbehinderten Fremdgeschäftsführers ohne Zustimmung des Integrationsamtes, Anm. zu OLG Düsseldorf, Urteil vom 18.10.2012 – I-6 U 47/12, in: GmbHR 2012, S. 1357–1358.

Buchner, Herbert: Das Recht der Arbeitnehmer, der Arbeitnehmerähnlichen und der Selbständigen – jedem das Gleiche oder jedem das Seine?, in: NZA 1998, S. 1144–1153.

Buchner, Herbert/Becker, Ulrich: Mutterschutzgesetz und Bundeselterngeld- und Elternzeitgesetz, 8. Auflage, München 2008.

Bürgers, Tobias/Körber, Torsten (Hrsg.): Heidelberger Kommentar zum Aktiengesetz, 2. Auflage, Heidelberg 2008.

Bulla, Gustav Adolf (Begr.)/Buchner, Herbert: Mutterschutzgesetz, 5. Auflage, München 1981.

Bulla, Gustav Adolf: Verlust des Mutterschutzes durch vorzeitige Aufgabe des Arbeitsverhältnisses, in: DB 1963, S. 1151–1153.

Bulla, Gustav Adolf: Entwicklung und Maximen des gesetzlichen Mutterschutzes in Deutschland, in: Müller, Gerhard (Hrsg.), Das Arbeitsrecht der Gegenwart, Jahrbuch für das gesamte Arbeitsrecht und die Arbeitsgerichtsbarkeit, Band 1 (1964), S.42–74.

Bultmann, Peter: Friedrich Rechtsfortbildung von EG-Richtlinienrecht, in: JZ 2004, S. 1100–1106.

Bunnemann, Jan/Zirngibl, Nikolas (Hrsg.): Die Gesellschaft mit beschränkter Haftung in der Praxis, 2. Auflage, München 2011.

Bunte, Hermann-Josef: Zur Teilunwirksamkeit von AGB-Klauseln – Zugleich eine Besprechung der Entscheidungen des BGH vom 17. 5. und 7. 6. 1982, NJW 1982, 2309, 2311, in: NJW 1982, S. 2298–2299.

Busch, Matthias/Schönhöft, Andreas: Anwendbarkeit des TzBfG auf den Geschäftsführeranstellungsvertrag?, in: DB 2007, S. 2650–2654.

Canaris, Claus-Wilhelm: Sondertagung Schuldrechtsmodernisierung – Die Reform des Rechts der Leistungsstörungen, in: JZ 2001, S. 499–529.

Canaris, Claus-Wilhelm: Die richtlinienkonforme Auslegung und Rechtsfortbildung im System der juristischen Methodenlehre, in: Koziol, Helmut/Rummel, Peter (Hrsg.), Im Dienste der Gerechtigkeit – Festschrift für Franz Bydliński, Wien 2002, S. 47–103.

Casper, Matthias: Das Anfechtungsklageerfordernis im GmbH-Beschlußmängelrecht, in: ZHR 163 (1999), S. 54–86.

Coester-Waltjen, Dagmar: Mutterschutz in Europa – Der Schutz der erwerbstätigen Frauen während der Schwangerschaft und der Mutterschaft in den Mitgliedstaaten der Europäischen Gemeinschaften, München 1986.

Colneric, Ninon: Der Begriff des Arbeitnehmers in der Rechtsprechung des EuGH, in: Colneric, Ninon et al. (Hrsg.), Une communauté de droit – Festschrift für Gil Carlos Rodríguez Iglesias, Berlin 2003, S. 385–397.

Colneric, Ninon: Auslegung des Gemeinschaftsrechts und gemeinschaftsrechtskonforme Auslegung, in: ZEuP 2005, S. 225–233.

Colneric, Ninon: Antidiskriminierung – quo vadis?, in: NZA-Beilage 2008, S. 66–73.

Crump, Douglas/Pugsley, David: Contracts of employment, 7. Auflage, London 1997.

Dahl, Holger: Interim Management zwischen Selbstständigkeit und Arbeitsverhältnis, in: DB 2005, S. 1738–1741.

Däubler, Wolfgang: Neues zur betriebsbedingten Kündigung, in: NZA 2004, S. 177–184.

Däubler, Wolfgang/Bertzbach, Martin (Hrsg.): Allgemeines Gleichbehandlungsgesetz: Handkommentar, 3. Auflage, Baden-Baden 2013.

Däubler, Wolfgang/Hjort, Jens Peter/Schubert, Michael/Wolmerath, Martin (Hrsg.): Arbeitsrecht – Individualarbeitsrecht mit kollektivrechtlichen Bezügen: Handkommentar, 3. Auflage, Baden-Baden 2013.

Dauner-Lieb, Barbara: Unternehmerische Tätigkeit zwischen Kontrolle und Kreativität, in: Crezelius, Georg/Hirte, Heribert/Vieweg, Klaus (Hrsg.), Festschrift für Volker Röhricht zum 65. Geburtstag: Gesellschaftsrecht – Rechnungslegung – Sportrecht, Köln 2005, S. 83–104.

Dauses, Manfred A. (Hrsg.): Handbuch des EU-Wirtschaftsrechts, 35. Ergänzungslieferung, München 2014.

Deilmann, Barbara/Albrecht, Frauke: Corporate Governance und Diversity – was empfiehlt der neue Kodex?, in: AG 2010, S. 727–734.

Dieterich, Thomas/Hanau, Peter/Schaub, Günter (Begr.)/Müller-Glöge, Rudi/Preis, Ulrich/Schmidt, Ingrid (Hrsg.): Erfurter Kommentar zum Arbeitsrecht, 14. Auflage, München 2014 (zit.: ErfK/*Bearb*.).

Diller, Martin: Gesellschafter und Gesellschaftsorgane als Arbeitnehmer, zugl. Diss. Mainz 1994, Köln 1994.

Diller, Martin: Kündigung, Kündigungsschutz und Weiterbeschäftigungsanspruch des GmbH-Geschäftsführers, in: NZG 2011, S. 254–256.

Diller, Martin/Kern, Jan: Befristung und Schwangerschaft – Neue Spielregeln durch das AGG, in: FA 2007, S. 103–105.

Dreher, Meinrad: Der Abschluß von D&O-Versicherungen und die aktienrechtliche Zuständigkeitsordnung, in: ZHR 165 (2001), S. 293–323.

Dzida, Boris: Anmerkung zu BGH, NJW 2010, 2343, in: NJW 2010, S. 2345–2346.

Ebenroth, Carsten Thomas/Boujong, Karlheinz (Begr.)/Joost, Detlev/Strohn, Lutz (Hrsg.): Handelsgesetzbuch, Band 1 (§§ 1 – 342e), 3. Auflage, München 2014.

Eberspächer, Friedemann: Nichtigkeit von Hauptversammlungsbeschlüssen nach § 241 Nr. 3 AktG, zugl. Diss. Münster 2008, Baden-Baden 2009.

Eckardt, Bernd: Die Beendigung der Vorstands- und Geschäftsführerstellung in Kapitalgesellschaften, zugl. Diss. Köln 1989, Frankfurt am Main 1989.

Eckardt, Bernd: Koppelung der Beendigung des Anstellungsvertrages eines AG-Vorstandsmitgliedes an den Bestellungswiderruf?, in: AG 1989, S. 431–433.

Edel, Ute: Die Entwicklung des Mutterschutzrechtes in Deutschland, zugl. Diss. Frankfurt am Main 1992, Baden-Baden 1993.

Emmerich, Volker/Habersack, Mathias: Aktien- und GmbH-Konzernrecht, 7. Auflage, München 2013.

Epping, Volker/Hillgruber, Christian (Hrsg.): Grundgesetz – Kommentar, 2. Auflage, München 2013.

Erbs, Georg (Begr.)/Kohlhaas, Max (vormals Hrsg.)/Ambs, Friedrich (Hrsg.): Strafrechtliche Nebengesetze, 197. Ergänzungslieferung, München 2014.

Erman, Walter (Begr.)/Westermann, Harm Peter (Hrsg.): Bürgerliches Gesetzbuch – Handkommentar mit AGG, EGBGB (Auszug), ErbbauRG, LPartG, ProdHaftG, VBVG, VersAusglG und WEG, Band 1 (§§ 1 – 758, AGG), 14. Auflage, Köln 2014 (zit.: Erman/*Bearb.*).

Eßer, Walter/Baluch, Christina: Bedeutung des Allgemeinen Gleichbehandlungsgesetzes für Organmitglieder, in: NZG 2007, S. 321–332.

Ettinger, Jochen/Reiff, Gunter: Die Gelatine-Entscheidungen des BGH: Auswirkungen auf die Kompetenzverteilung in der GmbH bei Ausgliederungen außerhalb des Umwandlungsgesetzes, in: GmbHR 2007, S. 617–623.

Falder, Roland: Immer erreichbar – Arbeitszeit- und Urlaubsrecht in Zeiten des technologischen Wandels, in: NZA 2010, S. 1150–1157.

Fehrenbach, Markus: Der fehlerhafte Gesellschafterbeschluss in der GmbH - Allgemeines Beschlussmängelrecht und analoge Anwendung des Aktienrechts, zugl. Diss. Passau 2011, Köln 2011.

Fiebig, Stefan/Gallner, Inken/Mestwerdt, Wilhelm/Pfeiffer, Gerhard (Hrsg.): Kündigungsschutzgesetz – Handkommentar, 4. Auflage, Baden-Baden 2012.

Fischer, Ulrich: Die Fremdgeschäftsführerin und andere Organvertreter auf dem Wege zur Arbeitnehmereigenschaft, in: NJW 2011, S. 2329–2332.

Fleck, Hans-Joachim: Das Organmitglied – Unternehmer oder Arbeitnehmer?, in: Dieterich, Thomas (Hrsg.), Festschrift für Marie Luise Hilger und Hermann Stumpf, München 1983, S. 197–226.

Fleischer, Holger: Die Sonderprüfung im GmbH-Recht – Überlegungen de lege lata und de lege ferenda, in: GmbHR 2001, S. 45–53.

Fleischer, Holger: Zur Leitungsaufgabe des Vorstands im Aktienrecht, in: ZIP 2003, S. 1–11.

Fleischer, Holger: Ungeschriebene Hauptversammlungszuständigkeiten im Aktienrecht – Von Holzmüller zu Gelatine, in: NJW 2004, S. 2335–2339.

Fleischer, Holger: Aktienrechtliche Legalitätspflicht und „nützliche" Pflichtverletzungen von Vorstandsmitgliedern, in: ZIP 2005, S. 141–152.

Fleischer, Holger: Reichweite und Grenzen der unbeschränkten Organvertretungsmacht im Kapitalgesellschaftsrecht, in: NZG 2005, S. 529–537.

Fleischer, Holger (Hrsg.): Handbuch des Vorstandsrechts, München 2006 (zit.: Fleischer/*Bearb.*).

Fleischer, Holger: Bestellungsdauer und Widerruf der Bestellung von Vorstandsmitgliedern im in- und ausländischen Aktienrecht, in: AG 2006, S. 429–442.

Fleischer, Holger: Zur Abberufung von Vorstandsmitgliedern auf Druck Dritter, in: DStR 2006, S. 1507–1515.

Fleischer, Holger: Gesundheitsprobleme eines Vorstandsmitglieds im Lichte des Aktien- und Kapitalmarktrechts, in: NZG 2010, S. 561–568.

Fleischer, Holger: Gestaltungsgrenzen für Zustimmungsvorbehalte des Aufsichtsrats nach § 111 Abs. 4 S. 2 AktG, in: BB 2013, S. 835–843.

Fonk, Hans-Joachim: Auslagenersatz für Aufsichtsratsmitglieder, in: NZG 2009, S. 761–771.

Fonk, Hans-Joachim: Zustimmungsvorbehalte des AG-Aufsichtsrats, in: ZGR 2006, S. 841–874.

Forst, Gerrit: Unterliegen Geschäftsführer dem Bundesurlaubsgesetz (BUrlG)?, in: GmbHR 2012, S. 821–828.

Franzen, Martin: Zeitliche Begrenzung der Urlaubsansprüche langzeiterkrankter Arbeitnehmer, in: NZA 2011, S. 1403–1405.

Franzen, Martin: Die Rechtsprechung des Europäischen Gerichtshofs im Arbeitsrecht in den Jahren 2010 und 2011, in: EuZA 2012, S. 295–345.

Freckmann, Anke: Der GmbH-Geschäftsführer im Arbeits- und Sozialversicherungsrecht, in: DStR 2008, S. 52–60.

Fuchs, Maximilian: Anmerkung zu EuGH, Urteil vom 7.6.2005 – Rs. C-543/03 (Dodl u. Oberhollenzer), in: JZ 2006, S. 39–41.

Fuhlrott, Michael: Anmerkung zu BAG, Urteil vom 19.12.2013 – 6 AZR 190/12 in: GWR 2014, S. 96.

Fuhrmann, Lambertus: Der GmbH-Geschäftsführer-Vertrag – Musterklauseln mit Varianten und Praxishinweisen, Köln 2001 (zit.: *Fuhrmann*).

Fuhrmann, Lambertus: „Gelatine" und die Holzmüller-Doktrin – Ende einer juristischen Irrfahrt? – Zugleich Anmerkung zu dem Urteil des BGH vom 26-4-2004 – II ZR 155/02, AG 2004, 384, in: AG 2004, S. 339–342.

Gaissert, Celia Isabel: Der Generalanwalt – eine unabdingbare Institution am Gerichtshof der Europäischen Gemeinschaften? – Zum Divergieren von Votum und Urteil in der Rechtsfindung des Europäischen Gerichtshofes, zugl. Diss. Bonn 1986, Frankfurt am Main 1987

Gas, Tonio: Die unmittelbare Anwendbarkeit von Richtlinien zu Lasten Privater im Urteil „Mangold", in: EuZW 2005, S. 737.

Gebauer, Martin/Wiedmann, Thomas (Hrsg.): Zivilrecht unter europäischem Einfluss – Die richtlinienkonforme Auslegung des BGB und anderer Gesetze – Kommentierung der wichtigsten EU-Verordnungen, 2. Auflage, Stuttgart 2010.

Gehrlein, Markus/Ekkenga, Jens/Simon, Stefan (Hrsg.): GmbHG – Gesetz betreffend die Gesellschaften mit beschränkter Haftung, Kommentar, Köln 2012.

Geißler, Markus: Begrenzungen bei der Weisungsbindung des GmbH-Geschäftsführers, in: GmbHR 2009, S. 1071–1076.

Germelmann, Claas-Hinrich/Matthes, Hans-Christoph/Prütting, Hanns (Hrsg.): Arbeitsgerichtsgesetz – Kommentar, 8. Auflage, München 2013.

Gieseke, Horst: Interessenkonflikte der GmbH-Geschäftsführer bei Pflichtenkollisionen, in: GmbHR 1996, S. 486–492.

Gissel, Ralf: Arbeitnehmerschutz für den GmbH-Geschäftsführer, zugl. Diss. Gießen 1986, Köln 1987.

Glanegger, Peter/Kirnberger, Christian/Kusterer, Stefan/Ruß, Werner/Selder, Johannes/Stuhlfelner, Ulrich: Heidelberger Kommentar zum Handelsgesetzbuch – Handelsrecht, Bilanzrecht, Steuerrecht, 7. Auflage, Heidelberg 2007 (zit.: HK-HGB/*Bearb*.).

Glücklich, Heinz-Werner: Anmerkung zum Urteil des BSG vom 22.8.1973–12 RK 24/72, in: Die Sozialgerichtsbarkeit 1974, S. 79–82.

Goette, Wulf: Anmerkung zu BGH, Beschluß vom 29.11.1993 – II ZR 61/93, in: DStR 1994, S. 215–217.

Goette, Wulf: Zur Verteilung der Darlegungs- und Beweislast der objektiven Pflichtwidrigkeit bei der Organhaftung, in: ZGR 1995, S. 648–674.

Goette, Wulf: Das Organverhältnis des GmbH-Geschäftsführers in der Rechtsprechung des Bundesgerichtshofs, in: DStR 1998, S. 938–943.

Goette, Wulf: Leitung, Aufsicht, Haftung – zur Rolle der Rechtsprechung bei der Sicherung einer modernen Unternehmensführung, in: Geiß, Karlmann/Nehm, Kay/Brandner, Hans Erich/Hagen, Horst (Hrsg.), Festschrift aus Anlaß des fünfzigjähigen Bestehens von Bundesgerichtshof, Bundesanwaltschaft und Rechtsanwaltschaft beim Bundesgerichtshof, Köln 2000, S. 123–142.

Goette, Wulf: Der Geschäftsführerdienstvertrag zwischen Arbeits- und Gesellschaftsrecht in der Rechtsprechung des Bundesgerichtshofs, in: Wank, Rolf/ Hirte, Heribert/Frey, Kaspar/Fleischer, Holger/Thüsing, Gregor (Hrsg.), Festschrift für Herbert Wiedemann zum 70. Geburtstag, München 2002, S. 873–888.

Götz, Heinrich: Rechte und Pflichten des Aufsichtsrats nach dem Transparenz- und Publizitätsgesetz, in: NZG 2002, S. 599–604.

Götze, Cornelius: „Gelatine“ statt „Holzmüller“ – Zur Reichweite ungeschriebener Mitwirkungsbefugnisse der Hauptversammlung, in: NZG 2004, S. 585–589.

Grabitz, Eberhard (Begr.)/Hilf, Meinhard (Fortgef.)/Nettesheim, Martin (Hrsg.): Das Recht der Europäischen Union, Band 1 (EUV/AEUV), 53. Ergänzungslieferung, München 2014.

Graf von Westphalen, Friedrich/Thüsing, Gregor (Hrsg.): Vertragsrecht und AGB-Klauselwerke, 34. Ergänzungslieferung, München 2013.

Graue, Bettina: Fehlerhafte Umsetzung der EG-Mutterschutz-Richtlinie 92–85-EWG vom 19. 10. 1992 durch den bundesdeutschen Gesetzgeber bei vorzeitiger Entbindung, in: NJW 1999, S. 2795–2797.

Graue, Bettina: Mutterschutzgesetz – Basiskommentar, 2. Auflage, Frankfurt am Main 2010.

Gravenhorst, Wulf: GmbH & Co. KG – Geschäftsführer – Rechtsweg; Anmerkung zu BAG 5. Senat, Beschluss vom 20.08.2003 – 5 AZB 79/02, in: jurisPRArbR 16/2003, Anm. 5.

Gravenstein, Viky (Hrsg.): Französisches Gesellschaftsrecht – Das Gesetz vom 24. Juli 1966 über die Handelsgesellschaft mit den wichtigsten Durchführungsbestimmungen für die Kapitalgesellschaft, 3. Auflage, Frankfurt am Main 1988.

Gräwe, Daniel/Stütze, Sebastian: Rechte und Pflichten des GmbH-Beirats bei offenen Satzungsgestaltungen, in: GmbHR 2012, S. 877–882.

Grobys, Marcel: Die Beweislast im Anti-Diskriminierungsprozess, in: NZA 2006, S. 898–904.

Grobys, Marcel/Panzer, Andrea (Hrsg.): Arbeitsrecht – Alphabetische Gesamtdarstellung: Individualarbeitsrecht, kollektives Arbeitsrecht, Prozessrecht, 2. Auflage, Baden-Baden 2013.

Grohmann, Uwe: Der Stimmrechtsausschluss bei der Einpersonen-GmbH, in: GmbHR 2008, S. 1255–1257.

Groß, Volker: Das Anstellungsverhältnis des GmbH-Geschäftsführers im Zivil-, Arbeits-, Sozialversicherungs- und Steuerrecht – Statusbeurteilung im Spannungsfeld von Sozialschutznormen und Gesellschaftsrecht, zugl. Diss. Bielefeld 1985/86, Köln 1987.

Groß, Wolfgang: Informations- und Auskunftsrecht des Aktionärs, in: AG 1997, S. 97–107.

Grumann, Marc-Olaf/Gillmann, Michael: Abberufung und Kündigung von Vorstandsmitgliedern einer Aktiengesellschaft, in: DB 2003, S. 770–775.

Gundel, Jörg: Gemeinschaftsrichter und Generalanwälte als Akteure des Rechtsschutzes im Lichte des gemeinschaftsrechtlichen Rechtsstaatsprinzips, in: EuR 2008, Beiheft 3, S. 23–44.

Haag, Oliver/Tiberius, Victor A.: Interimsmanagement – rechtliche Aspekte und Einordnung, in: NZA 2004, S. 190–194.

Haase, Karsten: Der Erholungsurlaub des Geschäftsführers einer GmbH aus rechtlicher Sicht (Teil 2), in: GmbHR 2005, S. 338–345.

Habersack, Mathias/Mayer, Christian: Der Widerruf von Haustürgeschäften nach der Heininger-Entscheidung des EuGH, in: WM 2002, S. 253–308.

Hamacher, Anno/Ulrich, Christoph: Die Kündigung von Arbeitsverhältnissen nach Inkrafttreten und Änderung des AGG, in: NZA 2007, S. 657–663.

Hamann, Wolfgang: Bewerberauswahl und Arbeitgeberkündigung im Lichte des Allgemeinen Gleichbehandlungsgesetzes, in: Jura 2007, S. 641–648.

Hanau, Peter: Das Allgemeine Gleichbehandlungsgesetz (arbeitsrechtlicher Teil) zwischen Bagatellisierung und Dramatisierung, in: ZIP 2006, S. 2189–2201.

Happ, Wilhelm (Hrsg.): Die GmbH im Prozeß, Köln 1997 (zit.: *Happ*).

Happ, Wilhelm (Hrsg.): Aktienrecht: Handbuch – Mustertexte – Kommentar, 3. Auflage, Köln 2007 (zit.: Happ-AktienR/*Bearb.*).

Heidbüchel, Volker: Das Aufsichtsratsmitglied als Vorstandsvertreter – Voraussetzungen und Risiken der Bestellung eines Interimsvorstands, in: WM 2004, S. 1317–1324.

Heidel, Thomas/Schall, Alexander (Hrsg.): Handelsgesetzbuch – Handkommentar, Baden-Baden 2011 (zit.: HK-HGB/*Bearb.*).

Heilmann, Joachim: Kommentar zum Mutterschutzgesetz (MuSchG), 2. Auflage, Baden-Baden 1991.

Hein, Jan von: Vom Vorstandsvorsitzenden zum CEO?, in: ZHR 166 (2002), S. 464–502.

Helm, Johann Georg/Wagner, Horst: Fremdgeschäftsführung und -vertretung bei Personenhandelsgesellschaften, in: BB 1979, S. 225–233.

Henckel, Wolfram: Die ergänzende Vertragsauslegung, in: AcP 159 (1960/61), S. 106–126.

Hengeler, Hans: Zum Beratungsgeheimnis im Aufsichtsrat einer Aktiengesellschaft, in: Fischer, Robert/Hefermehl, Wolfgang (Hrsg.), Festschrift für Wolfgang Schilling zum 65. Geburtstag am 5. Juni 1973, Berlin 1973, S. 175–205.

Henssler, Martin: Das Anstellungsverhältnis der Organmitglieder, in: RdA 1992, S. 289–302.

Henssler, Martin: Die Ernennung des Vorsitzenden der Geschäftsführung in der mitbestimmten GmbH, in: GmbHR 2004, S. 321–327.

Henssler, Martin: Was ist von der Altersgrenze geblieben? – Zur Zulässigkeit und Abänderbarkeit von Altersgrenzenvereinbarungen, in: DB 1993, S. 1669–1675.

Henssler, Martin/Muthers, Christof: Arbeitsrecht und Schuldrechtsmodernisierung – Das neue Leistungsstörungsrecht, in: ZGS 2002, S. 219–225.

Henssler, Martin/Strohn, Lutz (Hrsg.): Gesellschaftsrecht – BGB, HGB, PartGG, GmbHG, AktG, GenG, UmwG, IntGesR, München 2011.

Henssler, Martin/Willemsen, Heinz Josef/Kalb, Heinz-Jürgen (Hrsg.): Arbeitsrecht Kommentar, 6. Auflage, Köln 2014.

Henssler, Martin/Willemsen, Heinz Josef/Kalb, Heinz-Jürgen (Hrsg.): Arbeitsrecht Kommentar, 5. Auflage, Köln 2012 (zit.: Henssler/Willemsen/Kalb/*Bearb.* 5. Aufl.).

Henze, Hartwig: Entscheidungen und Kompetenzen der Organe in der AG: Vorgaben der höchstrichterlichen Rechtsprechung, in: BB 2001, S. 53–61.

Hergenröder, Curt Wolfgang: Anmerkung zur Entscheidung des EuGH vom 22.4.1997 – Rs. C-180/95 (Drähmpähl), in: JZ 1997, S. 1174–1177.

Hergenröder, Curt Wolfgang: Anmerkung zur Entscheidung des EuGH vom 3.10.2000 – Rs. C-303/98 (Simap), in: RdA 2001, S. 346–350.

Herms, Sascha/Meinel, Gernod: Vorboten einer neuen Ära: Das geplante Antidiskriminierungsgesetz, in: DB 2004, S. 2370–2373.

Herresthal, Carsten: Rechtsfortbildung im europarechtlichen Bezugsrahmen – Methoden, Kompetenzen, Grenzen dargestellt am Beispiel des Privatrechts, zugl. Diss. München 2006, München 2006.

Herresthal, Carsten: Voraussetzungen und Grenzen der gemeinschaftsrechtskonformen Rechtsfortbildung, in: EuZW 2007, S. 396–400.

Herrmann, Christoph: Die negative unmittelbare Wirkung von Richtlinien in horizontalen Rechtsverhältnissen – Erwiderung auf T. Gas, Gastkommentar Heft 24/2005, S. 737, in: EuZW 2006, S. 69–70.

Herschel, Wilhelm: Vom Wesen des Kündigungsschutzes der Mutter (§ 9 MuSchG), in: AuR 1959, S. 257–261.

Herzberg, Rolf: Kritik der teleologischen Gesetzesauslegung, in: NJW 1990, S. 2525–2530.

Heuking, Hans Günter/Jasper, Ute: Interessenkonflikte des Aufsichtsratsmitglieds der GmbH, in: DStR 1992, S. 1438–1443.

Heuschmid, Johannes: Anmerkung zum Urteil des EuGH vom 19.4.2012 – Rs. C-415/10 (Meister), in: jurisPR-ArbR 25/2012, Anm. 1.

Heyll, Jens: Die Anwendung von Arbeitsrecht auf Organmitglieder, zugl. Diss. Köln 1993, Frankfurt am Main 1994.

Heymann, Ernst (Begr.)/Horn, Norbert (Hrsg.): Handelsgesetzbuch (ohne Seerecht), Band 2: Zweites Buch (§§ 105–237 HGB), 2. Auflage, Berlin 1996.

Hoefs, Christian/Rentsch, Robert: Altersdiskriminierung von Organmitgliedern – Zugleich Besprechung des BGH-Urteils vom 23. 4. 2012 – II ZR 163/10, DB 2012 S. 1499, in: DB 2013, S. 2733–2738.

Hoentzsch, Susanne: Europarechtskonformität und Auslegung der Beweislastregelung in § 22 AGG, in: DB 2006, S. 2631–2634.

Hoentzsch, Susanne: Die Anwendung der Benachteiligungsverbote des Allgemeinen Gleichbehandlungsgesetzes auf Organmitglieder am Beispiel des Geschäftsführers der Gesellschaft mit beschränkter Haftung und des Vorstandes der Aktiengesellschaft, zugl. Diss. München 2011, München 2011.

Hoffmann, Dietrich/Preu, Peter: Der Aufsichtsrat – Ein Leitfaden für Aufsichtsräte, 5. Auflage, München 2003.

Hoffmann-Becking, Michael: Zur rechtlichen Organisation der Zusammenarbeit im Vorstand der AG, in: ZGR 1998, S. 497–519.

Hoffmann-Becking, Michael: Vorstandsvorsitzender oder CEO?, in: NZG 2003, S. 745–750.

Hoffmann-Becking, Michael: Organe: Strukturen und Verantwortlichkeiten, insbesondere im monistischen System, in: ZGR 2004, S. 355–382.

Hoffmann-Remy, Till: Anmerkung zum Urteil des BAG vom 20.3.2012 – 9 AZR 529/10, in: NJW 2012, S. 3469–3470.

Hofmann-Göttig, Joachim: Emanzipation mit dem Stimmzettel – 70 Jahre Frauenwahlrecht in Deutschland, Bonn 1986.

Hohenstatt, Klaus-Stefan/Naber, Sebastian: Diskriminierungsschutz für Organmitglieder: Konsequenzen für die Vertragsgestaltung – Zugleich Besprechung BGH v. 23.4.2012 – II ZR 163/10, ZIP 2012, 1291, in: ZIP 2012, S. 1989–1996.

Holst, Elke/Schimeta, Julia: Frauenanteil in Topgremien großer Unternehmen in Deutschland nimmt geringfügig zu – DAX-30-Unternehmen mit größerer Dynamik, in: Wochenbericht des Deutschen Instituts für Wirtschaftsforschung 3/2013, S. 3 ff., abrufbar unter www.diw.de/documents/publikationen/73/diw_01.c.414308.de/13-3.pdf (zuletzt abgerufen am 31.8.2014).

Hölters, Wolfgang (Hrsg.): Aktiengesetz – Kommentar, 2. Auflage, München 2014.

Hommelhoff, Peter: Unternehmensführung in der mitbestimmten GmbH, in: ZGR 1978, S. 119–155.

Hommelhoff, Peter: Zivilrecht unter dem Einfluss europäischer Rechtsangleichung, in: AcP 192 (1992), S. 71–107.

Hommelhoff, Peter/Hopt, Klaus J./Werder, Axel von (Hrsg.): Handbuch Corporate Governance – Leitung und Überwachung börsennotierter Unternehmen in der Rechts- und Wirtschaftspraxis, 2. Auflage, Stuttgart 2009.

Höpfner, Clemens: Die systemkonforme Auslegung – Zur Auflösung einfachgesetzlicher, verfassungsrechtlicher und europarechtlicher Widersprüche im Recht, zugl. Diss. Konstanz 2007, Tübingen 2008 (zit.: *Höpfner*).

Höpfner, Clemens: Das deutsche Urlaubsrecht in Europa – Zwischen Vollharmonisierung und Koexistenz – Teil 1, in: RdA 2013, S. 16–28.

Hopt, Klaus J.: Zur Abberufung des GmbH-Geschäftsführers bei der GmbH & Co., insbesondere der Publikumskommanditgesellschaft, in: ZGR 1979, S. 1–30.

Hopt, Klaus J./Wiedemann, Herbert (Hrsg.): Großkommentar zum Aktiengesetz, Band 3 (§§ 76–94 AktG), 4. Auflage, Berlin 2008.

Hopt, Klaus J./Wiedemann, Herbert (Hrsg.): Großkommentar zum Aktiengesetz, Band 4 (§§ 95–117 AktG), 4. Auflage, Berlin 2006.

Hopt, Klaus J./Wiedemann, Herbert (Hrsg.): Großkommentar zum Aktiengesetz, Band 5 (MitbestG, §§ 118–149 AktG), 4. Auflage, Berlin 2008.

Hopt, Klaus J./Wiedemann, Herbert (Hrsg.): Großkommentar zum Aktiengesetz, Lieferung 23 (§§ 300–310 AktG), 4. Auflage, Berlin 2005.

Horstmeier, Gerrit: Geschäftsführer und Vorstände als „Beschäftigte“ – Diskriminierungsschutz für Organe nach dem Allgemeinen Gleichbehandlungsgesetz, in: GmbHR 2007, S. 125–129.

Hoyningen-Huene, Gerrick von: Gesellschafter, „Scheingesellschafter“ oder Arbeitnehmer?, in: NJW 2000, S. 3233–3239.

Hoyningen-Huene, Gerrick von/Linck, Rüdiger/Krause, Rüdiger (Hrsg.)/Hueck, Alfred (Begr.)/ Hueck, Götz (Fortgef.): Kündigungsschutzgesetz – Kommentar, 15. Auflage, München 2013 (zit.: *von Hoyningen-Huene/Linck*).

Hueck, Alfred: Das Recht der offenen Handelsgesellschaft, 4. Auflage, Berlin 1971.

Hueck, Alfred/Nipperdey, Hans Carl: Lehrbuch des Arbeitsrechts, Band 1, 7. Auflage, Berlin 1963.

Hueck, Götz: Zur Tätigkeit des Kommanditisten im Dienste der KG, in: DB 1962, S. 1363–1968.

Hueck, Götz: Bemerkungen zum Anstellungsverhältnis von Organmitgliedern juristischer Personen, in: Dieterich, Thomas (Hrsg.), Festschrift für Marie Luise Hilger und Hermann Stumpf, München 1983, S. 365–380.

Hueck, Götz: Zur arbeitsrechtlichen Stellung des GmbH-Geschäftsführers, in: ZfA 1985, S. 25–37.

Hüffer, Uwe: 100 Bände BGHZ – Personengesellschaftsrecht, in: ZHR 151 (1987), S. 396–421.

Hüffer, Uwe: Beschlußmängel im Aktienrecht und im Recht der GmbH – eine Bestandsaufnahme unter Berücksichtigung der Beschlüsse von Leitungs- und Überwachungsorganen, in: ZGR 2001, S. 833–874.

Hüffer, Uwe (Begr.)/Koch, Jens: Aktiengesetz, 11. Auflage, München 2014.

Hümmerich, Klaus: Grenzfall des Arbeitsrechts: Kündigung des GmbH-Geschäftsführers, in: NJW 1995, S. 1177–1182.

Huppert, Walter: Recht und Wirklichkeit der Aktiengesellschaft: Eindrücke und Erfahrungen eines Kleinaktionärs, Berlin 1978.

Iglesias, Gil Carlos Rodriguez/Riechenberg, Kurt: Zur richtlinienkonformen Auslegung des nationalen Rechts – Ein Ersatz für die fehlende horizontale Wirkung?, in: Due, Ole/Lutter, Marcus/Schwarze, Jürgen (Hrsg.), Festschrift für Ulrich Everling, Band 2, Baden-Baden 1995, S. 1213–1230.

Ihrig, Hans-Christoph: Die geschäftsführenden Direktoren in der monistischen SE: Stellung, Aufgaben und Haftung, in: ZGR 2008, S. 809–834.

Immenga, Ulrich/Werner, Horst S.: Der Stimmrechtsausschluß eines GmbH-Gesellschafters, in: GmbHR 1976, S. 53–60.

Jachmann, Monika: Die Rechtsprechung des Bundesfinanzhofs als Ausübung der dritten Staatsgewalt, in: Mellinghoff, Rudolf (Hrsg.), Steuerrecht im Rechtsstaat, Festschrift für Wolfgang Spindler zum 65. Geburtstag, Köln 2011, S. 115–137.

Jaeger, Georg: Rechtsfolgen einer vertraglich vereinbarten Anwendung des gesetzlichen Kündigungsschutzes für Geschäftsführer, in: DStR 2010, S. 2312–2319.

Jaeger, Georg: Zur Problematik von Altersgrenzen für Vorstandsmitglieder im Hinblick auf das AGG, in: Baeck, Ulrich/Hauck, Friedrich/Preis, Ulrich/Rieble, Volker/Röder, Gerhard/Schunder, Achim (Hrsg.), Festschrift für Jobst-Hubertus Bauer zum 65. Geburtstag, München 2010, S. 495–501.

Jäger, Axel: Der Betreuer als gesetzlicher Vertreter des Gesellschafter-Geschäftsführers und des Gesellschafters, in: DStR 1996, S. 108–110.

Janzen, Dietmar: Vorzeitige Beendigung von Vorstandsamt und -vertrag, in: NZG 2003, S. 468–475.

Jarass, Hans: Voraussetzungen der innerstaatlichen Wirkung des EG-Recht, in: NJW 1990, S. 2420–2425.

Jarass, Hans/Pieroth, Bodo: Grundgesetz für die Bundesrepublik Deutschland – Kommentar, 13. Auflage, München 2014.

Jauernig, Othmar (Begr.)/Stürner, Rolf (Hrsg.): Bürgerliches Gesetzbuch mit Allgemeinem Gleichbehandlungsgesetz (Auszug) – Kommentar, 15. Auflage, München 2014.

Jerczynski, Marco: Ungeschriebene Zuständigkeiten der Hauptversammlung in der Aktiengesellschaft, zugl. Diss. Münster 2009, Frankfurt am Main 2009.

Joannidis, Aris Ilias: Das Verbot der Altersdiskriminierung im deutschen Arbeitsrecht, zugl. Diss. Tübingen 2010, Tübingen 2011.

Joussen, Jacob: Arbeitsrecht und Schuldrechtsreform, in: NZA 2001, S. 745–751.

Jüngst, Ulrich: Der Mißbrauch organschaftlicher Vertretungsmacht, zugl. Diss. Köln 1980/81, Berlin 1981.

Junker, Abbo: Auswirkungen der neueren EuGH-Rechtsprechung auf das deutsche Arbeitsrecht, in: NZA 2011, S. 950–958.

Kaiser, Dagmar: Die Unternehmerentscheidung bei betriebsbedingten Kündigungen, in: NZA-Beilage 2005, S. 31–41.

Kaiser, Dagmar: EuGH zum Austausch mangelhafter eingebauter Verbrauchsgüter, in: JZ 2011, S. 978–988.

Kamanabrou, Sudabeh: Die arbeitsrechtlichen Vorschriften des Allgemeinen Gleichbehandlungsgesetzes, in: RdA 2006, S. 321–339.

Kauffmann-Lauven, Marie-Luise: Das ruhende Arbeitsverhältnis im Aktienrecht, in: NZA 2000, S. 799–802.

Keil, Tilo: Zur Frage, ob und unter welchen Voraussetzungen Geschäftsführer einer GmbH Arbeitnehmerstatus besitzen können, in: EWiR 2000, S. 69–70.

Keßler, Jürgen: Die kommunale GmbH – Gesellschaftsrechtliche Grenzen politischer Instrumentalisierung, in: GmbHR 2000, S. 71–78.

Kittner, Oliver: § 9 MuSchG, § 18 BEEG – Prüfungsumfang und Entscheidung bei betrieblich veranlassten Kündigungen, in: NZA 2010, S. 198–203.

Kittner, Michael/Däubler, Wolfgang/Zwanziger, Bertram: KSchR – Kündigungsschutzrecht – Kündigungen und andere Formen der Beendigung des Arbeitsverhältnisses, 9. Auflage, Frankfurt am Main 2014.

Kitzinger, Jürgen: Der GmbH-Geschäftsführer zwischen Arbeits- und Gesellschaftsrecht, zugl. Diss. Göttingen 2000, Frankfurt am Main 2001.

Klauberg, Theis: Gesellschaftsrecht in Estland, Lettland, Litauen – Eine Einführung mit vergleichenden Tabellen, Heidelberg 2003.

Klein, Thomas: Anmerkung zum Urteil des EuGH vom 13.9.2011 – C-447/09 (Reinhard Prigge, Michael Fromm, Volker Lambach/Deutsche Lufthansa AG), in: jurisPR-ArbR 14/2012, Anm. 3.

Knittel, Bernhard: SGB IX Kommentar – Kommentar zum Sozialgesetzbuch IX – Rehabilitation und Teilnahme behinderter Menschen – und Allgemeinen Gleichbehandlungsgesetz (AGG), 7. Auflage, Köln 2013.

Kocher, Dirk: Zur Reichweite der Business Judgment Rule, in: CCZ 2009, S. 215–221.

Kock, Martin: Anmerkung zum Urteil des EuGH vom 11.7.2006 – Rs. C-13/05 (Juzgado de lo Social Nr. 33 Madrid/Spanien), in: ZIP 2006, S. 1551–1554.

Kock, Martin: Anmerkung zum Urteil des EuGH vom 19.4.2012 – Rs. C-415/10 (Meister), in: NJW 2012, S. 2499.

Köhl, Dietmar: Die Einschränkung der Haftung des GmbH-Geschäftsführers nach den Grundsätzen des innerbetrieblichen Schadensausgleichs, in: DB 1996, S. 2597–2605.

Köhler, Helmut: Arbeitsleistungen als „Aufwendungen"?, in: JZ 1985, S. 359–365.

Kokott, Juliane: Anwältin des Rechts – zur Rolle der Generalanwälte beim Europäischen Gerichtshof, Bonn 2006.

Koller, Ingo/Roth, Wulf-Henning/Morck, Winfried: Handelsgesetzbuch – Kommentar, 8. Auflage, München 2014.

Kölner Kommentar zum Aktiengesetz: Zöllner, Wolfgang/Noack, Ulrich (Hrsg.)/ Mertens, Hans-Joachim/Cahn, Andreas (Bearb.), Band 2/1 (§§ 76–94), 3. Auflage, Köln 2010 (zit.: KK/*Cahn/Mertens*).

Kölner Kommentar zum Aktiengesetz: Zöllner, Wolfgang/Noack, Ulrich (Hrsg.)/ Mertens, Hans-Joachim/Cahn, Andreas (Bearb.), Band 2/2 (§§ 95–117), 3. Auflage, Köln 2013 (zit.: KK/*Cahn/Mertens*).

Kölner Kommentar zum Aktiengesetz: Zöllner, Wolfgang/Noack, Ulrich (Hrsg.)/ Koppensteiner, Hans-Georg (Bearb.), Band 6 (§§ 15–22, 291–328, WpHG, SpruchG), 3. Auflage, Köln 2004 (zit.: KK/*Koppensteiner*).

Konzak, Olaf: Analogie im Verwaltungsrecht, in: NVwZ 1997, S. 872–873.

Kort, Michael: Sind GmbH-Geschäftsführer und Vorstandsmitglieder diskriminierungsschutzrechtlich Arbeitnehmer? – Die Auslegung von § 6 AGG zwischen Arbeitsrecht und Gesellschaftsrecht, in: NZG 2013, S. 601–607.

Kort, Michael: Ungleichbehandlung von Geschäftsleitungsmitgliedern bei AG und GmbH wegen des Alters, in: WM 2013, S. 1049–1057.

Kothe-Heggemann, Claudia: Diskriminierungsschutz für GmbH-Geschäftsführer, in: GmbHR 2012, Blickpunkte, S. R197-R198.

Kovács, Christian: Der Generalanwalt am Gerichtshof der Europäischen Union, in: JA 2010, S. 625–630.

Krafka, Alexander/Kühn, Ulrich: Registerrecht, 9. Auflage, München 2013.

Krause, Nils: Auswirkungen des Allgemeinen Gleichbehandlungsgesetzes auf die Organbesetzung, in: AG 2007, S. 392–397.

Krause, Rüdiger: Mitarbeit in Unternehmen – Tätigkeitsverhältnisse im Spannungsfeld von Gesellschafts-, Dienstvertrags- und Arbeitsrecht, zugl. Habil.-Schrift Göttingen 2002, Tübingen 2002.

Krauss, Lutz: Status und Kündigungsschutz von arbeitnehmerähnlichen Vorstandsmitgliedern der Aktiengesellschaften – Eine arbeits- und gesellschaftsrechtliche Studie über Möglichkeiten des Kündigungsschutzes von Vorstandsmitgliedern, die schutzbedürftig im arbeitsrechtlichen Sinne sind, zugl. Diss. Frankfurt am Main 1988, Frankfurt am Main 1989.

Kreikebohm, Ralf (Hrsg.): Sozialgesetzbuch: Gesetzliche Rentenversicherung – SGB VI, 4. Auflage, München 2013.

Kreklau, Jan: Abberufung des Gesellschafter-Geschäftsführers der GmbH – Problem auch für jeden Investor?, in: GmbHR 2007, S. 365–369.

Krieger, Steffen: Anmerkung zum Urteil des EuGH vom 13.9.2011 – C-447/09 (Reinhard Prigge, Michael Fromm, Volker Lambach/Deutsche Lufthansa AG), in: NJW 2011, S. 3214.

Kriele, Martin: Theorie der Rechtsgewinnung, 2. Auflage, Berlin 1976.

Krüger, Hildegard: Anmerkung zum Urteil des BAG vom 28.11.1958 – 1 AZR 199/58, in: AP GG Art. 6 Abs. 1 Nr. 3

Kruse, Cornelius/Stenslik, Bastian-Peter: Mutterschutz für Organe von Gesellschaften?, in: NZA 2013, S. 596–601.

Kuhla, Wolfgang/Hüttenbrink, Jost/Endler, Jan: Verwaltungsprozess, 3. Auflage, München 2002.

Kuhn, Norbert: Abgestuftes Arbeitsrecht am Beispiel des abhängigen GmbH-Geschäftsführers, zugl. Diss. Tübingen 2006, Frankfurt am Main 2006.

Kuntz, Thilo: Zur Frage der Verantwortlichkeit der Geschäftsleiter der abhängigen Gesellschaft gegenüber dem herrschenden Unternehmen, in: Der Konzern 2007, S. 802–810.

Lang, Ingo: Gesellschaftsgründung und -übernahme in Lettland unter besonderer Berücksichtigung ausländischer Investoren, in: WiRO 2009, S. 166–172.

Lange, Oliver: Überlegungen zur Umwandlung einer deutschen in eine Europäische Aktiengesellschaft, in: EuZW 2003, S. 301–306.

Langenbucher, Katja (Hrsg.): Europäisches Privat- und Wirtschaftsrecht, 3. Auflage, Baden-Baden 2013.

Larenz, Karl: Ergänzende Vertragsauslegung und dispositives Recht, in: NJW 1963, S. 737–741.

Larenz, Karl: Methodenlehre der Rechtswissenschaft, 6. Auflage, Berlin 1991 (zit.: *Larenz*).

Larenz, Karl (Begr.)/Canaris, Claus-Wilhelm: Methodenlehre der Rechtswissenschaft, 3. Auflage, Berlin 1995.

Laskawy, Dirk Helge/Rehfeld, Eileen/Finke, Heike: EuGH versus BAG: Neue Spielregeln bei der Urlaubsübertragung, in: AA 2009, S. 55–58.

Leible, Stefan: Anmerkung zum Urteil des EuGH vom 10.5.2001 – Rs. C-144/99, EuZW 2001, 437, in: EuZW 2001, S. 438–439.

Leinekugel, Rolf: Voraussetzungen und Grenzen einer GmbH-rechtlichen Sonderprüfung gemäß § 46 Nr. 6 GmbHG bei Konflikten unter Gesellschaftern, in: GmbHR 2008, S. 632–637.

Lenz, Carl Otto/Borchardt, Klaus-Dieter (Hrsg.): EU-Verträge Kommentar: EUV – AEUV – GRCh, 6. Auflage, Köln 2013.

Leopold, Anders: Mutterschutz für Mitglieder der Unternehmensleitung, in: ZESAR 2011, S. 362–368.

Leuering Dieter/Dornhegge, Stefanie: Geschäftsverteilung zwischen GmbH-Geschäftsführern, in: NZG 2010, S. 13–17.

Leyens, Patrick C.: Deutscher Aufsichtsrat und U.S.-Board – ein- oder zweistufiges Verwaltungssystem?, in: RabelsZ 67 (2003), S. 57–105.

Liebhäuser, Anja: Die Bedeutung des Allgemeinen Gleichbehandlungsgesetzes für Organmitglieder, zugl. Diss. Regensburg 2011, Hamburg 2012.

Lingemann, Stefan/Müller, Matthias: Die Auswirkungen des Allgemeinen Gleichbehandlungsgesetzes auf die Arbeitsvertragsgestaltung, in: BB 2007, S. 2006–2014.

Lingemann, Stefan/Weingarth, Markus: Zur Anwendung des AGG auf Organmitglieder – Zugleich Besprechung des BGH-Urteils vom 23. 4. 2012 – II ZR 163/10, DB 2012 S. 1499, in: DB 2012, S. 2325–2332.

Link, Lara: Anmerkung zum Urteil des EuGH vom 19.1.2010 – Rs. C-555/07 (Seda Kücükdeveci/Swedex GmbH & Co. KG), in: NJW 2010, S. 430–431.

Linker, Anja Celina/Zinger, Georg: Rechte und Pflichten der Organe einer Aktiengesellschaft bei der Weitergabe vertraulicher Unternehmensinformationen, in: NZG 2002, S. 497–502.

Linsenmeier, Wolfgang: Das Verbot der Diskriminierung wegen des Alters, in: RdA 2003, Sonderbeilage Heft 5, S. 22–33.

Löffler, Joachim: Der Kernbereich der Mitgliedschaft als Schranke für Mehrheitsbeschlüsse bei Personengesellschaften, in: NJW 1989, S. 2656–2662.

Lohr, Martin: Der Stimmrechtsausschluss des GmbH-Gesellschafters (§ 47 IV GmbHG), in: NZG 2002, S. 551–562.

Löw, Hans-Peter: AGG-Schutz für Geschäftsführer?, in: GmbHR 2010, Blickpunkte, S. R305-R306.

Löwisch, Manfred/Spinner, Günter/Wertheimer, Frank: Kommentar KSchG, 10. Auflage, Frankfurt am Main 2013.

Lücke, Oliver: Der Status des GmbH-Geschäftsführers: (K)ein Arbeitnehmer!?, in: NJOZ 2009, S. 3469–3477.

Lunk, Stefan: Rechtliche und taktische Erwägungen bei Kündigung und Abberufung des GmbH-Geschäftsführers, in: ZIP 1999, S. 1777–1787.

Lunk, Stefan: Mutterschutz für die GmbH-Geschäftsführerin – Deutsches Arbeitsrecht im Widerstreit mit Verfassungs- und Europarecht, in: Baeck, Ulrich/Hauck, Friedrich/Preis, Ulrich/Rieble, Volker/Röder, Gerhard/Schunder, Achim (Hrsg.), Festschrift für Jobst-Hubertus Bauer zum 65. Geburtstag, München 2010, S. 705–719.

Lunk, Stefan: Anmerkung zum Urteil des LAG Rheinland-Pfalz vom 27.02.2012 – 5 S. 607/11, in: GWR 2012, S. 308.

Lunk, Stefan: Anmerkung zum Urteil des OLG Düsseldorf vom 18.10.2012 – I-6 U 47/12, in: ArbRB 2013, S. 78.

Lunk, Stefan: Anmerkung zum Urteil des BGH vom 23.04.2012 – II ZR 163/10, in: RdA 2013, S. 111–115.

Lunk, Stefan/Rodenbusch, Vincent: Der unionsrechtliche Arbeitnehmerbegriff und seine Auswirkungen auf das deutsche Recht – Eine Prognose am Beispiel des GmbH-Geschäftsführers, in: GmbHR 2012, S. 188–195.

Lutter, Marcus: Die entschlußschwache Hauptversammlung, in: Westermann, Harm Peter/Rosener, Wolfgang (Hrsg.), Festschrift für Karlheinz Quack zum 65. Geburtstag am 3. Januar 1991, Berlin 1991, S. 301–319.

Lutter, Marcus: Der Aufsichtsrat: Kontrolleur oder Mit-Unternehmer, in: Sadowski, Dieter (Hrsg.), Entrepreneurial Spirits, Festschrift für Horst Albach zum 70. Geburtstag, Wiesbaden 2001, S. 225–235.

Lutter, Marcus: Information und Vertraulichkeit im Aufsichtsrat, 3. Auflage, Köln 2006 (zit.: *Lutter*).

Lutter, Marcus: Anwendbarkeit der Altersbestimmung des AGG auf Organpersonen, in: BB 2007, S. 725–731.

Lutter, Marcus/Hommelhoff, Peter (Hrsg.): GmbH-Gesetz – Kommentar, 17. Auflage, Köln 2009 (zit.: Lutter/Hommelhoff/*Bearb.* 17. Aufl.).

Lutter, Marcus/Hommelhoff, Peter (Hrsg.): GmbH-Gesetz – Kommentar, 18. Auflage, Köln 2012 (zit.: Lutter/Hommelhoff/*Bearb.*).

Lutter, Marcus/Hommelhoff, Peter (Hrsg.): SE-Kommentar – SE-VO, SEAG, SEBG, Steuerrecht, Köln 2008 (zit.: Lutter/Hommelhoff/*Bearb.*).

Lutter, Marcus/Kremer, Thomas: Die Beratung der Gesellschaft durch Aufsichtsratsmitglieder – Bemerkungen zur Entscheidung BGHZ 114, 127 ff., in: ZGR 1992, S. 87–108.

Lutter, Marcus/Krieger, Gerd/Verse, Dirk A.: Rechte und Pflichten des Aufsichtsrats, 6. Auflage, Köln 2014.

Mack, Wolfgang: Die Begründung und Beendigung der Rechtsstellung von Organmitgliedern juristischer Personen im Handelsrecht, dargestellt am Beispiel des Vorstandsmitgliedes einer Aktiengesellschaft, zugl. Diss. Mainz 1974, Mainz 1974.

Mansel, Heinz-Peter: Allgemeines Gleichbehandlungsgesetz – persönlicher und internationaler Anwendungsbereich, in: Heldrich, Andreas et al. (Hrsg.), Festschrift für Claus-Wilhelm Canaris zum 70. Geburtstag, Band 1, München 2007, S. 809–834.

Martens, Klaus-Peter: Arbeitsrechtlicher Rechtsformzwang und gesellschaftsrechtliches Beschäftigungsverhältnis, in: RdA 1979, S. 347–355.

Martens, Klaus-Peter: Vertretungsorgan und Arbeitnehmerstatus in konzernabhängigen Gesellschaften, in: Dieterich, Thomas (Hrsg.), Festschrift für Marie Luise Hilger und Hermann Stumpf, München 1983, S. 437–466.

Martens, Klaus-Peter: Der Grundsatz gemeinsamer Vorstandsverantwortung, in: Goerdeler, Reinhard/Hommelhoff, Peter/Lutter, Marcus/Wiedemann, Herbert (Hrsg.), Festschrift für Hans-Joachim Fleck zum 70. Geburtstag am 30. Januar 1988, Berlin 1988, S. 191–208.

Maschmann, Frank: Anmerkung zum Urteil des BGH vom 23.04.2012 – II ZR 163/10 (OLG Köln), NZG 2012, 777, in: LMK 2012, 337958.

Maß, Sebastian: Anmerkung zu BGH, Urteil vom 23.04.2012 – II ZR 163/10, in: GWR 2012, S. 294.

Medem, Andreas von: Kündigungsschutz und Allgemeines Gleichbehandlungsgesetz – Die Integration der Diskriminierungsverbote der Richtlinien 2000/78/EG, 2000/43/EG und 76/207/EWG in das deutsche Kündigungsschutzrecht, zugl. Diss. Bonn 2008, Berlin 2008.

Medem, Andreas von: Europarechtswidrigkeit des § 622 II 2 BGB? – Die Schlussanträge von Generalanwalt Bot in der Rechtssache Kücükdeveci, in: NZA 2009, S. 1072–1076.

Medem, Andreas von: Anmerkung zu EuGH, Urteil vom 11.11.2010 – C-232/09, in: ArbRAktuell 2010, S. 654.

Meier, Norbert: Zum Verhältnis zwischen der Informationspflicht der Geschäftsführung und der Überwachungspflicht des fakultativen Aufsichtsrates bei einer GmbH, in: DStR 1997, S. 1894–1895.

Meinel, Gernod/Heyn, Judith/Herms, Sascha: Teilzeit- und Befristungsgesetz – Kommentar, 4. Auflage, München 2012.

Meisel, Peter G./Sowka, Hans-Harald: Mutterschutz und Erziehungsurlaub – Kommentar zum Mutterschutzgesetz, zu den Leistungen bei Schwangerschaft und Mutterschaft nach der RVO und zum Bundeserziehungsgeldgesetz, 4. Auflage, München 1995.

Mennicke, Petra: Zum Weisungsrecht der Gesellschafter und der Folgepflicht des GF in der mitbestimmungsfreien GmbH, in: NZG 2000, S. 622–626.

Merkt, Hanno: Die monistische Unternehmensverfassung für die Europäische Aktiengesellschaft aus deutscher Sicht – Mit vergleichendem Blick auf die Schweiz, das Vereinigte Königreich und Frankreich, in: ZGR 2003, S. 650–678.

Mertens, Hans-Joachim: Zur Berichtspflicht des Vorstands gegenüber dem Aufsichtsrat, in: AG 1980, S. 67–74.

Messerschmidt, Burkhard/Voit, Wolfgang (Hrsg.): Privates Baurecht – Kommentar zu §§ 631 ff. BGB, 2. Auflage, München 2012.

Meyer-Landrut, Joachim/Miller, Georg F./Niehus, Rudolf J.: Gesetz betreffend die Gesellschaften mit beschränkter Haftung (GmbHG) einschliesslich Rechnungslegung zum Einzel- sowie zum Konzernabschluss – Kommentar, Berlin 1987.

Michalski, Lutz: Mißbrauch der Vertretungsmacht bei Überschreiten der Geschäftsführungsbefugnis, in: GmbHR 1991, S. 349–356.

Michalski, Lutz (Hrsg.): Kommentar zum Gesetz betreffend die Gesellschaften mit beschränkter Haftung (GmbH-Gesetz), Band 2 (§§ 35–85 GmbHG, §§ 1–4 EGGmbHG), 2. Auflage, München 2010.

Miller, Fritz Georg: Zur Abhängigkeit bei GmbH-Geschäftsführern – Zugleich eine Besprechung des BGH-Urteils vom 29.1.1981 – II ZR 92/80 – ZIP 1981, 367, in: ZIP 1981, S. 578–583.

Miras, Antonio: Verbotene Diskriminierung bei der Auswahl von Organmitgliedern, in: GWR 2012, S. 311–315.

Mohr, Jochen: Die Auswirkungen des arbeitsrechtlichen Verbots von Altersdiskriminierung auf Gesellschaftsorgane, in: ZHR 178 (2014), S. 326–367.

Molitor, Erich: Befristeter Arbeitsvertrag und Mutterschutz – Anmerkung zum Urteil des LAG Hamburg vom 30.6.1955, 1 S. 41/55, in: AP BGB § 620 Nr. 3.

Moll, Wilhelm (Hrsg.): Münchener Anwaltshandbuch Arbeitsrecht, 3. Auflage, München 2012.

Mörsdorf, Oliver: Unmittelbare Anwendung von EG-Richtlinien zwischen Privaten in der Rechtsprechung des EuGH, in: EuR 2009, S. 219–240.

Mörtel, Georg: Anmerkung zur Entscheidung des OVG Münster vom 16.10.1957 – III A 1737/55, in: DVBl. 1958, S. 287–291.

Mues, Werner M./Eisenbeis, Ernst/Laber, Jörg: Handbuch Kündigungsrecht, 2. Auflage, Köln 2010.

Mülbert, Peter O.: Shareholder Value aus rechtlicher Sicht, in: ZGR 1997, S. 129–172.

Müller, Friedrich/Christensen, Ralph: Juristische Methodik, Band II: Europarecht, 3. Auflage, Berlin 2012.

Müller, Michael: Der Arbeitnehmerbegriff im europäischen und deutschen Arbeitsrecht, zugl. Masterarbeit München 2009, München 2010.

Müller, Welf/Rödder, Thomas (Hrsg.): Beck'sches Handbuch der AG: Gesellschaftsrecht – Steuerrecht – Börsengang, 2. Auflage, München 2009.

Müller, Welf/Winkeljohann, Norbert (Hrsg.): Beck'sches Handbuch der GmbH: Gesellschaftsrecht – Steuerrecht, 4. Auflage, München 2009.

Müller-Eising, Karsten/Stoll, Thomas: Beherrschung von Unternehmen aufgrund faktischer Hauptversammlungsmehrheiten, in: GWR 2012, S. 315–318.

Münchener Handbuch des Gesellschaftsrechts: Gummert, Hans/Weipert, Lutz (Hrsg.), Band 1 (BGB-Gesellschaft, Offene Handelsgesellschaft, Partnerschaftsgesellschaft, Partenreederei, EWIV), 4. Auflage, München 2014 (zit.: MüHdb-GesR I/*Bearb.*).

Münchener Handbuch des Gesellschaftsrechts: Gummert, Hans/Weipert, Lutz (Hrsg.), Band 2 (Kommanditgesellschaft, GmbH & Co. KG, Publikums-KG, Stille Gesellschaft), 4. Auflage, München 2014 (zit.: MüHdb-GesR II/*Bearb.*).

Münchener Handbuch des Gesellschaftsrechts: Priester, Hans-Joachim/Mayer, Dieter/Wicke, Hartmut (Hrsg.), Band 3 (Gesellschaft mit beschränkter Haftung), 4. Auflage, München 2012 (zit.: MüHdb-GesR III/*Bearb.*).

Münchener Handbuch des Gesellschaftsrechts: Hoffmann-Becking, Michael (Hrsg.), Band 4 (Aktiengesellschaft), 3. Auflage, München 2007 (zit.: MüHdb-GesR IV/*Bearb.*).

Münchener Handbuch zum Arbeitsrecht: Richardi, Reinhard (Hrsg.), Band 1 (Individualarbeitsrecht), 3. Auflage, München 2009.

Münchener Kommentar zum Aktiengesetz: Goette, Wulf/Habersack, Mathias (Hrsg.), Band 1 (§§ 1–75), 3. Auflage, München 2008.

Münchener Kommentar zum Aktiengesetz: Goette, Wulf/Habersack, Mathias (Hrsg.), Band 2 (§§ 76–117, MitbestG, DrittelbG), 4. Auflage, München 2014.

Münchener Kommentar zum Aktiengesetz: Goette, Wulf/Habersack, Mathias (Hrsg.), Band 3 (§§ 118–178), 3. Auflage, München 2013.

Münchener Kommentar zum Aktiengesetz: Goette, Wulf/Habersack, Mathias (Hrsg.), Band 4 (§§ 179–277), 3. Auflage, München 2011.

Münchener Kommentar zum Aktiengesetz: Goette, Wulf/Habersack, Mathias (Hrsg.), Band 5 (§§ 278–328, SpruchG, ÖGesAusG, österreichisches Konzernrecht), 3. Auflage, München 2010.

Münchener Kommentar zum Aktiengesetz: Goette, Wulf/Habersack, Mathias (Hrsg.), Band 7 (Europäisches Aktienrecht, SE-VO, SEBG, europäische Niederlassungsfreiheit), 3. Auflage, München 2012.

Münchener Kommentar zum Aktiengesetz: Kropff, Bruno/Semler, Johannes (Hrsg.), Band 3 (§§ 76–117 AktG, MitbestG, § 76 BetrVG 1952), 2. Auflage, München 2004 (zit.: MüKo-AktG, 2. Aufl./*Bearb.*).

Münchener Kommentar zum Bürgerlichen Gesetzbuch: Säcker, Franz Jürgen/Rixecker, Roland (Hrsg.), Band 1 (Allgemeiner Teil – §§ 1–240, ProstG, AGG), 6. Auflage, München 2012.

Münchener Kommentar zum Bürgerlichen Gesetzbuch: Säcker, Franz Jürgen/Rixecker, Roland (Hrsg.), Band 2 (Schuldrecht, Allgemeiner Teil – §§ 241–432), 6. Auflage, München 2012.

Münchener Kommentar zum Bürgerlichen Gesetzbuch: Säcker, Franz Jürgen/Rixecker, Roland (Hrsg.), Band 4 (Schuldrecht, Besonderer Teil II – §§ 611–704, EFZG, TzBfG, KSchG), 6. Auflage, München 2012.

Münchener Kommentar zum Bürgerlichen Gesetzbuch: Säcker, Franz Jürgen/Rixecker, Roland (Hrsg.), Band 5 (Schuldrecht, Besonderer Teil III – §§ 705–853, Partnerschaftsgesellschaftsgesetz, Produkthaftungsgesetz), 6. Auflage, München 2013.

Münchener Kommentar zum Gesetz betreffend die Gesellschaft mit beschränkter Haftung – GmbHG: Fleischer, Holger/Goette, Wulf (Hrsg.), Band 1 (§§ 1–34), München 2010.

Münchener Kommentar zum Gesetz betreffend die Gesellschaft mit beschränkter Haftung – GmbHG: Fleischer, Holger/Goette, Wulf (Hrsg.), Band 2 (§§ 35–52), München 2012.

Münchener Kommentar zum Gesetz betreffend die Gesellschaft mit beschränkter Haftung – GmbHG: Fleischer, Holger/Goette, Wulf (Hrsg.), Band 3 (§§ 53–85), München 2011.

Münchener Kommentar zum Handelsgesetzbuch: Schmidt, Karsten (Hrsg.), Band 2 (§§ 105–160), 3. Auflage, München 2011.

Münchener Kommentar zur Zivilprozessordnung mit Gerichtsverfassungsgesetz und Nebengesetzen: Rauscher, Thomas/Wax, Peter/Wenzel, Joachim (Hrsg.), Band 2 (§§ 355–1024 ZPO), 4. Auflage, München 2012.

Musielak, Hans-Joachim (Hrsg.): Kommentar zur Zivilprozessordnung mit Gerichtsverfassungsgesetz, 11. Auflage, München 2014.

Mutter, Stefan: Unternehmerische Entscheidungen und Haftung des Aufsichtsrats der Aktiengesellschaft, zugl. Diss. Tübingen 1994, Köln 1994.

Natzel, Benno: Das Rechtsverhältnis zwischen Aufsichtsratsmitgliedern und Gesellschaft unter besonderer Berücksichtigung des Mitbestimmungsrechts (Teil II), in: DB 1959, S. 201–207.

Natzel, Benno: Die Bestellung von Aufsichtsratsmitgliedern, insbesondere von Arbeitnehmervertretern, in: AG 1959, S. 93–101.

Nebe, Katja: Betrieblicher Mutterschutz ohne Diskriminierung: Die RL 92/85 und ihre Konsequenzen für das deutsche Mutterschutzrecht, zugl. Diss. Halle-Wittenberg 2004/05, Baden-Baden 2006.

Neelmeier, Axel/Huth, Mark-Alexander: Ausländer als Geschäftsführer einer GmbH, in: GmbHR 2005, S. 1409–1414.

Neumann-Duesberg, Horst: Anmerkung zum Urteil des BSG vom 16.09.1973 – 12 RK 24/72, in: AP AVG § 3 Nr. 11.

Neuner, Jörg: Vertragsauslegung – Vertragsergänzung – Vertragskorrektur, in: Heldrich, Andreas et al. (Hrsg.), Festschrift für Claus-Wilhelm Canaris zum 70. Geburtstag, Band 1, München 2007, S. 901–924.

Neuvians, Nicole: Die arbeitnehmerähnliche Person, zugl. Diss. Bochum 2001, Berlin 2002.

Oberrath, Jörg-Dieter: Anwendung von Arbeitsrecht auf den GmbH-Geschäftsführer, in: MDR 1999, S. 134–139.

Oberthür, Nathalie: Unionsrechtliche Impulse für den Kündigungsschutz von Organvertretern und Arbeitnehmerbegriff, in: NZA 2011, S. 253–258.

Oetker, Hartmut: Gibt es einen Kündigungsschutz außerhalb des Kündigungsschutzgesetzes?, in: AuR 1997, S. 41–54.

Oetker, Hartmut: Voraussetzungen und Grenzen des Diskriminierungsschutzes für Organmitglieder, in: Krause/Schwarze (Hrsg.), Festschrift für Hansjörg Otto zum 70. Geburtstag, Berlin 2008, S. 361–389.

Oetker, Hartmut (Hrsg.): Kommentar zum Handelsgesetzbuch (HGB), 3. Auflage, München 2013.

Oppenländer, Frank/Trölitzsch, Thomas (Hrsg.): Praxishandbuch der GmbH-Geschäftsführung, 2. Auflage, München 2011.

Ossola-Haring, Claudia: Der Anstellungsvertrag des GmbH-Geschäftsführers, 4. Auflage, Freiburg i. Br. 1990.

Otte, Sabine: Anmerkung zu BGH, Urteil vom 10.05.2010 – II ZR 70/09, in: GWR 2010, S. 344.

Paefgen, Walter G.: Die Darlegungs- und Beweislast bei der Business Judgment Rule, in: NZG 2009, S. 891–896.

Paefgen, Walter G.: Anmerkung zum Urteil des BGH vom 23.4.2012, Az. II ZR 163/10 – Zur Anwendung des AGG auf Anstellung und Bestellung von Organmitgliedern, in: ZIP 2012, S. 1296–1299.

Palandt: Bürgerliches Gesetzbuch – mit Nebengesetzen, insbesondere mit Einführungsgesetz (Auszug) einschließlich Rom I-, Rom II- und Rom III-Verordnungen sowie Haager Unterhaltsprotokoll und EU-Erbrechtsverordnung, allgemeines Gleichbehandlungsgesetz (Auszug), Wohn- und Betreuungsvertragsgesetz, BGB-Informationspflichten-Verordnung, Unterlassungsklagengesetz, Produkthaftungsgesetz, Erbbaurechtsgesetz, Wohnungseigentumsgesetz, Versorgungsausgleichsgesetz, Lebenspartnerschaftsgesetz, Gewaltschutzgesetz, 73. Auflage, München 2014.

Pallasch, Ulrich: Anmerkung zum Urteil des LAG Köln vom 11. 10. 2012 – 6 S. 641/12, in: NZA-RR 2013, S. 232–234.

Peick, Kai Stefan: Darlegungs- und Beweislast nach § 22 Allgemeines Gleichbehandlungsgesetz (AGG), zugl. Diss. Kiel 2009, Berlin 2009.

Peters, Horst: Das Mutterschutzgesetz – Gesetz zum Schutze der erwerbstätigen Mutter vom 24.1.1952 (BGBl. I S. 69) – Kommentar, Lübeck 1953.

Peters-Lange, Susanne/Rolfs, Christian: Reformbedarf und Reformgesetzgebung im Mutterschutz- und Erziehungsgeldrecht, in: NZA 2000, S. 682–687.

Pfeiffer, Thomas: Richtlinienkonforme Auslegung gegen den Wortlaut des nationalen Gesetzes – Die Quelle-Folgeentscheidung des BGH, in: NJW 2009, S. 412–413.

Picker, Christian: Der EuGH und der Auskunftsanspruch des abgelehnten Bewerbers – Meisterhaft!, in: NZA 2012, S. 641–646.

Pohl, Heike: Rechtsprechungsänderung und Rückanknüpfung, zugl. Diss. Berlin 2004, Berlin 2005.

Potthoff, Erich/Trescher, Karl (Begr.)/Theisen, Manuel René (Bearb.): Das Aufsichtsratsmitglied – Ein Handbuch der Aufgaben, Rechte und Pflichten, 6. Auflage, Stuttgart 2003.

Preis, Ulrich: Der Kündigungsschutz außerhalb des Kündigungsschutzgesetzes, in: NZA 1997, S. 1256–1270.

Preis, Ulrich: Verbot der Altersdiskriminierung als Gemeinschaftsgrundrecht – Der Fall „Mangold“ und die Folgen, in: NZA 2006, S. 401–410.

Preis, Ulrich: Diskriminierungsschutz zwischen EuGH und AGG (Teil II), in: ZESAR 2007, S. 308–315.

Preis, Ulrich/Sagan, Adam: Der GmbH-Geschäftsführer in der arbeits- und diskriminierungsrechtlichen Rechtsprechung des EuGH, BGH und BAG, in: ZGR 2013, S. 26–75.

Preis, Ulrich/Temming, Felipe: Der EuGH, das BVerfG und der Gesetzgeber – Lehren aus Mangold II, in: NZA 2010, S. 185–198.

Priester, Hans-Joachim: Stimmrechtsausschüsse und Satzungsregelungen, in: GmbHR 2013, S. 225–232.

Prütting, Hanns/Wegen, Gerhard/Weinreich, Gerd (Hrsg.): BGB – Kommentar, 8. Auflage, Köln 2013.

Puppe, Ingeborg: Kleine Schule des juristischen Denkens, 2. Auflage, Göttingen 2011.

Raif, Alexander: GmbH-Geschäftsführer kann Anspruch auf Schadensersatz wegen Altersdiskriminierung haben – Anmerkung zum Urteil des OLG Köln vom 29.07.2010 - 18 U 196/09, in: GWR 2010, S. 53.

Raiser, Thomas/Veil, Rüdiger: Mitbestimmungsgesetz und Drittelbeteiligungsgesetz – Kommentar, 5. Auflage, Berlin 2009 (zit: *Raiser/Veil*).

Raiser, Thomas/Veil, Rüdiger: Recht der Kapitalgesellschaften – Ein Handbuch für Praxis und Wissenschaft, 5. Auflage, München 2010 (zit.: Raiser/Veil KapGes).

Rancke, Friedbert (Hrsg.): Mutterschutz, Betreuungsgeld, Elterngeld, Elternzeit – MuSchG, BEEG, MuSchEltZV, PflegeZG, FPfZG, Kindergeldrecht, UVG – Handkommentar, 3. Auflage, Baden-Baden 2014.

Rancke, Friedbert (Hrsg.): Mutterschutz, Elterngeld, Elternzeit – Mutterschutzgesetz, Bundeselterngeld- und Elternzeitgesetz, Kindergeldrecht, Unterhaltsvorschussgesetz – Handkommentar, 2. Auflage, Baden-Baden 2010 (zit.: Rancke/*Bearb.* 2. Aufl.).

Rasner, Henning: Die Europäische Aktiengesellschaft (SE) – ist sie wünschenswert?, in: ZGR 1992, S. 314–326.

Rebhahn, Robert: Die Arbeitnehmerbegriffe des Unionsrechts in der neueren Judikatur des EuGH, in: EuZA 2012, S. 3–34.

Reich, Norbert/Lewerenz, Karl-Jochen: Das neue Mitbestimmungsgesetz – Zugleich ein Beitrag zum Verhältnis von Gesellschaftsrecht und Unternehmensverfassung, in: AuR 1976, S. 261–275.

Reichert, Jochem/Brandes, Stephan M.: Mitbestimmung der Arbeitnehmer in der SE – Gestaltungsfreiheit und Bestandsschutz, in: ZGR 2003, S. 767–799.

Reichold, Hermann/Heinrich, Martin: Zum Diskriminierungsschutz des GmbH-Geschäftsführers, in: Aderhold, Lutz/Grunewald, Barbara/Klingberg, Dietgard/Paefgen, Walter G. (Hrsg.), Festschrift für Harm Peter Westermann zum 70. Geburtstag, Köln 2008, S. 1315–1330.

Reinhard, Barbara/Bitsch, Christian: Sind GmbH-Geschäftsführer Arbeitnehmer? – Folgerungen aus der EuGH-Entscheidung „Danosa", in: ArbRB 2011, S. 241–244.

Reiserer, Kerstin: Der GmbH-Geschäftsführer – ein Arbeitnehmer?, in: DStR 2000, S. 31–34.

Reiserer, Kerstin: Der GmbH-Geschäftsführer-Vertrag, 16. Auflage, Frankfurt am Main 2010 (zit.: *Reiserer*).

Reiserer, Kerstin: Arbeitnehmerschutz für Geschäftsführer? – Die Danosa-Entscheidung des EuGH und ihre Auswirkungen, in: DB 2011, S. 2262–2267.

Reiserer, Kerstin/Heß-Emmerich, Ulrike/Peters, Oliver: Der GmbH-Geschäftsführer: Rechte – Pflichten – Haftung, 3. Auflage, Frankfurt am Main 2008.

Rengeling, Hans-Werner/Middeke, Andreas/Gellermann, Martin (Hrsg.): Handbuch des Rechtsschutzes in der Europäischen Union, 2. Auflage, München 2003.

Reufels, Martin: Kündigungsschutz für schwangere Geschäftsführerin – Anmerkung zum Urteil des EuGH v. 11.11.2010 – Rs. C-232/09 – Danosa, in: ArbRB 2010, S. 358.

Reufels, Martin/Molle, Karl: Diskriminierungsschutz von Organmitgliedern, in: NZA-RR 2011, S. 281–286.

Reuter, Dieter: Der Einfluss des AGG auf die Gründung und Tätigkeit von gemeinnützigen Stiftungen und Vereinen, in: Hanau, Peter/Thau, Jens T./Westermann, Harm Peter (Hrsg.), Gegen den Strich – Festschrift für Klaus Adomeit, Köln 2008, S. 595–610.

Richardi, Reinhard: Neues und Altes – Ein Ariadnefaden durch das Labyrinth des Allgemeinen Gleichbehandlungsgesetzes, in: NZA 2006, S. 881–887.

Rieble, Volker/Zedler, Marc Alexander: Altersdiskriminierung in Tarifverträgen, in: ZfA 2006, S. 273–303.

Riegger, Bodo: Zum Widerruf der Bestellung in mitbestimmten Unternehmen, in: NJW 1988, S. 2991–2991.

Riesenhuber, Karl (Hrsg.): Europäische Methodenlehre: Handbuch für Ausbildung und Praxis, 2. Auflage, Berlin 2010.

Ringleb, Henrik-Michael/Kremer, Thomas/Lutter, Marcus/Werder, Axel von: Kommentar zum Deutschen Corporate Governance Kodex – Kodex-Kommentar, 5. Auflage, München 2014 (zit.: Ringleb/*Bearb.*).

Robertz, Franz-Joachim: Der Beirat als freiwilliges Organ der Gesellschaft, in: MittRhNotK 1991, S. 239–251.

Rockstroh, Maria: Verwaltungsrat und geschäftsführende Direktoren in der monistisch strukturierten Societas Europaea, in: BB 2012, S. 1620–1625.

Rodewald, Jörg/Wohlfarter, Sepp: Gesellschafterweisungen in der GmbH mit (fakultativem oder obligatorischem) Aufsichtsrat, in: GmbHR 2013, S. 689–693.

Roesner, Ralf: Das Allgemeine Gleichbehandlungsgesetz – Schnelleinstieg für die Personalarbeit, Heidelberg 2006.

Rolfs, Christian/Giesen, Richard/Kreikebohm, Ralf/Udsching, Peter (Hrsg.): Beck'scher Online-Kommentar Arbeitsrecht, Edition 32, München 2014.

Römermann, Volker (Hrsg.): Münchener Anwaltshandbuch GmbH-Recht, 3. Auflage, München 2014 (zit.: Römermann/*Bearb.*).

Roth, Günter H./Altmeppen, Holger: Gesetz betreffend die Gesellschaften mit beschränkter Haftung (GmbHG) – Kommentar, 7. Auflage, München 2012.

Rowedder, Heinz (Begr.)/Schmidt-Leithoff, Christian (Hrsg.): Gesetz betreffend die Gesellschaften mit beschränkter Haftung (GmbHG) – Kommentar, 5. Auflage, München 2013.

Rust, Ursula/Falke, Josef (Hrsg.): AGG – Allgemeines Gleichbehandlungsgesetz mit weiterführenden Vorschriften – Kommentar, Berlin 2007.

Rüthers, Bernd/Fischer, Christian/Birk, Axel: Rechtstheorie – mit juristischer Methodenlehre, 6. Auflage, München 2011.

Sachs, Michael (Hrsg.): Grundgesetz – Kommentar, 6. Auflage, München 2011.

Sack, Jörn: Zur künftigen europäischen Gerichtsbarkeit nach Nizza, in: EuZW 2001, S. 77–80.

Säcker, Franz Jürgen: Kompetenzstrukturen bei Bestellung und Anstellung von Mitgliedern des unternehmerischen Leistungsorgans, in: BB 1979, S. 1321–1325.

Säcker, Franz Jürgen: Rechtsprobleme beim Widerruf der Bestellung von Organmitgliedern und Ansprüche aus fehlerhaften Anstellungsverträgen, in: Mayer-Maly, Theo/Richardi, Reinhard/Schambeck, Herbert/Zöllner, Wolfgang (Hrsg.), Arbeitsleben und Rechtspflege – Festschrift für Gerhard Müller, Berlin 1981, S. 745–763.

Säcker, Franz Jürgen: Behördenvertreter im Aufsichtsrat, in: Eyrich, Heinz/Odersky, Walter/Säcker, Franz-Jürgen (Hrsg.), Festschrift für Kurt Rebmann zum 65. Geburtstag, München 1989, S. 781–805.

Saenger, Ingo (Hrsg.): Zivilprozessordnung, FamFG, Europäisches Verfahrensrecht – Handkommentar, 5. Auflage, Baden-Baden 2013 (zit.: HK-ZPO/*Bearb.*).

Saenger, Ingo/Inhester, Michael (Hrsg.): GmbHG – Handkommentar, 2. Auflage, Baden-Baden 2013 (zit.: HK-GmbHG/*Bearb.*).

Sagan, Adam: Die Sanktion diskriminierender Kündigungen nach dem Allgemeinen Gleichbehandlungsgesetz, in: NZA 2006, S. 1257–1260.

Sagan, Adam: Anmerkung zum Urteil des EuGH vom 16.10.2007 – Rs. C-411/05 (Palacios), in: EuZW 2007, S. 765–767.

Sagan, Adam: Die aktuelle Rechtsprechung des EuGH zum Recht der Gleichbehandlung und des Betriebsübergangs, in: ZESAR 2011, S. 412–423.

Schäfer, Carsten: Die Binnenhaftung von Vorstand und Aufsichtsrat nach der Renovierung durch das UMAG, in: ZIP 2005, S. 1253–1259.

Schall, Martina: Organzuständigkeit in der mitbestimmten GmbH, zugl. Diss. München 1995, Berlin 1996.

Schaub, Günter: Der Entgeltfortzahlungsanspruch des GmbH-Geschäftsführers im Krankheitsfalle, in: WiB 1994, S. 637–638.

Schaub, Günter (Begr.): Arbeitsrechts-Handbuch – Systematische Darstellung und Nachschlagewerk für die Praxis, 15. Auflage, München 2013.

Schaub, Günter/Koch, Ulrich/Linck, Rüdiger: Arbeitsrechts-Handbuch – Systematische Darstellung und Nachschlagewerk für die Praxis, 11. Auflage, München 2005 (zit.: Schaub/*Bearb.* 11. Auflage).

Schaub, Günter (Begr.)/Schrader, Peter/Straube, Gunnar/Vogelsang, Hinrich: Arbeitsrechtliches Formular- und Verfahrenshandbuch, 10. Auflage, München 2013.

Scheibeler, Elke: Begriffsbildung durch den Europäischen Gerichtshof – autonom oder durch Verweis auf die nationalen Rechtsordnungen?, zugl. Diss. Bochum 2003, Berlin 2004.

Schiek, Dagmar: Gleichbehandlungsrichtlinien der EU – Umsetzung im deutsche Arbeitsrecht, in: NZA 2004, S. 873–884.

Schiek, Dagmar (Hrsg.): Allgemeines Gleichbehandlungsgesetz (AGG) – Ein Kommentar aus europäischer Perspektive, München 2007.

Schiessl, Maximilian: Gesellschafts- und mitbestimmungsrechtliche Probleme der Spartenorganisation (Divisionalisierung), in: ZGR 1992, S. 64–86.

Schlegelberger, Franz (Begr.): Kommentar zum Handelsgesetzbuch, Band 3, 1. Halbband (§§ 105–160 HGB), 5. Auflage, München 1992.

Schleusener, Aino/Suckow, Jens/Voigt, Burkhard: Kommentar zum Allgemeinen Gleichbehandlungsgesetz, 4. Auflage, Köln 2013.

Schlimm, Katrin: Das Geschäftsleiterermessen des Vorstands einer Aktiengesellschaft – Die Kodifikation einer „Business Judgment Rule" deutscher Prägung in § 93 Abs.1 S. 2 AktG, zugl. Diss. Münster 2008, Baden-Baden 2009.

Schlüter, Wilfried/Belling, Detlev W.: Die Zulässigkeit von Altersgrenzen im Arbeitsverhältnis, in: NZA 1988, S. 297–304.

Schmalz, Grete: Gesetzlicher Mutterschutz gestern und heute, in: Gewerkschaftliche Monatshefte 1950, S. 282–284.

Schmidt, Karsten: Abhängigkeit, faktischer Konzern, Nichtaktienkonzern und Divisionalisierung im Bericht der Unternehmensrechtskommission, in: ZGR 1981, S. 455–486.

Schmidt, Karsten: Gesellschaftsrecht, 4. Auflage, Köln 2002 (zit.: *K. Schmidt* GesR).

Schmidt, Karsten/Lutter, Marcus (Hrsg.): Aktiengesetz – Kommentar, Band 1 (§§ 1–149), 2. Auflage, Köln 2010.

Schmidt, Karsten/Lutter, Marcus (Hrsg.): Aktiengesetz – Kommentar, Band 2 (§§ 150–410, SpruchG), 2. Auflage, Köln 2010.

Schmidt, Marlene: Kündigungsschutz während Mutterschutz – Vorbereitungsmaßnahmen des Arbeitgebers – Anmerkung zum Urteil des EuGH vom 11.10.2007, Rs. C-460/06, in: ZESAR 2008, S. 193–194.

Schmidt, Marlene/Senne, Daniela: Das gemeinschaftsrechtliche Verbot der Altersdiskriminierung und seine Bedeutung für das deutsche Arbeitsrecht, in: RdA 2002, S. 80–89.

Schneider, Uwe H.: Der Anstellungsvertrag des Geschäftsführers einer GmbH im Konzern – Überlegungen zum Vertragspartner, zur Rechtsnatur und zum Inhalt des Konzern-Anstellungsvertrags, in: GmbHR 1993, S. 10–21.

Scholz, Franz (Begr.): Kommentar zum GmbH-Gesetz, Band 2 (§§ 35–52), 11. Auflage, Köln 2014.

Schönberger, Katja: Der Zustimmungsvorbehalt des Aufsichtsrates bei Geschäftsführungsmaßnahmen des Vorstands (§ 111 Abs. 4 Satz 2–4 AktG), zugl. Diss. Jena 2005, Jena 2006.

Schrader, Peter/Hilgenstock, Christopher: Ist der Geschäftsführer Arbeitnehmer oder nicht?, in: ArbRAktuell 2011, 320420.

Schrader, Peter/Schubert, Jens M.: Der Geschäftsführer als Arbeitnehmer, in: DB 2005, S. 1457–1463.

Schroeder, Ulrich/Diller, Martin: Antidiskriminierung bei der Aufnahme als Gesellschafter?, in: NZG 2006, S. 728–731.

Schubert, Claudia: Der Schutz der arbeitnehmerähnlichen Personen – Zugleich ein Beitrag zum Zusammenwirken von Arbeits- und Wirtschaftsrecht mit den zivilrechtlichen Generalklauseln, zugl. Diss. Jena 2003, München 2004.

Schubert, Claudia: Kündigungsschutz für die Geschäftsführerin einer Kapitalgesellschaft während der Schwangerschaft – Gesundheitsschutz und Diskriminierungsschutz, in: EuZA 2011, S. 362–371.

Schubert, Claudia: Der Diskriminierungsschutz der Organvertreter und die Kapitalverkehrsfreiheit der Investoren im Konflikt, in: ZIP 2013, S. 289–299.

Schulze, Reiner (Hrsg.): Bürgerliches Gesetzbuch – Handkommentar, 8. Auflage, Baden-Baden 2014 (zit.: HK-BGB/*Bearb.*).

Schulzen, Marc-Oliver/Hintze, Martina: GmbH-Geschäftsführer als Arbeitnehmer?, in: ArbRAktuell 2012, 263.

Schumacher, Harald: Roland Koch – König der internationalen Baustellen, in: Wirtschaftswoche vom 30.6.2011, abrufbar unter www.wiwo.de/5298626.html (zuletzt abgerufen am 31.8.2014).

Schumacher, Thorsten: Die aufschiebend bedingte Geschäftsführerbestellung – Anmerkungen und Beratungshinweise zu BGH v. 24.10.2005 – II ZR 55/04, in: GmbHR 2006, S. 924–928.

Schüppen, Matthias/Schaub, Bernhard (Hrsg.): Münchener Anwaltshandbuch Aktienrecht, 2. Auflage, München 2010.

Schürnbrand, Jan: Zur fehlerhaften Bestellung von Aufsichtsratsmitgliedern und fehlerhaften Abberufung von Vorstandsmitgliedern, in: NZG 2008, S. 609–612.

Schwab, Dieter: Schranken der Vertragsfreiheit durch die Antidiskriminierungsrichtlinien und ihre Umsetzung in Deutschland, in: DNotZ 2006, S. 649–678.

Schwark, Eberhard: Spartenorganisation in Großunternehmen und Unternehmensrecht, in: ZHR 142 (1978), S. 203–227.

Schwintowski, Hans-Peter: Verschwiegenheitspflicht für politisch legitimierte Mitglieder des Aufsichtsrats, in: NJW 1990, S. 1009–1015.

Seibert, Ulrich: Aktienrechtsreform in Permanenz?, in: AG 2002, S. 417–420.

Seibert, Ulrich/Kiem, Roger/Schüppen, Matthias (Hrsg.): Handbuch der kleinen AG, 5. Auflage, Köln 2008.

Semler, Johannes: Die Unternehmensplanung in der Aktiengesellschaft – eine Betrachtung unter rechtlichen Aspekten, in: ZGR 1983, S. 1–33.

Semler, Johannes: Rechtsvorgabe und Realität der Organzusammenarbeit in der Aktiengesellschaft, in: Schneider, Uwe H./Hommelhoff, Peter/Schmidt, Karsten/Timm, Wolfram/Grunewald, Barbara/Drygala, Tim (Hrsg.), Festschrift für Marcus Lutter zum 70. Geburtstag – Deutsches und europäisches Gesellschafts-, Konzern- und Kapitalmarktrecht, Köln 2000, S. 721–734.

Semler, Johannes: Zustimmungsvorbehalte als Instrument der Überwachung durch den Aufsichtsrat, in: Kalss, Susanne/Nowotny, Christian/Schauer, Martin (Hrsg.), Festschrift für Peter Doralt zum 65. Geburtstag, Wien 2004, S. 609–623.

Semler, Johannes: Corporate Governance – Beratung durch Aufsichtsratsmitglieder, in: NZG 2007, S. 881–887.

Semler, Johannes/Schenck, Kersten von (Hrsg.): Arbeitshandbuch für Aufsichtsratsmitglieder, 3. Auflage, München 2009.

Semler, Johannes/Volhard, Rüdiger (Hrsg.): Arbeitshandbuch für die Hauptversammlung, 2. Auflage, München 2003.

Seward, Karen/Baldwinson, Lucy/Blackmore, Yoness/Carr, Johnathan/Davey, Jessica/Martin, Stefan/Quinn, Julie: Tolley's Maternity and Parental Rights: A Practical Guide to Maternity, Parental and Dependant Care Leave, Croydon 2001 (zit.: *Seward et al.*).

Seyr, Sibylle: Der verfahrensrechtliche Ablauf vor dem EuGH am Beispiel der Rechtssache Prosciutto di Parma, in: JuS 2005, S. 315–320.

Siems, Mathias: Effektivität und Legitimität einer Richtlinienumsetzung durch Generalklauseln, in: ZEuP 2002, S. 747–753.

Simon, Oliver/Rein, Michael: Anmerkung zum Urteil des EuGH vom 19.4.2012 – Rs. C-415/10 (Meister), in: BB 2012, S. 1226–1227.

Simons, Cornelius/Hanloser, Marlene: Vorstandsvorsitzender und Vorstandssprecher, in: AG 2010, S. 641–648.

Sonnenschein, Jürgen: Organschaft und Konzerngesellschaftsrecht – unter Berücksichtigung des Wettbewerbsrechts und des Mitbestimmungsrechts, zugl. Habil.-Schrift Bielefeld 1976, Baden-Baden 1976.

Stagat, Rolf: Risiken und Nebenwirkungen von Geschäftsführer-Anstellungsverträgen, in: NZA-RR 2011, S. 617–623.

Staub, Hermann (Begr.)/Canaris, Claus-Wilhelm/Habersack, Mathias/Schäfer, Carsten (Hrsg.): Handelsgesetzbuch – Großkommentar, Band 3 (§§ 105–160), 5. Auflage, Berlin 2009 (zit.: GK-HGB/Bearb.).

Staudinger, Julius von (Begr.): J. von Staudingers Kommentar zum Bürgerlichen Gesetzbuch mit Einführungsgesetz und Nebengesetzen, Erstes Buch: Allgemeiner Teil – §§ 134–163 (Allgemeiner Teil 4), Neubearbeitung, Berlin 2003.

Staudinger, Julius von (Begr.): J. von Staudingers Kommentar zum Bürgerlichen Gesetzbuch mit Einführungsgesetz und Nebengesetzen, Zweites Buch: Recht der Schuldverhältnisse – §§ 611–613 (Dienstvertragsrecht 1), Neubearbeitung, Berlin 2011.

Staudinger, Julius von (Begr.): J. von Staudingers Kommentar zum Bürgerlichen Gesetzbuch mit Einführungsgesetz und Nebengesetzen, Zweites Buch: Recht der Schuldverhältnisse – §§ 613a-619a (Dienstvertragsrecht 2), Neubearbeitung, Berlin 2011.

Staudinger, Julius von (Begr.): J. von Staudingers Kommentar zum Bürgerlichen Gesetzbuch mit Einführungsgesetz und Nebengesetzen, Zweites Buch: Recht der Schuldverhältnisse – §§ 631–651 (Werkvertragsrecht), Neubearbeitung, Berlin 2008.

Steinau-Steinrück, Robert von/Mosch, Ulrich: Schwangere Geschäftsführerin: Managerin oder Arbeitnehmerin?, in: NJW-Spezial 2011, S. 178–179.

Steinau-Steinrück, Robert von/Schneider, Volker/Wagner, Tobias: Der Entwurf eines Antidiskriminierungsgesetzes: Ein Beitrag zur Kultur der Antidiskriminierung?, in: NZA 2005, S. 28–32.

Steinbeck, Anja/Menke, Thomas: Kündigungsklauseln in Vorstandsanstellungsverträgen, in: DStR 2003, S. 940–944.

Steinmann, Horst/Klaus, Hans: Zur Rolle des Aufsichtsrates als Kontrollorgan, in: AG 1987, S. 29–34.

Stelkens, Paul/Bonk, Heinz Joachim/Sachs, Michael (Hrsg.): Verwaltungsverfahrensgesetz – Kommentar, 8. Auflage, München 2014.

Stenslik, Bastian-Peter: Altersdiskriminierung – Berücksichtigung der Beschäftigungszeiten vor dem 25. Lebensjahr bei Kündigungsfristen – Besprechung des Urteils EuGH v. 19.1.2010, Rs. C-555/07, in: RdA 2010, S. 247–250.

Stenslik, Bastian-Peter: Diskriminierende Arbeitgeberkündigungen und die europäischen Diskriminierungsverbote, zugl. Diss. Bochum 2009, Berlin 2010.

Stenslik, Bastian-Peter/Zahn, Florian: Diskriminierungsschutz für Organe von Kapitalgesellschaften, in: DStR 2012, S. 1865–1869.

Stevenson, Angus: Oxford Dictionary of English, 3. Auflage, Oxford 2012 (zit.: *Oxford*).

Stoffels, Markus: Grundprobleme der Schadensersatzverpflichtung nach § 15 Abs. 1 AGG, in: RdA 2009, S. 204–215.

Streinz, Rudolf: Anmerkung zum Urteil des EuGH vom 22.11.2005 – C-144/04 (Werner Mangold/Rüdiger Helm), in: JuS 2006, S. 357–361.

Streinz, Rudolf (Hrsg.): EUV, AEUV – Vertrag über die Europäische Union und Vertrag über die Arbeitsweise der Europäischen Union, 2. Auflage, München 2012.

Strieder, Thomas: DCGK – Deutscher Corporate Governance Kodex: Praxiskommentar, Berlin 2005.

Stück, Volker: Der GmbH-Geschäftsführer zwischen Gesellschafts- und Arbeitsrecht im Spiegel aktueller Rechtsprechung, in: GmbHR 2006, S. 1009–1018.

Sudhoff, Heinrich/Sudhoff, Martin: Rechte und Pflichten des Geschäftsführers einer GmbH und einer GmbH & Co. KG, 14. Auflage, Köln 1994 (zit.: *Sudhoff*).

Szech, Marthe: Die Anfechtung des Arbeitsvertrages durch den Arbeitgeber und das Allgemeine Gleichbehandlungsgesetz – Das Fragerecht des Arbeitgebers nach den verpönten Merkmalen, zugl. Diss. Düsseldorf 2011, Baden-Baden 2012.

Teichmann, Christoph: Gestaltungsfreiheit im monistischen Leitungssystem der Europäischen Aktiengesellschaft, in: BB 2004, S. 53–60.

Temming, Felipe: Altersdiskriminierung im Arbeitsleben – Eine rechtsmethodische Analyse, zugl. Diss. Köln 2007, München 2008.

Tempelmann, Achim/Stenslik, Bastian-Peter: Altersgrenzenregelungen im Arbeitsrecht, in: DStR 2011, S. 577–581.

Theisen, Manuel Rene: Grundsätze ordnungsgemäßer Kontrolle und Beratung der Geschäftsführung durch den Aufsichtsrat, in: AG 1995, S. 193–203.

Theuerkauf, Emmy: Kündigung einer schwangeren Besatzungsangestellten – Anfechtbarkeit der Kündigung einer schwangeren Arbeitnehmerin wegen Drohung – Anmerkung zum Urteil des BAG vom 11.08.1955, 2 AZR 13/54, in: AP MuSchG § 9 Nr. 4.

Thüsing, Gregor: Handlungsbedarf im Diskriminierungsrecht – Die Umsetzungserfordernisse auf Grund der Richtlinien 2000/78/EG und 2000/43/EG, in: NZA 2001, S. 1061–1064.

Thüsing, Gregor: Arbeitsrechtlicher Diskriminierungsschutz: Das neue Allgemeine Gleichbehandlungsgesetz und andere arbeitsrechtliche Benachteiligungsverbote, München 2007 (zit.: *Thüsing*).

Thüsing, Gregor: Kommentar zum Urteil des ArbG Osnabrück vom 5.2.2007 – 3 Ca 778/06, BB 2007, 1504, in: BB 2007, S. 1506–1508.

Thüsing, Gregor: Blick in das europäische und ausländische Arbeitsrecht, in: RdA 2008, S. 307–312.

Thüsing, Gregor/Stiebert, Tom: Altersgrenzen bei Organmitgliedern, in: NZG 2011, S. 641–646.

Thüsing, Gregor/Stiebert, Tom: Anmerkung zum Urteil des EuGH vom 19.4.2012 – Rs. C-415/10 (Meister), in: EuZW 2012, S. 464–465.

Tilch, Horst/Arloth, Frank (Hrsg.): Deutsches Rechts-Lexikon, Band 1 (A-F), 3. Auflage, München 2001.

Timm, Wolfram: Anmerkung zur Entscheidung BGH, Urteil vom 1.2.1988 – II ZR 75/87, in: NJW 1988, S. 1582–1583.

Tridimas, Takis: The Role of the Advocate General in the Development of Community Law: Some Reflections, in: Common Market Law Review 34 (1997), S. 1349–1387.

Tscherner, Eva Maria: Arbeitsbeziehungen und Europäische Grundfreiheiten, zugl. Diss. Graz 2012, München 2012.

Tschöpe, Ulrich/Wortmann, Florian: Der wichtige Grund bei Abberufungen und außerordentlichen Kündigungen von geschäftsführenden Organvertretern, in: NZG 2009, S. 161–168.

Uckermann, Sebastian: Versorgungszusagen an Gesellschafter-Geschäftsführer bzw. Vorstände von Kapitalgesellschaften – Teil 1: Grundlagen und beherrschende Stellung, in: NZA 2012, S. 434–438.

Ulmer, Peter: Anmerkung zum Urteil des BGH vom 5.6.1975 – II ZR 23/74, in: NJW 1976, S. 192–193.

Ulmer, Peter: Der Einfluß des Mitbestimmungsgesetzes auf die Struktur von AG und GmbH, Heidelberg 1979.

Ulmer, Peter: Der Gläubigerschutz im faktischen GmbH-Konzern beim Fehlen von Minderheitsgesellschaftern, in: ZHR 148 (1984), S. 391–427.

Ulmer, Peter/Brandner, Hans Erich/Hensen, Horst-Diether (Begr.): AGB-Recht – Kommentar zu den §§ 305–310 BGB und zum UKlaG, 11. Auflage, Köln 2010.

Ulmer, Peter/Habersack, Mathias/Henssler, Martin (Hrsg.)/Hanau, Peter (Begr.) : Mitbestimmungsrecht – Kommentierung des MitbestG, der DrittelbG, des SEBG und des MgVG, 3. Auflage, München 2013.

Ulmer, Peter/Habersack, Mathias/Winter, Martin (Hrsg.): Gesetz betreffend die Gesellschaften mit beschränkter Haftung (GmbHG) – Großkommentar, Band 1 (Einleitung, §§ 1–28), 2. Auflage, Tübingen 2013 (zit.: GK-GmbHG/*Bearb.*).

Ulmer, Peter/Habersack, Mathias/Winter, Martin (Hrsg.): Gesetz betreffend die Gesellschaften mit beschränkter Haftung (GmbHG) – Großkommentar, Band 2 (§§ 29–52), Tübingen 2006 (zit.: GK-GmbHG/*Bearb.*).

Unberath, Hannes: Die richtlinienkonforme Auslegung am Beispiel der Kaufrechtsrichtlinie, in: ZEuP 2005, S. 5–42.

Vedder, Karl: Christian Das Vorsatzerfordernis beim Missbrauch der Vertretungsmacht durch GmbH-Geschäftsführer, in: GmbHR 2008, S. 736–739.

Venrooy, Gerd J. van: Einstimmigkeitsprinzip oder Mehrheitsprinzip in der Geschäftsführung?, in: GmbHR 1999, S. 685–691.

Vogel, Wolfgang C.: Aktienrecht und Aktienwirklichkeit – Organisation und Aufgabenteilung von Vorstand und Aufsichtsrat – Eine empirische Untersuchung deutscher Aktiengesellschaften, zugl. Diss. Gießen 1978/79, Baden-Baden 1980.

Vollmer, Lothar: Die mitbestimmte GmbH – Gesetzliches Normalstatut, mitbestimmungsrechtliche Satzungsgestaltungen und gesellschaftsrechtlicher Minderheitenschutz, in: ZGR 1979, S. 135–172.

Vorwerk, Volkert/Wolf, Christian (Hrsg.): Beck'scher Online-Kommentar ZPO, Edition 13, München 2014.

Waas, Bernd: Zur Bewertung von Altersgrenzen nach europäischem Recht, in: EuZW 2007, S. 359–362.

Wachter, Thomas: Anmerkung zur Entscheidung des OLG Dresden vom 5.11.2002 – 2 U 1433/02, GmbHR 2003, 537, in: GmbHR 2003, S. 538–543.

Waltermann, Raimund: Wieder Altersgrenze 65?, in: NZA 1994, S. 822–830.

Wank, Rolf: Telearbeit, in: NZA 1999, S. 225–235.

Wank, Rolf: Der Fremdgeschäftsführer der GmbH als Arbeitnehmer, in: Wank, Rolf (Hrsg.), Festschrift für Herbert Wiedemann zum 70. Geburtstag, München 2002, S. 587–615.

Wank, Rolf: Das Grünbuch Arbeitsrecht – Eine Perspektive für das europäische Arbeitsrecht?, in: AuR 2007, S. 244–249.

Wank, Rolf: Die personellen Grenzen des europäischen Arbeitsrechts: Arbeitsrecht für Nicht-Arbeitnehmer?, in: EuZA 2008, S. 172–195.

Wank, Rolf: Antidiskriminierungsrecht im Selbständigenrecht und im Gesellschaftsrecht, in: Kindler, Peter/Koch, Jens/Ulmer, Peter/Winter, Martin (Hrsg.), Festschrift für Uwe Hüffer zum 70. Geburtstag, München 2010, S. 1051–1069.

Wank, Rolf: Anmerkung zur Entscheidung des EuGH vom 11.11.2010, C-232/09, ZIP 2010, 2414 – Zur Arbeitnehmereigenschaft des GmbH-Fremdgeschäftsführers, in: EWiR 2011, S. 27–28.

Wank, Rolf: Anmerkung zum Urteil des BGH vom 23.4.2012 – II ZR 163/10, in: AP AGG § 22 Nr. 6.

Wank, Rolf: Sachgrundlose Befristung – „Zuvor-Beschäftigung" – Besprechung des Urteils BAG v. 6.4.2011 – 7 AZR 716/09, NZA 2011, 905, in: RdA 2012, S. 361–365.

Wank, Rolf/Maties, Martin: Arbeitnehmer oder Gesellschaftsorgan oder Vereinsmitglied?, in: NZA 2007, S. 353–358.

Wank, Rolf: Von ungeeigneten Bewerbern und schwangeren Bewerberinnen – oder: Von der Kunst des „distinguishing", in: Annuß, Georg/Picker, Eduard/Wissmann, Hellmut (Hrsg.), Festschrift für Reinhard Richardi zum 70. Geburtstag, München 2007, S. 441–459.

Wasmann, Dirk: Anmerkung zum Urteil des OLG Karlsruhe vom 12.3.2002 – 8 U 295/00, in: DB 2002, S. 1096–1097.

Weber, Christoph: Privatautonomie und Außeneinfluss im Gesellschaftsrecht, zugl. Habil.-Schrift Mainz 1998/99, Tübingen 2000.

Wehrmeyer, Ulrich: Die arbeitsrechtliche Einordnung der Organe juristischer Personen – zugleich ein Beitrag zur Typologie im Arbeitsrecht, zugl. Diss. Hannover 1986, Frankfurt am Main 1988.

Weißhaupt, Frank: Holzmüller-Informationspflichten nach den Erläuterungen des BGH in Sachen „Gelatine", in: AG 2004, S. 585–592.

Weller, Marc-Philippe: Deutsches Gesellschaftsrecht unter europäischem Einfluss, in: AnwBl. 2007, S. 320–325.

Wellhöfer, Werner/Peltzer, Martin/Müller, Welf: Die Haftung von Vorstand, Aufsichtsrat, Wirtschaftsprüfer – mit GmbH-Geschäftsführer, München 2008.

Wendeling-Schröder, Ulrike/Stein, Axel: Allgemeines Gleichbehandlungsgesetz – Kommentar, München 2008.

Werder, Axel von/Bartz, Jenny: Corporate Governance Report 2013: Abweichungskultur und Unabhängigkeit im Lichte der Akzeptanz und Anwendung des aktuellen DCGK, in: DB 2013, S. 885–895.

Werner, Horst S./Peters, Klaus: Zwei Probleme konzernrechtlicher Abhängigkeit am Beispiel der Deutschen Bank und Daimler Benz, in: BB 1976, S. 393–395.

Westermann, Harm Peter: Die grundsätzliche Bedeutung des Grundsatzes der Selbstorganschaft im Personengesellschaftsrecht, in: Schneider, Uwe H./ Hommelhoff, Peter/Schmidt, Karsten/Timm, Wolfram/Grunewald, Barbara/ Drygala, Tim (Hrsg.), Festschrift für Marcus Lutter zum 70. Geburtstag – Deutsches und europäisches Gesellschafts-, Konzern- und Kapitalmarktrecht, Köln 2000, S. 955–974.

Westermann, Harm Peter/Pöllath, Reinhard: Abberufung und Ausschließung von Gesellschaftern, Geschäftsführern in Personengesellschaften und GmbH, 4. Auflage, Köln 1988.

Wichert, Joachim/Zange, Julia: AGG: Suche nach Berufsanfängern in Stellenanzeigen, in: DB 2007, S. 970–973.

Wicke, Hartmut: Der CEO im Spannungsverhältnis zum Kollegialprinzip – Gestaltungsüberlegungen zur Leitungsstruktur der AG, in: NJW 2007, S. 3755–3758.

Wiedemann, Herbert: Gesellschaftsrecht – Ein Lehrbuch des Unternehmens- und Verbandsrechts, Band 2: Recht der Personengesellschaften, München 2004.

Wiedemann, Herbert/Thüsing, Gregor: Der Schutz älterer Arbeitnehmer und die Umsetzung der Richtlinie 2000/78/EG, in: NZA 2002, S. 1234–1242.

Wilhelm, Jan: Kapitalgesellschaftsrecht, 3. Auflage, Berlin 2009.

Wilhelmi, Carl-Heinz/Wilhelmi, Sylvester: Sind Vorstandsmitglieder von Aktiengesellschaften und GmbH-Geschäftsführer nach dem Angestelltenversicherungsgesetz versicherungspflichtig?, in: BB 1968, S. 137–142.

Willemsen, Heinz-Josef/Schweibert, Ulrike: Schutz der Beschäftigten im Allgemeinen Gleichbehandlungsgesetz, in: NJW 2006, S. 2583–2592.

Willikonsky, Birgit: MuSchG – Kommentar zum Mutterschutzgesetz, 2. Auflage, Neuwied 2007.

Wilsing, Hans-Ulrich/Meyer, Daniel: Aktuelle Entwicklungen bei der Organberatung – Zur wachsenden Bedeutung des AGG und der AGB-Kontrolle im Zusammenhang mit der Tätigkeit von Leitungsorganen kapitalistischer Körperschaften, in: DB 2011, S. 341–345.

Wilsing, Hans-Ulrich/Meyer, Daniel: Diskriminierungsschutz für Geschäftsführer, in: NJW 2012, S. 3211–3213.

Windbichler, Christine: Gesellschaftsrecht – Ein Studienbuch, 22. Auflage, München 2009 (zit.: *Windbichler*).

Windbichler, Christine: Die GmbH in anderen Umständen: Gesellschaftsrechtliche Erwägungen zur EuGH-Entscheidung „Danosa", in: Lutter, Marcus/Krieger, Gerd/Schmidt, Karsten (Hrsg.), Festschrift für Michael Hoffmann-Becking zum 70. Geburtstag, München 2013, S. 1413–1423.

Windel, Peter A.: Der Beweis diskriminierender Benachteiligungen, in: RdA 2007, S. 1–8.

Windel, Peter A.: Aktuelle Beweisfragen im Antidiskriminierungsprozess, in: RdA 2011, S. 193–199.

Winkler, Björn: Die Teilhabe behinderter Menschen am Arbeitsleben – Arbeitsrechtliche und sozialrechtliche Ansprüche und Verfahren, zugl. Diss. Kiel 2008, Berlin 2010.

Winnefeld, Robert: Stimmrecht, Stimmabgabe und Beschluß, ihre Rechtsnatur und Behandlung, in: BB 1972, S. 1053–1056.

Wisskirchen, Gerlind: Der Umgang mit dem Allgemeinen Gleichbehandlungsgesetz – Ein „Kochrezept" für Arbeitgeber, in: DB 2006, S. 1491–1499.

Wolf, Martin: Das unheilbare Zerwürfnis als Abberufungsgrund – Zugleich Besprechung der Entscheidung des LG Karlsruhe v. 29. 4. 1998 – O 120/96 KfH I, in: GmbHR 1998, S. 1163–1168.

Wolff, Alexander: Anmerkung zum Urteil des BGH vom 23.04.2012, II ZR 163/10 – Der BGH hat den Anwendungsbereich des AGG in Bezug auf Organmitglieder zu Recht präzisiert, in: BB 2012, S. 1932.

Wörl, Christian: Die Beweislast nach dem allgemeinen Gleichbehandlungsgesetz – Eine Untersuchung des § 22 AGG, zugl. Diss. Mannheim 2009, Baden-Baden 2009.

Zacher, Thomas: Beschränkungen und Mißbrauch der Vertretungsmacht des GmbH-Geschäftsführers, in: GmbHR 1994, S. 842–849.

Ziegler, Katharina: Arbeitnehmerbegriffe im europäischen Arbeitsrecht, zugl. Diss. Bochum 2010, München 2011.

Ziemons, Hildegard: Der Vorstand als Arbeitnehmer – Umfassender Diskriminierungsschutz für Vorstandsmitglieder mit Hilfe des Europarechts, in: KSzW 2013, S. 19–29.

Zmarzlik, Johannes: Überblick über die EG-Mutterschutz-Richtlinie und ihre Umsetzung, in: DB 1994, S. 96–97.

Zmarzlik, Johannes (Begr.)/Zipperer, Manfred/Viethen, Hans Peter/Vieß, Gerhard (Hrsg.): Mutterschutzgesetz, Mutterschaftsleistungen, mit Mutterschutzverordnung – Kommentar, 9. Auflage, Köln 2006.

Zöller, Richard (Hrsg.): Zivilprozessordnung mit FamFG (§§ 1–185, 200–270, 433–484) und Gerichtsverfassungsgesetz, den Einführungsgesetzen, mit internationalem Zivilprozessrecht, EU-Verordnungen, Kostenanmerkungen – Kommentar, 30. Auflage, Köln 2014.

Zöllner, Wolfgang: Die Schranken mitgliedschaftlicher Stimmrechtsmacht bei den privatrechtlichen Personenverbänden, zugl. Habil.-Schrift München 1960, München 1963.

Zöllner, Wolfgang: GmbH und GmbH & Co KG in der Mitbestimmung, in: ZGR 1977, S. 319–334.

Zöllner, Wolfgang : Unternehmensinnenrecht – Gibt es das?, in: AG 2003, S. 2–12.

Schriften zum Deutschen und Europäischen Arbeits- und Sozialrecht

Herausgegeben von Ulrich Preis

Band 1 Ulrich Preis / Felipe Temming: Die Urlaubs- und Lohnausgleichskasse im Kontext des Gemeinschaftsrechts. 2006.

Band 2 Einiko B. Franz: Der Abschluss eines Aufhebungsvertrags. Schutz des Arbeitnehmer-Verbrauchers und seine Grenzen. Insbesondere das Widerrufsrecht gem. §§ 312, 355 BGB. 2006.

Band 3 Klaus Tenbrock: Die betriebliche Altersversorgung im Betriebsübergang bei konkurrierenden Versorgungszusagen. 2006.

Band 4 Christoph Nießen: Fehlerhafte Betriebsratswahlen. Eine am Gang des Wahlverfahrens orientierte Untersuchung der Folgen von Rechtsverstößen bei der Betriebsratswahl unter besonderer Berücksichtigung deren Relevanz für die Gewährung von einstweiligem Rechtsschutz zur Verhinderung einer fehlerhaften Betriebsratswahl. 2006.

Band 5 Klaus Linde: Übertragung von Aufgaben des Betriebsrats auf Arbeitsgruppen gemäß § 28a BetrVG. 2006.

Band 6 Petra M. Knorr: Der Vergleich der Invaliditätsrenten in Deutschland und den Niederlanden. 2006.

Band 7 Jan Botterweck: Gewerkschaftspluralismus im Betrieb. 2007.

Band 8 Patrizia Chwalisz: Die Transformation des polnischen Arbeitsrechts und die Gewerkschaften. Eine Analyse aus dem Blickwinkel des Arbeitsrechts der ehemaligen Deutschen Demokratischen Republik und der Bundesrepublik Deutschland. 2007.

Band 9 Wiebke Brose: Der präventive Kündigungsschutz bei betriebsbedingten Kündigungen. Vergleich von Entwicklung und Stellenwert im deutschen und französischen Kündigungsrecht. 2007.

Band 10 Oliver Reinartz: Der Firmentarifvertrag als Flexibilisierungsinstrument. Unter besonderer Berücksichtigung des sogenannten tariflichen Sozialplans. 2008.

Band 11 Sebastian Maiß: Die Entsendung von Arbeitnehmern aus den MOE-Staaten auf Werkvertragsbasis nach der EU-Osterweiterung. Eine Untersuchung der grenzüberschreitenden Beschäftigungsmöglichkeiten von Staatsangehörigen aus den Beitrittsstaaten – insbesondere im Baugewerbe – im Kontext der Übergangsbestimmungen zur Arbeitnehmerfreizügigkeit, der Dienstleistungsfreiheit und des Niederlassungsrechts. 2008.

Band 12 Tilman Isenhardt: Relative Tariffähigkeit. 2008.

Band 13 Mirjam Roesgen: Die betriebsbedingte Kündigung im öffentlichen Dienst. 2008.

Band 14 Philipp Schütt: Die Vertragskontrolle von Ausgleichsquittungen. 2008.

Band 15 Astrid Weber: Ist die Rotkreuzschwester Arbeitnehmerin ihrer Schwesternschaft? Zugleich eine Untersuchung der Arbeitnehmereigenschaft mithilfe der AGB-Kontrolle. 2009.

Band 16 Ute Heinemann: Medizinische Begutachtung in der privaten und sozialen Pflegeversicherung. Gemeinsamkeiten und Unterschiede. 2009.

Band 17 Cindy Hümmerich: Die Zuständigkeitsabgrenzung zwischen Gesamtbetriebsrat und Einzelbetriebsräten. 2010.

Band 18 Sven Wolf: Das moralische Risiko der GKV im Spannungsfeld zwischen Solidarität und Eigenverantwortung. 2010.

Band 19 Frank Zaumseil: Die Minderleistung als Kündigungsgrund. Zugleich ein Beitrag zur Bestimmung der Arbeitspflicht. 2010.

Band 20 Dieter Fabisch: Die unmittelbare Drittwirkung der Grundrechte im Arbeitsrecht. Die Auswirkungen der von Hans Carl Nipperdey begründeten Lehre auf die Rechtsprechung des Bundesarbeitsgerichts. 2010.

Band 21 Martin Begiebing: Contractual Trust Arrangement (CTA) – Insolvenzfestigkeit und Verwertungsbefugnisse im Pfandrechtsmodell. 2011.

Band 22 Sofia Davilla: Die Eigenverantwortung im SGB III und SGB II. Obliegenheiten und Sanktionen zur Beendigung von Arbeitslosigkeit und Hilfebedürftigkeit. 2011.

Band 23 Tanja Hiebert: Verfahrensprobleme im Rahmen des Sonderkündigungsschutzes für schwerbehinderte Menschen nach den §§ 85 bis 92 SGB IX. 2011.

Band 24 Sebastian Schröder: Das Verhältnis von Direktionsrecht und Änderungskündigung. 2012.

Band 25 Julian Wölfel: Die Sozialplanabfindung. Differenzierungskriterien und Ausgestaltungen. 2012.

Band 26 David Kruchen: Telekommunikationskontrolle zur Prävention und Aufdeckung von Straftaten im Arbeitsverhältnis. Private Arbeitgeber im Spannungsverhältnis zwischen Datenschutz und Compliance. 2013.

Band 27 Annette Aßmuth: Die Beteiligungsrechte des Betriebsrates bei Bagatellspaltungen gemäß § 111 Satz 3 Nr. 3, 2. Alt. BetrVG. 2013.

Band 28 Sebastian Skocki: Der transnationale Konzerntarifvertrag. 2013.

Band 29 Patrick Esser: Die Begünstigung von Mitgliedern des Betriebsrats. 2014.

Band 30 Karl Schindeldecker: Die paritätisch mitbestimmte GmbH. 2014.

Band 31 Christoph Römer: Entgeltflexibilisierung zur Arbeitnehmerbeteiligung. 2014.

Band 32 Stefan Freh: Betriebliche Übung und Gleichbehandlungsgrundsatz. 2015.

Band 33 Lena Kristina Kuzbida: Die Aufgabe des Grundsatzes der Tarifeinheit bei Tarifpluralität und die Auswirkungen auf das Betriebsverfassungsrecht. 2015.

Band 34 Tobias Siefer: Der Schutz von Geschäftsführern und Vorstandsmitgliedern gegen Diskriminierungen. Ein Beitrag zur Rechtsstellung von Organmitgliedern nach der Danosa-Entscheidung des Europäischen Gerichtshofs. 2016.

www.peterlang.com